Karabacek, Josef, Ritt

Mitteilungen aus der Sammlung Papyrus Erzherzog Rainer

4. Band

Karabacek, Josef, Ritter von

Mitteilungen aus der Sammlung Papyrus Erzherzog Rainer

4. Band

Inktank publishing, 2018

www.inktank-publishing.com

ISBN/EAN: 9783747768846

MITTHEILUNGEN

AUS DER SAMMLUNG DER

PAPYRUS ERZHERZOG RAINER

VIERTER BAND

MIT 6 TAFELN UND 4 TEXTBILDERN

WIEN

VERLAG DER K. K. HOF- UND STAATSDRUCKEREI

1888

INHALT

des vierten Bandes.

Studien und Forfchungen:

a*

Kleinere Mittheilungen:

Nachweis der Tafeln und Textbilder:

Berichtigungen:

Seite 84, letzte Zeile von unten lies: الكثيراء.
Seite 110, Zeile 4 von unten lies: ‚Dafs ich — laffe!'

IV. Band No. 1 bis 4 1. Mai 1888.

MITTHEILUNGEN

AUS DER SAMMLUNG DER

PAPYRUS ERZHERZOG RAINER

Herausgegeben und redigirt von Joſeph Karabacek.

FRAGMENTUM DE FORMULA FABIANA.

Hiezu zwei Schrifttafeln und die Lichtdrucktafeln I und II.

I. Dieſer kleine, die *formula Fabiana*[1] behandelnde Ueberreſt eines juriſtiſchen Werkes ſteht auf einem Stücke feinen, ſehr dünnen Pergamens, welches durch das Alter morſch geworden und an verſchiedenen Stellen mehr oder minder gebräunt iſt; die Farbe, urſprünglich wohl ganz licht, hat jetzt auf der Vorderſeite einen mehr grauen, auf der Kehrſeite einen mehr gelben Ton. Schon in unbeſchriebenem Zuſtande hatte das Pergamen zwei Löcher, wie dies mit Sicherheit daraus erhellt, daſs der Schreiber über eines derſelben hinweg geſchrieben hat, auch hier unbekümmert um irgendwelche Wort- oder Silbentheilung (z. B. fol. rect. Z. 7: *h—ac*). Das andere Loch iſt in dem unbeſchriebenen Rande. Die kleineren Löcher ſind nachträgliche Beſchädigungen.

Das Stück zeigt uns die ganze Breite eines Codexblattes und einen ſchmalen ſeitlichen Reſt eines zweiten (nach dem Ausſehen des Buges zu ſchlieſsen) nachfolgenden, aber wahrſcheinlich nicht unmittelbar nachfolgenden Blattes; denn der durchbohrte Bug läſst erkennen, daſs mehrere Doppelblätter in Lagen zuſammengenäht waren.[2] Die Breite des Stückes iſt etwa 23 Centimeter, bis zum Buge 20·2 Centimeter; die Zeilen ſind 15 Centimeter lang (abgeſehen von den auf den Rand hinausgeſchriebenen Buchſtaben). Die gröſste Höhe des Pergamens iſt am Rande (dem für fol. rect. rechten Rande) 13 Centimeter, an den beſchriebenen Stellen 11·6, während der beſchriebene Raum ſelbſt nirgends höher iſt als 8 Centimeter. Die kleinſte Höhe des Pergamens iſt 8·8 Centimeter, des beſchriebenen Raumes 5 Centimeter.

[1] Es war früher zweifelhaft, ob man ſchreiben ſoll actio (formula) Faviana oder Fabiana. Heute haben ſich die meiſten Schriftſteller für die letztere Schreibung entſchieden, ſo z. B. MOMMSEN, SCHMIDT, LEIST, KUNTZE, LENEL u. A. Siehe namentlich MOMMSEN, Dig. II, pag. 341, Note 2, LEIST (in der Fortſetzung von GLÜCK), V, S. 539, Note 37. Andere dagegen (z. B. BARON) ſchreiben noch heute actio Faviana, während wieder Andere (z. B. WINDSCHEID) die Frage offen laſſen. Unſer Fragment beſtätigt die vorherrſchende Anſicht.

[2] Denn an die zum Zwecke des Liniirens gemachten Zirkelſtiche iſt hier wohl nicht zu denken.

Selbſtverſtändlich iſt diejenige Seite, welche den Reſt des anderen Blattes links zeigt, die Vorderſeite; wir bezeichnen ſie (das fol. rect.) mit R, die andere (das fol. vers.) mit V, wodurch das bequemſte Citiren ermöglicht wird.[3] Dürfte man ſich das Format ähnlich dem der Veroneſer Gaius-Handſchrift denken, wo zwar die Höhe des Blattes zur Breite 4 : 3, gleichwohl aber der beſchriebene Raum nur um ſehr Weniges höher als breit iſt, ſo müſste man die urſprüngliche Höhe des beſchriebenen Raumes auf 17 Centimeter, die Zeilenzahl auf 34 ſchätzen; es würden alſo zwiſchen den Worten *quaeremus* und *Laetoriae* 18 Zeilen fehlen. Wenn wir von der Annahme ausgehen, daſs der Codex, dem unſer Stück einſt angehört hat, aus quaterniones (Lagen von je vier Doppelblättern) beſtand,[4] ſo können zwiſchen R und der links damit zuſammenhängenden Seite, zwiſchen V und der rechts anhängenden Seite, mehrere Seiten fehlen (höchſtens 12); möglicherweiſe aber kann das Blatt, dem der ſchmale Reſt angehört, unmittelbar der Seite R vorhergegangen oder der Seite V nachgefolgt ſein.[5]

Das Pergamen iſt mit einem ſcharfen Inſtrumente liniirt,[6] wodurch ſeine Dauerhaftigkeit gelitten hat, indem aus einigen dieſer Ritze mit der Zeit Riſſe geworden ſind. Und zwar iſt der Schriftraum durch zwei ſenkrechte Linien begrenzt, während horizontale Linien in Zwiſchenräumen von je 1 Centimeter, und zwar gleichzeitig über beide Blätter gezogen ſind. Liniirte und nichtliniirte Zeilen wechſeln regelmäſsig ab, ſo daſs die Zahl der Zeilen genau doppelt ſo groſs iſt, als die der Centimeter, welche die Höhe des Schriftraumes ausdrücken. Die Zeilen folgen demnach einander dicht, und jede enthält (bez. enthielt) 44 bis 46 Buchſtaben. Die räumliche Dispoſition iſt faſt ſo

---

[3] Mit R 11 z. B. iſt die elfte Zeile auf dem fol. rect., mit V 6 die ſechſte Zeile auf dem fol. vers. gemeint. Für die Citirung des ganzen Stückes aber ſchlagen wir vor ‚fragm. de form. Fab.' oder noch kürzer ‚fr. de F. F.'

[4] Lagen zu vier Blättern waren zu allen Zeiten häufiger als ſolche zu drei, fünf und ſechs Blättern. Schon Diocletian's Edict. de pretiis rerum venalium vom Jahre 301 ſpricht von quaterniones, und unſer heutiger Druckbogen zu 16 Seiten entſpricht noch immer den vier Doppelblättern.

[5] Wenn der ſchmale ſeitliche Reſt einem nachfolgenden Blatte angehörte, ſo war R die Seite 1, 3, 5 oder 7 der Quaterne, V die Seite 2, 4, 6 oder 8; der Reſt links von R war dann (beziehungsweiſe) die Seite 16, 14, 12 oder 10, der Reſt rechts von V die Seite 15, 13, 11 oder 9, folgte alſo der Seite V unmittelbar, oder es fehlen 4, beziehungsweiſe 8 oder 12 Seiten. Gehörte der Reſt einem vorausgehenden Blatte an, ſo war R die Seite 9, 11, 13 oder 15, V die Seite 10, 12, 14 oder 16; das Anhängſel von R war die Seite 8, 6, 4 oder 2; es ſtand demnach entweder unmittelbar vor R oder es ergibt ſich die gleiche Lücke, wie im anderen Falle zwiſchen V und ſeinem Anhängſel.

[6] Wattenbach, Das Schriftweſen im Mittelalter, 1875, S. 178: ‚Alle ſorgfältig geſchriebene Manuſcripte aus älteſter Zeit zeigen ſchon durch die groſse Regelmäſsigkeit der Zeilen, daſs ſie liniirt geweſen ſind, auch wo die Spuren nicht mehr erkannt werden können; in den herculaneniſchen Rollen aber ſind ſie kenntlich.' Auf Papyrus zog man die Linien mit Blei. S. 178: ‚Auf dem feſten und glatten Pergament haftete ein ſolcher Bleiſtrich nicht gut, und der Stoff vertrug auch eine andere Behandlung . . . . . indem man feſt eingedrückte Linien mit dem Griffel zog.' In dem alexandriniſchen Codex der Bibel aus dem V. Jahrhundert, der in zwei Columnen geſchrieben iſt, gehen die Linien über die ganze Breite der Seite; in dem Codex, deſſen Fragment vor uns liegt, und welcher wohl derſelben Stadt und vielleicht demſelben Jahrhunderte angehörte, gehen die Linien über beide Seiten des Doppelblattes. Wattenbach fährt (S. 178) ſo fort: ‚Dieſe eingedrückten Linien, wie ſie noch jetzt im Orient üblich ſind, bilden für ältere Handſchriften durchaus die Regel; zuweilen ſind ſie auf dem vielleicht feuchten Pergament ſo ſcharf gezogen, daſs ſie ſtellenweiſe durchgeſchnitten haben.' S. 182: ‚Die Linien gehen anfangs über die ganze Breite, oder auch über zwei Seiten zugleich, bleiben aber ſpäter zwiſchen den ſenkrechten, gewöhnlich doppelten Abſchnittlinien, und gehen nur oben und unten noch über das ganze Blatt.'

regelmäfsig wie in einem Druckwerke, fo dafs der zerftörende Schnitt oder Rifs, der den oberen Theil des Blattes uns entzogen hat, auf jeder Seite den gleichen Reft von Zeilen ftehen liefs, nämlich je 11 vollftändige und 5 verftümmelte Zeilen.

Die Schrift zeigt keinen Unterfchied von grofsen und kleinen Buchftaben, keine Scheidung der Worte und Sätze. Worttrennungen an den Zeilenenden find nicht felten. In allen diefen Beziehungen ftimmt unfer Pergamen mit der Veronefer Handfchrift des Gaius überein.

Wir laffen nun den Text der beiden Seiten des Fragmentes zunächft in buchftabengetreuer Wiedergabe folgen (S. 4); daran fchliefst fich ein Verfuch, eine finngemäfse Lefung desfelben einerfeits durch Auflöfung der Siglen und theilweife Ergänzung der Lücken des Textes, anderfeits durch Verbefferung der Fehler des Manufcriptes zu gewinnen (S. 5); hierauf folgt (unter Nr. II) die palaeographifche Befchreibung, die Analyfe des Alphabetes, die dem Lefer durch die Tafel *A* verdeutlicht wird; diefelbe ermöglicht zugleich eine bequeme Vergleichung mit anderen Schriftzügen (fiehe unten S. 6). Jene Befchreibung erftreckt fich auch auf die Kürzungen, wobei die Tafel *B* zu vergleichen ift. Unter Nr. III ftehen einige Bemerkungen über die Provenienz und das Alter der Handfchrift. Hieran reihen fich ferner (unter Nr. IV) kritifche Bemerkungen, deren Hauptaufgabe die Rechtfertigung der Lefung ift; darauf folgt (Nr. V) die Mittheilung und Deutung der fpärlichen, auf den Rändern der beiden anderen Blattfeiten erhaltenen Ueberrefte; hierauf (Nr. VI) die Unterfuchung, wer der Verfaffer des Fragmentes fei und welchem Werke es entftamme; endlich (Nr. VII, VIII, IX) eine zufammenhängende Erörterung des Inhaltes unferes Fragmentes in Form eines Commentars.

Ein genaueres Bild als irgendwelche Befchreibung gewähren die am Schluffe beigefügten, in Lichtdruck ausgeführten Tafeln I und II von fol. rect. und fol. vers. Nur der Farbton ift felbftverftändlich ein ganz anderer als im Original, wo das Pergamen gelb und gelbgrau, die Schrift roftbraun ift. Sowohl diefe Farben als auch zahlreiche Flecke und Runzeln haben der Herftellung des Lichtdruckes erhebliche Schwierigkeiten bereitet, welche aber nach der von Herrn Prof. KARABACEK durchgeführten möglichften Glättung und eigenartigen Präparation des Originals, unter deffen Beirath vom Photographen glücklich überwunden wurden. In dem auf folche Weife ohne Anwendung der Retouche oder Radirnadel hergeftellten Lichtdruck treten die Buchftaben unvergleichlich deutlicher hervor als im Original, nach welchem wir unfere Lefung — ftellenweife mühfam genug — geraume Zeit vor Anfertigung der Tafeln vollendet hatten. Wir fanden unfere Lefungen bei Vergleichung mit den Lichtdruckbildern faft ausnahmslos beftätigt; die letzteren gewähren nun Anderen die Möglichkeit, den von uns hergeftellten Text felbftftändig zu prüfen.

1*

Transſcription.

Recto.

1. oluntidnassnntqni⁊sen

2. ractuuenitetcnmeoʒhetur

3. at· form. q̄s̄exdelictoneneritlibetēinfa

4. bitrariaetiamuinerehuicdic////alienatumēēquis

5. ipioaccepitalienation. nobisadominitranslationem

6. (r)eferentib. ⨍ hocdeilloqsipromuldotemdede//////quistenea

7. tnrh   acform. ⨍ inproposit· etjauolenus⁊fitetnrcū

8. viro   act. ēēetid. puetiamdissolutom̄moniosedueni

9. ret   octmanenteq̄d̄· m̄m̄o· pagicummaritoetp̄di

10. uorti   umantequamdotemredatqsiredderitcnm

11. muletsiqretinueritmaritnscnmutroq. hocetegouerū

12. c̄ē. didicisunminsseritdotempromitterelib· sec· jauol· q̄d̄·

13. etpostdiuortiumipsetenebiturntact. snaspraestaetsin̄

14. dumexegit ⨍ sicnlpaeiussoluendoēēdesitdebitorpericulo

15. patroniperit ⨍ sistatimp̄mul· ruagereetantequampatr

16. fab· form. uocetdamnabmaritusp̄p̄suamculpamd̄d̄· q. remus

Verſo.

1. laetoriaenoxalessunt(ꝓ)

2. tersuonom· tenebitnrn̄de(p)

3. quisiussitaliimancip. utiamdiximus ⨍ sise(r)

4. q. p̄. m̊. eiusn̄m̄m̄ualienationemdominiiutrnm(i)

5. d̄t̄. depecnl. teneaturanetpostann· deeoqadeeumpu(e)

6. eteaq̄d. q̄. n̄. m̊ c̄datasuntitareuocatsid̄m̄alienatasint(e)

7. autq̄m̄. cumnaminform. itaēm̊c̄hodiem̄in   m̄c̄eꝓ

8. donationesemperutinēēpr· arbeergoetfi   loexh̄

9. m̄c̄donaueritteneturhacform. ⨍ cump̄   eipa

10. terleg· uid· neinutil· sitfab· form· adūsusfil· idq. etiam

11. jnl. scr· inmaiorec̄o· quicumtreb· habetduoshi-ettertio

12. exh̄ datom̄c̄. donauitaiteꝓp̄atr· quitert· partisbp̄. acci

13. peretfabinusiliteradūsusfil. usurumq̄ā· p̄eietlegare

14. paternisinqui(d)commodumqpfalc. habiturusēēeiusminu

15. aturarcatait. n̄ēēaeqnomquicquamfileripicnme∓exmi

16. nimapartenistes xpulsnrussitpatronum

Auflöſung.

Recto.

1. *(u)olunt id(em?) uel assunt, qui consen-*
2. *(tiant)..............................(ex cont)raƈtu uenit et cum eo contrahetur*
3. *........................? at. formula quasi ex deliƈto uenerit liberti et est in fa-*
4. *(ƈtum ar)bitraria etiam ui. Vere huic dicimus alienatum esse, qui*
5. *(man)cipio accepit, alienationem nobis ad dominii translationem*
6. *referentibus. Sed hoc de illo. Quid, si pro muliere dotem dede(rit), quis tenea-*
7. *tur hac formula? Sed in proposito et Iauolenus confitetur, cum*
8. *uiro aƈtionem esse; et idem putat etiam dissoluto matrimonio. Sed Venidius*
9. *et Oƈtauenus: manente quidem matrimonio posse agi cum marito; et post di-*
10. *uortium, antequam dotem reddat; quodsi reddiderit cum*
11. *muliere, et si quid retinuerit maritus, cum utroque. Hoc et ego uerum*
12. *esse didici. (Si) suum iusserit dotem promittere libertus, secundum Iauolenum quidem*
13. *et post diuortium ipse tenebitur, ut aƈtiones suas praestet, si non-*
14. *dum exegit. Sed si culpa eius soluendo esse desiit debitor, periculo*
15. *patroni perit. Sed si statim potest mulier rei uxoriae agere et antequam patr(onus)*
16. *Fabiana formula uocet, damnabitur maritus propter suam culpam. Deinde quaeremus*

Verſo.

1. *Laetoriae noxales sunt inter(dum)* *(pa)*
2. *ter suo nomine tenebitur, non de p(eculio)*
3. *qui s(eruum?) iussit alii mancipari, ut iam diximus. Sed si se(ruus)*
4. *quid post mortem eius uel manumissionem uel alienationem dominii, utrum*
5. *dumtaxat de peculio teneatur, an et post annum de eo, quod ad eum peruenerit?*
6. *Et ea quidem, quae non mortis causa data sunt, ita reuocat, si dolo malo alienata sint, ea*
7. *autem, quae mortis causa, omnimodo; nam in formula ita est: ‚mortis causa sine dolo malo'. In mortis causa enim*
8. *donatione semper uti (Fabiana?) nec esse pr(aetoris) arb(itrium). Ergo et si filio exheredato*
9. *mortis causa donauerit, tenebitur hac formula. Sed cum potest ei pa-*
10. *ter legare, uideamus, ne inutilis sit Fabiana formula aduersus filium. Idque etiam*
11. *Iulianus scribit in maiore centenario, qui cum tres habet, duos heredes instituit et tertio*
12. *exheredato mortis causa donauit; ait enim: patronum, qui tertiae partis bonorum possessionem acci-*
13. *peret, Fabiana inutiliter aduersus filium usurum, quia potest ei et legare*
14. *pater, nisi, (i)nquit, (id) commodum, quod per Falcidiam habiturus esset, eius minu-*
15. *atur. Aristo ait: non esse aequom, quicquam filio eripi, cum etiam ex mi-*
16. *nima parte non iste (scr. heres institutus) expulsurus sit patronum.*

II. Die palaeographiſche Beſchreibung, der wir uns jetzt zuwenden, wird auf das beſte dadurch erläutert und vervollſtändigt, daſs die Buchſtabenformen in der durch Lichtdruck hergeſtellten Reproduction (Tafel I und II) des Blattes und noch bequemer in der Schrifttafel *A* dem Leſer vor Augen geſtellt ſind. Dieſe ermöglicht ihm auch, die Schriftzüge unſeres Pergamens mit denen der Veroneſer Handſchrift des Gaius und denen der ſogenannten Vaticaniſchen Fragmente in der bequemſten Weiſe zu vergleichen. Zu ihrer Anfertigung wurde die photographiſche Wiedergabe der nicht reſcribirten Seite benutzt, welche der groſsen Gaius-Ausgabe von STUDEMUND [7] angehängt iſt, und die Beilage von MOMMSEN'S kleiner Ausgabe der Fragmenta Vaticana.[8] Zum Zwecke weiterer Vergleichungen möge ſich der Leſer der Tafel IV in der Palaeographie von FERDINAND BLASS bedienen;[9] dieſe iſt überall gemeint, wo auf andere Schriftformen (z. B. die der Rollen von Herculanum) hingewieſen wird.[10] Auf andere, von uns zur eigenen Orientirung verglichene palaeographiſche Editionen zu verweiſen, unterlaſſen wir, weil ſie für die Mehrzahl der Leſer gleichgiltig und wegen der ſchweren Erreichbarkeit der Werke [11] nutzlos wäre.

Das *a* unterſcheidet ſich von dem modernen durch die kleine Schleife und durch die ſchräge Richtung des rechten Striches. Die Schleife iſt rund, während ſie im Gaius eckig gebrochen iſt und ſich der Form der herculanenſiſchen Rollen nähert.

Das *b* ſtimmt mit dem curſiven überein, indem der obere Bogen fehlt (wie bei dem kleinen *b* unſeres Druckes), während es im Gaius dem *B* der Capitalſchrift (und mithin unſerem groſsen gedruckten *B*) ähnlich iſt. Man hat bisher angenommen, daſs die curſive Verkürzung des *b* ſich erſt ſeit dem VI. Jahrhundert finde; dieſe Grenze muſs nun berichtigt werden, da unſere Handſchrift aus inneren Gründen ſpäteſtens in das V. Jahrhundert zu ſetzen iſt (ſ. unten).

Das *c* iſt nicht überragend und ſchwerlich in einem Zuge gemacht, wie der obere, abwärts geneigte Strich zeigt (*c*).

Das *d* unterſcheidet ſich von dem modernen nur darin, daſs es rechts unten keinen Anſatz hat. Während ſonſt in Uncialſchriften (auch bei Gaius) der rechte Strich gebogen und nach links geneigt iſt, iſt er hier gerade und ſenkrecht; *d* und *a* unterſcheiden ſich alſo dadurch, daſs bei dieſem der rechte Strich ſchräge geht und unten den Anſatz hat.

---

[7] Gaii Institutionum commentarii quattuor codicis Veronensis denuo collati apographum confecit et iussu Academiae reg. scient. Berolinensis edidit GUILELMUS STUDEMUND (Lipsiae MDCCCLXXIV), eine Prachtausgabe im beſten Sinne des Wortes.

[8] Nämlich in der kleinen Ausgabe: Iuris anteiustiniani fragmenta quae dicuntur Vaticana (Bonnae 1861). Die groſse Ausgabe in den philologiſchen und hiſtoriſchen Abhandlungen der königl. Akademie der Wiſſenſchaften zu Berlin (aus dem Jahre 1859) (Berlin 1860), S. 265 bis 408, gibt ein die Handſchrift nachahmendes Apograph nebſt der Leſung in gewöhnlichen Drucklettern. Die ‚notae iuris' ſind, vollſtändiger als in der kleinen Ausgabe, verzeichnet auf pag. 385 bis 388. Vergl. auch das Specimen in der BETHMANN-HOLLWEG'ſchen Ausgabe im Bonner Corpus iuris Romani anteiustin., 1841 (nach col. 304 eingeſchaltet).

[9] Im I. Bande von IWAN MÜLLER's Handbuch der claſſiſchen Alterthumswiſſenſchaft, S. 273 ff. Die Tafel iſt nach S. 298 eingeſchaltet.

[10] Ebenſo wenn von der normalen Uncialform die Rede iſt.

[11] Z. B. die prachtvollen Veröffentlichungen der Palaeographical Society Facsimiles of ancient manuscripts etc. Edited by E. A. BOND and E. M. THOMPSON.

	Gaius	Fr. Vaticana	Fr. de form. Fab.
a	a a	a	a a
b	b	b b	b b
c	c	c	c c c
d	d	d	d d
e	e e e	e	e e
f	f	f	f f f
g	g	g	g g
h	h h	h	h h
i	i i	i	i i i
l	l l	l l	l l l
m	m m	m	m m
n	n	n	n n n
o	o	o	o
p	p p	p	p p
q	q	q	q q
r	r r	r	r r r
s	s	s	s s
t	t t	t	t t
u	u u	u	u u u
x	x		x

Specimen siglorum.

adūers	adversus	m̄tmonio	matrimonio
bp̄·	bonorum possessio	m̄mo·	matrimonio
ↄ ↄ	con, contra	m̊c̄	mortis causa
dd·	deinde	m̄c̄	mortis causa
d̄m̄	dolo malo	N̄	non
dт·	dumtaxat	p	posse, potest; per, per
ē	est	p̄	post, potest
ēē	esse, esset	p̄ m̊	post mortem
eψ	enim	p̄p	propter
exh̄	exheredato	q̄d·	quidem
exh̄dato	exheredato	q̄a·	quia
eт	etiam	q̄s	quasi
hi	heredes instituit	r·u·	rei uxoriae
lib·	libertas	s s	sed
m̄m̄	manumissionem	ū	vel, ver

Das *e* ist nicht eckig, sondern abgerundet; es hat einen auffallend langen Mittelstrich und keine Schlinge, wie in der Gaius-Handschrift, in welcher es schon fast die Gestalt des modernen kleinen *e* angenommen hat.

Das *f* ist grofs und überragt die übrige Schrift nach abwärts, zuweilen nach beiden Richtungen. Die beiden Querstriche sind länger als in der gewöhnlichen Uncialform.

Das *g* hat eine etwas unförmliche und auffallend eckige Gestalt (s. Taf. *A*), während es bei Gaius rund ist.

Das *h* entspricht der gewöhnlichen Unciale.

Das *i* hat bald die Gestalt des *j*, bald die des *i*; nicht selten reicht es unter die Zeile, überragt sie aber auch manchmal, namentlich wenn es mit einem vorausgehenden *t* oder *g* leicht ligirt ist (s. Taf. *A*), was selbst dann geschieht, wenn die Buchstaben verschiedenen Wörtern angehören, z. B. sunt, ita (V 6).

Das *l* hat nicht die Uncialform, sondern erinnert an die herculanensischen Rollen und an die Cursive eines ägyptischen Papyrus; seine so charakteristische Gestalt kann sich also ebensowohl aus dem Entstehungsorte, als aus dem Alter der Handschrift erklären. Es erinnert an das grofse *L* unseres Lateindruckes, nur dafs die Basis manchmal sich schräg unter die Zeile neigt.

Auch das *m* ist sehr charakteristisch, nicht (wie gewöhnlich) gerundet, aber auch nicht der Capitale ähnlich. Es besteht (ebenso wie in dem in Note 14 erwähnten Stücke) aus drei kurzen, senkrechten, oben durch einen wagrechten Strich verbundenen Linien (s. Taf. *A*).

Das *n* hat ungefähr die Uncialform, nur ist es mehr breit als hoch.

Das *o* erscheint im Verhältnifs zu den übrigen Buchstaben auffallend klein, namentlich neben dem plumpen *g* (in ego, ergo). Bei Gaius findet sich diese Disproportion nicht.

Das *p* geht stark unter die Zeile; es ist oben geschlossen und rund, und zwar links abgerundeter als in der Gaius-Handschrift; auch hat es keine Spur jenes Ansatzes, den es in der Minuskel und in allen mittelalterlichen Handschriften hat.

Das *q* ist ähnlich dem kleinen *q* unserer Drucke; der Kopf ist nicht so dick, wie in der Veroneser Handschrift.

Das *r* erinnert an das kleine *p* unserer Lateinschrift. Es kommt am nächsten der letzten Uncialform bei BLASS, nur dafs der rechte Strich sich von der Zeile nochmals aufwärts wendet; *r* geht wie *p* stark unter die Zeile und unterscheidet sich von ihm nur dadurch, dafs der Kopf bei diesem kleiner und geschlossen ist. Der auslaufende Strich des aufgerollten Kopfes von *r* ist zuweilen unabsichtlich (durch Unebenheiten im Pergamen) zu einem Punkt verdickt, wodurch der Schein eines Abkürzungspunktes entsteht.

Das *s* hat die zweite Uncialform bei BLASS; doch ist der senkrechte Strich manchmal ein wenig nach links gebogen und nach unten verdickt.

Das *t* hat die griechische Form; oft endigt es in einen Punkt oder geradezu schon in einen Fufs (*r*). Der senkrechte Strich ist ziemlich gerade; wo dies nicht der Fall ist, geht er unten ein wenig nach links ab, also im Gegensatze zu dem τ unseres griechischen Druckes und des in Note 2 erwähnten Stückes, zu der ersten Uncialform bei BLASS und zu dem *t* des Gaius, dessen Querbalken auch nicht so lang und nicht so geschwungen ist, als bei dem *t* unseres Pergamens.

Dafs *u* und *v* nur ein gemeinschaftliches Zeichen haben, versteht sich für jede alte Handschrift von selbst; bei Gaius und in den meisten Uncialschriften ist dies Zeichen *u*, in unferer Handfchrift ift es ähnlich dem heutigen gefchriebenen *v*; vergleicht man es dagegen mit unferen Drucken, fo ift es in feiner abgerundeten Geftalt ähnlicher dem *u* als dem *v*. Diefer Buchftabe ift auffallend klein, wenn auch nicht fo fehr wie das *o*; aufserdem ift er auch auffallend ungleich gefchrieben.

Das *x* hat die gewöhnliche Uncialform; *k*, *y* und *z* find nicht vertreten.

Die Schrifttafel *B* enthält die wichtigeren Abkürzungen (Siglen, notae, Ligaturen und andere Kürzungen).[12]

Die tironifchen Noten 7, 7 für con, contra waren viele Jahrhunderte hindurch fehr gebräuchlich.[13]

Das Zeichen *ƒ* könnte nur auf den erften Blick für ein *f* gehalten werden. Bei genauerem Zufehen (fiehe z. B. Zeile V 9) fallen folgende Unterfchiede auf: 1. Beim *f* find beide Querftriche mehr wagrecht, hier gehen beide fchräg nach aufwärts; 2. beim *f* ift die Verbindung zwifchen dem Hauptftrich und dem oberen Querftrich abgerundet, hier eckig; 3. beim *f* geht der untere Querftrich nur bis zum Hauptftrich, während er bei unferem Zeichen denfelben durchfchneidet. Es ift entftanden aus einem durchftrichenen *s* und bedeutet sed.[14]

Die meiften Kürzungen in unferem Pergamen find fo gewöhnlich, dafs wir felbft den folgenden Nachweifungen wenig Gewicht beilegen. Die Mehrzahl der Kürzungen findet fich auch im Gaius und in dem fehr gründlichen Index notarum, welchen STUDEMUND der grofsen Ausgabe (pag. 253 sqq.) beigefügt hat. Das an fich mehrdeutige[15] $\overline{dt}$. bedeutet hier felbftverftändlich dumtaxat (beim Gaius *d. t.*), $\overline{dd}$· deinde; $\overline{d}.\overline{m}$. dolo malo (cf. Laterculi, pag. 305, STUDEMUND, pag. 263); *exh.* für exheredare, exheredatus u. f. w. kann nicht auffallen, da *h.* oft für heres vorkommt (fo z. B. Laterculi, pag. 294, 320, 341); im Gaius wird exheredatus fo gefchrieben *ex*$\overline{ht}$.

hi– bedeutet heres institutus, heredem instituere u. f. w. (vergl. *h. i* für heres institutus in den Laterculi, pag. 294; ebenda pag. 278 $\overline{i}$ für institutus, pag. 295 *i*· für instituit,

[12] Noch befteht hier kein conftanter Sprachgebrauch. Im engeren Sinne verfteht man unter Sigle (sigla, literae singulares) traditionelle Bezeichnungen von Wörtern durch einzelne (meift Anfangs-) Buchftaben, im weiteren Sinne überhaupt allgemein herkömmliche conventionelle Abkürzungen. In diefem Sinne ift das Wort in MOMMSEN's Tafel in den Fragm. Vat. und in unferer Schrifttafel *B* gebraucht. Mit notae meinen die Römer ftenographifche Zeichen, welche fie ausdrücklich den Buchftaben entgegenfetzen (notas literas non esse Pedius . . . . scribit, L. 6 §. 2 D. de B. P. 37, 1; cf. L. 40 pr. D. de testam. milit. 29, 1). Von diefer alten Stenographie handelt fehr gründlich U. F. v. KOPP in feinem grofsen Werke Palaeographia critica (4 Bände in 4°, die beiden erften Bände führen auch den Titel Tachygraphia); neuere Arbeiten nennt BLASS, §. 26, Anmerkung. Einige diefer Zeichen find in die gewöhnliche Schrift, und zwar auch in die der Bücher eingedrungen. Doch gebraucht man das Wort ‚notae' auch (namentlich mit Bezug auf Rechtshandfchriften) in einem anderen Sinne, für alle ftändigen Abkürzungen überhaupt, alfo fynonym mit sigla im weiteren Sinne; fo in MOMMSEN's Notarum laterculi, welche im IV. Bande von KEIL's Grammatici Latini (pag. 265 bis 352) eingefchaltet find.

[13] Mannigfache Modificationen derfelben findet man bei STUDEMUND, pag. 260. In mittelalterlichen Handfchriften fteht dafür oft das Zeichen Ɔ oder 9.

[14] Das durchftrichene *s* als Note für sed findet fich bei Gaius nur im IV. Buche (f. STUDEMUND, pag. 300). Häufiger findet man dort für sed ein nichtdurchftrichenes *s* mit einem Apoftroph darüber. Da nun in unferem Zeichen der obere Strich länger ift als fonft bei *ſ* (*s*), fo könnte man meinen, er fei aus der Verfchmelzung mit dem Apoftroph entftanden. Doch ift dies nicht der Fall. In einem anderen Stücke gleicher Provenienz der erzherzoglichen Sammlung ift das *s* immer fo gefchrieben *ſ*, alfo mit einem auffallend langen Oberftrich.

[15] Es fteht zuweilen für dotis tempore, dentur u. f. w.; f. Laterculi, pag. 291.

it für institutus); *m.c.* und auch *m.c.*[16] = mortis causa (vergl. Laterculi pag. 296 *m.c.* = mortis causa, *mt* = mortis tempore); *m. m.* = manumissio, cf. STUDEMUND, pag. 279; *p. m.* = post mortem; das auch fonst vieldeutige *p.* bedeutet in unferer Handfchrift post und potest (letzteres auch im Gaius, während post dort fo gefchrieben wird *p'*[17]); *pp* = propter (im Gaius *pp* oder *pp.* oder *pp.*, STUDEMUND, pag. 288; *patr.* = patronus ift keine eigentliche Sigle; der Strich über dem Anfangsbuchftaben eines halb ausgefchriebenen Wortes bedeutet, dafs es irgendwo gekürzt fei; *qa.* = quia (f. STUDEMUND, pag. 295); *qd.* = quidem (ebenda pag. 296); *q.* bedeutet fowohl quae als que (ebenda pag. 290), *q.remus* = quaeremus (am Ende der Seite R) ift nicht auffällig, da der Kürzungspunkt mitten im Worte überhaupt nicht felten war, wie zahlreiche Beifpiele in den Laterculi zeigen. Viel intereffanter ift die Sigle *ru* für rei uxoriae; fie kommt unferes Wiffens im Gaius nicht vor, wohl aber in den Fragm. Vatic., in den LINDENBROG'fchen Noten (f. Laterculi, pag. 299) und, was befondere Beachtung verdient, in dem von BERNADAKIS entdeckten finaïtifchen Papyrus;[18] *sec.* bedeutet secundum, in anderen Handfchriften *s.*, *sc.*, *scd.*, *sc.d*, *sd.* oder auch verfchiedene Tironifche Noten (f. z. B. Laterculi, pag. 299, 313, 328, STUDEMUND, pag. 300); *v̄* = vel oder auch ver, *advsus* = adversus, wofür fonft auch *adv.* vorkommt (vergl. STUDEMUND, pag. 309, 310).

Durch Verfehen ift in der Tafel weggeblieben *co* = centenario, *pu* = putat, abfichtlich die Sigle für inter, ein langes, fchräg durchftrichenes *i* (f. STUDEMUND, pag. 271, 272), weil es in unferem Fragmente nirgends deutlich fteht, fondern nur die Rudimente davon fich zweimal vorfinden.

Wenn wir die Schrift unferes Pergamens mit der des Veronefer Codex vergleichen, fo fcheinen manche Buchftaben hier, andere dort einen älteren Charakter zu haben. Alterthümlicher fehen im Gaius aus: das an die Capitale erinnernde unciale *B* mit den zwei Bogen,[19] während unfer *b* nur noch den unteren Bogen hat; das *r*, welches bei uns gerundeter ift; das *S* (doch hat Gaius auch die angeblich jüngere Form *ſ*). Doch mufs fchon hier bemerkt werden, dafs unfere Form des *r* auch auf Rechnung des Entftehungsortes der Abfchrift, beziehungsweife der Nationalität des Schreibers gefetzt werden kann; unfere Handfchrift ift eben im griechifch redenden und fchreibenden Orient entftanden; ein ähnliches *r* zeigt der finaïtifche Papyrus. Was aber die Form des *s* in unferem Fragment betrifft, fo gilt fie zwar in der Unciale als jünger, kommt aber fchon in alter Curfive vor.

Aelter als bei Gaius fehen in unferem Bruchftücke aus: *e*, deffen beide obere Striche fich noch nicht zur Schlinge vereinigt haben, wie in der Mehrzahl der Fälle im Gaius; *l* und *m*, welche beide im Veronefer Codex abgerundeter find, dann *p*; denn im Gaius überragt fchon nicht felten der Schaft die Schlinge, was im Fragm. de form. Fab. nicht der Fall ift; das *t* mit feinem Zuge nach links (bei Gaius nach rechts); auch unfer Zeichen für *v* und *u* fcheint älter zu fein, da es nicht rechts unten den Anfatz hat, wie im Gaius.

---

16 Diefe Sigle bedeutet fonft auch mancipium.

17 Laterculi, pag. 297, 298, 325: *p.* = post, *p.* oder *po.* = potest.

18 Siehe die dem Auffatze LENEL'S beigegebene Tafel am Ende des II. (beziehungsweife XV.) Bandes der Zeitfchrift für Rechtsgefchichte.

19 Unverftändlich ift uns, wie BLASS S. 301 behaupten kann, dafs Gaius ‚das verkürzte *b*' habe, während doch das Gegentheil für ihn charakteriftifch ift.

An alte Curfive erinnern unfer *a, b, f, g, l, s, t* und etwa auch *d* und *o*; an die Lateinfchrift eines ägyptifchen Papyrus (f. BLASS, Tafel IV, Columne 4) *b, l* und einigermafsen auch *s*. Für das *n* ift charakteriftifch, dafs der erfte Strich den zweiten überragt, wie im Papyrus des BERNADAKIS und dem in Note 14 erwähnten Stücke (*N*), während die Rollen von Herculanum (wenigftens in der Nachbildung bei BLASS) das umgekehrte Verhältnifs zeigen (*N*). Alt fehen fich auch an *g* und *f*, ohne dafs wir über das relative Alter uns ausfprechen möchten.

Für ein hohes Alter der Handfchrift fpricht auch der Umftand, dafs fie keinen einzigen grofsen Anfangsbuchftaben zeigt, wie folche im Veronefer Gaius und anderen alten Handfchriften doch fchon vereinzelt vorkommen. Nur eine halbe Ausnahme könnte man den Anfang von V 6 nennen; die Geftalt diefes *e* ift nämlich unverändert, nur ift es etwas gröfser.

Ueberhaupt ift es fehr mifslich, aus der blofsen Geftalt der Buchftaben das Alter einer antiken Handfchrift beftimmen zu wollen; dazu ift das zur Vergleichung ftehende Material viel zu dürftig; möge es den Späteren darin beffer ergehen!

III. Verfuchen wir nun nach inneren Gründen das Alter der Handfchrift zu beftimmen. Keinem Zweifel kann es unterliegen, dafs fie nicht nach dem Jahre 533, in welchem die Pandekten publicirt wurden, gefchrieben ift. Es fehlte fortan an jedem praktifchen Intereffe, die Originalwerke zu copiren, auf welche fich Niemand mehr berufen durfte (c. Tanta, §. 10, Deo auctore, §. 7); und ein akademifches Intereffe war in Aegypten gewifs nicht vorhanden, nachdem Iuftinian die Rechtsfchule in Alexandria unterdrückt hatte (c. Omnem reipubl., §. 7) und die Kenntnifs der lateinifchen Sprache im Oriente mehr und mehr erlofch. Ueberhaupt war aber in der dem Jahre 533 nachfolgenden Zeit ein derartiges Intereffe gar nirgends zu finden, da man felbft in Conftantinopel und Berytus nicht nur nicht auf ältere Schriften zurückgriff, fondern fehr bald felbft die iuftinianifche Gefetzgebung nur in byzantinifchen Ueberfetzungen und Bearbeitungen ftudirte.

Dazu kommt, dafs es unwahrfcheinlich ift, dafs ein juriftifches Werk derartig mit Kürzungen verfetzt worden wäre, nachdem Iuftinian fich fo energifch gegen die ‚*siglorum captiones et compendiosa aenigmata, quae multa per se et per suum vitium antinomias induxerunt*' ausgefprochen hatte (c. Deo auct., §. 13, vom Jahre 530). Allerdings galt diefes Verbot feinen Worten nach zunächft nur für Abfchriften der Digeften, dem Sinne nach für alle Gefetzabfchriften und konnte nicht verfehlen, auch darüber hinaus Eindruck zu machen. Und fo hat man denn auch bei der Altersbeftimmung der Gaius-Handfchrift von diefem Momente Gebrauch gemacht.[20]

Wenn man bedenkt, wie befchwerlich, nach verfchiedenen Andeutungen, das Lefen ähnlicher Handfchriften fchon den iuftinianifchen Compilatoren war, wie fowohl der fogenannte Florentiner Index, als der Inhalt der Digeften erkennen laffen, dafs viele der von ihnen benützten Handfchriften durch das Alter befchädigt waren,[21] wenn man das geringe wiffenfchaftliche Intereffe fchon des V. Jahrhunderts fich gegenwärtig hält, fo wird man

[20] Siehe STUDEMUND, pag. XX.

[21] Und ihnen wäre es leichter möglich gewefen als einem Privatmanne, fich die neueften und beften Abfchriften zu verfchaffen; wir müffen alfo glauben, dafs von vielen Schriften gute, vollftändige, neue Abfchriften überhaupt nicht zu haben waren.

nicht geneigt fein, unfere Abfchrift der Zeit nach Theodofius II. zuzuweifen. Wir vermuthen (denn eine fichere Entfcheidung ift unmöglich), dafs fie der zweiten Hälfte des IV. oder der erften Hälfte des V. Jahrhunderts angehört. Innerhalb diefes Zeitraumes wird Jeder, welcher über die Provenienz diefes Bruchftückes unfere weiter unten dargelegte Vermuthung theilt, eher für ein höheres Alter fich entfcheiden; wer auf eine Monographie räth, wird zu keinem anderen Refultate gelangen; nur wer annehmen wollte, dafs unfer Pergamen nicht der Reft einer Originalfchrift, fondern eines Sammelwerkes fei (wie die vaticanifchen Fragmente), könnte das Alter tiefer (d. h. näher zu Iuftinian) herabfetzen; aber nicht das Mindefte unterftützt eine folche Annahme.

Gefunden und wahrfcheinlich auch gefchrieben ift die Handfchrift in Aegypten. Die nähere Beftimmung des Fundortes ift unmöglich, da die Finder und Verkäufer folcher werthvoller Ueberrefte die Wahrheit nicht nur nicht fagen, fondern die Spuren hinter fich forgfältig verwifchen und den Forfcher abfichtlich auf falfche Fährten leiten. Zu diefem Zwecke haben fie auch im vorliegenden Falle Stücke verfchiedener Provenienz durcheinander gemifcht und als einheitlichen Fund erfcheinen laffen. Jeder Jurift wird zunächft an Alexandria denken, und gefchrieben wird der Codex wohl auch dort fein, felbft wenn fein Bruchftück anderswo gefunden fein follte. Viele andere Stücke des Fundes ftammen, wie Profeffor KARABACEK und feine Mitarbeiter erwiefen haben, theils aus dem Faijûm (Arfinoë), theils vom Ufchmûner Boden (d. h. aus der Gegend von Hermoupolis-Schmûn), und auf diefem könnte auch unfer Fragment gefunden fein; doch ift die Annahme eines anderen unter- oder mittelägyptifchen Fundortes nicht ausgefchloffen.

IV. Textkritifche Bemerkungen. Ueberblicken wir unfere ganze Handfchrift, fo fehen wir, dafs der Schreiber wiederholt falfch gelefen und wiederholt falfch gefchrieben hat. Aus erfterer Thatfache folgt, dafs ihm das Archetyp nicht leicht zu lefen war (vergl. hiemit unfere Bemerkung auf S. 20, dann auch S. 32, Note 86 a. E.); aus der zweiten, dafs der Schreiber nicht forgfältig gearbeitet hat; dies zeigen übrigens fchon die ungleichmäfsigen Buchftabenformen, namentlich des *i* und des *u*. Unzweifelhafte Schreibfehler find folgende: Recto, Zeile 5 *adomini* (*ad dominii*), Zeile 10 *redat* (*reddat*) und *redderit* (*reddiderit*), Zeile 13 *praestaet* (*praestet*). Verfo, Zeile 5 *adeeum* (*ad eum*), Zeile 8 *arbe ergo* (*arb. ergo*), *filo* (*filio*), Zeile 11 *treb.* (*tres*), ebenda ift hinter *habet* wahrfcheinlich *filios* weggelaffen, Zeile 13 *inusiliter* (*inutiliter*), Zeile 14 *nisinquid* (*nisi inquit* oder *nisi, inquit, id*). Sinnlos ift Recto Zeile 8, 9, *sed venmret oct.*, Verfo Zeile 7 grofsentheils und Zeile 14 *arcatait*.

Zu den einzelnen Zeilen haben wir Folgendes zu bemerken:

Zu Recto.

Zeile 1. Nicht die Buchftaben, aber ihre Verbindungen find uns zweifelhaft. Gehören nicht vielleicht *duas* zufammen und deutet diefes ‚*duas*‘ auf zwei Formeln (actiones), deren eine *ex contractu venit*, deren andere *quasi ex delicto venerit liberti*?

Zeile 2. Die Ergänzung *ex contractu* ift durch den Gegenfatz in der folgenden Zeile aufser Zweifel gefetzt.

Zeile 3, fiehe Zeile 1.

Zeile 4. Zweifelhaft kann nur die Auflöfung des ‚*vivere*‘ fein; darüber unten im Commentar; *dic.* mufs gelefen werden *dicimus*, arg. vb. *alienationem nobis . . . referen-*

2*

tibus (Zeile 5, 6); hinter *eeq* hat der Corrector am Rande nachgetragen *uis*; dieses *quis* wäre eine Verschlimmbesserung, wenn es nicht vielleicht *qui s(ervum)* bedeutet. (?)

Zeile 5. *a domini* ist unbedenklich in *ad dominii* zu corrigiren; am Rande hat schon der Corrector der Handschrift hinter *translatione* ein *m* hinzugefügt.

Zeile 6. Das hier auftretende und so oft wiederkehrende *sed* könnte grammatische Bedenken erwecken, ob dies die richtige Deutung der Note ⸓ sei, jedoch mit Unrecht. In dem Ulpian'schen Fragment (L. 1 D. h. t. 38, 5), das dem unseren ähnlich ist, kehrt gleichfalls das *sed*, namentlich in der Verbindung *sed si, sed et si* im Anfange der Sätze bis zum Ueberdrusse wieder (siehe die Anfänge von §§. 8, 10, 13, 14, 16, 20, 23, was Ulpian nicht abhält, auch noch sonst das *sed* zu verwenden, z. B. gegen Ende von §. 15 und von §. 17). Ueberhaupt wurde die casuistische Darstellung der Edictscommentare ungemein häufig auf diese Art fortgeleitet, wovon wir an anderer Stelle reichliche Proben geben. Auch in palaeographischer Hinsicht ist jene Auflösung gesichert. Das Zeichen ist entstanden aus einem eckigen *s* (der zweiten Uncialform bei BLASS) mit auffallend langem Oberstrich, wie es in Funden derselben Provenienz vorkommt; dieses wurde durchstrichen; unser Zeichen steht also dem seinem Aussehen nach freilich sehr unähnlichen S gleich, das so oft für *sed* vorkommt. Vergl. Note 14.

qsi = quodsi ist ebenfalls eine beliebte Verknüpfung casuistischer Erörterungen, wovon die anläfslich des *sed* gesammelten Pomponius-Stellen manche Proben enthalten. Hier aber ist die Auflösung *Quid, si* wahrscheinlicher. Nach *dede* ist im Original ein kleines Loch; die Ergänzung kann nicht zweifelhaft sein.

Zeile 7. Von hier bis über Zeile 10 erstreckt sich, nahe dem linken Rande, ein grofses Loch, das schon im unbeschriebenen Pergamen vorhanden war, also keine Lücke bildet. Wunderlich genug, dafs der Schreiber das Wörtchen *hac* nicht ungetrennt gelassen hat, sondern aus Sparsamkeit das *h* noch vor dem Loche anbrachte!

Zeile 8. *et id· pu*, doch wohl *et idem putat*. Auffallen könnte etwa, dafs *sed* hier ausgeschrieben ist, während sich sonst immer dafür die zu Zeile 6 besprochene Sigle ⸓ findet. Aber auch im Gaius findet sich dies Wort bald ausgeschrieben, bald gekürzt, ebenso wie *aut* dicht hinter einander voll und gekürzt geschrieben ist; siehe bei STUDEMUND, pag. 236, Zeile 18 und den Lichtdruck des nicht rescribirten Blattes. In unserem Fragment selbst findet sich *post* bald mit einer Sigle, bald voll ausgeschrieben, letzteres wo der Nachdruck darauf liegt. Am Ende der Zeile 8 steht deutlich *veni*, am Anfang von

Zeile 9, *ret* (*o*)*ct*. Dies ist zu emendiren: *venid. et oct = Venidius et Octavenus*. Dafs hier nur ein Allegat stehen konnte, ergibt sich aus der Erwägung, dafs mit *dissoluto matrimonio* der frühere Satz offenbar abgeschlossen ist, dafs von *manente* bis *cum utroque* eine abgerundete, in sich abgeschlossene oratio obliqua reicht, dafs zwischen *matrimonio* und *manente* nur für wenige Worte Raum ist, und endlich dafs *sed veniret* gänzlich sinnlos bleibt, mag man es nun zum ersten oder aber zum zweiten Satze ziehen. Im sachlichen Commentar wird ausführlich gezeigt werden, dafs dies Allegat wirklich *Venidius et Octavenus* gelautet hat. Ebenfalls in Zeile 9 steht *p* und bald darauf *p̄*. Jenes bedeutet *posse*, dieses *post*; *p* bedeutet auch *potest*, hier mufs aber *posse* gelesen werden, wegen der indirecten Rede; denn von Zeile 7 (*confitetur*) bis Zeile 11 (*cum utroque*) reicht das Citat aus Iavolenus. In V 15 und R 13 bedeutet *p̄ potest*. Im Gaius bedeutet *p̄. potest*, *p'* *post*.

Zeile 10. *redat* Schreibfehler für *reddat*, *redderit* Schreibfehler für *reddiderit*.

Zeile 11. *q* bedeutet hier *quid*, fonft *quod* (z. B. R. 6); vergl. Laterculi, pag. 327 unter Ziffer 60, pag. 312 unter Ziffer 7. Im Gaius und auch fonft oft bedeutet es *quam* oder *quan-*, fiehe Laterculi, pag. 280, 284, 298, 312 (unter Ziffer 3), 326 (Ziffer 11).

Zeile 13. *praestaet* verfchrieben für *praestet*; der Schreiber hatte das foeben gefchriebene *ae* (*prae*) noch im Gedanken.

Zeile 14. Sollte nach *si* etwa zu ergänzen fein *sine*?

Zeile 15. *p̄* fiehe bei Zeile 9, *ru* = *rei uxoriae* fiehe oben S. 9.

Zeile 16. Wegen *p̄p̄* und *d̄d̄·* fiehe oben S. 8, 9, *q.* = *que, quae*, cf. Laterculi, pag. 312, 327; STUDEMUND'S Gaius, pag. 290.

Zu Verfo.

Zeile 1. Hinter *sunt* ift das Blatt abgeriffen, doch läfst fich noch die untere Hälfte der Sigle für *inter* (*ɟ*) erkennen; es hiefs alfo wohl *interdum*. Die Zeile fchlofs ohne Zweifel mit der Silbe *pa*, wie der Anfang der

Zeile 2 (*ter*) erkennen läfst; ebenfo ficher ift, dafs an dem abgeriffenen Rande der Reft von *p* auf *peculio* deutet.

Zeile 3. ‚*quis*'; ging vielleicht ein *si* voran oder bedeutet es *qui servum*? (Vergl. die Bemerkung zu R 4.) An dem abgeriffenen Rande ift nach *si se* der untere Strich des *r* zu erkennen, alfo *servus* oder *servum* etc. Vergl. überhaupt L. 1 pr. §. 4, 5, D. quando de pecul. 15, 2.

Zeile 4. *q.* kann auf verfchiedene Relativ- oder Interrogativpronomina gehen (*qui, quis, quid, quod, quae*). Am zerriffenen Rande ift nach *utrum* der kleine Reft eines Buchftabens zu erkennen, der kaum merklich unter die Linie reichte und am eheften ein *i* gewefen fein könnte (*in, intra*?). Der zweite Theil der Doppelfrage läfst keinen Zweifel übrig, dafs es im erften hiefs *in anno* oder *intra annum*. Vergl. L. 1 D. quando de pecul. 15, 2: Praetor ait: ‚*Post mortem eius, qui in alterius potestate fuerit, posteave quam is emancipatus manumissus alienatusve fuerit, dumtaxat de peculio et si quid dolo malo eius in cuius potestate est (fuerit) factum erit quominus peculii esset, in anno, quo primum de ea re experiundi potestas erit, iudicium dabo.*'

Zeile 5. *q* ift, obgleich lädirt, doch unzweifelhaft; *ade eum* Schreibfehler für *ad eum*; nach *pu* ift am Rande die untere Hälfte eines *e* kenntlich, alfo *perve(nerit)*.

Zeile 6. Schon die erfte Hand hat das *e* wie eine Initiale (die einzige Spur einer folchen in unferem Pergamen) vor den Schriftraum geftellt, im Sinne unferes ‚Alinea'. Nach *sint* ift am Rande vielleicht *contra* zu erkennen oder doch zu errathen; ebenfo gut könnte es aber auch ein Rudiment von *e* fein; dann hiefse es *ea*.

Zeile 7 beginnt mit den fehr deutlichen aber finnlofen Worten *aut q̄m. cum*. Dafs letzteres Wort hier, am Schluffe des Satzes, unmöglich ift, verfteht fich von felbft. Wahrfcheinlich ftand in der Vorlage *aut. q̄. m̄. c o. m*, d. h. (*contra* oder *ea*) *autem, quae mortis causa* (scil. *data sunt*), *omni modo*. Ebenfo gedankenlos hat der Abfchreiber in der zweiten Hälfte unferer Zeile gefchrieben *n̄ h̄ c̄ hodie m̄*. Im Archetyp ftand unzweifelhaft: *Nam in formula ita est: ‚mortis causa sive dolo malo*'. Für die beiden letzten Worte gab es verfchiedene Siglen. Schon im Edict ftand *d. m.* (wie Probus bezeugt, fiehe Laterculi, pag. 274, §. 5, 5) und dies blieb die häufigfte Kürzung; ebenfo *d. m̄.* oder *d̄.m̄.*, auch *d. m̄.*, *d̄. om̄*, *d. ml̄.*, *dol. m̄.* u. dergl. Siehe Laterculi, pag. 275, Ziffer 14 ff., pag. 278, 282, 291 (rechts Ziffer 3, 4), 305 (rechts), 318 (rechts), 338 (links) und STUDEMUND, pag. 263. *Sive* wurde *sv̄.* gefchrieben (Laterculi, pag. 300 a. A.), alfo *ſv̄.*, wobei zu beachten ift, dafs *o* und *u* in den Handfchriften manchmal fehr ähnlich find, zuweilen felbft in unferer (vergl. die letzten Buchftaben in R 7 und 14, V 11 und 14). Da nun *d.* auch *die* bedeutet, fo kann man begreifen, wie aus *ſv̄. d. m̄.* der Abfchreiber *hodie m̄.* machen konnte.

Zeile 8. Nach *uti* ift hinzuzudenken *f. Fabiana*, vergl. Zeile 13: *Fabiana inutiliter adversus filium usurum*; darnach *n ēē*, doch wohl *nec esse*; dann *pr· arbe ergo* für *pr· arb.*; *ergo* . . .; es ift genau derfelbe Schreibfehler wie in Zeile 5. Darauf *filo* für *filio*, *exh—*, d. h. *exheredato*, vergl. STUDEMUND, pag. 267, 270.

Zeile 9. *p̄* bedeutet hier und in Zeile 13 *potest*, während es gewöhnlich *post* bedeutet.

Zeile 10. In *vid.* ift durch eine Unebenheit des Pergamens das *i* einem *l* ähnlich gerathen.

Zeile 11. *cō.* bedeutet gewöhnlich *commentario*. Auf welche Irrwege hätte man früher durch einen angeblichen *maior commentarius* des Iulian verlockt werden können! Heute glaubt Niemand mehr an HOMMEL's libri Iuliani ‚ad Edictum', neben den Digeften desfelben Verfaffers. Selbftverftändlich bedeutet *in maiore cō.* hier *in maiore centenario.* (Vielleicht ftand im Original neben dem Zeichen für *centum* ein die Endfilben andeutender Zufatz, der aber freilich auch zu *commentario* gepafst hätte.) *treb·* ift nicht blofs verfchrieben für *tres*, fondern es ift verlefen; fonft würde der Abfchreiber nicht den Abkürzungspunkt gefetzt haben. Nach *habet* ift zu ergänzen *filios. hi—* bedeutet *heredes instituit*, fiehe Laterculi, pag. 294 rechts, vergl. pag. 278 rechts.

Zeile 12. Die Worte *ait enim* (scil. Iulianus) mit darauffolgendem Citat find als Beleg gedacht für die Behauptung: *Idque etiam Iul. scr.* etc.

Zeile 13. *inusiliter* verfchrieben für *inutiliter*.

Zeile 14. *nisinquidcommodum*, deutlich ift das *nisi*, vor *commodum* ift ein *d* durchgefallen, deffen Conturen die kleinen Löcher erkennen laffen; dafs der Buchftabe vor diefem ein *i* fein foll, zeigt die Vergleichung mit dem erften *i* in *nisi* (kein Buchftabe ift in unferem Pergamen fo verfchieden, fo inconfequent gemacht, wie das *i*). Zwifchen *nisi* und *id commodum, quod per Falcidiam habiturus esset* (cf. L. 4 D. ad S. C. Trebell. 36, 1, L. 90 D. ad leg. Falcid. 35, 2) fteht *nqu*; am leichteften wäre die Emendation *nisi, inquit, id* (oder auch ohne das *id*, da der Schreibfehler *inquid* in Handfchriften nicht felten ift, fo z. B. Livius, lib. XLV, c. 12, §. 5); doch mufs man geftehen, dafs das *inquit* fehr müfsig wäre. Sonft aber ift es unbedenklich; es findet fich ftatt des viel häufigeren *ait*, fowohl bei Citaten aus Juriften (z. B. Gaius, II, 218), als bei folchen aus dem Edicte (z. B. L. 8 §. 1 D. de in ius voc. 2, 4; L. 6 §. 3, L. 8 D. de his qui notantur infam. 3, 2), oder anderen Rechtsquellen (f. z. B. L. 13 D. de adsign. lib. 38, 4). *Neque* würde ein zweites *neque* erfordern und ift auch durch den Sinn des Satzes ausgefchloffen. Ebenfo räthfelhaft ift das *eius* gegen Ende der Zeile; an *commodum eius* zu denken, was fonft am nächften läge, verbietet wohl der eingefchobene Relativfatz; fomit wird man auf ein dem *minuatur* nachfolgendes Subftantiv hingewiefen, das wir aber nicht errathen können. Ueber die nun folgende defperate Buchftabengruppe *arcatait* werden wir uns im fachlichen Commentar äufsern.

Zeile 15 und 16. Von *ait* an iſt der ganze Reſt der Seite gut zu erklären. Im Archetyp hieſs es, wie im ſachlichen Commentar gezeigt werden wird: *Non esse aequom, quicquam filio eripi, cum etiam ex minima parte heres institutus expulsurus sit patronum.* Dabei war *heres institutus* in der gewöhnlichen Art *h̄ ist.* geſchrieben, was der Copiſt *ñ iste* (*non iste*) geleſen hat. Den wahren Sinn der Begründung miſsverſtehend, glaubte vielleicht der Schreiber, falls ſeine Rechtskenntniſſe ſo weit gingen, die *aequitas* darin ſuchen zu müſſen, daſs der Patron dem Sohne nichts entreiſsen ſolle, da gerade dieſer Sohn das Notherbrecht des Patrons nicht beeinträchtige; dieſer würde nämlich, auch wenn Jener gar nicht vorhanden wäre, doch nur ein Drittel anſprechen können.

V. Wortreſte auf den Rändern der correſpondirenden Blattſeiten.

Recto.	Verſo.
apetit	*ceaū* (? oder *t*?)
hone̅	*q lib·* (*p*)
....	*vmq.*
(*ꝑ*) *e̅e̅t.*	*nat*
cusa	*ꝑeg* (*o*)
iisubi	*h̄dat*
diser	*ctot̅.t̅*
itur	*exh̄* (*d*)
latus	*hacp* (*a*)
(*e*) *sserit*	*debp̄* (*a*?)

So gering die Ueberreſte zweier anderer Seiten ſind, die wir links von Recto und rechts von Verſo erblicken, ſo verrathen ſie doch, daſs auch auf dieſen Seiten, über deren mögliche räumliche Entfernung von Recto und Verſo wir in Note 5 geſprochen haben, von dem Patronat die Rede war, dagegen aber nicht von der *form. Fabiana.*

Die ſeitlichen Reſte bei Recto ſcheinen auf die *operae libertorum* zu deuten; ſo gleich das erſte Wort *petit,* das in dieſer Materie (*petitio operarum*) ſo oft zur Anwendung kam; ebenſo das zweite *hone̅*, das in den *operae, quae honeste et sine periculo vitae praestantur* (L. 16 D. h. t. 38, 1) vorkommt; das *interesset* paſst zu der oft erwähnten *aestimatio* der *operae,* der Reſt *cusa* zu dem *recusare,* das in verſchiedenem Sinne hier Anwendung findet (ſ. z. B. L. 47 h. t., dann als Ablehnung unſtatthafter Zumuthungen, wie *operae inhonestae* etc.). Allerdings könnte *hone̅* auch auf den Grundſatz bezogen werden, daſs *liberto semper honesta et sancta persona patroni videri debet* (L. 9 D. de obsq. parent. 37, 15), daſs dieſer demnach von jenem nicht angeklagt (*accusatus,* Zeile 5) noch denuncirt (*delatus,* Zeile 9) werden ſoll. Aber auch dann ſtehen wir auf demſelben Boden. Ebenſo, wenn wir bei den Silben *cusa* an die *liberti ingrati accusatio* denken. Sicherheit iſt natürlich nicht zu gewinnen.

Den Reſt neben Verſo beziehen wir auf die *assignatio libertorum.* Mag *lib.* auf die *liberi* oder die *liberti, nat* auf *assignat*(*io*) oder *senatus* gehen, wir werden an den Senatsbeſchluſs erinnert, deſſen Wortlaut uns Ulpian in L. 1 D. h. t. 38, 4 erzählt. Und auch andere Reſte kehren in L. 1 wieder. *Adsignare quis potest quibuscumque verbis vel nutu* (vergl. §. 3 mit Zeile 3); in der ſechſten und achten Zeile war von der Enterbung die

Rede (*h‾dat, exh‾d*), ebenſo wie in §. 5 und §. 6 wiederholt davon die Rede iſt. In der ſiebenten Zeile ſteht *ctot·t*, das *cto* deutet auf *ex senatus consulto* (vergl. das *nat.* in der vierten Zeile, dann L. 1 pr., §. 1), das *t·t* bedeutet *testamentum* (oder *testamento*); ſiehe STUDEMUND, pag. 308, Laterculi, pag. 300 und passim; vergl. L. 1 §. 3, wo es nach *nutn* (ſiehe oben) heiſst: *vel testamento vel codicillis vel vivus*, vergl. auch L. 13 h. t. Sonſt iſt über dieſe Reſte noch zu bemerken: Zeile 1 könnte heiſsen *liceat*; Zeile 5, *sed ego* erinnert an Recto 11, 12; Zeile 9 wahrſcheinlich *ex hac parte*; Zeile 10 *de bonorum possessione* (cf. L. 10 h. t.); der letzte lädirte Buchſtabe iſt nicht zu erkennen.

Daſs Ulpian auch in dieſer Materie den Pomponius benutzt hat, zeigt L. 3 §. 3 D. h. t.

VI. Daſs unſer Fragment weder in den Digeſten enthalten, noch ſonſt irgendwo veröffentlicht, alſo ein neuentdeckter Ueberreſt der römiſchen Rechtsliteratur iſt, glauben wir mit Beruhigung behaupten zu können.

Einem praktiſchen Werke (einer Sammlung von quaestiones oder responsa) hat es wohl nicht angehört; allerdings bezieht ſich das *in proposito* oft auf den concreten, dem Reſpondenten, beziehungsweiſe dem reſcribirenden Kaiſer vorgelegten Fall (L. 23 D. de liber. et postum. 28, 2, aus Papinian's Quaestiones; L. 33 [34] D. de neg. gest. 3, 5, aus Paulus' Quaestiones; L. 24 D. de praescr. verb. 19, 5, aus African's Quaestiones; vergl. L. 47 pr. D. de pact. 2, 14 [Scaevola: Secundum ea, quae proponerentur; ebenſo in L. 3 §. 2 D. transact. 2, 15, gleichfalls von Scaevola]; vergl. auch die von Paulus in L. 35 D. de servitut. praed. rust. 8, 3, angeführten Reſcriptworte), aber nicht ſelten auch auf einen der Erinnerung oder der Phantaſie entnommenen Fall zur Illuſtration theoretiſcher Sätze, oder endlich auch auf einen abſtracten Thatbeſtand (vergl. L. 52 §. 2 D. de iudic. 5, 1; L. 1 §. 11 D. ad Sc. Tertull. 38, 17; L. 17 §. 7 D. de iniur. 47, 10) und in dieſer letzten Anwendung iſt es in unſerem Fragment gebraucht. Auch einem Lehrbuche iſt dieſes nicht entnommen, wie die ausführliche, ins Einzelne gehende Darſtellung zeigt; wohl aber deutet dieſe caſuiſtiſche Behandlung auf eine Monographie oder einen Commentar hin. Von einer Monographie über die Formula Fabiana[22] iſt uns nichts überliefert; in einem Werke ad Sabinum mochte eine ſummariſche Darſtellung des praetoriſchen Pflichttheilsrechtes des Patronus allenfalls eine Stelle finden (ſiehe L. 2 de bonis libert. 38, 2), unmöglich aber eine ſo eingehende, wie die, deren Probe uns vorliegt.[23] Mithin können wir nur auf einen Edictscommentar rathen, zumal die generiſche Aehnlichkeit unſeres Fragmentes mit Fr. 1 D. si quid in fraudem patroni 38, 5 nicht verkannt werden kann. Zugleich zeigt aber gerade dieſe Stelle, daſs die uns vorliegende, mit jener parallele Darſtellung aus Ulpian's groſsem Werke nicht herrührt.

---

[22] In der Art von Gaius' liber singularis de formula hypothecaria, Marcianus' liber singularis ad formulam hypothecariam.

[23] Auf L. 1, 3, 5, D. de adsign. libert. 38, 4 darf man nicht hinweiſen; denn die *adsignatio libertorum* war kein praetoriſches Inſtitut. In unſerem Titel (38, 5) iſt nirgends ein *liber ad Sabin.* citirt, im Titel 38, 2 (*de bon. lib.*) nur einmal (L. 2), in dem Titel 37, 4 (*de B. P. contra tab.*) ſind die L. 16 und L. 17 verſchwindend im Verhältniſſe zu dem Umfange des Titels; in dem damit eng verbundenen Titel 37, 5 findet ſich keine einzige derartige Stelle. Ueberdies iſt zu bedenken, daſs die regelmäſsige *B. P. contra tab.* die Modification des civilen Notherbrechtes, unſer Inſtitut hingegen dem Civilrechte ganz fremd war. Vergl. auch den Titel 42, 8 (*quae in fraudem creditorum*).

Wohl aber könnte sie dem 42. Buche des Edictscommentars von Paulus angehören, welches in unserem Digestentitel (38, 5) nahezu (siehe L. 5) gar nicht benutzt ist. Für diese Annahme liefse sich anführen der Satz: *Hoc et ego verum esse didici*, da Paulus gerne mit ähnlichen Worten auf das ihm von seinen Lehrern [24] Tradirte sich beruft. So im Lib. I manual. (Vat. fragm. §. 50 [25]): *Ego didici* .... (unbrauchbar ist die Stelle in Vat. fragm., §. 139 [26]). Cf. L. 24 D. ut leg. s. fideic. serv. c. cav. 36, 2 (aus Paulus lib. VI ad leg. Iul. et Pap.): *Ego accepi.* L. 14 (15) D. de neg. gest. 3, 5 (aus Paulus lib. IX ad edictum): *Hoc et ego verius esse didici.* L. 27 §. 1 D. de pactis 2, 14 (aus Paulus lib. III ad edictum): *Ego didici prodesse fideiussori exceptionem.* L. 19 §. 3, D. de her. pet. 5, 3 (aus Paulus lib. XX ad edictum): *Servitutes in restitutionem hereditatis non venire ego didici.* L. 1 §. 8 D. ad leg. Falcid. 35, 1 (aus Paulus lib. singul. ad leg. Falcid.): *Ego autem didici, si in continenti* ... Nach allen diesen Stellen möchte man es wohl als möglich bezeichnen, dafs Paulus auch der Urheber unferes Fragmentes sei. Wir werden aber im Verlaufe dieser Arbeit sachliche Argumente kennen lernen, die seine Autorschaft ganz unwahrscheinlich machen.

Auch kann man ja einen Beweis für einen bestimmten Autor selbstverständlich nicht durch eine Redewendung herstellen, zumal sie auch bei Anderen uns begegnet. Siehe L. 1 §. 25 D. de vi 43, 16 (aus Ulpianus lib. LXIX ad edictum): *id exempli causa didici Proculum dicere.* L. 5 D. de oper. serv. 7, 7 (aus Terentius Clemens lib. XVIII ad leg. Iul. et Pap. Popp.): *Et ego didici et Iulianus scribit.* L. 50 D. de minor. 4, 4; da heifst es in der Anfrage des Iunius Diophantus an Pomponius: *Ego didici, ex tempore i. i. rest* ... Siehe auch hier Note 26. Aehnliche Redewendungen, wie das *Hoc et ego verum esse didici*, als Bekräftigung nach Citaten, find auch bei Pomponius nicht selten. So z. B. in der auch stylistisch an unser Fragment erinnernden L. 6 de act. e. v. 19, 1, die Worte (in §. 4): *Labeo contra putat et illud solum observandum* ... *Et est verum.* Dann in L. 10 solut. matr. 24, 3 die Worte: *dotis actionem heredibus uxoris dandam esse Proculus ait; et recte; non enim aequum est* ... (cf. Fr. de form. Fab., R 10 bis 12 und V 15, 16). L. 10 de auro argento, 34, 2: *Q. Mucius ait* ... *Pomponius: Sed hoc verum est* ... und gegen Ende: *tunc aeque erit vera Q. Muci sententia* ... L. 4 de operis libert. 38, 1: *Haec ita Aristo scripsit, cuius sententiam puto veram. Nam* ... *oper. actionem dari heredi* ... *placet* ... L. 10 pr. ad Sc. Tertull. 38, 17: ... *an ea ad matrem pertineant, videndum est. Sed non puto.* L. 22 de aq. et aq. pluv. 39, 3: *Quod si ei non competet, quaerendum est, an utilis ei* ... *actio* ... *dari debeat* ... *Sed magis est, utilem* ... *ei actionem accomodare* ... *An vero etiam utilis in fructuarium actio aq. pl. arc. danda sit, quaesitum est: et magis est, ut detur.* L. 77 (76) de furt. 47, 2: *Haec Q. Mucius refert, et vera sunt;* darauf folgt eine kurze Begründung. Ebenso lakonisch, wie so oft seine Zustimmung, lautet auch sein Widerspruch; z. B. gleich in der soeben citirten Stelle heifst es weiter: *Nec utimur Servii sententia, qui putabat* ... *Dominus igitur habebit cum utroque furti actionem* ...;

---

[24] Dies Wort im weitesten Sinne genommen.

[25] Im MOMMSEN's grofser Ausgabe pag. 284, 285, in der kleinen pag. 19.

[26] Gröfsere Ausgabe pag. 310, 311, kleinere Ausgabe pag. 51. Die Stelle gehört wahrscheinlich Ulpian's Schrift De excusationibus an (siehe MOMMSEN, in der grofsen Ausgabe pag. 394 bis 396). Der Text ist nicht sicher; *et didici* ist MOMMSEN's Conjectur für das handschriftliche *et dicit.*

sed et condictionem, quia ex diversis factis tenentur (cf. Fr. de f. Fab., R 1 bis 4). L. 85 i. f. de leg. III: *Labeo tamen scribit . . . Sed alio iure utimur.*

Ebenfowenig individuell ift der Ausdruck *confitetur* in Anwendung auf eine literarifche Meinungsäufserung. Er findet fich bei Gaius (II, §. 123) und bei Ulpian (L. 22 D. de pign. act. 13, 7). Er kann, mufs aber nicht auf die Conceffion eines im übrigen Diffentirenden oder eines *diversae scholae auctor* bezogen werden; denn Ulpian fagt (l. c.): ‚*Papinianus confitetur, et est verum,*‘ wo alfo kein Diffens vorliegt. Anders freilich Gaius (l. c.): ‚*adeo quidem, ut nostri praeceptores existiment . . . : sed diversae scholae auctores, siquidem . . . vivat, . . . heredem fieri confitentur; si vero . . . sit, . . . adiri putant.*‘ Auf eine Meinungsverfchiedenheit deuten in unferer Stelle die Worte ‚*in proposito*‘ (cf. L. 33 D. de neg. gest. 3, 5 aus Paulus' lib. I, quaest.: *at in proposito . . . verisimile esse*), aber darum braucht der Verfaffer nicht ein *auctor diversae scholae* zu fein. Eine folche Annahme könnte übrigens auch nichts zur Eruirung des Autors beitragen, da Gaius und Pomponius ebenfo Sabinianer waren, als Iavolenus und Iulianus, und da Paulus und Ulpian in einer Zeit fchrieben, wo der Gegenfatz der Schulen nicht mehr beftand.

Einen Fingerzeig möchte man von der ungewöhnlichen Redewendung ‚*debitor periculo patroni perit*‘ erhoffen; wir erinnern uns aber keiner wirklichen Parallele. Verwandte Redensarten find *debita pereunt* bei Gaius II, 35, III, 85 und *lis perit* in L. 18 D. de dolo m. 4, 3 und in L. 8 pr. D. de leg. III (32), beide Stellen find von Paulus. Zu *antequam patronus formula Fabinana vocet* gibt es wohl keine genaue Parallele; am nächften kommt Paulus, Sent. III, 3, §. 1: *Ea, quae in fraudem patroni a liberto quoquo modo alienata sunt, Fabiana formula tam ab ipso patrono quam a liberis eius revocantur*; doch ift nicht zu überfehen, dafs jenes *vocare* eine Perfon (gerichtlich) belangen, diefes *revocare* hingegen eine Sache zurückverlangen bedeutet.

Die Definition der *alienatio*, als der Uebertragung des Eigenthums, erinnert an zwei Aeufserungen Ulpian's, von denen wir fpäter noch fprechen werden, aber fie gehört offenbar einem altüberlieferten Inventar von Schuldefinitionen an, welche in Aller Munde waren.

Die Aufforderung *videamus* kommt unzähligemale, die Wendung *videamus, ne* viel feltener vor; z. B. Vat. fragm. §. 49: *videamus ne non possit,* und cod. §. 55: *videamus, ne nec hoc casu valeat*[27] — beide Stellen find aus Paulus' lib. I manual. — dann in L. 8 (9) D. de neg. gest. 3, 5, wo Pomponius (nach einem Citate des Scaevola) fagt: *Videndum ergo, ne in dubio hoc . . . actio neg. gest. pendeat.*[28]

Unfer Fragment ift zu kurz, um aus den Wörtern und Wendungen derfelben den Autor mit voller Sicherheit ermitteln zu können; wohl aber mufs zugegeben werden, dafs diefe Diction als ein Argument für Paulus angeführt werden könnte, und in der That

---

[27] Die Stelle ift verderbt reproducirt in L. 26 D. de stipul. serv. 45, 3.

[28] Dräger, Hyftorifche Syntax der lateinifchen Sprache (II. Bd., 2. Abth. = 3. Theil: Die Coordination) fagt S. 288: ‚*Videre* in der Bedeutung ‚auf etwas achten, für etwas forgen‘ kommt zu allen Zeiten, namentlich bei Cicero, mit *ne* vor . . . Im Altlatein fcheint es weniger gebraucht zu fein. Diefe Formel gebraucht Cicero vielfach, um ein Urtheil auszudrücken . . . . In der erften Perfon des Conjunctivs felten (De orat. I, 17, 77, *videamus, ne plus ei tribuamus*).‘ Dräger citirt viele Stellen aus Cicero und fagt dann: ‚Aber nach ihm wird nichts citirt als eine Stelle aus Livius; dann noch eine aus Seneca und Celsus. Dafs überhaupt die urbane Phrafe in Abnahme gekommen ift, fcheint glaublich.‘ Diefe Aeufserungen Dräger's bedürfen im Hinblick auf die Rechtsliteratur mehrfacher Berichtigung.

dachten wir vorübergehend an das 42. Buch feines Edictscommentars (arg. L. 5 D. si quid in fraud. patroni 38, 5). Aber diefer Annahme ftehen ernfte fachliche Bedenken entgegen (fiehe unten).

Die beiden Anderen, die noch in Betracht kommen, find Gaius und Pomponius als Verfaffer von Edictscommentaren (denn dafs das Werk, dem unfer Fragment entftammt, ein folcher ift, dafür fpricht, von Anderem ganz abgefehen, das, was fich aus den Wortfragmenten an den Rändern des Blattes, der anderen Blatthälfte angehörend, ergibt, mit fchwerwiegenden Gründen[29]). Die Art des Ausdruckes und Vortrages fchliefst keinen von ihnen aus. Innerer Gründe wegen möchten wir eher an das grofse Werk des Letzteren, als an die beiden kürzeren Commentare des Gaius, *ad edictum praetoris urbani*[30] und *ad edictum provinciale*, denken. Die Art der Darftellung fcheint uns mit der des Pomponius zu harmoniren, der (foviel wir fehen) felten polemifirt, fehr häufig dagegen die Meinungen feiner Vorgänger (auch alter und fonft felten citirter[31]) unter ausdrücklicher oder ftillfchweigender Billigung allegirt. Der Florentiner Index nennt fein Edictswerk nicht, und es ift auch in den Digeften nirgends direct benützt, war alfo den Compilatoren wohl unbekannt, wenngleich fie felbftverftändlich den Namen desfelben kannten, da es öfter von den excerpirten Juriften citirt wird. Auch in dem unferem Fragmente parallelen Ulpian-Fragment (L. 1 D. si quid in fraud. patroni, 38, 5) wird Pomponius mehrmals citirt und zwar (glücklicherweife!) mit Angabe des Buches; fo §. 14: *et Pomponius libro octagensimo tertio recte scripsit*; §. 27: *an Fabiana uti possit ad revocanda ea quae sunt alienata? et est verum, quod et Pomponius probat libro octagensimo tertio, item Papinianus libro quarto decimo quaestionum, competere ei Fabianam*. Dafs diefes 83. Buch nur zu den *libri ad edictum* gehört haben kann, verfteht fich von felbft. Sobald man überhaupt einmal an diefes Werk denkt, wird Niemand bezweifeln können, dafs unfer Fragment gerade diefem 83. Buche desfelben angehört habe.

Obgleich dem gründlichen ZIMMERN die eine diefer Stellen (§. 14) nicht entgangen ift,[32] find dennoch beide von den Späteren unbeachtet geblieben. RUDORFF (I, S. 172) fpricht von ‚*Libri ad Edictum*, wenigftens 79,[33] vielleicht noch vor Iulian's Codification gefchrieben'(!); ebenfo KARLOWA, der aber die letztere Vermuthung mit Recht ablehnt, und die Thatfache, dafs dies Werk in den Digeften nicht benutzt ift, fo erklärt:[34] ‚Viel

---

[29] Es ift zwar unmöglich, aus den wenigen Buchftaben den vollen Sinn der Sätze zu errathen, zu denen fie gehörten; gleichwohl find mit einem hohen Grade von Wahrfcheinlichkeit die Materien zu erkennen, von denen gehandelt war, und fchon dies reicht zur Begründung des im Text bezeichneten Schluffes aus. Vergl. S. 15 f.

[30] Iuftinian's Compilatoren, denen nur ein defectes (10 Bücher enthaltendes) Exemplar vorlag, citiren es als *libri ad edict. urbicum.*

[31] Ofilius (L. 40 §. 1 D. 40, 4), Campanus (L. 34 §. 1 D. 40, 5), Atilicinus (L. 28 D. 11. 7), Varius Lucullus (L. 19 D. 41, 1); wegen Arifto fiehe Note 159 g. E. In unferem kurzen Fragment find citirt Octavenus, Arifto, Iavolenus, Iulianus, Venidius.

[32] Gefchichte des römifchen Privatrechtes, I. Band (1820), S. 340, vor und in Note 21.

[33] Unter Verweifung auf L. 1 §. 9. 11, D. de collat. bon. 37, 6 und L. 1 §. 6 (foll heifsen §. 8) D. de Carbon. ed. 37, 10. Doch ift RUDORFF in feinem jüngeren Werke (De iurisd. ed., §. 155, pag. 148, Note 10) nicht entgangen, dafs Ulpian das 83. Buch des Pomponius anführt. Auch bei LENEL (das *ed. perp.* S. 280) ift Pomponius unter den Juriften, die fich mit dem *ed. Fab.* befchäftigt haben, nicht genannt, wahrfcheinlich weil er nur die unmittelbaren Gewährsmänner nennen wollte.

[34] Römifche Rechtsgefchichte, Band I (1885), S. 717.

wahrscheinlicher ist, dass die starke Ausbeutung von Pomponius' Werk für die späteren Edictscommentare Ulpian's und Paulus' es als unangemessen erscheinen liess, neben den zahlreichen Excerpten aus den letzteren auch noch solche aus dem älteren Commentar aufzunehmen.' Wir denken darüber anders. Es war viel bequemer, die neueren als die älteren Werke zu benützen, und darum haben sich die Compilatoren auch keine Mühe gegeben, das Werk des Pomponius, das sie nicht zur Hand hatten, sich zu verschaffen. Auch von seinen übrigen Werken scheinen ihnen keine neueren Handschriften zur Verfügung gestanden zu haben (wenn solche überhaupt existirten); denn manches deutet darauf hin, dass sie aus theilweise verderbten oder von ihnen nicht überall richtig gelesenen Pomponius-Manuscripten geschöpft haben, obwohl die Annahme späterer Errata nicht ausgeschlossen ist; so z. B. L. 33 D. de auro argento 34, 2; L. 34 §. 2 eod.; L. 1 pr. D. de condic. et demonstr. 35, 1; L. 112 eod.; L. 39 D. de damno infecto 39, 2; L. 20 D. de fideicomm. libert. 40, 5 (die oft citirte Stelle, wo Pomponius von seiner *discendi cupiditas* spricht[35]); L. 19 D. de duob. reis const. 45, 2; L. 16 D. de solution. 46, 3; L. 245 de V. S.

Einen Fingerzeig hofften wir von dem Umstande zu erhalten, dass Iavolenus (auf fol. rect.) zweimal citirt ist; aber diese Hoffnung hat sich nicht bewährt. Citate aus Iavolenus finden sich in den ganzen Pandecten nur neun,[36] nämlich drei aus Ulpian's *libri ad Sabinum*: L. 2 §. 17 D. de hered. v. act. vend. 18, 4 (Iavolenus ist hier mit Labeo zusammen citirt); L. 6 pr. D. de lib. et postum. hered. 28, 2 (zusammen mit Labeo, Iulian u. A.); L. 19 D. de hered. instit. 28, 5 (mit Pomponius u. A. zusammen); zwei solcher Citate sind von Paulus: L. 20 §. 1 D. de interrog. in iure 11, 1 (*quaestiones*); L. 8 D. de auro argento 34, 2 (*ad Plautium*); weitere zwei von Gaius: L. 46 D. de ritu nupt. 23, 2 (*ad l. Iul. et Pap.*); L. 236 §. 1 D. de V. S. 50, 16 (*ad leg. XII tab.*); eine Stelle ist aus den *libri fideicomm.* des Valens: L. 15 D. de annuis leg. 33, 1; endlich finden wir einmal den Iavolenus von seinem grossen Schüler Iulianus citirt: L. 5 D. de manumissis vind. 40, 2 (*ego, qui meminissem Iavolenum praeceptorem meum . . .*). Also kommen auf zwei Juristen je ein Citat, auf zwei andere (Gaius und Paulus) je zwei, auf Ulpian drei Citate. Aus so geringfügigem Material kann ein Schluss überhaupt nicht gezogen werden. Auf Ulpian zu rathen geht aus einem schon angegebenen Grunde nicht; auch bedeuten bei der ungeheuren Masse ulpianischer Excerpte die drei Citate weniger, als das eine des Valens; auch die zwei Citate des Gaius bedeuten weit mehr als die zwei des Paulus. Bedenklich kann man es finden, dass in obigem Verzeichnisse Pomponius fehlt, und wir müssen zugeben, dass dieser Umstand unserer Hypothese ungünstig ist; denn in der That ist dieser Schriftsteller in den Digesten so stark vertreten, dass man wenigstens ein Citat erwarten konnte. Andererseits ist Ulpian siebenmal, Paulus dreieinhalbmal so stark benützt als Pomponius. Endlich muss man bedenken, dass der Hauptsitz der Citate die Edictscommentare sind, und dass gerade der Edictscommentar des Pomponius, auf den wir rathen, in den Pandecten gar nicht excerpirt ist.

---

[35] Vergl. den ähnlichen Ausspruch GRILLPARZER's im X. Bande (der 2. Ausgabe von 1874), S. 442. Die Behauptung von ZIMMERN (S. 336, Note 21 und S. 338, Note 4), dass die 78 Jahre (87 ist dort Druckfehler) nicht von Pomponius, sondern von dem ‚Anfrager' zu verstehen seien, hat keinen Beifall gefunden.

[36] Denn die zehnte Stelle (L. 42 D. de liberali causa 40, 12) ist kein Citat, sondern eine Note Iavolen's zu einer Stelle des Labeo.

Dafs Iulian citirt ift, fpricht nicht gegen Pomponius, da diefer erwiefener- und auch fehr begreiflichermafsen feinen berühmten Zeitgenoffen citirt hat (fiehe z. B. L. 20 D. de fideic. lib. 40, 5 [37]); findet man doch auch an dem gegentheiligen Verhältnifs (L. 63 §. 9 D. pro socio 17, 2, Vat. fragm. §. 88) heutzutage mit Recht nichts Auffallendes mehr.[38]

Und nun erbitten wir uns die Geduld des Lefers, wenn wir bei einer fcheinbar unbedeutenden Aeufserlichkeit etwas länger verweilen. Die pedantifch genaue Unterfuchung diefer Spur hat uns von neuem in der Ueberzeugung beftärkt, dafs unfer Fragment dem 83. Buche des Edictcommentars des Pomponius angehört. Das *sed* als Satzbeginn fteht dort fo oft, dafs es unhübfch und zuweilen unpaffend erfcheint; ja, es vermochte uns fogar momentan an der Auflöfung der Note irre zu machen. Gleichwohl ift diefe richtig, wie wir auf S. 8 (vor und in Note 14) gezeigt haben. In cafuiftifchen Erörterungen, befonders in den Edictscommentaren, wird das *sed* bis zum Ueberdruffe verwendet,[39] wobei es alle möglichen Nuancen der Bedeutung aufweift, bald als entfchiedene Gegenfetzung, bald als Anreihung eines unähnlichen oder doch irgend verfchiedenen Falles, endlich aber auch als völlig farblofe Weiterleitung des Gedankens und lockere Satzverknüpfung, wo es mit dem *item* oder unferem ‚ferner' verglichen werden kann.

Nun galt es zu prüfen, ob denn auch Pomponius das *sed* häufig und in ähnlicher Weife verwende. Diefer Prüfung aber fteht das Hindernifs entgegen, dafs ja gerade fein umfangreichftes Werk, auf welches wir rathen, auch nicht in einem einzigen Fragmente in den Pandekten vertreten ift, gerade jenes Werk, deffen cafuiftifche Auseinanderfetzungen den meiften Anlafs zum Gebrauch und Mifsbrauch des *sed* bieten konnten. Es würde alfo eine dürftige Ausbeute aus den Pomponius-Stellen wenig Beweiskraft gegen unfere Hypothefe haben,[40] während die ziemlich reichliche, die wir hier vorführen, ftark für diefelbe fpricht. Und doch ift dies nur eine Beifpielfammlung, da bei einer erfchöpfenden Aufzählung aller mit *sed* beginnenden Sätze Mühe und Nutzen aufser Verhältnifs ftünden.

---

[37] S. Fitting, Ueber das Alter der Schriften römifcher Juriften, S. 10.

[38] Die Aelteren haben daraus bekanntlich auf die Exiftenz zweier Juriften des Namens Pomponius gefchloffen; fo noch Zimmern §. 92 (S. 338 ff.). Dagegen Puchta Inftitutionen, I. Band, S. 99 (8. Auflage, S. 260), Rudorff, §. 67 a. E., Fitting, S. 13, 14, Karlowa, S. 715 f. Dafs die L. 6 älterer Ausgaben im Titel de neg. gest. 3, 5, nur eine Fortfetzung der L. 5 und fohin aus Ulpian genommen fei, ift unbedenklich zuzugeben (fiehe Blume in der Zeitfchrift für gefchichtl. Rechtswiffenfchaft, S. 331, Note 57 und S. 424); wenn aber Blume als Grund gegen die Autorfchaft angibt, ‚denn im §. 6 wird Pomponius citirt', fo ift diefer Grund durch Vergleichung mit den oben allegirten Stellen widerlegt; übrigens ift dort Pomponius nicht einmal, fondern wiederholt citirt (L. 5 §§. 8 bis 10 der neueren, L. 6 §§. 6 bis 8 der älteren Zählung). Die Sache verhält fich einfach fo: die Compilatoren haben die Stelle aus Ulpian, der feinerfeits hier, wie fo oft, den Iulian abgefchrieben hatte.

[39] Solche Erörterungen werden meiftens mit *si* eröffnet und dann mit *sed si*, *sed et si*, *quod si*, *si autem*, *item* weiter geleitet. Jedes beliebige der gröfseren Ulpian-Fragmente zeigt dies, z. B. L. 3, L. 5 de legitim. tutor. 26, 4; L. 6 de adquir. v. om. hered. 29, 2; L. 20 §. 2, 3 eod.; L. 25 eod. (befonders auffallend); L. 3. 5, 9, 11, de iureiur. 12, 2 u. f. w., u. f. w.

[40] Namentlich, da die Mehrzahl der Stellen kurz, nur wenige lang find und keine (abgefehen von der gar nicht in Betracht kommenden literargefchichtlichen Abhandlung in L. 2 D. de origine iuris 1, 2) fo lang wie die grofsen Ausfchnitte aus Ulpian.

L. 14 de receptis 4, 8; L. 32 de usufr. 7, 1; L. 65 eod.; L. 6 qbs. modis usfr. 7, 4; L. 13 i. f. de servitut. 8, 1; L. 27 de serv. pr. urban. 8, 2; L. 14 de serv. pr. rust. 8, 3; L. 22 eod.; L. 11 pr. i. f. commun. praedior. 8, 4.

L. 30 §. 1 de religios. et sumtib. 11, 7; L. 5 de reb. cred. 12, 1; L. 42 §. 2 de iureiur. 12, 2; L. 15 (geg. E.) de cond. c. d. c. n. s. 12, 4; L. 22 pr. de cond. indeb. 12, 6; L. 6 §. 1 de pigner. a. 13, 7; L. 8 §. 3, 4 eod.; L. 4 §. 1, 3 de pecul. 15, 1; L. 25 (med.) eod.; L. 32 §. 1 ad S. C. Velleian. 16, 1; L. 12 §. 1 depos. 16, 3; L. 47 §. 1 mandat. 17, 1; L. 60 pr. pro socio. 17, 2;[41] L. 6 pr. de contrah. emt. 18, 1; L. 13 eod.; L. 18 pr. eod.; L. 31 eod.; L. 18 (17) de pericul. et comm. 18, 6;[42] L. 6 §. 2, 4 de A. E. V. 19, 1;[43] L. 52 loc. cond. 19, 2 (*Sed et si ego* . . .); L. 11 de praescr. verb. 19, 5; L. 16 eod.; L. 26 eod.

L. 3, §. 1 de iuris et facti ignor. 22, 6; L. 31 pr. §. 1, 2, 3, 8, de donat. i. v. et ux. 24, 1;[44] L. 61 de administr. et peric. tut. 26, 7; L. 23 de hered. instit. 28, 5;[45] L. 27 eod.;[46] L. 16 i. f. de vulg. et pupill. subst. 28, 6.

L. 12 §. 3 de leg. I; L. 16 §. 2 eod.; L. 26 §. 2 eod.; L. 54 §. 2 eod.; L. 85 i. f. de leg. III; L. 10 de auro argento 34, 2; L. 21 §. 2 eod.; L. 34 §. 1 i. f. eod.; L. 8 §. 1 de liberat. leg. 34, 3; L. 57 de condic. et demonstr. 35, 1; L. 31 ad leg. Falcid. 35, 2 (*Sed et secundum Cassii et veterum opinionem* . . .); L. 22 (21) ad S. C. Trebell. 36, 1; L. 12 de oper. libert. 38, 1; L. 34 eod.; L. 2 §. 1 de bon libert. 38, 2; L. 2. de adsign. lib. 38, 4; L. 10 pr. ad S. C. Tertull. 38, 17: L. 39 pr. de damno infecto 39, 2; L. 16 de aqua et aq. pluv. 39, 3; L. 20 eod.; L. 22 eod.[47]

L. 4 §. 1 de manum. test. 40, 4; L. 5 eod.; L. 40 §. 1 eod. (zweimal); L. 41 §. 1 eod.; L. 3 §. 1 si ingen. e. dic. 40, 14;[48] L. 27 §. 2 de adq. rer. dom. 41, 1;[49] L. 33 i. f. de adquir. v. am. poss. 41, 2; L. 2 (med.) de flumin. 43, 12; L. 14 de vi 43, 16; L. 3 §. 2 de aqua cottid. 43, 20 (zweimal); L. 5 de precar. 43, 26; L. 13 eod.; L. 21 §. 1, 3, de except. r. iud. 44, 2; L. 27 pr. de V. O. 45, 1; L. 39 i. f. de stipul. serv. 45, 3; L. 25, 26 de solut. et liber. 46, 3 (wiederholt); L. 81 §. 1 eod.; L. 10, 12 de acceptil. 46, 4; L. 9 §. 1 de furt. 47, 2 (zweimal); L. 77 (76) eod.;[50] L. 14 de pollicit. 50, 12.

Daſs Pomponius ſich des Wörtchens *sed* bis zum Uebermaſse bediente, ſowohl in der eben angegebenen, als in anderer Verwendung, zeigen Stellen wie L. 19 de adquir. rer. domin. 41, 1; L. 66 de solut. et lib. 46, 3 u. a.

Nun machen wir noch auf einen Umſtand aufmerkſam. In Stellen, wo Pomponius von anderen Juriſten citirt wird, findet ſich ebenfalls das *sed*, und es ſcheint, daſs es nicht nur dem Citirenden, ſondern ſchon dem Citirten angehört; ſiehe z. B. L. 12 §. 2 de usufr. 7, 1; L. 7 §. 1 quod metus c. 4, 2; L. 9 eod.; L. 5 §. 1 de tribut. act. 14, 4; L. 3 §. 1 de in rem verso 15, 3. Und zwar iſt in allen dieſen Stellen der Citirende Ulpian (viermal in ſeinem Edictswerke, einmal im Sabinus-Commentar).

---

41 . . . *debere Labeo ait, sed non quasi usuras, sed quod socii . . . Sed si aut usus ea pecunia non sit* etc.

42 . . . *Quod si per venditorem . . . Labeo quidem scribit . . . Sed videndum est, ne . . . Quid enim, si . . . Sed si per emtorem mora fuisset* . . .

43 Auch dieſe Stelle erinnert in ihrer ganzen Stiliſirung an unſer Fragment.

44 Die Textirung der ganzen Lex verdient Beachtung.

45 bis 50 Die Bemerkung in Note 44 trifft auch hier zu.

Auch die Verfolgung diefer Spur führte uns wieder zu der L. 1 D. si quid in fraud. patr. 38, 5 zurück, von der wir ausgegangen find. Sie ift aus Ulpian's 44. Buch *ad edictum* und hat, wie wir fchon einmal angedeutet haben, eine auffallende Aehnlichkeit mit unferer Stelle. Begreiflich genug; die Tochter trägt eben die Züge der Mutter!

Der §. 14 lautet: *Sed si rem quidem bona fide vendiderit et sine ulla gratia libertus, pretium autem acceptum alii donavit, videndum erit, quis Fabiana inquietetur, utrum qui rem emit, an vero is, qui pretium dono accepit?* (Vergl. in unferem Fragmente R 6 bis 11.) *Et Pomponius libro octagensimo tertio recte scripsit, emptorem non esse inquietandum; fraus enim patrono in pretio facta est; eum igitur, qui pretium dono accepit, Fabiana conveniendum.*

Es fcheint uns keinem Zweifel zu unterliegen, dafs nicht nur die Antwort, fondern auch die Frage, von *Sed si* an, aus unferem Juriften ausgefchrieben ift. Ebenfo ift der §. 27 theilweife dem Pomponius entnommen; und desfelben Stimme erkennen wir leicht auch in den §§. 15, 16, 17 u. f. w. Im §. 25 des Ulpian'fchen Fragmentes ift Pomponius ohne Angabe des Buches citirt. Die Stelle, die gemeint ift, dürfte aber keine andere fein, als die in unferem Fragment V 4 enthaltene.[51] Und nun bedenke man, dafs es kaum eine Lex gibt, wo das *sed si, quod si* u. dergl. fo gehäuft wäre, wie in der ganzen L. 1 cit. Dann vergleiche man den ganzen Tenor des Fragmentes von Ulpian mit dem des Pomponius, und man wird zu der Ueberzeugung gelangen, dafs Jener hier Diefen ebenfo ausgiebig benutzt hat, wie fo oft den Iulian.

Auf diefem Punkte trifft unfere Forfchung mit der von A. PERNICE zufammen,[52] und die Ergebniffe beider bekräftigen einander gegenfeitig. Auch PERNICE nimmt an, dafs Ulpian das Edictswerk des Pomponius fehr ausgiebig benützt hat,[53] auf grofse Strecken diefer Vorlage gefolgt ift[54] und ihr fehr viele Citate aus älteren Juriften verdankt.[55] Unfer Fragment ift ein neuer Beleg hiefür. Vergl. S. 19 Note 31.

VII. Wenn wir nun den Verfuch einer Erklärung des Fragmentes unternehmen, fo verhehlen wir uns die Schwierigkeit derfelben nicht. Sie ift fo grofs, dafs die Erklärung, die wir verfuchen, darauf verzichten zu müffen glaubt, eine ganz vollftändige zu fein. Das gilt vor Allem von jenen Theilen des Fragmentes, die uns (wie die erften blofs theilweife erhaltenen Zeilen auf beiden Seiten) nur unvollftändige Sätze bieten, und von jenen, deren Lefung wegen des verderbten Textes oder zweifelhafter Siglen unficher ift; rückfichtlich diefer Theile des Fragmentes mufs der Erklärungsverfuch fich befcheiden,

---

51 Vergl. unten nach Note 137. Ift dies richtig, fo erfahren wir aus Ulpian's §. 14, 27 citt. zugleich von zwei weiteren Fragen, mit denen fich Pomponius in unferem Fragment befchäftigt hatte; nur bleibt es freilich unmöglich, auch nur vermuthungsweife anzugeben, ob dies auf unferem Blatte gefchah.

52 Die fehr gründliche Unterfuchung PERNICE's ,Ulpian als Schriftfteller' erfchien im Mai 1885 in den Sitzungsberichten der Berliner Akademie, XXV, Seite 443 bis 484; HOFMANN's ,Kritifche Studien' erfchienen Ende März 1885. Daraus folgt die Gleichzeitigkeit und vollkommene Unabhängigkeit beider Studien, was den Werth der Uebereinftimmung in gewiffen Ergebniffen fehr erhöht. Nur ift PERNICE's Urtheil über Ulpian viel abfälliger, und doch wohl zu hart.

53 A. a. O. S. 446, 450, 459, 460 f.: ,Die beiden grofsen Werke über das Edict von Iulian und Pomponius find begreiflich die Hauptgrundlagen von Ulpian's Commentar geworden. Eines befonderen Beweifes bedarf diefe Thatfache nicht; fie ift felbftverftändlich.'

54 A. a. O. Seite 462, vergl. mit S. 459.

55 S. 471 bis 473, 476.

Einzelnes aufzuhellen, wofern er fich nicht der Gefahr ausfetzen will, zu Ergebniffen zu gelangen, die allen Fundamentes entbehren.[56] Aber auch wo die Lefung des Textes eine hinreichend fichere ift, mufs manche Frage, die das Fragment nahelegt, derzeit noch ohne eine gleich fichere Beantwortung bleiben.

Im Ganzen freilich wird man wohl (wie fchon oben hervorgehoben wurde) annehmen dürfen, dafs die Ausführungen des Claffikers, von denen uns in unferem Fragment ein kleiner Theil erhalten ift, jenen ähnlich gewefen feien, die Ulpian im 44. Buch *ad edictum* gab. Aus dem umfaffendften zufammenhängenden Stücke, das in die Pandecten überging (L. 1 D. Si quid in fraudem patroni factum sit 38, 5), ift die Art, in der Ulpian die Frage anfafste, fehr beftimmt zu erkennen. Hauptfrage ift: Welches find die fraudulofen (oder auch nichtfraudulofen) *facta* oder *gesta* des *libertus*, gegen welche der Prätor den Patron in feinem Pflichttheilsrechte fchützt? In welchem Sinne ift hier insbefondere der Begriff der *alienatio* zu verftehen? Dafs er in fehr weitem Sinne zu nehmen fei, war freilich ein feftftehender Satz;[57] umfomehr war es geboten, auf die gleichwohl eintretenden Begrenzungen aufmerkfam zu machen, und die zweifelhaften Anwendungsfälle des Veräufserungsbegriffes zu erörtern. Zahlreiche andere Fragen, die bei Aufftellung einer Theorie der *actio Fabiana* ihre Beantwortung finden mufsten, werden oft nur nebenbei, wir möchten fagen, in die Hauptfrage verwebt, erörtert, fo dafs der Gedankengang in der ganzen vorwiegend cafuiftifch gehaltenen Unterfuchung durchaus kein ftreng gefchloffener ift, vielmehr wiederholt Nebenfragen zur Sprache kommen, die ebenfo gut an ganz anderem Platze hätten eingefchoben werden können.[58]

Nichts anderes als herausgeriffene Stücke aus einer ganz ähnlichen Unterfuchung find auch die auf unferem Pergamen verzeichneten Bruchftücke. Einige der in ihnen enthaltenen Sätze find geradezu übereinftimmend mit den Aufftellungen in Ulpian's Fragment; andere könnten wenigftens in Ulpian's 44. Buch geftanden haben, und es ift vielleicht nur Zufall, dafs Ausführungen gleichen Inhalts nicht aus feinem oder eines anderen Juriften Edictscommentar (Digeften, Quaeftionenfammlung) in die Pandecten übernommen wurden; wieder andere mögen fchon zu Ulpian's Zeit antiquirt gewefen fein, daher die ihnen parallel laufenden Sätze Ulpian's wefentlich anders klingen, obwohl ihre Verwandtfchaft nachzuweifen nicht fchwer fällt; über eine letzte Gruppe ein ficheres Urtheil abzugeben, macht die Befchaffenheit des Pergamens unmöglich. Das aber darf wohl behauptet werden: Auch in unferem Fragment geht der Jurift eine gröfsere Zahl (und fie würde ohne Zweifel eine noch viel gröfsere fein, wäre auch nur das ganze Pergamenblatt erhalten) von Vermögensveränderungen durch, die ein Freigelaffener zum

---

[56] Vergl. die treffenden Bemerkungen von LENEL, Zeitfchrift für Rechtsgefchichte, XV, Romaniftifche Abtheilung, S. 15.

[57] Paul. R. S., III, 3: *Ea, quae in fraudem patroni a liberto quoquo modo alienata sunt, Fabiana formula . . . revocantur.*

[58] Damit vergleiche man (der Titel *de fundo dotali*, *de don. i. v. et ux.* und *de donat.* ganz zu gefchweigen) namentlich die Erörterungen der Pandectenjuriften über die *a. Pauliana* im Titel *quae in fraudem creditorum facta sunt ut restituantur*, 42, 8, in denen eine auffallende Verwandtfchaft mit der *a. Fab.* hervortritt, eine Verwandtfchaft, die fchon wiederholt bemerkt worden ift. Vergl. z. B. HUSCHKE in Linde's Zeitfchrift N. F., XIV, S. 51 f., Note 3; SCHMIDT, Pflichttheilsrecht des Patrons und des *par. manum.*, S. 96 ff., aber auch LEIST in der Fortfetzung von GLÜCK, V, S. 552 f.

Nachtheil des Patrons unternahm; auch diefe Vermögensveränderungen find theils dolos, theils nicht dolos vorgenommen; auch hier ftehen Haupt- und Nebenfragen in demfelben Verhältnifs, wie bei Ulpian; auch hier ift die Unterfuchung bald eine principielle, bald eine cafuiftifche; auch hier ift der Gedankengang kein ftreng gefchloffener, fo dafs auch Fragen, die etwa nur zur Hälfte hieher gehören, nach beiden Hälften ausgetragen werden, kurz, die Aehnlichkeit der Fragenftellung wie der Behandlung des Stoffes ift eine augenfällige. Jedenfalls fteht nichts der Annahme entgegen, dafs beide Seiten des vorliegenden Fragmentes (nicht auch, nach den feitlichen Reften zu fchliefsen, die der anderen Blatthälfte) fich mit der *a. Fab.* befchäftigen; der gröfste Theil feines Inhaltes kann gar nicht anders als von diefer Klage verftanden werden; jene Theile desfelben aber, von denen diefe Nothwendigkeit fich nicht behaupten läfst, vertragen nicht nur die Beziehung auf die *form. Fab.*, fondern fie ftehen auch zu den erfteren in einer fo engen Verbindung, dafs fchon darum allein an dem homogenen Inhalt des ganzen Fragmentes nicht gezweifelt werden kann. Dagegen wäre es wohl vergebliches Bemühen, auch nur eine Vermuthung über den Gefammtumfang ausfprechen zu wollen, den der Jurift feiner Befprechung der *form. Fab.* gegeben hatte. Wohl hätte fie einigen Halt, wenn wir wüfsten, welcher Raum der *Fab.* in dem etwas breitfpurigen Edictscommentar Ulpian's gewidmet war; gehört nämlich unfer Fragment, wie wir vermuthen, dem 83. Buche des Edictscommentars von Pomponius an, welches fchwerlich das letzte des ganzen Werkes war, fo wird [59] feine Unterfuchung kaum eine weniger eingehende gewefen fein, als die Ulpian's in feinem 83 Bücher füllenden Commentar.[60] Da wir aber nicht wiffen können, wie viel von Ulpian's Ausführungen in die Pandecten aufgenommen, wie viel verloren ift, fo fehlt es an jedem Halt zur Beantwortung unferer Frage, umfomehr, als auch die Reihenfolge der gleichmäfsig bei Ulpian und bei unferem Juriften behandelten Fragen eine wefentlich verfchiedene ift.

VIII. Recto. Der erfte, mit dem Beginn der fechften Zeile fchliefsende Satz der Vorderfeite [61] ift, da die Zeilen nicht vollftändig erhalten find, nur theilweife lesbar, und auch foweit die Buchftaben deutlich lesbar find, mufs die Frage offen bleiben, ob nicht der Text verdorben oder die Buchftaben anders zu verbinden feien, als zunächft nahe zu liegen fcheint, beziehungsweife ob nicht einzelne diefer Buchftaben, wenn fie als Siglen behandelt werden, einen völlig anderen und befferen Sinn ergeben würden. Auch in der zerriffenen Geftalt aber, in der uns diefe Zeilen nun entgegentreten, beftätigen fie

---

59 Da man gewifs auch hier die Einhaltung des üblichen Buchmittelmafses vorausfetzen darf: BIRT, Das antike Buchwefen im Verhältnifs zur Literatur (1882), S. 307 f.; KRÜGER, Zeitfchrift für Rechtsgefchichte, XXI, Rom. Abth., S. 76 ff.

60 A. PERNICE, Sitzungsberichte der Berliner Akademie, XXV, S. 463, vermuthet, dafs Pomponius in feinem Edictswerke ‚vielleicht aufser den edictmäfsigen Lehren auch andere behandelt hat, welche damit nur in lofer Verbindung ftanden. So würde es fich erklären, dafs zwar das Gefammtwerk fehr umfangreich war, aber im Einzelnen die Dinge nicht weitläufiger, ja, eher kürzer dargeftellt werden, als von Ulpian und Paulus.' Uns fcheint diefe Annahme bedenklich. Nichts deutet auf eine knappere Darftellung bei Pomponius, der viel und gerne citirte (fiehe S. 19 Note 31), und aus dem fo viele Citate in Ulpian's Schriften übergegangen find, wie PERNICE felbft richtig bemerkt hat (fiehe S. 471, 473, 474, 476).

61 Vielleicht enthalten diefe Zeilen auch mehr als einen Satz — ein Urtheil darüber ift, da fie nur zum Theil erhalten find, fchwerlich zu begründen.

einerfeits mit gröfster Beftimmtheit gewiffe Ergebniffe, die bisher direct in den Quellen nicht bezeugt, fondern nur durch mehr oder weniger complicirte Schlüffe zu gewinnen waren, und legen andererfeits eine Vermuthung nahe, an welche nach dem bisher bekannt gewefenen Quellenkreis nicht zu denken war. Ueber beides nur nachftehende Bemerkungen: Da Zeile 3 und 4 wohl unzweifelhaft befagen, dafs die *a. Fab.* (in irgendwelchen Anwendungsfällen [62]) *quasi ex delicto liberti* entfpringe, und dafs fie eine *in factum* concipirte *arbitraria actio* fei, fo haben fich die erften Zeilen des Recto offenbar mit der Natur und Claffification der *Fabiana* überhaupt befchäftigt. Die Faffung der Formel als einer *arbitraria* galt wohl längft als ficher, da Paulus in L. 5 §. 1 h. t. (libr. 42 ad edictum) fagt: *In act^e Fab., s i r e s non restituatur, tanti damnabitur reus, quanti actor in litem iuraverit*; [63] diesfalls beftätigt unfer Fragment alfo nur die heutzutage unwiderfprochene Lehre. Dafs aber die Formel *in factum* concipirt fei, war eine weniger fichere Annahme; noch RUDORFF in feinem älteren Reconftructionsverfuch [64] fand in der *act. Fab.* und *Calvis.* ‚refcifforifche Fictionsklagen', trotzdem das *schol. Bas.* XLII, 1, 16, §. 6 [65] fehr beftimmt fagt, die Klagen feien *in factum*; erft durch VOIGT'S [66] fcharffinnige, auf L. 1 §. 13, 18, 19 h. t. geftützte Argumentation, aus welcher hervorgeht, dafs die Klagen auch in Anwendungen auftreten, in denen fie *utiles* oder *fictitiae* nicht gewefen fein können, wurde die allerdings auch fchon früher [67] vertretene richtige Lehre fo begründet, dafs fie feither gleichfalls als die vorwiegende bezeichnet werden darf; [68] doch kann ihr die Stütze, die ihr nun durch ihre ausdrückliche Beftätigung in unferem Fragment geboten wird, nur willkommen fein. [69]

[62] Nicht nothwendig in allen; davon weiter unten.

[63] Vergl. auch L. 38 §. 4, D. de usur. 22, 1: *verbum ‚restituas', quod in hac re praetor dixit.* Daher hat auch RUDORFF, Röm. Rechtsgefchichte, II, §. 30 (der damals in anderen Beziehungen eine von feiner fpäteren ganz verfchiedene Anfchauung von der *Fabiana* vertrat, worüber alsbald im Text zu handeln ift) angenommen, die Formel fei eine *arbitraria* gewefen. Vergl. SAVIGNY, V, S. 131, SCHMIDT, Pflichttheilsrecht, S. 117, BRINZ, Pandecten (2. Auflage), I, S. 288: ‚Sicher können wir alle (condemnatorifchen) *in rem actiones*, namentlich auch die refcifforifchen (infonderheit die *Pauliana*) und . . . auch noch die reftitutorifchen Interdicte als arbiträre Klagen bezeichnen.'

[64] An dem in der vorigen Note a. O.

[65] (HEIMBACH, IV, pag. 201) ‚ἰμφακτοι δὲ αὗται'.

[66] Ueber die *condict. ob caus.* (1862), Seite 789, Note 754.

[67] Vergl. z. B. HUSCHKE, Linde's Zeitfchrift, N. F., XIV, S. 51 f. und Note 3.

[68] Auch RUDORFF in feinem neueren Reftitutionsverfuch (De iurisd. edict., 1869, §. 155, pag. 147 sq.) und SCHMIDT, a. a. O., S. 115, Note 58 a. E. bekennen fich zu derfelben, während LENEL (*ed. perp.*, S. 281) fich auf die Erklärung befchränkt, eine refcifforifche Mufterformel fei nicht wahrfcheinlich.

[69] Zugleich ift die Exiftenz diefer *a. in factum* ein Argument für die Richtigkeit der von HUSCHKE a. a. O. S. 77 ff. vertretenen Auffaffung, es fei die in den Quellen mehrfach (z. B. L. 10 §. 2, 3, 16, 18, L. 14 D. quae in fraud. cred. 42. 8) bezeugte *act. in factum* zum Schutze der Gläubiger wirklich eine folche gewefen, nicht aber, wie LENEL a. a. O. S. 398, Note 18 annimmt, erft von Juftinians Compilatoren an die Stelle des *interdictum* gefetzt worden. Und fo wenig wir an diefe Interpolation glauben können, fo wenig können wir zugeben, dafs in L. 1 pr. D. h. t. 38. 5 die Worte *sive testamento facto sive intestato libertus decesserit* erft von den Compilatoren eingefchaltet feien. LENEL, a. a. O. S. 281, folgert dies aus den Worten *qui contra tabulas bon. possessionem accipere possunt.* Nun find aber doch bekanntlich zur *act. Calvis.* genau die nämlichen Perfonen berechtigt, denen auch die *act. Fab.* zufteht, nämlich die Notherben, denen das patronatifche Pflichttheilsrecht zukommt, alfo eben diejenigen, *qui contra tab. bon. poss.^{em} accipere possunt.* Bei diefen Worten ift nicht an das *posse* im concreten Falle zu denken, fondern es foll damit der Kreis der Klageberechtigten überhaupt umfchrieben werden. Das

Unbeſtritten war dagegen von jeher, daſs die *Fabiana ‚in personam est, non in rem'*, unbeſtritten, weil es Ulpian in L. 1 §. 26 D. h. t. unzweideutig ſagt. Dieſe ‚ausdrückliche Warnung . . . läſst vermuthen, daſs die Faſſung (der Formel) den Gedanken, die *actio contra quemcunque possidentem* zu erheben, nahe legte' (LENEL, a. a. O., S. 281). Ganz ebenſo aber wie die erſten Worte des angeführten §. 26, indem ſie vor einem naheliegenden Irrthum warnen, damit zugleich wohl eine zu Ulpian's Zeit ſchon abgethane Streitfrage berühren, ſo, meinen wir, wollen auch die letzten, ebenſo antithetiſch geſtellten Worte des Paragraphen eine Warnung geben; auch ſie weiſen zugleich auf eine Streitfrage hin, die zu Ulpian's Zeit bereits ausgetragen war, ſo daſs ſie als ſolche nicht mehr genannt zu werden brauchte; eben von dieſer Streitfrage, die zu Pomponius' Zeit noch ventilirt worden ſein mag, ſcheinen die erſten Zeilen zu handeln, obwohl allerdings, auch wenn das nun Auszuführende als richtig erkannt werden ſollte, noch immer keine vollſtändige Erklärung dieſer Zeilen gewonnen iſt.

Die Entſcheidung Ulpian's, die wir im Auge haben, lautet: (*Haec actio . . .*) *non est hereditaria, id est ex bonis liberti, sed propria patroni.*[70] Ihr negativer Theil beſagt: das vom Libertus geſetzte *factum* oder *gestum*, die von ihm vorgenommene *alienatio*, enthält, wenn man nur das dadurch zwiſchen Libertus und Erwerber begründete Verhältniſs ins Auge faſst, ſchlechthin nichts, was geeignet wäre, eine Ungiltigkeit in irgend welchem Sinne zu begründen; für den Libertus war kein Anfechtungsrecht begründet, es konnte alſo auch nach ſeinem Tode und durch ſeinen Tod keines auf ſeine Erben, ſeien dieſe wer immer, übergehen. Alſo — fährt der poſitive Theil der Entſcheidung fort — iſt das Anfechtungsrecht des Patrons ein eigenes, begründet in dem Rechtsverhältniſs, das zwiſchen dem Libertus und Patronus beſtand, und darum (wie die Stellen in Note 70 beſagen) beſtimmt zur Geltendmachung eines erſt jetzt (nach dem Tode des Libertus) actuell hervortretenden Schuldverhältniſſes zwiſchen dem Erwerber und dem Patron, der durch die Veräuſserung des Libertus in ſeinem Pflichttheilsrechte verkürzt wurde. Man wird gerne zugeben, daſs dies keineswegs ſelbſtverſtändliche Sätze ſind.[71] Wenn eine

patronatiſche Pflichttheilsrecht iſt geſchützt gegen letztwillige Verfügungen durch die *bon. poss. contra tab.*, gegen Geſchäfte unter Lebenden durch die *act. Fab.*; ſobald das römiſche Recht dieſen Schritt gethan hatte, muſste es noch einen weiteren thun, da ja auch der nicht teſtirende Libertus den Anſpruch des Patrons durch *actus inter vivos* zu fruſtriren verſuchen konnte; eben für dieſe Fälle iſt die *act. Calvis.* eingeführt und wurde dadurch das Pflichttheilsrecht des Patrons, das gewiſſermaſsen die Natur eines Vorbehaltes (einer réserve) hat, auf die Inteſtaterbfolge ausgedehnt. Endlich behauptet LENEL, in Ulpian's Commentar ſei von der *act. Calvis.* nur einmal und vielleicht auch da nur durch Interpolation die Rede; allein auch dieſe Interpolation iſt wieder: 1. nur eine willkürliche Annahme; 2. können wir nicht wiſſen, wie viel die Compilatoren von Ulpian's Darſtellung weggelaſſen haben; 3. war eine einläſsliche Beſprechung der *a. Calvisiana* bei der durchgreifenden Analogie zwiſchen ihr und der *a. Fabiana* wohl entbehrlich.

[70] Cf. L. 16 §. 6 D. de H. P. 5. 3 (Ulpian unter Berufung auf Iulian): *‚patroni enim iste debitor est, non hereditarius'*; L. 98 §. 1 D. de solut. 46, 3 (Paul. l. XV quaest.) . . . *haec enim actio, cum sit nova . . .*

[71] Die Entwicklung des patronatiſchen Pflichttheilsrechtes ſcheint eine langſame geweſen zu ſein. Dafür ſpricht der Zuſammenhang mit den *onerandae libertatis causa imposita*, und namentlich mit der *societatis actio*; denn — wie immer L. 1 §. 2 D. de bon. lib. 38, 2 zu leſen ſein mag — ſo viel iſt ſicher, daſs die *bon. poss. contra tab. liberti* nach der *imago societatis* conſtruirt worden iſt, und daſs die *societ. act.* auch ein bei Lebzeiten wirkſames Element enthielt. Dafür ſpricht auch der Umſtand, daſs die *dimidia pars bonorum liberti* gleichſam auch eine Strafſumme für undankbares Teſtiren war, die ſpäter unter den Geſichtspunkt einer Abfindungsſumme trat, durch welche ſich der Libertus die *libera testamenti factio* für den Reſt erkaufte (ſiehe LEIST in der

4*

unerlaubte, pflichtvergeſſene Handlung des Libertus, eine zum Vortheil eines Dritten vorgenommene Veräuſserung den Patron verkürzt, ſo liegen noch zwei andere Gedanken mindeſtens ebenſo nahe: einmal der, daſs die aus dieſer Handlung erwachſende Obligation — treffe ſie, wen ſie wolle — unmittelbar aus dieſer Handlung, alſo in dem Momente entſtehe, da dieſe Handlung geſetzt iſt;[72] und zum anderen, daſs der Libertus gar nicht die rechtliche Möglichkeit habe, durch ſeine widerrechtliche Handlung ein feſtes Recht für den Erwerber zu ſchaffen, daſs vielmehr er ſelbſt ſchon berechtigt ſei, dieſe Handlung anzufechten,[73] und ſomit das Anfechtungsrecht ſeiner Rechtsnachfolger ebenfalls auf ihn ſelbſt zurückzuführen, alſo *a. hereditaria* ſei. In der erſten Richtung muſste ſich aber auch die weitere Erwägung aufdrängen, daſs die Zurückführung der Obligation auf eine Delictshandlung des Libertus nicht für alle Fälle zutreffend ſei: nur da, wo *quid dolo malo liberti factum esse dicetur* (L. 1 pr. h. t.), paſste dieſer Geſichtspunkt;[74] wo dagegen eine *alienatio mortis causa facta* vorlag, *non requirimus, utrum dolo malo facta sit, an non sit*, geradeſo, wie es bei Legaten, die den Patron verkürzten, auf einen *dolus* des Libertus[75] nicht ankam (L. 1 §. 1 h. t.). Und für die trotz fehlendem *dolus* anfechtbaren Contracte mochte wohl der Verſuch gemacht werden, die Anfechtbarkeit dahin zurecht zu legen, daſs ſie, da nun einmal ein Delict nicht vorlag, *ex contractu* komme; ob dann in Gegnerſchaft gegen dieſe Conſtruction ein Anderer für die nämlichen Fälle, oder für die doloſen und nicht doloſen Fälle gemeinſam hervorhob, daſs ſie alle denn doch ein incorrectes Vorgehen gegen den Patron, einen Eingriff in ſein Pflichttheilsrecht enthalten, und daher wohl die Obligation als *quasi ex delicto liberti* entſtehend angeſehen werden könne, das wird nach dem Inhalte des Fragmentes kaum zu beſtimmen ſein. Es

Fortſetzung von Glück, V, S. 107 ff., 124, 282 ff., 431 ff., 448 f.). Zugleich ſieht man hieraus, daſs der allmählig zu einem Pflichttheilsrecht ausgebildete Anſpruch des Patrons aufs engſte mit dem zu Lebzeiten des Libertus zwiſchen ihm und dem Patron beſtehenden Rechtsverhältniſſe zuſammenhing. Die von den jüngſten Claſſikern überlieferten Rechtsſätze, aus denen hervorgeht, daſs die Natur dieſes Anſpruches als eines pflichttheilsrechtlichen ganz und voll zum Durchbruch gekommen iſt, haben ſchon darum die Vermuthung ſpäterer Entſtehung für ſich, und es kann daher nicht befremdlich erſcheinen, wenn die fraglichen Sätze in einer von einem älteren Juriſten herrührenden Darſtellung noch als controverſe auftreten. Auch abgeſehen aber von dem betonten hiſtoriſchen Zuſammenhange wird eine ſo feine Begründung der verſchiedenen Behandlung der Veräuſserungen (*ea quae alienata sunt*) und der Schenkungen *mortis causa*, wie ſie Leist S. 543 bis 546 in den Quellen gefunden hat, ſchwerlich je ohne einen vorausgehenden lange dauernden Meinungskampf gewonnen.

[72] Wie dies ja unzweifelhaft bei der *alienatio in fraudem creditorum* auch wirklich der Fall iſt.

[73] Aehnlich etwa (wenn auch, da eine Vindication hier gewiſs ausgeſchloſſen iſt, nicht ganz ebenſo) wie nach der *L. Iulia de fundo dot.* der veräuſsernde Ehemann das Dotalgrundſtück auch ſelbſt vindiciren kann. Arndts, Pand. §. 402, Anmerkung 2; Czyhlarz, Das röm. Dotalrecht, S. 204 f.; Bechmann, Das röm. Dotalrecht, II, S. 459.

[74] Selbſt hier finden ihn die ſpäteren Claſſiker nicht mehr ganz zutreffend: L. 1 §. 27 i. f. h. t. . . . *sufficere enim quod in fraudem patronatus factum sit; magis enim fraudem rei non personae accipimus.* Dazu Leist, S. 554: ‚Dieſe ſubjective Seite iſt nicht eigentlich als delictliches Verletzen der Perſönlichkeit, ſie iſt nur als Schmälernwollen des patronatiſchen Rechtes durch Zuwendung einer Bereicherung an einen Anderen gemeint . . . Die Klage iſt gegen den Bereicherten auf *re carere* gerichtet, wegen der vom Freigelaſſenen ausgeführten *fraus rei.*‘

[75] Auf doloſes Verhalten deſſen, *cui alienatum est*, kam es überhaupt nicht an, L. 1 §. 4, §. 12 i. f. h. t.; hierin liegt der am tiefſten greifende Unterſchied zwiſchen dem Handeln *in fraudem patroni* und dem *in fraudem creditorum.* Eben darum muſste jeder Verſuch, die *a. Fab.* weſentlich als Delictsklage zu conſtruiren, als ein unhaltbarer erkannt werden. Vergl. Schmidt, Pflichttheilsrecht, S. 109.

wird freilich fchwer zu entfcheiden fein, ob (in Recto Zeile 1 f.) die Worte *sunt, qui consen(tiant)* eine Beziehung auf eine Streitfrage enthalten oder von einer Vereinbarung unter Parteien zu verftehen find; dagegen kann die Ergänzung *(ex cont)ractu venit* keinem Zweifel unterliegen; nicht minder fcheint die Lefung *quasi ex delicto venerit liberti* ficher genug. Wohl aber kann wieder gezweifelt werden, ob zu lefen fei: *,in factum arbitraria etiam vi. Vere huic dicimus'* etc. oder aber: *,in factum arbitraria; etiamsi vere huic dicimus'* etc. Bei der erfteren Annahme halten wir uns genau an die Handfchrift, bei der zweiten müffen wir einen Buchftaben ändern (ftatt *v* ein *s* fetzen); infoferne verdient die erfte Lefung den Vorzug. Freilich macht das *etiam vi* Schwierigkeiten, befonders als ein Satzfchlufs, aber keine gröfseren als das verbindende *etiam si*, und jedenfalls keine unüberwindlichen Schwierigkeiten. Vielleicht war dabei an eine Unterfcheidung zwifchen der Formelfaffung und dem materiellen Charakter und der Wirkung der *actio* gedacht. So fagt Ulpian im 63. Buche *ad edictum: Interdicta omnia, licet in rem videantur concepta, vi tamen ipsa personalia sunt* (L. 1 §. 3 D. de interdict. 43, 1). Vergl. Paulus (43. Buch *ad edictum*): *Finium regundorum actio in personam est, licet pro vindicatione rei est* (L. 1 D. fin. reg. 10. 1). Damit ift zu vergleichen Ulpian's Bemerkung in L. 1 §. 26 h. t. (38. 5) über die *actio Fabiana: ,Haec actio in personam est, non in rem'*, welche erkennen läfst, dafs dies nicht zu allen Zeiten als felbftverftändlich galt. Der Zufatz aber, eine Klage fei nicht nur ihrer Formel, fondern auch der *vis* nach *arbitraria*, hat einen guten Sinn; denn der Name *arbitraria actio* weift fowohl auf eine beftimmte Formelfaffung, als auf die Natur des Anfpruches und eine befondere Wirkung der Klage hin, bei der ,die *condemnatio* durch einen vorgängigen Satisfactionsbefcheid bedingt und aufgehalten war' (BRINZ [76]). Ueberhaupt war das Wort *vis* ein beliebter Ausdruck der römifchen Juriften, wie feine vielen Bedeutungen zeigen. In verwandter, wenn auch anderer Anwendung fteht es z. B. in L. 1 D. ad exhibend. 10, 4, ferner bei Gaius, IV, 10: *quaedam actiones ad legis actionem exprimuntur, quaedam sua vi ac potestate constant*; und in IV, 33: *Nulla autem formula ad condictionis fictionem exprimitur; sive enim pecuniam sive rem aliquam certam debitam nobis petamus, eam ipsam dare nobis oportere intendimus, itaque simul intellegimus, eas formulas . . . sua vi ac potestate valere.*

Gar keine Schwierigkeiten macht die Lefung und Ueberfetzung des folgenden Satzes; umfo räthfelhafter aber ift fein Zufammenhang mit dem Vorhergehenden. *,Vere huic dicimus alienatum esse, qui (servum) mancipio accepit,* [77] *alienationem nobis ad dominii translationem referentibus.'* Das heifst: ,Im wahren (technifchen) Sinne (*vere*) fagen wir von Demjenigen, es fei ihm veräufsert worden (*alienatum*), welcher etwas (einen Sklaven) durch Mancipation erhalten hat, indem wir das Wort Veräufserung (*alienatio*) (hier) auf die Uebertragung des Eigenthums beziehen.' *Vere dicere* ift eine häufige, der beften Latinität angehörende Redewendung. Diefes *vere* ift der Gegenfatz zu *non proprie* und fynonym mit *recte*; cf. L. 67 pr. D. de V. S. 50, 16 (Ulp. lib. 67 *ad edict.*): *,Alienatum' non proprie dicitur, quod adhuc in dominio venditoris manet; ,venditum' tamen recte dicetur.* Ebenfalls von Ulpian (lib. VII disput.) ift L. 35 D. de acquir. rer. dom. 41, 1: *Nec recessit ab eis dominium et nulla est alienatio.*

---

[76] Siehe überhaupt BRINZ, Pandekten (2. Aufl.) I, S. 287 ff.; vergl. S. 276 f. und S. 297 ff. (*a. in factum*).
[77] *Mancipio accipere*, fiehe z. B. Gaius, I, 119, 121, II, 103, 105, III, 167; Ulpian, XX, 4 (5).

Während in unſerer Stelle der *alienatio* die engſte Bedeutung gegeben wird (*mancipio accipere*), hat ſie bekanntlich zuweilen eine ungemein weite. So iſt im Sinne der *l. Iulia de adulteriis (de fundo dotali*[78]*) ‚alienatio omnis actus, per quem dominium transfertur'* (L. 1 Cod. de fundo dotali 5, 23[79]). L. 16 D. eod. 23, 5: *lex Iulia, quae vetat fundum dotalem alienari, pertinet etiam ad huiusmodi adquisitionem* (nämlich durch Erſitzung); das *alienare* umfaſst hier auch das *legare*: L. 16 D. de testam. milit. 29, 1; ſogar der Verluſt eines Grundſtückes in Folge verweigerter *cautio damni infecti*, durch des Nachbars *missio in possessionem ex secundo decreto*, wird *alienatio* genannt, wenngleich nicht der *l. Iulia* unterworfen, *‚quia haec alienatio non est voluntaria'* (Paul. in L. 1 pr. D. 23, 5). Derſelbe Paulus ſagt in L. 28 pr. D. de V. S. 50, 16:[80] *‚Alienationis' verbum etiam usucapionem continet . . .; eum quoque alienare dicitur, qui non utendo amisit servitutes.* Dagegen ſei die Ausſchlagung einer Erbſchaft oder eines Vermächtniſſes keine *alienatio* (cf. L. 1 §. 6 D. si quid in fraudem patr. 38, 5; L. 6 pr. D. quae in fraud. credit. 42, 8). Genau das Gegentheil aber wird geſagt in L. 5 §. 8 D. de reb. eor. 27, 9 (Ulp.), nämlich: der Pupill könne auch dieſe *alienatio* (das *repudiare legatum*) nicht ohne *tutoris auctoritas* vornehmen; im weiteren Zuſammenhange iſt daſelbſt von der *oratio Severi* die Rede, welche den Vormündern verboten hat, *praedia rustica* oder *suburbana* zu veräuſsern. Nachdem ſo für jede einzelne Rechtsregel zu unterſuchen iſt, was für ſie *‚alienatio'* bedeute,[81] ſo kann es nicht auffallen, daſs die Juriſten ſo oft (und ſo denn auch unſer Autor) dieſen ſcheinbar ſo elementaren Begriff erörtern. Aber ſehr auffallend und befremdend iſt es allerdings, gerade in unſerem Fragmente der engſten Definition zu begegnen, wo doch die Veräuſserung gerade im Sinne der *form. Fabiana* eine ſehr weite Bedeutung hat (L. 1 D. h. t. 38, 5), ähnlich wie bei der *a. Pauliana*. Am nächſten liegt es, an eine Antitheſe zu denken, wodurch auch das *etiamsi* zu Ehren käme (hier ſei die Veräuſserung ſehr weit zu faſſen, wenngleich *vere* nur die Eigenthumsübertragung ſo genannt werde); aber die Anknüpfung an das unmittelbar Vorhergehende bleibt unverſtändlich.

Die Leſung des Reſtes der Vorderſeite macht, eine — ohne Frage durch einen Fehler des Schreibers verdorbene — Stelle ausgenommen, keine nennenswerthe Schwierigkeit. Abgeſehen von den zwei letzten Worten der Zeile 16 (*deinde quaeremus*), von denen ſchlechthin nicht feſtzuſtellen iſt, ob ſie den Uebergang zu einem anderen Thema vermitteln oder nur die Beſprechung einer neuen Seite der im Vorausgegangenen behandelten Frage einleiten wollen,[82] beſchäftigen ſich Zeile 6 bis 16 mit dem Falle der Verkürzung

---

78 Der Umſtand, daſs der Begriff der *alienatio* gerade bei Gelegenheit dieſes Geſetzes genau erörtert zu werden pflegt, und daſs unſer Fragment unmittelbar hinter der Definition der *alienatio* von dotalrechtlichen Verhältniſſen handelt, könnte einen auf eine falſche Fährte ablenken, wenn nicht (glücklicherweiſe) bald darauf ausdrücklich geſagt würde, daſs auch hier von der *form. Fabiana* gehandelt werde.

79 Dieſe L. 1 Cod. cit. wird auch in den neueſten Ausgaben des Codex in das Jahr 213 geſetzt, was der Inſcription (Severus et Antoninus) widerſpricht; denn Severus der Vater ſtarb 211, Severus der Sohn (Geta) 212.

80 Die Stelle iſt aus dem 21. Buche *ad edictum*, welches die Vindicationen behandelte.

81 Siehe Windscheid, I, §. 69, Note 12.

82 Die römiſchen Juriſten bedienen ſich der Redewendung *quaeremus, si quaeramus* u. dergl. (ganz in demſelben Sinne, in welchem wir ſagen: ‚Fragen wir nun', ‚unterſuchen wir die Frage') ſowohl zu dem einen als zu dem anderen Zwecke. Vergl. z. B. Gai. I, 188. L. 39 D. de stip. serv. 45, 3 (Pomp.).

des Patrons durch Bestellung einer Dos auf Kosten des Libertus, wobei vorwiegend die — ausdrücklich formulirte — Frage den Gegenstand der Untersuchung bildet, wer der *act. Fabiana* gegenüber der rechte Beklagte sei. Da bisher kein Quellenzeugnifs bekannt war, welches uns nähere Kunde von der rechtlichen Behandlung dieses Falles seitens der römischen Juristen gegeben hätte,[83] so darf dieser Theil des Fragments das volle Interesse der Quellenforscher in Anspruch nehmen.

Die Frage lautet zunächst: *Quid si pro muliere*[84] *dotem dederit (libertus), quis teneatur hac formula?* Dafs diese Dotation seitens des Libertus eine fraudulose sei, ist nicht ausdrücklich gesagt, offenbar aber vorausgesetzt, während auch hier auf Seite dessen, *cui alienatum est*, Dolus zur Fundirung der Klage nicht erforderlich ist (L. 1 §. 4 D. h. t.), daher sich denn auch von selbst begreift, dafs die Entscheidung nicht zusammenfallen kann mit der von Venuleius (L. 25 §. 1 D. 42, 8) für den Fall gegebenen, da die Gläubiger durch eine fraudulose Dotation verkürzt sind. An die Erörterung der mitgetheilten Fragen knüpft endlich der Jurist die weitere nach der Behandlung des Falles (*si debitorem*) *suum iusserit dotem promittere libertus*, bei deren Untersuchung offenbar auch wieder der oben bezeichnete subjective Thatbestand vorausgesetzt ist.

Dafs die erste Frage streitig war, deuten schon die nächstfolgenden Worte (*in proposito et Iavolenus confitetur*) an; so wie aber der vorliegende Text unseres Fragmentes lautet (*sed veniret*, worauf ein etwas zweifelhafter Buchstabe[85] und dann sehr deutlich *ct* folgt), wäre in den folgenden Zeilen nichts enthalten von einem Bericht über einen Meinungsstreit der Juristen; vielmehr müfste man glauben, der referirende Jurist gehe eine Reihe ganz verschiedener Thatbestände durch, und entscheide jeden derselben in vollem Einklang mit Iavolenus' Meinung, nur dafs denn doch die Lesart *sed veniret oct.* als eine sinnlose, unter allen Umständen der Verbesserung bedürftig wäre. Eine solche mufs also auf alle Fälle versucht werden, und da es durch den Zeile 11, 12 folgenden Passus *hoc et ego verum esse didici* mehr als wahrscheinlich wird, dafs der Jurist von einer Streitfrage handelt und sich einer von mehreren referirten Meinungen anschliefst, so durfte

[83] Das eine war freilich nicht zweifelhaft, dafs unter Umständen auch eine Dotation die Veranlassung der *Fabiana* werden könne, nicht nur, weil *omne . . . . . quodcumque in fraudem patroni gestum est, revocatur* (L. 1 §. 3 h. t.), sondern auch weil von der Revocation der in *fraudem creditorum* bestellten *dos* in L. 25 §. 1. 2 D. 42, 8 (vergl. L. 14 eod. und über diese Stellen HUSCHKE in Linde's Zeitschrift, N. F, XIV, S. 60 f.) ausführlich die Rede ist. Dazu kommt, dafs L. 1 §. 10 h. t., nach welcher die Dotation der Tochter an sich nicht als fraudulose Handlung gelten soll (*quia pietas patris non est reprehendenda*), erkennen läfst, dafs nicht jede Dosbestellung gleicher Beurtheilung unterliegt; und endlich dafs L. 98 §. 1 D. de sol. 46, 3 (wenn man mit LEIST, S. 557, annimmt, der Sachverhalt sei aus dem *pr.* derselben Stelle zu ergänzen) einen Fall enthält, in welchem der Patron das Geld oder die Sachen, die zur Erfüllung des Dotationsversprechens geleistet worden waren, *per Fabianam aufert.* Vergl. SCHMIDT, Pflichttheilsrecht, S. 104, Note 25, S. 107, Note 35 sub *c*. Die soeben mitgetheilten und hervorgehobenen Worte der Stelle beweisen übrigens, wie hier bemerkt sein mag, die Richtigkeit der von SCHMIDT, S. 115, Note 57, Nr. *d* vertretenen, von LEIST, S. 557 und Note 1 abgelehnten Auslegung des §. 1 cit. Uebrigens handelt weder das *pr.* der Stelle *ex professo* von der *Pauliana*, noch der §. 1 *ex professo* von der Dotation; beide reden viel allgemeiner.

[84] Die in der vorigen Note angeführten Pandektenstellen, welche ausdrücklich einer Dotation erwähnen, setzen sämmtlich eine dotirte *filia* voraus. Vergl. SCHMIDT, S. 107 und Note 35.

[85] Wir lasen diesen Buchstaben vor der Glättung des Pergamens als ein *d*; allein gerade an dieser Stelle zeigte es mehrere kleine, die Schriftzüge verzerrende Runzeln; auf dem Lichtdruck dagegen tritt der Buchstabe als ein ganz deutliches *o* hervor.

davon ausgegangen werden, dafs die verderbte Stelle den oder die Namen eines oder mehrerer Juriften enthalte. Diefer Erwägung nachgehend, glaubten wir anfänglich emendiren zu follen: *sed venid. ver. dct.* (= *Venidius Verus dicit*); fpäter (fiehe Note 85) mufsten wir vorziehen, zu lefen: *sed Venidius et Octavenus*. Die erfte diefer Lesarten hätte den Vorzug, dafs die Sätze vollkommen normal ftilifirt wären: *Iavolenus confitetur . . . idem putat . . . sed Venidius Verus dicit . . .* Dagegen aber fpricht: 1. dafs die Citirung ‚*Venidius*' wahrfcheinlicher ift als die ‚*Venidius Verus*'; 2. dafs wir annehmen müfsten, der kräftige obere Strich des *d* fei verwifcht. Gegen die zweite Auflöfung (*Sed Venidius et Octavenus: manente* . . .) könnte man nur einwenden, dafs eine Weglaffung des Zeitwortes (*scribunt, aiunt, putant, existimant*) fonft nur vorzukommen pflegt, wenn fogenannte *notae* citirt werden; allein diefes Bedenken wiegt nicht fchwer, wenn man erwägt, dafs 1. diefer Auflöfung gegenüber die zwei gegen die erfte erhobenen Bedenken wegfallen und der Lichtdruck die Buchftaben *oct.* ganz deutlich erkennen läfst; dafs 2. dabei die Silbe *et* verwerthet wird, während freilich das *r* im Manufcript verfchrieben fein mufs (*veniret* ftatt *venidet*), und dafs endlich 3. auch die Anführung des Octavenus bei Pomponius durchaus wahrfcheinlich ift.

Ueber das Verhältnifs diefer Juriften zu einander nur Folgendes:

Iulian, Pomponius und Venidius[86] waren Zeitgenoffen und, wie es fcheint, in perfönlichem Verkehr. Nicht lange nach der Vollendung von Iulian's Edictsredaction war Venidius Conful (nämlich a. 138; fiehe Karlowa, S. 710). In Vat. fr. §. 77 confultirt er den Iulian, jedoch mit dem Muthe der gleichzeitig ausgefprochenen eigenen Anficht (*Venidius tamen, dum consulit Iulianum, in ea opinione est, ut putet . . .*). Näher fcheinen fich Venidius und Pomponius geftanden zu haben; in zweien von den drei Pandectenftellen, in welchen Venidius citirt wird, ftehen ihre Namen durch *et* verbunden, einfach neben einander;[87] dies berechtigt uns zwar gewifs nicht, fie etwa als Mitverfaffer eines Werkes zu denken, da in ähnlicher Art felbft Nichtzeitgenoffen von den Späteren

---

[86] Was die Schreibung des Namens diefes Juriften betrifft, fo finden fich die Formen Vinidius, Venidius, Vindius (Rudorff, Röm. R. G., I, S. 177). Für die letztere erklärt fich Mommsen (Fr. Vat. §. 77), weil Borghese im Giorn. Arc., XXII, 58 ‚*attulit diploma scriptum consule eo a. 138, in quo dicitur M. Vindius Verus*'. Diefe Form allein hat, offenbar Mommsen folgend, auch Teuffel, Röm. Lit. Gefch., §. 360, Anmerkung 2 und Text dazu; er nennt ihn einen Schüler Iulian's. Wodurch aber foll dies erwiefen fein? Doch nicht dadurch, dafs er den Iulian confultirt hat? (Siehe im Text nach Note 86.) Deurer, Grundr. f. äufs. Gefch. und Inftit. (Heidelberg 1849), S. 124, hat die Form ‚Vindius' und ‚Vinidius', und bemerkt, Osann (Pomponii de orig. iur. fragm. Gissae 1848, pag. 105 sq.) wolle ihn in ‚Venidius oder lieber in Umidius verwandeln'. So fcheint derzeit die Form ‚Vindius' vorgezogen zu werden (fie ift auch die in Mommsen's Pandectenausgabe angenommene), wie man umgekehrt für Virgil jetzt Vergil fagt. Es verhält fich damit wohl wie mit Laetorius und Plaetorius, es werden frühzeitig mehrere Formen des Namens im Gebrauch gewefen fein. Unfer Fragment ift gerade durch des Abfchreibers Lefefehler (*veniret*) ein ftarkes Argument für die Lesart Venidius, denn diefer Fehler zeigt, dafs in dem dem Schreiber vorliegenden Archetyp *venid.*, nicht *vinid.* ftand, noch weniger aber *vind.* Diefes Archetyp fcheint eben ein nicht ganz leicht zu lefendes, alfo recht altes gewefen zu fein.

[87] L. 2 §. 1 D. si ex nox. causa 2, 9 (Paul. l. VI ad edict.): *Si absens sit servus, pro quo noxalis actio alicui competit . . . compellendum putat Venidius . . . Idque Iulianus scribit et si dolo fecerit . . .; sed causa cognita domino postea dabitur defensio, ut Pomponius et Venidius scribunt.* L. 5 D. de iudiciis 5, 1 (Ulp. l. V ad edict.): . . . *ut et Pomponius et Venidius scripserunt.*

zuſammengefaſst werden; aber eine Beziehung zwiſchen ihnen, insbeſondere die, daſs Pomponius in ſeinem Edictscommentar oft auf Venidius Bezug genommen habe, iſt ſehr wahrſcheinlich, ſchon weil Paulus und Ulpian ſchwerlich anders als eben durch Pomponius von des Venidius Anſichten Kenntniſs gehabt haben. Maecianus, der Lehrer und Freund des M. Aurel, der unter Pius ſchrieb und mit Iulian und Venidius im Conſilium dieſes Kaiſers ſaſs, nennt beide *‚noster‘*, den Venidius in L. 32 §. 4 D. ad leg. Falc. 35, 2, den Iulian an mehreren Stellen)ſiehe KARLOWA, S. 278, Note 14). Nach alledem iſt nicht zu zweifeln, daſs Venidius ein angeſehener Zeitgenoſſe des Pomponius und Iulianus geweſen iſt. Gleichwohl iſt er ſo gut wie verſchollen; ſo manche unſerer Lehrbücher der Rechtsgeſchichte nennen nicht einmal ſeinen Namen. Es iſt eben von ſeinen Schriften nichts auf uns gekommen, wie ja auch der gewaltige Edictscommentar des Pomponius bis auf einige Citate und unſer Fragment (das andere, im XVI. Jahrhundert in Frankreich edirte gehört nicht dieſem Werke an, ſiehe KARLOWA, S. 759) und ebenſo Iulian's epochemachendes Digeſtenwerk gröſstentheils verloren ſind. Wie anders ſtünde es um unſere Kenntniſs des römiſchen Rechtes, wenn uns aus der ſo reichhaltigen Literatur wenigſtens das eine letztgenannte Werk erhalten wäre!

Den Octavenus citirt Pomponius im 10. Buche ſeiner *epistulae* allein, im 7. Buche zuſammen mit dem weiter unten zu beſprechenden Ariſto.[88] Der Einwand, daſs Octavenus viel älter als Venidius ſei, daſs mithin ihre Zuſammenſtellung vollends in dieſer Reihenfolge befremdend wäre, iſt nicht zu befürchten. Derartige chronologiſche Bedenken exiſtirten für die römiſchen Juriſten nicht. Vergl. z. B. L. 44 pr. D. sol. matr. 24, 3 (Paul.): *Nerva et Cato responderunt, ut relatum est apud Sextum Pomponium.* Solche Zuſammenſtellungen waren überhaupt nicht ſelten, bei Pomponius wahrſcheinlich häufig; und dabei ſind die ſo *verbis coniuncti* bald Zeitgenoſſen, bald nicht, und die Reihenfolge oft ganz willkürlich, nur daſs gerne der Lehrer vor ſeinem Schüler genannt iſt.[89]

Kehren wir nun zu der erſten von Pomponius in unſerem Fragment aufgeworfenen Frage zurück und ſehen wir zu, was er zu ihrer Beantwortung beibringt. Dies iſt zunächſt die Mittheilung der dahin gehenden Meinung des Iavolenus, der Ehemann ſei der rechte Beklagte (*cum viro actionem esse*), und zwar (nicht nur *manente matrimonio*, ſondern, wie ausdrücklich hervorgehoben wird) auch *dissoluto matrimonio.* Mehr ſagt der Juriſt von der Entſcheidung des Iavolenus nicht, und ſie iſt uns auch ſonſt nicht erhalten; aber der weitere Verlauf unſeres Fragmentes zeigt, daſs ſie, wenn auch von einem

---

[88] L. 55 D. de A. E. V. 19, 1: *Octavenus magis putabat* . . . L. 20 D. de fideic. lib. 40, 5: *bellissime Aristo et Octavenus putabant*, wo vorher und nachher auch Julian angeführt iſt. Vergl. auch L. 8 D. de peric. 18, 6 (Paul.): *Proculus et Octavenus . . . aiunt; idem Pomponius . . . probat.*

[89] Man vergleiche z. B. folgende Stellen des Pomponius: L. 45 de leg. I: *Neratius et Aristo et Ofilius probant*, wo alſo der weitaus Aelteſte zuletzt genannt iſt; L. 62 D. pro socio 17. 2: *Neratio et Aristoni* (Zeitgenoſſen) *placebat*; L. 31 D. ad leg. Falcid. 35, 2: *secundum Cassii et veterum opinionem.* Die chronologiſche Ordnung iſt gewahrt in L. 12 §. 2 D. de usufr. 7, 1 (von Ulpian aus Pomponius excerpirt): *et hoc Cassius et Pegasus responderunt et Pomponius . . . probat*; ebenſo in L. 8 D. de condic. 35, 1: *Trebatius et Labeo* (Lehrer und Schüler) *aiunt*; ebenſo in L. 6 eod.: *Sabinus quoque et Cassius* . . . (cf. Paul. in L. 38 §. 7 D. de usur. 22, 1). Lehrreich iſt L. 26 §. 2 D. de leg. I: *Sabinus quidem et Cassius aestimationem, Proculus et Nerva rerum partes esse legatas existimaverunt* . . . Alſo zwei Juriſtenpaare; dort aber ſteht der Aeltere, hier der Jüngere voraus, denn *Nerva* iſt hier *Nerva pater.*

durchaus richtigen Ausgangspunkt anhebend, zu fchwerer, nicht gerechtfertigter Härte ausfchlug und eben darum von anderen Juriften abgelehnt wurde.

Iavolenus fcheint fo argumentirt zu haben: Da jene *dotis datio*, welche das Vermögen des Libertus verminderte, das Vermögen des Ehemannes vermehrte, fo ift der Mann der rechte Beklagte. Die (nach L. 25 §. 1 D. 42, 8) für manche Juriften mafsgebend gewefene Erwägung, die *Pauliana actio in maritum qui ignoraverit* zu verfagen, nämlich *cum is indotatam uxorem ducturus non fuerit*, mufs hier fchon darum unbeachtet bleiben, weil es auf den Unterfchied von *scire* und *ignorare* überhaupt nicht ankommt. Ift hienach der Mann der rechte Beklagte, fo bleibt er dies auch definitiv; er bleibt paffiv legitimirt nicht etwa nur, fo lange er die empfangenen Dotalgegenftände befitzt, fondern auch, wenn er fie veräufsert hat, mag damit eine *permutatio dotis* verbunden fein oder nicht,[90] namentlich aber bleibt er dem Patron auch nach aufgelöfter Ehe haftbar, und zwar felbft in dem Falle, wenn er die *dos* bereits der Frau reftituirt haben follte.

Eben diefe letztere Entfcheidung erfchien aber dem Venidius und Octavenus unhaltbar. Sie unterfchieden — das, was an Iavolenus' Ausgangspunkten richtig ift, zwar anerkennend, gleichwohl in Würdigung der ganz verfchiedenen Rechtslage, die fich ergeben kann — recht fein, wie folgt: *Manente matrimonio* fei allerdings gegen den Mann zu klagen, denn hier hat er die *dos*; nicht anders auch nach dem *divortium, antequam dotem reddat*; anders aber, fobald das Heirathsgut der Frau reftituirt fei, denn hier könne und müffe der Patron feinen Anfpruch vielmehr gegen die Rückempfängerin richten (foweit fie eben die *dos* reftituirt bekommen hat); nur foweit der Mann etwas zurückbehalten habe (*et si quid retinuerit maritus*), bleibt er noch immer der rechte Beklagte. Hier alfo fei Raum für eine Klage gegen beide. Diefer Unterfcheidung ftimmt Pomponius zu: *hoc et ego verum esse didici.*

Dafs die Klage auch gegen die Frau geht, kann nicht auffallen; heifst es doch auch von dem Falle, da der Fraudator feinem Tochtermann ein Heirathsgut beftellt hat, in L. 25 §. 1 D. 42, 8: *at si neuter* (weder der Mann, noch die Frau) *scierit, quidam existimant nihilo minus in filiam dandam actionem, quia intellegitur quasi ex donatione aliquid ad eam pervenisse, aut certe cavere eam debere, quod consecuta fuerit, se restituturam.* Die Worte: *et si quid retinuerit maritus* haben unferes Erachtens eine Doppelbedeutung; fie beziehen fich ebenfowohl auf den Fall des blofs factifchen Zurückbleibens eines Theiles der *dos* beim Manne,[91] als auch auf den Fall der *retentiones ex dote* im technifchen Sinne; nur können fie für den letzteren auch nicht mehr befagen, als was fie wirklich enthalten, nämlich dafs der Mann der rechte Beklagte fei, nicht auch, dafs er

---

[90] Vergl. befonders CZYHLARZ, Dotalrecht, S. 293, C. STERNBERG, Beitr. z. L. d. R. R. von der Reftit. d. Dos nach aufgelöfter Ehe (Breslau 1880), S. 10 ff. Der Effect der erfolgreich durchgeführten *Fabiana* ift wohl ohne Zweifel als derfelbe gedacht, den die Quellen im entfprechenden Falle der *Pauliana* beilegen: *desinit (maritus) dotem habere nec mulier de dote habet actionem* (L. 25 §. 1, L. 10 §. 14 D. 42, 8. Dazu BECHMANN, Dotalr. II, S. 172). Wie Iavolenus (L. 32 pr. D. de pact. dot. 23, 4, cf. Scaevola L. 50 D. sol. matr. 24, 3) erklärt, dafs fich an der Dotalforderung der Frau dadurch nichts ändere, dafs der Mann ohne deren Einwilligung Dotalfachen veräufsert, fo fcheint er auch daran feftgehalten zu haben, dafs fich an dem Rechte des Patrons durch die im Text genannten Thatfachen nichts ändern könne.

[91] Vergl. L. 66 §. 5 D. sol. matr. 24, 3 (Iavol. l. VI ex post. Lab.): . . . *Uxor divortio facto partem dotis receperat, partem apud virum reliquerat* . . .

unter allen Umftänden alles das reftituiren müffe, was er nach den Grundfätzen des Dotalrechtes zurückzuhalten berechtigt wäre.

Der in Zeile 12 beginnende neue Satz ift gerade in feinem Beginn wohl corrumpirt; aber aus Zeile 14 (‚*debitor*') wird ficher, dafs der Anfang lauten mufs: *Si debitorem suum iusserit dotem promittere libertus*. Der Fall ift alfo der, dafs der *libertus* (*in fraudem patroni* [92]) feinen Schuldner den Gegenftand der Schuld *dotis causa* dem Manne promittiren hiefs und diefe *promissio dotis* auch wirklich erfolgte. Hatte nun der Mann das, was ihm verfprochen war, zur Zeit der Erhebung der *Fab. a.* noch nicht eingetrieben, fo kann — gleichviel ob die Ehe noch befteht oder durch *divortium* aufgelöft ift [93] — die *Fabiana* keinen weiteren Erfolg haben, als dafs fie ihn zwingt, feine Klagen, mit denen er die Realifirung des Dotalverfprechens hätte herbeiführen können, dem Patron abzutreten; diefe Klagen find ja das, was er aus dem *in fraudem patroni factum* in feinem Vermögen hat.[94] Dabei ift aber ftillfchweigend vorausgefetzt, dafs diefe Klagen auch noch erfolgreich durchgeführt werden können. Wie aber, *si culpa eius* (sc. *mariti*) *solvendo esse desiit debitor?* Der Jurift kann wohl nicht meinen, was die Worte befagen,[95] fondern gemeint kann nur fein, der Mann habe fchuldhafterweife die Forderung gegen den delegirten Schuldner nicht rechtzeitig, fo lange diefer noch folvent war, eingezogen und dadurch ihren Verluft herbeigeführt.[96] Die Entfcheidung geht dahin, diefe Gefahr habe der Patron zu tragen (*periculo patroni perit*), während allerdings nach Dotalrecht, der *rei uxoriae actio* gegenüber, der Mann für fein Verfchulden verantwortlich fei. Die erfte diefer Entfcheidungen erklärt fich daraus, dafs ‚für die Behandlung des Beklagten der Umftand von unterfcheidendem (entfcheidendem?) Gewicht (ift), dafs, während die *Pauliana* in der Regel nur gegeben wird wider den am Betruge Betheiligten, unfere Klagen (nämlich die *a. Fab.* und *a. Calvis.*) die Frage, ob der Empfänger am Betrug theilgenommen, fchlechthin unberückfichtigt laffend, den Beklagten aus dem Gefichtspunkt eines Empfängers in gutem Glauben behandeln. Demgemäfs foll der Beklagte nicht mehr herausgeben, als um wie viel er bereichert erfcheint.......'[97] Die zweite Entfcheidung enthält ein werthvolles Argument zur Löfung der dotalrechtrechtlichen Streitfrage,[98] ob der Mann die Gefahr der Forderung dann fchlechthin tragen müffe, wenn ihm durch einen delegirten Schuldner eine Summe als Heirathsgut verfprochen wurde, eine Frage,

---

92 Diefe Vorausfetzung ift felbftverftändlich.

93 Auch hier wird Iavolen citirt, und zwar foll feine Entfcheidung gelten *et post divortium*, aber freilich unter der fie fehr einfchränkenden Vorausfetzung *si nondum exegit*. Auch hier ift uns Iavolen's Entfcheidung anderwärts nicht erhalten. Am nächften verwandt ift ihr L. 12 h. t. (Javol. l. III epist.), infofern es fich auch in ihr um eine Mittelsperfon und um die Frage der Paffivlegitimation handelt. Darnach wäre glaublich, dafs Iavolen die letztere Frage einer eingehenden Unterfuchung unterworfen habe.

94 Die Entfcheidung diefes Falles lauft fomit parallel der dotalrechtlichen in L. 44 §. 1 D. sol. matr. 24. 3: . . . *necesse habebit maritus, aut exactam dotem aut actionem ei (mulieri) praestare.* Vergl. auch L. 14 D. 42. 8.

95 Nämlich ein Verfchulden des Mannes habe den Schuldner infolvent gemacht.

96 Alfo der Fall, den fonft die Quellen fo bezeichnen: *si . . . promissor solvendo esse desisset . . . (et) culpa mariti ea pecunia exacta non esset* oder *(si) maritus in agendo* (oder *in exigendo*) *moram fecisset* . . . L. 49 D. de I. D. 23, 3, L. 56 pr. eod.

97 SCHMIDT, Pflichttheilsrecht. S. 118. 119.

98 Vergl. WINDSCHEID, Pand. §. 500. Note 9.

in deren Unterfuchung hier nicht eingegangen werden kann. Der Gegenfatz, in welchen die beiden Entfcheidungen geftellt find, entfernt die naheliegende Verfuchung, in Zeile 14 zu emendiren: *si sine culpa*...

IX. Verfo. Befonders zu beklagen ift die theilweife Zerftörung der erften Zeilen der Rückfeite. So leicht und ficher einige Ergänzungen derfelben find, fo fchwer, ja wahrfcheinlich bei dem derzeitigen Quellenbeftand unmöglich ift eine Wiederherftellung derfelben, die einerfeits einen ganz gefchloffenen Gedankengang in diefen Zeilen erkennen liefse, und deren Werth andererfeits doch hinausginge über den vager Vermuthungen. Gleichwohl ift auch das Wenige, was fich ficher erkennen läfst, nicht ohne Intereffe.

So gleich die erften Worte: *Laetoriae noxales sunt (interdum)*, denen wohl das Wort *legis* vorangeftanden haben mag; ob diefem Worte das Wort *actiones* unmittelbar oder mittelbar vorausging, mufs leider — es wäre durchaus nicht gleichgiltig, da ja nicht aufser Streit ift, ob aus der *L. Laet.* eine oder mehrere Klagen erwuchfen (fiehe bei Note 122) — dahingeftellt bleiben; der Jurift kann, von den Noxalklagen handelnd, fich ebenfo gut mit der Aufzählung einiger begnügt haben, wie er eine gröfsere Reihe derfelben namhaft gemacht haben könnte. Wahrfcheinlicher ift allerdings, nach dem zu fchliefsen, was die Pandektenjuriften hierüber fonft bieten, dafs eine erfchöpfende oder auch nur viele Fälle umfaffende Aufzählung an diefer Stelle nicht ftand.

Nicht unwichtig ift fchon, dafs das Gefetz in unferem Fragment *lex Laetoria* heifst; zwar kann die Möglichkeit nicht ausgefchloffen werden, dafs auch in diefem Manufcript Zeilentheilung ohne Rückficht auf Silbentheilung vorgekommen fei, und dafs der letzte Buchftabe der der erhaltenen erften Zeile vorausgehenden Zeile *p* gewefen und zur folgenden Zeile herüberzulefen gewefen fei; allein da wir fonft in unferem Fragment überall die Zeilen mit dem vollendeten Worte oder einer vollendeten Silbe enden fehen, fo ift das um fo unwahrfcheinlicher, als die Zahl der Quellenausfprüche, in denen das Gefetz *lex Laetoria* heifst, nicht eben unbedeutend ift, wie es denn auch erft in neuerer Zeit — namentlich wegen des höheren Anfehens der *tabula Heracleensis* in Vergleichung mit blofsen Handfchriften — Regel geworden ift, den früher allgemein üblichen Namen *Laetoria* durch *Plaetoria* zu erfetzen.[99]

---

[99] Vergl. zu diefer Namensfrage etwa BACH, Hist. iurispr. rom. Lib. II. cap. II. §. 26 (ed. sexta. Lips. 1807, pag. 146 sq.), ZIMMERN, Gefchichte des Röm. Privatrechts, I. S. 432, BURCHARDI, Wiedereinfetzung, S. 202 Note 2. Seite 203 Note 3, Seite 204 Note 7, 8, RUDORFF, Vormundfchaft, I, S. 93, SAVIGNY, Verm. Schriften, II, Nr. 18, S. 324 f. Note 1, S. 330 f., HUSCHKE. Zeitfchr. f. Rechtsgefch. XIII, S. 312. — Sämmtliche Handfchriften des *Cod. Theodos.* haben *Laetoria*, fonft würde HÄNEL pag. 769* Note *g* die Varianten ficherlich angeben, während er für *Plaetoria* nur auf ZIMMERN und HUGO verweift. Es fcheint uns nicht unmöglich, dafs fchon die Römer beide Formen des Namens gebraucht haben, wie fich ja Aehnliches zu allen Zeiten bei allen Völkern, und zwar hinfichtlich aller Arten von Namen, findet. Vergl. *Caius* und *Gaius*, *Cnaeus*, *Cneius*, *Gnaeus*, *Quinctius* und *Quinctus* (Gentilnamen), *Accius* und *Attius* u. f. w. Die bequeme affimilirende Form *Laetoria* (gleichfam *Ll* = *pl*) ift dann ohne Zweifel die jüngere. Man denke an die Umwandlung, die das *pl* am Anfange der Wörter in Spanien durchgemacht hat. Jedenfalls ift es nicht zuläffig, eines einzigen Zeugniffes wegen alle anderen zu verwerfen. Wir können daher auch nicht zuftimmen, wenn ZIMMERN (dem fich RUDORFF anfchliefst) a. a. O. Note 4 kurzweg fagt: ‚Alle auf einen *Laetorius* gebauten chronologifchen Vermuthungen . . . fallen mit dem Namen *Lex Plaetoria* weg.‘ Ueber diefe Vermuthungen fiehe I. H. HETZER ad leg. Laet. Lips. 1749 (abgedruckt in FELLENBERG, Iurispr. ant. II, pag. 591 bis 623 (Bern 1760, 61) §. 5, HEINECCIUS Antiqq. I, 23 §. 6, vergl. auch HOEPFNER, Progr. de lege Laet. et cura min. Giss. 1778.

Ueber den Inhalt der Lex fchweigt nun freilich auch unfer Fragment; die zahlreichen ihn betreffenden Fragen werden durch dasfelbe nicht beantwortet, denn die Angabe, dafs die Klage oder die Klagen *ex lege Laet.* auch (zuweilen) als noxale vorgekommen feien, betrifft fchwerlich den Inhalt des Gefetzes felbft. Wohl aber ift diefes Datum ein ganz neues, da in den bisher bekannten Quellen diefer Rechtsfatz nirgends bezeugt war;[100] vielmehr erfahren wir aus denfelben nur, was in der fpäteren Entwicklung aus unferem Rechtsfatze geworden.[101] Dahin gehören zwei Pandektenftellen, die nun einerfeits zur Erklärung der erften Zeilen des fol. vers. beitragen, und auf welche umgekehrt aus diefen Zeilen neues Licht fällt. Die eine Stelle ift

L. 24 §. 3 D. de min. 4. 4 aus Paulus libro I sent.:[102] *Si servus vel filius familias minorem circumscripserit, pater dominusve quod ad eum pervenerit restituere iubendus est, quod non pervenerit, ex peculio eorum praestare: si ex neutro satisfiet et dolus servi intervenerit, aut verberibus castigandus aut noxae dedendus erit. Sed et si filius familias hoc fecit, ob dolum suum condemnabitur.* Mit diefer Stelle ift zu vergleichen

L. 9 §. 4*a*[103] D. de dolo malo 4. 3 aus Ulp. libro XI ad edictum: *Haec de dolo actio noxalis erit: ideo Labeo quoque libro XXX praetoris peregrini* (Mommsen: *posteriorum*) *scribit, de dolo actionem servi nomine interdum de peculio, interdum noxalem dari. Nam si ea res est, in quam dolus commissus est, ex qua de peculio daretur actio, et nunc in peculio dandam; sin vero ea sit, ex qua noxalis, hoc quoque noxale futurum.*

Auf die Frage nach dem Thatbeftand, den eine *actio leg. Laetoriae noxalis* vorausfetzt, müfste wohl Jeder, der fich gegenwärtig hält, was uns die Quellen über diefes Gefetz, von welchem weder der Text, noch eine brauchbare Inhaltsangabe vorhanden ift, in ‚einzelnen zerftreuten Angaben‘ berichten,[104] die Antwort dahin abgeben, es komme darauf an, dafs ein Sklave oder Hauskind die von dem Gefetz verpönte Handlung unter folchen Umftänden gefetzt habe, welche nach den allgemeinen Regeln über die Noxalklagen eine folche hervorzurufen geeignet find. Genau dies[105] aber befagt

---

[100] Vergl. das Verzeichnifs der in den Quellen vorkommenden Noxalklagen bei Zimmern, Das Syftem der römifchen Noxalklagen (1818), S. 51 bis 56.

[101] Nämlich, dafs er verdrängt wurde durch das Inftitut der Wiedereinfetzung in den vorigen Stand und die allgemeinen gegen *dolus* gewährten Rechtsmittel. Savigny, Verm. Schriften, II, S. 339 f., 351 bis 355. Syftem, III, S. 81, VII, S. 147, Spaltenstein, Wiedereinfetzung, S. 85. Nur macht unfer Fragment wahrfcheinlich, dafs die *Lex Laetoria* doch wohl länger ein Beftandtheil des praktifchen Rechtes blieb, als Savigny, Verm. Schriften, II, S. 351, Syftem, III, S. 81 Note *d*, zu glauben geneigt ift. Vergl. auch Burchardi, S. 148 f., 210 ff., Spaltenstein, S. 88 ff., Huschke, Zeitfchr. f. Rechtsgefch., XIII, S. 326 f. und in Linde's Zeitfchr. N. F. XIV, S. 127. — Auf eine fchon von Cicero betonte Verwandtfchaft zwifchen dem Rechtsfatz der *Lex Laetoria* und der *postulatio suspecti tutoris*, fowie der *act. rationibus distrahendis* ift gleichfalls wiederholt hingewiefen worden. Savigny, Verm. Schriften, II, S. 334 f., Ihering, Geift, III, S. 115 (1. Aufl.), Spaltenstein a. a. O. S. 80.

[102] Aber freilich ‚L. 24 cit. quamquam inscripta Paul. lib. I Sent., *maximam tamen partem ex eiusdem auctoris libro XI ad Edictum sumpta esse videtur.*‘ Arndts in feiner Ausgabe der *Sent.* im Bonner Corp. iur. I, pag. *58 Note 2. Vergl. damit Krüger's *praefatio* in der Coll. libr. iuris anteiust. Tom. II, pag. 41, 42.

[103] Dafs diefer Paragraph nicht mit dem vorausgehenden Satze verbunden werden darf, wie gleichwohl in vielen älteren Ausgaben des *corpus iuris* gefchehen ift, hat fchon Zimmern S. 53, Note 73 richtig bemerkt.

[104] Savigny, Verm. Schriften, II, S. 324.

[105] Die Frage nach Wiffen und Wollen des Herrn (Vaters) kann hier aufser Betracht bleiben, wie es auch in L. 24 cit. der Fall ift.

auch unfere L. 24 cit.: *Si servus vel filius familias minorem circumscripserit... et dolus servi intervenerit...* Dafs nun in folchem Falle die Möglichkeit der *noxae deditio* (und der Züchtigung) etwas ganz Ausnahmsweifes, und zwar darum etwas Ausnahmsweifes fei, weil *ex contractu vel quasi si oriatur obligatio, non noxalis, sed de peculio actio est,* nimmt nicht nur VOET,[106] fondern auch noch ZIMMERN[107] an; allein fowie man erkennt, dafs die L. 24 einen Nachklang der *L. Laetoria* enthält, wird diefe Auffaffung unhaltbar; die Lex ift noch weit davon entfernt, durch Einführung civilrechtlicher Schutzmittel der Unredlichkeit beim Contrahiren überhaupt entgegentreten zu wollen; dafs dies Aufgabe der Gefetzgebung fein könne, fcheint jene Zeit noch nicht einmal geahnt, der Gefetzgebung alfo auch eine folche Aufgabe gar nicht geftellt zu haben. Der felbftftändige reife Mann mochte fich durch eigene Vorficht gegen Uebervortheilung beim Contrahiren fchützen; verfäumte er dies, fo durfte er weder bei feinen Mitbürgern, noch bei den Organen der Gefetzgebung und Rechtspflege auf Theilnahme und Schutz hoffen, ja, er hätte zum Schaden nur noch den Spott gehabt, wenn er fich beklagt hätte: ‚Der *dolus,* die *fraus* war legalifirt.'[108] Diefe Grundauffaffung wurde von der *Lex Laetoria* noch keineswegs verlaffen. Die in ihr enthaltene Berückfichtigung des Betruges — eine der älteften in der römifchen Legislation[109] — fetzt nur an einem einzelnen Punkte und in ganz anderer Weife ein: Wie fchon die XII Tafeln dem Pupillen Schutz gegen Uebervortheilung durch den Tutor gewährt hatten, fo that es nun auch die neue Lex nur zu Gunften der von ihr als nicht vollreif Erachteten;[110] das Zuwiderhandeln gegen ihre Vorfchrift, der gegen den Minderjährigen verübte Betrug wurde nicht unter den milden Gefichtspunkt eines incorrecten Verhaltens beim Contrahiren gerückt,[111] fondern erfchien als ein fchweres, den Schlufs ‚auf eine ehrlofe, nichtswürdige Gefinnung'[112] rechtfertigendes Delict, das feine Sühne zu finden hatte in einem *iudicium publicum rei privatae.*[113] Danach kann nicht zweifelhaft fein, dafs die Zulaffung der *noxalis actio* in dem von VOET und ZIMMERN gemeinten Sinne nichts Ausnahmsweifes fein kann, da fie eben auf einem delictifchen Thatbeftand fufst.

Umfomehr gehen die Meinungen noch heute fehr auseinander über die Bedeutung des von Cicero bezeugten *iudicium publicum rei privatae.*[114] Einig ift man nur über die

---

[106] Comment. ad Pand. Lib. IX, tit. 4 §. 3 (in der Hallenfer Ausg. von 1778, Tom. II, pag. 604).

[107] A. a. O. S. 54, Note 73 a. E.

[108] IHERING, Geift. II, 2, S. 480, vergl. S. 468 f. und VOIGT, Ius. nat., aequum et bonum . . III. S. 79 ff.

[109] SPALTENSTEIN, S. 80, 132.

[110] Vergl. befonders HUSCHKE, Zeitfchr. f. Rechtsgefch., XIII, S. 313.

[111] Wäre dies der Fall gewefen, fo würde vielleicht die *lex* dahin gekommen fein, das ihr zuwider eingegangene Gefchäft lediglich für *ipso iure* ungiltig zu erklären, was doch offenbar nicht der Fall war. Anders freilich BURCHARDI, S. 346 f.

[112] SAVIGNY, Verm. Schriften, II, S. 337.

[113] Cicero de nat. deorum, III, c. 30, §. 74.

[114] Die nicht weniger beftrittene Frage nach der *exceptio legis Laetoriae*, beziehungsweife dem Schutzmittel, an deffen Stelle diefe *exceptio* fpäter getreten, mag hier auf fich beruhen bleiben, da unfer Fragment diesfalls keine Andeutung enthält. Vergl. darüber etwa SAVIGNY, Verm. Schriften, II, S. 339, IHERING, Geift. III, S. 115 f. und Dogm. Jahrb. XII, S. 362, BETHMANN-HOLLWEG, Civ. Proc. d. gem. R., I, S. 115 f., RUDORFF, Röm. R. G., I, §. 40, KARLOWA, Civ. Proc., S. 347 ff., HUSCHKE, Zeitfchr. f. Rechtsgefch., XIII S. 322 ff. u. A.

Vermuthung, dafs das verurtheilende Erkenntnifs fchwerlich auf Reftitution des einfachen Betrages, fondern vielmehr auf eine Geldbufse ging, und den Verurtheilten Infamie getroffen habe; fchon darüber aber fchwanken die Stimmen, ob die Geldftrafe fich nach der Höhe des betrügerifch entlockten Werthes, etwa als *duplum* [115] desfelben beftimmt habe, oder eine ein für allemal fixirte (an das Aerar fallende) Geldbufse [116] gewefen fei — noch mehr aber darüber, was hier der Ausdruck *iudicium publicum* zu bedeuten habe und wer in demfelben als Kläger (oder Ankläger) aufzutreten berechtigt gewefen fei — wie ja ähnliche Zweifel auch bezüglich anderer Klagen für jene älteren Zeiten, da *iudicia privata* und *publica* noch nicht weit auseinander gingen, nicht mit Sicherheit zu beheben find. [117] So treten denn auch hier die Einen dafür ein, das *iudicium* fei als ein durch eine öffentliche oder Criminalanklage (*publica accusatio*) eröffnetes Strafverfahren zu denken und die Geldbufse als eine Criminalftrafe, [118] deren Verhängung aus leicht begreiflichen Gründen nicht nur der Befchädigte, [119] fondern jeder aus dem Volke beantragen konnte; [120] Andere [121] faffen unfer *iudicium* als ein *privatum* auf (nicht als Criminalverfahren) und erklären feine Bezeichnung als *iud. publicum* daraus, dafs es fich dabei um eine *a. popularis* gehandelt habe, bei der felbftverftändlich als Kläger zunächft der Betrogene, aber auch (neben oder nach ihm) Jeder, der Luft hatte, auftreten konnte. Und während SAVIGNY (Verm. Schriften, S. 336) in dem Ausdruck der tab. Heracl. lin. 111, 112: ‚*queive lege Plaetoria ob eamve rem, quod adversus eam legem fecit fecerit, condemnatus est erit*' nur ‚die breite vorfichtige Umftändlichkeit (fieht), die ohnehin in den alten Volksfchlüffen fo gewöhnlich ift', haben Andere (auch nach SAVIGNY) zwei verfchiedene Fälle darin gefunden: ein *iudicium publicum* (Criminalverfahren), das zu einer Geldftrafe geführt haben mag, und eine Klage des Uebervortheilten auf Rückgabe des Bezahlten, beide mit infamirender Wirkung. [122]

Es würde viel zu weit führen, wollten wir alle diefe Anfchauungen und ihre Gründe prüfen. In der That kann hier nur gefragt werden, [123] ob und inwiefern die in unferem

---

115 SPALTENSTEIN, S. 82.

116 HUSCHKE, XIII, S. 320. — SAVIGNY, II, S. 337 läfst diefe Frage offen.

117 Vergl. HUSCHKE, Gaius, S. 118, SELL, Aus dem Noxalrechte der Römer, S. 125 f. und Note 1 auf S. 126.

118 So z. B. SCHILLING, Inft., §. 129 bei Note *b*, *c* (II, S. 434), KUNTZE, Curfus (2. Aufl.), §. 420, 434, vergl. auch BURCHARDI, S. 204.

119 SAVIGNY, Verm. Schriften, II, S. 333 f.

120 HUSCHKE, XIII, S. 319 f.

121 IHERING, Geift. III, S. 114 f. und Note 158, Dogm. Jahrb. XII, S. 354, SPALTENSTEIN, S. 81 f., VOIGT, Ius. nat., insbefondere III, S. 793 Note 1283, S. 795 Note 1285, IV, S. 458 ff. und öfters, welcher letztere wegen Cic. de off. 15. 61 dafür eintritt, die Klage fei den *arbitria* überwiefen gewefen.

122 So KARLOWA, Röm. Civ. Proc., S. 352 f. Wieder anders RUDORFF, Röm. R. G., I, §. 40, der gleichfalls von zwei Klagen fpricht (‚in diefem oder in irgend einem anderen *iudicium* wegen Verletzung der *Lex Plaetoria* Verurtheilten') und (ähnlich fchon DIRKSEN, Beitr., S. 195, A. 13 *a*) in dem *iudicium* nur ‚infofern' ein *publicum iud.* fieht, als die Anklage Jedermann zufteht, weshalb er es zu den, unter fich fo verfchiedenen *iud. publ. rei privatae* zählt. SELL a. a. O. S. 126 Note 1 fcheint das *iudicium publicum rei privatae lege Plaetoria* (Cic. de nat. deor. III. c. 30 §. 74) als ein auf öffentliche Strafe gerichtetes *iudicium* zu denken, das gleichwohl nur infolge einer Privatklage von Seite des Betheiligten (*legis actio privata*) gewährt wurde.

123 Ueber zahlreiche Fragen, auch folche, die für das Wefen der Noxalklagen von grundlegender Bedeutung find, gibt unfer Fragment keine Aufklärung. Vergl. über diefe Fragen die angeführten Schriften

Fragment bezeugte Noxalität der *actio* (oder der *actiones*) *legis Laetoriae* für oder gegen eine der vorftehend referirten Auffaffungen beweife. Dafs fie gleichgiltig fei, wird fchwerlich behauptet werden; u. E. fpricht fie gegen den in der bisherigen Literatur vorwiegend vertretenen criminellen Charakter des auf die *Lex Laetoria* gegründeten *iudicium*. Wenn auch nicht unwiderfprochen,[124] geht doch die herrfchende Lehre entfchieden dahin, alle Noxalklagen feien Privatdelictsklagen gewefen; für Capitalverbrechen wie für Polizeivergehen habe der Thäter unmittelbar und allein zu haften gehabt, auch wenn er Sklave oder Hauskind war, und fo insbefondere auch die *noxae datio in causis criminalibus* überhaupt keine Anwendung gefunden.[125] Die für diefe Auffaffung vorgebrachten Gründe find denn auch fo ftark, dafs man annehmen kann, die Lehre, das *iudicium leg. Laetoriae* fei ein Strafverfahren gewefen, würde viel weniger Beifall gefunden haben, wenn die Noxalität fchon in den altbekannten Quellen bezeugt gewefen wäre. Dazu kommt noch eine weitere Erwägung: Nachdem einmal die *a. de dolo* aufgeftellt war, fcheint die *a. legis Laetoriae* wohl noch nicht verfchwunden, aber doch hinter ihr und der Wiedereinfetzung zurückgetreten zu fein. Ob bereits Labeo (in L. 9 §. 4*a* D. de dolo malo) in der von ihm erwähnten *a. de dolo noxalis* die *a. legis Lact. noxalis* aufgehen liefs, kann dahingeftellt bleiben; gewifs aber würde auch eine folche *a. de dolo noxalis* ausreichenden Schutz gegen Uebervortheilungen der *minores* gegeben haben. Wenn nun im Verzeichnifs der Poftulationsunfähigen der *de dolo malo damnatus*, der doch gewifs wegen Privatdelicts verurtheilt ift, in der Iulianifchen Redaction auch den *e lege Laetoria* (genauer: den auf Grund des Thatbeftandes, wie er in diefer *lex* vorausgefetzt ift) Verurtheilten mitbegreift,[126] ja, wenn nach Lage unferer Quellen die Frage, ob es fich fo verhalte, auch nur nicht mit Sicherheit verneint werden darf, fo liegt auch hierin ein weiteres Argument gegen die Annahme eines criminellen Charakters des *iudicium legis Laetoriae*. Der Umftand aber, dafs das Römifche Recht nicht überall fcharfe Grenzen zwifchen Privat- und öffentlichen Delicten gezogen hat, indem es Fälle kennt, in welchen es dem Verletzten nebeneinander den Weg der öffentlichen Anklage, wie den der Civilklage offen hält, ift nicht geeignet, Bedenken gegen unfer Ergebnifs zu erregen, denn die Erfcheinung, die man hieraus zu erklären verfucht fein könnte, dafs nämlich der dolofe Sklave nach unferer L. 24 §. 3 de min. ‚*aut verberibus castigandus, aut noxae dedendus erit*' ift nicht ftrafrechtlichen Gehaltes, nicht das Ende eines Strafproceffes; die ganze Stelle redet nur von einer *actio* (beziehungsweife dem Reftitutionsbegehren), gerichtet auf Erfatz des Schadens; der Gewalthaber foll erftatten, *quod ad eum pervenerit*, und *quod non pervenerit* aus dem Peculium vergüten; reicht beides nicht, dann tritt die Züchtigung oder *noxae datio* ein; in alledem ift keine Spur von einem Wahlrecht des Klägers zwifchen Straf-

---

von ZIMMERN und SELL, ferner BEKKER, Actionen, I, S. 183 ff., Recht des Befitzes, S. 50 ff. (dazu WENDT, Dogm. Jahrb. XXI, S. 324 f.), KARLOWA, Civ. Pr., S. 120 f., KUNTZE, Curf. §. 140, 731 f., 744, 746, 748, 796, Exc. S. 145 f., 525, 563, 567 f. (2. Aufl.), PERNICE, Sachbefchäd., S. 217 f., VOIGT, XII Taf., II, S. 583 ff., WYSS, Haft. f. fremde Culpa, S. 8 ff., H. KRÜGER, Gefch. d. *cap. demin.*, S 376 ff.

124 SCHRADER in feinem Comm. zu den Inftit., IV, 8, §. 4.

125 Vergl. ZIMMERN, Noxalklagen, S. 131 ff., RUDORFF, Röm. R. G. II, §. 48, §. 126 a. E., SELL, Noxalrecht, S. 1, 2 und befonders die eingehende Unterfuchung S. 112 bis 128.

126 Dagegen RUDORFF, Zeitfchr. f. Rechtsgefch. IV, S. 50. Zweifelnd LENEL, Das *edictum perpetuum*, S. 64 bei Note 3, 4.

und Civilverfahren oder von einem Uebergang aus dem letzteren zum ersteren; mag es zur Züchtigung oder zur *noxae datio* kommen, es handelt sich immer darum, dafs dem Kläger *satisfiet*, und zwar wie wir, freilich in anderem Sinne, mit ZIMMERN'S [127] Worten sagen können, dafs er im ersten Falle an seinem Leibe büfse, im zweiten durch seinen Leib zahle. Die Züchtigung hat also denselben Charakter, wie jene, die von altersher auch wegen Injurien den Sklaven treffen konnte (L. 17 §. 4 D. de ini. 47. 10), und diese Züchtigung darf, was ihr juristisches Wesen angeht, nicht verwechselt werden mit jener *poena extraordinaria*, die nach Hermogenian's Zeugnifs (L. 45 eod.) in späterer Zeit wegen des gleichen Delictes über den Sklaven verhängt zu werden pflegte. [128] Darnach dürfte denn auch anzunehmen sein, dafs diese Möglichkeit der Verhängung körperlicher Züchtigung über den Sklaven, mag sie nun in der *Lex Laetoria* ausdrücklich vorgesehen gewesen sein oder nicht, schon jener Zeit angehört, in der die Lex in voller Geltung stand, nicht aber erst dem System der extraordinären Strafen.

Spricht die Noxalität der *a. leg. Laet.* sehr bestimmt dafür, dafs diese Klage eine Civilklage, nicht eine *accusatio* gewesen sei — bei weiteren, aus dieser ihrer Natur zu ziehenden Schlüssen wird grofse Vorsicht und Zurückhaltung am Platze sein, ja wir werden bekennen müssen, dafs mehrere der oben (bei Note 115 ff.) aufgeworfenen Fragen nach wie vor gleich zweifelhaft bleiben, trotz der neuen durch unser Fragment gebotenen Aufklärung. Nur die Frage nach dem rechten Kläger, dürfte an Sicherheit der Lösung durch die nunmehr feststehende Noxalität der Klage noch etwas gewinnen.

Solange man annehmen durfte, das *iudicium legis Laet.* sei ein auf eine dem Aerar verfallende Geldbufse hinauslaufender Strafprocefs gewesen, mufste es als selbstverständlich erscheinen, dafs die Anklage von Jedem erhoben werden konnte; ‚denn hätte man dem Minderjährigen selbst (nämlich ihm allein) die Strafklage überlassen, so war zu befürchten, dafs durch denselben Leichtsinn, der ihn dem Betrug aussetzte, auch die Straflosigkeit des Betrugs bewirkt werden würde'. [129] Der schon als öffentliches Interesse [130] aufgefafste Schutz des Minderjährigen fordert dringend die Bestrafung des Verbrechens und damit die Zulassung der öffentlichen Anklage. Nicht ebenso selbstverständlich, darum aber doch nicht weniger richtig, ist diese Argumentation auch dann, wenn die *a. legis Laet.* keinen Strafprocefs einleitet. Dann aber mufste der Zweck des Gesetzes wohl am vollständigsten erreicht werden, wenn die Klage eine Popularklage war. Dafs Klagen vorkommen, die zugleich Noxalklagen und doch populare sein können, ist bestimmt bezeugt. [131] Freilich ist damit, dafs eine Klage als Popularklage bezeichnet wird, von ihr noch nicht mehr ausgesagt, als dafs *quilibet ex populo* sie anstellen kann, und zu den Popularklagen im ‚alten und eigentlichen Sinne' — zu denen *actiones*, die durch *leges* begründet waren, nicht gehört zu haben scheinen [132] — wird die Laetorische Klage kaum gestellt werden

[127] Noxalklagen, S. 148.

[128] Vergl. SELL, S. 16 ff., 117, 119 f.

[129] SAVIGNY, Verm. Schriften, II, S. 334.

[130] HUSCHKE, XIII, S. 320.

[131] Siehe besonders L. 3 §. 11, 12 D. de sepulc. viol. 47. 12; ZIMMERN, S. 138 ff., BRUNS, Zeitschr. f. Rechtsgesch., III, S. 377 (Kleinere Schr., I, S. 343).

[132] BRUNS a. a. O. S. 405 (366 ff.). Vielleicht mufs aber eben wegen unseres Fragmentes diese Schranke fallen gelassen werden.

dürfen.[133] Das aber möchte einleuchten, dafs sie den Klageberechtigten (mochte er nun der Minderjährige oder *quilibet ex populo* sein) umsomehr zum Gebrauche seines Rechtes anreizen mufste, je mehr sie nach ihrer Anstellung als seine Privatklage zu seinem Nutzen und Vortheil behandelt wurde. Und dafs dies auch wirklich der Fall war, dafür spricht eben der Charakter unserer Klage als Noxalklage. Die *noxae datio,* sagt BRUNS a. a. O. S. 377 (343) treffend von zwei verwandten Fällen, ‚müfste doch, wenn die Popularklage procuratorisch gewesen wäre, an das Volk geschehen sein. Nun wäre dies zwar nicht unmöglich, aber doch ein so eigenthümliches Verhältnifs, dafs es gewifs einmal irgendwo besprochen wäre, wovon sich aber keine Spur findet.'

Den zahlreichen weiteren die *L. Lactoria* betreffenden Fragen, die wegen des Mangels an Quellenzeugnissen auch heute unentschieden bleiben müssen, kann hier nicht nachgegangen werden. Wohl aber müssen wir gerade hier fragen: In welcher Verbindung steht die Lehre von den Noxalklagen, insbesondere die von der *a. leg. Laet. nox.* mit der *actio Fabiana*? Dafs ein solcher Zusammenhang besteht, dafs der Jurist von den beiden erstgenannten Materien nur wegen ihrer Beziehung zur *Fabiana* handelte,[134] wird mehr als wahrscheinlich durch den Anfang der Zeile 6: *et ea quidem, quae non mortis causa data sunt, ita revocat* u. s. w., der da beweist, dafs fortwährend von der *Fab.* die Rede ist. Mag nun auch der Umstand, dafs die ersten Sätze des fol. vers. ebenso unheilbar zerrissen sind, wie die des fol. rect. eine ganz sichere Herstellung des fraglichen Zusammenhanges ausschliefsen, so bleibt doch eine Vermuthung gestattet, der ein gewisser Grad innerer Wahrscheinlichkeit nicht abzusprechen sein wird. Der Jurist wird sich die Frage aufgeworfen haben, inwieferne der von der *act. Fab.* vorausgesetzte Thatbestand geschaffen werden könne durch *facta,* die da ausgehen von Sklaven oder Hauskindern des Libertus.

Er fand eine doppelte Möglichkeit: Veranlassung zur Anstellung der *Fab.* konnten Handlungen delictischer und Handlungen (an sich) geschäftlicher Natur geben, die von *familiares* des *libertus* gesetzt waren; beide fallen unter das Princip, dafs *omne autem, quodcumque in fraudem patroni gestum est, revocatur,* oder *quodcumque dolo malo liberti alienatum est, Fabiana actione revocatur* (L. 1 §. 3, L. 4 pr. D. h. t.). Von dem, was der Jurist über delictisches *gestum* oder *factum*[135] ausführte, sind uns in unserem Fragment nur die letzten Worte erhalten, die den Anfang der Zeile 1 ausmachen; der verlorene Theil von Zeile 1 und die Zeilen 2—5 beschäftigten sich mit der Untersuchung über die Begründung der *Fab.* durch Geschäfte von *familiares.*

Wie kann nun ein Delict des *familiaris* die Veranlassung zur *Fabiana* sein? Die Antwort wird dadurch nahe gelegt, dafs die in die Pandekten aufgenommenen Auszüge mehrfach zeigen, dafs und wie der Patron auch gegen — wenn der Ausdruck erlaubt ist — potenzirte *fraus* seines *libertus* geschützt werden sollte. Wenn z. B. der *libertus in*

[133] Wo es dann aber bei der jetzigen Lage der Quellen auch kaum möglich sein dürfte, des Genaueren zu bestimmen, in welche der von BRUNS aufgestellten Kategorien der Popularklagen im w. S. die *a. leg. Laet.* einzureihen sei.

[134] Damit soll natürlich nicht ausgeschlossen werden, dafs der Jurist, nachdem ihn dieser Zusammenhang auf die Noxalklagen geführt hatte, auch Einiges über sie bemerkt haben mag, was in weniger enger Verbindung zur *Fabiana* stand.

[135] Wir nehmen Beides hier als gleichbedeutend, arg. L. 1 pr. §. 3 D. h. t. So auch SCHMIDT, Pflichttheilsrecht, S. 98 ff., Note 12. Anders HUSCHKE, XIV, S. 17.

lite vinci voluit, sei es, dafs er *condemnatus est data opera vel in iure confessus,* sei es, dafs er *noluit optinere, cum peteret,* so soll die *Fabiana locum habere* (L. 1 §. 7 D. h. t.). Charakteristisch ist aber namentlich die Entscheidung Iulians (l. XXVI. Dig.) in L. 6 (cf. L. 8) h. t.: Der Libertus hat in der Absicht, den Patron zu verkürzen, einem *fil. fam.* gegen das *S. C. Macedon.* ein Gelddarlehen gegeben; das *S. C.* müfste die Klage auf Zurückzahlung des Darlehens ausschliefsen; dies soll aber hier nicht eintreten, die *Fabiana* überwindet das *S. C.*, indem *libertus donasse magis in hunc casum intelligendus est in fraudem patroni, quam contra senatusconsultum credidisse;* nur wenn der Darlehensempfänger ein *minor* ist, so mufs diesem geholfen werden (*causa cognita ei succurri debet*). Wenn nun in diesem Falle die eigentliche Absicht des *libertus* — die gegen den Patron geübte *fraus* — so sehr durchschlagend ist, dafs ihr gegenüber selbst der Schutz des *fil. fam.* ganz zurücktreten mufs, so liegt eine ähnliche Behandlung wohl auch in dem Falle nahe, wenn ein überschlauer Libertus in der Absicht, den Patron zu verkürzen, durch Befehl oder allerlei Machinationen seinen Sklaven dahin bestimmt hätte, einen Minderjährigen *contra legem Laetoriam* zu betrügen, um so sein (des Libertus) Vermögen um den Betrag der Geldbufse (beziehungsweise den Werth des Sklaven [136]) zu vermindern. Sollte der Pflichttheilsanspruch des Patrons auch durch die raffinirtesten Künste nicht illusorisch gemacht werden können, so mufste die *Fabiana* auch in Fällen dieser Art zuläffig sein; dafür, dafs sie nicht über das Ziel hinausschofs, mochte die in L. 8 cit. bezeugte *causae cognitio* sorgen, die die Aufgabe hatte, zwischen dem Interesse des Patrons und dem des *minor* in angemessener und billiger Weise zu vermitteln.

Mit viel gröfserer Sicherheit kann die Frage beantwortet werden, wie geschäftliche Handlungen von *familiares* die Veranlassung zur *Fabiana* geben konnten, denn hierüber finden wir bei Ulpian in L. 1 §. 22 sqq. D. h. t. directe Nachricht; er führt hier aus, dafs der Gewalthaber mit der *Fabiana* belangt werden könne, wenn sein Sohn oder Sklave von dem Libertus *in fraudem patroni* etwas erworben habe; dabei kommt auch die Frage nach der Haftung des Sklaven selbst nach dessen Freilassung und die Haftung des Dominus *intra annum* nach der Freilassung, dem Tode oder der Veräufserung des Sklaven zur Sprache. [137] Dafs ein ganz ähnlicher Gedankengang auch in den zerrissenen ersten fünf Zeilen unseres fol. vers. enthalten war, ist doch mehr als wahrscheinlich: die Worte *an et post annum* in Zeile 5 machen es (ganz abgesehen davon, dafs auch das kleine Buchstabenstück, mit dem Zeile 4 abschliefst, dafür spricht) zur Gewifsheit, dafs in Zeile 4 von der Haftung *intra annum* die Rede war; und gerade für diese Haftung *intra annum,* nämlich *manumisso vel mortuo vel alienato servo* beruft sich Ulpian auf Pomponius, und zwar ohne Zweifel auf das in derselben L. 1, nämlich in §. 14 und §. 27 noch zweimal citirte 83. Buch *ad edictum,* so dafs die Annahme kaum zu kühn erscheint, Ulpian habe in seinem Citat in §. 25 eben Zeile 4 unseres Fragments allegirt.

Der Fall nun, in welchem *(pa)ter suo nomine tenebitur non de (peculio),* kann kaum ein anderer gewesen sein, als der, den Ulpian in §. 23 dahin formulirt: *Sed si iussu*

---

136 Der Erfolg der gegen den *libertus* angestellten Klage konnte auf *noxae deditio* hinauslaufen, wenn im Procefs die urheberische Thätigkeit des *libertus* nicht zur Sprache kam oder nicht erwiesen wurde. Vergl. BARON, Gesammtrechtsverh., S. 272 f. Note 2, Adject. Klagen, S. 47 ff., SELL, S. 72 ff., 133 ff.

137 Vergl. MANDRY, Gem. Fam. Güterrecht, II, S. 413 ff.

6*

patris contractum cum filio est, pater utique tenebitur.[138] Das Nächftfolgende fcheint die Anführung eines Beifpiels enthalten zu haben, und vielleicht bezieht fich die Verweifung *ut iam diximus* auf Recto Zeile 4—6. Von dem folgenden Satze, der die Haftung des *dominus* nach der Freilaffung, dem Tode, der Veräufserung des Sklaven befpricht, war bereits die Rede.

Ift die Vermuthung ftichhaltig, dafs der verlorene Reft der Zeile 1 und die Zeilen 2 bis 5 eben jene Stellen enthalten, deren wefentlichen Inhalt Ulpian in §. 23, 25 reproducirt, fo würden wir wahrfcheinlich wenig gewinnen, auch wenn diefe Zeilen nicht verftümmelt wären. Jedenfalls tragen fie fo wie fie auf uns gekommen find, da wir gezwungen find, den Sinn unferes Fragments aus Ulpian zu entnehmen, nichts Erhebliches bei zur Klärung der ftreitigen Frage, ob im Falle des durch einen *familiaris in fraudem creditorum* oder *patroni* gemachten Erwerbs anftatt der *a. Pauliana* oder *Fabiana* eine *a. de peculio, de in rem verso* oder *quod iussu* gegeben wurde,[139] oder ob es nur Sache des Richters war, die bei den letzteren Klagen ausgebildeten Grundfätze in Anwendung zu bringen, fo dafs es die *Pauliana*, beziehungsweife *Fabiana*, felbft war, die ‚mit den Eigenfchaften der *de peculio actio* ftattfand'.[140] Keinesfalls glauben wir, dafs die hier in Betracht ftehenden erften Zeilen des fol. vers. auf die Noxalklagen zu beziehen feien,[141] obwohl fie fich unmittelbar an die Erwähnung der *actio legis Lactoriae noxalis* anfchliefsen, und obwohl auch rückfichtlich der Noxalklagen die eben erwähnte Frage befteht und auch heute noch keineswegs völlig ausgetragen ift.[142] Doch fcheint es, dafs

---

[138] Man beachte, wie auffällig übereinftimmend die Behandlung diefes Falles bei beiden Juriften ift; beide (Ulpian unzweifelhaft, Pomponius höchft wahrfcheinlich) fprechen nur vom *filius* und *pater*, nicht auch vom *servus* und *dominus*, während Ulpian im vorausgehenden Paragraphen vom Sklaven und Sohn, Ulpian und Pomponius weiterhin wieder nur vom Sklaven handeln. Und doch wäre der Inhalt von Ulpian's §. 23 gewifs auch von dem *iussu domini* handelnden Sklaven ebenfo wahr. Diefe Uebereinftimmung ift ein weiteres Argument dafür, dafs Ulpian, als er den §. 23 fchrieb, die hier in Frage ftehende Stelle unferes Fragmentes vor Augen hatte.

[139] So, wie es fcheint, UNTERHOLZNER, Schuldverh., II, §. 351 (S. 103): ‚Eine Klage auf das Sondergut', der fich jedoch rückfichtlich der *Pauliana* (II. §. 346, S. 96) felbft anders äufsert: ‚ift die Haftung des Gewalthabenden . . . nach den allgemeinen Grundfätzen zu beurtheilen, die über die Verantwortlichkeit aus den Handlungen einer in Gewalt ftehenden Perfon ftattfinden'. Auch LEIST a. a. O., V, S. 550 f. (‚fo geht gegen den Gewalthaber die Klage *de in rem vero* und *de peculio*') wäre in diefem Sinne zu verftehen, beriefe er fich nicht auf die MOMMSEN'fchen Befferungen (Dig. II, pag. 342, not. 2, 3), welche zufammengehalten mit der Bemerkung zu Z. 34 uns zu der Annahme nöthigen, dafs LEIST die Auffaffung der zu Anfang der nächften Note genannten Schriftfteller theile.

[140] So SCHMIDT, Pflichttheilsrecht, S. 118 und Note 69, HUSCHKE a. a. O. XIV, S. 72 ff. Vergl. dafür befonders L. 1 §. 22 D. 38. 5: *arbitrioque judicis contineri, tam id, quod in rem versum est (condemnandi), quam id quod in peculio.* L. 6 §. 12 D. 42. 8: *hactenus eum teneri, ut restituat, quod ad se pervenit aut dumtaxat de peculio damnetur vel si quid in rem eius versum est.* L. 12 in f. eod.: *cum eius generis... habebunt actionem, ut his de peculio praestari necesse sit.*

[141] Wer das Gegentheil annimmt, den kann die *alienatio dominii* (Zeile 4) an die von ZIMMERN, Noxalklagen, §. 50 ff. befprochene Streitfrage erinnern.

[142] Es greifen hier wieder ein die oben angeführten LL. 24 §. 3 de min. und 9 §. 4*a* de dolo malo. Vergl. z. B. einerfeits SELL, Noxalrecht, S. 119 f.: ‚War...der Herr...durch das betrügerifche Rechtsgefchäft feines Sklaven...bereichert, fo konnte er...mit der *actio de in rem verso* in Anfpruch genommen werden... daneben aber auch...mit der *actio de peculio*... Fehlte es an den Vorausfetzungen diefer beiden Gefchäftsklagen, fo kam es nun zu der Delictklage, der fubfidiären *actio doli noxalis* gegen den Herrn...', andererfeits

eine Einigung, wenigſtens über dieſe beiden Fragen nach dem Lichte, welches die Unterſuchungen BARON'S[143] auf dieſelben geworfen haben, nicht in allzuweiter Ferne ſtehen möchte.

Die nächſten anderthalb Zeilen leſen wir: *Et ea quidem, quae non mortis causa data sunt, ita revocat, si dolo malo alienata sint; contra* (oder vielleicht *ea*?) *autem, quae mortis causa, omni modo.* Der Sache nach iſt damit viel kürzer dasſelbe geſagt, was auch Ulpian in L. 1 §. 1 h. t. ausführt. Der Weg aber, auf dem die beiden Juriſten dieſes übereinſtimmende Ergebniſs gewinnen, iſt ein ſehr verſchiedener. Ulpian unterſcheidet: Iſt die Veräuſserung *dolo malo* geſchehen, dann iſt nicht zu fragen, ob ſie *mortis causa* oder nicht *mortis causa* ſtattfand: *omni enim modo revocatur*; iſt ſie aber nicht dolos vorgenommen, dann muſs der Kläger beweiſen, daſs ſie *mortis causa* erfolgte. Eine andere Anordnung hat Pomponius; was bei Ulpian Haupteintheilung iſt, iſt bei ihm herabgedrückt zur Unterabtheilung und umgekehrt, indem er unterſcheidet, ob die Veräuſserung *non mortis causa* oder *mortis causa* erfolgte; im erſten Falle kommt es darauf an, ob die Veräuſserung dolos war — dann unterliegt ſie dem Widerruf —, oder ob ſie es nicht war — dann ceſſirt der Widerruf; die Veräuſserungen *mortis causa* dagegen unterliegen der Revocation *omni modo*. Im Ergebniſs aber ſtimmen beide überein: der Anfechtung ſind ausgeſetzt Veräuſserungen *mortis causa* und *alienationes dolo malo factae*.

Für ſeine Unterſcheidung beruft ſich aber Pomponius auf die Worte der Formel: *nam in formula ita est.* Welches ſind dieſe Worte? Theilt er ſie mit und finden wir ſie nun vielleicht auch bei Ulpian? Haben wir alſo nun einen authentiſchen Bericht über ein paar Worte der *formula Fabiana*?

Die Frage wird nicht zu verneinen ſein, da uns Pomponius verſichert: ‚Denn ſo ſteht's in der Formel.' Fraglich kann nur ſein: Meint er vorausgegangene oder nachfolgende Worte und welche? Unter den vorausgegangenen ſteht *omni modo* ſowohl in unſerem Fragment, als auch in Ulpian's §. 1; auch reden beide von *ea quae ... data sunt, si dolo malo alienata sint*, beziehungsweiſe von einer *alienatio dolo malo facta* und auch Paul. III. 3 hat: *ea quae ... alienata sunt.* So könnte man denn glauben, es ſeien in der Formel die Worte *omni modo*[144] und *alienare* (beziehungsweiſe *alienata* oder *alienatio*[145]) vorgekommen, und dieſe Möglichkeit wird ſich auch weder ſachlich, noch nach dem ſprachlichen Zuſammenhang unſeres Fragmentes beſtreiten laſſen. Aber gewiſs laſſen ſich die Worte *nam in formula ita est* beſſer auf die im Fragment nachfolgenden Worte[146] beziehen, da der Zuſammenhang des Satzes uns verwehrt, den ganzen Complex der vorausgehenden Worte von *et ea quidem* an als Formelworte anzuſehen. Die nach-

---

BURCHARDI, Wiedereinſetzung, S. 418, 559, 585, vergl. auch S. 445, 558, SAVIGNY, Syſt. VII, S. 273: Erſtattung bei der Wiedereinſetzung ‚nach den Grundſätzen der *a. de peculio*...' Vergl. etwa noch WYSS, Haftung für fremde Culpa, S. 50 ff., 140, MANDRY, Das gemeine Familiengüterrecht, II, S. 230 ff., VOIGT, Ius. nat., III, S. 901, Note 1410.

[143] Die adject. Klagen (Abhdlgn. a. d. Röm. Civ. Pr., II, 1882); vergl. beſonders S. 20 ff., 54 ff., 60 ff., 64 ff.

[144] Daſs bei Paul. III. 3 *quoquo modo* ſteht, könnte Niemand an dieſer Annahme irre machen, denn dieſe Worte ſtehen in Verbindung mit *alienata sunt*, nicht mit *revocantur*.

[145] So denn auch ſchon HUSCHKE a. a. O. XIV, S. 52, Note 3; dagegen SCHMIDT, Pflichttheilsr., S. 102, Note 18.

[146] Arg. L. 68 §. 1 in f. D. pro soc. 17, 2 (Gai.): *ex interdictis . . . in quibus ita est: quod dolo fecisti, ut desineres possidere.*

folgenden Worte aber, fo gewifs jeder Buchftabe und jede Silbe gut lesbar find, geben fchlechthin keinen Sinn; fie müffen alfo wohl verderbt fein. Werden fie aber, wie wir oben[147] zu rechtfertigen fuchten, wenn auch theilweife gegen die deutlichen Schriftzüge des Pergamens, gelefen *mortis causa sive dolo malo*, dann finden fie ihre Stütze in den vorausgegangenen Worten, in den Rechtsfätzen, die der Jurift auf fie baut, und fie können in diefer Faffung fehr wohl in der Formel geftanden haben. Für ihre Richtigkeit fpricht auch, dafs wenigftens einer von den bisher unternommenen Verfuchen, die *form. Fabiana* zu reconftruiren[148] — der zweite, von RUDORFF ausgegangene Verfuch — unfere Worte aus dem alten Quellenbeftand aufnehmen zu dürfen glaubte. Im Uebrigen bleibt freilich auch jetzt noch wahr, dafs die ganze Formel fich nach den auf uns gekommenen Aeufserungen der Quellen nicht ficher reconftruiren läfst.[149]

Aus der *omni modo* eintretenden Revocabilität der Veräufserungen von Todeswegen folgert der Jurift weiter: *in mortis causa enim donatione semper uti (Fabiana), nec esse praetoris arbitrium.* Sonft ift im Anfechtungsprocefs des Patrons nicht nur das *arbitrium iudicis* (L. 1 §. 12, 22 h. t.) ein fehr freies, fondern es hatte fich auch die Faffung der Formel — fie war ja *in factum* — der Geftalt des einzelnen Falles nach dem Ermeffen des Magiftrates anzufchmiegen.[150] Es würde kaum befremdlich erfcheinen, wenn uns die Quellen in Erwägung der fehr verfchiedenen Motive und Modalitäten der Schenkungen auf den Todesfall (vergl. L. 2 sqq., L. 13 §. 1 D. de m. c. don. 39, 6, auch L. 9 D. h. t. 38. 5) auch hier vom freieften Ermeffen des Praetors berichten würden. Ihr Bericht lautet aber anders: Gerade hier foll das *arbitrium* wegfallen, die Schenkung von Todeswegen foll ohneweiters widerrufen werden können. Diefe weitergehende Schwäche der *m. c. don.* hat ein intereffantes Seitenftück in einer nahe verwandten Lehre: Die *quer. inoff. don.* findet ftatt wegen Schenkungen unter Lebenden (auch wegen *neg. mixta cum don.*, foweit fie Schenkungen find), nicht auch wegen Schenkungen von Todeswegen: ‚Diefelben find, foweit fie den Pflichttheil fchmälern, einfach hinfällig, wie Vermächtniffe',[151] und es verdient Beachtung, dafs fchon Iulian (L. 17 D. de m. c. don. 39, 6, aus dem XLVII. Buche feiner Digeften) diefe Parallele mit aller Beftimmtheit betont (‚*quia legatorum instar obtinent*'). Pomponius bedarf von feinem Standpunkte der Vergleichung mit den Legaten nicht; er benutzt fie hier auch wirklich nicht; er argumentirt vielmehr: die *don. mortis c.* ift Veräufserung von Todeswegen und daher erfcheint fie ihm als folche widerruflich, fchon kraft der Formelworte. Ulpian dagegen (L. 1 §. 1 i. f. h. t.) operirt wieder mit jener Parallele: *mortis causa enim donationes comparantur legatis, et sicut in legatis non quaerimus, dolo malo factum sit, an non sit, ita nec in mortis causa donationibus.*

So allgemein diefe Regel klingt, fo hat fie doch eine Ausnahme. Bei Ulpian (§. 2 leg. cit.) lautet fie rundweg dahin: *quod autem mortis causa filio donatum est, non revo-*

---

[147] Siehe die kritifchen Bemerkungen zu Zeile 7 des fol. vers.

[148] Bei RUDORFF finden fich zwei verfchiedene Reconftructionsverfuche, einer in der Röm. R. G. II, §. 30, der andere im ed. perp. §. 155; weitere fiehe bei HUSCHKE a. a. O. XIV, Seite 52, Note 3 und bei VOIGT, Condict., Note 754 auf S. 789 f.

[149] SCHMIDT, Pflichttheilsrecht a. a. O., LENEL, ed. perp., S. 281.

[150] L. 1 pr. i. f. h. t.: *cognoscit praetor et operam dat, ne ea res ei fraudi sit.* Vergl. HUSCHKE a. a. O., LENEL a. a. O.

[151] WINDSCHEID, Pand., §. 586, Note 1.

catur; nam cui liberum fuit legare filio quantumquantum vellet, is donando non videtur fraudasse patronum. Mit der Ausnahme für den Sohn beſchäftigt ſich auch Pomponius von der zweiten Hälfte der Zeile 8 an; allein, was für Ulpian ein längſt feſtſtehendes Reſultat, das war zur Zeit des Pomponius eine noch keineswegs ausgetragene Frage.

In der That leitet denn auch unſer Fragment die Unterſuchung mit dem Satze ein: *ergo et (si) filio exheredato*[152] *mortis causa donaverit, tenebitur hac formula.* Allein, daſs Pomponius hiemit noch keineswegs ſeine Entſcheidung abgegeben hat (womit ja die Ausnahme ſchlechtweg verworfen wäre), das iſt nach dem Inhalt der folgenden Sätze unzweifelhaft. Ein Mann, der ſchon entſchieden hat, kann nicht fortfahren: *sed cum potest ei pater legare, videamus ne*[153] *inutilis sit Fabiana formula adversus filium,* denn damit ſtellt er ja die Frage erſt recht als eine offene zur Unterſuchung. Er will aber auch nicht bloſs eine Aufzählung der ſich bekämpfenden Meinungen einleiten, ſondern er will zu einem begründeten Ergebniſs gelangen. Da nun Zeile 16 von fol. vers. nicht einmal zu Ende geſchrieben iſt, ſondern noch reichlich für ein Dutzend Buchſtaben Platz böte, ſo kann nicht angenommen werden, daſs Pomponius ſeine Entſcheidung erſt auf dem folgenden Blatte abgegeben habe. Sie muſs ſchon in dem vorliegenden Fragment enthalten ſein; und da ſie nach dem Geſagten nicht in den Worten *ergo et* etc. liegen kann, ſo ſind dieſe Worte entweder geradezu als Frage zu verſtehen, oder — was auf dasſelbe hinausläuft — der Juriſt anerkennt, daſs von ſeinen Prämiſſen aus auch die *don. m. c.* an den Sohn der Rückforderung unterliegen müſste, conſtatirt aber gleichwohl ſofort, daſs dies noch einer näheren Unterſuchung bedürfe. Und nun beruft er ſich auf Iulian's Autorität, der an einem genauer beſtimmten Falle bereits ausgeführt hatte, daſs allerdings die *Fab. formula* gegen den *mortis causa* beſchenkten Sohn des Freigelaſſenen unwirkſam ſei.[154] Da L. 1 §. 6, L. 6. 8 h. t. 38. 5 auſser Zweifel ſtellen, daſs Iulian im XXVI. Buch ſeiner Digeſten von der *Fabiana* handelte — freilich muſs er ſie auch (arg. L. 9 h. t.) im LXIV. Buch berührt haben — ſo darf mit aller Wahrſcheinlichkeit angenommen werden, daſs das Citat Iulian's in unſerem Fragment gleichfalls auf das XXVI. Buch ſeiner Digeſten[155] geht.[156] Iulian aber führte ſeinen Gedanken ſo aus: Ein *libertus maior*

---

152 Nur um dieſen war zu fragen: *nam exheredati nullo modo repellunt patronum.* Gai. III, §. 41. L. 6 pr. D. de bon. libert. 38, 2. Vergl. Schmidt, Pflichttheilsr., S. 7 f., 11, 15 f., 66 ff., 107.

153 Eine dieſer ſelten vorkommenden Redewendung ganz ähnliche — *videndum ergo ne* — findet ſich in L. 8 (9) D. de neg. gest. 3. 5, herrührend aus Scaevola lib. I. quaest. Da aber Scaevola's eigene Ausführungen erſt kurz vor der Mitte der Stelle beginnen und alles bis dahin in ihr Vorkommende Citat aus Pomponius iſt, ſo dürfen wir auch dieſes *videndum ne* dem Letzteren zuſchreiben. Siehe oben Note 28.

154 Der Satz beginnt mit *idque.* Solche Verbindungen ganzer Satztheile mit *que* kommen freilich auch bei Anderen oft vor; es verdient aber Beachtung, daſs ſie Pomponius mit Vorliebe anwendet: vergl. z. B. L. 40 D. de stip. serv. 45. 3, wo *idque* genau in derſelben Bedeutung (= *idemque*) wie in unſerem Fragment ſteht.

155 Da Julian keinen Edictscommentar geſchrieben hat (Lenel, Zeitſch. f. R. Geſch. XV. R. A. S. 58), ſo müſſen die bis in das 86. Buch reichenden Citate, die noch Hommel's Palingeneſie dem Edictscommentar zuweiſt, vielmehr dem Digeſtenwerk zugeſchrieben werden. (Die kleinen commentirenden Schriften *ex Minicio* und *ad Urseium* [vergl. darüber Buhl, Salvius Julianus, S. 53 ff.] können hier nicht in Frage kommen.) Vielleicht führte das Werk vor ſeiner Vollendung uberhaupt nicht den Titel Digeſten, da es geraume Zeit nicht unter dieſem Namen citirt wird. (Vergl. Mommsen, Zeitſchr. f. Rechtsgeſch., IX, S. 88.)

156 Da als ſicher angenommen werden darf, daſs Pomponius in ſeinem Edictscommentar Iulian's Digeſten, und zwar vorwiegend deren erſte Bücher mehrfach benutzt hat, ſo daſs alſo Pomponius ſein

centenario, d. i. ein folcher, *qui sestertiorum nummorum centum milium plurisve patrimonium reliquerit* (Gai. III. 42) hat drei Söhne; von diefen fetzt er zwei zu Erben ein, den dritten enterbt er, wendet ihm aber eine Schenkung von Todes wegen zu. Dafs der *libertus* fo reich fei, ift ein wefentliches Thatbeftandsmerkmal, da einem Aermeren gegenüber das Recht des Patrons auch nach der *L. Iul. et Papia Poppaea* durch das Vorhandenfein von Leibeserben ganz ausgefchloffen war (Gai. III. 41, Ulp. XXIX. 1). Die Art aber, in der nun Iulian fein Beifpiel ausführt, belehrt uns vor Allem, dafs Gai. III. 42 mifsverftanden wird, wenn man[157] (wohl wegen feiner variirenden Ausdrücke, die bald davon reden, dafs er *filium heredem reliquerit*, bald nur davon, dafs er *liberos habebit* oder *tres relinquat*) gemeint hat, dafs die Lex ‚den Ausfchlufs des Patrons von der *virilis pars* lediglich abhängig macht von dem Vorhandenfein der Kinder, nicht aber davon, dafs fie miterben', und dafs Gaius hier nur die Gröfse der *virilis pars* beftimmen wolle; denn darnach hätte in Iulian's Beifpiel nur entfchieden werden können, dafs von einem Notherbrecht des Patrons, da drei Söhne vorhanden waren, fchlechthin nicht die Rede fein könne. Iulian alfo nöthigt uns, des Gaius wiederholt vorkommenden Ausdruck *heredem reliquerit* für den genauen zu halten, und auch da, wo er fich anders ausdrückt, an erbende Kinder zu denken. Gaius entfcheidet fomit: Wird der wohlhabende Libertus von einem Kinde beerbt, fo hat der Patron Anfpruch auf die *pars dimidia*; wird er von zwei Kindern beerbt, auf die *tertia pars*; wenn von dreien (oder mehreren), dann *repellitur patronus*. Iulian läfst nämlich in feinem Beifpiel (zwei eingefetzte und ein enterbter Sohn) den *patronus tertiae partis bonorum possessionem*[158] erhalten, obwohl gewifs vorausgefetzt ift, dafs die beiden eingefetzten Söhne Erben werden. Gegen den enterbten und *mortis causa* befchenkten Sohn aber verfagt er dem Patron eine wirkfame *Fabiana, quia potest ei et legare pater*, foweit alfo in vollem Einklange mit Ulpian in L. 1 §. 2 h. t.: *nam cui liberum fuit legare filio quantumquantum vellet, is donando non videtur fraudasse patronum*.

So weit möchte der Gedankengang völlig klar fein. Allein mit der Motivirung *quia potuit ei et legare pater* betritt der Jurift denn doch ein anderes Gebiet; dafs es ein anderes Gebiet ift, erhellt daraus, dafs der Nachfatz eine Begrenzung enthält, von der bis dahin nicht die Rede war; und zwar lautet fie — die hinlänglich deutlichen Buchftaben können wohl nicht anders gelefen werden — dahin: *nisi inquit (id) commodum, quod per Falcidiam habiturus esset, eius minuatur*... Auch diefe Befchränkung hat infofern nichts Auffallendes, als fie mit dem übereinzuftimmen fcheint, was wir auch, abgefehen von unferem Fragment, aus einer Pandektenftelle abzuleiten vermöchten: Maecianus

---

Edictswerk gleichzeitig mit der Entftehung der letzten Bücher von Iulian's Digeften verfafst hat (FITTING, Ueber das Alter der Schriften röm. Jur., S. 10 f., MOMMSEN a. a. O. S. 89, BUHL, S. 49 ff., 100 ff.) und die Anführung Iulian's in unferem Fragment hiezu vollkommen ftimmt, fo liegt hierin kein Argument gegen die Autorfchaft des Pomponius und die Zugehörigkeit des Fragmentes zu deffen *libri ad edictum*. Vergl. oben bei Note 37, 38.

157 So SCHMIDT, Pflichtstheilsr., S. 15, Note 37. Ebenfo auch KRÜGER, Krit. Verfuche, S. 125, in feiner Wiedergabe der herrfchenden Lehre. Anders, wie es fcheint, LEIST, Fortf. V, S. 321; doch fchliefst fich feine Formulirung genau an die des Gaius an.

158 Dafs es *bonorum possessio* ift, ift in unferem Fragment beftimmter gefagt, als in den bisher bekannten Quellen. Vergl. SCHMIDT a. a. O. S. 16 und Note 38.

bezeugt nämlich in L. 66 (64) §. 3 D. ad S. C. Treb. 36. 1, dafs der auf die *pars debita* eingefetzte Patron auf den Abzug der falcidifchen Quart Anfpruch habe, wenn er *rogatus fuerit, eam liberis exheredatis defuncti liberti restituere.*

Kann aber die nämliche Rechtsregel wirklich auch auf unferen Fall angewendet werden? Soll in dem von Iulian angeführten typifchen Beifpiel der Patron kraft feines Notherbrechtes denfelben Vortheil haben, obwohl er nicht eingefetzt ift und ihm ein von Todeswegen Befchenkter gegenüberfteht? Das ift fchon darum kaum möglich, weil feftfteht, dafs die Ausdehnung der *L. Falc.* auf Schenkungen von Todeswegen erft ein Menfchenalter nach Julian durch Septimius Severus erfolgte (L. 5 C. ad L. Falc. 6. 50, L. 2 §. 2 C. de m. c. d. 8. 56 [57]). Es liegt aber auch gar nicht in Iulian's Gedanken, der zwar den vom Legat geltenden Rechtsfatz vollftändig mittheilt, ohne aber damit behaupten zu wollen, dafs es bei der Schenkung von Todes wegen nach allen Richtungen ebenfo zu halten fei, wie beim Legat. Wie dem aber auch fein mag, das kann wohl nicht zweifelhaft fein, dafs fchliefslich die Entfcheidung [159] der aufgeworfenen Frage dahin lautet, es fei unbillig, dem enterbten Sohne *quicquam eripi*; der Sohn foll alfo das ihm Zugewandte ungefchmälert behalten, womit dem Patron der Anfpruch auf die Quart abgefprochen ift.[160] Die Motivirung freilich klingt fonderbar: *quum et ex minima parte non iste expulsurus sit patronum.* Die Zeichen können nicht anders gelefen werden. Aber das

[159] Dem Zufammenhang nach ift foviel ficher, dafs der Verfaffer des Fragments diefe Entfcheidung billigt. Von wem aber rührt fie her? Hier ftofsen wir auf die Buchftaben *arcatait.* Man fühlt fich zunächft verfucht, die zwei erften diefer Buchftaben dem vorausgehenden Satz zuzuweifen und fie als Theil eines Wortes zu verftehen, durch welches der Gedanke, es dürfe durch die Concurrenz des Sohnes die Quart des Patrons nicht gemindert werden, feine Gefchloffenheit erhalte. *Catait* wäre dann fchwerlich anders zu lefen, denn *Cato ait.* Das würde auch fehr gut zu dem archaiftifchen *aequom* und in unfer citatenreiches Fragment paffen. Dafs Cato (der Sohn) zur Zeit des Pomponius oft citirt wurde, ift nicht zu bezweifeln, da noch Iuftinian's Sammelwerk Beweife davon erhalten hat, obwohl darin des Pomponius Edictswerk, die Hauptquelle von Citaten der ‚*veteres*' nicht excerpirt ift. Vergl. L. 44 pr. D. sol. matr. 24. 3 (Paul. l. V. quaest.) . . . *mortuo patre cum herede eius filiam de dote acturam Nerva et Cato responderunt, ut est relatum apud Sextum Pomponium digestorum ab Aristone libro quinto: ibidem Aristoni consensit*; L. 10 §. 1 D. de aed. ed. 21. 1, wo Ulpian fagt: *Catonem quoque scribere lego* (was er wohl wahrfcheinlich bei Pomponius gelefen hat); L. 4 §. 1 D. de V. O. 45. 1 (Paul. l. XII ad Sab.); §. 12 I. de adopt. 1. 11. Gleichwohl ift fachlich die angegebene Lefung fehr unwahrfcheinlich; denn fo wenig Sicheres wir über die Anfänge des patronatifchen Erbrechtes wiffen, fo fprechen doch gute Gründe dafür, fie in eine fpätere als die Zeit der Catone zu fetzen, mag immerhin diefes Notherbrecht fchon am Anfange unferer Zeitrechnung (*Lex Iulia et Pap. Popp.*), ja fchon durch Verres eine Abänderung erfahren haben. Wir müfsten, um mit Ulpian's Zeugnifs (L. 1 D. de bon. lib. 38. 2) im Einklang zu bleiben, das Edict des Rutilius bedenklich weit hinter das Jahr 636 d. St. zurückverfetzen. Noch unwahrfcheinlicher — anderer Löfungsverfuche, die wir gemacht haben, gar nicht zu gedenken — wäre die Hypothefe: ‚*At (eius) Capito ait*', weil diefer wohl oft von Gellius, von den Juriften aber, wenigftens von den fpäteren, faft nie citirt wird. Dagegen wäre fachlich fehr befriedigend: ‚*Arist ait*', d. h. *Aristo ait.* Trotz der minderen Uebereinftimmung der Buchftaben fcheint uns diefe Löfung die befte, da Pomponius den Arifto (einen Zeitgenoffen des Iavolenus) mit Vorliebe citirte (vergl. die zahlreichen auf ihn zurückgehenden Citate bei LENEL, Palingenesia iur. civ., Sp. 59 bis 70), ja fich ex professo fchriftftellerifch mit ihm befchäftigt hat. (L. 44 pr. D. sol. matr. cit. Dazu LENEL a. a. O. Sp. 61, Note 1 und die dort Angeführten.) Dafs Arifto Noten zu Pomponius gefchrieben habe (RUDORFF, Röm. R. G. I, S. 184), ift mehr als unwahrfcheinlich.

[160] Dafs auch L. 1 §. 2 h. t. fo verftanden werden kann (vergl. LEIST, V, S. 490 f.), fei nur nebenbei bemerkt. Jedenfalls bedarf es keiner Aenderung des fehr deutlich lesbaren *nisi* etwa in *etsi*, zu der man fich fonft verfucht fühlen könnte.

kann wohl nicht mit dem alten Manufcripte ftimmen, das dem Schreiber unferes Fragmentes vorlag. Diefer Text würde bedeuten: nicht der Sohn fei es, der den Patron auch nur zum kleinften Theil ausfchliefse. Aber wer oder was fchlöffe ihn aus? Wenn die *tertia pars* des *patronus* durch das, was dem Sohne gefchenkt ift, zur Hälfte oder ganz erfchöpft wäre, wer anders als eben diefer Sohn machte fein Notherbrecht zu einem illuforifchen? In der That kann die Lesart *non iste* nicht die rechte fein. L. 6 pr. D. de bon. lib. 38. 2 (Ulp. libr. XLIII ad ed.) zeigt den richtigen Weg: *Etsi ex modica parte instituti sint liberi liberti, bonorum possessionem contra tabulas patronus petere non potest: nam et Marcellus libro nono Dig. scripsit, quantulacumque ex parte heredem institutum liberti filium patronum expellere.* (Vergl. Gai. III, 41: *si modo aliqua ex parte heredes scripti sint.*) Sollte unfere Zeile 16 nicht das Nämliche befagen wollen? Ift aber dies ihr Sinn, dann mufs *non iste* verderbt fein aus *heres institutus*, eine Corruptel, die ohne Frage leicht eintreten konnte; *h.̄ ist.* bedeutet *heres institutus* und konnte doch in einem durch Alter befchädigten Archetyp leicht für *n. iste* gelefen werden. Der Grund, warum es unbillig wäre, dem mit einer *don. m. c.* bedachten Sohn irgend etwas zu entreifsen, liegt alfo darin, dafs er unzweifelhaft, wenn er auch nur zum kleinften Theil zum Erben eingefetzt wäre, jeden Anfpruch des Patrons ausgefchloffen hätte.

Faffen wir das Gefammtergebnifs in einen Satz zufammen, fo beginnt unfer Fragment mit einigen Bemerkungen über Natur und Conception der *form. Fab.*, unterfucht eine Reihe von Anwendungsfällen derfelben und befchäftigt fich dabei vorwiegend mit der Beftimmung des rechten Beklagten und des Umfanges feiner Haftung.

L. Pfaff und F. Hofmann.

Fragmentum de formula Fabiana.

Recto.

Originalgrofse.

Fragmentum de formula Fabiana.
Verso.

EIN PAPYRUS AUS DER ZEIT DES AURELIANUS UND VABALLATHUS.

Wohl gehören Contracte aus den letzten Jahrzehnten des III. Jahrhunderts n. Chr. im Verhältnifs zu den früheren Zeiten zu den gröfsten Seltenheiten, und es mufs uns überhaupt Wunder nehmen, dafs wir jetzt einige befitzen; hat man ja doch die Frage aufgeworfen, wie denn überhaupt in jenen Tagen Handel und Verkehr möglich war, wo beftändig Kriege nach Aufsen und im Innern die Ohnmacht der Regierung und die wiederholten Pronunciamentos eine allgemeine Unficherheit in den Lebensverhältniffen erzeugten; die Quellen der materiellen Cultur verfiegten, während die befitzende Claffe der Bevölkerung in Kurzem verarmen mufste; denn gleichzeitig ging eine beifpiellofe Münzverfchlechterung einher, der wirkliche Werth der gewöhnlichen Münzen, die jetzt ausgegeben wurden, war der geringfte. Wer konnte fich nun entfchliefsen feinen Befitz herzugeben, wenn das Geld keinen Werth hatte; und doch wurden die Befitzenden durch die Verhältniffe dazu gedrängt: zu Ehrenftellen in der Gemeinde herangezogen hatten fie oft fchwere Laften auf fich zu nehmen, oft wurden fie infolge ihrer Verantwortlichkeit für das Gemeindewefen empfindlich getroffen. Wir begreifen es alfo, dafs unter folchen Umftänden fich Mancher wehrte, als man ihm die Würde eines Gemeinderathes oder fonft ein communales Ehrenamt zudachte; den Recurs gegen eine Ernennung enthält ein Papyrus Erzherzog Rainer Nr. 2020 aus dem Jahre 250 n. Chr.

Die allgemeine Stimmung in Aegypten kennzeichnet gut der Umlauf von allerlei Weifsagungen über die Zukunft des Landes, wie fie ein Papyrus Erzherzog Rainer Nr. 1920 aus diefer Zeit enthält, wo diefelben mit dem alten Könige Amenophis in Zufammenhang gebracht werden. Mehrere Papyrusurkunden, zu den Acten des Gemeinderathes von Hermopolis aus der Zeit des Gallienus gehörig, geftatten uns einen Einblick in die Verhältniffe der Stadt. Wir treffen da bedeutende communale Ausgaben. So erhalten die ftädtifchen Caffen in einem Papyrus Nr. 2024 wegen des Flüffigmachens von 6600 Drachmen für das ftädtifche Bad eine Verftändigung. Eine bedeutende Ausgabe das, wenn wir ein anderesmal zu hören bekommen, wie fpärlich die Einnahmsquellen fickern: im vierzehnten Jahre des Gallien wird ein ganzes Haus in der Stadt, das der Gemeinde gehört, für acht Drachmen monatlichen Zins vermiethet (Nr. 2026 Recto Col. I, Z. 17 ff.); diefer ift jeden Monat zu zahlen, nicht etwa wie es zu anderen Zeiten felbft unter Privatleuten gefchehen war, in Vierteljahresraten — noch zur Zeit des Kaifers Philippus ift ein folcher Contract (Papyrus Erzherzog Rainer Nr. 1413 bis 1420) abgefchloffen worden, kraft deffen

7*

zwei Drittel eines Hauſes in Herakleopolis für 160 Drachmen jährlicher Miethe auf lange Zeit an einen Weber verlaſſen wird; umſo mehr iſt jener Vertrag als ein Zeichen der Unſicherheit aufzufaſſen. Wenn nun dieſes Haus ſo wenig abwarf, waren andere Beſitzungen der Gemeinde ſo herabgekommen, daſs ſie nichts trugen; mit Staunen hören wir, daſs mitten in der Stadt früher bewohnte Häuſer zu Ruinen geworden waren; die Plätze in der Umgebung wurden nicht bebaut und lagen wüſt da. Ja, ſelbſt die Beſitzungen am Lande waren in ähnlicher Weiſe entwerthet worden; in einem Papyrus Erzherzog Rainer Nr. 2035 werden wiederholt ſolche Landgüter und Bauernhäuſer genannt, die ſich im Zuſtande des Verfalles und der Verwilderung befanden (ἐν ϲυμπτώϲει). Lehrreich für die damaligen Zuſtände ſind die Angaben in einer an den Gemeinderath von Hermopolis gerichteten Zuſchrift, in welcher ein Aurelius Nemeſion bittet ihm zu überlaſſen (Papyrus Erzherzog Rainer Nr. 2026 Verſo Col. II):

Zeile 7. απο πολιτικου λογου οικιαν και τα
8. περι αυτην οικοπεδα και ψιλουϲ τοπουϲ εν οιϲ
9. κοπριαι τα παντα οντα εν ϲυμπτωϲει και εν α
10. χρηϲιμων ϲυνδιαθεϲι καλουμενα προτερον α
11. πιωνοϲ εν ερμουπολει επ αμφοδου πολεωϲ
12. απηλιωτου υπο ϲτοαν νοτινην τηϲ αντινο
13. ειτικηϲ πλατειαϲ αφ ων ουδεν π[ροϲερχε]ται
14. τω πολιτικω λογω δια το εξ ολοκληρου βεβλα
15. φθαι εν τοιϲ προϲθεν ϲυμβεβηκοϲι κατα
16. την πολειν απευκταιοιϲ ϲαλοιϲ

‚Von dem ſtädtiſchen Beſitze ein Haus und die einigen um dasſelbe liegenden Quadratklafter und die unbebauten Räume, auf denen Unrath liegt, der ganze Beſitz im Zuſtande des Verfalles und ohne einen Nutzen abzuwerfen; früher trug die Localität den Namen „Beſitz des Apion“; ſie liegt in Hermopolis auf der Weſtſtraſse in der Stadt unterhalb der ſüdlichen Stoa der Antinoë-Gaſſe; aus ihr flieſst der ſtädtiſchen Kaſſe kein Einkommen, da ſie vollſtändig zugrunde gerichtet iſt infolge der unſeligen Erſchütterungen, welche über die Stadt gekommen ſind.‘

Es muſsten das traurige Zeiten geweſen ſein, in welchen ein nüchternes Actenſtück, ohne ſich im Uebrigen von der hergebrachten amtlichen Stiliſirung zu entfernen, ſolche Ausdrücke der Klage enthält.

Ein glücklicher Zufall läſst uns wieder die finanzielle Lage eines Mannes verfolgen, der um dieſelbe Zeit die Würde und Bürde eines Gemeinderathes jener Tage trug. Der Papyrus Erzherzog Rainer Nr. 2001 aus der Zeit des Claudius Gothicus gibt intereſſante Aufſchlüſſe über ſeine Perſon; er wird in ſeiner Stellung als Tutor dort namhaft gemacht. Sein Alter betrug damals circa 42 Jahre, alſo fällt ſeine Geburt etwa in das Jahr 227 n. Chr. Seine Mutter Priscilla, als Tochter eines Nikon geboren circa 214 n. Chr., hatte die herkömmliche Erziehung durchgemacht und lebte jetzt als Witwe und reiche Bürgerin von Hermopolis in der Weſtſtraſse des befeſtigten Stadttheiles; eben damals kaufte ſie um 5000 alte Drachmen eine dreizehnjährige Sklavin von einem Officier. Ihr Sohn, unſer Nikon, genannt wie ſein Groſsvater von mütterlicher Seite, hatte aber in demſelben Jahre eine zweite Schuld, fammt Zinfen im Betrage von 1200 Drachmen, wie fchon früher im dreizehnten Jahre des Gallienus 1500 Drachmen contrahirt, im Jahre 270 eine dritte, wieder im Betrage von 1500 Drachmen, und ein Jahr darauf hat er fich entfchloffen, fein mit diefen Hypotheken belaftetes Haus auf der Weftftrafse des Phrurion, dort, wo er als anfäfsiger Bürger verzeichnet war, gegen eine letzte Zahlung von 3000 alten Drachmen ganz herzugeben; jetzt erft bekam er feine Schuldbriefe zurück. Wir werden wohl nicht weit abirren, wenn wir in ihnen ein Beifpiel für den wirthfchaftlichen Niedergang der befitzenden Claffe fehen.

Die Urkunde wurde in drei gleichlautenden Exemplaren ausgeftellt, welche fämmtlich erhalten find; die Art, wie dies gefchehen ift, läfst uns einen Einblick in die Verhältniffe der obrigkeitlichen Kanzleien gewinnen; die drei Texte ftehen in langen Zeilen gefchrieben alle auf einer 20·6 Centimeter hohen und 101·5 Centimeter langen Papyrusrolle, fo dafs fie fich als die drei Columnen derfelben präfentiren, die erfte mit 21, die beiden anderen je mit 23 Zeilen. Es ift klar, dafs unter diefen Verhältniffen auf die Collefis des Papyrusmaterials keine Rückficht genommen wurde; von dem erften Blatte find noch 3 Centimeter übrig, an die fich die Collefis, 1 Centimeter grofs, anfchliefst; das zweite Blatt reicht mitfammt der Collefis von 1·5 Centimeter bis zum Centimeter 21·5, von links nach rechts gezählt; das dritte bis 38 (die 1 Centimeter grofse Collefis mitgerechnet), das vierte bis 54·5 (Collefis 1·5 Centimeter), das fünfte bis 70·5 (Collefis 1·5 Centimeter), das fechfte bis 86·7 (Collefis 1·5 Centimeter). Der Reft kommt auf das fiebente Blatt, dem aber das Ende abgefchnitten worden ift.

Der Gebrauch, eine Urkunde in mehreren Exemplaren ausftellen zu laffen, läfst fich in mehreren Fällen beobachten. So ift der grofse Wiener Heirathscontract, in welchem der Bräutigam Megas aus Juftinianupolis eine Braut mit 100 Nomismatia Mitgift bekommt, in zwei Exemplaren ausgeftellt worden; ebenfo die Londoner Verföhnungsurkunde (British Mufeum Papyrus CXIII, von mir veröffentlicht in den Wiener Studien, IX, 1887, pag. 266 bis 275) nach der Angabe in Zeile 59: ἥτις [ἐξεδόθη δι]ςςῇ ἰςωτύπῳ αὐθεντικῇ. Von dem im Jahre 135/6 ausgefertigten Heirathscontracte zwifchen Suchammon und Aphrodite, refpective deren Tochter Aphroditus, liegen die Refte zweier Exemplare vor in den Papyrus Erzherzog Rainer Nr. 1514 bis 1516. Der Papyrus Nr. 1539 trägt die Bemerkung zu Ende: ‚Die Urkunde, welche wir in zwei Exemplaren ausftellten, ift rechtskräftig', τὸ χιρόγραφον τοῦτο κύριον ἔςτω ὅπερ διςςὸν ἐξεδώμεθα. Eine Verkaufsurkunde beginnt mit den Worten: ‚Ich erkläre Dir durch diefen in zwei Exemplaren gefchriebenen Vertrag .....ὁμολογῶ...κατὰ τήνδε τὴν διςςὴν ἔγγραφον ἀςφάλειαν'; zu Ende wird noch einmal auf diefe Sache zurückgekommen: ‚Die Urkunde des Verkaufes, niedergelegt in dem öffentlichen obrigkeitlichen Gebäude, ift rechtskräftig; Dir habe ich fie in zwei Exemplaren ausgefolgt'. Die Refte der beiden Abfchriften habe ich unter den Papyrus Erzherzog Rainer zufammengefunden und beide gleichlautende Texte unter den Nummern 1997 bis 1999 vereinigt (aus dem Jahre 322 n. Chr.). Die beiden Parteien hatten alfo jede ein Exemplar, ja, felbft mehrere; die gleichen Abfchriften wurden, wie unfere Urkunden zeigen, mechanifch hintereinander hergeftellt auf einer Papyrusrolle, die dann auseinandergefchnitten wurde.

Wir haben der Veröffentlichung des Textes die zweite Abfchrift, als die am beften erhaltene, zu Grunde gelegt.

Zeile 1. αυρηλιος νικων ο και ανικητος ευδαιμονος βουλευτης ερμουπολεως της μεγαλης αρχαιας και cεμνοτατης και λαμπροτατης

2. αναγρς επ αμφολου φρουριου λιβος αυρηλια cαραπιαδι τριμωρου μητρος ληδας απο της ϛ πολεως αναϛ επ αμφοδου πολεως απη¯

3. χωρις κυριου χρηματιζουcη τεκνων δικαιω κατα ρωμαιων εθη cυνεcτωτος cοι αυρηλιου ευδαιμονος του και διου απο της

4. αυτης πολεως χαιρειν ομολογω πεπρακεναι cοι απο του νυν επι τον αει χρονον την υπαρχουcαν μοι εν ερμουπολει επ αμφοδου

5. φρουριου λιβος ολοκληρον οικιαν και αυλην και τα cυνκυροντα και χρηcτηρια και ανηκοντα παντα και ειcοδον και εξοδον ης

6. γειτονες νοτου δημοσια ρυμη δι ης ειcοδος απη¯ και βορρα cεουηρινας λιβος ερμου και ως χρη¯ τιμης της προς

7. αλληλους ʹcυμπεφωνημενης αντι τε ων οφειλω cοι κατα διαφορα χειρογραφα ων επι μεν του ιγL θεου γαλλιηνου μηνος χοιακ

8. κεφαλαιου και τοκου ϛ χειλιων πεντακοcιων εις την δι αυτου αποδοcιν επι δε του αL κλαυδιου ομοιως κεφαλαιου και τοκου ϛ χειλιων

9. διακοcιων και επι του διεληλυθοτος αL και δL″ μηνος αθυρ κεφαλαιου και τοκου ϛ χειλιων πεντακοcιων των επι το αυτο οφειλομε ·

10. νων ϛ τετρακιcχειλιων διακοcιων εις περιλυcιν των οφειλομενων χειρογραφων α και εντευθεν ανεκομιcαμην παρα cου

11. εις αθετηcιν και ακυρωcιν και ων νυνι προcλαμβανω εις cυμπληρωcιν της ολης τιμης δραχμων τριcχειλιων παλαιου πτολε

12. μαϊκου νομιcματος αυτοθι απεcχον παρα cου της ωνουμενης δια χειρος εκ πληρους και ειναι περι cε την ωνουμενη[ν α]υρ¯

13. και τους παρα cου την της πεπραμενης ως προκιται οικιας κυρειαν και κρατηcιν χρωμενους και οικονομουντας περι αυ

14. της καθ ον εαν αιρωνται τροπον απο του νυν επι τον απαντα χρονον της βεβαιωcεως δια παντος προς παcαν

15. βεβαιωcιν ακολουθουcης εμοι τω πωλουντι και [μη επελευ]cεcθαι με μηδ αλλους υπερ εμου επι cε την ωνουμενην

16. [μηδε επι τους παρα c]ου περι μηδενος τηcδε της πρα[cεως τροπω μηδενι] εαν δε επελθω η μη βε[βαιωcω η τε εφο]δος ακυρος εcτω και προς

17. [αποτιcατωι ο υπερ εμ]ου επελευcομενος cοι τη [ωνουμενη η τοις] παρα cου τα τε βλαβη και [δαπανηματα και] επιτειμου ως

18. [ιδιον χρεος διπλη]ν την τιμην και εις το δημ[οcιον την ιcην και] μηδεν ηccον η πραcις [κυρια εcτω εν δημοcι]ω αρχειω κατα

19. [κιμενη ην και τριccην εξεδο]μην [εντευθεν ευδοκω τη εcο]μενη δημοcιο[cει περι δε του ταυτα ου]τως ορθως και καλως

20. [γεγενηcθαι επερωτηθεις] ωμολ Lβ [αυτοκρατορος καιcαρος λουκιου δομ]ιτιου αυρη-[λιανου ευcεβους ευτυχ]ους cεβαcτου

21. [και Lε ιουλιου αυρ]ηλιου cεπτ[ιμιου ουαλλαβαθου αθηνοδωρου του λαμπροτατου βαcιλεως] αυτοκρατορος cτρατηγ

22. [ρωμαιων . . . .]υς και αυρη . . . .(Zu Ende der Zeile) TAC

23. [ΤΟΥ ΑΡΓΥΡΙΟΥ ΔΡΑΧΜΑC ΤΡΙC]ΧΕΙΛΙ[ΑC

Der Contract zerfällt 1. in den eigentlichen Vertrag, 2. die Datirung, 3. die eigenhändige Confensbeifchrift des Verkaufenden. Da die beiden letzten Theile nur fragmentarifch erhalten find und das Intereffe gerade hier fich concentrirt, fo müffen wir die entfprechenden Fragmente der beiden anderen Exemplare zur Vergleichung heranziehen.

I.

Zeile 18. [(εντευ)θεν ευδοκω τη εϲομενη δημ]οϲιωϲει περι δε τ[ου ταυτα ουτωϲ ορθωϲ και καλωϲ γεγε]νηϲθαι επερωτηθ[ειϲ ωμολογηϲα Lβ αυτοκρ]ατοροϲ
19. [καιϲαροϲ λουκιου δομιτιου αυρ]ηλιανου ευ[ϲεβουϲ ευτυχουϲ ϲεβαϲτου και Lε ιου]-λιου αυρηλιου [ϲεπτιμιου ουαβαλλαθου αθηνοδ]ωρου
20. [του λαμπροτατου βαϲιλε]ωϲ αυτ[οκρατοροϲ ϲτρατηγου ρωμαιων . . . .] ωβ . . . . των μ . . . . .
21. [ΑΥΡΗΛΙΟϹ ΝΙΚΩΝ] ΠΕΠΡΑΚ[Α. . . . .

III.

Zeile 21. [ουτωϲ ορθ]ωϲ και καλωϲ γεγ[ενηϲθαι] επερωτηθ ω[μολογηϲα L β αυτοκρατοροϲ καιϲαροϲ λουκιου δ]ομιτιου [αυρηλιανου]
22. [ευϲεβουϲ] ευτυχουϲ ϲε[βαϲτου και] Lε [ιουλιου αυρηλιου ϲεπτιμιου ουαβαλλαθου αθηνοδωρου του λαμπρο]
23. τ]ατου βαϲιλε[ωϲ αυτοκρατοροϲ ϲτρατηγου ρωμαιων . . . .

Die den Formen der gleichzeitigen Unciale fich nähernde Schrift des Nikon ift leicht als folche zu erkennen; zu ihr gehört das letzte Wort ΤΑϹ in II 22, dann II 23, I 21. Was die Datirung betrifft, fo entfpricht mit den aus Münzen bekannten Gleichftellungen auch hier LA, LB Aurelian's dem LΔ, LЄ des Vaballathus; ferner ift leicht zu erkennen Name und Titulatur Aurelian's, auf den Alexandrinern Α Κ Λ ΔΟΜ ΑΥΡΗΛΙΑΝΟϹ ϹЄΒ)(L Β u. ä. Aber zum erftenmal liegt j e t z t u r k u n d l i c h d e r v o l l e N a m e d e s V a b a l l a t h u s vor, und die Deutungen SANCLEMENTE'S und SALLET'S erhalten ihre Beftätigung, wenn fie die Vornamen desfelben in den Buchftaben ΙΑϹ auf Münzen angedeutet fehen. Auch das Folgende liefs fich mit Sicherheit herftellen, fo dafs die Lefung griechifcher und römifcher Münzen jetzt fehr gefördert wird; die erfteren bieten ΙΑϹ ΟΥΑΒΑΛΛΑΘΟϹ ΑΘΗΝΟ (oder ΑΘΗΝΥ, ΑΘΗΝΟΥ) Α (oder ΑΥΤ und infolge der damaligen Ausfprache ΑΤ) Ϲ Ρ (oder Ϲ ΡΩ), die letzteren Vaballathus VCRIMDR; vergl. TH. RHODE, Die Münzen Aurelians, Miskolcz 1881, pag. 261 ff. Viele bemühten fich um die richtige Deutung; nach neun anderen Erklärungsverfuchen erwarb fich V. SALLET (Die Fürften von Palmyra und Numismatifche Zeitfchrift 1870, S. 33) das Verdienft, die befriedigende Erklärung gefunden zu haben, welche jetzt zu voller Sicherheit der Papyrus gebracht hat; Vaballathus führte den Titel: v(ir) c(larissimus) (fo fchon SELLER und BOUHIER) r(ex) im(perator) (fo SALLET) d(ux) (fo ZOËGA und fpäter MOMMSEN) R(omanorum). Die Ergänzung des nächften kann nur auf den Abfchriften I und II fufsen; die erfte Aufgabe ift, feftzuftellen, was wir von den Schriftreften zur Datirung zu rechnen haben und wie die eigenhändige Unterfchrift des Verkaufenden lautet. Zu diefem Zwecke ziehe ich, von anderen Beifpielen zu fchweigen, die Beifchrift in dem Kaufcontracte Papyrus Erzherzog

Rainer 1997 bis 1999 heran, der auch im Uebrigen grofse Aehnlichkeit mit dem vorliegenden aufweift; fie lautet: Πάηcις Βήκιος — fo hiefs der Verkäufer — πέπρακα καὶ ἀπέcχον τὴν τιμὴν καὶ βεβαιώcω...ὡc πρόκ(ειται); alfo haben wir auch hier zu erwarten Αὐρήλιος Νίκων πέπρακα (erhalten in I) καὶ ἔχω τὰς (erhalten in II) τοῦ ἀργυρίου δράχμὰς τριcχειλίας (erhalten in II) καὶ βεβαίωcω ὡc πρόκειται; die Herftellung wird durch das Uebereinftimmen der Schriftrefte und die entfprechende Gröfse der Lücken gefichert. Von dem Namen des Monates, der in der Datirung nicht fehlen durfte, ift noch in I Zeile 20 der Anfangsbuchftabe μ übrig, alfo μ[εχειρ oder μ[εcορη, Zenobia befafs alfo Aegypten bis in das Jahr 271 hinein. Es bleibt alfo noch übrig:

[ρωμαιων und circa 10 Buchftaben fehlen] υc και αυρη (ficher, erhalten in II) ....
...ωβ (circa 20 Buchftaben folgten dann bis) των.

Wir nehmen an, dafs die Datirung auch noch den Namen und die Titulatur der Septimia Zenobia enthielt und wie eine Infchrift (Ephem. Epigr. IV, pag. 25) die Angabe rex et regina iusserunt — d. i. Vaballathus und Zenobia — enthält, dürfen wir, angeregt durch καὶ, hier nach der Nennung des Königs auch die der Königin erwarten, jedoch ift eine evidente Ergänzung noch zu fuchen.[2]

Ueberfetzung.

Aurelios Nikon, auch genannt Aniketos, Sohn des Eudaimon, Gemeinderath der grofsen, altehrwürdigen und hochberühmten Stadt Hermupolis, eingetragen als wohnend auf der Weft-Caftellftrafse, richtet feinen Grufs an Aurelia Sarapias, Tochter des Trimoros und der Leda, ihrer Mutter, gebürtig aus derfelben Stadt, als wohnend eingetragen auf der Oft-Stadtftrafse, die infolge des ius liberorum nach römifchem Rechtsgebrauche ohne einen Vormund Rechtsverträge abfchliefsen kann, und welcher als Rechtsfreund Aurelios Eudaimon, auch genannt Dios, gebürtig aus derfelben Stadt, beifteht.

Ich erkläre Dir verkauft zu haben auf immerwährende Zeiten, gerechnet von dem gegenwärtigen Augenblicke, das mir in Hermupolis auf der Weft-Caftellftrafse gehörende Haus in feiner Totalität, den Hof und alles Zubehör, Hausrath und was dazukommt, und den Bau des Aus- und Einganges. Die Umgebungen der Befitzung find: im Süden die öffentliche Strafse, von der aus man eintritt, im Often und Norden die Befitzung der Severina, im Weften die des Hermes und wie es in den öffentlichen Acten angegeben fteht. Ueber den Preis haben wir uns geeinigt; ich gebe es Dir fowohl für die 4200 Drachmen, die ich Dir fchulde auf Grund verfchiedener Darlehensurkunden um (durch die Bezahlung) diefe Schuldfcheine ungiltig zu machen, welche ich auch fchon von Dir zurückbekommen habe, um fie ohne Rechtswirkung und Giltigkeit zu machen — eine von ihnen aus dem

---

[2] υc gehört noch zur Titulatur des Vaballathus, alfo ευcεβο]υc oder ähnlich, wie Zenobia λαμπροτάτην εὐcεβῆ βαcίλιccαν eine Infchrift (WADDINGTON, 2611) nennt, weiter folgt αυρη[λιας cεπτιμιας Ζην]ωβ[ιας cεβαcτης oder βαcιλιccης und zu Ende vielleicht: δεcπο]των. Unfere Ergänzungen in der Titulatur des Vaballathus wurden mittlerweile beftätigt durch die in der Zeitfchrift für Numismatik, XV, 331 publicirte kürzere Datirung: L β// του κυριου ημω[ν αυ]ρηλιανου cεβ[α]cτου και ε ς// του κυριου ημων cεπτιμιου ουαλλαβαθου αθηνοδωρου του λαμπροτατου βαcιλεως αυτοκρατορος cτρατηγου ρομαιων μεχειρ κc.

Monate Choiak des XIII. Jahres des göttlichen Gallienus lautet auf 1500 Drachmen Capital fammt Zinfen, rückzahlbar gegen diefelbe, die zweite aus dem I. Jahre des Claudius, ebenfo auf 1200 Drachmen Capital fammt Zinfen, die dritte aus dem Monate Athyr des verfloffenen I. und zugleich IV. Jahres auf 1500 Drachmen Capital fammt Zinfen, fchuldig auf diefelbe Bedingung hin — als auch ferners für 3000 Drachmen altptolemäifcher Münze, die ich zur Ergänzung des ganzen Kauffchillings gegenwärtig hinzubekomme. Ich habe diefelben auch hier von Dir, der Käuferin, erhalten, aus Deiner Hand in die meine, vollzählig, und Dir, der Käuferin Aurelia, und Deinen Leuten gehört das Eigenthums- und Verfügungsrecht über das obige verkaufte Haus, es zu verwenden und mit ihm zu thun, wie immer Ihr wollt, von dem gegenwärtigen Zeitpunkte auf immerwährende Zeiten. Mir, dem Verkäufer, folgt die Verpflichtung, fortwährend jede Art Garantie zu leiften und nie auf keinerlei Weife, weder felbft noch durch jemand Andern für mich, einen Angriff gegen Dich, die Käuferin, oder Deine Leute zu machen wegen irgend eines Gegenftandes diefer Verkaufsurkunde. Wenn ich aber dies thue, oder nicht Garantie leifte, fo foll mein Unternehmen unftatthaft fein, und wer für mich gegen Dich, die Käuferin, oder Deine Leute einen Angriff unternimmt, mufs die Schadenfumme und die Unkoften, die Dir erwachfen, begleichen und als Strafe die doppelte Kauffumme mit derfelben Verbindlichkeit, wie wenn es eine perfönliche Schuld wäre, und dem Fiscus den gleichen Betrag zahlen; nichtsdeftoweniger foll die Verkaufsurkunde rechtskräftig bleiben, fie ift niedergelegt in dem öffentlichen obrigkeitlichen Gebäude und ich habe fie in drei Abfchriften Dir ausfolgen laffen; ich gebe bereits meine Zuftimmung zu der bevorftehenden Veröffentlichung; auf Befragen habe ich meine Zuftimmung gegeben, dafs alles dies fo richtig und gut gefchehen ift.

Im zweiten Jahre unferes Kaifers und Herrn L. Domitius Aurelianus des Frommen, des Glücklichen, des Erlauchten und im fünften Jahre des Julius Aurelius Septimius Vaballathus Athenodorus des Illuftren, des Königs, des Imperators und Dux der Römer... und der Aurelia Septimia Zenobia der Erlauchten im Monate M(echir?).

Ich, Aurelios Nikon, habe den Kaufvertrag abgefchloffen und die 3000 Drachmen Silbers erhalten.

Anmerkungen.

Zeile 1. Ueberrafchend ift es, in Hermupolis das Stadtrecht und die Gemeindeautonomie beftehen zu fehen; nach den Ausführungen Lumbroso's, L'Egitto al tempo dei Greci e dei Romani, pag. 74 fcheint dies im Jahre 145 n. Chr. noch nicht der Fall gewefen zu fein, vielmehr nach der Analogie von Alexandria, Arfinoë, Herakleopolis zu fchliefsen, erft von Septimius Severus eingerichtet worden. Von dem Wirken des Gemeinderathes und dem Gemeindeleben überhaupt, zeugen noch fonft manche Nachrichten der Papyrus, die uns eine Vorftellung von der Organifation diefer Körperfchaft gewinnen laffen. Sie hat in der Anrede den officiellen Titel ἡ κρατίστη βουλὴ Ἑρμουπόλεως τῆς μεγάλης, alfo etwa unfer ‚hochlöblicher Gemeinderath von Hermupolis'. Der Stadt felbft wird in den Urkunden gewöhnlich mit ehrenden Beinamen gedacht; fie heifst im Papyrus Erzherzog Rainer Nr. 2021—2023: τῆς μεγάλης ἀρχαίας σε[μν]οτάτης καὶ λαμπροτάτης, Nr. 2024, 2025, 2026: τῆς μεγάλης ἀρχαίας καὶ λαμπρᾶς καὶ σεμνοτάτης, Nr. 1997—1999 τῆς λαμπροτάτης; die an zweiter Stelle genannte Titulatur fcheint die richtige zu fein, da ſie in den Acten des Gemeinderathes und in dem an den Praefectus Auguſtalis gerichteten amtlichen Schriftſtücke Papyrus Erzherzog Rainer Nr. 2020 und überhaupt am häufigſten erſcheint.

Durch Wahl deſignirten die Gemeinderäthe aus ihrer Mitte den Einen zu dieſem, den Andern zu jenem Amte, und wir kennen jetzt verſchiedene Wirkungskreiſe, auf die ſich die ſtädtiſche Verwaltung erſtreckte. An der Spitze des Gemeinderathes ſteht ein Ausſchuſs, an den die Acten gerichtet werden, durch ihn wendet man ſich an den ganzen Rath; ſo wird durch ihn Rechenſchaft abgelegt von den zu beſonderen Aemtern berufenen Mitgliedern der Bule. Dem Gemeinderathe und dem Ausſchuſſe, der Prytanie, ſtehen Gemeindediener und Wächter zur Verfügung. Doch laſſen wir das Wort den antiken Zeugniſſen:

Papyrus Erzherzog Rainer Nr. 2025: Αὐρηλίῳ Ἀλεξάνδρῳ τῷ καὶ Ἀντωνίνῳ βουλ(ευτῇ) ταμίᾳ πολιτικ(οῦ) λ[όγου], ‚an Aurelius Alexander, auch genannt Antoninus, Gemeinderath, Schatzmeiſter des ſtädtiſchen Vermögens‘.

Papyrus Erzherzog Rainer Nr. 2024: Αὐρηλίου Δημητρίου τοῦ καὶ Εὐδα[ιμ]ονος βουλευτοῦ τῆς αὐτῆς πόλεως αἱρεθέ[ντος] ὑπ[ὸ τῆς] κρατίστης βουλῆς εἰς ἐπιμέλειαν πρ[οκαύσε]ως Ἀ[δρι]ανῶν θερμῶν βαλανείων τῆς αὐτῆς πόλεως, ‚Aurelius Demetrius, auch genannt Eudaimon, Gemeinderath von Hermupolis, gewählt von dem hochlöblichen Rathe zum Aufſeher der Beheizung des Hadrianiſchen Warmbades derſelben Stadt‘.

Papyrus Erzherzog Rainer Nr. 2026: Αὐρηλίου Κορελλίου Ἀλεξάνδρου εὐθηναρχήσαντος γυμνασιάρχου [β]ουλευτοῦ νεωκόρου τοῦ ἐνταῦθα μεγάλου Σαράπιδος καὶ ἐνάρχου πρυτάνεως, ‚Aurelius Korellius Alexander, Wohlfahrtsausſchuſs, Gymnaſiarch, Gemeinderath, Tempelwart des hieſigen Tempels des groſsen Serapis, im Amte befindlicher Gemeindeausſchuſs‘.

Papyrus Erzherzog Rainer Nr. 2020: Αὐρηλίῳ Εὐδαίμονι τῷ καὶ Θεοδότῳ γυμνα[σι]αρχήσαντι καὶ ἀρχιερατεύσαντι βουλευτῇ διαδεχομένῳ τὴν πρυτανείαν τῆς αὐτῆς πόλεως, ‚An Aurelios Eudaimon, auch genannt Theodotos, geweſenen Gymnaſiarchen und Oberprieſter, Gemeinderath, zum Ausſchuſs beſtimmt‘.

Papyrus Erzherzog Rainer Nr. 2025: Αὐρηλίῳ Ἑρμαίῳ τῷ καὶ Δημητρίῳ βουλ(ευτῇ) ἐπιμελητῇ γυμνασίου, ‚An Aurelios Hermaios, auch genannt Demetrios, Gemeinderath, Verweſer des Gymnaſiums‘.

Papyrus Erzherzog Rainer Nr. 2020: βουλευτικοῦ ὑπηρέτου καὶ φύλακος πρυτανείας, ‚Diener des Gemeinderathes, Wächter des Ausſchuſſes‘.

Papyrus Erzherzog Rainer Nr. 1997: Ἀδέλφιος Ἀδελφίου γυμν(ασίαρχης) βουλ(ευτής) Ἑρμουπόλεως τῆς λαμπροτάτης.

Die Ordnung, die in der Stadt herrſchte, kennzeichnet ſich durch die Conſcription und Meldung bei den Behörden, die jede Perſon abgeſtattet hatte. Wir hören bei dieſer Gelegenheit, daſs Hermopolis aufzuweiſen hatte eine ἄμφοδον φρουρίου λιβός; eine ἄμφοδον φρουρίου ἀπηλιώτου Papyrus Nr. 2001, ein ἄμφοδον πόλεως ἀπηλιώτου Papyrus Nr. 2026; eine Antinoitiſche Straſse, Ἀντινοειτικὴ πλατεία, nennt derſelbe Act. Die Stadt beſaſs ferner ein Gymnaſium (τοῦ ἐνταῦθα γυμνασίου, Papyrus Nr. 2026), die Hadrianiſchen Thermen (Ἀδριανῶν θερμῶν βαλανείων, Papyrus Nr. 2024) und einen reichen Tempelſchmuck; wie Alexandria beſaſs es ein Σεβαστεῖον (ἐν τῷ ἐνταῦθα Σεβαστείῳ, Papyrus Nr. 2020); der Papyrus Nr. 1996 nennt ein Nymphaeum, ein Serapeum, ein Tycheum, wie es ſo viele andere Städte, auch Arſinoë, beſaſsen, einen Apollotempel, ein Hadrianeum u. ſ. w.

Zeile 2. Das nach απο της folgende Zeichen bedeutet, wie die anderen Exemplare lehren, αὐτῆς; es kommt z. B. im Papyrus Nr. 1995 vor, του ϛ ερμαιου (Col. XVII, Zeile 1), alfo τοῦ αὐτοῦ Ἑρμαίου.

Zeile 3. χωρὶς κυρίου χρηματιζούςῃ τέκνων δικαίῳ κατὰ Ῥωμαίων ἔθη. Nach griechifchem und römifchem Rechte ftand das Weib durch fein ganzes Leben, auch nach Vollendung des vierundzwanzigften Jahres, unter Vormundfchaft. Die letzten ficheren Spuren der tutela mulierum in den römifchen Rechtsquellen waren bisher aus der Zeit des Diokletian, Fragmentum Vaticanum 325. Mag auch fpäterhin diefe Einrichtung nicht in voller Strenge beftanden haben, immerhin fehen wir, dafs in Aegypten ihr immer Rechnung getragen werden mufste, umfo mehr als fich der römifche Rechtsgebrauch in diefem Falle mit dem unter den Ptolemäern nach Aegypten gekommenen griechifchen deckte. Wir geben dafür Beifpiele:

Papyrus Erzherzog Rainer XLVI aus den Jahren 235 bis 238: Θάηςις ὡς ἐτῶν τριάκοντα ἐν[νέα μετὰ κυρίου] τοῦ ἑαυτῆς ἀνδρὸς Αὐρηλίου Ἡρακλιανοῦ ὡς ἐτῶν πεντήκοντα ἑνός, ‚Thaëfis, ungefähr 39 Jahre alt, mit dem Vormunde, ihrem eigenen Manne Aurelios Heraklianos, ungefähr 51 Jahre alt'.

Papyrus Erzherzog Rainer Nr. 1444 aus dem Jahre 226: Αὐρηλία Θάηςις ὡς ἐτῶν τριάκοντα δύο μετὰ κυρίου τοῦ ἑαυτῆς ἀνδρὸς Αὐρηλίου Ὥρου ὡς ἐτῶν πεντήκον[τα und Αὐρηλία [...μετὰ κυρίου το]ῦ ὁμογ[νηςίου ἀδελφοῦ, ‚Aurelia Thaëfis, ungefähr 32 Jahre' alt, mit dem Vormunde, ihrem eigenen Manne Aurelius Horus, ungefähr 50 Jahre alt und ‚Aurelia ... mit dem Vormunde, ihrem leiblichen Bruder'. Wir hören ferners, dafs Aurelius Horus als Vormund für feine Frau Aurelia Thaëfis die Confensbeifchrift im Contracte gab.

Nr. 1428 aus dem Jahre 226: ὁμολογεῖ Αὐρήλιος Ψενάμουνις ἐκκε[χωρηκέναι] τῃ ἑαυτοῦ [γυναικὶ...] χωρὶς κυρίου χρηματιζούςῃ κατὰ Ῥ[ωμαίων] ἔθη τέκνων δικαίῳ, ‚Es erklärt Aurelius Pfenamunis an fein Weib (Aurelia Taotis, Tochter des Onnophrios von der Mutter Taskatarion, aus der Ortfchaft Tanaeis, ungefähr 33 Jahre alt), welche infolge des ius liberorum ohne einen Vormund Rechtsgefchäfte abfchliefsen kann, (Felder) abgetreten zu haben'.

Nr. 1485 aus dem Jahre 221: Αὐρηλία Ἡραΐς Ἀντινοΐς μετὰ κυρίου τοῦ ἑαυτῆς υἱοῦ Αὐρηλίου Διοςκόρου Ἀντινοέως, ‚Aurelia Heraïs aus Antinoë mit dem Vormunde, ihrem eigenen Sohne Aurelios Dioskoros aus Antinoë'.

Nr. 1491 aus dem Jahre 83/4: Πτολεμαΐς Πτολεμαίου ... μετὰ κυρίου τοῦ ἑαυτῆς ἀνδρός, ‚Ptolemais, Tochter des Ptolemaios, mit dem Vormunde, ihrem eigenen Manne'.

Nr. 1573 aus dem Jahre 138: Νικάριον Ἄμμωνος μετὰ κυρίου τοῦ ὁμοπατρίου καὶ ὁμομητρίου αὐτῆς ἀδελφοῦ Ἀμμωνίου, ‚Nikarion, Tochter des Ammon, mit dem Vormunde, ihrem Bruder von väterlicher und mütterlicher Seite, Ammonios'.

Nr. 1540 bis 1542: Ἀπιάς [...ὡς ἐτῶν δέκα ἐννέα μετὰ κυρίου τοῦ ἑαυτῆς] ἀνδρὸς Πτολεμαίου, ‚Apias, ungefähr 19 Jahre alt, mit dem Vormunde, ihrem Manne Ptolemaios'.

Nr. 1532 aus dem Jahre 191: Ἰςιδώρα ἀπάτωρ καὶ Ἰςιδώρα Ἑρμ[οῦ] ἑκατέρα μετὰ κυρίου τοῦ ἀνδρὸς Παν..., ‚Ifidora, uneheliche Tochter der N. N. und Ifidora, Tochter des Hermes, beide mit dem Vormunde, dem Manne Pan...

Nr. 1517. In einem Vertrage auf ςυμβίωςις finden wir in der Confensbeifchrift der Contrahentin: καὶ ἐπιεγράφη (sic) μου κοίριος (sic) ἐν τοῖς τῆς ςυμβιόςεως χρόνοις, ‚und er wurde für die Zeit des ehelichen Zufammenlebens als mein Vormund eingetragen'.

8*

Nr. 1518 (aus der Zeit Hadrians): Cύρᾳ τῇ καὶ Ἰcαρίῳ...μετὰ κυρίου...

Nr. 1514 bis 1516 (aus derselben Zeit): [Ἀφροδείτῃ Νείλ]ου το[ῦ Ν]είλου ὡc Lμδ μετὰ κυρίου τοῦ ὁμοματρίου ἀδελφοῦ [Αὐρηλίου ὁμολογεῖ ὁ δεῖνα] ἔχειν ἐπὶ τῇ θυγατρὶ αὐτῆc Ἀφροδειτοῦτι Ἀμμωνίου πα[ρὰ τοῦ κυρίου αὐτῆc...] Αὐρηλίου..., ‚Der Aphrodite, Tochter des Neilos, des Sohnes des Neilos, ungefähr 44 Jahre alt, mit dem Vormunde, ihrem Bruder von väterlicher und mütterlicher Seite, Aurelios, erklärt N. N. anläſslich der Heirath mit ihrer Tochter Aphroditus, Tochter des Ammonios, von dem Vormunde derſelben, Aurelius, ſolgende Mitgiſt erhalten zu haben u. ſ. w.‘ Offenbar iſt für beide Frauen derſelbe Aurelios Vormund, alſo für Schweſter und Nichte.

Nr. 1519 bis 1520 iſt ein Heirathscontract, in welchem der Vormund ſein Mündel verheirathet; er ſtammt aus dem Jahre 190.

Nr. 1513: Ἄρτεμις Δαμαcίου ἱέρεια μετὰ κυρίου τοῦ ἀνδρός, ‚Artemis, Tochter des Damaſias, Prieſterin, mit dem Vormunde, ihrem Mann‘.

Nr. 1527 (aus dem Jahre 184): Ἰcιδώρα...ὡc ἐτῶν δέκα ὀκτὼ...μετὰ κυρίου τοῦ ὁμοπατρίου καὶ ὁμομητρίου αὐτῆc ἀδελφοῦ Θέωνος ὡc ἐτῶν τεccαράκοντα, ‚Iſidora, ungefähr 18 Jahre alt, mit dem Vormund, ihrem Bruder von väterlicher und mütterlicher Seite, Theon, ungefähr 40 Jahre alt‘.

Nr. 1528, 1529 (aus demſelben Jahre): Ἀπιὰc...μετὰ κ[υρ]ίου [το]ῦ ἀνδρὸc Ἥρωνοc, ‚Apias mit dem Vormunde, ihrem Manne Heron‘.

Nr. 2002 (aus dem Jahre 134): Τετάνουπιc...μετὰ κυρίου Ἱερακίωνοc τοῦ μετοίκου, ‚Tetanupis mit dem Vormunde Hierakion, einem Inwohner ihres Hauſes‘.

Nr. 2004 (aus dem Jahre 182): ἡ δεῖνα μετὰ κυρίου τοῦ [υἱ]οῦ μ[ου τοῦ δεῖνοc] τοῦ καὶ Ἥρωνοc τοῦ Cαραπίωνοc, ‚N. N. mit dem Vormunde — es iſt dies mein Sohn N. N., auch genannt Heron, Sohn des Sarapion‘.

Von dieſer Vormundſchaſt befreite die lex Papia Poppaea nach römiſchem Rechte die verheiratheten Frauen, wenn ſie das ius liberorum (δίκαιον τέκνων) hatten, jenen Inbegriff von Vorrechten, welche an die Geburt einer beſtimmten Anzahl ehelicher Kinder gebunden waren.

Der Gegenſatz zu χρηματίζειν κατὰ Ῥωμαίων ἔθη heiſst κατὰ τὸν τῶν Αἰγυπτίων νόμον, ‚nach ägyptiſcher Rechtsſatzung‘, der ſich in einem Papyrus Erzherzog Rainer aus dem Jahre 124 n. Chr. (Nr. 1492) vorfindet. In Aegypten gab es zur Zeit der Ptolemäer zweierlei Recht, griechiſches und das ägyptiſche Landrecht; ſeitdem Caracalla dem römiſchen Weſen und römiſcher Nationalität die weiteſte Ausdehnung gegeben hatte, ſehen wir Aegypterinen ſich der Rechtswohlthaten der römiſchen Civität alsbald bedienen, vergl. Nr. 1428 aus dem Jahre 226. Wir wiſſen zufällig, wie die Stellung der Frauen nach ägyptiſchem Rechte war; ſie hatten die gröſste Freiheit und waren in allen Rechten den Männern gleichgeſtellt, ganz im Gegenſatze zu der Behandlung nach griechiſchem Rechte, nach welchem ſie unter beſtändiger Vormundſchaſt gehalten waren.

Zeile 3. cυνεcτῶτόc cοι Αὐρηλίου Εὐδαίμονοc. Wie wir dieſen Ausdruck aufzufaſſen haben, lehrt der Turiner Papyrus I, 3, 18, wo von dem Kläger geſagt wird καταcτάντοc Ἑρμίου (I, 1, 19), von den Advocaten cυνκαταcτάντων αὐτοῖc τῶν δεῖνα. Eine andere Art den Rechtsfreund anzugeben, finden wir im Papyrus Erzherzog Rainer Nr 1492 aus dem Jahre 124 n. Chr.: Ἀφροδειcίου διὰ Cωτηρίχου ῥήτοροc εἰπόντοc und Ἀμμωνίου διὰ Μαρκιανοῦ ῥήτοροc ἀποκρειναμένου, ‚Aphrodiſios — ſo heiſst der eine der Proceſſirenden —

ſprach durch den Mund des Redners Soterichos, Ammonios antwortete ihm durch den Redner Markianos'. Alſo die Advocaten reden bei dem Proceſſe im Jahre 124 n. Chr. wie bei dem im Jahre 115 v. Chr. Wenn wir dieſe Phraſe εἰπεῖν διά τινος, vom Rechtsbeiſtande geſagt, vergleichen mit einer anderen, χρηματίζειν oder πράττειν διά τινος, ‚Rechtsgeſchäfte durch Jemand abſchlieſsen', ſo erkennen wir, daſs Fälle, in denen mit einer Frau durch eine Mittelsperſon ein Vertrag abgeſchloſſen wird, mit dem vorliegenden eine Aehnlichkeit haben, z. B. Αὐρήλιος Ἀρτεμίδωρος Αὐρηλίᾳ Ἀφαπιάδι Διονυσίου αὐτῇ διά Αὐρηλίου Ἱππίου Διοσκόρου, es wendet ſich hier ‚Aurelius Artemidoros an Aurelia Aphapias, Tochter des Dionyſios, ſelbſt durch die Vermittlung des Aurelios Hippias, des Sohnes des Dioskoros' (Papyrus Erzherzog Rainer Nr. 1484 aus dem Jahre 251) oder Αὐρηλίᾳ Σύρᾳ ... διὰ Αὐρηλίου Ἀπίωνος βουλευτοῦ τῆς Ἀρσινοϊτῶν μητροπόλεως παρὰ Μάρκου, ‚An Aurelia Syra durch Vermittlung des Aurelius Apion, Gemeinderathes der Metropole Arſinoë von ſeiten des Markos' (Papyrus Erzherzog Rainer Nr. 1511 vom Jahre 215).

Zeile 3. Der Name Dios findet ſich nicht ſelten in Aegypten auch in ſpäter Zeit (a. 608 n. Chr. διου συμβολ[αιογραφου], Wiener Studien, VII, 135).

Die Einleitung des Contractes von Zeile 1 bis Zeile 4, χαίρειν iſt in der aus den Contracten ſpäterer Zeit geläufigen Art: ἐγὼ ὁ δεῖνά σοι τῷ δεῖνι χαίρειν· ὁμολογῶ πεπρακέναι; dieſe Formel iſt in Mittelägypten erſt ſeit dem Ende des III. Jahrhunderts n. Chr. gebräuchlich (Papyrus Erzherzog Rainer Nr. 1509 aus diokletianiſcher Zeit: Αὐρήλιος Μάρων Μέλανος ἀφ' Ἡρακλέους πόλεως Αὐρηλίῳ Ἀντινόῳ...ἀπὸ τῆ[ς αὐτ]ῆς π[όλ]εως $\overset{\alpha}{\chi}$ bietet χαίρειν in der abgekürzten Form, die ſpäter regelmäſsig erſcheint); früher wurde ſo ſtiliſirt: ἐγὼ ὁ δεῖνά σοι τῷ δεῖνι ὁμολογῶ etc. oder ὁμολογεῖ ὁ δεῖνα τῷ δεῖνι πεπρακέναι etc. oder ὁμολογοῦσιν ὁ δεῖνα καὶ ὁ δεῖνα πεπρακέναι τὸν δεῖνα τῷ δεῖνι oder πέπρακε ὁ δεῖνα τῷ δεῖνι.

Der Vertrag ſelbſt, mit den Worten ὁμολογῶ πεπρακέναι beginnend, nimmt vor Allem Rückſicht auf drei frühere Rechtsgeſchäfte, als deren Conſequenz dieſes letzte anzuſehen iſt; das Haus war mit drei Hypothekarlaſten belehnt worden, und um die Schuldſcheine, Chirographa, auszulöſen, muſste ſich der Beſitzer des belaſteten Hauſes endlich dazu verſtehen, dieſes herauszugeben; es kommt erwünſcht, einen Einblick in die Art der in Rede ſtehenden Verträge durch einen gleichzeitigen Papyrus zu gewinnen; der Papyrus Erzherzog Rainer Nr. 2016 iſt ſolch' eine Darlehensurkunde, durch welche Aurelia Charite, aus einer Patricierfamilie von Hermopolis ſtammend, eine Summe erhält, nicht ohne daſs ſchon im voraus die Zinſen vom Capital abgezogen werden; es folgen nun die weiteren Stipulationen Zeile 7 ff.:

ασπερ σοι αποδωσω
τω εξης μηνι τυβι ανυπερθετος επι πασης
δε της προθεσμιας επαν μη αποδω τοκιν σοι
επιγνωσωμαι του υπερπιπτοντος χρονου
αχρις αναποδωσεως προς δε την τουτων εκτεσιν sic
ασφαλειαν εντευθεν υπαλλασσω σοι την ελθουσαν
εις με απο κληρονομιας του απογενομενου μου
πατρος επαυλιν επ αμφοδου φρουριου λιβος
εν ω εξεδρα και καταγεον και χορτοθηκη και φρεαρ
εξ οπτης πλινθου ων γιτονες etc.

,Diefe Summe werde ich Dir in dem kommenden Monate Tybi zurückgeben, rechtzeitig, ohne Auffchub; wenn ich fie aber Dir nicht zurückgebe, fo bin ich verurtheilt, für die Zeit nach Ablauf der Frift bis zum Augenblicke der Rückerftattung Dir Zinfen zu zahlen. Mit Rückficht auf die Tilgung der Schuld aber habe ich bereits für Dich die Sicherftellung auf meinen in der Weft-Caftellftrafse gelegenen Befitz veranlafst, der mir durch Erbfchaft nach dem Tode meines Vaters zugefallen ift; in ihm befindet fich ein grofses Zimmer, Keller, Scheune, ein mit gebrannten Ziegeln gemauerter Brunnen'; es folgt die Aufzählung der Nachbarn der Realität. Aehnlich dürften auch die Verträge gelautet haben, die unfer Aurelios Nikon mit Aurelia Serapias abgefchloffen hatte; in beiden Fällen vergröfserten fich die fchuldigen Capitalien durch fällige Zinfen. Aber die Befitzung, einmal belaftet, wurde von Nikon nicht mehr frei gemacht und ging endlich verloren. Die Gepflogenheit, fällige Zinfen immer zum Capital zu fchlagen, wenn Garantie vorhanden war, finden wir im Papyrus Nr. 1401 aus dem Jahre 205: ἀργυρίου κεφαλαίου καὶ τόκου ταλάντου ἑνὸς καὶ δραχμῶν πεντακοσίων ἐπὶ κατοχῇ παντὸς τοῦ πόρου.

Zeile 5. ὁλόκληρος wird das Haus des Nikon genannt, um den ungetheilten Befitz desfelben zu conftatiren; denn nichts war in Aegypten häufiger anzutreffen, als die Zerftücklung des Befitzes oft unter viele Theilnehmer. Ein Zweidrittel-Hausantheil in Herakleopolis nennt der Papyrus Erzherzog Rainer Nr. 1413 bis 1420 aus dem Jahre 246; der Wiener Papyrus Nr. 26 ein Einfiebentel-Hausantheil; bekannt find diefe Theilungen aus den Contracten der Choachyten in Oberägypten aus dem II. Jahrhundert v. Chr.

Zu der Angabe der Dependenzen des Befitzes in Zeile 5 vergleiche ich den Papyrus Nr. 2002: τὸ ἐπιβάλλον μ(οι) μερος μητρικης οικιας και προς[ο]ντων και συνκυρ(ουν)τ(ων) παντων.

Zeile 6. Die Orientirung des Haufes wird durch die Angabe der Nachbarn ermöglicht, wie in allen alten Urkunden; die Aufzählung wird mit der demotifchem Actenwefen entlehnten formelhaften Wendung ἢ οἳ ἂν ὦσι γείτονες befchloffen, deren Leben wir durch einen faft taufendjährigen Zeitraum verfolgen können (vergl. meine Prolegomena, pag. 27). Deshalb ift auch die Abkürzung χρη‾, die fich in allen drei Exemplaren unferes Contractes vorfindet, aufzulöfen in χρηματίζεται, da ja auch χρηματίζει möglich wäre.

Zeile 7 ff. Das Zeichen ς erfcheint in feiner gewöhnlichen Bedeutung δραχμή vor Zahlen. Χείλιοι ift die regelmäfsig auftretende Form.

Zeile 12. Vor αὐτόθι ift ἃ einzufchieben. Αὐρ(ηλίαν) fehlt in der I. und III. Copie. Der Gegenfatz zu αὐτόθι ift ἐξ οἴκου, das fo viele andere Urkunden bieten.

Von Zeile 13 an bis zum Schluffe treffen wir nur formelhafte Sätze, die wir bei der Behandlung des Urkundenformulares beffer zu befprechen haben werden. Das Original wird ausdrücklich als im Archiv befindlich angegeben im Papyrus Nr. 1563: τὸ αὐθεντικὸν σύμβολόν ἐστιν ἐν βιβλιοθήκῃ (wie hier ἐν δημοσίῳ ἀρχείῳ κατακιμένη), ,die authentifche Urkunde ift in der Bibliothek'. Unfer δημόσιον ἀρχεῖον wird fein Analogon wohl haben in dem δημόσιος ἀρχειαῖος τόπος, einer Urkunde aus dem VII. Jahrhundert, wo ein Grundverkauf abgemacht wurde. (Papyrus XXXIV meiner Sammlung der Faijûmer Papyrus des Louvre.)

Karl Weffely.

KOPTISCHE BEITRÄGE ZUR ÄGYPTISCHEN KIRCHENGESCHICHTE.

I. Zu den ‚Memoiren' des Dioskoros.

Amelineau hat fich durch die vollftändige Mittheilung der fogenannten Memoiren des Dioskoros, von denen der Anfang bereits durch die Publicationen in der Revue égyptologique bekannt war, ein grofses Verdienft erworben. Die in Rom befindliche Handfchrift zeigt den boheirifchen Dialekt; von der Auffindung der fahidifchen Verfion mochte man mit Recht die Löfung einer Reihe von fchwebenden Fragen erwarten. Wenn ich auch nicht in der glücklichen Lage bin, die Memoiren in fahidifcher Mundart vollftändig vorzulegen, fo glaube ich doch, dafs das nachfolgende Stück den intereffanteften und für die Kritik der ganzen Quelle wichtigften Abfchnitt derfelben, nämlich die Verhandlung des Dioskoros vor dem Kaifer Markianos, darftellt. Es fand fich vor bei der Durchficht der bereits befprochenen etwa taufend Pergamente Achmîmer Provenienz (Band III, S. 267). Die Blätter der Handfchrift, welche ich dem VIII. Jahrhundert zufchreibe, waren 26 Centimeter breit und 32 Centimeter hoch.

Die Abweichungen der fahidifchen Verfion von der boheirifchen find in fachlicher Beziehung merkwürdig genug. Eine nähere Prüfung derfelben wird für die Würdigung der Memoiren felbft ergebnifsreich fein.

Gleich in der Aufzählung der bei dem Religionsgefpräche anwefenden Bifchöfe zeigt unfere Verfion charakteriftifche Abweichungen.

Boheirifch.	Sahidifch.
ⲛⲁⲩⲭⲏ ⲙⲙⲁⲩ ⲡⲉ ⲛϫⲉ ⲙⲁⲣⲕⲉⲗⲗⲟⲥ ⲫⲁⲉⲫⲉⲥⲟⲥ	ⲁⲛϩⲙⲟⲟⲥ ⲉϥⲙⲙⲁⲩ ⲛϭⲓ ⲙⲁⲣⲕⲉ ⲡⲁⲉⲫⲉⲥⲟⲥ
ⲛⲉⲙ ⲓⲟⲩⲃⲉⲛⲁⲗⲓⲟⲥ ⲫⲁⲓⲗ̅ⲏ̅ⲙ̅	ⲙⲛ ⲓⲟⲩⲃⲉⲛⲁⲗⲓⲟⲥ ⲛⲁⲑⲓⲉⲗ̅ⲏ̅ⲙ̅
ⲛⲉⲙ ⲁⲛⲁⲧⲟⲗⲓⲟⲥ ⲫⲁⲕⲱⲛⲥⲧⲁⲛⲧⲓⲛⲟⲩⲡⲟⲗⲓⲥ	ⲙⲛ ⲁⲛⲁⲧⲟⲗⲓⲟⲥ ⲛⲁⲕⲱⲛⲥⲧⲁⲛⲧⲓⲛⲟⲩⲡⲟⲗⲓⲥ
ⲛⲉⲙ ⲥⲧⲉⲫⲁⲛⲟⲥ ⲫⲁⲁⲛⲧⲓⲟⲭⲓⲁ	ⲙⲛ ⲥⲧⲉⲫⲁⲛⲟⲥ ⲛⲁⲧⲁⲛⲧⲓⲟⲭⲓⲁ

Bekanntlich hat diefe Lifte fchon in ihrer boheirifchen Faffung grofsen Anftofs erregt, wir wiffen aus anderen Quellen, dafs die damaligen Bifchöfe von Ephefos und Antiochia Stephanos und Maximus waren. Ein Marcellus in Ephefos ift fonach ebenfo unmöglich, als ein Stephanos in Antiochia, nicht anders fteht es mit dem Bifchof Marcus von Ephefos der fahidifchen Verfion. Aber gerade der Umftand, dafs die fahidifche Verfion einen anderen Namen gibt als die boheirifche, läfst es als wahrfcheinlich erfcheinen, dafs wir eine verderbte Stelle mit alten Copiftenfehlern vor uns haben, von welchen die bekannten, auch in den Memoiren fonft noch vorkommenden Namen der Bifchöfe von

Konftantinopel und Jerufalem fich frei erhielten. Vielleicht waren in der urfprünglichen Faffung hier nur die Bifchofsfitze, nicht auch die Namen der Bifchöfe felbft genannt, die letzteren wurden nach beftem Wiffen von fpäteren Copiften ergänzt. Dafs man aus der Reihenfolge der Bifchöfe, in welcher Antiochia an letzter, Ephefos an erfter Stelle erfcheint, keine weitgehenden Schlüffe ziehen darf, zeigt fchon der Umftand, dafs die Reihenfolge der alexandrinifchen Patriarchen in unferem Stücke ⲁⲑⲁⲛⲁⲥⲓⲟⲥ, ⲁⲗⲉⲝⲁⲛⲇⲣⲟⲥ, ⲑⲉⲟⲫⲓⲗⲟⲥ, ⲕⲩⲣⲓⲗⲗⲟⲥ, in dem boheirifchen dagegen ⲁⲗⲉⲝⲁⲛⲇⲣⲟⲥ, ⲁⲑⲁⲛⲁⲥⲓⲟⲥ, ⲑⲉⲟⲫⲓⲗⲟⲥ, ⲕⲩⲣⲓⲗⲗⲟⲥ lautet.

Noch viel wichtiger ift unfer Pergament für die richtige Erklärung des räthfelhaften ⲡⲁⲣⲁⲙⲓⲁ, mit welchem auch AMELINAU nichts anzufangen wufste und welches er daher mit Recht unüberfetzt gelaffen hat.

Boheirifch.	Sahidifch.
ⲁϥϩⲉⲙⲥⲓ ⲥⲁⲙⲉⲛϩⲉ ⲛⲓⲉⲡⲓⲥⲕⲟⲡⲟⲥ ⲙⲡⲁⲣⲁⲙⲓⲁ	ⲁϥϩⲙⲟⲟⲥ ⲙⲛ ⲛⲉⲡⲓⲥⲕⲟⲡⲟⲥ ⲛⲉⲁⲟⲩⲉⲁ ⲡⲁⲣⲁⲙⲓⲁ
ⲁⲗⲗⲁ	ⲁⲗⲗⲁ ⲉⲥϩⲏⲛ ⲉϩⲟⲩⲛ ⲉⲣⲟⲛ ⲙⲛ ⲛⲣⲣⲟ
ⲛⲛⲉⲧⲉⲛϫⲱ ⲙⲙⲱⲟⲩ ⲛⲉⲙ ⲛⲟⲩⲣⲟ ⲉⲥⲉⲥⲱⲧⲉⲙ ⲉⲣⲱⲟⲩ	ⲁⲩⲱ ⲛⲉⲧⲛⲧⲁⲩⲟ ⲙⲙⲟⲩ ⲙⲛ ⲛⲣⲣⲟ ⲉⲥⲉⲥⲱⲧⲙ ⲉⲣⲟⲟⲩ ϩⲱⲟⲩ

Die fahidifche Verfion zeigt, dafs es nicht geftattet ift ⲡⲁⲣⲁⲙⲓⲁ mit ⲛⲉⲡⲓⲥⲕⲟⲡⲟⲥ zu verbinden und das Ganze gar als ‚Bifchöfe der Paralia' zu überfetzen, fondern dafs wir hier eine dem griechifchen Sprachgebiete entnommene Wendung vor uns haben, welche das danebenftehende Koptifche ⲛⲉⲁ ⲟⲩⲉⲁ umfchreibt und ergänzt.

Ueber die kleine Differenz in der Aufzählung der alexandrinifchen Patriarchen haben wir bereits gefprochen, neu ift unter den Stützen des orthodoxen Glaubens Liberius von Rom.

Boheirifch.	Sahidifch.
ⲁⲗⲉⲝⲁⲛⲇⲣⲟⲥ .. ⲛⲉⲙ ⲁⲑⲁⲛⲁⲥⲓⲟⲥ ⲛⲉⲙ ⲑⲉⲟⲫⲓⲗⲟⲥ	ⲁⲑⲁⲛⲁⲥⲓⲟⲥ .. ⲙⲛ ⲁⲗⲉⲝⲁⲛⲇⲣⲟⲥ ⲙⲛ ⲑⲉⲟⲫⲓⲗⲟⲥ
ⲛⲉⲙ ⲕⲩⲣⲓⲗⲗⲟⲥ ⲛⲉⲙ ⲓⲟⲩⲗⲓⲟⲥ ⲫⲁⲣⲱⲙⲏ	ⲙⲛ ⲕⲩⲣⲓⲗⲗⲟⲥ ⲙⲛ ⲗⲓⲃⲉⲣⲓⲟⲥ ⲡⲁϩⲣⲱⲙⲏ
ⲛⲉⲙ ⲓⲛⲛⲟⲕⲉⲛⲧⲓⲟⲥ ⲛⲉⲙ ⲕⲉⲗⲉⲥⲧⲓⲛⲟⲥ	ⲙⲛ ⲓⲟⲛⲟⲕⲉⲛⲧⲓⲟⲥ ⲙⲛ ⲓⲟⲩⲗⲓⲟⲥ ⲙⲛ ⲕⲉⲗⲉⲥⲧⲓⲛⲟⲥ

Grofse Schwierigkeiten hat die Erwähnung eines ⲫⲗⲁⲃⲓⲁⲛⲟⲥ unter den Theilnehmern am Religionsgefpräche gemacht. Es fteht feft, dafs der heil. Flavian damals bereits todt war, follte er an diefer Stelle gemeint fein, fo ftünde es um die Wahrhaftigkeit unferer Quelle fchlecht. Da in derfelben jedoch keine Andeutung darüber vorliegt, welche Stellung diefer Φλαβιανος bekleidete und des heil. Flavian Nachfolger, Anatolios, ausdrücklich erwähnt wird, fo ift wohl das Naheliegende anzunehmen, dafs hier eine andere Perfönlichkeit gemeint ift, möglicherweife liegt hier, wie von anderer Seite bereits angenommen wurde, ein alter Schreibfehler für Τατιανος, den bekannten Stadtpräfecten von Konftantinopel vor. Die Theilnahme desfelben bei diefer Vorverhandlung hätte gar nichts Auffallendes, wenn man bedenkt, dafs er bei allen Sitzungen des Concils von Chalkedon anwefend war.

Solche Irrungen konnten umfo leichter fich einftellen, als Dioskoros, von bekannten Perfonen zu Bekannten fprechend, keinen Anlafs nahm, diefelben durch nähere Angaben zu bezeichnen; fpätere Abfchreiber — Gedankenlofigkeit war ohnehin jederzeit eine der

Haupteigenschaften ägyptischer Schreiber — konnten sich leicht versucht fühlen, für den ihnen ganz unbekannten Tatianos den Namen des bekannten grossen Gegners des Dioskoros, Flavianus, einzusetzen und dementsprechend die Rede desselben zu nuanciren.

In nicht geringerer Verlegenheit als bei dem Stadtpräfecten von Konstantinopel, Tatianos, mochten sich die koptischen Schreiber einem anderen Namen gegenüber befinden, der nur in der sahidischen Version erhalten ist.

Boheirisch.	Sahidisch.
ⲁϥϭⲱⲣⲉⲙ ⲉⲛⲟⲩⲣⲟ ⲛϫⲉ ⲫⲗⲁⲃⲓⲁⲛⲟⲥ	ⲁϥⲕⲓⲙ ϫⲉ ⲛϭⲓ ⲡⲣⲣⲟ ⲉⲉⲓⲃⲁⲥ
ⲉⲑⲣⲉϥⲱϣ ⲙⲡⲧⲟⲙⲟⲥ ⲛⲗⲉⲱⲛ	ⲧⲁⲣⲉϥⲕⲉⲗⲉⲩⲉ ⲛⲉⲉⲱϣ ⲙⲡⲧⲟⲙⲟⲥ ⲛⲗⲉⲱⲛ
ⲟⲩⲟϩ ⲉⲧⲁ ⲡⲟⲩⲣⲟ ⲉⲣⲕⲉⲗⲉⲩⲉⲓⲛ ⲉⲑⲣⲟⲩⲧⲏⲓ ⲙⲡⲓϫⲱⲙ	ⲛⲧⲉⲣⲉϥⲕⲉⲗⲉⲩⲉ ϫⲉ ⲛϭⲓ ⲡⲣⲣⲟ ⲙⲡⲉⲡⲣⲟⲓⲙⲏⲕⲏⲣⲓⲟⲥ ⲛⲛⲟⲧⲁⲣⲓⲟⲥ

Wer ist Eibas, dem der Kaiser winkt? Es liegt nahe, an Ibas, Bischof von Edessa, der in Ephesos von Dioskoros und seinem Anhange abgesetzt und dann eingesperrt worden war, zu denken. Als ihn der Kaiser Markianos frei gelassen, kam er nach Konstantinopel, um seine Wiedereinsetzung zu betreiben, der Kaiser wies ihn an das Concil von Chalkedon. Seine Anwesenheit bei dem Religionsgespräche ist sonach immerhin auffallend genug, erst das Concil von Chalkedon hat ihn ganz rehabilitirt.

Die boheirische Version setzt, wie die Vergleichung zeigt, an die Stelle unseres Ibas den räthselhaften Flabianos und erwähnt auch des ⲡⲣⲟⲓⲙⲏⲕⲏⲣⲓⲟⲥ ⲛⲛⲟⲧⲁⲣⲓⲟⲥ nicht. Auch sonst kommen derartige Umgestaltungen neben Auslassungen in der boheirischen Version vor, welche uns den höheren Werth der sahidischen erkennen lassen. Die wichtigsten sind:

Boheirisch.	Sahidisch.
ⲛⲏ ⲉⲧⲁ ⲛⲉⲛⲓⲟϯ ⲥⲉⲙⲛⲏⲧⲟⲩ ⲛⲁⲛ ϧⲉⲛ ⲛⲓⲥⲩⲛⲟⲇⲟⲥ	ⲛⲉⲛⲧⲁ ⲛⲉⲓⲟⲧⲉ ⲕⲟⲧⲟⲩ ϩⲛ ⲛⲉⲧⲛϩⲟⲇⲟⲥ ⲛⲧⲁⲩⲃⲱⲕ ⲉⲣⲟⲟⲩ ⲁⲛⲟⲕ ϩⲱⲱⲧ ⲁⲓⲕⲱⲧ ⲉϫⲱⲟⲩ ϩⲛ ⲉⲫⲉⲥⲟⲥ
ⲛⲁⲓ ⲧⲉⲧⲉⲛϣⲟⲣϣⲉⲣ ⲙⲙⲱⲟⲩ	ⲛⲁⲓ ⲛⲉ ϯϣⲟⲣϣⲣ ⲙⲙⲟⲟⲩ.
	ⲛⲧⲉⲩⲛⲟⲩ ⲁⲓⲟⲛⲕⲧ ⲉϩⲣⲁⲓ ϩⲙ ⲛⲉⲩⲕⲗⲏⲧⲟⲛ
ⲟⲩⲟϩ ⲁⲓⲱⲗⲓ ⲙⲡⲓϫⲱⲙ ⲛⲧⲟⲧϥ ⲙⲡⲓⲛⲟⲧⲁⲣⲓⲟⲥ	ⲁⲓϥⲓ ⲙⲡⲉⲭⲁⲣⲧⲏⲥ ⲛⲧⲟⲟⲧϥ
	ⲁⲥⲟⲩⲱϣⲃ ⲛϭⲓ ⲧⲣⲣⲱ ⲛⲟⲣⲭⲩⲣⲓⲁ
ⲁⲥⲉⲣ ⲟⲩⲱ ⲛϫⲉ ϯⲟⲩⲣⲱ ⲛⲟⲩⲗⲭⲉⲣⲓⲁ ⲡⲉϫⲁⲥ ⲛⲏⲓ ϫⲉ ⲟⲩ ⲡⲉ ⲫⲁⲓ ⲉⲧⲁⲕⲉⲣⲧⲟⲗⲙⲁⲛ ⲉⲁⲓϥ	ϫⲉ ⲟⲩⲣⲱ ⲧⲉ ⲧⲉⲕⲫⲁⲛⲧⲁⲥⲓⲁ ⲉⲧⲉⲕ ⲟⲩⲱⲛϩ ⲙⲙⲟⲥ ⲉⲃⲟⲗ ϩⲁϩⲧⲛ ⲛⲉⲣⲣⲱⲟⲩ
	ⲉϣϫⲉ ⲧⲉⲧⲛⲡⲓⲥⲧⲉⲩⲉ ⲛⲧⲁϩⲉ ⲉⲧⲛⲁⲩⲉ ⲛⲙⲙⲁⲓ ⲉϣϫⲉ ⲧⲉⲧⲛⲧⲉⲧⲟ ⲉⲃⲟⲗ ⲛⲧⲁⲡⲓⲥⲧⲓⲥ ϩⲱⲥ ϩⲁⲓⲣⲉⲧⲓⲕⲟⲥ ⲁⲛⲟⲕ ⲅⲁⲣ ⲁⲛⲅ ⲟⲩⲟⲣⲑⲟⲇⲟⲝⲟⲥ ⲉϣⲱⲡⲉ ⲙⲙⲟⲛ
ⲡⲗⲏⲛ ⲙⲁⲧⲁⲙⲟⲓ ⲉⲫⲛⲟⲃⲓ ⲙⲡⲁⲡⲁϩϯ	ⲙⲁⲣⲉⲧⲉⲧⲛⲁⲧⲉⲣⲟⲩⲥⲓⲁ ⲉⲧⲧⲁⲓⲛⲩ ⲧⲁⲙⲟⲓ ⲉⲡⲛⲟⲃⲉ ⲛⲧⲁⲡⲓⲥⲧⲓⲥ
ⲁⲛⲟⲕ ⲅⲁⲣ ⲁⲛⲟⲕ ⲡϣⲏⲣⲓ ⲛϩⲁⲛⲣⲱⲙⲓ ⲛⲟⲣⲑⲟⲇⲟⲝⲟⲥ ⲡϫⲱⲣⲓ	ⲁⲛⲅ ⲡϣⲏⲣⲉ ⲅⲁⲣ ⲛϩⲉⲛⲟⲣⲑⲟⲇⲟⲝⲟⲥ ⲛϫⲱⲱⲣⲉ ⲛⲉ- ⲓⲟⲧⲉ ⲙⲡⲕⲟⲥⲙⲟⲥ ⲛⲧⲁⲓ ⲛⲟⲉⲓⲛ ⲧⲡⲓⲥⲧⲓⲥ ⲉⲃⲟⲗϩⲓⲧⲟⲟⲧⲟⲩ

Groſse Schwierigkeiten macht die Fixirung der in dieſen ‚Memoiren‘ erwähnten Ereigniſſe. Der Einleitung zufolge wurde das Enkomion auf Makarios von Tkou von Dioskoros in Gangres, als er die Nachricht von dem Tode ſeines getreuen Anhängers erhielt, geſprochen. Die Kunde kam ihm durch Paphnutios, den Archimandriten von Tabenneſos, zu. Auf ſeiner Reiſe nach Alexandrien hatte dieſer den groſsen koptiſchen Heiligen Schenute aufgeſucht und ihn ſchwer krank gefunden. Der Todestag Schenute's iſt der 7. Epiphi (1. Juli), die Krankheit, der er erlag, begann am 1. Epiphi. Das Todesjahr iſt uns nicht überliefert. AMELINEAU nimmt es als ausgemacht an, daſs Schenute im Jahre 451 ſtarb, während frühere Forſcher an das Jahr 458 oder 459 gedacht hatten. Immerhin bietet eine Stelle unſeres Enkomion eine Schwierigkeit: Chriſtus erſcheint Schenute im Traume und verkündet ihm, daſs eine Synode, unter welcher nur die von Chalkedon gemeint ſein kann, vor ſeinem Tode ſtattfinden werde (ⲟⲩⲟⲛ ⲛⲉⲥⲩⲛⲟⲇⲟⲥ ⲅⲁⲣ ⲛⲁϣⲱⲡⲓ ⲙⲡⲁⲧⲉⲕⲓ ϣⲁⲣⲟⲛ). Das Concil ward erſt October 451 eröffnet. Der arabiſche Umarbeiter hat die Schwierigkeit geſühlt und die Stelle modificirt. Auch ſonſt häuſen ſich die Ereigniſſe in bedenklicher Weiſe, die vom Patriarchen ergehende Einladung zum Concil, der Auftrag Schenute's an Makarios von Tkou, die Zerſtörung des Tempels des heidniſchen Götzen Kothos und die Abreiſe des Makarios mit Dioskoros nach Konſtantinopel. Nicht minder unſicher iſt die Fixirung der Reiſe des Archimandriten Paphnutios. Er findet in Alexandria den Patriarchen nicht mehr vor. Sollte unter der ſchweren Krankheit, welche Schenute zur Zeit der Anweſenheit des Paphnutios im weiſsen Kloſter beſallen hatte, die gemeint ſein — und dies iſt doch das Naheliegendſte[1] — der er erlag, ſo muſs man ſich fragen, wieſo es denn kommt, daſs Makarios noch Zeit findet den Götzentempel zu zerſtören und dann mit Dioskoros abzufahren, während Paphnutios erſt ankommt, als Dioskoros abgefahren war. Er wird ſich wohl Zeit gelaſſen haben, wie die Prieſter des Chonſu auf der Fahrt von Theben nach Syrien, zu der ſie mehr als ein Jahr brauchten. In Kanopos angekommen, bleibt Paphnutios ein ganzes Jahr. Inzwiſchen, wie man wohl annehmen muſs, kommt Makarios, ohne an dem Concil von Chalkedon theilgenommen zu haben, von Konſtantinopel zurück. Wir wiſſen nicht, welchen Weg er genommen, doch muſs derſelbe nach den Angaben unſerer Quelle nicht kurz geweſen ſein, denn inzwiſchen hat der Kaiſer in Ausführung der vom Concil von Chalkedon ausgeſprochenen Verbannung des Dioskoros die Biſchöſe in Alexandria verſammelt. Man ſieht, daſs die Angaben unſerer koptiſchen Quellen ſich nicht ſo behandeln laſſen, wie diejenigen von Thukydides oder Salluſt.

Dennoch wird man annehmen müſſen, daſs die Ankunft Paphnutios' in Gangres über ein Jahr nach der Verbannung des Dioskoros erfolgte. Damit ſtimmt es, daſs er von Dioskoros über den Verlauf der Wirren in Paläſtina unterrichtet wird, welche nach dem Anſchluſſe des Patriarchen Juvenal an die Sache der Gegner des Dioskoros ausgebrochen war. Wir erſehen, daſs Juvenal, aus Jeruſalem vertrieben, die Hilſe des Kaiſers in Anſpruch nehmen muſs; mit Hilfe einer kleinen Armee gelingt es ihm, an einem

---

[1] Es muſs jedoch betont werden, daſs die arabiſche Lebensbeſchreibung, die Krankheit, welche Schenute befallen hatte, als Dioskoros und Makarios zum Concil von Chalkedon zogen und Paphnutios von Tabenneſos — der hier merkwürdiger Weiſe بقطر ارشمنتريدس طفانيس, Biktor Archimandrit von Tafenîs heiſst (S. 429 ff.) — ins weiſse Kloſter kam, von derjenigen, der er erlag, in der Erzählung auseinanderhält (S. 467).

21. Tybi (16. Jänner) fich neue Geltung zu verfchaffen. Wahrfcheinlich ift hier der 16. Jänner 453 gemeint. Etwa Frühling 453 wird das Enkomion gehalten worden fein. Ueber diefes Datum hinaus führt uns keine einzige Anfpielung, und darin liegt ein nicht zu unterfchätzendes Kriterium für die Frage nach der Echtheit diefer Quelle.

Suchen wir nun auf Grund der bisherigen Ausführungen ein Gefammturtheil zu gewinnen, fo glauben wir annehmen zu können, dafs weder die fahidifche noch die boheirifche Verfion uns den urfprünglichen Text wiedergibt, wenn auch die erftere, als die getreuere den Vorzug verdient. Die Vergleichung beider Verfionen zeigt uns, dafs die Veränderungen fich nicht blofs auf eine für fromme Gemüther berechnete Paraphrafe, fondern auch auf Aenderungen des Thatbeftandes erftreckten. Dafs fich die erftere bei dem Zwiegefpräch zwifchen Dioskoros und Pulcheria felbftverftändlich geregt haben wird, ift anzunehmen. Ob das Original griechifch oder koptifch verfafst war, ift nicht auszumachen, wahrfcheinlicher ift mir das Erftere. An der Echtheit desfelben zu zweifeln liegt, fo viel ich fehe, kein Grund vor.

An Verhandlungen vor dem Concile und Verfuchen, eine Verftändigung zwifchen Dioskoros und der Gegenpartei zu erzielen, hat es nicht gefehlt. Von einer derfelben gibt uns unfere Quelle eine recht anfchauliche Schilderung, fie entfpricht vollkommen der Stimmung der damaligen Zeit, fetzt alle bedeutenderen Zeitgenoffen als bekannt voraus und hält fich felbft in der uns vorliegenden Geftalt von jenen Uebertreibungen frei, welche die koptifche Legendenliteratur auszeichnen.

Die Zufätze und Veränderungen, welche unfere Quelle erfahren hat, fcheinen verhältnifsmäfsig nicht bedeutend gewefen zu fein. Denn gerade die letzten Publicationen koptifcher Texte haben uns gezeigt, mit welcher Freiheit die koptifchen Schreiber oft ihren Vorlagen gegenüber verfuhren. So war die von Befa verfafste Lebensbefchreibung feines Lehrers und Vorgängers Schenute in der Faffung, welche dem arabifchen Ueberfetzer vorlag, um eine Prophezeiung vermehrt, welche den Gang der Gefchichte Aegyptens vor und nach der Eroberung durch die Araber enthielt. Aber auch die von BOURRIANT publicirten Fragmente einer apokryphen Apokalypfe enthalten Zufätze, welche fich, wenn nicht Alles trügt, auf die Wirren in Aegypten während der zweiten Hälfte des III. Jahrhunderts beziehen. Es fei auf die Befetzung Aegyptens durch die Palmyrener, auf die Erhebungen der Kaifer Firmus, Domitius, Achillas, auf die Aufftände in Koptos und Bufiris, auf die Einfälle der Blemmyer hingewiefen, wenn es auch bei dem jetzigen Stande der Dinge gewagt erfcheinen mufs, fich für eines der erwähnten Momente auszufprechen. In ähnlicher Weife hat man einem altteftamentlichen Propheten ein Capitel hinzugefügt, welches in grofsen Zügen die Herrfchaft der Araber über Aegypten bis zum Ueberhandnehmen der Türken und die Verheerungen derfelben in Aegypten fchilderte.

Bei der nachfolgenden Edition find die entfprechenden Seiten- und Zeilenzahlen der Publication von AMELINAU (Monuments pour servir à l'histoire de l'Égypte chrétienne aux IVe et Ve Siècles in den Mémoires publiés par les membres de la mission archéologique françaises au Caire, Tome quatrième) hinzugefügt.

Columne I. (Seite 151)

Amélinau.		
S. 134, 9.	Ⲕⲁⲓ ⲅⲁⲣ ⲡⲉⲧⲙ̄ⲙⲁⲩ	Denn Jener
	ⲟⲛ ⲁϥⲁⲛⲇⲣⲁⲕⲁ	wiederum handelte brav
	ⲑⲉⲩⲉ ϩⲛ ⲛⲁⲧⲡⲉ	in den himmlifchen Dingen
	ϩⲙ ⲡⲧⲣⲉⲩⲙⲟⲟⲩⲧϥ	als fie ihn tödteten
	ⲉϫⲛ ⲧⲡⲓⲥⲧⲓⲥ	wegen des orthodoxen
	ⲛⲟⲣⲑⲟⲇⲟⲝⲟⲥ	Glaubens.
10.	Ϯⲟⲩⲱϣ ⲇⲉ ⲟⲛ ⲉⲧⲁ	Ich wünfche nun
	ⲙⲱⲧⲛ · ⲉⲑⲉ ⲛⲧⲁϥ	Euch zu vermelden, in welcher Weife
	ⲁⲑⲗⲉⲓ ⲙⲙⲟⲥ ⲛⲧⲟϥ	er gekämpft hat,
	ⲙ̄ⲛ ⲡⲡⲉⲧⲟⲩⲁⲁⲃ · ⲁ̄	er und der heilige Apa
	ⲡⲁ ⲗⲟⲅⲅⲓⲛⲟⲥ	Longinos.
11.	Ⲁⲗⲗⲁ ⲁϥϯϩⲧⲟⲣ ⲉⲣⲟⲓ	Aber es zwingt mich
	ⲛϭⲓ ⲡⲣⲡⲙⲉⲉⲩⲉ ⲛⲁ	die Erinnerung an
	ⲛⲁ ⲙⲁⲕⲁⲣⲓⲟⲥ · ⲉϥⲟ	Apa Makarios, welcher ift
	ⲛⲑⲉ ⲛⲟⲩⲕⲱϩ̄ⲧ̄	nach Art eines Feuerbrandes,
	ⲉϥⲙⲟⲩϩ ϩⲙ ⲡⲁ	welcher füllt mein
	ⲥⲁⲛϩⲟⲩⲛ · ⲉϥⲟⲩ	Inneres und meine
	ⲱϣ̄ϥ̄ ⲛⲛⲁⲕⲉⲉⲥ	Gebeine zerknirfcht.
12	Ⲛⲧⲁⲛⲧⲁⲩⲉ ⲛⲁⲓ ⲧⲏ	Diefe alle, welche
	ⲣⲟⲩ ⲁⲛⲧⲁⲙⲱⲧⲛ̄	wir Euch angeführt haben,
	ϫⲉ ⲛⲉⲛⲧⲁⲩⲙⲟⲟⲩ	find alle getödtet
	ⲧⲟⲩ ⲧⲏⲣⲟⲩ ⲉϫ̄ⲛ̄	worden wegen
	ⲧⲡⲓⲥⲧⲓⲥ ⲛⲟⲣⲑⲟⲇⲟ	des orthodoxen Glaubens,
	ⲝⲟⲥ · ⲁⲩⲣ̄ⲙⲁⲣⲧⲩ	fie find auch zu Märtyrern
	ⲣⲟⲥ ϩⲱⲟⲩ ·	geworden.
13.	Ⲁⲩⲱ ⲙⲁⲕⲁⲣⲓⲟⲥ ⲡⲉ	Und Makarios, von
	ⲧ̄ⲛ̄ϣⲁϫⲉ ⲉⲣⲟϥ	dem wir gefprochen haben,
	ⲁϥⲣ̄ⲙⲁⲣⲧⲩⲣⲟⲥ	ift auch zum Märtyrer

Columne II.

S. 135, 1.	ϩⲱⲱϥ · ⲙⲁⲣⲛ	geworden. Mögen wir
	ⲕⲧⲟⲛ ⲗⲟⲓⲡⲟⲛ ⲉϫⲙ	daher zurückkehren zu
	ⲡⲛⲁⲩ ⲛ̄ⲧⲁⲩϫⲓⲧ̄ⲛ̄	dem Momente, da man
	ⲉϩⲟⲩⲛ ϣⲁ ⲡ̄ⲣ̄ⲣⲟ · ⲙⲁⲣ	uns vor den Kaifer Markianos
	ⲕⲓⲁⲛⲟⲥ	führte.
3.	Ⲁⲥϣⲱⲡⲉ ⲇⲉ ⲛ̄ⲧⲉⲣⲟⲩ	Es gefchah nun, dafs nachdem man
	ϫⲓⲧ̄ⲛ̄ ⲉϩⲟⲩⲛ ⲁⲛ	uns eingeführt hatte, wir uns
	ϩⲙⲟⲟⲥ ⲉϥⲙⲙⲁⲩ ⲛ̄ϭⲓ	fetzten, und anwefend waren
	ⲙⲁⲣⲕⲉ · ⲡⲁⲉ̄ⲫⲉ	Markos (der Bifchof) von Ephefos

Amelinau.	ⲥⲟⲥ· ⲙ̅ⲛ̅ ⲓⲟⲩⲃⲉⲛⲁⲗⲓ	und Jubenalios
	ⲟⲥ ⲛⲁⲑⲓⲉ̅ⲗ̅ⲏ̅ⲙ̅	von Jerusalem
	ⲙⲛ ⲁⲛⲁⲧⲟ̅ⲗⲓⲟⲥ ⲛⲁ	und Anatolios von
	ⲕⲱⲥⲧⲁⲛⲧⲓⲛⲟⲩⲡⲟ	Konstantinopolis
	ⲗⲓⲥ· ⲙ̅ⲛ̅ ⲥⲧⲉⲫⲁⲛⲟⲥ	und Stephanos
	ⲛⲁⲧⲁⲛⲇⲓⲟⲭⲓⲁ	von Antiochia
	ⲁⲩⲱ ⲧⲁⲙ̅ⲛ̅ⲧⲉⲗⲁ	und auch meine
	ⲭⲓⲥⲧⲟⲥ ϩⲱⲱⲧ	Wenigkeit,
	ⲁⲛⲟⲕ ⲇⲓⲟⲥⲕⲟⲣⲟⲥ	(nämlich) ich Dioskoros
	ⲁⲩⲱ ⲡ̅ⲣ̅ⲣ̅ⲟ· ⲙ̅ⲛ̅ ⲧⲉⲓ	und der Kaiser und sie,
	ϣⲟⲩⲧⲙ̅ⲧⲁⲩⲉ ⲛⲉⲥ	deren Namen zu nennen
	ⲣⲁⲛ· ⲉⲧⲉ ⲡⲟⲣⲭⲩ	unwürdig ist, nämlich Porchy-
	ⲣⲓⲁ ⲧⲉ	ria.
S. 135, 7.	Ⲁⲡⲁ ⲙⲁⲕⲁⲣⲓⲟⲥ ⲇⲉ	Apa Makarios jedoch
	ⲁϥⲉⲓ ⲉϩⲟⲩⲛ· ⲙ̅ⲛ̅	ging hinein, mit
	ⲡⲉϥⲥⲟⲛ ⲡⲉⲓⲛⲟⲩⲧⲓ̈	seinem Bruder Peinu-
	ⲟ̅ⲛ̅· ⲁϥϩⲙⲟⲟⲥ· ⲙⲛ	tion, er setzte sich mit
	ⲛⲉⲡⲓⲥⲕⲟⲡⲟⲥ ⲛ̄ⲥⲁⲟⲩ	den Bischöfen getrennt,
	ⲉⲁ· ⲡⲁⲣⲁⲙⲓⲁ· ⲁⲗⲗⲁ	vereinzelt; aber

Columne I.

ⲣ̅ⲛ̅ⲃ̅ (Seite 152)

	ⲥⲉϩⲏⲛ ⲉϩⲟⲩⲛ ⲉⲣⲟⲛ	in unserer und
	ⲙ̅ⲛ̅ ⲡ̅ⲣ̅ⲣ̅ⲟ· ⲁⲩⲱ	des Kaisers Nähe, und
	ⲛⲉⲧⲛ̅ⲧⲁⲩ· ⲙ̅	das was wir vorbrachten
	ⲙⲟⲟⲩ ⲙⲛ ⲡⲣⲣⲟ· ⲥⲉ	mit dem Kaiser, das hörten
	ⲥⲱⲧⲙ̅ ⲉⲣⲟⲟⲩ ϩⲱⲟⲩ	auch sie.
9.	Ⲡⲉϫⲉ ⲡ̅ⲣ̅ⲣ̅ⲟ ⲛⲁⲛ ϫⲉ	Es sprach der Kaiser zu uns:
	ϯⲧⲟϣ ⲛⲁⲛ ⲉⲧⲡⲓⲥ	Setzt uns fest das Glaubens-
	ⲧⲓ̈ⲥ ⲛⲧⲉⲧⲛ̅ⲃⲱⲕ	bekenntniss und zieht
	ⲉⲛⲉⲧⲙ̅ⲡⲟⲗⲓⲥ	zu Eueren Städten.
10.	Ⲡⲉϫⲁⲓ ⲛⲁϥ ⲁⲛⲟⲕ ⲇⲓ̈	Zu ihm sprach ich,
	ⲟⲥⲕⲟⲣⲟⲥ ϫⲉ ⲉⲣⲉ	Dioskoros: Es ist
	ⲧⲡⲓⲥⲧⲓⲥ ⲛⲛⲉⲛⲉⲓ	der Glaube unserer Väter
	ⲟⲧⲉ ϣⲁⲁⲧⲛⲟⲩ· ⲛ̅	bis zu dieser Stunde, den
	ⲧⲛ̅ⲟⲩⲁϩ̅ϥ̅ ⲉⲣⲟⲥ	wir befolgt haben.
	Ⲕⲁⲧⲁ ⲡⲉⲕϩⲏⲧ ⲉⲕ	In Deinem Herzen
	ϫⲱ ⲙⲙⲟⲥ ϫⲉ ϩⲉⲛ	sagst Du es: Es sind keine
	ⲟⲣⲑⲟⲇⲟⲝⲟⲥ ⲁⲛ ⲛⲉ	Rechtgläubigen
	ⲛⲉⲛⲉⲓⲟⲧⲉ ⲛⲧⲁⲩⲕⲁ	unsere Väter, welche
	ⲧⲡⲓⲥⲧⲓⲥ ⲉ̄ϩⲣⲁⲓ	den Glauben hinterlassen haben.

Amelinau.	Ⲉⲧⲉ ⲁⲑⲁⲛⲁⲥⲓⲟⲥ ⲡⲉ	Nämlich Athanafios
	ⲙ̄ⲛ̄ ⲁⲗⲉⲝⲁⲛⲇⲣⲟⲥ	und Alexandros
	ⲙ̄ⲛ̄ ⲑⲉⲟ̄ⲫⲓⲗⲟⲥ	und Theophilos
	ⲙ̄ⲛ̄ ⲕⲩⲣⲓⲗⲗⲟⲥ · ⲙ̄ⲛ̄	fammt Kyrillos, und
	ⲗⲓⲃⲉⲣⲓⲟⲥ ⲡⲁϩⲣⲱ	Liberios von Rom
	ⲙⲛ · ⲙ̄ⲛ̄ ⲓⲱⲛⲟⲕⲉⲛ	und Jonokentios
	ⲧⲓⲟⲥ · ⲙ̄ⲛ̄ ⲓⲟⲩⲗⲓⲟⲥ	und Julios
	ⲙ̄ⲛ̄ ⲕⲉⲗⲉⲥⲧⲓⲛⲟⲥ ·	und Keleftinos.
S. 135, 13.	Ⲛⲧⲁⲓⲧⲁⲩⲉ ⲛⲁⲓ ⲇⲉ ⲉⲓ	Ich habe diefe angeführt

Columne II.

	ⲟⲩⲱϣ ⲉⲧⲟⲡ̄ϥ ϩ̄ⲛ̄	indem ich ihn beim Worte
	ⲣⲱϥ ϫⲉ ⲉϣⲱⲡⲉ	nehmen wollte, wenn er fie
	ϥϫⲓ ⲙⲙⲟⲟⲩ · ϥⲛⲁ	aufnähme, (oder) er
	ⲛⲟⲓⲛⲟⲇⲟⲙⲉⲓ ⲁⲛ ⲛ̄	ihren Glauben nicht
	ⲧⲉⲩⲡⲓⲥⲧⲓⲥ	billigte.
S. 136, 2.	Ⲁϥⲟⲩⲱϣ̄ⲃ̄ ⲛϭⲓ ⲫⲗⲁ	Es antwortete Flabianos,
	ⲃⲓⲁⲛⲟⲥ · ⲉⲁϥϫⲓⲣⲱϥ	welcher mit dem Kaifer
	ⲙ̄ⲡ̄ⲣ̄ⲣⲟ · ϫⲉ ⲇⲓⲟⲥⲕⲟ	gefprochen hatte: Genug
3.	ⲣⲟⲥ ϩⲱ ⲉⲣⲟⲕ · ⲁ ⲛⲁⲣ	mit Dir, Dioskoros. Die
	ⲭⲁⲓⲟⲛ ⲟⲩⲉⲓⲛⲉ ⲉⲓⲥ	Alten find vorbeigegangen, fiehe
	ϩⲏⲏⲧⲉ ⲁ ϩⲉⲛⲃ̄ⲣ̄ⲣⲉ	es find Neue gekommen,
	ϣⲱⲡⲉ ⲉⲧⲉ ⲁⲛⲟⲛ	nämlich
	ⲡⲉ ·	wir.
4.	Ⲁⲓⲟⲩⲱϣ̄ⲃ̄ ϩⲱ ⲁⲛⲟⲕ	Und nun antwortete ich,
	ⲇⲓⲟⲥⲕⲟⲣⲟⲥ · ϫⲉ ⲉϣ	Dioskoros: Wenn (ich)
	ϫⲉ ⲛⲉⲛⲧⲁ ⲛⲉⲓⲟ̄	das, was die
	ⲧⲉ ⲕⲟⲧⲟⲩ ϩ̄ⲛ̄ ⲛ̄	Väter feftgefetzt haben in den
	ⲥⲩⲛⲟⲇⲟⲥ ⲛ̄ⲧⲁⲩ	Synoden, zu welchen fie
	ⲃⲱⲕ ⲉⲣⲟⲟⲩ · ⲁⲛⲟⲕ	gegangen find und worauf
	ϩⲱⲱⲧ ⲁⲓⲕⲱⲧ	auch ich
	ⲉϫⲱⲟⲩ ϩⲛ ⲉ̄ⲫⲉⲥⲟⲥ	in Ephefos gebaut habe,
	ⲛⲁⲓ ⲛⲉ ϯϣⲟⲣϣ̄ⲣ̄ ⲙ̄	(wenn) ich dies
6.	ⲙⲟⲟⲩ · ⲁⲗⲏⲑⲱⲥ	zerftöre, fo mache ich mich in
	Ϯⲉⲩⲛϩⲓⲥⲧⲁ ⲙ̄ⲙⲟⲓ	Wahrheit
	ⲙ̄ⲡⲁⲣⲁⲃⲁⲧⲏⲥ	zu einem Uebertreter.
	ⲁϥⲕⲓⲙ ⲇⲉ ⲛϭⲓ ⲡ̄ⲣ̄ⲣⲟ	Und es winkte der König
	ⲉ̄ⲓⲃⲁⲥ · ⲧⲁⲣⲉϥⲕⲉ	Ibas, auf dafs diefer
	ⲗⲉⲩⲉ ⲛⲉⲉⲱϣ ⲙ̄ⲡⲧⲟ	vorzulefen befehle den To-

Columne I. (Seite 153)

AMELINAU.	ⲙⲟⲥ ⲛ̄ⲗⲉⲱⲛ· ⲛ̄	mos des Leon. Nach-
	ⲧⲉⲣⲉϥⲕⲉⲗⲉⲩⲉ ϫⲉ ⲛ̄	dem befohlen hatte der
	ϭⲓ ⲡ̄ⲣ̄ⲣⲟ· ⲙ̄ⲡⲉⲡⲣⲓ	König dem Primikerios
	ⲙⲓⲕⲏⲣⲓⲟⲥ ⲡ̄ⲛⲟ	von Notar
	ⲧⲁⲣⲓⲟⲥ· ⲁϥⲁⲣⲭⲉⲓ	begann dieſer
	ⲛ̄ⲃⲟⲗ ⲉⲃⲟⲗ ⲙ̄ⲡⲧⲟ	aufzurollen das Tomarion,
S. 136, 8.	ⲙⲁⲣⲓⲟⲛ ⲉⲱϣ· ⲁⲓ	um zu leſen. Ich
	ⲟⲩⲱϣⲃ̄ ϫⲉ ⲁⲛⲟⲕ ⲇⲓ	erwiderte, ich,
	ⲟⲥⲕⲟⲣⲟⲥ ⲡⲉϫⲁⲓ ϫⲉ ⲟⲩ	Dioskoros und ſprach: Was iſt es
	ⲡⲉ ⲡⲉⲓⲭⲁⲣⲧⲏⲥ· ⲉⲩ	mit dieſem Blatt, das man
	ⲃⲱⲗ ⲙ̄ⲙⲟϥ ⲉⲃⲟⲗ	aufrollt
	ϩ̄ⲛ̄	in
	ⲧⲉⲛ	unſerer
	ⲙⲏⲏⲧⲉ· ⲡⲉϫⲉ	Mitte. Es ſagte
9.	ⲡ̄ⲛⲟⲧⲁⲣⲓⲟⲥ ϫⲉ ⲧⲉ	der Notar: Es iſt der
	ⲡⲓⲉⲧⲟⲗⲏ ⲧⲉ· ⲙ̄ⲡⲡⲁⲧ	Brief des Patriarchen
	ⲣⲓⲁⲣⲭⲏⲥ ⲗⲉⲱⲛ·	Leon.
	ⲛ̄ⲧⲉⲩⲛⲟⲩ ⲁⲓⲟⲛⲛ̄ⲧ	In dem Momente ſprang ich
	ⲉϩⲣⲁⲓ ϩ̄ⲙ̄ ⲛⲉⲧⲩⲛⲕⲗⲏ	auf in der Verſammlung,
	ⲧⲟⲛ· ⲁⲓϥⲓ ⲙ̄ⲡⲉⲭⲁⲣ	ich riſs das Blatt
	ⲧⲏⲥ ⲛ̄ⲧⲟⲟⲧϥ̄ ⲁⲓⲛⲟ	aus ſeiner Hand, ich warf
	ϫϥ̄ ⲉⲡⲟⲩⲉ̄· ⲡⲉϫⲁⲓ	es weit weg. Ich ſprach:
	ϫⲉ ⲙ̄ⲡⲣ̄ⲧⲁⲩⲉ· ⲙ̄ⲙⲛ̄ⲧ	Verkündige nicht
	ⲣⲉϥϫⲓⲟⲩⲉ· ⲙ̄ⲡⲉⲧⲙ̄	den Trug jenes
	ⲙⲁⲩ· ⲙ̄ⲡⲉⲓⲙⲁ	Menſchen an dieſer Stelle.
11.	ⲟⲛⲧⲱⲥ ⲛ̄ⲧⲛ̄ⲛⲱ	Wahrlich, wir legen
	ⲛⲧⲡⲟⲗⲓⲥ ⲧⲏⲣⲥ̄	dieſe ganze Stadt
	ϩⲁ ⲡⲁⲫⲟⲣⲓⲥⲙⲟⲥ	in Bann
	ⲛ̄ⲧⲛ̄ⲁⲛⲁⲭⲱⲣⲉⲓ	und entfernen

Columne II. (Seite 154)

12.	ⲛⲁⲛ· ⲁⲥⲟⲩⲱϣⲃ̄	uns. Es erwiderte
	ⲛ̄ϭⲓ ⲧ̄ⲣ̄ⲣⲱ ⲡⲟⲣⲭⲩ	die Kaiſerin Porchy-
	ⲣⲓⲁ· ϫⲉⲟⲩⲡⲱ̄· ⲧⲉ	ria: Was iſt es mit
	ⲧⲉⲕⲫⲁⲛⲧⲁⲥⲓⲁ ⲉⲧⲉⲕ	Deiner Phantaſie, welche
	ⲟⲩⲱⲛ̄ϩ̄ ⲙ̄ⲙⲟⲥ ⲉⲃⲟⲗ	Du zeigſt
	ϩⲁϩⲧⲛ̄ ⲛⲉⲣⲣⲱⲟⲩ	in Gegenwart von Kaiſern,
13.	ⲁⲧⲁⲙⲁⲁⲩ ⲉⲓⲛⲉ ⲉ̄ⲡⲉⲥⲏⲧ	Es hat meine Mutter
	ⲙ̄ⲙⲁⲕϩ̄ ⲛ̄ⲕⲉϫⲁ	den Nacken eines anderen
	ⲉⲓϩⲏⲧ ⲛ̄ⲧⲉⲕϩⲉ	Uebermüthigen von Deinem Schlage gebrochen,

AMELINAU.	ⲁϥⲙⲟⲩ ϩⲛ ⲧⲉϫⲱⲣⲓⲥ	welcher in dem Banne geſtorben iſt,
	ⲧⲓⲁ · ⲉⲧⲉ ⲓⲱϩⲁⲛⲛⲏⲥ	nämlich Johannes,
	ⲡⲉ · ⲡⲁⲣⲭⲏⲉⲡⲓⲥⲕⲟ	des Erzbiſchofs
	ⲡⲟⲥ ⲛⲧⲉⲓⲡⲟⲗⲓⲥ	dieſer Stadt.
S. 136, 15.	ⲙⲛ ⲙ̄ⲛ̄ⲧⲁⲓ ⲉϫⲟⲩ	Habe ich jetzt nicht
	ⲥⲓⲁ ⲧⲉⲛⲟⲩ	das Recht
	ⲏ ⲙ̄ⲛ̄ ϭⲟⲙ : ⲙ̄	oder habe ich nicht
	ⲙⲟⲓ ⲉϫⲱ	die Macht
	ⲣⲓϫⲉ ⲙⲙⲟⲕ	Dich zu bannen,
	ⲛ̄ⲑⲉ ⲙⲡⲉⲧⲙ̄ⲙⲁⲩ	wie es Jenem ergangen iſt?
S. 137, 1.	Ⲡⲉϫⲁⲓ ⲛⲁⲥ ϫⲉ ⲛⲧⲁ	Ich ſagte zu ihr: Auf welche
	ⲡⲛⲟⲩⲧⲉ ⲛ̄ⲧⲟϥ	Weiſe hat Gott
	ϣⲁⲁⲣ · ⲉⲧⲟⲩⲙⲁⲁⲩ	Deine Mutter
	ⲛⲁϣ ⲛϩⲉ	geſchlagen?
2.	Ⲏⲛ ⲙⲡⲉ ⲟⲩⲥⲩⲣⲓϫ · ⲉⲓ	Iſt nicht ein Geſchwür
	ⲉⲃⲟⲗ ϩ̄ⲙ̄ ⲡⲉⲉⲙⲁⲛ̄	ausgebrochen in ihrem Gefäſse,
	ϩⲙⲟⲟⲉ ⲁⲉϣⲟⲩⲉ ϥ̄ⲛ̄ⲧ	aus welchem Würmer
3.	ⲉⲃⲟⲗ · ⲙ̄ⲛ̄ ⲛⲉⲁⲃⲏⲗ	hervorkamen, und wenn
	ϫⲉ ⲁ ⲧⲟⲩⲙⲁⲁⲩ	Deine Mutter ſich
	ⲛⲱⲧ ⲉⲣⲁⲧⲟⲩ ⲛ̄ⲛ̄	nicht begeben hätte zu den

Columne I.

	ⲣⲛⲁ	(Seite 154)
	ⲗⲓⲯⲁⲛⲟⲛ ⲉⲧⲟⲩⲁⲁⲃ	heiligen Ueberreſten
	ⲛⲓⲱϩⲁⲛⲛⲏⲥ	des Johannes,
	ⲉϣϫⲡⲉ ⲁ ⲛϥⲛ̄ⲧ	da hätte nicht viel geſehlt, daſs
	ⲁⲛϩⲁⲗⲓⲉⲕⲉ · ⲙⲡⲉⲥ	die Würmer verzehrt hätten
	ⲥⲱⲙⲁ ⲧⲏⲣϥ	ihren ganzen Leib.
4.	Ⲉϣⲱⲡⲉ · ⲙ̄ⲡⲣ̄ϩⲟⲧⲉ	Wenn Du Dich nicht
	ⲛⲧⲉⲣⲉⲣⲛⲁⲩ ⲉⲡ	fürchteſt, wenn Du betrachteſt
	ⲉⲁϣ ⲛⲧⲟⲩⲙⲁⲁⲩ	die Plage Deiner Mutter,
	ⲡⲉⲧⲣ̄ⲟⲩⲁϣϥ ⲁⲣⲓϥ	ſo thue das, was Du wünſcheſt
	ⲛⲁⲓ ϩⲱⲱⲧ	mir auch.
6.	Ϫⲓⲛ ⲛ̄ⲧⲁ ⲧⲟⲩⲙⲁⲁⲩ	Seitdem Deine Mutter
	ⲧⲱϣ ⲉ̄ⲧⲙ̄ⲛ̄ⲧⲉ̄ⲣⲟ	die Herrſchaft geführt hat,
	ⲁⲉⲣ̄ ⲛⲉⲓⲡⲉⲑⲟⲟⲩ	hat ſie alles Schlechte
	ⲧⲏⲣⲟⲩ · ⲙ̄ⲡⲉ	gethan dem
	ⲧⲟⲩⲁⲁⲃ	heiligen
	ⲓⲱ ϩⲁⲛⲛⲏⲥ	Jo hannes;
	ⲁⲥⲉϫⲱⲣⲓϫⲉ	Sie hat ihn

Amelinau.		
S. 137, 7.	ⲙⲙⲟϥ · ⲙ̅ⲡⲉ ϭⲉ	verbannt. Und es hat
	ⲡⲉⲧⲛⲁⲛⲟⲩϥ ⲧⲁ	Gutes die Welt
	ϩⲉ ⲡⲕⲟⲥⲙⲟⲥ	nicht erreicht.
	Ⲉϣϫⲉ ⲧⲉⲧⲛ̅ⲡⲓⲥ	Wenn Ihr nach meiner
	ⲧⲉⲩⲉ ⲛⲧⲁϩⲉ · ⲉⲩ	Weise glaubt, so begeht
	ⲛⲁⲩⲉ ⲛ̅ⲙ̅ⲙⲁⲓ	mit mir das Opfer.
	Ⲉϣϫⲉ ⲧⲉⲧⲛ̅ⲧⲉⲧⲟ	Wenn Ihr verwerfet
	ⲉⲃⲟⲗ ⲛⲧⲁⲡⲓⲥⲧⲓⲥ	meinen Glauben
	ϩⲱⲥ ϩⲁⲓⲣⲉⲧⲓⲕⲟⲥ · ⲁ̅	als häretisch (so wisset):
	ⲛⲟⲕ ⲅⲁⲣ ⲁⲛ̅ⲅ̅ ⲟⲩ	Ich bin ein
	ⲟⲣⲑⲟⲇⲟⲝⲟⲥ · ⲉϣⲱ	Rechtgläubiger:

Columne II.

	ⲡⲉ ⲙⲙⲟⲛ ⲙⲁⲣⲉ ⲧⲉ	und wenn nicht, so möget
	ⲧ̅ⲛ̅ⲁⲅⲉⲣⲟⲩⲥⲓⲁ ⲉⲧⲧⲁ	Ihr, ehrwürdige Versammlung,
	ⲉⲓⲏⲩ ⲧⲁⲙⲟⲓ ⲉⲛⲛⲟⲃⲉ	mir zeigen den Fehler
	ⲛⲧⲁⲡⲓ̈ⲥⲧⲓⲥ	in meinem Glauben.
8.	Ⲙ̅ⲡ̅ⲣ̅ϩⲓⲗⲁ ⲉⲛⲛⲟⲩⲧⲉ	Lästere nicht gegen Gott,
	ⲱ̅ⲡ̅ⲣ̅ⲣⲟ · ⲛⲧⲟϥ	o Kaiser, denn er
	ⲅⲁⲣ ⲡⲉⲧⲉⲣⲉ ⲡⲉⲕⲛⲓ	ist es, in dessen Händen
	ϥⲉ ϩⲛ ⲛⲉϥϭⲓϫ	Dein Lebenshauch sich befindet.
	Ⲁⲩⲱ ⲡⲁⲛⲧⲱⲥ ⲕⲛⲁ	Und gewiss wirst Du
	ⲃⲱⲕ ⲉⲣⲁⲧ̅ϥ̅ ⲉⲙ̅ⲡ̅	vor ihm erscheinen ohne
	ⲱⲉ̅ⲕ̅ · ⲙ̅ⲡ̅ⲣ̅ⲕⲁⲕⲟ	Verweilen. Schädige
	ⲗⲟⲩⲉⲓ	nicht
	ⲛ̅ⲧⲡⲓⲥⲧⲓⲥ · ⲱ̅ⲡ̅ⲣ̅ⲣⲟ	den Glauben, o Kaiser.
9.	Ⲁⲛ̅ⲅ̅ ⲡϣⲏⲣⲉ ⲅⲁⲣ ⲛ	Denn ich bin der Sohn von
	ϩⲉⲛⲟⲣⲑⲟⲇⲟⲝⲟⲥ ⲛ̅ϫⲱ	mächtigen Rechtgläubigen,
	ⲱⲣⲉ ⲛ̅ⲉⲓⲟ̅ⲧⲉ ⲙ̅ⲡⲕⲟⲥ	Vätern der Welt
	ⲙⲟⲥ ⲛ̅ⲧⲁⲓⲛⲟⲉⲓ ⲛ̅	von denen ich
	ⲧⲡⲓ̈ⲥⲧⲓ̈ⲥ ⲉⲃⲟⲗϩⲓⲧⲟⲟ̅	den Glauben kennen
	ⲧⲟⲩ ·	gelernt habe.
	Ⲥⲁϩⲱⲕ ⲉⲃⲟⲗ ⲱ̅ ⲡⲗⲁⲓ̈	Entferne Dich, Laie.
	ⲕⲟⲥ · ⲙ̅ⲡ̅ⲣ̅ϫⲱϩ	Berühre nicht
	ⲉⲡⲙⲁ ⲉⲧⲉⲣⲉ ⲡⲛⲟⲩ	den Ort, an dem Gott
	ⲧⲉ ⲛϩⲏⲧ̅ϥ̅ · ⲙ̅ⲛⲁ	sich befindet, bevor Du
	ⲧⲉⲕⲉⲓⲙⲉ ⲛ̅ⲅ̅ⲣⲱⲕ̅ϩ̅	es merkst bist Du versengt.
	Ⲛ̅ϯⲛⲁⲗⲟ ⲁⲛ ⲉⲓϫⲛⲓⲟ̅	Ich werde nicht aufhören zu
	ⲉⲓⲉⲛ̅ⲧⲓ̈ⲙⲁ ·	tadeln und vorzuwerfen,
	Ⲉⲩϣⲁⲛⲙⲟⲟⲩⲧ ⲅⲁⲣ	(auch) wenn sie mich tödten
	ⲙⲛ ⲡⲉⲭ̅ⲉ̅ ϯⲛⲁ	sollten mit Christus, werde ich.....

Seite 152, Zeile 10 ff. überfetze ich unter Berückfichtigung des boheirifchen Textes.

Zu Seite 153, Zeile 27 ff. vergl. Jefaias 1, 9: ⲁⲩⲱ ⲛⲉⲥⲁⲃⲉⲗ ϫⲉ ⲁ ⲡϫⲟⲉⲓⲥ ϣⲱϫⲡ ⲛⲁⲛ ⲛⲟⲩⲥⲡⲉⲣⲙⲁ ⲉϣϫⲉ[ⲡⲉ] ⲁⲛϣⲱⲡⲉ ⲛⲑⲉ ⲛⲥⲟⲇⲟⲙⲁ ⲁⲩⲱ ⲁⲛⲉⲓⲛⲉ ⲛⲅⲟⲙⲟⲣⲣⲁ.

Seite 153, Zeile 11 ff. der erften und Zeile 13 ff. der zweiten Columne, fowie Seite 154, Zeile 15 ff. der erften und Zeile 11 ff. der zweiten Columne fehlt nichts. Das Pergament zeigt einen langen Rifs, welcher vor der Niederfchrift vernäht wurde. Auch zur Niederfchrift der werthvollften Werke wurden nicht ganz fehlerfreie Pergamente unter Umftänden (vergl. oben S. 1) verwendet. Die hohen Seitenzahlen unferer Handfchrift, verglichen mit dem vollftändigen Texte der ‚Memoiren' bei AMELINAU, zeigen, dafs unfere Pergamentblätter eine Miscellanhandfchrift darftellte, welche aufserdem noch Concilacten enthalten haben dürfte. Die Seitenzahlen ftehen, wie unfere Edition zeigt, nur auf der Rückfeite der Pergamentblätter. Die höchften Seitenzahlen, die ich in den mir vorliegenden Pergamenten beobachtet habe, gehen nicht über das vierte Hundert hinaus. Man fcheint fonach nicht mehr als 200 Pergamentblätter zu einem Bande vereinigt zu haben.

Die Schrift unferer Handfchrift ift die jüngere Unciale; indem fie fich von den Auswüchfen freihält, welche Handfchriften des IX. Jahrhunderts bieten, gibt fie die annähernden Anhaltspunkte für die einleitungsweife gegebene Beftimmung. Bemerkenswerth ift, dafs die boheirifchen Handfchriften etwa von dem X. Jahrhundert ab die alte Unciale nachahmen, ohne freilich auch nur im Entfernteften den Handfchriften des IV. und V. Jahrhunderts gleichzukommen. Vergl. das Facfimile des 918 (Märtyrer 634) n. Chr. gefchriebenen Panegyricus auf Abba Pifentios von Mofes, Bifchof von Koptos (Koptifche Handfchrift des Vatican Nr. 66) und des Lebens des Onuphrios aus dem Jahre 979 (Märtyrer 695) n. Chr. (Koptifche Handfchrift des Vaticans Nr. 65), welche auf Tafel C und XCII der Oriental Serie der Publicationen der Palaeographical Society mitgetheilt werden. Zwei Blätter einer Handfchrift des Johannesevangeliums, die einzigen Stücke in unterägyptifchem Dialekt, welche fich unter der grofsen Zahl in Schmin erftandener Pergamente (fiehe oben S. 63) vorgefunden haben, zeigen ein eigenthümliches Schwanken zwifchen älterer und jüngerer Unciale und find wohl auch vor dem X. Jahrhundert gefchrieben.

WIEN, 31. December 1887.

J. Krall.

NEUE QUELLEN ZUR PAPIERGESCHICHTE.

Mit der Lichtdrucktafel III und vier Textbildern.

Unerwartet und fchneller als man es nach den im Vereine mit JULIUS WIESNER durchgeführten hiftorifch-mikrofkopifchen Papierunterfuchungen[1] vorausfetzen durfte, hat fich unferen, der Oeffentlichkeit mit zuverfichtlicher Ruhe übergebenen Refultaten ein glänzender Wahrheitsbeweis hinzugefellt. Wenn fich unfere Doppelarbeit, foweit ich erfahren konnte, des ungetheilten Beifalls und der Zuftimmung berufener Fachgenoffen zu erfreuen hatte, und anerkannt wurde, dafs durch fie mit der Befeitigung eines alten tiefeingewurzelten Irrthumes die Kenntnifs des Gegenftandes nunmehr auf neue Grundlagen geftellt fei, konnte es doch nicht verborgen bleiben, wie hie und da im Stillen noch verzweifelte Hoffnungen auf eine restitutio in integrum diefes zünftig feftgehaltenen Irrthums genährt würden. ‚Einer neuen Wahrheit ift nichts fchädlicher als ein alter Irrthum‘ fagte eben fchon Altmeifter Goethe.

Aber wie die Wiffenfchaft über offene und verfteckte Hinderniffe unaufhaltfam der Wahrheit entgegen hinwegfchreitet, und in folchen Fällen der Vergleich mit dem ins Rollen gekommenen Stein auch auf fie anwendbar ift; fo kam es, dafs mir bald nach dem Erfcheinen unferer Doppelarbeit bei gleichzeitiger eigener Entdeckung von befreundeter Seite aus Leiden die Kunde von der Exiftenz eines alten arabifchen handfchriftlichen Werkes zukam, welches in feinem die Technik der Schreibkunft behandelnden Inhalte auch ein Capitel über die Papierbereitung darbiete.

Kurz nach der Ausgabe des letzten Doppelbandes diefer ‚Mittheilungen‘ fanden fich nämlich in meinen Collectaneen einige von mir vor zwanzig Jahren in Gotha niedergefchriebene, feitdem aber aufser Geficht gekommene Notizen, welche mich auf das in der Gothaer herzoglichen Bibliothek bewahrte عمدة الكتاب وعدة ذوى الالباب *'Umdet el-kuttâb wa 'udde dfawi el-albâb* und das darin enthaltene Papiercapitel verwiefen. Zur felben Zeit benachrichtigte mich Herr Dr. M. TH. HOUTSMA in Leiden von der Exiftenz einer im Privatbefitz des Haufes E. J. Brill befindlichen Handfchrift gleichen Titels, worauf fich noch eine in der 1884 erworbenen Landberg'fchen Sammlung der königlichen Bibliothek zu Berlin nachweifen liefs. Die Generalverwaltung der letzteren, fowie die Direction der herzoglichen Bibliothek in Gotha durch Herrn Geh. Hofrath Dr. PERTSCH haben auf meine Bitte diefe Handfchriften bereitwilligft mir zur Benützung überfandt, indefs Herr

[1] Mittheilungen, II. und III. Band, pag. 87—178 und 179—260.

10*

Dr. HOUTSMA fich der Mühewaltung einer Collation der ihm eingefchickten bezüglichen Textabfchrift mit dem Leidener Codex gütigft unterzog. In Folge diefes überaus gefälligen Entgegenkommens der genannten Bibliotheksverwaltungen und der collegialifchen Unterftützung, für welche hier wärmftens zu danken ich mich angenehm verpflichtet fühle, ift es mir möglich geworden, der Papiergefchichte neue und wichtige Quellen zu erfchliefsen, die durch weitere Belege, insbefondere aus der erzherzoglichen Sammlung geftützt, mit beweiskräftiger Autorität unferen erften Forfchungsergebniffen fich anreihen.

Die folgenden Mittheilungen werden demnach enthalten:

1. Eine Unterfuchung über das Alter des *'Umdet el-kuttâb*, 2. den Wortlaut des in ihm enthaltenen arabifchen Textes über die Papierbereitung fammt Varianten und Zufätzen, 3. die Ueberfetzung des Textes und der wichtigeren Varianten, 4. den fachlichen Commentar dazu, 5. Einiges über die Papierfärberei und endlich 6. eine neuerliche Erörterung über die Entftehung der Fabel vom Baumwollenpapier.

I. Das Alter des 'Umdet el-kuttâb.

Mit dem Titel عمدة الكتّاب وعدّة ذوى الألباب, ‚die Stütze der Schreiber und das Rüftzeug der mit Verftand Begabten' bezeichnet fich eine anonyme Schrift in mehreren Copien, und zwar in:

Gotha: Cod. Nr. 1354, 67 Blätter, nicht datirt, aus dem XVIII. Jahrhundert und Cod. Nr. 1355, 56 Blätter, vollendet am Dienftag Morgen des 25. Ramadhân 1167 H. = 16. Juli 1754 von dem Aegypter Isma'îl efch-Schobrâwî ibn efch-Scheich Ahmed el-Ghazânî, beide von U. J. SEETZEN 1807 und 1808 in Kairo erworben. Sodann zwei Bruchftücke derfelben Schrift, Cod. Nr. 1357, 13 Blätter, neue Abfchrift, SEETZEN in Kairo 1804 und Nr. 1356, ein einziges und das erfte Blatt des Werkes.[2]

Von mir im Folgenden der Reihe nach mit *Ga, Gb, Gc, Gd* bezeichnet.

Berlin: Ms. Landb. 637, 39 Blätter, in Abfchrift vollendet den 21. Muharrem 1228 H. = 24. Jänner 1813.[3]

Mit *L* citirt.

Leiden: Die Brill'fche Handfchrift, nicht datirt, doch nach Herrn Dr. HOUTSMA'S Schätzung aus dem 10. Jahrhundert d. H. = XVI. Jahrhundert Chr.

Mit *Br* bezeichnet.

Schon bei flüchtiger Durchficht des Werkes läfst fich ein höchft bedeutfamer, die Technik in der arabifchen Schreib- und Handfchriftenkunde umfafsender Inhalt erkennen, welcher dadurch fowohl, wie durch das augenfcheinliche Alter der Ueberlieferung, durch den Ernft und die Klarheit der Darftellung und feine kritifche Verläfslichkeit weit über andere ähnliche das Schriftwefen des europäifchen Mittelalters betreffende Quellen fich erhebt.

Zunächft wird es fich darum handeln, die Zeit der Entftehung diefes Werkes in feiner vorliegenden Geftalt ausfindig zu machen.

---

[2] Vergl. W. PERTSCH, die Arab. Handfchriften der herzogl. Bibl. zu Gotha, III, 25 ff.

[3] W. AHLWARDT, Kurzes Verzeichnifs der Landberg'fchen Sammlung arabifcher Handfchriften, Berlin 1885, S. 61, Nr. 637.

Auf dem Titel des einzigen Blattes *Gd,* deffen Capitelaufzählung fchon eine abweichende Recenfion vermuthen läfst, wird als Verfaffer الامير الاجلّ المعز بن باديس صاحب المهدية, ‚der grofsherrliche Emîr el-Mu'izz ibn Bâdis, Fürft von el-Mehdijje' genannt,[4] der ziridifche Dynaft, welcher im Jahre 453 H. = 1061 Chr. ftarb. Später wird es fich zeigen, was von diefer Angabe zu halten ift. Das Werk felbft, in dem mir vorliegenden vollftändigen Inhalt der Codices *Ga*, *Gb* und *L*, gibt andere Anhaltspunkte für die Zeitbeftimmung. Das dritte Capitel über die Tintenbereitung, *L*, fol. 9*a*; *Ga*, fol. 10*r*; *Gb*, fol. 9*r*, beginnt: صفة حبر منسوب للشيخ على بن هلال المعروف بالبوّاب (l. بابن البوّاب) وهو نسختة الصغراء[5] الذى استفادها من الشيخ جمال الدين العجمى الكاتب الحلبى ومن اقاربه بديوان[6] الانشاء الخ, ‚Befchreibung einer Tinte, die zugefchrieben wird dem Scheich 'Alî ibn Hilâl, bekannt unter dem Namen Ibn el-Bawwâb, und das ift fein kleines Recept, welcher dasfelbe erworben hat von dem Staatsfecretär aus Haleb, Scheich Dfchemâl ed-dîn el-'Adfchemî und den ihm in der Staatskanzlei Nächftftehenden.' Ibn el-Bawwâb ift der im Jahre 413 H. = 1022 Chr. verftorbene berühmte Schönfchreiber, deffen Schriftzug noch zwei Jahrhunderte fpäter ein anzuftrebendes Vorbild für die Meifter der Kalligraphie blieb.[7]

Keine Sicherheit bringen zwei andere Stellen, wo *L*, fol. 37*a*; *Ga*, fol. 65*a*; *Gb*, fol. 35*r*, Recepte für die Lazurbereitung nach Ueberlieferung des ابو الحسن الصورى, Abû-l-Hafan eṣ-Ṣuwwarijj (oder eṣ-Ṣûrijj) befchrieben werden. Zunächft wäre da an den 603 H. = 1206/7 Chr. geftorbenen, aus صوّر *Ṣuwwar*, einem Dorfe des Gebietes von Haleb ftammenden Traditionskenner und Kritiker diefes Namens zu denken,[8] wofür ich freilich keinen ficheren Anhaltspunkt habe finden können. Ganz unbeftimmbar bleibt vorläufig der in *L*, fol. 14*r*; *Ga*, fol. 18*r*; *Gb*, fol. 17*a* als Ueberlieferer eines Tintenreceptes genannte الشيخ ناصر الدين, Scheich Nâṣir ed-dîn.

Wichtig ift das folgende Citat. In *L*, fol. 13*r*; *Ga*, fol. 11*r*; *Gb*, fol. 12*a* wird das Recept einer Galläpfeltinte (نسخة مركب) gegeben: وجدت بخط النقّاش نقلها عن الكاتب الاديب صدر الدين نقلها عن ابيه, ‚Es exiftirt dasfelbe von der Hand des Miniaturers, der es copirt hat nach dem literarifch gebildeten Schreiber Ṣadr ed-dîn, der es wieder nach feinem Vater überliefert hat'. Zum Schluffe heifst es: قال عملتها لنفسى على هذه الصفة ولم أر احسن منها جزاه الله عن نصيحته خيراً, ‚Er (der Miniaturer) fagt: ich bereitete diefe Tinte für mich perfönlich nach vorliegender Befchreibung und habe in der That eine fchönere als fie nicht gefehen. Gott lohne es ihm mit Gutem, wegen feiner aufrichtigen Berathung'. Vorher, *L*, fol. 8*a*, lernen wir gelegentlich der Befchreibung einer Vitriollöfung nach Erfahrung desfelben Ṣadr ed-dîn, deffen Eigennamen Mûfa kennen (وهذا اختبار صدر الدين موسى الكاتب), dem hinzugefügt ift: احسن الله اليه, ‚Gott möge ihm wohlthun!'

Unter mehreren, den Beinamen النقّاش *en-Naḳḳâſch*, d. i. der Miniaturer führenden Perfönlichkeiten[9] ift wohl nur an 'Îfa, Sohn des Hibet-Allâh, den ‚Miniaturer' aus Bagdâd

---

[4] PERTSCH, l. c. III, 26.

[5] *Ga*, fol. 10*r*, *Gb*, fol. 9*r* نسخة الصغرى.

[6] *L* ابقا ديوان.

[7] Ibn el-Athîr, Chron. ed. TORNBERG, XII, 263.

[8] Dfahabî, Al-Mofchtabih, ed. P. DE JONG, 317; Sojûthi, Husn el-muhâdhare. Bulâker Ausgabe vom Jahre 1299, I. 200.

[9] Z. B. Ibn el-Athîr, l. c. VIII, 404; Sojûthî, Husn el-muhâdhare, I, 199.

zu denken. ‚Er war‘, ſagt Ibn Schâkir,[10] ‚ein Ornamentenmaler, hernach wurde er Leinwandhändler‘ (وكان نقاشًا للحلي ثم صار بزازا). Er ſtarb 544 H. = 1149/50 Chr.,[11] und Ṣadr ed-dîn Mûſa iſt, nach Faſſung der vorhin citirten erſten Stelle zu ſchließen, ſein Zeitgenoſſe geweſen. Aber auch der Verfaſſer oder Redactor unſeres Werkes ſpricht von ihm wie von einem Lebenden, weshalb wir die Entſtehung desſelben in vorliegender Geſtalt nicht außerhalb der zweiten Hälfte des VI. Jahrhunderts d. H. (oder XII. Jahrhunderts n. Chr.) annehmen dürfen. Dies geht noch aus Folgendem hervor.

Zunächſt wird in *L*, fol. 9*r*; *Ga*, fol. 11*a*; *Gb*, fol. 10*a* von einem Tintenrecept geſagt: وهذه النسخة عملت عند نور الدين العفيف واخيه عماد الدين, ‚Dieſes Recept wurde bei Nûr ed-dîn dem Enthaltſamen und ſeinem Bruder 'Imâd ed-dîn bereitet‘. Der Erſtere iſt zweifellos Nûr ed-dîn Muhammed, Sohn des Ḳarâ Arslân, ortokidiſcher Fürſt von Ḥiṣn Keifâ und Amid, 562—581 H. = 1167—1185 Chr., welcher auf ſeinen Münzen den Ehrentitel محيي العدل, ‚Wiederbeleber der Gerechtigkeit‘ wohl deshalb führt, weil er, wie es ſonſt in der Redeweiſe heißt:[12] وكان حسن السيرة عفيفًا عن المال, ‚von ſchönem Lebenswandel und irdiſchen Gütern gegenüber enthaltſam war‘. Sein Bruder 'Imâd ed-dîn Abû Bekr ſtand an der Spitze des Heeres. Nach Nûr ed-dîn's Tode verſuchte er wegen der Minderjährigkeit von deſſen Söhnen die Herrſchaft an ſich zu reißen. Als dies mißlang, bemächtigte er ſich der Feſte Charta Birt, wo ſeine Dynaſtie bis 620 H. = 1223 Chr. ſich behauptete. 'Imâd ed-dîn regierte von 581 H. = 1185 Chr. bis ungefähr 600 H. = 1204 Chr.[13]

Dies ſind poſitive Daten. Darüber hinaus kann der terminus ad quem der Abfaſſung oder Redaction kaum geſchoben werden: das VII. Jahrhundert d. H. (XIII. n. Chr.) ward ausgefüllt von drei berühmten Schönſchreibern des gleichen Namens, Jâḳût, deren erſter Amîn ed-dîn Jâḳût el-Mauṣilî, Freund des Hiſtorikers Ibn el-Athîr, 618 H. = 1221 Chr., der dritte Dſchemâl ed-dîn Jâḳût el-Muṣta'ṣimî er-Rûmî 698 H. = 1299 Chr. geſtorben iſt.[14]

Fiele die textliche Vollendung des Werkes in dieſe durch die drei glänzendſten Namen bezeichnete Epoche ſpätarabiſcher Kalligraphie, ſo müßte *L*, fol. 4*r*; *Ga*, fol. 5*a*; *Gb*, fol. 4*r* in dem über die معرفة الاقلام, ‚Kenntniß der Schriftarten‘ handelnden erſten Capitel unbedingt wenigſtens von einer der für ihr Zeitalter claſſiſchen Schreibweiſe der drei Jâḳûte, d. h. von einem قلم ياقوتي, ‚Jâḳûtiſchen Schriftzug‘[15] die Rede ſein, was nicht der Fall iſt. Wohl werden an mehreren Stellen (*L*, fol. 15*r*, 19*r* und *Gc*, fol. 11*a* f.) ‚Jâḳûtiſche‘ Tinten beſchrieben. Dieſe Bezeichnung hat indeſs keine Beziehung zu einer

---

[10] Fawât el-wafajât, Bûlâker Ausgabe, II, 121.

[11] Ibn el-Athîr, l. c. XI, 97; Ibn Schâkir, l. c. II, 120 f.

[12] Z. B. bei Ibn el-Athîr, l. c. XI, 372.

[13] Ibn el-Athîr, l. c. XI, 217, 339; XII, 132. — Abû-l-fedâ, Târîch, Conſtant. Ausg. III, 46. — Es liegt kein Grund vor, mit Corrigirung der Hiſtoriker das Datum der Thronbeſteigung Nûr-ed-dîn's in das Jahr 570 H. = 1174/5 Chr. zu verſchieben, was St. L. Poole in Marsden's Numismata orientalia, 1875, II, 16 auf Grund einer Münzlegende, deren Leſung wohl noch bezweifelt werden darf, zu unternehmen ſich erlaubt.

[14] Ibn el-Athîr, l. c. XII, 263 f. — Jâḳût, Muſchtarik ed. Wüstenfeld, XVII. — Ibn Challikân, Wefajât el-a'jân, Bûlâḳer Ausgabe vom Jahre 1249, II, 274, 275 ff. — Abû-l-Mahâſin, in Quatremère's Hiſt. des Sult. Maml. II, 2, 140 f. — Sojûthî, Târîch el-Chulafâ ed. W. N. Lees, Calcutta 1857, 496. — Nafaſîzâdè, Riſâlè-i midâdijjè we ḳarthâſijjè, Türk. Handſchr. der k. k. Hofbibl. in Wien, N. F. 15 a (b), fol. 8 r f. (12 r f.)

[15] Nafaſîzâdè l. c. fol. 15 r ff. (11 a ff.)

den Namen Jâkût führenden Perſönlichkeit, ſondern geht auf die Farbe: يَاقُوتِى *jâkûti* bedeutet im Allgemeinen die hyacinthfarbige Tinte, von يَاقُوت *jâkût*, ὑάκινθος, perſ. يَاكَند *jâkend*; im Beſonderen, nach dem rothen Jâkût (Rubin), die rothe, rubinſarbige Tinte: ſie wird مُشْرِق ,leuchtend' und عَجِيب فِى الْحُمْرة ,wunderbar in der Röthe' geſchildert (*Gc*, fol. 11*r*). Andere Arten (*L*, fol. 19*r*) ſind die الْوِردِى ,roſenfarbige' und die الرَّنْجارى, ,roſtrothe' Jâkûtî-Tinte. Nach zwei Arten des gelben Jâkût (Topas) ward eine Tintengattung الْمُشْمُشى ,die aprikoſenfarbige', die andere النَّارَنْجى ,die orangeſarbige' genannt. Von dem blauen Jâkût (Sapphir) erhielt endlich die اللَّازُورْدى ,lazurſarbige' Tinte ihren Namen.

Wenn nun nach dem Geſagten, ſowie auf Grund einer vergleichenden Textprüfung von *Ga*, *Gb* : *L* : *Gc*, *Gd*, : *Br* zur Evidenz hervorgeht, dafs von dieſem unter dem Titel *'Umdet el-kuttâb etc.* vorliegenden Werke verſchiedene, von einander mehr oder minder abweichende Recenſionen beſtehen, deren endgiltige Faſſung ſich in Folge ſucceſſiver Umänderungen und Zuſätze aus einem und demſelben Grundtexte entwickelt hat; ſo entſteht vor Allem die Frage nach dem terminus a quo des Urtextes. Ihre Beantwortung iſt zur richtigen Beurtheilung der vorliegenden Compoſition unerläſslich.

Hält man ſich die beiden groſsen, durch die Wende des X. Jahrhunderts n. Chr. von einander geſchiedenen Epochen des Papyrus und Papieres gegenwärtig,[16] ſo wird es ſich in erſter Linie darum handeln, feſtzuſtellen, ob die Grundzüge für unſer *'Umdet el-kuttâb* in die Zeit vor dem Papiere oder in die Zeit nach dem Papyrus fallen.

Der Inhalt unſerer Codices gibt hierüber die gewünſchten Aufſchlüſſe. Mehrfach wird in ihnen des Papyrus oder der Papyrusblätter in verbranntem Zuſtande gedacht.

Die Aſche der Papyrusblätter wurde zur Tintebereitung verwendet. In *Ga*, fol. 7*r* heiſst es: ثُمَّ تَعْمِدُ الى الْقَرَاطِيس فَتَحْرِقها الخ ,darauf nimm die Papyrusblätter und verbrenne ſie etc.' An gleichzeitig angeſertigten Papyrus iſt jedoch dabei nicht zu denken. Dies geht aus fol. 8*r* hervor:[17] تَاخُذُ ظُهُور الْقَرَاطِيس وتُحْرِق وتَكُبّ عليها جفْنة لِثَلَّا تَذْهَب قُوَّتها فيذْهَب سَوَادها الخ ,Nimm die reſervirten Papyrusblätter und verbrenne ſie, bedecke ſie mit einer um-geſturzten Schüſſel, damit nicht ihre Kraft entweiche, d. h. ihre Schwärze vergehe u. ſ. w.' Es iſt hier alſo von ſorgſam aufbewahrten Papyrusblättern die Rede. Schon in meiner Abhandlung ,das arabiſche Papier'[18] wurde geſagt, dafs Papyrus, als man ihn zum Beſchreiben nicht mehr gebrauchte, noch eine Zeit lang darnach ſabricirt wurde, da ſeine Aſche, wie von den Alten, vorzüglich zu pharmaceutiſchen Zwecken verwendet wurde. Daher leſen wir in der perſiſchen Pharmakologie des el-Herawi, welche zwiſchen 961 und und 976 Chr. verfaſst wurde, unter dem Schlagwort قِرْطَاس = Papyrus:[19] طُرْطَاس ـ سوخته كِرِسْت و خُشْك اندر درجهٔ اوّل ٠ سعفه وسحج رودكانى را منفعت كند ٠ و خون را كى از زِبِرا يَتَرَّد وآن بِينِى نِيز ٠ d. h. ,der verbrannte Papyrus enthält Wärme und Trockenheit erſten Grades. Er iſt nützlich gegen Kinderſchorf und Dyſenterie mit Hautabſchürfung in dem Darme. Er ſtillt das Blut, komme es von den Hämorrhoïden oder von der Naſe.' Als die Fabrication

16 Mittheilungen, II. und III. Band, pag. 98 ff.

17 Ueber ظُهُور, ſiehe DOZY, Suppl. II, 88.

18 Mittheilungen, II. und III. Band, pag. 101 f.

19 Kitâb el-ebnijje etc., ed. SELIGMANN, 197.

zu Ende des X. Jahrhunderts ganz einging, sammelte man zu diesen und anderen medicinischen Zwecken alte, ausser Gebrauch gesetzte Papyrusrollen oder deren Bruchstücke, wo man ihrer nur habhaft werden konnte. Die ägyptische Erde erwies sich stets ergiebig in der Herausgabe dieser Ueberreste und bis auf den heutigen Tag als unerschöpflich. Dass man schon im XI. Jahrhunderte derlei Papyrusfragmente sackweise aufsammelte, erfahren wir aus dem Papier Nr. 7293 der erzherzoglichen Sammlung, in welchem المخلاة فيه قراطيس, ‚der Futtersack, darin Papyrus' seine Rolle spielt. Welch' herrliches Urkundenmaterial mag auf solche Weise dem Unverstand geopfert worden sein! Bedauernd liest man in einem unserer Uschmûner Begleitschreiben, Papier Nr. 17631, dessen fester und geschulter Ductus, wie man sich an der nachstehenden Abbildung überzeugen kann, in das XI. Jahrhundert n. Chr., also in eine der Papyrusfabrication schon sehr entfernte Zeit verweist, wie folgt:

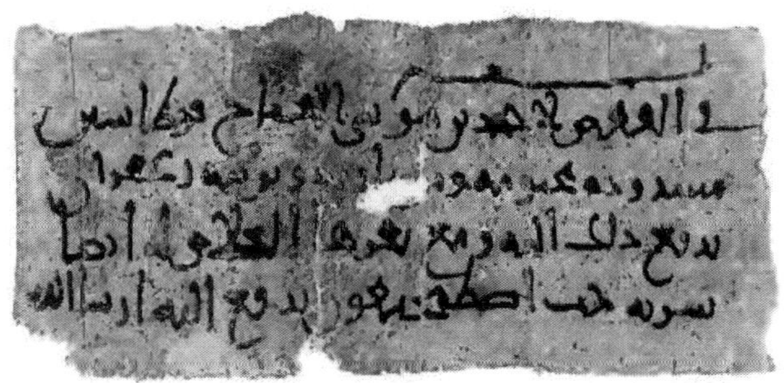

Originalgrösse.

1. بسم الله الرحمن الرحيم
2. فى القفص لاحمد بن موسى القمّاح قرطاسين
3. مشدودة مختومة ومن ماورد وبرنيّة زعفران
4. يدفع ذلك اليه ومع نفرها الغلام له ايضا
5. شربة حبّ أصطخيقون يدفع اليه ان شاء الله

1. Im Namen Gottes des Barmherzigen, des Erbarmenden!
2. In dem Tragkorb für Ahmed, Sohn des Mûsa, den Kornhändler, befinden sich zwei Papyrusrollen
3. gebunden und gesiegelt,[20] ferner zwei Pfunde[21] Rosenwasser und ein Krug mit Safran,

[20] Also völlig intacte, geschlossene Rollen, wie solche auch der Faijûmer Fund ans Tageslicht und in die erzherzogliche Sammlung gebracht hat.

[21] Im Texte مَنّ *mann* = رطلان ‚zwei Pfunde'. Nach einem jüngeren arabischen Schriftsteller, Ibn Mammâti (Kalkaschandî, ed. Wüstenfeld, 224) wurde Rosenwasser nach dem Dscharawî-Gewicht verkauft. Doch kamen auch Safran, Berberizensaft und Veilchenextract nach Mann-Gewicht in den Handel (l. c. 225).

4. fammt und fonders ihm zu übergeben. Und zugleich mit dem (diefe Sachen tragenden) Individuum, dem Jungen, für ihn (Ahmed) gleichfalls
5. ein Trank aus Stomachikon-Pillen [22], ihm zu übergeben, fo Gott will!

Noch zu Beginn des XIV. Jahrhunderts hat man in Aegypten den Zibeth mit frifchem gefchältem Sefam und mit der Afche verbrannter Papyrusblätter verfälfcht! [23] Man fieht alfo, dafs durchaus kein Grund vorhanden ift, bei den citirten Stellen unferes Werkes auch nur entfernt an gleichzeitige Papyrusfabricate zu denken. In den anderen Fällen aber, wo es fich erweislich nicht um das verbrannte *Ḳarṭhâs* handelt, bedeutet diefes Wort nicht Papyrus, fondern, nach jüngerem Sprachgebrauch, قطعة من كاغد, ‚ein Stück Papier' oder Papier fchlechtweg. [24] So auch in der etwas fchwieriger fcheinenden Stelle des über fympathetifche Tinten handelnden achten Capitels, welche nach *L*, fol. 21 *a* lautet: انقع النشادر فى ماء [25] حتّى ينحلّ واكتب به فى قرطاس ودعه حتّى يجفّ [26] فاذا اردت ظهور ذلك الخط فبخّره باللبان الذكر أو سخّنه على نار فان الكتابة تظهر ☆, ‚Lafs' Ammoniak in (wenig) Waffer aufweichen, bis er ganz gelöft ift, fchreibe damit auf *Ḳarṭhâs* und lafs' dasfelbe ruhig liegen, bis es getrocknet ift. (Nun ift die Schrift darauf nicht fichtbar.) Dann, wenn Du aber wünfcheft, dafs jene Schriftzüge hervortreten, beräuchere fie mit männlichem Weihrauch [27] oder erhitze fie über einem Feuer, fo wird die Schrift hervortreten.' Dafs hier unter *Ḳarṭhâs* nicht ein Papyrusblatt, fondern Papier fchlechtweg zu verftehen fei, ergibt fich einfach aus der Probe: ein mit Ammoniaklöfung befchriebenes Papyrusblatt, wie es der auszufetzenden Hitze gegenüber wenig widerftandsfähig ift, fängt augenblicklich, gleich Zunder, Feuer und geht in Flammen auf, bevor fich auch nur eine Spur der hervorzurufenden Schriftzüge zeigt: ein Blatt Papier hingegen läfst, vorfichtig über die Flamme gehalten — oder wie es bei Befchreibung der gleichen Hervorrufungsmethode an anderen Stellen (fol. 8 *r*, 9 *a*) heifst: اذا قرّبتها الى النار, ‚wenn du es dem Feuer nahe gebracht haft' — bei leichter Bräunung des Stoffes die eingetrockneten unfichtbaren Schriftzüge überrafchend deutlich und fchön fepiafarbig hervortreten.

---

[22] أصطمخيقون oder in voller Schreibung أصطماخيقون = στομαχικόν, ein Purgirmittel. Dozy, Suppl. I, 26.

[23] Nabrawî, Nihâjet er-rutbe, Handfchrift der Wiener Hofbibl., Cod. 1831 (N. F. 272), Cap. XVIII, Faṣl 4.

[24] Zamachfcharî, Kitâb mukaddimet el-adab ed. Wetzstein, 50; Harîrî, Kitâb el-maḳâmât ed. S. de Sacy, 552.

[25] *Ga*, fol. 32 *r* hat فى قليل الماء, ‚in wenig Waffer'.

[26] *Ga*, fol. 32 *r* fugt hinzu: فانّ الكتابة لا تظهر, ‚Und nun ift die Schrift darauf nicht fichtbar'.

[27] Zur Erklärung dienen folgende Stellen in *L*: fol. 28 *a* حصا لبان ‚Körner, Stückchen von (Weihrauch-) Harz' = λίβανος, bibl. לבונה *lebônah*; fol. 8 *r* فاذا بخرت باللبان الصمغ ظهر لون الكتابة, ‚Wenn es beräuchert wird mit Gummiharz (Weihrauch), fo tritt die Farbe der Schrift hervor'; fol. 29 *a* تاخذ من الكندر وهو الحصالبان قليلا, ‚Du nimmft ein wenig von Weihrauch, d. h. von den Stückchen des Gummiharzes etc.'; fol. 9 *a* وذلك ان تاخذ القناوشق والكندر وهو الحصالبان الصمغ وقيل الذكر, ‚Und jenes gefchieht, fobald du nimmft das (übelriechende) Galbanum (von *Ferula galbaniflua*) und Weihrauch, d. h. Stücke des Gummiharzes, welcher der Männliche genannt wird'. Der ‚männliche', von den Griechen (Dioscorides) σταγονίας genannte Weihrauch, welcher aus von Natur walzenförmigen Stückchen weifsen Harzes beftand, wurde am beften im Spätfommer gewonnen. Ibn Baitar, II, 398; Riehm, Handwörterbuch des bibl. Alterthums, II, 1748.

Auch bei der Stelle *L*, fol. 19*a*: يكتب بها في قرطاس جديد بقلم جديد ‚es wird damit geſchrieben auf neuem *Karthâs* (= Papier) mit einer neuen Rohrfeder' kann mit Rückſicht auf das Ergebniſs der hiſtoriſchen Unterſuchung ſchon gar nicht an *Karthâs* = Papyrus gedacht werden. Der Ausdruck wechſelt daher, wie nicht anders zu erwarten, mit den Synonymen ورق *wárak* oder كاغد *kâghid* ab; z. B. *L*, fol. 37 *r* wird für die Prüfung der Reinheit des Erdöls (دهن النفط) zum Aufträufeln desſelben قرطاس ابيض ‚weiſses Karthâs' vorgeſchrieben, welche Bezeichnung in derſelben Unterweiſung von ورق *wárak* = ‚Papier' abgelöſt wird. Ferner werden im neunten Capitel Schrifttilgungsmittel für الرقوق والدفاتر ‚die Pergamenurkunden und Papiercodices', keineswegs aber auch für die Papyrus mitgetheilt, indem L, fol. 24 *r* bemerkt, daſs nach Gebrauch eines ſolchen فان الكتابة تزول ويبيض الورق ‚die Schrift verſchwindet und das *wárak*, Papier (an der beſchriebenen Stelle) wieder weiſs wird'.

Daſs ورق *wárak* aber hier und ſonſt noch, z. B. *Gb*, fol. 3 *a* nur ‚Papier', nicht etwa ‚Blatt'[28] ſchlechtweg, alſo auch ein Pergamen- oder Papyrusblatt bezeichnen kann, geht unter Anderem aus *L*, fol. 25 *a* hervor. Eine صفة قلع الحبر من الورق ‚Beſchreibung der Tintentilgung vom *wárak* (= Papier)' ſchlieſst mit den Worten: ثم تبخر به الكاغد فان الكتابة تنقلع ‚darauf beräuchere damit das *kâghid* (= Papier), ſo wird die Schrift vertilgt werden'.

Nichts führt uns, wie man ſieht, bezüglich der urſprünglichen Anlage des Werkes in die Papyrusepoche zurück, wenngleich manche auf ein höheres Alter hinweiſende Theile desſelben, z. B. die Recepte für die ſogenannten kûfiſchen Tinten, deren Name auf die ältere Schreiberſchule von el-Kûfa hindeutet, begreiflicherweiſe ſpäterhin traditionelle Bedeutung erlangen konnten.

Es iſt daher wohl annehmbar, daſs jene eingangs citirte Zuſchreibung unſeres '*Umdet el-kuttâb* an den Ziriden Emîr el-Mu'izz ibn Bâdis einer gewiſſen thatſächlichen Unterlage nicht entbehrt, inſoferne es ſich eben nur um die urſprüngliche Faſſung des Werkes handelt. Die Zeit des Ibn Bâdis fällt mit dem vollendeten Siege des Papiers über den Papyrus zuſammen. Es begreift ſich daher, daſs unſer '*Umdet el-kuttâb* der Bereitungsweiſe gerade jenes Schreibſtoffes ein eigenes Capitel gewährt, alſo der neuen Zeit entſprechend, dasjenige berückſichtigt, was ältere Werke dieſer Art, den temporellen Anforderungen Genüge leiſtend, ihrerſeits darboten. Zur Evidenz zeigt ſich dies an dem viel älteren gleichnamigen عمدة الكتاب وعدة ذوى الالباب der Bodleianiſchen Bibliothek zu Oxford (Uri 398; Bibl. N°. Marsh 338), welches den 338 H. = 950 Chr. verſtorbenen Grammatiker Abû Dſcha'far Ahmed ibn Muhammed[29] zum Verfaſſer hat und das, abgeſehen von ſeiner ganz abweichenden inhaltlichen Anlage, wie ich einer freundlichen Mittheilung des Herrn Dr. A. Neubauer in Oxford verdanke, nichts über Papier, wohl aber fol. 65 *r* ein Capitel über Papyrus, Buchlagen, Hefte, die zur Verſchlieſsung von Urkunden dienenden Papyrusmarkſtreifen, Siegelringe, Verſiegeln der Briefe, Siegelerde, Adreſſen etc. (القرطاس والكراسة والاضبارة والسحاءة والخاتم وختم الكتاب وطين الختم والعنوان الخ) enthält.

[28] Mittheilungen, II. und III., 136.

[29] Abû-l-Mahâſin, Ann. II. 325; Sojûthî, Husn el-muhâdhare, I, 306.

Freilich bleibt es dahingeftellt, ob der als Dichter der arabifchen Literaturgefchichte angehörende Fürft el-Mu'izz ibn Bâdîs[30] wirklich auch der Verfaffer oder vielmehr derjenige gewefen ift, dem der unbekannte Verfaffer — ein Unterthan — fein Werk gewidmet hat. Für das letztere fpricht ein auffallender Umftand. Das von den Fatimiden Aegyptens abhängige Gebiet des Ziriden-Emîr's wies bekanntlich eine durchwegs fchi'itifche Bevölkerung auf. Nun hat die in *L* vorliegende Recenfion dem fol. 2 *r* angeführten Namen 'Alî's, nach der gebräuchlichen Anwünfchung رضي الله عنه ‚Möge Gott ihm gnädig fein!' noch die fpecififch fchi'itifche Zufatzformel وكرم الله وجهه ‚Und möge Gott fein Antlitz edeln!' angehängt, wodurch zugleich die Autorfchaft des in feiner funnitifchen Tendenzpolitik offen gegen das fatimidifche Chalifat fich auflehnenden el-Mu'izz ibn Bâdîs ausgefchloffen erfcheint. Dafs jene Formel nicht als eine willkürliche Beigabe des Copiften aufzufaffen fei, beweift der Kolophon, *L* fol. 39 *a*, welcher in dem mit *Ga*, fol. 67 *r* und *Gb*, fol. 56 *r* übereinftimmenden hergebrachten Segenswunfch für den Propheten und deffen Haus, des 'Alî keine Erwähnung thut. Zu diefem Ausdrucke arabifchen Schi'itismus kommt noch ein zweiter Umftand, welcher für die Entftehung des Grundtextes unferes *'Umdet el-kuttâb* auf afrikanifchem Boden zu fprechen fcheint. Gleich im Beginn des über die Papierbereitung handelnden 11. Capitels find, wie wir fehen werden, in *Ga*, *Gb* und *L* als Rohmaterial zur Herftellung des Ganzzeuges fyrifche Hanfftricke vorgefchrieben. Die fehr abweichende (ältere?) Recenfion von *Br* läfst die Bezeichnung ‚fyrifch' weg: wenn meine Vermuthung begründet ift, wohl deshalb, weil eben das Gebiet der Ziriden, namentlich die Umgebung von Tûnis, in der Hanfcultur weit berühmt war[31] und man daher dort um fo eher die fremden fyrifchen Hanffabricate entbehren konnte.

Mehr zu fagen will ich hier unterlaffen. Sollten Zeit und Umftände die beabfichtigte Herausgabe diefes wichtigen Werkes in Text, Ueberfetzung und Commentirung geftatten, dann wäre dort der Anlafs gegeben, auf die vorftehend behandelte Frage näher einzugehen. So viel, glaube ich, darf indefs nach den von mir geprüften Handfchriften vorläufig feftgehalten werden, dafs in unferem *'Umdet el-kuttâb* ein Werk vorliegt, deffen Urtext wohl noch in die erfte Hälfte des XI. Jahrhunderts n. Chr. zurückreicht, der fich aber allgemach bis zum Schluffe des XII. Jahrhunderts und vielleicht ein Weniges darüber unter mannigfachen Zufätzen, beziehungsweife Veränderungen durch anonyme Redactoren, zu den uns vorliegenden Texten ausgeftaltet hat. Diefe, wie ich glaube, begründete Zeitbeftimmung erhöht gewifs den antiquarifchen Werth des darin enthaltenen 11. Capitels über die Papierbereitung, welches ich nun folgen laffe.

---

30 Ibn el-Athîr, Chron. IX, 172 ff.; X, 9; Ibn Challikân, l. c. II, 137; Ibn Chaldûn, Târîch, Bûlâker Ausg. VI, 158 f.; Derfelbe, Histoire des Berbères, trad. par DE SLANE, Alger 1852, I, 29 f.; Muhammed el-Bâdfchî, El-chilâfet en-nakîjje, Ausg. von Tunis, 1283 H., 46.

31 Ibn Haukal, Kitâb el- mefâlik wa-l-memâlik, ed. DE GOEJE, 50; Idrifî, Description de l'Afrique et de l'Espagne, ed. DOZY et DE GOEJE, 111 (Text).

II. Der arabifche Text des Capitels über die Papierbereitung fammt Lefevarianten.

الباب[1] الحادى عشر فى عمل الكاغد[2] والاوراق وسقيها وتوشية الاقلام ونقشها

تاخذ[3] الحبل القنب[4] الجيّد الابيض الشامى[5] فتنقض فتله وبتله[6] وتسرحه[7] بالمشط حتّى يلين وتاخذ ماء الجير الابيض العال[8] فتنقعه[9] فيه ليلة الى الصباح ثم تعركه بيديك[10] وتبسطه فى الشمس حتّى يجفّ نهارًا كاملًا ثم تعاوده الى ماء الجير غير الماء الاوّل ليلة[11] الى الصباح[12] ثم تعركه بيدك كعركك الاوّل وتبسطه فى الشمس ثلاثة ايام او اكثر من ذلك[13] فان بدلت ماء الجير كلّ يوم كان اجود[14]، فاذا تناهى[15] بياضه اقرضه[16] بالمقراض صغارًا[17] ثم انقعه[18] فى ماء عذب سبعة ايام[19] ايضًا[20] تبدل له الماء كلّ يوم فاذا ذهب منه الجير دُقّه فى جرْن حجر[21] دقًّا ناعمًا وهو ندىّ[22] طرى[23] فاذا لان[24] ولم يبق[25] فيه شئ من اليبس[26] والعقد فتاخذ[27] ماء آخر[28] فى اناء نظيف وتحلّله[29] حتّى يصير مثل الحرير[30]، ثم تعمد الى قوالب على قدر ما تريد تكون معمولة[31] من السمار تكون[32] على شكل السلّ فى[33] النسْج عرضها وطولها على ما تحبّ[34] من تقطيع الورق[35] وتكون مفتوحة[36] الحيطان ثم تعمد الى[37] ذلك الحبل[38] القنب المعمول فتضربه[39] ضربًا شديدًا حتّى يختلط[40] فى قصرية كبيرة تغطّ ذلك القالب فى الماء[41] وتحرّكه وتسوّيه[42] بيدك على وجه القالب[43] لئلّا يكون موضعًا ثخينًا وموضعًا رقيقًا[44] فاذا احكمته فاقمه على قالبه منصوبًا حتّى[45] يأتى على ما تريد ثم تقلب ما على القالب على لوح وتلصّقه على حائط نظيف مملّس وتتركه حتّى يجفّ[46] ويسقط، ثم خذ الدقيق الناعم الحُوارى والنشاء الصفّيين[47] فتمرس الدقيق والنشاء فى الماء البارد حتّى لا يبقى فيه شئ مختلف ثم تغلى ماء حتّى[48] يفور فاذا فار صبّه على ذلك الدقيق والنشاء وحركهما حتّى يمتزجا ثم اصبر حتّى يسكن ويروق[49] ثم اعمد الى ذلك الورق واطليه[50] بيدك من وجه واحد وانشره على قصبة فارسية فاذا جفّ اطلى[51] وجهه الاخر كالاوّل وجفّفه ثم ردّده على لوح ورُش عليه الماء رقيقًا وجهًا بعد وجه وانت تجفّفه[52] فاذا اعجبك بعد ذلك جفافه تصقله ❊

صفة[53] سقى الكاغد وهو المسمّى فى مصطلح الناس الآن علاج[54]

تأخذ الارز تطبخه فى طنجير مجلّى[55] من الصدئ[56] بماء عذب صافى[57] حتّى يخرج نشاءه كاملًا تصفّيه [فى خرقة نظيفة][58] وتدلى الورق فى ذلك النشاء المصفّى وتنشره على الغاب الفارسى حتّى يجفّ تصقله ويكون ذلك الماء المغلّى فيه الارز لاكثيرًا فيصير مائعًا ولا قليلًا فيصير كثيفًا يتجسّد[59] على الورق ويتقشّر[60] بل يكون فى قوام الرهف[61]،

ومن الناس من يطبخ الردادة[62] وهى نخالة الحنطة الناعمة التى[63] بها اثر الدقيق وامّا نخالة القشر فلاخاصّية فيها فاذا طبخ[64] الردادة المذكورة[65] وخرجت[66] خاصّيتها كما تقدّم ادلى[67] فيها الورق كما تقدّم[68]،

ومنهم من ينقع الكثيراء[69] ويغليها حتّى يصير لها قوام كما تقدّم ويسقى بها الورق كما تقدّم[70]،

صفة[71] تعتيق[72] الكاغد

يؤخذ[73] طنجير[74] نحاس يصبّ فيه[75] عشرة ارطال ماء عذب صافى[76] ويجعل[77] على النار ويطرح فيه نشاء نقى جيّد ويغلى[78] حتّى ينقص من الماء مقدار قيراطين واكثر[79] ويجعل[80] فيه يسيرًا من الزعفران بقدر[81] ما يحتاج اليه من تلوّنه[82] ويصبّ [منه] فى طبق[83] واسع ويغمس فيه الورق غمسًا رفيقًا[84] كيلا[85] يتقطع وينشر على قصب فارسىّ[86] مفسّح[87] عن بعضه[88] لئلّا يلتزق[89] اطراف الورق على بعضها[90] فيذوب[91] ويكون نشره[92] فى الظلّ ويحفظ[93] عليه من الغبار والشمس فانهما[94] يفسدانه وكلّما جفّ يسيرًا تقلبه[95] على الغاب[96] لئلّا يلصق فيه[97] فاذا جفّ اصقله فقد انتهى[98]،

صفة[99] تعتيق[100] آخر مثله[101]

يؤخذ التبن القديم الذى تاكله البهايم ينقع[102] فى الماء ثلاثه ايام او اكثر[103] من ذلك[104] ويغلى حتّى يذهب نصفه[105] ويُطرح فيه النشاء على العيار[106] المذكور[107] فى الصفة الاولى فانه يعتق وياتى غاية[108] ☆

Lefevarianten.

1. In *Gb* loco الباب spatium relictum est scriptura vacuum. — 2. *Br* om. quae sequuntur usque ad finem tituli. — 3. In *L* praeced. فامّا عمل الكاغد وهو الورق فهو ان — 4. *Br* scr. العلفنت, quod ex الحبل القنب corruptum puto; *L* addit وهو النّيل [= الحبل?] — 5. *Br* om. الشامى — 6. *L* تبله; *Br* loco verborum فتنقض فتله وبتله habet: فتنفضه من قصبه وتبله — 7. *Gb* سرحه — 8. Codd., pro العالى; *Br* om. الابيض العال — 9. *Gb* وتنقعه — 10. *L* بيدك — 11. *L* inser. ثانية; *Br* inser. المقبلة — 12. *L* loco verborum ثم تعركه....اجود habet كاول مرّة تفعل ذلك ثلاثة مرار او اكثر بحسب اختيارك وان كان تبدّل ماء الجير عليه كلّ ليلة مرّتين يكون اجود — 13. *Br* loco verb. ثلاثة....من ذلك habet: افعل به ذلك ثلثة ايام اوخمسة ايام او سبعة ايام — 14. *Br* loco verb. كان اجود inser. مرّتين كان اروح [l. اورخ?] — 15. *Gb* تناها — 16. *Gb* فاقرضه; *Br* قطعته — 17. *L* قرضًا صغيرًا — 18. *Ga* et *Gb* نقعه — 19. *L* اياما — 20. *Br* pro ايضا scr. و — 21. *Br* pro جرن حجر scr. الهاون — 22. *L* om. ندى — 23. *Br* om. طرى — 24. Codd. *Ga* et *Gb* كان; *L* اندق — 25. *L* يبقى — 26. *Br* om. و اليبس — 27. *Gb* وتاخذ; *L* فتاخذ — 28. *Ga*, *Gb* et *L* تاخر; *Br* loco verborum فتاخذ ما تاخر scr. اخذت له ماء آخر — 29. *L* فتحلله; *Br* فحللته — 30. *L* et *Br* (sine punctis) الحريرة — 31. *L* يكونو معمولين — 32. *L* يكونو — 33. *L* pro فى scr. من — 34. *Ga* et *Gb* تحت; *L* pro على ما تحبّ scr. على حسب ما تريد — 35. *Br* loco verborum من السمار....الورق habet tantum: مثل السيل وهو السمار. Probabiliter leg. مثل السلّ

وهومن السمار — 36. *L* pro ونكون مفتوحة scr. يكونو مفتوحين — 37. *Br* pro الى scr. اليها وتضرب — 38. *Br* om. الحبل — 39. *Br* loco verb. المعمول فتضربه habet بيدك — 40. Pro seqq. usque ad finem huius paragraphi *Br* haec offert: ثم تعرقه[32] بيدك وتطرحه فى القالب وتعدله بيدك لئلا يكون ثخينًا فى موضع ورقيقًا فى موضع فاذا استوى وصفى[33] ماءه [ا]قمته منصوبًا بقالبه فاذا اتيت على ما تريد منه نفضته على لوح ثم اخذته بيدك والصقته على حائط مرح[34] ثم عدّله بيدك واتركه حتّى يجفّ ويسقط ثم خذ له الدقيق [البارد حتّى لايبقى فيه ثخن ثم يغلى[35]] هو والنشاء فى الماء البارد حتّى لايبقى فيه ثخن ثم يغلى بماء[36] حتّى يفور فاذا فار صبته على ذلك الدقيق وحركته حتّى[37] يسكن ويبرق[38] ثم تعمد الى الورق فتطليها بيدك ثم انك تلفها[39] على قصبة فاذا طليت جميع الورق وجفّت طليتها من الوجه الاخر ورددته (sic, cum و) على لوح ورششت عليه الماء ونشاء رقيقًا ثم تجمعه وترمه[40] وتصقله كما تصقل الثوب إن شاء الله — 41. *L* pro فى الماء scr. فيه اى المعمول — 42. *L* تساويه — 43. *Ga* et *Gb* om. القالب; *L* pro وجه scr. القالب — 44. *L* خفيف — 45. *L* addit و يجف — 46. *L* يلنسف — 47. *Ga* et *Gb* المصفين — 48. *Gb* om. حتّى — 49. *L* يرق — 50. Leg. وآطله — 51. Leg. اطْل — 52. *Gb* تخففه — 53. *Gb* om., sed spatium scriptura vacuum relinquit; *Br* loco صفة habet صنعة — 54. *L* pro علاج scr. تنشية — 55. *L* تنجرة مجلية — 56. *L* الصدا — 57. Leg. صافٍ — 58. *Ga* et *Gb* om., hic addendum est c. *L* — 59. *L* فيتجد — 60. *L* يقشر — 61. *L* pro الرهف scr. القطر الرهيف. Paragraphus exponitur apud *Br*: اطبخ ارزا شديد البياض فى برنية او طنجير مجلّى (Cod. s. p.) ولا يكون فى البرنية دسم واغسله ثم صفّ ماء الارز بمنخل او خرقة تكون نظيفة[41] ثم ابسطه على ثوب نظيف حتّى يجفّ — 62. *L* الردة — 63. *L* الذى — 64. *L* طبخت — 65. *L* المركورة — 66. *L* خرجته — 67. Leg. اذْلِ; *Gb* ادلا — 68. Paragr. exponitur apud *Br*: ومن الناس من يطبخ النخالة وياخذ ماء ها ويسقى به — 69. *Ga*, *Gb* et *L* الكثيرة — 70. *L* نبهنا. Paragr. ap. *Br*: ومنهم من ينقع الكثيراء ويسقيه نشاء وذلك بعد ان يغسله بالماء ويسقيه كما وصفت — 71. *Gb* om. صفة, c. lac.; *Br* scr. صنعة — 72. *Ga*, *Gb* et *L* pro تعتيق habent تعليق; *Gc* in cap. tit. تعتيقه; *Br* تعتيق — 73. In *Br* praecedit على ما جربته يوخذ الخ — 74. *L* طنجرة — 75. *L* فيها — 76. *Br* om. صافى; leg. صافٍ — 77. *Br* pro ويجعل scr. ويحمل — 78. *Br* add. غليات — 79. *L* فاكثر; *Br* مقدار اصبعين وزايد — 80. *Br* ثم تجعل — 81. *Gb* بقد — 82. *Gb* praec. تلو,

[32] Lego تعرفه — [33] Lego ضفى — [34] Lego مرخ — [35] Ortum est ex dittographia vocc. seqq., inser. فتمرس — [36] Lego ماء — [37] Inser. ممترجا ثم اصبر حتّى — [38] Lego بروق — [39] Lego تلصفها (لفّ ضدّ نشرا) — [40] Lego ترمّه — [41] Addidi: وتدلى الورق فى ذلك النشاء المصفّى.

ex repetitione syllab. — 83. *Br* loco verb. تلونه....فى طبق habet: شدة تلونه او صفايه وتصب منه فى طشت — 84. *L* رقيقا; *Br* pro رفيقا scr. خفيفا برفق — 85. *Br* لئلا — 86. *Br* pro قصب فارسى scr. خيط قنب رقيق — 87. *L* منفسح — 88. *Gb* بعضه عن بعض — 89. *L* يلزق — 90. *L* بعضه — 91. Codd. فيدوب; *L* فيزوب — 92. *Br* om. a مفسح usque ad verb. ويكون — 93. *L* تحتفظ — 94. *L* فانها — 95. *L* تقليه — 96. *L* add. على الوجه الاخر — نشره — 97. *L* add. اى فى الغاب — 98. *Br* loco verb. ويحفظ..... فقد انتهى habet: واياك ان تصيبه الشمس فيفسد ويتفقد فى كل ساعة بالتقليب لئلا يلتصق فاذا جف صقل على الطحل[42] بصاقل الزجاج — 99. *Gb* om. صفة, c. lac. — 100. *Ga*, *Gb* et *L* تعليق — 101. *Br* habet tit. صفة اخرى — 102. *Br* loco verb. التين.....ينقع habet tantum: التبن[43] القدم فينقع — 103. *L* فاكثر — 104. *L* om. من ذلك — 105. *Br* pro نصفه scr. منه نصف الماء — 106. *Gb* الغبار — 107. *L* المذكور — 108. *Br* loco verb. فانه.....غاية habet: وتعمل مثل العمل الاول سوى يجى عتيقا حسنا.

III. Ueberſetzung des Textes und der wichtigeren Varianten.

XI. Capitel. Ueber die Bereitung des Papierſtoffes, der Papierblätter und ihre Tränkung, ſowie über das Coloriren und Verzieren der Schriftzüge.

I.

1. Nimm [44] den Hanfſtrick der ausgezeichneten weiſsen ſyriſchen Qualität,[45] löſe ſeine Drehung und ſeine Strähne, kämme ſie mit dem Kamm, bis ſie (wie das Haar herabflieſsend) weich werden. Nimm weiters Kalkmilch von gebranntem weiſsem Kalk beſter Qualität und macerire dann darin die Hanfſaſern eine Nacht hindurch bis zum Morgen. Darauf knete die Maſſe mit deinen beiden Händen und breite ſie einen ganzen Tag in der Sonne aus, damit ſie trockne. Sodann bringe die Maſſe wieder in die Kalkmilch zurück, doch nicht in die erſte, ſondern in friſche, eine[46] Nacht hindurch bis zum Morgen.[47] Darauf unterziehe ſie wieder einer Knetung mit deiner Hand, wie zum erſten Male und breite ſie durch drei Tage oder noch länger in der Sonne aus.[48] Wird die Kalkmilch täglich[49] gewechſelt, ſo wird die Maſſe um ſo ausgezeichneter.[50]

---

[42] Lego الطبل.

[43] Ut vid., pro التين.

[44] Cod. *L* ſchickt voraus: ‚Was die Fabrikation des Kâghid, d. h. des Papieres betrifft, ſo geſchieht ſie in folgender Weiſe:'

[45] Cod. *Br* läſst die nähere Bezeichnung ‚ſyriſch' aus.

[46] *Br* fügt hiezu: ‚nächſte'.

[47] *L* ſchreibt: ‚eine zweite Nacht hindurch bis zum Morgen, wie zum erſten Male. So mache es dreimal oder öfter, je nach deinem Gutdünken.'

[48] *Br*: ‚und breite ſie in der Sonne aus; mache es damit ſo drei Tage oder fünf Tage oder ſieben Tage hindurch.'

[49] Statt ‚täglich' ſchreibt *Br*: ‚zweimal' (sc. täglich).

[50] *L*: ‚und wenn die Kalkmilch jede Nacht in der Maſſe zweimal gewechſelt wird, wird dieſelbe um ſo ausgezeichneter' (*Br*: ‚um ſo zarter und dünner').

Sobald nun die Weiſse (Bleiche) der Maſſe vollendet iſt, zerkleinere ſie mit der Scheere, dann löſe ſie in gutem Süſswaſſer, welches gleichfalls täglich gewechſelt werden ſoll, ſieben Tage hindurch auf. Wenn nun von ihr die Kalkbeſtandtheile gewichen ſind, zerſtoſse ſie in einem ſteinernen Mörſer, wobei ſie aber ſtets feucht und friſch gehalten wird. Wenn dieſe Maſſe nun entſprechend weich und zart geworden, und darin nicht die geringſte Austrocknung und Bindung übrig geblieben iſt; ſo nimm ein anderes Waſſer in einem reinen Gefäſs und löſe ſie darin auf, bis daſs ſie ſo (fein) wie die Seide wird.

Jetzt gebrauche behufs weiterer Procedur die **Schöpfformen**, in Dimenſionen je nach deinem Bedarf. Sie ſind aus Samâr-Rohrſchilf verfertigt und zwar in Bezug auf das Geflecht nach Art der Fiſchreuſe. Ihre Breite und Länge wechſeln nach Maſsgabe des von dir gewünſchten Blattformats; an den Wänden ſind ſie offen.

Nimm alſo den aus jenem Hanfſtrick zubereiteten Stoff, ſchlage ihn in einer groſsen Schöpfbütte heftig ſo lange, bis er gut durcheinander gemiſcht iſt und tauche jene Form in den flüſsigen Brei, bewege ihn (vor- und rückwärts) hin und her, und bringe ihn mit deiner Hand auf der Schöpfform in ein gleiches Niveau, damit er nicht an einer Stelle dick und an einer anderen dünn werde. Sobald du die zu ſchöpfende Maſſe alſo richtig getroffen, laſs' ſie auf ihrer Form ſo lange ruhen, bis ſie in der Dicke ſchlieſslich ſo weit gelangt, als du wünſcheſt. Dann kautſche das, was auf dem Schöpfrahmen iſt, auf ein Brett und hefte es von da auf eine reine glatte Wandfläche, laſs' es daran (kleben), bis es trocknet und abfällt.[51]

2. Jetzt nimm die beſte Gattung des feinſten und weiſseſten Mehles und Weizenſtärke, beide gereinigt, erweiche und zerquetſche das Mehl und die Weizenſtärke (geſondert) in kaltem Waſſer, bis nichts Ungleiches mehr darin bleibt. Sodann ſiede ein Waſſer, bis es ſchäumend aufwallt. Wie es nun aufwallt, gieſs' es über jenes Mehl und jene Weizenſtärke, rühre beide um, bis ſie vollkommen gemiſcht ſind. Darnach warte, bis das Waſſer zur Ruhe kommt und ſich klärt.[52]

Nimm jetzt jenes Blatt (Papier) und reibe es (mit dieſer Miſchung) an einer Seite mit deiner Hand ein und breite es über einen Stab aus perſiſchem Schilfrohr aus; iſt es getrocknet, ſo reibe wie zum erſten Male, die andere Seite ein und trockne das Blatt neuerdings. Sodann bringe es auf eine Tafel zurück und beſprenge es mit dem Abſud recht fein, eine Seite nach der andern, wobei du Sorge tragen mögeſt, daſs es gut aus-

[51] *Br*: ‚Alſo nimm ſie (die Schöpfrahmen) und ſchlage jenen Hanf heftig ſo lange, bis er gut durcheinander gemiſcht iſt. Darauf ſchöpfe ihn (den Hanfbrei) mit deiner Hand und lege ihn auf den Rahmen, mache ihn mit deiner Hand gleich, damit nicht eine Stelle dick und eine andere dünn ſei. Sobald das gleiche Niveau des Breies hergeſtellt und ſein Waſſer übergefloſſen iſt, laſs ihn auf ſeiner Form ruhen. Wenn er nun (in der Feſtigkeit) ſoweit gekommen iſt, als du wünſcheſt, ſchüttle ihn ab auf ein Brett. Darauf nimmſt du ihn mit deiner Hand und hefteſt ihn auf eine weiche geglättete Wandfläche. Dann ſtreiſe ihn mit deiner Hand gleichmäſsig aus und laſs ihn (daran haften) bis er trocknet und abfällt.'

[52] *Br*: ‚Sodann nimm für ihn das Mehl und erweiche und zerquetſche es und die Weizenſtärke in kaltem Waſſer, bis keine Dicke und Härte darin bleibt. Darauf ſiedeſt du ein Waſſer, bis es ſchäumend aufwallt. Wie es nun aufwallt, gieſs es über jenes Mehl, rühre es um, bis [beide (das Mehl und die Weizenſtärke) vollkommen gemiſcht ſind. Darnach warte, bis das Waſſer] zur Ruhe kommt und ſich klärt.'

trockne. Erſt wenn nach dieſer Procedur die Trockenheit des Blattes dich befriedigt, gehe daran es zu glätten.[53]

II.

Beſchreibung der Tränkung des Papiers, welche jetzt in der Kunſtſprache der Menſchen 'Ilâdſch (d. h. die ‚Behandlung') genannt wird.[54]

1. Nimm den Reis, koche ihn in einem Keſſel, der blank von Roſt iſt, mit gutem reinem Süſswaſſer ſo lange, bis ſeine Stärke vollſtändig heraustritt, ſeihe es durch einen reinen Lacken und führe das Papierblatt in jene durchgeſeihte Stärkelöſung hinein und breite es über das perſiſche Schilfrohr aus. Sobald es getrocknet iſt, glätte es.[55]

Jenes Waſſer nun, in welchem der Reis gekocht wird, darf nicht zu viel ſein, weil die Stärke zu dünn wird; es darf aber auch nicht zu wenig ſein, weil ſie dann allzu dicht wird, ſich am Papierblatte verkörpert und ſich abſchuppt. Sie muſs vielmehr in einem zur Conſiſtenz dienenden mittleren Zuſtand der Dünnheit ſein.

2. Es gibt auch einige Menſchen, welche die ſogenannten ‚Abfälle' kochen, d. h. die feine Weizenkleie, in welcher ſich noch eine Spur des Mehles befindet. Was aber die Kleie (vorwiegend) von Hülſen betrifft, ſo iſt in ihr keine beſondere Kraft. Wenn nun die erwähnten Abfälle gekocht werden und ihre Kraft herausgetreten iſt, ſo wie früher beſchrieben wurde, führe das Papierblatt nach der vorher angegebenen Weiſe in ſie hinein.[56]

3. Andere wieder löſen in Waſſer Keṭîra auf und kochen es, bis es conſiſtent wird, nach der vorhin beſchriebenen Weiſe und tränken damit das Papier nach der früher angegebenen Manier.[57]

III.

Beſchreibung der Antikiſirung des Papieres.

1. Man nimmt einen kupfernen Keſſel, gieſst in denſelben zehn Pfund gutes reines Süſswaſſer, ſetzt ihn aufs Feuer und wirft ausgezeichnete reine Weizenſtärke hinein und kocht das Waſſer um das Quantum von zwei Karat und mehr[58] ein, gibt ſodann ein wenig Safran hinein, nach Maſsgabe deſſen, was davon zur Färbung der Flüſsigkeit benöthigt

---

[53] *Br*: ‚Nimm jetzt die Papierblätter und reibe ſie mit deiner Hand ein, worauf du ſie in Ordnung auf Rohrſtäben übereinander ſchichteſt. Sobald du ſämmtliche Blätter eingerieben haſt und ihre Einreibung auch von der anderen Seite getrocknet iſt, ſo lege ſie auf ein Brett zurück und beſprenge ſie mit dem Waſſer und der Weizenſtärke recht ſein, ſammle ſie darnach, ſchnüre ſie feſt zuſammen und glätte ſie, wie du das Zeug glätteſt, ſo Gott will!'

[54] Cod. *L* gebraucht ſtatt des term. techn. '*Ilâdſch* die Bezeichnung *Tânſchi'e* ‚das Stärken' (mit Stärke).

[55] *Br*: ‚Koche ſehr weiſsen Reis in einem Topf oder blanken Keſſel — auch der Topf ſei frei von Fettſchmutz, waſche ihn rein! — darauf durchſeihe dieſes Reiswaſſer mittelſt eines Seihers oder eines Lacken, der rein iſt [und führe das Papierblatt in jene durchgeſeihte Stärkelöſung hinein]. Darauf breite es auf einem reinen Stoff aus, bis es trocknet.'

[56] Dieſer Paragraph iſt im Cod. *Br* kurz gefaſst: ‚Es gibt auch einige Menſchen, welche die Kleie kochen, ihr Waſſer nehmen und damit das Papier tränken.'

[57] Im Cod. *Br*: ‚Andere wieder gibt es, welche Keṭîra in Waſſer auflöſen und demſelben Weizenſtärke zuſetzen, und zwar nachdem dieſelbe mit Waſſer gewaſchen wurde, und ſodann damit das Papier in der beſchriebenen Weiſe tränken.'

[58] *Br*: ‚von zwei Fingern und mehr'.

wird. Dann wird (ein Quantum) davon in ein weites Gefäfs[59] gegoffen und das Papier forgfam darin eingetaucht, damit es nicht zerfällt. Sodann wird ein Blatt nach dem andern auf dazwifchen gelegten Stäben aus perfifchem Schilfrohr ausgebreitet,[60] damit nicht etwa die Enden des einen an die Enden des andern Papierblattes ankleben, indem fie fich fonft auflöfen und verfchmelzen. Die Ausbreitung gefchehe im Dunkel und man fchütze das Papier vor Staub und Sonne; denn fie beide verderben es. So oft das Papier ein wenig getrocknet ift, wende es auf dem Rohre[61] um, damit es nicht daran[62] kleben bleibt. Wenn es (völlig) getrocknet ift, glätte es und dann ift das Papier fertig.[63]

2. Befchreibung einer anderen ähnlichen Antikifirung:

Man nimmt alte Feigen, welche das Vieh frifst, löft fie drei Tage oder noch länger in Waffer auf, kocht dasfelbe bis zur Hälfte ein und fchüttet in diefe Flüfsigkeit Weizenftärke von dem in der erften Befchreibung angegebenen reinen Gehalt. Fürwahr, fo wird das Papier (dem Anfehen nach) alt gemacht und kommt zur Vollendung.[64]

IV. Commentar.

1. Das Papiermaterial und deffen erfte Vorbereitung. Die hier gegebene Vorfchrift zur Fabrication des Papiers betrifft nur eine Gattung desfelben: das Hanfpapier, d. h. den Schreibftoff, welcher aus den in künftlichen Producten bereits ausgenützten Hanffafern (Baftfafern von *Cannabis sativa* L.) erzeugt wurde. Ueber diefen Papierftoff und feine Herftellung hatte ich in diefen Mittheilungen, II./III., 128 f. Einiges fchon zu berichten vermocht. Auch jetzt erweift fich die Annahme wiederum als richtig, dafs, von den Hadernfurrogaten etwa abgefehen, die Verwendung der Rohfafern (Hanf, Baumwolle, Flachs) von der Papierfabrication ausgefchloffen war. Daher durfte in der vorliegenden Quelle über die rohe Baumwolle, welche bisher allgemein für das ältefte und ausfchliefsliche Material zur Erzeugung der fogenannten Bombycin- oder angeblichen ‚Baumwollen'-Papiere angefehen wurde, eine Andeutung nicht erwartet werden.

Wenn unfer Werk jedoch paradigmatifch das Hanfpapier, fpeciell den aus Hanfftricken zubereiteten Papierftoff behandelt und hiebei von der zweiten Hauptgattung, dem Leinenpapier (Mitth. l. c. 129) abfieht, fo möchte dies eher aus den zum Schlufs des erften Abfchnittes berührten localen Verhältniffen, denn aus technologifchen Gründen fich erklären laffen. Mag unfer Text in Nordafrika, in Aegypten oder in Syrien entftanden fein: die Küften diefer Länder können im XI. und XII. Jahrhundert gleicherweife für die ‚Staffeln' ihrer maritimen Beziehungen, wie des Schi'itismus angefehen werden.[65]

---

59 *Br*: ‚Becken, Wanne'.

60 *Br*: ‚auf dünnen Hanffchnüren aufgehängt'.

61 *L* fügt hinzu: ‚auf die andere Seite.'

62 *L* mit dem Zufatz: ‚d. h. an dem Rohre'.

63 *Br*: ‚Und hüte dich! Wenn die Sonne es trifft, fo wird es verdorben; es ift auch Stunde für Stunde mittelft Umwendens zu unterfuchen, damit es nicht anklebe. Sobald es getrocknet ift, glätte es auf einer Tafel mit den gläfernen Polierfteinen'.

64 *Br*: ‚es kommt fchön alt zu Stande'.

65 Sefer nâmè-i Nâṣir-i Chosrau, ed. Schefer, 12 (perf. Text).

Wenn MOVERS'[66] Behauptung, dafs Hanf zu Schiffsfeilen und Segeln in der ausgezeichnetften Güte in Phönizien gezogen wurde, von HEHN[67] mit Recht als haltlos abgewehrt wird, da die Phönizier den Hanf nicht kannten und auch das Alte Teftament feiner nirgends erwähnt; fo finden wir, für unfere jüngeren Zeiten, den Hanf in Syrien und Paläftina, wie auch in Aegypten und Nordafrika zum Theil angebaut, an allen Orten aber ausgiebig verwerthet. Die Verfrachtung orientalifcher Hanferzeugniffe jeder Art in den arabifchen Mittelmeerhäfen war fehr bedeutend. Schon im X. Jahrhundert fand die Bevölkerung von Chûziftân (Sufiane) mit den in 'Asker Mukram verfertigten ثياب القنب ‚hänfenen Kleidern', fowie mit den المناديل = *mandilia* [*mantilia*] *sive manils*,[68] Handtüchern und anderen Hanfftoffen gewinnreichen Abfatz.[69] Insbefondere erlangten die hänfenen Jacken, lofe und dicht gewebte Sack- und Packleinwanden, Decken, Segeltücher (engl. *canvass*), Taue und Hanfgarne, welche Textilfabricate der Orient billigft in vorzüglicher Qualität zu liefern vermochte, auch nach Weften hin eine weite Verbreitung. Um nur einige Beifpiele anzuführen, erhob, nach dem Liber commemorialis, l. c. I, fol. 273 *r* König Leo IV. von Armenien im Juni 1304 an die Venetianer Schadenerfatzansprüche infolge Wegnahme einer Galeere feiner Unterthanen. In der Reclamationslifte der von den Venetianern bei diefer Gelegenheit erbeuteten Waaren finden fich unter Angabe der Werthe: *‚fraxetti tres de caneuala* [l. *caneuaza*], *deremi quadraginta et quinque'* — *‚item curaze quinque de canauaza, deremi centum quinquaginta'*; fol. 274 *a*: *‚item saccus unus de caneuaza uacuus, deremi duo — item sachi quatuor de caneuaza, deremi quatuor'*.[70] Ferner lieft man, l. c. III, fol. 230 *a*, ann. 1331: *‚Item è de uostra rason de caneuaza, che gera entorno li uostri sourascritti drappi, che io uendi à la uostra rason per ensacar la gala.'* Im Jahre 1351, l. c. VI, fol. 31 *a*, erbeuteten venetianifche Galeeren bei Negroponte in gekaperten genuefifchen Schiffen: *‚filli canapis faxij* (Hanfgarnbündel) *triginta quattuor, que ponderabant cantara octuaginta rotolos nonaginta tres'*; fol. 32 *r*: *‚item ballam unam canabatiorum'* u. f. w.

Was nun fpeciell Syrien betrifft, fo war nach Muḳaddafi, 985/6 Chr., Jerufalem der Ort, welcher die الحبال, Taue oder Stricke ausgezeichnetfter Güte für den Export lieferte.[71] Hierauf bezieht fich offenbar die Vorfchrift über den Papierftoff in der einen Recenfion unferer Quelle.

Selbftverftändlich waren die in die Papierfabriken zu liefernden Seilerwaaren nicht frifche, fondern gebrauchte, alfo den abgenützten Gewebehadern entfprechend, was ausdrücklich erwähnt wird (Mitth. l. c. 128 f.). Dahin ift auch die weiters befchriebene Procedur in der Vorbereitung diefes Papierftoffes zu deuten. Wie bei der Sortirung und Herrichtung der Hadern bekanntlich mit der gröfsten Sorgfalt vorgegangen werden mufs,

---

66 Phönizier, 2, 3, 157.

67 Culturpflanzen und Hausthiere, 3. Aufl., 168, 524.

68 Liber commemorialis, tom. VI, fol. 236 *r*, ann. 1351 (k. k. Haus-, Hof- und Staatsarchiv in Wien).

69 Muḳaddafi, Kitâb ahfan et-taḳâfîm, ed. DE GOEJE, 416.

70 *Caneuaza*, ein mehr oder weniger grober und grofslöcheriger Stoff, gewöhnlich aus Hanfgarn, woher der Name; aber auch als Baumwoll-Stramin (heute Kannevas) bekannt: *‚item sachus unus de caneuaza de cotono, deremi sex'*, Lib. commem. l. c. I, fol. 274 *a*.

71 Kitâb ahfân et-taḳafîm. ed. DE GOEJE, 180.

wie insbefondere Schnüre, Borden, Knöpfe u. dergl. entfernt, die fchwer zu zermalmenden Zwirnfäden befeitigt, Nähte und Säume aufgetrennt oder weggefchnitten werden müffen; ebenfo mufste man bedacht fein, von den alten abgenützten Tauen vorerft alle fremdartigen Körper, namentlich den ihnen anhaftenden Unrath, wie Stroh, Erdtheilchen etc. zu entfernen. Dies gefchah durch die Auflöfung der Drehungen der Strähne und forgfältiges Auskämmen derfelben mit dem Kamm, المشط *el-mifcht*, womit die erfte Zurichtung des Materials für die folgenden Hauptoperationen vollendet ward.

2. Das Wafchen und Bleichen der Hanffafern. Hierüber ift wenig zur Erklärung unferes Textes beizubringen. Wenn diefer als erften Theil der Hauptoperationen das Wafchen oder Laugen (*lavage*) mit gleichzeitig verbundener Macerirung, نقع *nak'*, vorfchreibt, fo erkennen wir hierin eben auch ein heute noch als zweckmäfsig befundenes und geübtes Verfahren, indem diefe Procedur fowohl, wie die darauffolgende Bleiche fehr oft vor der Zerkleinerung zu Halbzeug gefchieht. Kalkmilch (ohne Pottafche oder Soda) dient als ftarke alkalifche Lauge gegenwärtig noch dazu, auf die gröbften Subftanzen (Lumpen, Stricke) dermafsen entfärbend und erweichend zu wirken, dafs ihre nachfolgende Bleiche und Vermahlung fchneller und feiner vor fich gehen kann. Auch in unferer Vorlage wird in gleicher Weife als Lauge die Kalkmilch, ماء الجير *mâ' el-dfchîr*, vom Hydrat des gebrannten Kalkes, الجير *el-dfchîr*, und des weiteren angeordnet, dafs die fo erweichte Maffe beim Herausnehmen — wie man es heute noch thut — mit den Händen geknetet oder ausgedrückt werden foll. Die in unferem Werke angegebenen Wiederholungen diefes Verfahrens, für welche die Textrecenfionen je nach der verfchiedenen Befchaffenheit der Materialien eine erfahrungsgemäfs bewährte Dauer fixiren, entfpricht aber ganz der heutigen Procedur des Kochens des Papiermaterials mit der alkalifchen Flüffigkeit, indem dasfelbe zwei-, drei-, fogar viermal mit frifcher Lauge wiederholt werden mufs: grobes, farbiges Material pflegt man auf folche Weife in Kalkmilch viermal drei Stunden zu kochen. Der zwifchen das Laugen fallende Vorgang ift die Herftellung der Weifse, البياض *el-bajâdh*, oder das Bleichen, التبييض *et-tabjîdh*, was, wie fchon bemerkt, infolge eben jenes Wafchens in alkalifcher Flüffigkeit erleichternd vorbereitet wird. Dafs hiezu, wie ich in diefen Mittheilungen II und III, 146 f., vermuthungsweife bereits angedeutet, die Rafenbleiche, an deren Stelle jetzt die Chlorbleiche getreten ift, gedient habe, kann nun für ausgemacht gelten. Taue und Stricke, zu Papierftoff hergerichtet, bleicht man aber auch gegenwärtig noch, wenn daraus ganz weifses Schreibpapier dargeftellt werden foll. So fehen wir in der That das in der modernen Papierfabrication fich bewährende Laugen oder Kochen (Mitth. II und III, 129), welches das früher übliche, auch von den Chinefen bei der Bereitung ihres Bambuspapiers angewandte, irrationelle Faulen verdrängt, genau vor 800 Jahren fchon durch die Araber practicirt.

3. Das Zerfchneiden und Schwemmen des Hanfmaterials. Behufs Einleitung der ftufenweifen Zerkleinerung des aus Tauen und Stricken herzuftellenden Papiermaterials zerfchnitt man die nunmehr mürbe gemachten und gebleichten Hanffafern, wie die Lumpen, mit der Scheere, المقراض *el-mikrâdh*, in kleine Stücke (heute von etwa 25 Millimeter Länge) und brachte fie darauf nach Vorfchrift in die Schwemme (jetzt in den ‚Wafchholländer'), um fie von den an den Fafern haftenden Kalkbeftandtheilen zu reinigen. Dies war die Einleitung zur Umwandlung des Faferwerks in Halbzeug.

4. Die Darftellung des Halbzeuges. Ueber die zu diefem fortgefetzten Zerkleinerungsverfahren von den Arabern gebrauchten mafchinellen Einrichtungen habe ich l. c. 136 f. eingehender gefprochen: es find die Papierftampfen und Papiermühlen. Hier ift nur von der erften Art, dem Stampfgefchirr, die Rede. Der Apparat hiezu beftand aus einem fteinernen Mörfer, جرن حجر *dfchurn hâdfchar* oder هاون *hâwun,*[72] vulgär هون *haun,*[73] in welchem mittelft hölzernen Stöfsels (Mitth. l. c. 136) das mit einem entfprechenden Quantum Waffer gemengte Material zu einem dickflüffigen Brei zerftampft wurde. Die Vorfchrift, dafs die Maffe ‚aber ftets feucht und frifch gehalten' werden möge, hat ihren, übrigens noch heute bei dem Verfahren mittelft Hammergefchirres geltenden Doppelgrund: die flüffige Geftalt der Maffe ermöglichte einerfeits alle ihre Theile gleichmäfsig unter den Stöfsel gelangen zu laffen; anderfeits liefs fie das mit etwaigen, aus den inneren Fafertheilen noch abgefonderten Unreinigkeiten beladene Schmutzwaffer aus den verfiebten Stampflöchern langfam abfliefsen, indefs man nach Erfordernifs frifches reines Waffer zuleitete. Es ift begreiflich, dafs die Bearbeitung des Rohmaterials im Stampfgefchirre, je nach feiner Befchaffenheit, eine verfchiedene Dauer beanfpruchte, bis es ordentlich zu Halbzeug zerkleinert ward. Das Verfahren war umftändlich, erforderte ein bedeutendes Arbeitsquantum zur Bewegung des Stöfsels und wies gegenüber der Vermahlung den Nachtheil auf, dafs das Zeug bei erfterer Procedur mehr langfaferig als bei der letzteren ausfiel, was WIESNER, Mitth. II und III, 233, fehr fcharffinnig fchon erkannt hat. Wenn demnach infolge Aufserachtlaffung der nöthigen Obforge des Arbeiters die zermalmende Einwirkung der Stampfe auf das Rohmaterial ungenügend blieb, oder der Zuftand der Maffe auf die Fertigkeit des Halbzeuges unachtfam geprüft wurde, fo konnte es gefchehen, dafs die Maffe zu langfaferig blieb, dafs unzertheilte gröfsere Flocken, ja fogar einzelne intacte Baftfafern, Garnfäden, Hanffchnüre und Geweberefte zurückblieben, welche dann die Güte des Productes beeinträchtigend, mehr oder weniger ftörend auf der Papieroberfläche fich fühlbar machten. Einige Beifpiele diefer Art habe ich fchon in diefen Mittheilungen l. c. 129, 138, namhaft gemacht. Von dem dort erwähnten Papier, Nr. 11044, das beiderfeits derlei Vorkommniffe aufweift, habe ich nun auf Tafel III ein Stück der unbefchriebenen Rückfeite in zweieinhalbfacher Vergröfserung mittelft farbigen Lichtdruckes reproduciren laffen. Diefes aus dem X. Jahrhundert n. Chr., alfo lange vor der vermeintlichen Aera des Lumpenpapiers datirende Blatt zeigt verfchiedene, keineswegs künftlich herauspräparirte, fondern offen zu Tage liegende, mit freiem Auge wahrnehmbare Gewebereſte: rechts unten von feinem, links gegen die Mitte von grobem Linnen. Aufserdem erblickt man zahlreiche, aus der Oberfläche mehr oder weniger herausragende Garnfäden, unter welchen das in der linken oberen Ecke fichtbare mächtige Stück felbft noch in feinen Drehungen intact fich erhalten hat. Ein argumentum ad hominem, auch für den Kurzfichtigften.

---

72 So in *Br.*

73 Z. B. in *L*, fol. 10 *a*: هون كبير ‚ein grofser Mörfer'; fol. 22 *a*: الهون الثقيل ‚der fchwere Mörfer'. So heifst auch jedes andere mörferähnliche, an einem Ende offene Gefäfs aus Metall, Glas etc., z. B. *L*, fol. 9 *r*: ثم تجعل الدخان فى الهون وان كان زجاجًا كان اجود ‚darauf thu' den Ofenrufs in den Mörfer, und ift derfelbe aus Glas, umfo beffer'. Vergl. auch DOZY, Suppl. II, 771.

5. Die Bereitung des Ganzzeuges. Sie geschah nach unserer Vorlage in einfacher Weise, unter der Voraussetzung, dass die Umarbeitung des Stoffes zu Halbzeug denselben bei einer nahezu vollständigen Auflösung in einen weichen zarten Brei verwandelt habe. Zur Erreichung der letzteren Stufe führte eben die letzte Zerkleinerungsoperation, wobei das Halbzeug in ein Gefäss, اناء *inâ'*, als Ganzbütte abgelassen und darin mit Wasser verdünnt zum Ganzzeug oder Feinzeug, d. h. zu einem gleichförmigen milchartigen Brei aufgelöst wurde, dessen vollendete Bearbeitung, الماء المعمول *el-mà' el-ma'mûl*, Fäserchen in der Feinheit und Gleichheit der ausgekochten, degummirten Coconseide, حرير *harîr*,[74] erkennen liess. Dieses breiartige Ganzzeug, also den fertigen Papierstoff in flüssigem Zustande, nannte man, wie aus der Capitelüberschrift unserer Vorlage ersichtlich ist, auch الكاغد *el-kâghid*, wie das fertige Papier.

Der Papyrer.

Fig. 1.

6. Das Schöpfen. Die zum Schöpfen der Papierbogen erforderlichen Geräthe und Operationen sind:

a) Die Schöpfbütte. Das nach der vorhin beschriebenen Weise zubereitete Zeug wurde zunächst von der Ganzzeugbütte in eine grosse Schöpfbütte, قصرية كبيرة *kasrijje kebîre*, übergefüllt. Ibn el-Haschschâ[75] erklärt diesen technischen Ausdruck: اجّانة اسم للقصعة الكبيرة التى تغسل فيها الثياب وتسمى عندنا القصريه ‚Iddschâne ist der Name für einen grossen Trog, in welchem die Kleider gewaschen werden; bei uns wird derselbe el-kasrijje genannt'. Und bei Ibn Dschobair:[76] وعلى جانب الطريق دكّان مستطيل تصفّ عليه كيزان الماء ومراكن مملوءة للوضوء وهى القصارى الصغار ‚zur Seite des Weges (in Mekka) befindet sich eine lange Bank, auf welcher der Reihe nach Wasserkrüge und zum Waschen gefüllte Becken, d. h. kleine Kasrijje aufgestellt sind'. Die arabische Schöpfbütte hatte demnach entweder die runde Bottichform oder die längliche Trogform. In beiden Fällen war sie gewiss aus Holz und nicht aus Metall, denn der normale Durchmesser, respective die Länge wird, wie die Praxis des Schöpfens es heute noch erfordert, zwischen 1·65 und 2·3 Meter betragen haben. Diese Gestalt und Dimensionen ergeben sich daher auch aus den hier beigefügten Figuren 1 und 2. Das erste Bildchen aus JOST AMMAN'S ‚Stände und Handwerker' vom Jahre 1568[77] zeigt die hölzerne Bottichform; die zweite, einem alten chinesischen Werke technologischen Inhalts

[74] Vergl. meine Schrift: Ueber einige Benennungen mittelalterlicher Gewebe, 1882, 22.

[75] Gloss. sur le Mancouri de Rhazès, Handschrift der Universitätsbibliothek zu Leyden, Nr. 331, bei DOZY, Suppl. II, 357.

[76] Rihle, ed. W. WRIGHT, 110.

[77] Dessen Cliché der jüngste Herausgeber dieses Werkes, Herrn GEORG HIRTH's Kunstverlag in München, mir in der liebenswürdigsten Weise zur Verfügung gestellt hat.

entnommene Darftellung[78] hat die, jedoch aus Backfteinen aufgemauerte, längliche Trogform. Da das in Geftalt eines fehr verdünnten milchartigen Breies in der Schöpfbütte zur Verarbeitung kommende Ganzzeug vermöge feiner natürlichen Schwere zu Boden ftrebt, mufste man darauf bedacht fein, es durch forgfältiges Umrühren zu vermifchen, wozu ein mehr oder minder kräftiger Stab (Fig. 1 und 2) diente, mittelft welchem auch aus gleichem Grunde das Papierzeug unmittelbar vor der Schöpfoperation umgerührt oder gefchlagen werden mufste.

b) Die Formen oder Rahmen. Arabifch: قالب *kâlib*, pl. قوالب *kawâlib*. Die Schöpfform beftimmte die Gröfse der Bogen, das Blattformat, تقطيع الورق *takṭî' el-wârak*. Sie beftand aus dem eigentlichen hölzernen Formrahmen und einem Gitterwerk: ‚Geflecht', نسج *nasdfch*, mit welchem erfterer befpannt war. Letzteres wurde aus den feinen gefchmeidigen Fibern des Samâr-Schilfes, السمار,[79] *Juncus acutus* Lamk. oder

Fig. 3. Fig. 2.

Juncus maritimus Forsk., wie es heifst ‚nach Art der Fifchreufe', سل *fall*, hergeftellt. Es möchte dies fo zu erklären fein: das aus parallelen Bodendrähten beftehende Gitter wurde von anderen Baftfafern an Stelle der Feftigkeit gewährenden Querftege rechtwinkelig mittelft nahtbildender Schlingung durchkreuzt, fo die gerippte Form darftellend; bei der von mir an den erzherzoglichen Papieren beobachteten, unferer Velinform ähnlichen Drahtfiebform hingegen (Mitth. l. c. 139 f.) verbanden die dichter gereihten, rechtwinkelig über die parallelen Bodendrähte gehenden Baftfafern als Nähdrähte das Gitter zum Siebe. Die Vorfchrift, dafs die Schöpfrahmen ‚an den Wänden offen' zu fein hätten, befagt nur: es gehen an den fchmalen Rändern derfelben weder Stege noch Wände herum, damit das Blatt abgelegt werden könne. An den Bildern 1 bis 3 läfst fich die Geftalt älterer chinefifcher und deutfcher Schöpfrahmen deutlich erkennen; die arabifchen wichen davon gewifs nicht ab. Zu bemerken wäre fchliefslich, dafs die in unferem Werke berichtete Herftellung der Schöpfrahmen aus Baftfafern des Samâr-Schilfes keineswegs

[78] St. Julien, Industries anciennes et modernes de l'empire chinois, Pl. IX.

[79] J. Löw, Aramäifche Pflanzennamen, 341; Dozy, Suppl. I. 682.

eine Regel für den ganzen Umfang des islâmitischen Weltreiches bedeutete. Im Gegentheil dürfte in dieser Beziehung das Sprüchwort: ‚andere Länder, andere Sitten' gegolten haben, wie ja auch die Chinesen und Japaner ihre aus Bambusstäben gefertigten Schöpfrahmen mit verschiedenem, die Querdrähte bildenden Materiale, nämlich Binsenhalmen, zarten, aus Bambusrohr gespaltenen, mit Oel getränkten Stäbchen und rohen Seidenfäden bespannten.

c) Die Kautschgeräthe: Büttenbrett, Filzzeug und Trockenwand. In diesen Punkten weicht die arabische Vorschrift etwas von der europäischen Einrichtung des Schöpfverfahrens ab. Während hier das Büttenbrett lediglich nur zur Unterlage des Filzes dient, auf welchem der frische Papierbogen abgelegt wird, fungiren dort beide Objecte als selbstständige Kautschgeräthe, indess die Verwendung der Mauerwand als drittes Object im Abendlande unbekannt blieb. Um den an der Schöpfform befindlichen frischen und zarten Papierbogen gefahrlos ablegen zu können, musste das zur Hand des Kautschers neben der Bütte rechts oder links ruhende Brett, لوح *lôḥ* — in China nach Fig. 3 eine Tischplatte, vergl. auch Fig. 1 — eine künstlich gerauhte Fläche (japanische Art!) darbieten, zu welcher der Papierbogen eben mehr Adhäsion zeigte als zu dem Drahtgeflecht des Schöpfrahmens (Mitth. l. c. 140). Hiezu ist noch mehr der Papiermacherfilz geeignet, dessen man sich heute ausnahmslos zum Ablegen bedient. Wenn unsere Quelle nun diesen Stoff auch nicht gerade als Kautschgeräth aufführt, so weist eine später beschriebene Procedur dennoch deutlich darauf hin, dass man sich des Papiermacherfilzes zum Trocknen des frischgeleimten Papierbogens schon zu bedienen verstand, siehe oben Anmerkung 55. Der dort gebrauchte allgemeine Ausdruck ثوب *ṯôb*, ‚Stoff, Zeug' widerspricht dem nicht, denn der Papiermacherfilz stellt eben ein grobes, eigens zu diesem Zwecke verfertigtes Wollenzeug lockerer und schwammiger Natur vor, das durch seine wassereinsaugende Kraft dem Papiere die überflüssige Feuchtigkeit zu entziehen hatte und sich also von dem äusserst fest zusammenhängenden wasserdichten Körper des gewöhnlichen Filzes, لبد *labad* oder لباد *lubbâd*, gegensätzlich unterscheidet. Entgegen der doppelten Leistungsfähigkeit des Papierfilzes tritt daher nach Angabe unseres Textes, weil dem Büttenbrett jene wassereinsaugende Fähigkeit mangelte, ein specielles Trocknungsverfahren hinzu, und zwar nach altchinesischer Manier an einer mit sehr glattem Gipsüberzug versehenen, also zur Wassereinsaugung geeigneten Mauerwand, حائط *ḥâ'iṭ*: ‚Neben der Bütte steht ein aus Ziegeln aufgemauerter Ofen, welcher die Gestalt einer glatten Wand hat. Seine Länge beträgt 12 bis 15, seine Höhe 6, seine Dicke $4^1/_2$ Fuss, und die den Arbeitern zugekehrte Aussenseite desselben ist mit Gips überzogen und äusserst geglättet. Züge heizen ihn'.[80] Es ist übrigens wahrscheinlich, dass die Araber neben diesem chinesischen Verfahren, mittelst künstlich erzeugter Wärme das Wasser verdunsten und die Bogen abfallen zu machen, einfacher die Mauerfläche durch die Sonne erhitzen und dieselbe das weitere prakticiren liessen. Die Anwendung dieser Geräthe und Einrichtungen erhellt aus dem Folgenden.

d) Die Arbeiten des Schöpfens und Kautschens. Es ist nicht unbedingt erforderlich, anzunehmen, dass, wie die Bilder, Fig. 2 und 3, zeigen, mit der Arbeit an einer Bütte zwei Personen als Schöpfer und Kautscher beschäftigt waren. Unsere

---

[80] G. M. S. Fischer in Ersch und Gruber's Allgemeiner Encyklopädie etc., 3. Sect., XI. Theil, 105.

Quelle theilt diese Arbeiten (wie bei Fig. 1) einer Person zu. Dieselbe taucht nach der zum Schlusse des Absatzes *a* beschriebenen Vorbereitung die Form, welche sie an den schmalen Seiten mit beiden Händen anfasst, schräg in den flüssigen Brei unter, hebt sie vollgeschöpft in wagrechter Lage wieder heraus und schüttelt sie gelinde durch eine Vor- und Rückwärtsbewegung, nicht allein um den Durchlauf des Wassers durch die Drahtform zu beschleunigen, sondern auch, damit die zurückbleibende weiche Masse gleichmäfsig sich ausbreite. So ist unser Text zu verstehen. Wenn eine andere, nämlich die von mir vermuthete ältere Recension desselben, Anmerkung 51, den Hanfbrei aus der Bütte mit der Hand herauszuschöpfen, von da auf die Form zu legen und mit der Hand gleichzumachen vorschreibt, so könnte ich mir diese, etwa zur Herstellung grobsortigen Papiers dienliche, sehr unvollkommene Procedur überhaupt nur dann als durchführbar erklären, wenn man den Brei mittelst eines Streichholzes auf die Gleiche gebracht hat. Es ist klar: diese Methode des ‚Schöpfens' setzt eine Form mit dichtwandigem Boden voraus, ohne Drahtgeflecht; daher konnte das durch die gewaltsame Nivellirung des Breies herausgepresste Wasser, wie es dort heifst, überfliefsen (صفى), was sonst ein Ding der Unmöglichkeit gewesen wäre. Ein ebenso unmögliches Beginnen wäre es gewesen, von einer vollgeschöpften und solcherart ‚gestrichenen' Drahtform die zarte, durch den leisesten mechanischen Druck die schmalen Oeffnungen des Gitters sofort verstopfende Papiermasse als Bogen vollständig ablösen zu wollen. Eine ähnliche Praxis nun habe ich nirgends beschrieben gefunden. Sie deutet eben auf die ursprüngliche, des Kunstgriffes des Papierers noch entbehrende Einrichtung: auf die älteste Art, Schreibpapier auf der Form zu schöpfen. Unter den frühesten Papieren der erzherzoglichen Sammlung aus dem VIII. bis X. Jahrhundert gibt es ihrer genug, welche, ob zweigesichtig oder nicht (Mitth. l. c. 141), durchaus keine Spur der Drahtform erkennen lassen, daher auf jene älteste Schöpfmethode hinweisen.

Ist der Papierbogen in gehöriger Dicke auf der Form fixirt, was bei angemessener Handhabung derselben der Schöpfer zu erzielen vermag, indem es in seiner Berechnung liegt, durch die Art des Eintauchens, des längeren oder kürzeren Verweilens in dem Brei, des Herausziehens und der schüttelnden Gegenbewegung beliebig viel Zeug auf der Form zu behalten; so hat er schliefslich die in demselben sich bildende Consistenz so lange zuwartend zu beachten, bis die Gefahr einer Verschiebung der Papiertheilchen durch zu frühe Erschütterung beseitigt ist. Hierauf setzt der Schöpfer als Kautscher die Manipulation fort. Der Bogen wird nun auf die oben beschriebene Holztafel durch einen mäfsigen Druck gekautscht, d. h. abgelegt (قلب *ḳálaba*, d. h. umstürzen) und von da sofort an die erhitzte Mauerwand geklebt, wo er alsbald trocknet und abfällt. Indem die ältere Recension des Textes, Anmerkung 51, hier die gleichmäfsige Ausstreifung des Bogens mit der Hand empfiehlt, weist sie uns auf einen analogen Vorgang bei den Chinesen hin, welche diese Procedur mit Hilfe einer weichen Bürste vollzogen.

7. Das Füllen und Weifsen. Mit bewunderungswürdigem Scharfsinn hat WIESNER unter dem Mikroskope an den ältesten arabischen Papierproben der erzherzoglichen Sammlung entdeckt, dafs das sogenannte ‚Füllen', d. i. das technische Verfahren, durch gewisse Zusätze von weifser Farbe das specifische Gewicht des Papiers zu erhöhen und demselben eine schönere Weifse zu verleihen, nicht, wie man anzunehmen geneigt ist, als die moderne Errungenschaft der Maschinenpapierfabrication, sondern als eine alte

orientaliſche Erfindung anzuſehen ſei (Mitth. l. c. 228). Nur hat man vordem, ſtatt nach heutiger Manier fein vertheilte mineraliſche (erdige) Stoffe, namentlich Kaolin, Gips, Schwerſpath und Zinkweiſs zwiſchen die Papierfaſern zu bringen, als ‚Füllſtoff' ein vegetabiliſches Mittel, nämlich unverkleiſterte Weizenſtärke dazu verwendet, was übrigens auch heute bei der Füllung ſtärkſter Papierarten (Pappe) geſchieht (Mitth. l. c. 139). Was nun dabei der exacten Forſchungsmethode WIESNER'S zum wahren Triumphe gereicht, iſt, daſs auf Grund mikrometriſcher Unterſuchungen an den in unſeren Papieren wahrgenommenen Stärkekörnchen die von ihm geſtellte Diagnoſe auf Weizen, l. c. 228 f., welche durch mich gleichzeitig eine vorläufige hiſtoriſche Beglaubigung erfahren konnte, l. c. 138 f., nunmehr in einer geradezu überraſchenden fachwiſſenſchaftlichen Darſtellung von faſt tauſendjährigem Alter beſtätigt wird. Es iſt dies eine Coincidenz merkwürdigſter Art zwiſchen naturwiſſenſchaftlicher Forſchung und hiſtoriſcher Ueberlieferung und von ſolcher Actualität, daſs mit ihr gleichſam plötzlich ein abgeriſſener Faden in der menſchlichen Culturentwicklung wieder aufgenommen und fortgeſponnen zu ſein ſcheint.

Unſere Handſchriften ſchreiben für die im Titel angegebene Operation vor: erſtens die beſte Gattung des feinſten und weiſseſten Mehles (الدقيق الناعم الحوّارى) und zweitens Weizenſtärke (النشاء), beide gereinigt, und geben das Recept zu ihrer Bereitung. Erſteres, das Mehl, hat wohl den Kleber geliefert, deſſen Anweſenheit vom Weizenmehl WIESNER l. c. 229 thatſächlich conſtatirte. Die feinſte Gattung iſt empfohlen, weil die Proteïnkörper (Kleber) derſelben, in Procenten ausgedrückt, 11·16%, vom groben Weizen aber nur 3·25% betragen. Stärke enthält das feinſte Weizenmehl 63·64%, Gummi 6·25%. Daſs wir unter نشاء *naſchâ* ‚Stärke' nur ſolche vom Weizen, حنطة, *Triticum* (gewöhnlich قمح), חִטְּתָא, ſyr. ܚܛܬܐ, πυρὸς, cῖτος, perſ. گندم *gendum* (davon ſyr. ܓܢܕܘܡ) zu verſtehen haben, wurde von mir bereits, l. c. 138, geſagt. Ich vervollſtändige hier nun den Nachweis. Unſer نشاء *naſchâ*, perſ. نشاسته *niſchâſtè*, davon arab. نشاستج *naſchâſtedſch* = ſyr. ܠܒܐ ܕܚܛܬܐ ‚das Innere (Mark) des Weizens' iſt *Amidon*, ἄμυλον, wovon talmud. עמילון, ſyr. ܐܡܝܠܘܢ, ܐܡܘܠܘܢ und ܐܡܘܕܘܠܘܢ, was von den ſyriſchen Lexicographen wieder dem perſ. شير جندم *ſchîr-i dſchendum*, d. i. ‚Kraftauszug (wörtlich Milch) des Weizens' gleichgeſetzt wird, alſo = ſyr. ܡܘܚܐ ܕܚܛܬܐ ‚Mark des Weizens' und Deut. 32, 14 חלב כליות חטה, ‚Nierenfett (Mark) des Weizens'.[81]

Durch die in unſerer Quelle beſchriebene Procedur des Einweichens und Zerreibens der beiden Materien in friſchem und des Aufquellens ihrer Miſchung infolge Begieſsung mit ſiedendem Waſſer wird die zarte, durchaus nicht paſtöſe Maſſe erzeugt, welche zum Einreiben der Papierfläche dienlich iſt. Die im kalten Waſſer unlöslichen Stärkekörner quellen nämlich bei dieſem Verfahren nur unvollkommen, ohne eigentliche Kleiſterbildung auf — was die darauffolgende (langſam ſich vollziehende) Abklärung beweiſt — ſo daſs ſich genug unverletzte Theilchen derſelben erhalten, welche eben in unſerem Falle WIESNER die Conſtatirung der Pflanzengattung ermöglicht haben. Um ſich davon zu überzeugen, möge man einen Verſuch nach der gegebenen Vorſchrift machen.[82]

---

81 Löw, Aramäiſche Pflanzennamen, 157.

82 Die mikroſkopiſche Unterſuchung einer von mir genau nach der arabiſchen Vorſchrift bereiteten ‚Füllmaſſe', welche Herr Prof. WIESNER vornahm, ergab in der That eine glänzende Beſtätigung des oben Geſagten.

Das Einreiben, طلى *tala*, des Papiers mit diefer weifsen Füllmaffe, alfo das Einweifsen,[83] welches wir, unferem heutigen Begriffsausdrucke entfprechend, l. c. 138 auch mit dem Verb. بطن II, d. h. ‚füttern, füllen‘ kennen gelernt haben, und von welcher Wurzel fich das Subft. بطانة *bitâne*, ‚Fütterung, Füllung‘ bildet, das in der Textilfprache geradezu einen ‚Futterftoff‘ bezeichnet, begründet alfo einen doppelten technifchen Erfolg: zunächft die Zunahme des fpecififchen Gewichtes des Papiers und dann eine fchönere Weifse desfelben, indem diefe Füllmaffe den gelblichen Stich verdeckt, welcher dem gebleichten Zeug häufig noch anhaftet. Man fieht alfo, dafs diefe Procedur in ihrem Endziele vollkommen dem heutigen ‚Bläuen‘ des Ganzzeuges entfpricht. Dafs das ‚Weifsen‘ des Blattes, fowie die Herftellung der ‚Weifse‘ durch das Bleichen des Zeuges (oben Nr. 2) in unferem Falle zwei von einander völlig verfchiedene Proceffe involviren, bedarf wohl kaum einer Erinnerung.

8. Das Trocknen. Nun folgt die Befchreibung des Trocknens, تجفيف *tadfchfîf*, der auf folche Weife gefüllten und eingeweifsten Papierblätter. Da diefelbe Art des Trocknens auch fpäter noch gelegentlich einer anderen technifchen Behandlung der Papierblätter mehrmals vorkommt, will ich gleich hier das Nöthige darüber zufammenfaffend bemerken. Das Trocknen der feuchten Blätter gefchah nach unferen Vorlagen in dreifacher Art: man breitete fie fchichtweife auf dazwifchen gelegte Rohrftäbe übereinander aus oder hing fie an Hanffchnüren auf oder legte fie zwifchen Papiermacherfilze (fiehe oben Nr. 6, *c*). Erfterer Gebrauch ift feit Alters auch in Japan üblich, indem dort ebenfalls zwifchen jeden Bogen ein *Kamakura* (Kiffen) genanntes Rohr, mittelft deffen Hilfe der Bogen abgehoben, d. h. ‚gefchält‘ werden kann, zu liegen kommt.[84] In jedem Falle mufs der Zuftand der Trockenheit, جفاف *dfchafâf*, vor dem Abnehmen genau beachtet werden: fie darf weder zu fcharf, noch zu gering ausgefallen fein; denn im erfteren Falle würde wegen gänzlichen Mangels an Feuchtigkeitsgehalt das umgeleimt zugerichtete Papier die Glätte nicht gehörig annehmen, andernfalls würde es beim fpäteren Uebereinanderliegen in Haufen zur Bildung fettartiger Stockflecken Anlafs geben. Ein nachträgliches feines Befprengen der mit der Füllmaffe eingeriebenen Blätter mit dem tiefer eindringenden Abfudwaffer fchien eben jenem erften Uebelftande begegnen zu follen. Wie aus dem Gefagten hervorgeht, ift die Vorrichtung des Trockenapparates höchft einfach gewefen: fo einfach, wie ihn auch die Trockenböden für gefchöpfte Papiere in unferen heutigen Fabriksgebäuden bieten. Auch da haben fich (zum Aufhängen der Bogen) die dünnen und langen Schöfslinge des fpanifchen Rohres neben Schnüren aus Cocosnufsbaft als zweckmäfsig und dauerhaft bewährt. Die früher üblichen Hanffchnüre kamen aufser Gebrauch, weil fie bald faulten und dann gelbe Flecken im Papier erzeugten. Eine Recenfion unferer Quelle, fiehe Anmerkung 60, fchreibt ‚dünne Hanffchnüre‘, خيط قنب رقيق, vor; die anderen empfehlen das Rohr, und zwar القصب الفارسى *el-kaṣab el-fârifî*, d. h. ‚das perfifche Rohr‘ oder الغاب الفارسى *el-ghâb el-fârifî*, was dasfelbe

---

[83] Daher طلى بالجص, ‚mit Gips einweifsen‘ (die Wand), Azrakî, Kitâb achbâr Mekka, ed. Wüstenfeld, I, 449: ثم طليت به فكانت كلها بيضاء.

[84] Ersch und Gruber, l. c. 107.

ift: *L*, fol. 32*a*: وتلطخ به على غاب وهو القصب الفارسى ‚und befpritze es damit auf einem Rohre, d. i. das perfifche Schilfrohr', foviel wie κάλαμος, *Arundo* (*Donax* L.).[85]

9. Die Zurichtung (Appretur) des Papiers. Darunter verfteht man heute, nachdem die ungeleimten Bogen aus dem Trockenboden kommen, das Putzen, Zufammenlegen, Trockenpreffen und Glätten. Unfer Text deutet, indem er fich hier fehr kurz fafst, mit Ausnahme der erften alle diefe Manipulationen an, obwohl zweifellos die Araber, wie ihre feineren Papiere vermuthen laffen, auch zum ‚Putzen' der Bogen fich bequemten, indem fie zunächft die durch Zufall in der Papiermaffe zurückgebliebenen oder während der Bearbeitung hineingekommenen fremdartigen Theile oder durch Knoten und Klümpchen erzeugte Unebenheiten möglichft zu befeitigen fuchten, alfo herauslafen. Nun erft folgte

a) Das Zufammenlegen. Es wird in einer Recenfion, Anmerkung 53, durch den Ausdruck جمع *dfchámá'*, ‚fammeln', gekennzeichnet. Derfelbe befagt, dafs man alle dem Formate nach zu einander paffenden Bogen fammelte, zählte und zu den von mir in diefen Mittheilungen l. c. 145 befprochenen, durch die Handelspraxis fixirten Blattquantitäten (Buch und Riefs) zufammenlegte.

b) Das Trockenpreffen. Die nunmehr geordneten trockenen Bogen pflegte man unmittelbar vor der letzten Behandlung nochmals einer Preffung zu unterziehen, welche fehr viel zur Glätte des Papiers beitrug, zumal wenn man die zu den bezeichneten Quantitäten gefammelten Bogen mehrmals ‚austaufchte', d. h. diefelben in anderer Ordnung legte, infolge deffen die Bogen möglichft viel Druck empfingen, wobei ihnen die während des Trocknens entftandenen Unebenheiten, wie Baufchen oder Beulen, benommen wurden. Freilich zeigte auch hier die ‚Preffe' nur die urfprünglichfte Einfachheit. Sie war weder eine Schraubenpreffe, welcher fich unfere Voreltern — fiehe die Abbildung Fig. 1 — bedienten, noch eine Hebelpreffe nach neuerem chinefifchen Mufter, fondern nach älterem Gebrauch der Papierväter des himmlifchen Reiches eine zwifchen zwei fimplen Brettern mittelft Stricken herbeigeführte Zufammenfchnürung: daher in der älteren Recenfion unferes arabifchen Textes, Anmerkung 53, der angewandte Ausdruck زمّ *zámma*, d. h. ‚zufammenfchnüren'.

c) Das Glätten. Die Araber begnügten fich keineswegs mit der durch das eben gefchilderte Trockenpreffen erzielten Glätte des Papiers, fondern erhoben mit Rückficht auf ihre dickflüffigen Tinten viel weitgehendere Anfprüche auf die Glätte einer Befchreibfläche. Ihr Verfahren war das urfprüngliche in der Papierfabrication, welches bis in die Neuzeit geübt, erft in den Tagen der Satinirmafchine gänzlich verlaffen wurde. Es ift das Reiben der einzelnen Bogen mit einem Glättfteine: dasfelbe wirkt trotz feiner Umftändlichkeit vorzüglich. Die Vorrichtung bedurfte blos zweier Objecte: eines Brettes und eines Polirfteines.

Erfteres bezeichnet unfer arabifcher Text in der einen Recenfion, Anmerkung 63, mit dem Ausdruck طبل *tabl*, von τάβλον, *tabula* (wie طبلة *tabla*, fpan. *tabla*), Tifch, Brett, Tafel. Im gegenwärtigen Sinne alfo fynonym mit لوح *lôh*, Tafel, Brett, wie fogleich gezeigt werden wird. Ueber die Befchaffenheit der Polirtafel erfahren wir nichts in dem vorliegenden Papiercapitel unferer Quelle; wohl aber findet fich in dem vorher-

[85] Löw, Aramäifche Pflanzennamen, l. c. 341.

gehenden X. Capitel, welches über das Glätten des mit Fifchleim auf Papier aufgetragenen Blattgoldes und Blattfilbers handelt, die erwünfchte Aufklärung. Es heifst dort, *L* fol. 25 *a* (*Ga* fol. 44 *r*, *Gb* fol. 36 *r*): ويكون لوح الصقال مربّعًا فى ثخانة الاصبع ويكون من الصفصاف او الجوز لنعومتهما تحت العمل ‚Die Polirtafel (*lôh eṣ-ṣikâl*) ift viereckig, in Fingersdicke; fie ift aus Weiden- oder Nufsholz verfertigt, wegen des fanften Verhaltens diefer beiden Holzgattungen unter der Arbeit'. Damit ift zweifelsohne auch die Polirtafel des Papierglätters charakterifirt.

Das zweite Object, das eigentliche Werkzeug zum Glätten, صقل *ṣaḳl* oder صقال *ṣiḳâl*, ift der Polirftein, مصقل *miṣḳal*, pl. مصاقل *maṣâḳil*. Er war nach Angabe unferer Vorlage ein مصقل الزجاج *miṣḳâl ez-zadfchâdfch*, ‚Polirftein aus Glas'. Indem aber die Recenfion *Br*, Anmerkung 53, vorfchreibt: وتصقله كما تصقل الثوب ‚glätte den Papierbogen, wie du das Zeug glätteft', werden wohl noch Glättwerkzeuge aus anderen Materialien in Gebrauch gewefen fein. Die Kattunftoffe etc. wurden und werden heute noch geglänzt durch die Reibung des auf einem Tifche liegenden Zeuges mit zugerundet polirten Stücken Glas, Achat oder Feuerftein. Eine fchöne Beftätigung enthält wiederum das vorhin citirte X. Capitel unferer Quelle in feiner Befchreibung der Polirfteine, die im Wefentlichen eben auch für die Papierglättung zutrifft.

L fol. 25 *a*: يتخذ لهذه الحركة ثلاثة مصاقل من حجر اليشم[86] احدهم مستطيل الشكل[87] مبروم والاخر مبطّط[88] [معدّل ويكونا دقيقًا وجههما[89]] ويكون وجههما فى رأس التريش لان اجنابهما لا يعمل بها ويكون الثالث صغيرًا صنوبرىّ الشكل معتدل القامة يكون لصقل الخطوط الرقاق وما شاكلها من الاعمال الدقيقة . . . . فان عدم الخماهن[90] فالجزع مقامه الخ ‚Man nimmt für diefes Verfahren drei Arten Glättfteine vom blauen, dem Auge einer Pfauenfeder ähnlich geftreiften Achat. Die eine von ihnen hat eine längliche Geftalt und ift abgerundet, die andere ift abgeplattet und ausgeglichen, d. h. ihre beiden Polirflächen find gleich und eben; ferner follen die letzteren fich auf dem Scheitel (d. h. dem horizontalen Durchfchnitte) der Bebänderung befinden, denn mit ihren beiden Seitentheilen (des verticalen Durchfchnittes) wird nicht gearbeitet. Die dritte Art ift die kleine, von der Geftalt eines Pinienzapfens mittlerer Gröfse; fie dient zur Glättung feiner Schriftzüge und ähnlicher fubtiler Arbeiten . . . . Sollte der Achat mangeln, fo kann ftatt feiner der Onyx genommen werden.' Als Glättfteine finden wir fonach hier eine befondere Gattung Achat, يشم *jafchm* oder perf. خماهن *chamâhen* (= خماهان *chamâhân*) und den Onyx, جزع *dfchaz'*, erwähnt. Unter letzterem ift wohl der arabifche الجزع الوشى المسيّر ‚buntfarbig geftreifte Onyx' zu verftehen, mit deffen jemenifchen Fundorten und Species uns Hamdânî († 945/6 Chr.) bekannt macht.[91] Wie diefer berühmte Geograph Arabiens mittheilt, verarbeitete man den arabifchen Onyx auch zu Tabletten, Belegplättchen, Schwertknäufen, Mefferftielen, Salbenbüchschen, Schälchen

---

86 *Ga* fol. 44 *r*, *Gb* fol. 36 *r*: من حجر الجماجم (الخماهن .l) الازرق الطوس المريّش.

87 *L* add. والاخر.

88 Cod. مبطت.

89 Sic in *Ga* et *Gb*.

90 Cod. الجماهم.

91 Hamdânî, Kitâb ṣifa dfcheziret-el-'arab, ed. D. H. Müller, 202 f.

etc. und nur der einädrige indische Onyx wurde ihm gleichgestellt. Der Stein bildete selbstverständlich einen wichtigen Ausfuhrartikel.[92] An verschiedenen anderen Stellen unseres Werkes ist daher noch die Rede von den soeben beschriebenen zwei Arten Polirsteinen, wenn es sich um die Glättung des mit goldenen oder bunten Ornamenten gezierten Papiers handelt. So wird in *L* fol. 33 *a* المصقلة الجزع, ‚der Glättstein, Onyx, vorgeschrieben; in *Ga* fol. 60 *r* steht dafür: اصقله بالجزع, ‚glätte es mit dem Onyx'. Im Cod. *L* fol. 24 *r* lautet die Anweisung, radirtes Papier wieder zu glätten: واصقله ويستعان على صقله بحجر الحاجم (l. الجماهن), ‚glätte es und suche dich bei feiner Glättung mit dem Achatsteine zu behelfen'.

Mit Vollendung der Glättung ist das Papier fertig. Die ‚Füllung', welcher es unterzogen wurde, genügte zur Herstellung der Beschreibfähigkeit. Verschiedene von mir an Fliesspapieren vorgenommene Versuche haben ein überraschendes Resultat ergeben. Die gröbsten, schwammigsten Sorten und selbst das aufserordentlich dünne und mürbe Josephspapier (Seidenpapier) haben sich nach dem gegebenen Recepte in entsprechend compactes satinirtes Schreibpapier umwandeln lassen. Allein als vollkommen konnte es beim Linnen- und Hanfpapier gewifs nicht befunden werden, zumal ja auch die Araber an ihre Schreibstoffe die Anforderung stellten, dafs die Tinte auf radirten Stellen nicht fliefse. Um diesen Uebelstand zu beseitigen, ward ein Verfahren ersonnen, mittelst welchem ein das Innere durchdringendes Mittel das Papier gegen die Tinte vollkommen widerstandsfähig machte. Diesen Zweck erfüllte:

10. Die Leimung *(collage)*. Unsere Quelle nennt sie der Behandlung entsprechend: سقي الكاغد *sakj el-kâghid*, ‚das Tränken des Papiers', oder mit einem populären terminus technicus kurzweg: علاج *'ilâdsch*, ‚die Behandlung', ein Ausdruck, welcher in der persischen und türkischen Papierfabrication noch des XVII. Jahrhunderts unverändert oder in der persischen Uebersetzung درمان *dermân* und دارو *dârû* (eigentlich: Mittel, Arznei) sich erhalten hat.[93] Wenn eine Recension unseres Werkes, Anmerkung 54, die Operation der Leimung تنشية *tânschi'e*, ‚das Stärken' (mit Stärke) nennt, so ist mit diesem dritten Kunstausdruck eben auch wieder der im Innern des Papierkörpers vor sich gehende Procefs charakterisirt. Unsere Quelle unterscheidet eine dreifache Art der Leimung:

a) Die Leimung mit Reiswasser. Diese ist die älteste Art, das Papier beschreibfähig zu machen; gewifs eine Erfindung der Chinesen, welche sie heute noch prakticiren.[94] Wir besehen uns zunächst die zur Herstellung des Leimes verwendeten höchst einfachen Geräthschaften; es sind deren zwei: 1. ein Topf, برنية *barnîjje* oder Kessel, طنجرة, تنجرة *tândschare* oder طنجير *tindschîr*, dieser zweifellos von Kupfer, wie an anderer Stelle *L* fol. 34 ausdrücklich طنجرة نحاس schreibt. Unter برنية verstehen unsere Handschriften gewöhnlich einen gläsernen Topf oder Krug, *L* fol. 21 *a*, 24 *r* برنية مزججة *barnîjje muzâddschadsche*, einmal einen lackirten Topf, *L* fol. 8 *r* برنية مدهونة *barnîjje madhûne*,

[92] Mukaddasî, l. c. 97.

[93] Medschmû'et eṣ-ṣanâ'i', Türk. Handschr. der k. k. Hofbibl. in Wien, Cod. 1459 (Mxt. 211 *a*), fol. 66 *a*. — Nafasîzâdè, Risâlè-i midâdijjè we karthâsijjè, Türk. Handschr. der Wiener Hofbibl., N. F. 15 *a* (*b*), fol. 37 *r* ff. (27 *r* ff.).

[94] St. Julien, l. c. 147.

wohl من خشب مدهون, ‚aus lackirtem Holz', weniger من ورق مدهون, ‚aus lackirtem Papiermaché',[95] obschon auch chinesische Utensilien erwähnt werden, z. B. in *Ga* fol. 60*a*, *Gb* fol. 48*r* صحن صينى, ‚eine chinesische Schale'. Selbstverständlich werden wir auch hier in برنية eher einen Topf aus Metall, denn aus glasirtem Thon zu verstehen haben. 2. Ein Lacken, خرقة *chirka* oder Seiher, منخل *münchal*, zum Durchseihen. Letzterer wird neben dem Lacken in der Recension *Br*, siehe oben Anmerkung 55, empfohlen; er ist offenbar, wie *L* fol. 6*r* zeigt, ein منخل شعر, ‚Haarsieb'. Aus welchem Stoffe nun bestand der Lacken? Dafs خرقة neben der Bedeutung eines groben mantelartigen Kleidungsstückes auch die eines ‚Stück Stoffes' hat, ist bereits von DOZY, Vêtm. 153 und Suppl. I, 365, nachgewiesen worden. Zunächst wird dort aus Nuweirî das Wort für ein Stück Linnen, كتان, belegt: اعطاه ..... خرق كتان فرنجى مائتى ذراع, ‚er gab ihm zweihundert Ellen Stoffstücke von fränkischem Linnen'. Von dieser Anwendung findet sich nichts in den die Seihlacken erwähnenden Stellen unserer Quelle, bis auf einen einzigen خرقة كتان, Linnenlappen als Wickellappen (*L* fol. 22*r*). *Ga* fol. 58*r* (*Gb* fol. 47*r*) nennt den خرقة لباد, ‚Filzlacken' als Sauglappen; *L* fol. 27*a* den خرقة صوف خشن, ‚Lacken von grober Wolle' als Reiblappen, ferner zu gleichem Zwecke *L* fol. 8*r* den خرقة من صوف, ‚Lacken von Wolle', aber *L* fol. 32*a* auch als Filtrirlacken. Die Lacken aus dem feinen, aber dicht gewebten Wollzeuge شاش *schâsch*, einem musselinartigen Turban- oder Schleierstoff, syr. ܡܫܝܢܬܐ,[96] waren zum Durchseihen bestimmt; demnach in *Gb* fol. 6*r* خرقة شاش, ‚ein Lacken aus Schâsch-Stoff', ebenso *L* fol. 9*a* und fol. 29*a*. Baumwollene Lacken sind erwähnt: *L* fol. 23*r* تأخذ قنينة من الزجاج بلا تخمير وتلفها فى قطن او فى خرقة, ‚du nimmst eine Glasphiole ohne Verschleierung (durch Dunkelfärbung) und hüllst sie in Baumwolle oder in einen Lacken (von Baumwolle) ein'. Der nach *L* fol. 13*r* zum Durchseihen verwendete خرقة قطن صفيقة, ‚dichte Lacken aus Baumwolle' ist zweifelsohne weifs verbrauchter leinwandbindiger Kattun. Noch sind zu erwähnen die seidenen Seih- und Filtrirlacken; *L* erwähnt öfter den خرقة حريرة, ‚seidenen Lacken' und fol. 20*r* heifst es: واعصره فى خرقة حرير صفيقة, ‚presse den Saft aus in einem dichten Lacken von Seide'. Wir werden also nach dem Gesagten für unseren Fall an feine und dichtgewebte Lacken zu denken haben (*L* fol. 21*a* خرقة بيضا رفيعة; *Ga* fol. 64*a*, *L* fol. 7*r*, 30*r* خرقة صفيقة; *L* fol. 28*r* شاش رفيع صفيق). Da hier, ebenso wenig wie mit des Theophilus' Worten: *‚cola diligenter per pannum'*[97] die Stoffgattung präcisirt ist, ist nach dem Gesagten in erster Linie zwischen Woll- und Baumwolllaken zu entscheiden. Ich denke an den Baumwollmusselin. Die Operation des Durchseihens geschah auf folgende Art: der Seiherstoff, welcher natürlich sehr rein fein musste (*L* fol. 11*r*, 12*a* خرقة نظيفة; fol. 12*r* خرقة نقية) wurde über einen Stuhl, كرسى *kürsijj*, d. h. den sogenannten Färberstuhl (*Gd* fol. 11*r*; *L* fol. 32*a* على كرسى من كراسى الصباغين) gespannt, welcher seiner Bestimmung nach ungefähr dem heutigen zum Trocknen und Strecken der gefärbten Zeuge verwendeten Spannrahmen entsprochen haben mag. Darnach wurde die durchzuseihende Flüssigkeit auf-

[95] Makrîzî, Chit. II, 105.

[96] Bar 'Alî ed. G. HOFFMANN, I, 253, Nr. 6530; Ibn el-Furât, Târîch ed-duwal wa-l-mulûk, Handschr. der k. k. Hofbibliothek in Wien, A. F. 122, Tom. VI, fol. 154*r* f.; Papier Nr. 4067 der erzherzoglichen Sammlung, Stoffverzeichnifs des VII. Jahrhunderts d. H.: شاش صوف ‚ein Schâsch-Stoff' aus Wolle.

[97] Theophilus, Diversarium artium schedula, ed. A. ILG, 227.

gegoffen (وصب عليه الما), welche, indem fie den lofe gefpannten Lacken vermöge ihrer Schwere fackartig vertiefte, durchträufelte, um darunter mittelft eines Gefäfses aufgefangen zu werden.

Die Leimungsflüffigkeit nun, welche nach der gegebenen Vorfchrift mit diefen Behelfen erzeugt wurde, ift der klebrige Abfud von Reis, ارز, *Oryza sativa* L., perf. برنج *birindfch*, welcher 80% Stärke enthält. Handelte es fich alfo nach Vollendung der unter 1 bis 9 befchriebenen Operationen um die Darftellung eines geleimten Papiers, fo mufste fie felbftverftändlich mit den fertigen Bogen vorgenommen werden, indem man diefelben unter den dünnflüffigen Leim tauchte und fie fodann durchzog, wobei der in die Poren eindringende und fie ausfüllende Leim zugleich die Fafern des Papiers zufammenklebte. Dies Verfahren erforderte Sorgfalt und Aufmerkfamkeit. Es ift bei der Herftellung des mit der Hand in Formen gefchöpften Papiers bis auf den heutigen Tag in Uebung geblieben, da man hiebei aus praktifchen Gründen die Leimung des fertigen Bogens der Leimung in der Maffe oder in der Bütte vorzieht: denn das geleimte Ganzzeug verunreinigt leicht das Drahtgeflecht der Schöpfform und die Filze, anderer Uebelftände nicht zu gedenken. Doch ift es zweifellos, dafs auch fchon die Araber diefes letztere Verfahren, d. h. die Leimung, beziehungsweife Füllung in der Maffe, kannten und ausübten (Mitth. II und III, 138): nicht nur, dafs WIESNER, l. c. 228, zum Beweis deffen Stärkekörnchen in der Papiermaffe auffand; fondern wir haben auch zuverläffige Nachrichten von Reifenden darüber, dafs die Chinefen, die Lehrmeifter der Araber, und die Japaner das Zeug in der Schöpfbütte mit einem Abfud von Reis, Erbfen und anderen klebftoffhaltigen Vegetabilien lange bevor zu leimen verftanden, als 1806 der Papierfabrikant M. F. ILLIG zu Erbach im Odenwalde bekannt machte, dafs er die Kunft, das zum Schreiben gebrauchte Papier in der Maffe felbft zu leimen erfunden habe.[98]

Die Leimung der Papiere mit Reiswaffer hat fich im ganzen muhammedanifchen Orient bis in die neuere Zeit traditionell erhalten. Namentlich waren es die auf folche Weife geleimten Bagdâder Papiere (Mitth. l. c. 121 f., 141 ff., 153 ff.), deren Gröfse und Feftigkeit ihnen Ruhm und weite Verbreitung verfchafften. Ich bin in der Lage, zu dem l. c. über die Bagdâder Papierfabrication Gefagten einen intereffanten Nachtrag zu liefern, aus welchem hervorgeht, dafs felbft noch um die Mitte des XVII. Jahrhunderts die mit Reiswaffer geleimten Bagdâder Papiere im türkifchen Reiche, überhaupt im vorderen Oriente durch ihre Nachahmung eine gefährliche Concurrenz zu erleiden hatten. Bei dem allgemeinen Niedergang der orientalifchen Papierfabrication in diefer Zeit will das allerdings nicht viel befagen, höchftens nur, dafs unter den fchlechten orientalifchen Papieren das Bagdâder nicht das fchlechtefte war.

In dem Werke مجموعة الصنائع, d. h. ‚die Sammlung der Künfte',[99] einer höchft werthvollen polytechnifchen Schrift unbekannten Verfaffers, welche auf Befehl des Abdâl Chân von Bidlîs († 1668) aus dem Perfifchen in das Türkifche überfetzt wurde und deren Abfchrift aus dem April 1701 datirt, handelt das 30. Capitel, fol. 66*a* f., unter Anderem auch davon, Papier nach Bagdâder Art zu leimen und feftzumachen (وكاغدك ياغني القى وكاغدى قالين اتمك) oder wie am Rande eine Note befagt: قالك كاغد بغدادى يابق, ‚dickes

[98] G. M. S. FISCHER, l. c. 112.

[99] Türk. Handfchrift der k. k. Hofbibliothek in Wien, Cod. 1459, Mxt. 211 *a*.

Bagdâder Papier zu machen‘. Ich laffe hier die betreffende Stelle des mit Vulgarismen und Schreibfehlern unterfpickten, offenbar auf fehr alte Quellen zurückgehenden türkifchen Textes folgen:

فصل اوّل کاغده درمان و یرمك یانده در بغدادی ونشاف اولیه بیاض پرنجی[1] الوب اوشدوره‌لر[2] صوایله کیری
کیده وتوزوك لذّتی اندن زائل اوله واوزه‌رینه[3] صوقیوب[4] بر کون بر کجه دوره حلّ اولان[5] بریاك قابك[6] ایچنه قویلر
بعده بر تسابه ایچنه[7] قیوب[8] والتنه یومشاق آتش[9] ایدوب قینده‌لر و بر چبوق ایله قارشدوره‌لر تاکه غلیظ اوله بعده
صوده‌لر وکاغدی بر تحته[10] اوزه‌رینه[11] قیوب[12] بر بیاض بز ایله سوده‌لر و بر کونش[13] اوکنه دوشیوب کاغدی فروزلر[14]
کمسه انی بغدادی کاغددن فرق اتمیه وهر نه رنك استرلرسه بو دارونك ایچنه[15] قرشدوب[16] کاغده سوده‌لر تمام
رنکین اولور ☆

Anmerkungen. 1. Vulgär für برنجی — 2. für اوشدرلر — 3. für اوزرینه — 4. für قویوب — 5. Cod. اولانی — 6. d. i. بریان قابی (nach einer gütigen Mittheilung des Herrn Baron SCHLECHTA) — 7. Cod. الجنه — 8. für قویوب — 9. Cod. آتش — 10. fehlerhafte türkifche Schreibweife für تخته — 11. für اوزرینه — 12. für قویوب — 13. Cod. کونش — 14. Cod. فروشلر — 15. Cod. الجنه — 16. Cod. قرشدون.

Ueberfetzung.

‚Erfter Abfchnitt. Befchreibung, wie das Papier zu leimen ift, damit es fo werde, wie Bagdâder Papier und nicht fliefse.

Man nehme weifsen Reis und zerreibe ihn mit Waffer, damit er fich gut vermenge und der ftaubige Beigefchmack (Staubbeifatz) befeitigt werde. Dann giefse man (noch mehr) Waffer hinzu und laffe ihn eine Nacht und einen Tag lang ftehen. Diefe Auflöfung giefse man in eine Bratenfchüffel. Hierauf gebe man (das Ganze) in eine Pfanne und laffe es über einem gelinden Feuer kochen, rühre es auch mit einem Stäbchen um, damit es fich verdichte. Dann laffe man (die Maffe) abkühlen und giefse (d. h. breite) das Papier auf ein Brett aus, worauf man es mit einer (in jenen klebrigen Reisabfud getauchten) reinen Leinwand abreibt und an die Sonne ftellt. (Bei folcher Behandlung) werden (felbft) Papierhändler nicht im Stande fein, dasfelbe von (echtem) Bagdâder Papier zu unterfcheiden. Auch nimmt es jede beliebige Farbe an, wenn man (den Färbeftoff) der (Leimungs-) Maffe (*dârû*) beimengt und das Papier damit einreibt.‘

Indem alfo diefe Leimung mit dem klebrigen Reisabfud vollauf genügte, das darin getränkte oder damit eingeriebene Papier tintenfeft zu machen, hat man in alter Zeit demfelben noch ein Ingredienz beigemifcht, doch lediglich nur zu dem Zwecke, um das Papier auch vor dem Wurmfrafs zu fchützen. Das Mittel beftand in dem Safte der Coloquinte oder Bittergurke, حنظل *hantsal*, κολοκυνθίς, *Citrullus Colocynthis* Schrad., deren Früchte bekanntermafsen officinell waren und gegen Ungeziefer dienten. Unfer 'Umdet el-kuttâb fchreibt darüber, *L.* fol. *7 r*:

واعلم انك ان وجدت اكل الارضة فى الحبر دون الورق فاعلم انه انما هو ذوبان من كثرة الزاج وان كان من الورق فهو من الارضة فجعلوا المتقدمين الحنظل فى مركب الحبر وفى علاج الورق لمنع الارضة

,Wiffe, dafs wenn du in der Tinte (der Schriftzüge) den Wurmfrafs findeft, ohne dafs irgend eine Spur desfelben auch im Papier zu fehen ift, fo merke, dafs er nur vom Zerfall infolge zu vielen Vitriols herrührt; wenn er aber (auch) im Papiere erfcheint, fo kommt er von dem Wurme. Demgemäfs bereiteten die Alten die Coloquinte als Zufatz zur Compofition diefer Tinte und zur Leimung des Papiers, um damit den Wurm hintanzuhalten.'

In den Papieren der erzherzoglichen Sammlung, foweit diefelben unterfucht wurden, fowie in allen anderen gleichzeitig von Prof. WIESNER der mikrofkopifchen Prüfung unterzogenen mittelalterlichen Papierproben konnte eine Reisleimung nicht nachgewiefen werden, trotzdem die Erkennung der Stärkekörnchen diefer Pflanzengattung keiner Schwierigkeit unterliegt.

b) Die Leimung mit Weizenftärkekleifter. Eine in hohem Grade genugthuende Beftätigung erhält nun, anfchliefsend an die in unferen Papieren entdeckte ,Füllung' (oben Nr. 8), hier wieder der ftricte Nachweis Prof. WIESNER'S von der Stärkekleifterleimung der von ihm unterfuchten Papiere, den er in folgende Worte zufammenfafst: ,Es ift fomit, glaube ich, als fo gut wie gewifs zu betrachten, dafs die Faijûmer Papiere mit Weizenftärkekleifter geleimt wurden.' (Mitth. l. c. 229, auch 226 und 253). Unfer fcharfblickender Pflanzenphyfiolog erkannte aber in diefer von ihm entdeckten Stärkekleifterleimung ein ziemlich rohes Stärkeproduct, welches Kleberrefte und andere Mehlbeftandtheile (aus der gemeinfchaftlichen Frucht- und Samenhaut herrührend) enthielt', und folche ,Kleienbeftandtheile' fand WIESNER in den Papieren nicht felten (l. c. 229).

Ift es nicht wunderbar, wie diefer diagnoftifche Befund jetzt durch ein nahezu taufend Jahre altes Recept wörtlich beftätigt wird?

Unfere arabifche Quelle fchreibt ausdrücklich die نخالة الحنطة, ,Kleie vom Weizen', welche noch اثر الدقيق, ,Mehlbeftandtheile' enthält, vor; denn die نخالة دقيق الشعير, ,Kleie vom Gerftenmehl' wurde lediglich nur dazu gebraucht, durch Beräucherung mit derfelben fympathetifche Tintenfchrift hervorzurufen (*L* fol. 9 *a*, *Ga* fol. 10 *r*). Wenn unfer Recept die ,feine' Weizenkleie jener der vorwiegend von Hülfen oder zerriffenen Fruchtfchalen (نخالة القشر) gebildeten vorzieht, fo ift hiefür natürlich die erprobte Leimungsfähigkeit des aus dem durchgefeihten dünnflüffigen Stärkekleifter dargeftellten Leimwaffers mafsgebend gewefen. Denn die ,feine' Weizenkleie befitzt an Zellftoff 30·8%, Stärke 26·11%, Dextrin 5·52% und Kleber 13·46%. In Aegypten gab ein Scheffel (اردب *irdább*, ἀρτάβη) Weizen bis zu 8% Kleie. Dies wird durch einen fehr fchönen arabifchen Papyrus der erzherzoglichen Sammlung, welcher aus dem VIII. Jahrhundert von Bâhâ, einem Orte des oxyrhynchifchen Gaues (el-Behnefâ) herftammt, bezeugt. Die in ihm berichtete Naturallieferung bezieht fich auf die Abgabe des Weizens in vermahlenem Zuftande, woraus hervorgeht, dafs 1 Irdabb desfelben 62·5 ägyptifche Pfunde Mehl fafste. Der Text lautet:

Arabifcher Papyrus 9076:

بسم الله الرحمن الرحيم

الذى وصل الىّ من قبل عيسى وبشير من القمح   بالانتخال هى

من غلّة الامير ابقاه الله   بباها   اردب

فخرج فى غربلتها   δ   ν

وبقى   هى   μϛ

غلّتها جديدة وطحنوها فخرجت   ξζ

ووزنها بالقبان   فخرجت   قنطار   رطل

μα   πζ

Ueberfetzung.

Im Namen Gottes des Barmherzigen des Erbarmenden! — In Durchfiebung, das find:

Was an mich eingelangt ift: Von Seiten des 'Îfâ und Befchîr an Weizen von der Ernte des Emîr (Gott erhalte ihn am Leben!) in Bâhâ — Scheffel 50

davon gingen aus dem Siebe hervor (an Kleie) 4

es verblieben (an Mehl) 46

Von der neuen Fechfung, welche man vermahlte, ergaben fich 67

ihr Gewicht auf der Wage ergab.........Centner 41 Pfunde 87

c) Die Leimung mit Traganth. WIESNER hat, l. c. 218 ff., 224 ff., 254 ff., in einer glänzenden, die Kriterien zur Prüfung der Leimung des Papiers aufftellenden Beweisführung dargethan, dafs in keinem der Fälle, für welche Herr BRIQUET die Traganth-, Harz- oder combinirte Traganth-Harzleimung in Anfpruch nahm, eine folche Leimung fich nachweifen läfst. Auch alle übrigen, bisher an zahlreichen alten Papieren nach diefer Richtung hin angeftellten Unterfuchungen ergaben ein negatives Refultat. Nun ftellt fich angefichts unferer plötzlich auftauchenden arabifchen Quelle die überrafchende Thatfache heraus, dafs die von Herrn BRIQUET auf Grund feiner mikrofkopifchen Unterfuchungen fälfchlich behauptete[100] Harz- und Traganthleimung der altorientalifchen Papiere wenigftens in ihrem zweiten Punkte dennoch eine hiftorifche Beftätigung erhält: Herr BRIQUET hat fomit — wie es ihm auch bezüglich feiner *‚Légende paléographique du papier de coton'* wiederfuhr — die Wahrheit errathen, nicht aber erwiefen. Von diefem Gefichtspunkte aus mag nun der hier zum erftenmale gelieferte Beweis für das Beftehen und das Alter der Traganthleimung dem vortrefflichen Gelehrten immerhin eine Genugthuung gewähren.

---

100 C. M. BRIQUET, Recherches sur les premiers papiers employés en Occident et en Orient du Xe au XIVe siècle, Paris 1886, 41 ff. (Extrait de Mémoires de la Société nationale des Antiquaires de France, tome XLVI.)

15*

Unſer Text führt alſo als drittes Leimungsmittel auf: الكثيراء *al-ketîra*, Traganth gummi von *Astragalus*, τραγάκανθα = ſyr. ܩܛܝܪܐ, כתירא, ſpan. *alquitirra*, ital. *chitirra, chiturca cioè draganti.*[101] Die Schreibweiſe كثيرة, welche ſämmtliche Codices des *'Umdet el-kuttâb* bieten, iſt eine vulgäre und ſehr alt; ſo ſchreiben nämlich auch die Drogenverzeichniſſe der erzherzoglichen Sammlung, z. B.:

Papyrus 180:	قيراط كثيرة	‚Ein Karat Traganth',
Papyrus 350:	كثيرة η'	‚Traganth, $^1/_8$ (Karat)',
Papyrus 973:	كثيرة ς	‚Traganth, $^1/_2$ (Karat)',
Papier 8201:	كثيرة[102] بيضاء نصف رطل	‚Weiſser Traganth, ein halbes Pfund'
Papier 18266:	كسيرة[103]	‚Traganth'.

Unter *ketira* iſt natürlich das Gummi verſchiedener im Oriente und Griechenland vorkommender *Astragalus*-Arten zu verſtehen. So ſagt Abû Dſcha'far Ahmed el-Dſchezzâr († um 1004?) im zweiten Grade ſeines *Kitâb el-i'timâd fi-ṭ-ṭibb* (‚das über die Heilmittel handelnde Buch des Vertrauens'): كثيراء صمغ القتاد, ‚Ketîra iſt das Gummi vom Ḳatâd'. Kazwînî († 1283) ſchreibt über Letzteren:[104] قتاد شوكة معروفة يتخذها الناس وقودًا وتقول العرب للامور الصعبة دونها خرط القتاد لان ابرها حادّة طويلة جدًّا صمغها ينفع من السعال وقرحة الرية ويصفي الصوت ، ‚*Katâd* iſt ein bekannter Dornſtrauch, den die Leute als Brennſtoff gebrauchen. Die Araber ſagen bei einer ſchwierigen Unternehmung, ſie gehe über das Abſtreifen der Zweige des *Ḳatâd*, weil derſelbe ſehr lange ſpitzige Dornen hat. Sein Gummi nützt bei Huſten, Lungenkatarrh und macht die Stimme klar.' Bei den Arabern führt der *Astragalus* noch die Namen شجرة القدس, ‚Strauch der Heiligkeit', auch مسواك المسيح, ‚Meſſiaszahnſtocher', ferner سواك العباد, ‚Zahnſtocher der Sklaven' etc.; im Perſiſchen heiſst er كم *kum.*[105] Die Araber Aegyptens ſprechen ſeinen Namen *Kedîd*, häufiger *Keddâd* aus und bezeichnen damit die groſsen dornigen *Astragalus*-Arten *Leucacanthus* Boiſſ., *Forskalii* Boiſſ. und auch den nicht dornigen *Kahiricus* DC.; in Syrien iſt قتاد *Astragalus* sp.[106]

Es frägt ſich, welche *Astragalus*-Art gab das Gummi für die Zubereitung des Papierleimes? Es werden der Farbe nach zwei Sorten *Ketîra* erwähnt: الكثيراء الحمراء, ‚das rothe Ketîra'[107] oder الكثيراء الشقراء, ‚das fuchsrothe Ketîra', *L* fol. 23 *a*, und الكثيراء البيضاء, ‚das weiſse Ketîra', *L* fol. 23 *r* und oben Papier Nr. 8201. Erſteres war die gewöhnliche Sorte, welche man gleich den gemeinen Drogen nach dem Dſcharawî-Gewicht verkaufte; von der zweiten ſagt der Perſer el-Herawî:[108] وبهترش سپيدتر بوذ, ‚die

[101] Pegolotti bei Heyd, Geſchichte des Levantehandels, II, 653.

[102] So punktirt: كثيرة.

[103] Statt كثيرة, alſo offenbar miſsverſtanden nach dem Gehör wiedergegeben.

[104] 'Adſchâib el-machlûḳât, ed. Wüstenfeld, I, 292.

[105] Burhân-i ḳâṭi', Calcutta 1818, s. v.; Vullers, II, 799, 880.

[106] Löw, l. c. 50 f., 427.

[107] Ibn Mammati bei Ḳalḳaſchandî, ed. Wüstenfeld, 225.

[108] Kitâb el-ebnijje etc., l. c. 207.

beste Sorte Ketira ist die weissesteʻ. Sie ist eigentlich das Gummi von *Astragulus Tragacantha* L., welcher im Orient nicht vorkommt.[109] Wir sind also bezüglich seiner nach Griechenland, eine alte Heimath des Traganths und das einzige europäische Land gewiesen, von welchem im Mittelalter dieses Gummi bezogen wurde.[110] Dahin führt auch die in unserem ʻ*Umdet el-kuttâb* an einer Stelle, *Gd* fol. 10 *r*, gebrauchte nähere Bezeichnung كثيرة رومية, ‚griechisches Ketîraʻ.[111] Es ist begreiflich, dass man bei der Papierfabrication von der Benützung der gewöhnlichen, mehr in einen farbigen Ton fallenden oder gar rothen Ketîra-Sorten absehen und sich des kostspieligeren ganz weissen Traganthes, dem die hochgeschätzte blätterige Sorte Kleinasiens gleichwerthig war, bedienen musste. Kostspielig mochte er selbst in Aegypten gewesen sein, weil man ihn dort auf die Wage des Safrans, Balsams, Bibergeils, Zinnobers, Mennings etc. legte und nach dem Mann-Gewichte wog.[112] Und unter den theueren Arzneien der ordinirenden Aerzte von Montpellier, über welche Guiot von Provins in der Dichtung ‚*Bible*ʻ seinen Spott auslässt, ist auch, V. 2622, der Trank *diadragum* genannt, sonst *diadragagantum* oder *dyadragantum*, dessen Hauptbestandtheil seinem Namen zufolge eben Traganth bildete.[113]

Daraus erhellt zur Genüge, dass an eine ausgebreitete Verwendung des *ketîra* oder Traganthes bei dem grossen Bedarf an Materialien gerade in den Stätten der orientalischen Papierfabrication nicht gedacht werden kann. Ist schon der Umstand, dass diese Leimungsart erst an dritter Stelle und nur beiläufig erwähnt wird, hiefür beweisgebend, so deutet auch das dabei beobachtete Verfahren selbst auf eine sehr eingeschränkte Verwendung des Traganthes als Leimungsmittel hin: er wurde nämlich, was die eine Recension (siehe oben Anmerkung 57) ausdrücklich zu sagen nicht unterlässt, mit Weizenstärke versetzt — und so hat man es auch noch im XVII. Jahrhundert in der türkischen Papierfabrication gehalten. Dieselbe kennt neben der altüberlieferten Leimung mit Reiswasser oder reiner Weizenstärke nur noch Zusätze zu der letzteren, bestehend aus كثيرا, Traganth, oder türk. بالق طوتقالی *bâlyk̦ tûtek̦âly*, arab. غراء السمك *ghirâ es-sámak* (*Gd* fol. 8 *r*), Fischleim, Hausenblase (*gluten de vesica piscis qui dicitur huso*, Theophilus, l. c. 347).[114] Wenn man sich diese uralte Combination von Traganth und Weizenstärke vor Augen hält, dann erscheint auch die von unseren Technologen schlankweg aufgestellte Behauptung (Mitth. l. c. 224), die Anwendung der Stärke als Zusatz zur Harzleimung sei als eine in die neue Periode der Maschinenpapierfabrication gehörige Erfindung zu betrachten, in ihrer Wesenheit wiederum in einem etwas anachronistischem Lichte, insofern, als der Schritt vom Traganth zum Harz kaum einer besonderen Erfindung bedurfte.

11. Das Antikisiren des Papiers. Diese Operation besteht auch wieder in nichts Anderem, als in einer mit entsprechendem Farbstoff versetzten Stärkekleisterleimung. Ein ähnliches Verfahren haben wir oben unter Nr. 10 *a*, am Schlusse der türkischen Unterweisung in der Reisleimung kennen gelernt. Im ersteren Falle handelt es sich also, um

109 Löw, Aramäische Pflanzennamen, 51.

110 Heyd, l. c. II, 653.

111 Nicht ‚kleinasiatischesʻ, wie رومية nach jüngerem Sprachgebrauch sonst übersetzt werden könnte.

112 Ibn Mammatî, l. c. 225.

113 Heyd, l. c. II, 654.

114 Nafeîzâdè, l. c. fol. 15 *r* ff. (27 *r* ff.).

mich einer auch unferen Papiermachern geläufigen Ausdrucksweife zu bedienen, um die Papierfärbung mittelft Stärkefarben; nur verfteht man jetzt darunter eine ftark kleifterige Maffe, mittelft welcher — wie mit jenem türkifchen Reiskleifter — die darein gemifchte Farbe auf die Papierfläche verftrichen wurde, indefs unfere alte arabifche Quelle den Papierbogen in das dünnflüffige Leimungsmittel einzutauchen vorfchreibt. Im nächften Abfchnitt V werde ich mehr darüber zu fagen haben. Was die Ueberfchrift des in Rede ftehenden Abfatzes betrifft, fo entfpricht der Ausdruck التعتيق *et-ta'tîḳ*, ‚das Altmachen, Antikifiren' einer von den Arabern feit jeher gehuldigten Gefchmacksrichtung, welche den blendend weifsen Papieren folche mit einem Stich ins Gelbe oder Rothbraune, als wären die Blätter infolge des Alters vergilbt oder gebräunt, vorzogen. Dafs insbefondere die Urkundenfälfcher fich auf das ‚Antikifiren' des Papiers verftanden, ift von mir bereits angedeutet worden (Mitth. II und III, 147). Unfere Quelle befchreibt nun zwei Arten des Antikifirens:

a) Das Antikifiren mit Safran. Diefes feit den älteften Zeiten im Oriente für Schreibftoffe beliebte vegetabilifche Färbemittel (Mitth. l. c. 151) diente in diefem Falle, wie gefagt, zur Herftellung der Stärkefarbe oder Wafchfarbe, demnach einer Farbenbrühe, deren Grundlage die feinfte und reinfte Weizenftärke war. Ihr Quantum ift fixirt: 10 Pfunde, رطل *riṭl* = λίτρα, Süfswaffer. Diefe Flüffigkeit wurde nämlich nicht gemeffen, fondern gewogen.[115] Mit Weizenftärke der vorgefchriebenen Qualität verfetzt, mufste das Waffer um mindeftens zwei Karate, d. i. $^{1}/_{1080}$ Pfund, nach einer zweiten Verfion (Anmerkung 58) um zwei oder mehr Finger eingekocht werden. Erft darnach wurde zur Herftellung der Pigmentirung des Stärkeleimes durch Beimifchung eines beliebigen Quantums Safran gefchritten. Die weitere Procedur bedarf nach dem Vorausgehenden keines Commentars.

b) Das Antikifiren mit Feigen. Eine in gleicher Weife hergeftellte Farbenbrühe, deren Pigmentirung mittelft der Feigenmilch gefchah. Es frägt fich, welche Früchte hiezu verwendet wurden: von *Ficus carica* L. oder *Ficus Sycomorus* L.? Beide fanden Verwendung in der Wirâḳe, d. h. in den die Technik des Schriftwefens umfaffenden Künften der Araber. So diente die füfse efsbare Feige von *Ficus carica* L. zur Herftellung des

---

115 Auch andere Flüffigkeiten, namentlich Getränke, wie Wein etc. wurden nach dem Gewichte bemeffen und verkauft. Mas'ûdî, Murûdfch eds-dfáhab, Bulâker Ausgabe, II. 234: فاذا قدامه قدح بلور محروز فيه شراب يبفد مقداره خمسة ارطال, ‚Und fiehe! vor ihm ftand ein Kryftallbecher von Werth, gefüllt mit einem Trank, deffen Mafs fich auf fünf Pfunde erwies.' Auch das Trinken wurde nach Pfunden berechnet. Tabari, Annales III, IV, ed. GUYARD, 1041: وقال اسقوه رطلا, ‚und er fagte: gebet ihm ein Pfund (Wein) zu trinken!', ebenda: وقد شرب المأمون رطلا اخر, ‚Mâmûn hatte bereits ein zweites Pfund (Wein) getrunken'. Ibn el-Athîr, Chronicon, ed. TORNBERG, VI, 255: فلمّا دخل طاهر سقاه رطلين وامره بالجلوس, ‚Als nun Ṯâhir eintrat, gab er ihm zwei Pfunde zu trinken und befahl ihm fich niederzufetzen.' Ibn Maskowaih, Tadfchârib el-umam, ed. DE GOEJE, 556: فقال بغا انّ امير المؤمنين امرنى اذا جاوز السبعة ارطال الّا أترك احدًا فى المجلس وقد جاوز العشرة, ‚Da fprach Boghâ: Wahrhaftig! der Fürft der Gläubigen befahl mir, fobald er die fieben Pfunde überfchritten (wörtlich): Dafs du nicht Einen mehr bei dem Gelage läfst! — und nun hat er fchon die Zehn überfchritten!' (Ibn el-Athîr, VII, 63: وقد شرب اربعة عشر رطلا, ‚und nun hat er fchon vierzehn Pfunde ausgetrunken!'), woraus G. WEIL, Gefchichte der Chalifen, II, 369, gemacht hat: ‚Der Chalife habe ihm (Bogha) befohlen, feine Gefellfchafter nie über die fiebente Nachtftunde bei ihm zu laffen.'

klebrigen Bindemittels der Galläpfeltinte: *L* fol. 13*r* ثم تجمع ماء العفص والتين الخ, ,ſodann vereinige das Waſſer des (darin aufgelöſten) Gallapfels und der Feige etc.' Hauptſächlich verwendete man zur Erzeugung eines klebrigen Abſudes die Feige von Ma'arrat en-No'mân in Nordſyrien, welche unter dem Namen التين المعرّى, ,die ma'arriſche Feige' auf den orientaliſchen Märkten ein geſuchter Handelsartikel war. Daher ſchreibt *L* fol. 22*r* zu dem gedachten Zwecke التين المعرّى الجيّد, ,die ausgezeichnete ma'arriſche Feige' vor; und Reiſende, wie der Perſer Nâṣiri Chosrau[116] im Jahre 1047 und der Sicilier Ibn Dſchobair[117] im Jahre 1184 unterlaſſen es nicht, die Feigenculturen von Ma'arrat en-No'mân beſonders hervorzuheben. Allein der hohe Zuckergehalt, welcher dieſe Species ganz vorzüglich zur Tintenbereitung eignete, ſowie das gelbliche bis purpurne Fruchtfleiſch genügten an ſich nicht, um die entſprechende Stärkefarbe für die Antikiſirung herzuſtellen. Man bediente ſich hiezu zweifelsohne der Sykomore oder wilden Feige, arab. التين البرّى oder الجميز, von *Ficus Sycomorus* L., bibl. שקמה, συκάμινον, ſyr. ܫܩܡܐ. Schon in alter Zeit hat man es verſtanden, die in Doldentrauben vereinigten ſchuppigen Feigen dieſes groſsen, in Aegyten und Paläſtina einheimiſchen Baumes[118] füſs ausreifen zu laſſen und nicht nur für Thiere, ſondern auch für Menſchen genieſsbar zu machen, indem man dieſe Früchte einige Tage bevor man ſie abnahm aufſtach. So ſpricht der Prophet Amos, VII, 14 von dem Einritzen der wilden Feigen, welches auch Theophraſt, IV, 2 erwähnt.[119] Die Araber kannten und übten dieſes Verfahren nicht minder.

Nach der Schilderung 'Abd-el-latîf's von 1200 n. Chr. beſtieg man einige Tage vor dem Abpflücken der Früchte den Baum und ſtach eine nach der anderen mit einem Stecheiſen auf. Aus der ſo gemachten kleinen Wunde floſs ein weiſser Milchſaft und die angeſtochene Stelle ward ſchwarz. Dadurch erhielt die Frucht erſt einen ſüſsen Geſchmack. Dieſen weiſsen Milchſaft der wilden Feige nun, der in gleicher Weiſe auch den Zweigen entzogen wurde, verwendeten die Araber in der Färberei, indem ſie mittelſt Auftragung desſelben Stoffe und andere Gegenſtände, alſo wohl auch die Papiere roth färbten.[120] Daſs dies aber wieder nur erſt nach der Bereitung des Saftes zur Farbenbrühe geſchehen konnte, geht aus folgender, über eine Art ſympathetiſcher Tinte handelnden Stelle von *L* fol. 8*r* hervor: صفة مداد اذا كتبت به وقربته الى النار فان الكتابة تظهر حمراء وهو ان تكتب على الورق بلبن التين البرّى وهو الجميز وتجففه فان الكتابة لا تظهر فى الورق الا اذا قربتها الى النار, ,Beſchreibung einer (anderen ſympathetiſchen) Tinte. Sobald du mit derſelben geſchrieben haſt und ſie dem Feuer nahebringſt, erſcheint die Schrift roth. Es geſchieht dies, wenn du das Papier mit der Milch von der wilden Feige, d. h. der Sykomore beſchreibſt und dieſelbe (darauf) eintrocknen läſst: die Schrift erſcheint nicht früher auf dem Papiere als bis du ſie dem Feuer nahe gebracht haſt'. Die Rothfärbung des weiſsen Milchſaftes wird alſo evident durch Erhitzung erzielt, genau ſo, wie laut unſerer Vorſchrift der Antikiſirung durch die Abkochung des Feigenſaftes deſſen Farbkraft erzeugt wird. Daſs ,alte Feigen, welche das Vieh friſst', alſo die infolge ihres Alters ausgetrockneten und wegen

116 Sefer nâmèh ed. SCHEFER, 10 (perſ. Text).

117 Rihle ed. W. WRIGHT, 19.

118 FLÜCKIGER, Pharmakognoſie des Pflanzenreiches, 2. Auflage, 807.

119 ROSENMÜLLER, Bibliſche Alterthumskunde, IV, 1, 284.

120 Relation de l'Égypte, trad. par S. DE SACY, 19.

Mangels an Schmackhaftigkeit nicht mehr geniefsbaren Früchte vorgefchrieben werden, hat wohl feinen beftimmenden Grund in dem mit der Erhärtung des Milchfaftes eintretenden Verlufte feiner ätzenden Schärfe, infolge deffen die Löfung des feften körnigen oder klumpigen Inhalts der Milchfaftfchläuche in Waffer herbeigeführt werden mufste. Je nach dem Grade der Antikifirung in lichterer oder dunklerer Nüance, war felbftverftändlich eine mehr oder mindere Verdünnung der Milchfaftbrühe geboten.

V. Ueber die Papierfärberei.

Zu diefem Gegenftand habe ich in meiner erften Abhandlung über das arabifche Papier, Mitth. l. c. 146—151, nach dem mir damals zur Verfügung ftehenden Quellenmaterial das Hauptfächlichfte beigebracht, indem ich das nähere Eingehen auf die in die nachmittelalterliche Zeit fallende Papierfärberei unterliefs. Auch hier will ich diefe engere Grenze nicht überfchreiten. Die mir vorliegenden reichlichen Daten über die Herftellung der ungemein zahlreichen Farbenabftufungen und Schattirungen in der jüngeren orientalifchen Buntpapierfabrication bleiben einer Veröffentlichung an anderem Orte vorbehalten.

Was die uns hier befchäftigende alte Zeit betrifft, fo bin ich gleichfalls durch das *'Umdet el-kuttâb* in der angenehmen Lage, meine erften Ausführungen mit einigen intereffanten Daten nicht unwefentlich erweitern zu können. Gewiffermafsen als Anhang zu dem über die Papierbereitung handelnden XI. Capitel enthält das folgende XII. Capitel des gedachten Werkes unter dem Titel: صفة عمل صباغ الوان الورق, ‚Befchreibung der Zubereitung der zur Färbung des Papiers dienenden Farbenflüffigkeit, Recepte, welche ich im arabifchen Wortlaut unter Begleitung der Ueberfetzung und Erklärung hier folgen laffe.

Wir werden daraus zunächft die Beftätigung des von mir l. c. 149 Gefagten entnehmen: dafs die Pigmente in älterer arabifcher Zeit lediglich nur zu fchlichten einfärbigen Papieren gebraucht wurden und hiefür fowohl Körperfarben, wie Saftfarben theils zu felbftftändiger Anwendung, theils zu Mifchungen gedient haben.

Die aufzuführenden Pigmente find einfache oder gemifchte, letztere folche, welche durch die Verbindung zweier einfacher Farben hervorgebracht wurden. Diefe wie jene find meift Abkochungen von Pflanzentheilen und wurden nach dem Kochen manchmal zur Erhöhung der Modification oder Schattirung mit einem Mittel als Beize, ftets aber mit einem klebenden Bindemittel (Stärke) verfetzt. Das Auftragen der Farbe gefchah oberflächlich auf das fertige Papier: 1. durch ‚Eintauchen' (fiehe oben S. 109 f.); 2. durch ‚Einreiben' oder ‚Verftreichen' auf einem ‚Streichbrett' (fiehe oben S. 105) und 3. durch das ‚Abziehen', indem der fchwach angefeuchtete Bogen ausgebreitet auf die Oberfläche der in einem genügend weiten Gefäfse befindlichen Farbenbrühe gelegt und wieder davon abgehoben wurde. Von dem letzteren Verfahren gibt die nachfolgende Farbenlifte Kunde:

1. Blaue Papiere. Die mir vorliegenden Recenfionen des *'Umdet el-kuttâb* geben zwei Arten der Blaufärbung an:

a) Mit Indigo, النيل, im Cod. *L* fol. 28 *a* ganz kurz: فاما الازرق بالنيل, ‚was das Blau betrifft, fo gefchieht (die Färbung) mit dem Indigo'. Alfo eine durch Indigoauflöfung hergeftellte Saftfarbe aus der Pflanzengattung *Indigofera*, النيل *an-nil*, woraus fpan. *añil* und fpäter unfer Anilin.[121]

b) Mit Aloë. Der Text in den Codd. *Ga* fol. 52 *a* und *Gb* fol. 42 *a* lautet:

اما الازرق فبالجرادة واسمها صابرة وهى تنبت ايام البطيخ لها ورق اغبر ولها حب اكبر من الحمص ودون البندقة والحبة مثلثة ثلاثة اضلاع تاخذ الحب الذى لها تضعه فى اناء فخار ثم تمعكه بالصرة[122] حتى تخرج جلد الحبة وتصير الحبة بيضاء وتعصرها على غيرها تصير زرقاء وتيبس فى الظل بعد ذلك وتبخر وطريقة البخور ان تاخذ الكرنب الاخضر وتسلقه وتجعل ماءه[123] فى وعاء وتعلق الصرة[124] على وجه ذلك الماء بحيث انها[125] لا تصل[126] الى الماء وتغطى[127] عليها وعلى الماء يوما وليلة وترفع عنها الغطا[128] تجدها زرقاء غاية ،

واما صباغ الورق فهو[129] ان تبل[130] الصرة[131] وتعصرها وتحط الورق فيها الى ان يرضيك لونها ✡

‚Was die blaue Farbe betrifft, fo wird fie mit *el-Dſchurâde* (d. h. die Rinde), deren Name *Sâbire* ift, bereitet. Sie wächft in den Tagen (des Wachsthums) der Melone, hat ftaubfarbige Blätter, und Früchte, welche gröfser als die Kichererbfen und kleiner als die Hafelnufs find. Die Frucht ift dreikantig, mit drei Rippen. Du nimmft nun die Früchte, welche fie hat, legft fie in ein Thongefäfs, zerreibft fie dann mittelft eines Beutels fo lange, bis die Haut der Frucht fich ablöft und diefelbe weifs wird. Und quetfcheft du fie dann noch weiter, fo wird fie blau. Darnach dörre fie im Dunkeln und beräuchere fie. Die Procedur des Beräucherns ift die folgende: Du nimmft Grünkohl (*Brassica oleracea* L.), fiedeft ihn, gibft fein Abfudwaffer in ein Gefäfs, hängft den Beutel (mit den zerquetfchten Aloëfrüchten) knapp über die Wafferfläche, ohne dafs er diefelbe berührt und deckft beide, Beutel und Abfud, einen Tag und eine Nacht hindurch zu: dann, wenn du die Schleierdecke abhebft, findeft du die Aloëfrüchte äufserft ftark blau gefärbt.‘

‚Was nun die Färbung der Papierblätter betrifft, fo gefchieht fie in der Weife, dafs du den Beutel (mit dem Abfudwaffer) befprengft, ihn auspreffeft und die Papierblätter fodann von oben herab auf die Farbflüffigkeit legft, bis dafs ihre Färbung dich befriedigt.‘

Das hier befchriebene Verfahren gewährt eine fehr intereffante Bereicherung unferer Kenntnifs der alten fogenannten botanifchen Färberei. Dafs man die in der Heilkunde aller Zeiten wohlbekannte, aus den Aloëblättern gewonnene Droge im Mittelalter auch zur Bereitung des Lafurblaues gebrauchte, ift bekannt;[132] bisher unbekannt war jedoch, foviel ich fehe, die Benützung der Aloëfrüchte zu dem letztgenannten Zwecke. Neu find für uns auch die in der Quelle gebrauchten Namen, deren Identificirung mit der Aloë meines Erachtens keinem Zweifel unterliegen kann. Zunächft ftimmt die Befchreibung der Früchte auf das Genauefte zur Wirklichkeit; wie ja auch fonft die der Familie der Liliaceae angehörige Aloë fehr richtig gefchildert wird als شجر له ورق كورق السوسن وعلى حرفى الورقة شوك صغار وهو اطول واغلظ من ورق السوسن وعليه رطوبة تلصق باليد ولورقة عرق واحد الخ.

[121] Vergl. hierüber mein Buch ‚Die perfifche Nadelmalerei Sûfandfchird‘, Leipzig 1881, 58 ff.

[122] *Ga* und *Gb* بالطرة — [123] *Gb* ماوه — [124] *Ga* und *Gb* بالطرع — [125] *Gb* انه — [126] *Gb* يصل — [127] *Gb* تعطى — [128] *Gb* الفطا — [129] *Ga* und *Gb* وهو — [130] *Ga* نبل; *Gb* تيل — [131] *Ga* und *Gb* الطرة.

[132] Heyd, l. c. II, 558.

‚ein Baum, der Blätter hat gleich den Blättern der Lilie, nur dafs feine Blätter, welche länger und dicker als jene der Lilie find, an beiden Kanten kleine Stacheln tragen. Es haftet an ihm eine Feuchtigkeit, die fich an die Hand anklebt, indefs die Blätter ganz und gar von einem Safte ausgefüllt find'.[133] Diefe Pflanze nun, gleichwie ihren pharmakognoftifch berühmten Blätterfaft, kennen wir unter den Namen ἀλόη, hebr. אלוה oder אלואי, fyr. ܚܠܘܝ, ܐܠܘܝ oder ܨܒܪܐ = arab. الصبر *aṣ-ṣabr* oder *aṣ-ṣabir* und الصبارة *aṣ-ṣibâre,* wovon fpan. *acibar,*[134] welch' letztere Formen der appellativen Bedeutung nach jeden bitteren officinellen Pflanzenfaft bezeichnen; daher Zamachfchari († 1143 n. Chr.) صبر *ṣabir*, auf Perfifch als داروی تلخ, ‚ein bitteres Medicament' erklärt.[135] Den botanifchen Namen des faftfpendenden Theiles der Aloëpflanze lernen wir aber erft durch unfere Quelle kennen: الجرادة *el-dfchurâde,* ‚die Rinde'. In der That ift es die ‚Rinde' genannte dickwandige Epidermis, welche an der Grenze des fchlaffen Markes zahlreiche, mit dem eigenthümlichen Aloëfaft gefüllte Zellftränge enthält. Die von dem weit überwiegenden werthlofen Marke abgefchälte Rinde des Blattes genügt allein zur Gewinnung des officinellen Aloëfaftes.[136] Unfer zweiter Name الصابرة *aṣ-ṣâbire,* ‚die Geduldige', ift aber analog entftanden wie fyr. ܣܒܪܐ, das ein mifsverftandenes صبر *sabr* = ‚Geduld' ift.[137]

Während der fadenziehende gefchmacklofe Schleim des fchlaffen, grofszelligen, völlig durchfichtigen Markgewebes an der Luft fich nicht färbt, nimmt der in den Zellfträngen der Rinde reichlich enthaltene Saft in der Luft eine fehr fchöne tiefviolette bis rothe Farbe an.[138] Verfuche, welche Herr Prof. WIESNER zu diefem Zwecke mit den Blättern der *Aloë vulgaris* Lam. freundlichft unternahm, führten thatfächlich zu folchem Ergebnifs: der etwas gelbliche Saft ward roth, mit einem Stich ins Violette, wenn er mit der Luft durch einige Zeit in Berührung ftand. Am beften lieferte diefen Farbftoff nach dem Zeugniffe der muhammedanifchen Schriftfteller die altberühmte fokotrinifche Aloë, الصَّبِر السقطرى[139] oder الصَّبِر الاسقطرى,[140] fyr. ܨܒܪܐ ܐܣܩܘܛܪܝܬܐ,[141] *Aloë succotrina* Lamarck (*A. vera* Miller) von der Infel Sokotra im fudlichen Gebiete des rothen Meeres. Der alte perfifche Pharmakologe el-Herawî im X. Jahrhundert[142] führt unter allen Aloëarten die Sokotrinifche als die befte auf (اسقوطری است واو بهتر همه صبرها بود), deren Farbe blau ähnlich ift, wenn man fie ausprefst (ورنگش زرد فام بود چون بکوبند). Dimifchkî[143] hingegen findet den Saft der *A. socotrina* roth.

[133] Dimifchkî († 1327), Kitâb nochbet ed-dahr, ed. MEHREN, 81.

[134] Löw, l. c. 235, 426.

[135] Kitâb muḳaddimet el-adab, ed. WETZSTEIN, 58.

[136] FLÜCKIGER, l. c. 185 f.

[137] Löw, l. c. 295.

[138] FLÜCKIGER, l. c. 186.

[139] Jâḳût, Mu'dfchem el-buldân, ed. WÜSTENFELD, III, s. v.; Merâṣid el-ittilâ, ed JUYNBOLL, II, 37; Ḳazwînî, Adfchâib el-machlûḳat, ed. WÜSTENFELD, II, 45; Ibn Sa'îd († 1274/5), in Abû l-fedâ, Kitâb taḳwîm el-buldân, ed. SCHIER, 207.

[140] Dimifchkî, l. c. 81.

[141] Löw, l. c. 295.

[142] Kitâb el-ebnijje etc., 165.

[143] Nochbet ed-dahr, l. c. 81.

Dafs auch die Frucht, حب, der Aloë das Extract zur Blaufärbung hergab, erfahren wir gleichzeitig mit der Bereitungsweife nun erft von den Arabern. Die Darftellung des Textes bedarf keiner Erklärung. Höchftens wäre zu bemerken, dafs das Quetfchen und Auspreffen, fowie Eindämpfen oder Beräuchern der in einem Beutel, صرة, verfchloffenen Früchte und Samen ein in unferer Quelle öfters befchriebenes Verfahren betrifft.[144] Die Prüfung auf den Erfolg desfelben an Aloëfrüchten bleibt einer paffenden Gelegenheit vorbehalten.

2. Oelgrüne Papiere. واما صباغ الورق زيتى فخذ من هذا الازرق الذكور وافسخه بزعفران فانه عجيب, ‚Was die Färbung des Papiers zu Oelgrün anbelangt, fo nimm von dem vorbefchriebenen Blau und temperire es mit Safran: auf das wird fie wunderbar.' Der Ausdruck زيتى *zeitijj*, d. h. grün wie das Oel (von der Olive) ift belegt.[145]

3. Violette Papiere. واما البنفسجى فافسخ الازرق بالاحمر, ‚Was das Violett betrifft, fo temperire das Blau mit dem Roth.' Die Erklärung der letzteren Farbe ift im Nachfolgenden gegeben.

4. Rothe Papiere. واما الاحمر فباللك المحلول, ‚Was das Roth anbelangt, fo gefchieht die Färbung mit dem aufgelöften Lack.' Unter diefer zu den Körperfarben gehörenden Lackfarbe verfteht fich im Sanskrit die *Krmidfcha*, d. h. ‚Wurmerzeugte', ein Farbftoff, welcher aus der in Vorder- und Hinterindien lebenden weiblichen Schildlaus, *Coccus lacca*, gewonnen wird. Diefe Thierchen find dort bekanntlich maffenhaft auf verfchiedenen Bäumen (Croton, Butea, insbefondere Ficus etc.) zu finden, wo fie an den zarten Zweigen haften und den Rüffel beftändig in die Rinde eingefenkt haben. Hiedurch locken fie fo viel Saft hervor, dafs das ganze Thier damit überzogen wird und den man, fobald er erhärtet ift, Gummilack nennt. Mittelft eines Löfungsproceffes läfst fich daraus ein fchöner rother Färbeftoff gewinnen, welcher theilweife in den Zellen des weiblichen Thieres, theilweife aber eingetrocknet in den von den entfchlüpften Maden erzeugten Durchlöcherungen des Harzüberzuges vorhanden ift. Diefes farbhältige Harz heifst im Sanskrit *lâkfchâ*, davon perf. لك *lâk*, لكا *lukâ*, griech. λάκκα, λάκκος, λακχᾶς, λαχᾶς, λαχᾶ u. f. w., unfer Lack.[146] Als das befte Lack galt in der arabifchen *Wirâke* das von Sumatra, als Product der Infel und durchaus nicht als blofser Einfuhrartikel aus Pegu und Martaban, wie Garcia da Orto behauptet. Nach dem vortrefflichen W. Heyd, welcher diefe Provenienz bereits ficher geftellt, war deshalb auch die *lacca sumutri* neben der *lacca martabani* im orientalifchen Handel fehr verbreitet gewefen.[147] Zur Beftätigung deffen fagt unfere Quelle, welche im erften Abfchnitt des XIV. Capitels, *L* fol. 29 *r*—31 *a* (*Ga* fol. 55 *r* f.; *Gb* fol. 44 *r* f.) فى حل اللك لصبغ الورق وغيره, ‚über die Auflöfung des Lackes behufs Färbung des Papiers etc.' handelt und hiefür eilf verfchiedene Anweifungen gibt: ان اجود اللك السمطرى وبعده الكالكوتى وجديده احسن من قدمه, ‚fürwahr, das ausgezeichnetfte Lack ift das von Sumatra, nach ihm kommt jenes von Calicut, und das neue ift fchöner als das alte.' Auch wird für

[144] So *L* fol. 28 *r*: وتجعله فى صرة شاش رفيع صفيق ‚Thu' es in einen Beutel von feinem dünnem Schâfch-Stoff', und andere Beifpiele.

[145] Dozy, Suppl. I, 617.

[146] Ausführlicheres über die Rothfärbung in meinem Buche ‚Die perfifche Nadelmalerei Sûfandfchird', Leipzig 1881, 40—51.

[147] Heyd, Gefchichte des Levantehandels, II, 613.

die Papierfarbung *L* fol. 30 *r* ferner vorgefchrieben: اللك السمطرى الطيب النقي من عيدانه المسحوق, ,das gute, von feinen Zweigfplittern rein losgelöfte, zerftofsene (gepulverte) Sumatra Lack'. Hierauf bezieht fich zweifelsohne die in der italienifchen Handelsufance des Mittelalters übliche Bezeichnung ***polvere di lacca***. Sonft kam die *Lacca*, wie Pegolotti und Garcia da Orto uns unterweifen, entweder roh, in ihrer urfprünglichen Geftalt und als mindere Qualität, oft noch mit anhaftenden Zweigfplittern zum Verkauf (*lacca cruda*), oder wurde durch Erhitzung in Formen gebracht (*lacca cotta*).[148] Das pulverifirte Lack konnte naturgemäfs nur reinftes Material bieten. Es gab ein fchönes lebhaftes Roth. Doch wurde fein Pigment auch in der Papierfärberei in üblichen Nüancen durch verfchiedene Zufätze ins Hellere moderirt.

5. Aloëholzartige Papiere. واما العودى فبالبقم, ,Was die aloëholzartige Färbung betrifft, fo gefchieht fie mit dem Brafilienholz.' Papier nach diefem Recept gefärbt, zeigte ein rofiges Pigment. Dasfelbe ift ein Abfud des Brafilienholzes, arab. بقم *bâkkam*, von dem Baume *Caesalpinia Sappan*. Der Farbftoff, welcher je nach den Sorten verfchiedene Nüancen aufwies, wurde nach Befeitigung der Rinde und des zunächft darunter liegenden weifsen Holzes, aus dem inneren rothen extrahirt. Für die befte Sorte galt im Mittelalter die von Kulam oder Quilon (*colombino*) in Hellroth; die trübrothe war die mittlere, die gelbliche die fchlechtefte Sorte.[149] Die erftere bezieht fich auf den in unferer Quelle gebrauchten Pigmentterminus عودى *'ûdijj*, ,aloëholzartig', von عود *'ûd*, *Aquilaria agallocha* Roxb., ἀγάλλοχον, deffen Erklärung DOZY[150] offen liefs. Die Stelle in Taufend und eine Nacht:[151] وعليـه الفرجية الجوخ العودى, ,er hatte eine lange Robe aus aloëholzfarbigem Tuch an', zeigt eben die Verwendung des Brafilienholzes in der Textilfärberei zur Herftellung hell- oder rofarother Zeuge und Tücher an, welche im Abendlande unter dem Namen *panni berziliati* bekannt waren. Das الورق العودى, aloëholzfarbige Papier ift zweifellos identifch mit dem von mir bereits nachgewiefenen الورق المورد, rofenfarbigen Papier der alten Zeit (Mitth. II./III., 150).

6. Saatfärbige Papiere. واما الزرعى فبالزعفران والزنجار, ,Was die faatartige Färbung anbelangt, fo gefchieht fie mit dem Safran und dem Grünfpan.' Diefe Pigmentbezeichnung ift nicht dem Vergleiche mit der reifen Saat entlehnt, bezeichnet alfo keineswegs ein Gelb, wie etwa perf. كاهى ***kâhî***, d. h. ftrohfarbig, fondern die frifche grüne Saat in ihrem charakteriftifchen Farbton. So wird denn auch زرعى *zara'ijj*, faatfarbig = grün erklärt von dem in der zweiten Hälfte des XIII. Jahrhunderts im öftlichen Spanien (Catalonien oder Valencia) verfafsten arabifch-lateinifchen Wörterbuch.[152] Dementfprechend lieft man in Tabari[153] zum Jahre 198 H. = 813/4 Chr.: امر محمد بن زبيدة يوماً ان يفرش له على دكان في الخلد فبسط له عليه بساط زرعى وطرحت عليه نمارق الخ, ,Muhammed Sohn der Zobeïde befahl eines Tages, dafs ihm auf einer Wandbank des Palaftes el-Chuld ein Lager bereitet werde. Darauf wurden ihm über diefelbe ein faatfärbiger (grüner) Teppich gebreitet und Kiffen auf

148 HEYD, l. c. 612.

149 HEYD, l. c. II, 576 ff.

150 Suppl. II, 281.

151 Brefslauer Ausgabe, X. 277.

152 Vocabulista in arabico, public. da SCHIAPARELLI, in DOZY, l. c. I, 586.

153 Annales, III, III, ed. S. GUYARD, 956; auch Ibn el-Athîr, Chron. ed. TORNBERG, VI, 206.

denselben gelegt u. s. w.' Um nun diese Pigmentirung hervorzubringen, versetzte man behufs modificirender Temperirung die Safranlösung mit einer aus kryftallisirtem Grünspan, زنجار *zendschâr* (= perf. زنگار *zengâr*) bestehenden Beize.

7. Gelbe Papiere. واما الاصفر فبالزعفران والليمون, ,Was das Gelb betrifft, so geschieht die Färbung mit dem Safran und der Citrone.' Dieses Pigment ward zu seiner Erhöhung temperirt, indem man die Safranlösung mit einem Absud von Citronrinde (Limonschale), *Cortex Limonis* versetzte. Diese Fruchtschale ist ein auch in der heutigen Buntpapierfabrication gebrauchtes Mittel zur Erzeugung von gelber Saftfarbe.

Alle die hier aufgeführten Saftfarben dienten zur Herstellung eines leichten, durchsichtigen, das Auge mild einnehmenden Farbenüberzuges, indem sie sich ja von vornherein bekanntlich nichts weniger als zu einer satten und feurigen Färbung eigneten. Was man also in unserer heutigen Buntpapierfabrication in Beziehung auf dieses Verhalten der Saftfarben als Nachtheil erkennt, fafsten die Araber, deren reiche Farbenscala in erster Linie zur Erhöhung des kalligraphischen Papierwerthes dienen sollte, als Vortheil auf. Auch die rothe Körperfarbe hat sich, wie wir gesehen, als helle Tonart erwiesen.

VI. Die Entstehung der Fabel vom Baumwollenpapier.

Unter diesem Titel habe ich in meiner ersten Abhandlung über das ,Arabische Papier', Mitth. II./III., 129—136, dasjenige beigebracht, was mir hinreichend schien, eine Vermuthung über die Entstehung der Fabel vom Baumwollenpapier auszusprechen und zu begründen. Diese Begründung, auf welche ich zunächst hier verweise, glaubte ich festhalten zu dürfen. Nun kann sie mit einer neuen gewichtigen Stütze bewehrt werden.

Meine Aufstellung ging dahin, dafs die Entstehung der Bezeichnung *charta bombycina* im letzten Grunde und direct nicht auf die Aehnlichkeit des Papierzeuges mit Baumwolle sich zurückleiten läfst, dafs vielmehr dieser der rein äufserlichen Erscheinung der Papiere allerdings entsprechende Wortbegriff erst in zweiter Linie sich herausgebildet habe.

Ich leitete nämlich den Ursprung der Bombycin-Papiere von der nordsyrischen Stadt Bambyce, Βαμβύκη, arab. *Mambidsch*, ab, unter der Vorausfetzung, dafs die darnach benannte *charta bambycina* (χάρτης βαμβύκινος), d. h. das bambycische Papier, wegen seiner äufseren Erscheinung den Anlafs gab, diesen Namen in das so naheliegende *charta bombycina* (χάρτης βομβύκινος), d. h. Baumwollenpapier zu verändern. Eine reiche Nomenclatur liefs auch die Mittelglieder für diese Erklärung finden. Mein Rückschlufs gründete sich, neben dem Parallelismus der *charta damascena*, auf die Analogie der الثياب المنبجانيات, also: *vestes bambycinae* (εἵματα βαμβύκινα) oder *panni bambycini*, d. h. ,bambycischen Zeuge', welche im Mittelalter Berühmtheit erlangten.

Gegen diese Aufstellung könnten, wie ich zugeben will, vielleicht zwei Bedenken erhoben werden. Erstens, die zweifelnde Frage, ob denn die Benennung gewerblicher Erzeugnisse des Orients nach dem Ort ihrer Herkunft wirklich so gebräuchlich war, auf dafs ihre hervorragendsten Specialitäten damit einen Weltruf zu erlangen vermochten? Und dann zweitens der Mangel des stricten Nachweises einer Papierfabrik in Bambyce oder Mambidsch. Der Beantwortung des ersteren Punktes dürfte ich mich gegenüber Kennern des Orients und seines Einflusses auf die Culturbewegung des Abendlandes wohl für überhoben erachten. Nicht so, was etwa den einen oder anderen Gelehrten betrifft, dem die geiftigen Beziehungen ‚*ultra mar*‘ fehlen: da gilt es freilich augenfcheinliche Beweife herbeizufchaffen. Ich entnehme fie der textilen Gruppe, welcher bekanntlich auch das Papier technologifch zugetheilt wird. Einige Analogien aus dem reichen Vorrathe der dem Oriente entlehnten geiftigen Güter unferes Erdtheils werden darthun, dafs die Wandlung der *charta bambycina* in *charta bombycina*, d. h. die fucceffive Uebertragung des örtlichen in das ftoffliche Erkennungszeichen zu den allergewöhnlichften Erfcheinungen gehört, welche durch die uralten mercantilen Beziehungen zwifchen Afien und Europa gezeitigt wurden. Es waren im chriftlichen Abendlande hunderte aus dem Orient herübergekommener Benennungen gang und gäbe, von deren Entftehung man fich keine Rechenfchaft zu geben wufste, in deren Begriffsausdruck man die Bedeutung des Stoffes legte, indefs er urfprünglich auf die Localität feiner Herkunft fich bezog. Ift es nicht auch heute fo? Niemandem fällt es ein, in unferem ‚Baldachin‘ etwas Anderes als eine fefte oder tragbare Ueberdachung zu erblicken, und doch hat diefer Name eine zweifache Wandlung hinter fich. Denn die Begriffsbezeichnung für die ftoffliche Ueberdachung entwickelte fich aus dem *baldachinus* genannten Stoff (Goldbrokat); und diefer Stoff führt uns wieder zurück auf feinen Urfprung von Bagdâd, denn diefe Stadt hiefs im abendländifchen Mittelalter unter Anderem auch Baldach. Somit ift *pannus baldachinus* in letzter Linie die genaue Uebertragung von arab. الثوب البغدادى, d. h. ‚das bagdâdifche Zeug‘. Wer würde glauben, dafs unfer Satin etwas Anderes bezeichne, als das brillante glatte Atlasgewebe, von dem fich das fatiniren, d. h. glätten ableitet? Und doch fteckt in *Satin* ein durch die Araber vermittelter chinefifcher Stadtname. Diefer Stoff wurde fo genannt, weil er in vorzüglichfter Qualität von dem den Arabern im Mittelalter offenen chinefifchen Exportplatz *Tseu-thung* bezogen wurde. Aus dem Namen diefer Handelsftadt haben die Araber زيتون *Zeitûn* gemacht und eine Art dafelbft fabricirten Seidengewebes aus der atlasartigen Kinfcha-Gattung زيتونى *Zeitûnijj* (mit Artikel: الزيتونى *az-Zeitûnijj*), d. h. das zeitûnifche Zeug genannt, woraus fich wieder die fpanifchen Benennungen *aceituni* oder *setuni* und im Franzöfifchen unter manchen Wandlungen *zatouin* bis zum heutigen *satin* gebildet haben.[154] Wenn wir von Organdin (Organfin) fprechen, verknüpft fich damit die technologifche Vorftellung eines locker gewebten, leinwandartigen, feideweichen Baumwollftoffes, Mull. Und doch hat der Name zur textilen Erfcheinung des Objectes keine Beziehung; er leitet fich, gleichwie jener der Organfinfeide, von dem Seidenmarkte Urgendfch in Chiwa her, welcher im Mittelalter in Europa unter dem Namen Organzi geläufig war.[155] Dasfelbe ift mit dem verwandten Muffelin der Fall, welcher feinen Namen der Stadt el-Mauṣil (Mofful) verdankt.

Die Kirmânfchâh-Teppiche, welche jetzt noch durch ihre herrliche Farbenpracht das Auge entzücken und die Luft der Sammler reizen, waren im Mittelalter unter dem Namen *Cremesini* berühmt, den man mit dem hervorftechenden rothen Farbton, *cramesi, carmoisi*, d. h. kermesroth, alfo wiederum mit der äufseren Erfcheinung in Beziehung bringen wollte, was aber durchaus irrig ift: die *Cremesini* hiefsen fo nach Ḳermifîn, dem mittelalterlichen Namen der perfifchen Stadt Kirmânfchâh. Und nun erft unfer allbekannter und gefchätzter Barchent! Diefer auch durch die mittelhochdeutfche Dichtung

---

[154] Vergl. meine Abhandlung: ‚Ueber einige Benennungen mittelalterlicher Gewebe‘, 1882, 11 f.

[155] Ueber einige Benennungen etc., 21 f.

bei uns heimifch gewordene Name, erweckt bei feiner Nennung ftets ein Gefühl des Behagens, da fich mit ihm der textile Inbegriff des populärften wärmenden Baumwollzeuges verbindet. *Bombacina parchanus* nennt ihn das Mittellatein,[156] desgleichen *barracanus, barchanus*; daneben gehen die mittelhochdeutfchen Formen *barragân, barkân, barchant (parchant), barchent.* Die letzte, auch heute übliche Form *barchent* hat fich aus der erften, *barragân,* entwickelt, und diefe ift das perf. برکان *barragân,* arab. برکان *barrakân,* welches den Namen eines Diftrictes von Schîrâz bildet, von wo das urfprünglich kameelhaarige, roth und fchwarz geftreifte Zeug bereits im X. Jahrhundert exportirt wurde.[157] Berühmt und allgemein verbreitet war im chriftlichen Abendland ein mittellat. *attabi,* fpan., port., ital. *tabi,* franz. *tabis* genanntes Gewebe, deffen Namen man noch in neuefter Zeit zur etymologifchen Erklärung unferes ,Teppich' *(tappeto, tapis)* heranzog. Er hat indefs mit dem letzteren nichts gemein. Diefe Namensformen find völlig unabhängig von jenem *tabis* und gehen auf griech. τάπης, τάπις, τάπητα, ταπήτιον, lat. *tapete,* fyr. *tafeta, tafita,* chald. *tapis* zurück. Jene find aus dem arab. عتابى *'attâbijj,* d. i. ein wellenartig geftreifter Tafft, entftanden, welche textile Bezeichnung aber auf das العتابيين *el-attâbijjîn* genannte Stadtquartier von Bagdâd, den Sitz diefer Gewebemanufaktur, hinzuleiten ift.[158] Ich will diefe Analogien mit einem fchlagenden Beifpiele befchliefsen. Die mittelalterlichen Schatzverzeichniffe führen nicht felten eine Gattung Seidenftoff namens *canceus, canzeus* oder *cangium* auf. Man hat fich um die Erklärung feiner Provenienz vergeblich bemüht. Soviel fchien feftzuftehen, dafs das Zeug von Seide und feiner Bedeutung entfprechend fchillernd gewefen fei: *pannus forte unius quidem coloris; sed alio minus intensiore intermixtus, ita ut pro diverso aspectu subinde mutetur, quomodo Taffetas changeant dicimus.*[159] Weit gefehlt! Die dem Stoff imputirte appellativifche Erklärung aus feiner lateinifchen Namensform ift ganz und gar haltlos. *Canceus, canzeus* oder *cangium* kommt von der durch ihre fatinirten Stoffe berühmten chinefifchen Stadt *Chanfâ* (arab.), d. i. *Kingsze* (= Hauptftadt, oder *Kinfai* des Marco Polo, *Canfai* etc.) her, deren älterer Name *Hang-tfchéu* lautet. Die weftlichen Tataren China's nun fprechen bekanntlich alle chinefifchen Worte, die mit einem Hauchlaut anfangen, mit einem harten Kehllaut aus, weshalb z. B. Marco Polo auch *Coiganzu* ftatt Hoai-ngan-tfchéu überliefert. Aufserdem wurde das chinefifche *tfch* in den altvenetianifchen Handfchriften der Reifebefchreibung immer mit *g* oder *z*, und *tfchéu* mit *giu* wiedergegeben,[160] weshalb leicht im venetianifchen Dialekt aus Hang-tfchéu ein *Canzu* oder *Cangiu* entftehen konnte. Und wahrlich, der italienifche Text des Ramufio hat richtig diefen Namen *Cãgiu* = *Cangiu* = Hang-tfchéu überliefert. Die Beziehung aber diefer letzteren Form zu unferem *Cangium* oder *Canzeus* ift durch das arabifche Relativum

156 Aliquarum rerum vocabula cum teotonico annexo, Handfchrift der Stiftsbibliothek in Melk, charta, 4°, XV. Jahrhundert (H. 42), fol. 106.

157 Die Quellenbelege für diefe und die übrigen Ableitungen müffen, als hier zu weit führend, einer anderen Gelegenheit vorbehalten bleiben.

158 Meine ,Perfifche Nadelmalerei Sûfandfchird', l. c. 105, Anmerkung 90.

159 Du Cange, f. v. *cangium*; Francisque-Michel, Recherches sur le commerce, le fabrication et l'usage des étoffes de soie etc. pendant le Moyen-âge, II, 57.

160 The Book of Ser Marco Polo, by H. Yule, I, 99; I, 214.

خنساوى *chansâwijj*, d. i. ein Seidenftoff aus Hang-tfchéu, verbürgt.[161] Das Refultat ift: man hat fchon im Mittelalter, durch den Gleichklang verleitet, die urfprünglich überlieferte Relation zur chinefifchen Manufacturftadt in eine der äufseren ftofflichen Erfcheinung des Gegenftandes entfprechende lateinifche Bezeichnung mit appellativer Bedeutung verändert. Alfo genau diefelbe Wandlung, wie fie nach meiner Annahme die *charta bambycina* zur *charta bombycina* erfuhr.

Derlei Analogien vermöchte ich in noch gröfserer Zahl aus allen Gebieten der gewerblichen Künfte des Orients beizubringen, wenn die bereits gegebenen Beifpiele folches nicht überflüffig erfcheinen liefsen. Meine Annahme der *charta bambycina*, d. h. des ‚bambycifchen Papiers', ift eben in dem Wefen der gewerblichen Ausdrucksweife des Orients begründet. Benennungen wie: Samarkander, Bagdâder, Tihâmifches, Jemenifches, Aegyptifches, Damascenifches, Tiberiadifches, Tripolitanifches, Hamaer, Maghribinifches, Schâtibifches, Tebrîzer Papier u. f. w. (Mitth. II/III, 121 ff.) beweifen fchlagend, dafs diefer Bezeichnungsmodus gerade in der Papiermanufactur die Regel war. Und ift diefe Prämiffe richtig und unanfechtbar, fo mufs fie fich mit dem Schluffe decken: Der durch unfere pofitiven mikrofkopifch-hiftorifchen Ergebniffe begründete Satz, ‚es hat niemals ein aus roher Baumwolle erzeugtes Papier gegeben', bedeutet fo viel, dafs die Bezeichnung *charta bombycina* gar nicht die urfprüngliche gewefen fein kann. Woher hätte fich auch der enorme Bedarf des Abendlandes an derlei Rohmaterial im Mittelalter decken laffen? Man dachte an Sicilien. Bekannt ift die Infel als eine alte Stätte der Baumwollcultur. Noch bekannter ift es aber, dafs immer, wenn Räthfelhaftes unvermittelt in unferer abendländifchen Cultur erfcheint, Sicilien wie eine halbmorgenländifche Sphinx auftaucht, der das Geheimnifs zu entlocken fei. Als ob die Verbindungswege des Oftens nach dem Weften nur allein über Sicilien geführt hätten! So mufste denn die ficilifche Baumwolle alle europäifchen Papierfabriken mit Rohmaterial verforgen um die *charta bombycina* erklärlich finden zu laffen — man vergafs aber dabei, dafs eben die ficilifche Baumwolle die fchlechtefte war, welche in der mittelalterlichen Handelswelt gar wenig Credit genofs: ‚Die abendländifche Baumwolle taxirte der Kaufmann fehr niedrig; als die fchlechtefte bezeichnet Pegolotti die ficilifche, eine Stufe höher ftand nach ihm die von Calabrien und Malta, beffer war fchon die aus der Bafilicata (Apulien); aber keine derfelben erreichte die Güte der levantinifchen Sorten. Wollte man Baumwolle erfter Qualität kaufen, fo mufste man die Grenzen des Abendlandes nicht nur, fondern auch die der Chriftenheit überfchreiten.'[162] Nichtsdeftoweniger ftand auch die ficilifche Baumwolle hoch im Preife und ihre Ausfuhr war, laut dem zwifchen Friedrich II., ddo. März 1232 a. J. und der Commune von Venedig abgefchloffenen und durch deffen Sohn Manfred, ddo. Juli 1259 a. J. und fpäter wieder durch Conrad II. erneuerten Vertrag, ausfchliefsliches Monopol der Venetianer,[163] welche freilich auch nicht felten fich mit Gewalt in den Befitz diefes koftbaren Handelsartikels zu fetzen fuchten. Die verfchiedenen, über Erfatzanfprüche für die durch venetianifche Freibeuter verurfachten Schäden an die Signorie eingegangenen

---

161 Ueber einige Benennungen etc., l. c. 12.

162 Heyd, l. c. II, 573.

163 Libri pactorum, k. k. Haus-, Hof- und Staatsarchiv in Wien, tom. I, fol. 290 *r*, 340 f.; tom. II, fol. 47 *r* ff., 51 *a*.

Berichte der venetianifchen Confuln geben hievon Zeugnifs: gerade die Bürger Apuliens hatten wegen ihrer durch venetianifche Schiffe gekaperten Baumwollladungen Klage zu führen.[164]

Man fieht alfo, dafs die ficilifche, oder fagen wir unteritalifche Provenienz der Baumwolle an fich den Bedürfniffen der mittelalterlich-europäifchen Papierfabriken nicht hätte entfprechen können, weder quantitativ, noch qualitativ.

Wie fteht es heute damit? Unfere moderne, in allen Fineffen und Praktiken der mechanifchen Technologie hochausgebildete Papierinduftrie kennt gar nicht die rohe Baumwolle als Papiermaterial! Natürlich, weil das Faferwerk derfelben fich nur fchwer vollkommen verarbeiten läfst. Was alfo der Mafchinenbetrieb im Zeitalter der Dampfkraft als unausführbar auszuführen unterläfst, follte man vor etlichen Jahrhunderten fchon mittelft des Stöfsels im Mörfer zu Stande gebracht haben? Auch die mürben Fafern in den abgenützten Baumwollhadern finden bei all' ihrer Billigkeit und Abundanz blos eine befchränkte Verwendung, infoweit nämlich, als man fie zur Untermifchung und Erzeugung von Flüffigkeit einfaugenden Papieren für tauglich erkennt. Im Uebrigen fuchen unfere Papiermacher als Erfatz für das befte, aber infolge ungeheuren Verbrauches immer feltener und koftfpieliger werdende Rohmaterial aus Leinenhadern emfig nach Surrogaten, deren eines, das Holz, uns die Herrfchaft des vorzeitig vergilbenden Papiers befcheert hat.

Will man zugeben, dafs nach dem Gefagten der *charta bombycina* ftofflich wie technologifch die Bafis entzogen ift, fo wäre der Ausdruck eingefchränkt nur mehr auf die baumwollartige Erfcheinung des Hadernpapiers zurückzubeziehen. Dies ift unter allen Umftänden, meine ich, jetzt als erwiefen feftzuhalten. Hieran knüpft fich jedoch meine oben kurz wiederholte Hypothefe von der *charta bambycina*, d. h. dem bambycifchen Papiere. Indem ich die in meiner erften Abhandlung, Mitth. II/III, 129—136, zu ihrer Unterftützung mitgetheilte hiftorifch-antiquarifche Begründung in vollem Umfange aufrecht halte, glaube ich nun ein neues, fehr gewichtiges Beweismoment hinzufügen zu können.

Kurz nach der Publication meiner Abhandlung über das ‚Arabifche Papier', fand ich unter den arabifchen Handfchriften der herzoglichen Bibliothek in Gotha unter Nr. 377 einen Codex, welcher 1204 n. Chr. in Mambidfch, d. i. Bambyce entftanden ift. Herr Geh. Hofrath Dr. PERTSCH hatte die Güte, mir mit liebenswürdiger Bereitwilligkeit eine kleine Papierprobe des Codex, fowie feine ungemein wichtige datirte Unterfchrift (Kolophon) in Abfchrift zu fchicken (ddo. Gotha, 14. December 1887). Ueber erftere ward mir von Seite meines hochverehrten Herrn Collegen Prof. WIESNER alsbald der folgende mikrofkopifche Befund mitgetheilt:

‚1. Es kann gar keinem Zweifel unterliegen, dafs das fragliche Object ein Hadernpapier ift; denn es liefsen fich mikrofkopifch an einzelnen Stellen Garnfädenfragmente darin nachweifen.

2. Baumwolle wurde in diefem Papiere an keiner Stelle gefunden, fondern blos Baftzellen (Lein- oder Hanffafer). Leinfafer ift gewifs darin enthalten, Hanffafer konnte nicht conftatirt werden, doch mag felbe darin enthalten fein; zur Entfcheidung der Frage, ob Hanffafer darin enthalten ift, reichte diefes Unterfuchungsobject nicht aus.

[164] Lib. commem., k. k. Haus-, Hof- und Staatsarchiv in Wien, tom. III, fol. 27 *a*, ann. 1326 a. J.

3. Als Leimungsmaterial erfcheint fchon, ohne jede Vorbehandlung, einfach nach Ausweis der mit wäfferiger Jodlöfung gemachten Probe, Stärkekleifter. Letzterer ift fehr reichlich vorhanden.

Alfo: Diefes Papier ift ein mit Stärkekleifter ftark geleimtes Hadernpapier.‘

Die Unterfchrift lautet:

وهذا آخر كتاب (sic)

والحمد لله ربّ العالمين والصّلوة على محمّد سيّد المرسلين وقع الفراغ من زبركلّه صبيحة نهار الاثنين الثانى والعشرين من جمادى الاوّل سنة ستمائة بمنبج حماها الله على يدى محمّد بن المظفّر بن عمر القزوينى تغمده الله. . . . . والمسلمين. . . . .

‚Dies ift das Ende des Buches.

Lob fei Gott dem Herrn der Welten und der Segen (Gottes) fei über Muhammed dem Herrn der Gefandten! Es ereignete fich die Vollendung der ganzen Abfchrift in der Morgenfrühe des Montag am 22. Dfchumâdâ I. des Jahres 600 (= 27. Jänner 1204 n. Chr.) in Mambidfch — Gott befchutze es! — durch Muhammed Sohn des el-Muzaffir, Sohnes des 'Omar aus Kazwîn, den Gott mit feinem Erbarmen decken möge! . . . . .und für die Gläubigen. . . . .‘

Diefe Unterfchrift kommt, wie der Ductus und die einleitende Formel على يدى zeigen, von einem ورّاق Warrâḳ, alfo profeffionellen Copiften, der zur Gilde Jener gehörte, welche die وراقة Wirâḳe, d. h. die Gefammtheit der das Schriftwefen umfaffenden technifchen Künfte ausübten: ‚Die Kunft der Warrâḳ‘, fagt Ibn Chaldûn († 1408),[165] ‚geht dahin, dafs diefelben das Copiren, Corrigiren und Einbinden beforgen, überhaupt fich mit allen Dingen, welche auf das Schriftwefen und die Archivalien Bezug haben, befaffen. Diefe Kunft ift als eine Specialität heimifch in allen grofsen Städten, deren Civilifation fehr vorgefchritten ift‘ (وجاءت صناعة الورّاقين المعانين لانتساخ والتصحيح والتجليد وسائر الامور الكتبية والدواوين واختصّت بالامصار العظيمة العمران). Zur näheren Begründung des Satzes geht Ibn Chaldûn gleich auf die Schreibmaterialien, insbefondere die Papierbereitung über. In der That hebt die Wirâḳe mit der letzteren an und endigt mit dem bis zum Einband fertiggeftellten Buch (Codex). Der Warrâḳ alfo konnte, die Stadien feiner Kunft durchlaufend, Papiermacher, Tintenbereiter, Copirer, Collationirer, Verzierer, Miniaturer, Vergolder und Buchbinder fein. Dies der Inbegriff der Wirâḳe, deren Ausüber den gemeinfamen Namen Warrâḳ führten. Wo diefe Kunft der Wirâḳe ihre Stätte aufgefchlagen hatte, da blühte nothwendig auch die Papierfabrication. Und deshalb erfcheint es mir gerechtfertigt, auf Grund des hier nachgewiefenen, in Bambyce kunftgerecht hergeftellten Codex vom Jahre 1204 für diefe Stadt die Exiftenz einer Papierfabrik, welcher die *charta bambycina* entfprang, anzunehmen.

---

165 Mukaddime, Bûlâḳer Ausgabe vom Jahre 1284 H., I, 352.

J. Karabacek.

122

Arabiſches Leinen-Lumpenpapier des X. Jahrhunderts n. Chr.
Mit unvermahlenen Gewebereſten und Garnfäden.

(Vergrößerung: $2^1/_2$)

ZUR PEHLEVI-PALAEOGRAPHIE.

Mit einer Schrifttafel.

In der Sammlung der ‚Papyrus Erzherzog Rainer‘ findet ſich auch eine beträchtliche Anzahl ſâſânidiſch-perſiſcher Schriftſtücke, deren auffälliges Erſcheinen unter den aus Mittelägypten ſtammenden Papyrusmaſſen, wie KARABACEK wiederholt dargethan,[1] zunächſt mit einem Ereigniſſe der Weltgeſchichte in Beziehung ſteht, indem Aegypten 615 bis 618 unter Chosrau II. Parvêz von den Perſern erobert und verwaltet wurde.

Bisher habe ich an 400 Stücke näher unterſucht. Es ſind gröſstentheils Fragmente von Papyrus, ziemlich viele Pergamene und etliche Texte auf Schafleder. Unter den letzteren miſst das umfänglichſte Stück (Nr. 2) 28 : 20 Centimeter; eine andere vollſtändig und vorzüglich erhaltene Lederurkunde (Nr. 6) hat die faſt quadratiſche Gröſse von 17·5 : 16·5 Centimeter. Der gröſste Pehlevî-Papyrus (Nr. 89) miſst 40 : 19 Centimeter, der nächſte (Nr. 12) 35 : 11 Centimeter, und ſo fort herab bis zu den kleinſten Fragmenten.

Wenn man nun auch ſchon beim erſten Anblick erkennt, daſs wir es hier in der That mit Pehlevî-Schrift zu thun haben, da einzelne charakteriſtiſche Buchſtaben, wie), ﻟ, ɾ, ı ſehr deutlich geſchrieben ſind, ſo wird doch bei näherem Zuſehen das Auge durch eine Maſſe von Zeichen, die weder aus dem Bücher-, noch dem Inſchriften- oder Münzpehlevî bekannt ſind, verwirrt. Um dieſe fremden Zeichen mit einiger Sicherheit leſen zu können, muſs man jedes einzelne von ihnen in allen Combinationen, in denen es vorkommt, beobachten, und ſelbſt dann wird, da einerſeits ſchon die gewöhnlichen Pehlevi-Buchſtaben vieldeutig genug ſind, anderſeits die Schrift der verſchiedenen Fragmente nicht die gleiche iſt, Anlaſs genug zu Zweifeln übrig bleiben. Wenn der Unterzeichnete es dennoch wagt, einige Reſultate, die ſich ihm bei näherer Beſchäftigung mit dieſen Bruchſtücken ergeben haben, der Oeffentlichkeit vorzulegen, ſo geſchieht es nur aus dem Grunde, weil nach ſeiner Anſicht jeder Beitrag auf dem Gebiete des Pehlevî, ſo unvollkommen er auch ſein mag, einen gewiſſen Werth hat, wenn er ein bisher nicht bekanntes Gebiet der Wiſſenſchaft zu erſchlieſsen ſucht.

Die Schrift unſerer Fragmente zeigt, wenn man ſie mit der des Bundehesh in WESTERGAARD'S Ausgabe oder der des Mainyo-i-Khard in ANDREAS' Ausgabe vergleicht, curſivere Züge als in dieſen beiden ‚kanoniſchen‘ Werken. Dies zeigt ſich bei der Ausführung der Buchſtaben ﮰ, ـــ und ٮ, die alle drei häufig durch einen bloſsen Horizontalſtrich wiedergegeben werden, eine Vereinfachung (Contraction), die für den zuletzt

[1] Der Papyrusfund von el-Faijûm, im XXXIII. Bande der Denkſchriften der philoſophiſch-hiſtoriſchen Claſſe der kaiſerl. Akademie der Wiſſenſchaften (1882); Die Theodor Graf'ſchen Funde in Aegypten, 1883, 14, 40.

angeführten Buchftaben aus dem Neuperfifchen ja bekannt genug ift, die mir aber im Pehlevî fonft nicht vorgekommen ift. Unzweifelhafte Beifpiele diefer Art find auf beifolgender, von Prof. KARABACEK facfimilirten und fodann in Eindrittelreduction photographifch wiedergegebenen Tafel dargeftellt: [illegible] Nr. 6 und 7 [50 und 80];[2] [illegible] Nr. 1 bis 5 [12, 40, 36, 61, 46]; [illegible] [illegible] Nr. 8 [48]. Die Gruppe [illegible] wird demnach zu zwei ineinanderlaufenden horizontalen Strichen in dem Worte [illegible] Nr. 8 [48], das, wie das vorhergehende [illegible] zeigt, welches felbft wieder auf das foeben angeführte [illegible] folgt, nur der Name des Tages ‚Mâh' fein kann.

Ein Beifpiel für die Contraction von [illegible] ift das Wort [illegible] Nr. 9—12 [IV, 27, 50*a*, 88].

Die perfifche Manier, [illegible] in einen einzigen Strich zufammenfliefsen zu laffen, findet fich in dem Worte [illegible] Nr. 13—15 [32, 14, 11]. Die auf der Tafel zuerft angeführte Form Nr. 13 [32] läfst die drei Spitzen des Buchftabens noch erkennen.

Diefelbe Erfcheinung flüchtiger Curfive finden wir auch bei dem [illegible], befonders in der Verbindung mit vorausgehendem [illegible]. Man vergleiche die Bücherpehlevî-Formen [illegible], [illegible], [illegible] und [illegible] mit den auf der Tafel unter den Nr. 16—23 [83, 32, III, 21, 37, 12, 44, 76] angeführten. Die Formen, die fich auf unferen Fragmenten finden, find deshalb intereffant, weil fie uns den Weg zeigen, auf dem aus der hiftorifch älteften Form diefes Buchftabens [illegible] durch [illegible], [illegible], [illegible], [illegible] hiedurch fchliefslich [illegible] wurde und es anderfeits durch fie begreiflich wird, weshalb die gelehrten Verfaffer des Zend-Alphabetes die mit dem vorhergehenden Buchftaben verbundene Form [illegible] als ‚Implofiva', die an den nachfolgenden fich anfchliefsende, [illegible], als ‚Explofiva' verwendeten. (Man fehe über den Lautwerth diefer zwei Zend-Zeichen meine Abhandlung ‚Die Verfchlufslaute', Graz 1881, pag. 7 ff.) Die Verwendung der zwei in unferen Papyrus unterfchiedslos gebrauchten Zeichen [illegible] und [illegible] (man vergleiche die Worte Nr. 9 und 10 unferer Tafel [IV, 27]) zur Bezeichnung von Nuancen desfelben Lautes gibt uns einen werthvollen Fingerzeig über die Entftehung des Zend-Alphabetes. Ein Analogon dazu bietet unfere moderne ‚lateinifche' Schreibfchrift, infoferne wir nämlich das mit dem folgenden Buchftaben verbundene *d* und das davon getrennte [illegible] in ähnlichem Sinne verwenden könnten.

Auch eine andere durch Schreibflüchtigkeit herbeigeführte Veränderung des [illegible], auf welche fchon SALEMANN (Bulletin d. Petersb. Akad. 1887, pag. 438) aufmerkfam gemacht hat, findet fich in unferen Fragmenten in dem Worte [illegible] Taf. Nr. 8 [48]. Durch die Vernachläffigung der Schleife fällt der Buchftabe mit [illegible], d. h. [illegible] + [illegible] zufammen. Ein hübfches Beifpiel diefer Art finden wir in WESTERGAARD's Ausgabe des Bundehesh, pag. 29, wo Zeile 4 [illegible], Zeile 10 [illegible] fteht.

Ich führe noch einen Buchftaben an, deffen Ausführung in unferen Fragmenten geeignet ift, einiges Licht auf Vorgänge in der Pehlevi-Schrift zu werfen. Es ift dies der Buchftabe [illegible], der, wie einige fchon angeführte Beifpiele zeigen, gewöhnlich in diefer Form gefchrieben wird. Daneben findet fich aber in einigen Beifpielen eine durch den Verluft des linksfeitigen Ausläufers gekürzte Form, die fich vom [illegible] jedoch durch die gröfsere Höhe und eine fchwache Krümmung unterfcheidet Nr. 24—26 [76*a*, 57, 57]. Die als Beifpiele angeführten Worte werden im Bücherpehlevî [illegible], [illegible] und [illegible] gefchrieben.

[2] Die zwifchen [ ] ftehenden Ziffern bezeichnen die Nummern der derzeitigen proviforifchen Einordnung der Pehlevî-Stücke in die erzherzogliche Sammlung.

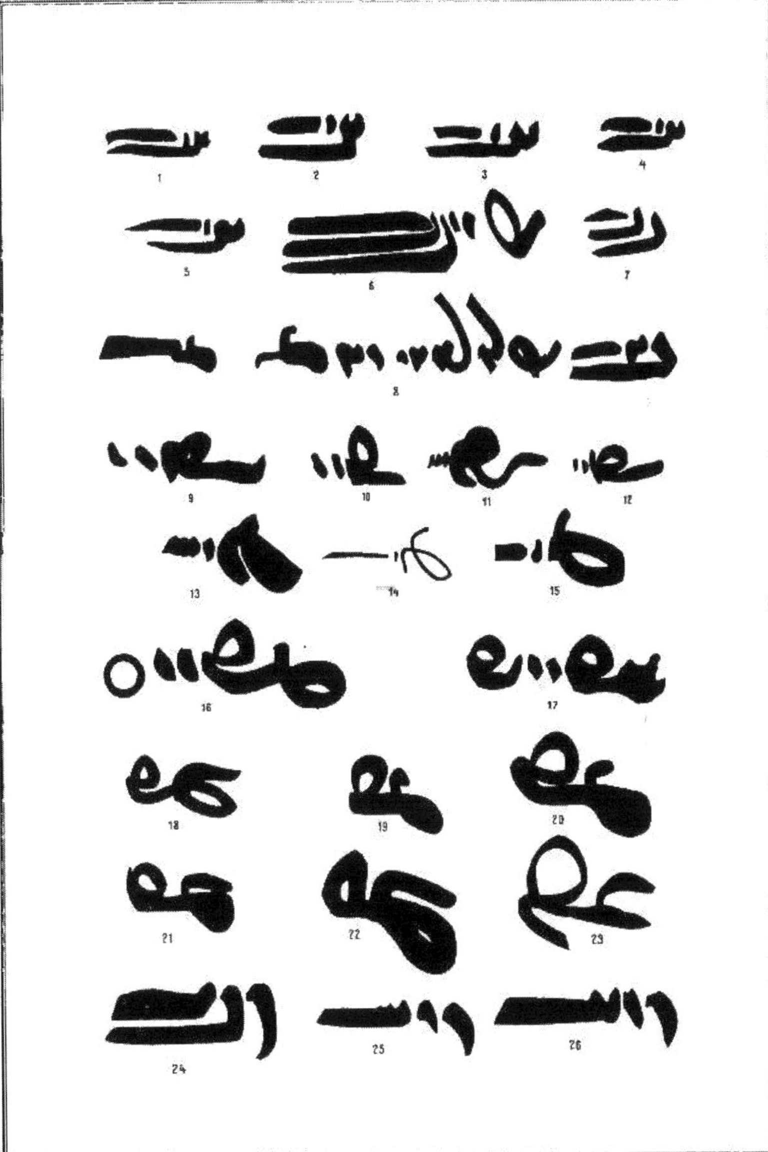

Zur Pehlevi-Palaeographie.

Damit haben wir das hiſtoriſche Mittelglied, wie es für Fälle wie [Pehlevi] für älteres [Pehlevi] vorausgeſetzt werden muſs, und ich kann mich deshalb WEST (Ard. Vir. Gl., pag. 215) nicht anſchlieſsen, der geneigt iſt, zwiſchen ـو und ﺩ den Buchſtaben ı einzuſchieben, da derſelbe in der Pehlevî-Schrift keine weitere Kürzung erfährt und es auch anderſeits unbegreiflich wäre, wieſo die Abſchreiber, die keine Idee von wiſſenſchaftlicher Etymologie hatten, gerade das aus ـو entſtandene ı weiter gekürzt hätten. Zu Gunſten unſerer Anſicht können wir noch anführen, daſs das charakteriſtiſche Merkmal des *b*-Zeichens, nämlich die Krümmung, ſich in allen drei von uns in hiſtoriſche Reihenfolge geſetzten Zeichen findet, während die Reihe ـو ı ﺩ eine ſolche Continuität nicht aufweiſt. Uebrigens ſcheint ſich unſer Zeichen auch thatſächlich in den zum Gebrauche der Abſchreiber verfaſsten Alphabeten zu finden. In den von SALEMANN (III. Orient. Congr., Petersburg 1879, pag. 504) zuſammengeſtellten Pehlevî-Alphabeten findet ſich nämlich neben ـو und von dieſem durch einen Punkt getrennt ein dem ı ähnliches Zeichen, das dieſer Gelehrte (ib. pag. 507) allerdings mit ı identificirt, das jedoch, wie der zwiſchengeſetzte Punkt anzeigt, nicht das ſchlieſsende ı des Pehlevî, das ſchon an und für ſich in einem Alphabete auffällig genug wäre, ſein kann, während die Annahme, daſs wir es hier mit zwei verſchiedenen Formen des ـو zu thun haben, ſehr gut dem Zwecke, dem dieſe Alphabete dienen, entſpricht.

Ich ſchlieſse hiermit dieſe vorläufigen Bemerkungen über die Pehlevî-Fragmente dieſer nach allen Richtungen hin ſo werthvolle Aufſchlüſſe bietenden Urkundenſammlung, indem ich die Hoffnung ausſpreche, daſs es mir in nicht allzuferner Zeit möglich ſein werde, den Fachgenoſſen ein gröſseres Stück mit vollſtändiger Transſcription und Ueberſetzung vorlegen zu können.

WIEN.

J. Kirſte.

RESTE KOPTISCHER SCHULBÜCHER-LITERATUR.

Wohl kein Land des Alterthums hat fo verfchiedene Völker auf fich vereinigt gefehen wie Aegypten, aus keinem find uns Texte in fo verfchiedenen Sprachen erhalten. Noch in den letzten Jahren hat GOLENISCHEFF [1] aus dem Wadi Hammamât Abfchriften zweier fabäifcher Infchriften mitgebracht, alfo aus dem Thale, durch welches der Handel feit uralter Zeit vom Nilthale zum rothen Meere und von da nach dem Sabäerlande, nach Punt, beziehungsweife Toneter, ging. Es fehlte fonach in Aegypten weder an Gelegenheit, noch an Nöthigung, fremde Sprachen zu erlernen. Dass Negern die Sprache der Aegypter, Syrer und der übrigen Völker beigebracht wurde, wiffen wir aus einem der Papyrus von Bulak.[2] Anderfeits lefen wir in den Zufatzcapiteln des Turiner Todtenbuchexemplars eine Reihe von barbarifchen Namen, von denen es heifst, dafs fie Ueberfetzungen ägyptifcher Namen in die Sprache der Neger und Trogodyten Nubiens darftellen.[3] Mannigfache Lehnwörter im ägyptifchen Wortfchatze geben uns, wie unten näher bemerkt wird, Belege für diefe mannigfachen Culturberührungen.

Handelte es fich in den obenerwähnten Fällen um das Erlernen fremder Sprachen zum Zwecke des gegenfeitigen Verftändniffes der verfchiedenen im Nilthale angefiedelten Völker, fo ftellte fich die Sache ganz anders, als das Koptifche ganz unter Einwirkung des Griechifchen zur Schriftfprache fich entwickelt hatte. Ein koptifcher Text ift fo durchfetzt mit griechifchen Lehnwörtern, dafs er ohne Kenntnifs des Griechifchen partienweife total unverftändlich wird. Die Zahl der Lehnwörter war nicht fixirt, jedes griechifche Wort konnte zum Lehnwort werden. Unter diefen Umftänden war es für den Kopten nicht blofs aus praktifchen Gründen angezeigt, die Sprache der herrfchenden Bevölkerung fich anzueignen, er mufste es thun, um die eigene Literatur allfeitig zu verftehen. Vollends mufste fich das Bedürfnifs nach Wörterverzeichniffen mit aller Entfchiedenheit einftellen, als das Griechifche in Aegypten feinem Untergange entgegen

[1] Epigraphifche Refultate einer Reife nach dem Wâdi Hammamât, S. 4 und Tafel I, Nr. 1 und 2.

[2] MARIETTE, Papyrus de Boulaq, IV, pl. 23; vergl. CHABAS, L'antiquité historique, S. 415.

[3] Todtenbuch, CLXIV, l. 6. Vergl. PLEYTE, Chapîtres supplémentaires du Livres des Morts, III, S. 6.

ging, als es nach dem Einbruche der Araber und damit im Zusammenhange der Vertreibung und Auswanderung der griechischen Bevölkerung aufhörte, eine in Aegypten lebende Sprache zu sein. Unter diesen Umständen erwuchsen die Scalen, koptisch ⲙⲟⲩⲕⲓ.

Dieses Wort ist uns aus den hieroglyphischen, hieratischen und demotischen Texten in der Bedeutung ‚Leiter‘, dann ‚Plattform‘, zu welcher man auf Stufen hinanstieg, hinlänglich bekannt. Wir finden es schon in den Texten der Pyramidenzeit in dieser Bedeutung: *s-hâ-f maqt*[4], ferner in Texten aus der Zeit der Ramessiden,[5] endlich in dem demotischen Chamoïs Papyrus, V, 31:[6] [illegible] *û-rom-ôô ef-t'os e-mukt.*

Die Entstehung der Scalen geht aus dem von WOIDE[7] besprochenen Pariser Manuscripte Nr. 44 deutlich hervor, in welchem die angeführten Wörter nach den Schriften des neuen und alten Testaments und der sonstigen kirchlichen Literatur, in denen sie vorkommen, angereiht sind. Zuerst kommen Wörter aus dem Johannes-, Matthäus-, Markus- und Lukas-Evangelium, dann aus den Briefen, ferner aus der Apostelgeschichte, den Psalmen, den Propheten, aus liturgischen Schriften, vor Allem der Anaphorenliteratur, endlich der Apokalypse u. s. w.

Musste man zu der Zeit, da die Kenntniss der griechischen Sprache in Aegypten zu schwinden begann, das Bedürfniss nach Wörterverzeichnissen empfinden, welche das Verständniss der in koptischen Texten vorkommenden griechischen Lehnwörter erschliessen sollten, so trat ein ähnlicher Fall ein, als unter den Einwirkungen der Sprache des herrschenden Volkes, des Arabischen, die koptische Sprache zuerst in ihrem oberägyptischen Dialekte dem Untergange entgegenging. In dieser Zeit entstanden wohl die koptisch-arabischen Scalen, von denen mehrere erhalten sind. Freilich wird sich über diese für die koptische Lexikographie so wichtigen Monumente Näheres erst dann feststellen lassen, wenn sie durch Publication der allgemeinen Erforschung zugänglich gemacht sein werden.

Es ist noch nicht möglich, im Einzelnen das Verschwinden der griechischen Cultur aus Aegypten zu verfolgen, es genüge auf die eine Thatsache hinzuweisen, dass unter den über 10.000 Papieren der erzherzoglichen Sammlung nicht ein einziges griechisch beschriebenes sich findet. Umso überraschender und erfreulicher war es, ein Bruchstück eines Papiercodex zu finden, welcher eine griechisch-koptische Scala enthielt. In Columnen stehen sich die griechischen und koptischen Wörter gegenüber. Wie viele Columnen auf einer Seite standen, ist nicht sicher auszumachen, wahrscheinlich vier, vielleicht sechs. Massgebend für die Aneinanderreihung waren die griechischen Wörter, welche nach ihrem Anfangsbuchstaben zusammengestellt waren. Das uns vorliegende Stück, auf Vorder- und Rückseite beschrieben, 12 Centimeter hoch und 9 Centimeter breit, enthält nur einen Theil der mit dem Buchstaben o anfangenden griechischen Wörter und ihrer koptischen Bedeutungen. Die Reihenfolge nach dem Alphabet beschränkt sich auf den Anfangsbuchstaben, weiter ist sie nicht durchgeführt, ein Grundsatz, der dem Alterthume eigenthümlich ist. In ähnlicher Weise sind z. B. die Lebensbeschreibungen der Apophthegmata

---

4 *Teti*, Zeile 36 bei MASPERO, Recueil de travaux relatifs à la philologie et à l'archéologie égyptiennes et assyriennes, Bd. V, S. 7.

5 NAVILLE, La litanie du soleil, S. 67.

6 Das Wort hat zuerst MASPERO richtig erkannt.

7 Appendix ad Editionem novi testamenti Graeci, S. 19.

Patrum angereiht, welche auf Antonius Arfenios, Agathon, Ammonas u. f. w.[8] folgen laffen. Ein Blick auf unfere Scala belehrt uns, dafs daneben eine Zufammenftellung gleichartiger Dinge beliebt wurde, fo der Körpertheile ⲟⲫⲣⲩⲥ, ⲟⲫⲑⲁⲗⲙⲟⲓ (ⲟⲙⲙⲁⲧⲁ), ⲟ̄ⲇⲟⲛⲧⲉⲥ, ⲟⲩⲣⲁⲛⲓⲥⲕⲟⲥ, ⲟⲙⲫⲁⲗⲏ u. f. w. Nach diefem Principe geordnete Zufammenftellungen liegen uns aus fpäterer Zeit vor. Man vergleiche die Liften von Vögeln, Mineralien, Fifchen, Reptilien, welche FLEISCHER in der Aegyptifchen Zeitfchrift[9] aus koptifch-arabifchen Handfchriften mitgetheilt hat. Sie find, wie wir nun fagen können, alten Liften ähnlicher Art entnommen, nur dafs an die Stelle des Griechifchen das Arabifche getreten ift.

Ueber das Alter unferes Fragmentes läfst fich nur aus allgemeinen Gründen etwas ausfagen. Die paläographifchen Indicien laffen uns, wie faft bei allen koptifchen Texten, in Stich. Die Hauptmaffe der arabifchen Papiere der erzherzoglichen Sammlung gehört dem IV. Jahrhundert der Hidfchra an.[10] Diefem oder höchftens dem folgenden möchten wir unfer Fragment, fowie die im Anfchluffe an dasfelbe weiter unten folgenden beilegen, in fpätere Jahrhunderte hinabzufteigen verbietet das Ausfehen des Papiers felbft.

Wir laffen nun die beiden Seiten des Papierfragmentes folgen, ohne die Frage entfcheiden zu wollen, welche als Vorderfeite und welche als Rückfeite anzufehen fei. Rechts vom Texte gebe ich die erklärten griechifchen Wörter in der üblichen Orthographie.

Seite I.

ⲟ]ⲩⲗⲟⲑⲣ]			οὔλοθριξ
ⲟⲫⲣⲩⲥ			ὀφρύς
ⲟⲫⲑⲁⲗⲙⲟⲓ	: ⲛ̄ⲃⲁ[		ὀφθαλμοί
ⲟⲙⲙⲁⲧⲁ :			ὄμματα
ⲟ̄ⲇⲟⲛⲧⲉⲥ	: ⲛ̄ⲛⲁϫ ⲛⲟϩ̄ⲃⲉ		ὀδόντες
ⲟⲩⲣⲁⲛⲓⲥⲕⲟⲥ	: ⲧⲕⲛⲛⲉⲛ ⲣⲱⲛ		οὐρανίσκος
ⲟⲙⲫⲁⲗⲏ	: ⲑⲗⲡⲉ	: ⲟ	ὄμφαλος
ⲟⲣⲭⲓⲇⲓⲁ : ⲟⲣ ⲭⲓⲥ	: ⲛ̄ϫⲟⲉⲓⲧ	: ⲟⲣⲉϫ̄ⲓ ⲩ	ὀρχίδια : ὄρχις
ⲟⲩⲣⲓⲇⲓⲛ	: ⲧⲙⲏⲛ̄ⲛⲟ	: ⲟⲥⲧⲟ	οὐίρδιον
ⲟⲥ ⲟⲝ̄ⲩⲕⲉⲫⲁⲗ	: ⲛϣⲁⲗϫ̄ⲓ ⲁⲡⲉ	: ⲟⲛ : ⲟⲛ	ὀξυκέφαλος
ⲱ̄ⲧⲟⲧⲙⲏⲧⲟⲥ	: ⲛⲧⲁϫⲉⲛ̄ ⲙⲁⲁϫⲉ	: ⲟ	ὠτότμητος
ⲟⲣⲛⲓⲑⲓⲛ	: ⲧⲡⲁⲛⲟⲓ		ὀρνίθιον
ⲟⲣⲓ]ⲅⲟⲛⲏ	: ⲧ		

[8] Ἐπὶ τήνδε τὴν ἔκθεσιν κεκινήμεθα τῶν στοιχείων δυναμένην διὰ τὴν τάξιν [καὶ] περίληψιν ἐναργεστάτην τε καὶ ἑτοίμην τοῖς βουλομένοις τὴν ὠφέλειαν παρέχειν. Ἐπειδὴ τὰ περὶ τοῦ ἀββᾶ Ἀντωνίου, Ἀρσενίου τε καὶ Ἀγάθωνος, καὶ τῶν ἀπὸ τοῦ ἄλφα [ἀρχομένων περιέχει, καὶ τὰ περὶ τοῦ μεγάλου Βασιλείου, Βισα[ρίωνος καὶ Βενιαμὶν εἰς τὸ βῆτα στοιχεῖον, καὶ οὕτως καθεξῆς ἕως τοῦ ω. Apophthegmata Patrum (bei MIGNE), 75.

[9] 1865, S. 47 ff.; 1868, S. 54 ff.

[10] Mittheilungen, III, S. 97.

Seite II.

		]ⲁϩⲟⲩ :	
		ⲛⲱⲣϣ :	
	ⲟⲩⲧ]ⲟⲥ	: ⲡⲁⲓ :	οὗτοϲ
	ⲟⲓ]ⲇⲁⲥ :	ⲕⲥⲟⲟⲩⲛ	οἶδαϲ
	ⲟⲓ]ⲇⲉⲓⲥ :		
	ⲟⲙⲃⲣⲟⲥ	: ⲡⲙⲟⲩⲛ̄ϩⲱⲩ :	ὄμβροϲ
ϥⲉ :	ⲟ̄ⲣⲓⲟⲛ	: ⲡⲧⲟϣ :	ὅριον
ϣⲟⲟⲛⲛⲁ :	ⲟⲥⲧⲣⲁⲕ ⲱⲛ	: ⲡⲃ̄ⲗ̄ϫⲉ :	ὄϲτρακον
ⲛϣⲁϫⲉ :	ⲟⲡⲧⲁⲥⲓⲁ̄	: ⲡⲟⲩⲱⲛϩ ⲉⲃⲟⲗ :	ὀπταϲία
ⲧⲏⲣϥ :	ⲟⲩⲇⲉⲓⲥ :	ⲙⲛ̄ⲗⲁⲁⲩ :	οὐδείϲ
	ⲟⲩⲇⲉⲛ :		οὐδέν
]ⲕ :	ⲟⲣⲕⲓⲥⲟⲛ	: ⲧⲁⲣⲕⲟ :	ὅρκιϲον
ⲟ]ⲕ :	ⲟⲣⲕⲟⲥ	: ⲡⲁⲛⲁϣ :	ὅρκοϲ
]ⲧ :	ⲟ̄ⲣⲁⲧⲟⲥ	: ⲡⲉⲧ	ὁρατόϲ

Ein Blick auf diefes Bruchftück läfst uns den lexikalifchen und grammatifchen hohen Werth desfelben erkennen und bedauern, dafs uns von dem Papiercodex nicht mehr erhalten ift. Bemerkenswerth ift vor Allem ⲛϣⲁⲗϫⲓⲁⲛⲉ (ὀξυκέφαλοϲ), ferner die neue Verbindung ⲡⲧⲁϫⲉ ⲛⲙⲁⲁϫⲉ, der weibliche Artikel von ⲧⲡⲁⲛⲟⲓ (vergl. Leviticus, XIV, 4: ⲙⲡⲁⲛⲱⲓ ⲥⲛⲁⲩ ⲉⲩⲱⲛϩ δύο ὀρνίθια ζῶντα). Zu ⲧⲡⲛⲉ ⲛⲣⲱⲕ vergl. Cod. Parisinus 44: ⲧⲡⲛⲉ ⲛⲣⲱϥ, سقف الفم, palatum und ebendafelbft zu ⲛ̄ϫⲟⲉⲓⲧ, ὄρχιϲ, ὀρχίδια, الاثان, testiculi. Fragt man zum Schluffe nach der fpeciellen Beftimmung diefer Scala, fo möchte ich vermuthen, dafs fie in einer Schmûner Priefterfchule als Nachfchlagebuch bei der Erklärung griechifcher Texte und der in den koptifchen Texten felbft vorkommenden griechifchen Lehnwörter gedient hat. Was mich zu diefer Annahme beftimmt, ift der Umftand, dafs ich in den erzherzoglichen Papieren andere Stücke gefunden habe, welche unzweifelhafte Refte einer koptifchen Schulbücherliteratur darftellen. Hier ift vor Allem ein zweifeitig befchriebenes Blatt eines Papierbuches zu nennen, welches ein vollftändiges koptifches Abecedarium enthielt.

Vorderfeite.

ⲁⲝ	ⲁⲛ	ⲁⲣ	ⲁⲥ	ⲁⲧ	ⲁⲩ
ⲉⲝ	ⲉⲛ	ⲉⲣ	ⲉⲥ	ⲉⲧ	ⲉⲩ
ⲏⲝ	ⲏⲛ	ⲏⲣ	ⲏⲥ	ⲏⲧ	ⲏⲩ
ⲓ̈ⲝ	ⲓ̈ⲛ	ⲓ̈ⲣ	ⲓ̈ⲥ	ⲓⲧ	ⲓ̈ⲩ
ⲟⲝ	ⲟⲛ	ⲟⲣ	ⲟⲥ	ⲟⲧ	ⲟⲩ
ⲩⲝ	ⲩⲛ	ⲩⲣ	ⲩⲥ	ⲩⲧ	ⲩⲩ
ⲱⲝ	ⲱⲛ	ⲱⲣ	ⲱⲥ	ⲱⲧ	ⲱⲩ

: ——— : — — ⲁ ——— ⲁ —

ⲁⲫ	ⲁⲭ	ⲁⲯ	ⲁϣ
ⲉⲫ	ⲉⲭ	ⲉⲯ	ⲉϣ
ⲏⲫ	ⲏⲭ	ⲏⲯ	ⲏϣ
ⲓ̈ⲫ	ⲓ̈ⲭ	ⲓ̈ⲯ	ⲓ̈ϣ

Rückfeite.

ⲍⲁ	ⲑⲁ	ⲓ̈ⲁ	ⲕⲁ	ⲗⲁ	ⲙⲁ	ⲛⲁ	ⲝⲁ
ⲍⲉ	ⲑⲉ	ⲓ̈ⲉ	ⲕⲉ	ⲗⲉ	ⲙⲉ	ⲛⲉ	ⲝⲉ
ⲍⲏ	ⲑⲏ	ⲓ̈ⲏ	ⲕⲏ	ⲗⲏ	ⲙⲏ	ⲛⲏ	ⲝⲏ
ⲍⲓ̈	ⲑⲓ	ⲓ̈ⲓ	ⲕⲓ	ⲗⲓ̈	ⲙⲓ̈	ⲛⲓ	ⲝⲓ̈
ⲍⲟ	ⲑⲟ	ⲓ̈ⲟ	ⲕⲟ	ⲗⲟ	ⲙⲟ	ⲛⲟ	ⲝⲟ
ⲍⲩ	ⲑⲩ	ⲓ̈ⲩ	ⲕⲩ	ⲗⲩ	ⲙⲩ	ⲛⲩ	ⲝⲩ
ⲍⲱ	ⲑⲱ	ⲓ̈ⲱ	ⲕⲱ	ⲗⲱ	ⲙⲱ	ⲛⲱ	ⲝⲱ

ⲡⲁ	ⲣⲁ	ⲥⲁ	ⲧⲁ	ⲫⲁ	ⲭⲁ	ⲯⲁ
ⲡⲉ	ⲣⲉ	ⲥⲉ	ⲧⲉ	ⲫⲉ	ⲭⲉ	ⲯⲉ
ⲡⲏ	ⲣⲏ	ⲥⲏ	ⲧⲏ	ⲫⲏ	ⲭⲏ	ⲯⲏ
ⲡⲓ	ⲣⲓ̈	ⲥⲓ	ⲧⲓ	ⲫⲓ̈	ⲭⲓ̈	ⲯⲓ̈

ⲟⲫ	ⲟⲭ	ⲟⲯ	ⲟϣ		ⲛⲟ	ⲣⲟ	ⲥⲟ	ⲧⲟ	ⲫⲟ	ⲭⲟ	ⲯⲟ
ⲩⲫ	ⲩⲭ	ⲩϫ	ⲩϣ		ⲛⲩ	ⲣⲩ	ⲥⲩ	ⲧⲩ	ⲫⲩ	ⲭⲩ	ⲯⲩ
ⲱⲫ	ⲱⲭ	ⲱⲯ	ⲱϣ		ⲛⲱ	ⲣⲱ	ⲥⲱ	ⲧⲱ	ⲫⲱ	ⲭⲱ	ⲯⲱ

ⲁϭ	ⲁϫ	ⲃⲁ	ⲅⲁ	ⲇⲁ	ϣⲁ	ϥⲁ	ϩⲁ	ϭⲁ	ϫⲁ		ⲃⲁⲃ	ⲃⲁⲅ
ⲉϭ	ⲉϫ	ⲃⲉ	ⲅⲉ	ⲇⲉ	ϣⲉ	ϥⲉ	ϩⲉ	ϭⲉ	ϫⲉ		ⲃⲉⲃ	ⲃⲉⲅ
ⲏϭ	ⲏϫ	ⲃⲏ	ⲅⲏ	ⲇⲏ	ϣⲏ	ϥⲏ	ϩⲏ	ϭⲏ	ϫⲏ		ⲃⲏⲃ	ⲃⲏⲅ
ⲓ̈ϭ	ⲓ̈ϫ	ⲃⲓ̈	ⲅⲓ	ⲇⲓ	ϣⲓ	ϥⲓ	ϩⲓ̈	ϭⲓ	ϫⲓ		ⲃⲓⲃ	ⲃⲓⲅ
ⲟϭ	ⲟϫ	ⲃⲟ	ⲅⲟ	ⲇⲟ	ϣⲟ	ϥⲟ	ϩⲟ	ϭⲟ	ϫⲟ		ⲃⲟⲃ	ⲃⲟⲅ
ⲩϭ	ⲩϫ	ⲃⲩ	ⲅⲩ	ⲇⲩ	ϣⲩ	ϥⲩ	ϩⲩ	ϭⲩ	ϫⲩ		ⲃⲩⲃ	ⲃⲩⲅ
ⲱϭ	ⲱϫ	ⲃⲱ	ⲅⲱ	ⲇⲱ	ϣⲱ	ϥⲱ	ϩⲱ	ϭⲱ	ϫⲱ		ⲃⲱⲃ	ⲃⲱⲅ

Auf einem vorhergehenden Blatte ſtanden, wie man annehmen muſs, die Buchſtaben einzeln und die Verbindungen der Vocale mit den Buchſtaben bis einſchlieſslich ⲩ.

Die Seiten dieſes 10 Centimeter breiten und 15 Centimeter hohen Blattes ſind von einander losgelöſt, indem dasſelbe wie ſo viele Papiere der erzherzoglichen Sammlung zu jenen ‚zweigeſichtigen' Blättern gehörte, welche KARABACEK oben[11] beſprochen hat.

Was unſerem Blatte erhöhte Wichtigkeit verleiht, iſt der Umſtand, daſs wir aus demſelben in authentiſcher Weiſe die Reihenfolge der Ergänzungsbuchſtaben des koptiſchen Alphabets erhalten. Sie war, wie wir aus zwei Beiſpielen erſehen, folgende: ϣ, ϥ, ϩ, ϭ, ϫ. Die jetzt allgemein recipirte Reihenfolge bedarf ſonach einer kleinen Modification; die Buchſtaben ϫ und ϭ, welche in unſeren koptiſchen Grammatiken und Wörterbüchern die Reihe ſchlieſsen, haben ihren Platz vertauſcht.

Dieſes Abecedarium ſteht nicht vereinzelt da in unſerer Ueberlieferung. Wir kennen Alphabete und Syllabare aus dem Alterthume auf den Wänden von Pompeji, auf etruriſchen Gefäſsen, auf einer ägyptiſchen Tafel, auf einem atheniſchen Amphorenfragment und auf den Wänden eines ägyptiſchen Grabes. Vergl. KIRCHHOFF, Studien zur Geſchichte des griechiſchen Alphabets, S. 134 ff.; MOMMSEN, Bulletino dell' istituto, 1882, S. 91 ff.; USSING, Darſtellung des Erziehungs- und Unterrichtsweſens bei den Griechen und Römern, S. 108. LEEMANS, Aegyptiſche Monumente, Taf. CCXXXVI, Nr. 450 *a* und *b*. GRASBERGER, Erziehung und Unterricht im claſſiſchen Alterthume, II, S. 265 ff. Ancient Greek Inscriptions in the British Museum, II, S. 100.

Unter den erhaltenen Stücken hat unſer Papierblatt die gröſste Aehnlichkeit mit den Abecedarien des atheniſchen Amphorenfragments und des ägyptiſchen Grabes. Das erſte, von dem Herausgeber DUMONT (Archives des missions scientifiques, II. Serie, Band VI, S. 405) dem IV. Jahrhunderte zugeſchrieben, gibt die auf ρ auslautenden zwei- oder dreibuchſtabigen Silben:

αρ	βαρ	γαρ	δαρ	θ[αρ]	[καρ]	
ερ	βερ	γερ	δερ	θ[ερ]	κ[ερ]	u. ſ. w.

Das zweite iſt mit rother Tinte in mehreren Abtheilungen an die Wände eines zwiſchen Gebel eth-Their und Antinoë gelegenen altägyptiſchen Grabes geſchrieben[12]

[11] Mittheilungen, III, S. 140 ff.

[12] Das Abecedarium bei CHAMPOLLION II., S. 433, ſcheint mir nur eine durch Irrthum entſtandene Doublette des oben erwähnten zu ſein. Die Uebereinſtimmungen ſind im Verhältniſs zu den Abweichungen viel zu groſs. Vergl. WILKINSON, Modern Egypt, II, 53.

(CHAMPOLLION, Monuments de l'Egypte et de la Nubie, Notices descriptives, II, S. 459). Es gibt zuerst die Buchstaben des Alphabets, dann die Combinationen mit zwei, endlich diejenigen mit drei Buchstaben. Die Anordnung ist nach Columnen, wie in unserem Papierblatte:

ⲃⲁ bis	ⲯⲁ	ⲃⲁⲃ bis	ⲃⲁⲯ	ⲥⲁⲃ bis	ⲥⲁⲯ
ⲃⲉ	ⲯⲉ	ⲃⲉⲃ	ⲃⲉⲯ	ⲥⲉⲃ	ⲥⲉⲯ
ⲃⲏ	ⲯⲏ	ⲃⲏⲃ	ⲃⲏⲯ	ⲥⲏⲃ	ⲥⲏⲯ
ⲃⲓ	ⲯⲓ	ⲃⲓⲃ	ⲃⲓⲯ	ⲥⲓⲃ	ⲥⲓⲯ
ⲃⲟ	ⲯⲟ	ⲃⲟⲃ	ⲃⲟⲯ	ⲥⲟⲃ	ⲥⲟⲯ
ⲃⲩ	ⲯⲩ	ⲃⲩⲃ	ⲃⲩⲯ	ⲥⲩⲃ	ⲥⲩⲯ
ⲃⲱ	ⲯⲱ	ⲃⲱⲃ	ⲃⲱⲯ	ⲥⲱⲃ	ⲥⲱⲯ

Der Rest ist zerstört. Dieses Abecedarium bildete ohne Zweifel den Lehrapparat des Mönches, welcher das altägyptische Grab bewohnte. In der Einrichtung dieser Hilfsmittel hat sich im Laufe der Jahrhunderte gar wenig geändert, man vergleiche nur das Amphorenfragment, aus dem die ‚jeunes contemporaines de Demosthène' buchstabiren gelernt haben, mit dem Abecedarium des oberägyptischen Grabes aus byzantinischer Zeit und dem Papierblatte der erzherzoglichen Sammlung, etwa aus dem X. Jahrhundert n. Chr.

Haben wir es hier mit schematischen Combinationen zu thun, von denen manche in Wirklichkeit gar nicht vorkamen, so führen uns zwei andere Papierfragmente der erzherzoglichen Sammlung einen Schritt weiter. Diesmal sind es zweisilbige Wörter, die uns vorgeführt werden. In dem ersten Fragmente sind die einzelnen Silben durch Punkte getrennt. Wir haben eine höhere Stufe des Unterrichtes vor uns, das γράφειν καὶ ἀναγινώσκειν κατὰ συλλαβήν.[13] Das erste Stück ist 7 Centimeter hoch, 8 Centimeter breit und auf beiden Seiten beschrieben.

Vorderseite.		Rückseite.	
ⲛⲁ : ⲛⲟⲓ̈	ⲥⲁⲙ : ⲥⲱⲛ (?)	ⲧⲁ · ⲙⲟⲩⲛ	
ⲛⲩ : ⲣⲉ	ⲥⲁⲗ · ⲙⲱⲛ	ⲧⲟⲩ · ϩⲱ	ⲫⲩ · ⲃⲉⲥ
ⲛⲁ · ⲃⲱⲕ	ⲥⲁ · ⲟⲩⲗ	ⲧⲉ · ⲙⲱⲛ	ⲫⲱⲉ : ⲧⲏⲣ
ⲛϫⲟ · ⲉⲓ̈ⲉ	ⲥⲓ̈ · ⲙⲱⲛ	ⲧⲛⲟⲩ · ⲣⲉ	ⲫⲟⲓ̈ : ϣⲉ
ⲛⲁ : ⲓ̈ⲱⲧ	ⲥⲓ · ⲗⲁⲉ	XXXXX	ⲫⲁⲙ : ϣⲉ
ⲛⲏⲣ : ⲕⲟ	ⲥⲓ̈ : ⲱⲛ	ⲩ : ⲗⲟⲥ	ⲫⲁⲣ : ⲙⲁ
ⲛⲁϩ · ⲕⲟ	ⲥⲟ : ⲫⲟⲥ	ⲩ : ⲧⲁ	ⲫⲟ : ⲥⲉⲙ
XXXXX	ⲥⲱ : ⲧⲙ	ⲩⲙ : ⲛⲟⲥ	ⲫⲓ̈ : ⲛⲏⲃ
ⲣⲁ : ϣⲉ	ⲥⲧⲁⲩ : ⲣⲟⲥ	ⲩⲣ : ⲙⲱⲛ	ⲫⲉⲣ : ⲙⲁⲛ
ⲣⲉⲙ : ϩⲉ	ⲥⲁⲗ : ⲛⲓⲍ	ⲩ : ⲣⲓ :	— ———
ⲣⲏ : ⲃⲉⲛ	ⲥⲱ : ⲧⲏⲣ		

Neben koptischen Wörtern sind griechische, vor Allem griechische Eigennamen stark vertreten. So wird die zweite Columne der Vorderseite mit einer Ausnahme (ⲥⲱ : ⲧⲙ) von lauter griechischen Wörtern eingenommen. Die griechischen Eigennamen sind uns aus der Bibel geläufig. Die einzelnen Wörter sind nach ihren Anfangsbuchstaben angereiht.

[13] Dionys, De comp. verb. c. 25.

Die Wichtigkeit des Stuckes fur die Ausfprache des Koptifchen liegt auf der Hand. Vor Allem die Verbindungen mit dem Artikel ⲡϫⲟⲉⲓⲉ, ⲧⲡⲟⲩⲣⲉ und die Reihe in der zweiten Columne der Rückfeite. Aber auch lexikalifch ift unfer Fragment nicht uninterelfant: ⲛⲩⲣⲉ ift doch wohl ⲛⲏⲣⲉ, ὄρτυξ; ⲫⲩⲃⲉⲉ (=ⲡ+ϩⲩⲃⲉⲉ) ift das griechifche ὕβοc. ⲫⲟⲓϣⲉ (ⲡ+ϩⲟⲓϣⲉ) ift allem Anfcheine nach das boheirifche ⲡⲓϩⲱⲓϣ, in ⲫⲉⲣⲙⲁⲛ (ⲡ+ϩⲉⲣⲙⲁⲛ) ift uns der männliche Artikel neu — im Boheirifchen ift ⲉⲣⲙⲁⲛ weiblich — ebenfo der weibliche in ⲧⲛⲟⲩⲣⲉ.

Das andere, 9 Centimeter hoch und 8.5 Centimeter breit, ift ein Palimpfeft. Die Vorderfeite fowohl, als auch die nicht wieder befchriebene Rückfeite zeigen, dafs auch der weggewafchene Text Syllabare enthielt. Wir lefen jetzt auf diefem Fragmente:

		ⲛⲱⲧ ⲛⲁⲛ
ⲗⲁ	ⲟⲉ	
ⲗⲉ	ⲙⲟⲉ	
ⲗⲏⲛ	ⲧⲏⲛ	
ⲗⲓⲧ	ⲣⲁ	
ⲗⲟ	ⲛⲟⲥ	
ⲗⲩ	ⲙⲏⲛ	
ⲗⲱ	ⲛⲁⲥ	
ⲛⲁⲣ	ϫⲟⲛ	
ⲛⲉⲧ	ⲣⲟⲥ	
ⲛⲏⲣ		
ⲛⲓ		
ⲛⲟⲣ		
ⲛⲩⲣ		

Wie man ficht gibt diefe Lifte, welche eventuell eine Schulabfchrift fein könnte, Wörter, welche mit den Combinationen der Buchftaben ⲗ und ⲛ mit je einem der fieben Vocale beginnen. Mit der Orthographie des Griechifchen hat man es freilich nicht fehr genau genommen, ⲗⲉⲙⲟⲥ fteht wohl für λιμόϲ (oder λοιμόϲ), ⲗⲏⲛⲧⲏⲛ fteht für λεντιον, urfprünglich ⲗⲉⲛⲧⲓⲛ, ⲗⲱⲛⲁⲥ für λογάϲ. Ⲡⲱⲧ ⲛⲁⲛ ift Koptifch.

Diefe Refte einer Schmûner Schulbücherliteratur veranlaffen uns, einen Blick auf die damaligen Schulverhältniffe Aegyptens in der byzantinifchen Zeit zu werfen, foweit fie durch die koptifchen Quellen illuftrirt werden. Auf das allgemeine Ergebnifs des Schulunterrichts in Aegypten haben wir bereits hingewiefen, auf die in die tiefften Schichten der Bevölkerung reichende Kenntnifs und Uebung der Schrift. Wir wiffen, dafs wir es mit einem Lande zu thun haben, wo die Schulbildung gröfster Werthfchätzung fich erfreute. ‚Der Schreiber' — wir würden fagen der Gelehrte — ‚ift der Erfte in der Gefammtheit, deffen was auf Erden',[14] ift ein Satz, welcher in den Papyrus der Rameffidenzeit in verfchiedenfter Weife variirt wird. In diefem Sinne war auch Pharao Mitglied der Schreiberkafte.

Schulunterricht von früher Jugend auf ift in den koptifchen Lebensbefchreibungen etwas felbftverftändliches. Der fpätere Patriarch von Alexandrien, Ifaak († 688), wird als

[14] Anaftafi II, Tafel VII, Zeile 5.

Kind von feinen Eltern in die Schule gefchickt, wo er in wenigen Tagen Schreiben und Rechnen erlernte, oder follte unter dem letzteren Ausdrucke (Μαθημα), dem Sprachgebrauch der fpäteren Gräcität entfprechend, das Glaubensbekenntnifs[15] zu verftehen fein (ⲁⲩⲧⲏⲓϥ ⲛϫⲉ ⲛⲉϥⲓⲟϯ ⲉϯⲁⲛϩⲏⲃ ⲟⲩⲟϩ ϧⲉⲛ ϩⲁⲛⲕⲟⲩϫⲓ ⲛⲉϩⲟⲟⲩ ⲁϥⲉⲙⲓ ⲉⲧϫⲟⲙ ⲛⲛⲓⲥϧⲁⲓ ⲛⲉⲙ ⲡⲓⲙⲁⲑⲏⲙⲁ)?[16] In der Lebensbefchreibung des Abba Benofer werden vier Jünglinge erwähnt, Söhne von Buleuten aus Oxyrrhynchos, welche in ein und diefelbe Schule gefchickt, dort den Entfchlufs fafsten in die Wüfte zu fliehen, um fich dem Mönchsleben zu widmen (ⲁⲛⲟⲛ ⲇⲉ ⲁⲛⲟⲛ ⲛⲁⲟⲩⲛⲟⲗⲓⲥ ϫⲉ ⲡⲉⲙϫⲉ, ⲛⲉⲛⲓⲟϯ ⲇⲉ ⲛⲉ ϩⲁⲛⲃⲟⲩⲗⲉⲩⲧⲏⲥ ⲛⲉ ⲛⲧⲉ ϯⲡⲟⲗⲓⲥ. ⲁⲛⲟⲛ ⲇⲉ ⲁⲩⲧⲏⲓⲧⲉⲛ ⲉϯⲁⲛϩⲏⲃ ⲉⲣⲟⲩϯⲥⲃⲱ ⲛⲁⲛ, ⲛⲁⲛϣⲟⲡ ⲇⲉ ⲡⲉ ϩⲓ ⲟⲩⲁⲛϩⲏⲃ ⲛⲟⲩⲱⲧ ⲛⲉⲙ ⲛⲉⲛⲉⲣⲏⲟⲩ ⲙⲡⲛ̄ⲁ̄ — ⲁⲛⲧⲱⲟⲩⲛ ⲁⲛⲙⲟϣⲓ ⲉϧⲟⲩⲛ ⲉⲡϣⲁϥⲉ).[17] Befonders inftructiv ift eine Stelle des Lebens des grofsen Afketen Pachomios, aus welcher wir erfehen, dafs fein Schüler Theodoros, aus angefehener Familie, im Alter von acht Jahren in die Schule gegeben wurde, um fchreiben zu lernen (ⲛⲟⲟϥ ⲇⲉ ⲑⲉⲟⲇⲱⲣⲟⲥ ⲡⲉ ⲟⲩϣⲏⲣⲓ ⲡⲉ ⲛⲧⲉ ϩⲁⲛⲛⲓϣϯ ⲉⲣⲉ ⲧⲉϥⲙⲁⲩ ⲙⲉⲓ ⲙⲙⲟϥ ⲉⲙⲁϣⲱ, ⲉⲧⲁϥⲉⲣ ⲏ̅ ⲇⲉ ⲛⲣⲟⲙⲡⲓ ⲁⲩⲧⲏⲓϥ ⲉϯⲁⲛϩⲏⲃ ⲉⲣⲟⲩⲧⲥⲁⲃⲟϥ ⲉⲥϧⲁⲓ, ⲛⲟⲟϥ ⲇⲉ ⲁϥⲉⲣ ⲡⲣⲟⲕⲟⲡⲧⲓⲛ ⲡⲉ ϧⲉⲛ ⲟⲩⲛⲓϣϯ ⲙⲙⲉⲧⲥⲁⲃⲉ).[18] Sonftige Nachrichten aus dem Alterthume laffen den Schulbefuch mit dem achten Lebensjahre beginnen.[19] Was diefer Stelle auch nach einer anderen Seite befondere Wichtigkeit verleiht, ift der Umftand, dafs diefer Theodoros aus Esneh, des Pachomios Nachfolger, der griechifchen Sprache unkundig war. Ausdrücklich wird uns dies in einem fahidifchen Fragment bei Zoëga[20] überliefert: ‚Die Brüder, welche ihm (fc. dem Theodoros) als Dolmetfche dienten, um feine Reden ins Griechifche zu überfetzen für diejenigen, welche des Aegyptifchen (d. h. des Koptifchen) unkundig waren, denn es waren Fremde und Alexandriner (da)', ‚ⲛⲉⲥⲛⲏⲩ ⲇⲉ ⲉⲧⲟ ⲛⲁϥ ⲛϩⲉⲣⲙⲏⲛⲉⲩⲧⲏⲥ ⲉⲩϩⲉⲣⲙⲏⲛⲉⲩⲉ ⲛⲛⲉϥϣⲁϫⲉ ⲙⲙⲛⲧⲟⲩⲉⲉⲓⲉⲛⲓⲛ ⲛⲛⲉⲧⲉⲛⲥⲉⲥⲟⲟⲩⲛ ⲁⲛ ⲛⲙⲛⲧⲣⲙⲛⲕⲏⲙⲉ ⲉⲃⲟⲗϫⲉ ϩⲉⲛⲝⲉⲛⲓⲟⲥ ⲛⲉ ⲁⲩⲱ ϩⲉⲛⲣⲙⲣⲁⲕⲟⲧⲉ ⲛⲉ', und ähnlich in der boheirifchen Lebensbefchreibung unferes Theodoros:[21] ‚Die Brüder, welche als Dolmetfche dienten für jene, welche des Aegyptifchen unkundig waren, denn es waren Fremde und Alexandriner', ‚ⲛⲓⲥⲛⲏⲟⲩ ⲇⲉ ⲉⲧⲟⲓ ⲛⲉⲣⲙⲏⲛⲉⲩⲧⲏⲥ ⲛⲁϥ ⲙ̀ⲫⲃⲱⲗ ⲛⲛⲓⲥⲁϫⲓ ⲙⲙⲉⲧⲟⲩⲉⲓⲛⲓⲛ (ⲉ)ⲛⲁⲓ ⲉⲧⲉ ⲛⲥⲉⲉⲙⲓ ⲁⲛ ⲙⲙⲉⲧⲣⲉⲙⲛⲭⲏⲙⲓ, ⲥⲟⲃⲉ ϫⲉ ϩⲁⲛⲝⲉⲛⲓⲕⲟⲥ ⲛⲉ ⲛⲉⲙ ϩⲁⲛⲣⲉⲙⲣⲁⲕⲟϯ. Wir haben fonach allen Grund, anzunehmen, dafs die Schule, welche Theodoros mit fo grofsem Erfolge befucht hatte (ⲛⲟⲟϥ ⲇⲉ ⲁϥⲉⲣⲡⲣⲟⲕⲟⲡⲧⲓⲛ ⲡⲉ ϧⲉⲛ ⲟⲩⲛⲓϣϯ ⲙⲙⲉⲧⲥⲁⲃⲉ[22]) keine griechifche, fondern eine koptifche war. Eine koptifche Schule in der erften Hälfte des IV. Jahrhunderts ift culturhiftorifch intereffant genug.

Der Nachweis einer koptifchen Schule in der erften Hälfte des IV. Jahrhunderts n. Chr. erfcheint weniger überrafchend, wenn wir die gleichzeitige grofse Bewegung der koptifchen Bevölkerung auf kirchlichem Gebiete uns vergegenwärtigen. Diefelbe ift ohne Vorhandenfein einer bedeutenden Thätigkeit auf dem Gebiete der koptifchen Literatur geradezu undenkbar. Die Kenntnifs des Griechifchen ift unter den koptifchen Mönchen

---

15 Μάθημα = τὸ σύμβολον τῆς πίστεως, Sokrates (Migne, LXVII, 453). Juftinian, Codex 1, 7, 6, §. δ.

16 Zoëga, S. 108.

17 Zoëga, S. 16.

18 Zoëga, S. 74.

19 Ussing, Erziehungs- und Unterrichtswefen bei den Griechen und Römern, S. 81.

20 S. 371.

21 A. a. O., S. 83.

22 A. a. O., S. 74.

namentlich Oberägyptens nur verhältnifsmäfsig felten vertreten. Denn, wenn wir auch von Antonius und Pachomios abfehen, von denen der erftgenannte des Griechifchen ganz unkundig war, der letztere es erft in fpäten Lebensjahren fich aneignete, fo zeigt es fich doch, dafs der Verkehr der Griechen und der in Klöftern wohnenden Kopten durch Vermittlung von Dolmetfchen fich vollzog. Im Klofter Phbou[23] verkehrt der auf der Suche nach dem Bifchof Athanafios befindliche Dux Artemios in Abwefenheit des Apa Theodoros, des Nachfolgers des Pachomios, mit den Brüdern vermittelft eines Dollmetfch. Doch ift es begreiflich, dafs unter den Brüdern fich auch Griechen oder des Griechifchen kundige befanden. So wird uns ausdrücklich ein Armenier, Domnios mit Namen, der des Griechifchen mächtig war, angeführt: ⲇⲟⲙⲛⲓⲟⲥ ⲉⲩⲁⲣⲙⲉⲛⲓⲟⲥ ⲡⲉ ϧⲉⲛ ⲡⲉϥⲅⲉⲛⲟⲥ ⲛⲉϫⲁϥ ⲙⲙⲓϫⲟⲩϩ ⲙⲙⲉⲧⲟⲩⲉⲓⲛⲓⲛ[24] und Theodoros von Alexandrien wird als Oekonomos der Griechen bezeichnet: ⲁⲡⲁ ⲑⲉⲟⲇⲱⲣⲟⲥ ⲡⲓⲡⲟⲗⲓⲧⲓⲕⲟⲥ ⲡⲣⲉⲙⲙⲏⲓ ⲛⲧⲉ ⲛⲓⲟⲩⲉⲓⲛⲓⲛ.[25] Als diefer Theodoros von Alexandrien zu Pachomios kam, ward ihm eine Zelle gemeinfam mit einem des Griechifchen kundigen Mönche angewiefen: ⲁϥⲧⲏⲓϥ ⲉⲟⲩⲛⲓ ⲉⲟⲩⲟⲛ ⲟⲩϧⲉⲗⲗⲟ ⲛⲁⲣⲭⲉⲟⲥ ϣⲟⲡ ⲛϧⲏⲧϥ ⲫⲏⲉⲧⲉⲙⲙⲁⲩ ϫⲉ ⲛⲁϥⲉⲙⲓ ⲉϯⲙⲉⲧⲟⲩⲉⲓⲛⲓⲛ ϫⲉ ϩⲓⲛⲁ ⲛⲧⲉϥⲥⲁϫⲓ ⲛⲉⲙⲁϥ.[26] Der früher genannte Theodoros von Esneh läfst die Briefe des Archiepiskopos Abba Athanafios ins Aegyptifche (d. h. Koptifche) überfetzen, welche dem Klofter als Regel dienen follten: ⲁϥⲟⲩⲁϩⲥⲁϩⲛⲓ ⲉⲑⲣⲟⲩⲉⲣϩⲉⲣⲙⲏⲛⲉⲩⲓⲛ ⲛϯⲉⲡⲓⲥⲧⲟⲗⲏ ⲛⲧⲉ ⲡⲓⲁⲣⲭⲏⲉⲡⲓⲥⲕⲟⲡⲟⲥ ⲁⲃⲃⲁ ⲁⲑⲁⲛⲁⲥⲓⲟⲥ ⲁⲩⲟϩ ⲁⲩⲥϧⲏⲧⲥ ⲙⲙⲉⲧⲣⲉⲙⲛⲭⲏⲙⲓ ⲁϥⲭⲁⲥ ϧⲉⲛ ⲡⲓⲙⲟⲛⲁⲥⲧⲏⲣⲓⲟⲛ ⲉⲥⲟⲓ ⲛⲛⲟⲙⲟⲥ ⲛⲱⲟⲩ.[27] Man fieht, die Kafte der Dolmetfche, von denen bereits Herodot[28] fpricht, war noch nicht auf den Ausfterbeetat gefetzt.

Vollends nach den merkwürdigen Funden aus der Nähe von Schmîn-Panopolis wird man an einer umfaffenden Literaturbewegung bei den Kopten, welche ihrerfeits Schulen vorausfetzt, durch welche diefelbe vermittelt ward, bereits vom III. Jahrhundert ab nicht mehr zweifeln können. Es ift zu unferen früheren Ausführungen nachzutragen, dafs fich unter alten griechifchen Papyrusfragmenten Schmûner oder Faijûmer Provenienz auch drei fehr alte, kleine koptifche Stücke vorgefunden haben, in welchen ich das ϩ wiederfand. Dies würde für eine ziemlich nach Norden fich erftreckende Ausbreitung des Faijûmer Dialektes fprechen.

In das Leben und Treiben einer derartigen Schule führt uns eine leider nur bruchftückweife von ZOËGA mitgetheilte Handfchrift der römifchen Sammlung (Nr. CCXXIV[29]). Symphonios wird als Knabe von feiner Mutter in die Schule von Antinoë gefchickt, wo Silvanus als Lehrer thätig ift. Diefer Silvanus wird als ⲛⲥⲁϩ ⲛⲛⲟⲙⲓⲕⲟⲥ ⲛⲧⲡⲟⲗⲓⲥ bezeichnet, ähnlich wie fich in unferen Contracten die ausfertigenden Schreiber felbft nennen. Die Schule ift mit einem ⲉⲑⲣⲓⲟⲛ, αἴθριον, atrium verfehen, in dem fich die Schüler in den ‚Zwifchenftunden', wenn der Lehrer oder genauer der Schreiber (ⲛⲥⲁϩ) fich entfernt, um ein ‚Brot zu effen' (ⲉϥⲛⲁⲟⲩⲱⲙ ⲛⲟⲩⲟⲉⲓⲕ), herumtummeln. Den Schülern wird vor Allem die ‚kleine' und die ‚grofse Hand' beigebracht, welche erftere Symphonios, der felbft-

---

[23] ZOËGA, S. 82.

[24] A. a. O.

[25] A. a. O., S. 83.

[26] A. a. O., S. 77.

[27] A. a. O., S. 83.

[28] II, 164.

[29] A. a. O., S. 549.

verſtändlich als ein ſehr begabter Junge dargeſtellt wird, in ſechs Monaten erlernt. Inſtructiv ſind hier vor Allem die beiden Bezeichnungen ‚kleine Hand' (ⲧⲕⲟⲩⲓ ⲛϭⲓϫ) und ‚groſse Hand' (ⲧⲛⲟϭ ⲛϭⲓϫ); unter der letzteren haben wir die Majuskelſchrift der kirchlichen Bücher, unter der erſteren die curſive Schrift der profanen Texte (Briefe und Rechtsurkunden) zu verſtehen. Das richtige Nachzeichnen der ‚groſsen Hand' verlangte gröſsere Uebung und Sicherheit und wurde daher ſpäter vorgenommen, wobei Zeichen für Zeichen (ⲥⲏⲙⲓⲟⲛ, σημεῖον) vom Lehrer vorgezeichnet und eingeübt wurde. Wir haben keinen Grund dieſe Stelle anders zu faſſen,[30] oder unter σημεῖα hier etwas anderes als ‚Buchſtaben' (ſtatt des techniſchen στοιχεῖον) zu verſtehen. Sagt doch der Aegypter Makarios in ſeiner fünfzehnten Homilie an einer Stelle, welche für den höheren Studiengang belehrend iſt und daher hier den Beſchluſs bilden mag:[31] ὁ θέλων μαθεῖν γράμματα ἀπέρχεται καὶ μανθάνει τὰ σημεῖα, καὶ ὅταν γένηται ἐκεῖ πρῶτος, ἀπέρχεται εἰς τὴν σχολὴν τῶν Ῥωμαϊκῶν, καὶ ἔστιν ὅλων ἔσχατος. Πάλιν ἐκεῖ ὅταν γένηται πρῶτος, ἀπέρχεται πρὸς τὴν σχολὴν τῶν γραμμάτων, καὶ ἔστι πάλιν ἐκεῖ ὅλων ἔσχατος, ἄρχαιος. Εἶτα ὅταν γένηται σχολαστικὸς, ὅλων τῶν δικολόγων ἀρχάριος καὶ ἔσχατός ἐστι. Πάλιν ὅταν ἐκεῖ γένηται πρῶτος, τότε γίνεται ἡγεμών· καὶ ὅταν γένηται ἄρχων, λαμβάνει ἑαυτῷ βοηθὸν τὸν συγκάθεδρον.

---

30 Wie dies ZOEGA a. a. O., *A*, 1 thut: Sermo esse videtur non de solis litteris calligraphice exarandis, sed insimul de mystica aliqua earundem explicatione.

31 MIGNE (Patres Graeci, XXXIV), S. 604.

WIEN, 31. December 1887.

J. Krall.

LITERARISCHE FRAGMENTE AUS EL-FAIJÛM.

VI. Ifokrates πρὸς Νικοκλέα.

Nach Veröffentlichung der beiden aus dem II. Jahrhundert n. Chr. ftammenden Fragmente einer Papyrusrolle mit der fünften Rede des Ifokrates in diefen Mittheilungen, II, 74 ff., fanden wir ein Bruchftück aus der zweiten Rede desfelben Schriftftellers; da keine Verwandtfchaft zwifchen dem früheren und fpäteren Funde obwaltet, begegnen wir nunmehr zum drittenmale Ueberreften ifokratifcher Reden auf Papyrus, was wir wohl für einen Beweis von intenfiverer Befchäftigung mit diefem Autor anfehen dürfen, wofür auch Anderes fpricht. Das neue Stück wird noch dadurch intereffanter, dafs es die Lefung und Beurtheilung des ifokratifchen Papyrus Massiliensis zu fördern geeignet erfcheint; da in letzterem es bekanntlich Lücken genug gibt, deren Ergänzung fich fchwierig geftaltet, wie auch Stellen, durch deren Lesart fich neue Fragen nach dem Textzuftande auf-werfen, kommt es erwünfcht, für diefelbe Partie einen neuen Zeugen der Textüberlieferung aus alter, ich möchte fagen, derfelben Zeit zu haben. Die Schrift trägt meines Erachtens den Charakter des beginnenden IV. Jahrhunderts n. Chr. Die Buchftaben find verhältnifs-mäfsig grofs und erinnern an die Unciale der älteften Pergamenhandfchriften, wenn man diefelbe nur auf Papyrus verfetzt denkt. Die meiften Buchftaben erfcheinen mit kleinen Häkchen ausgefchmückt, die Neigung zu fpitzen Winkeln tritt überall der Abrundung entgegen; fo erfcheint α nur bei der Ligatur αυ, Zeile 2, 4, in jener Form der früheren Jahrhunderte, die in einer rundlichen Schlinge und dem oberen Abfchluffe befteht; es ift vielmehr überall ein nach links geneigter fpitzer Winkel, deffen Schenkel oft ungemein verlängert werden, fo dafs die obere Deckung an einer oder felbft an zwei Stellen durchbrochen wird. ϵ trägt ein Häkchen links in der Mitte. ο und θ ift klein. Bei Υ tritt die obere Gabelung gegen die Länge des verticalen unteren Striches zurück.

Unfer Stück repräfentirt offenbar eine Selis der Papyrusrolle, die auf der Rückfeite nicht befchrieben war. Breite 10 Centimeter; zu beiden Seiten fehlen mehrere Buchftaben in jeder Zeile; Höhe des Stückes und der Rolle 26 Centimeter, oberer und unterer Rand, vollftändig erhalten, meffen je 3·4 Centimeter. Bei der Frage, ob wir es mit dem Ueberrefte eines Buches oder einer privaten Abfchrift zu thun haben, fcheint mir trotz der Regelmäfsigkeit der Schriftzüge die zweite Annahme empfehlenswerther.

ιδιωτας ποΛ'ΛΑΕCΤΙΝΤΑΠΑΙδΕΥοντα μαλι — II, §. 2, pag. 15*b* Steph.
cτα μεν το ΜΗΤΡΥΦΑΝΑΛ'ΛΑΑΝΑΓ'Καζεcθαι
περι του βι ΟΥΚΑΘΕΚΑCΤΗΝΗΜΕΡΑν βουλευ
ε c θ α ι ΕΠΙΘ'ΟΙΝοΜοΙΚΑΘΩCΕΚΑcτοι πο — §. 3
λ ι τ ε υ οΜΕΝΟΙΤΥΓ'ΧΑΝΟΥCΙΝΕΤΙΔε η παρρηcια
(και) το φαΝΕΡΩCΕΞΙΝΑΙΤΟΙCΤΕΦΙΛΟιc επι
π λ η ξ α ι κΑΙΤΟΙCΕΧΘΡΟΙCΕΠΙΤΙΘΕCθαι ταιc
αλληλων αΜΑΡΤΙΑΙCΠΡΟCΔΕΤΟΥΤΟιc ....?
κ α ι τ ω ν ΠΟΙΗΤΩΝΤΙΝΕCΤΩΝΠΡΟγεγε
ν η μ ε ν ω ΝΫΠΟΘΗΚΑCΩCΧΡΗΖΗΝκαταλε
λοιπαcιν ΩCΤΕΕΞΑΠΑΝΤΩΝΤΟυτων ει — pag. 15*c*
κ ο c α υ τ ο ΥCΒΕΛτιΟΥCΓΙΝΕCΘΑΙΤΟΙc δε τυ
ραννοιc ουΔΕΝΫπαΡΧΕΙΝΤΟΙΟΥΤΟΝ αλλα ουc — §. 4
εδει παιδεΥΕCΘΑΙΜΑΛ'ΛΟΝΤΩΝΑΛλων επει
δ α ν ε ι CΤΗΝΑΡΧΗΝΚΑΤΑCΤΑθωcιν α
ν ο υ θ ε τ η ΤΟΙΔΙΑΤΕΛΟΥCΙΝΟΙΜΕΝ γαρ
π λ ε ι c τ ο ι ΤΩΝΑΝΘΡΩΠΩΝΑΥΤΟΙc ου
π λ η c ι α ΖΟΥCΙΝΟΙΔΕCΥΝΟΝΤΕCΑυτοιc

Zeile 1, λ'λα] α erfcheint in Folge der übermäfsigen Verlängerung feiner Grundbeftandtheile wie durchftrichen; über λλ fteht das bei Confonantenhäufungen verwendete Häkchen, ebenfo in αλ'λα Zeile 2, αναγ'κ Zeile 2, τυγ'χ Zeile 5, μαλ'λον Zeile 13. — ϋ zu Beginn der Worte fteht Zeile 10, 13. — Zeile 13 über υ in υπαρχειν ftehen fünf Punkte; vergl. die Lesart υπαρχει. — Accente, Interpunktionen fehlen; der Apoftroph fteht nur in επιθ' οι; ebenfo nur zweimal im Papyrus Massiliensis β 2 επιθ' οι (alfo ganz wie in unferem Papyrus), ε 6 επ' αρετην.

Das entfprechende Stück des Papyrus Massiliensis lautet mit den Ergänzungen B. Keil's im Hermes XIX, 596 ff. und 636:

Col. α, (διο)ικηc τουc μεν γαρ ιδι[ωταc
πολλα εcτιν τα παιδ[ευοντα μα
λιcτα μεν το μη τρυφα[ν αλλα
αναγκαζεcθαι περι του βιου
Col. β, καθ[εκαcτην την η]μεραν επιθ' οι ν[ομοι
καθ ουc εκαcτοι πολευτευομενοι τυ[γ
χανουcιν ετι δε η παρρηcια και το
φανερωc εξειναι τοιc τε φιλοιc επ[ι

6. πληξαι και τοις εχθροις επιτιθες
7. [θαι ταις αλληλων α]μαρτιαις προς [δε
8. [τουτοις και] των ποιητων τινες [των
9. [προγεγενημ]ενων υποθηκ[ας ως
10. [χρη ζην καταλε]λοιπασιν ωστ[ε
11. [εξ απαντων του]των εικος αυ[τους

....

18. [οι μεν γαρ συνοντες (siue πλειστοι) των] ανθρωπων [αυ
19. [τοις προς χαριν] ομιλουσιν οι δε [ευ
20. [θυς κυριοι γιγνο]μενοι etc.

Zeile 21, πολλα εστιν] nur ν ift ficher. — 23, nach βιου ein ι (SCHOENE), Col. β, 4 δε] punctum supra Є litterae lineam mediam (SCHOENE). — 12 bis 17 unleferlich. — 19, ομιλ unficher.

Die Textesverhältniffe liegen für M(assiliensis), R (dem eben veröffentlichten Papyrus Erzherzog Rainer) und die bisherige Ueberlieferung fo vor:

M.	R.	Ausgabe von BLASS.
α 21. πολλα εστιν,	1. πο]λλα εστιν; es beftätigt fich die Lesart des M. nach SCHOENE,	ἐστὶ πολλά,
22. μα]λιστα μεν,	[μαλιστα μεν] empfohlen von der Gröfse der Lücke,	μάλιστα μέν ΓΒ*k*, καὶ μάλα Stobaios 49, 25,
	2. αλλα αναγκ,	ἀλλ' ἀναγκ.,
β 2. καθ [εκαστην την η]μεραν (ohne βουλεύεσθαι),	3. καθ εκαστην ημερα[ν βουλευεσθαι oder αγωνιζεσθαι, empfohlen von der Gröfse der Lücke,	καθ' ἑκάστην βουλεύεσθαι τὴν ἡμέραν BLASS cum Stobaeo., τὴν ἡμέραν βουλεύεσθαι ΓΒ*k*, ἀγωνίζεσθαι τὴν ἡμέραν v. ἀλλὰ βουλεύεσθαι περὶ τοῦ βίου καθ' ἑκάστην τὴν ἡμέραν coni. BLASS, Jahrb. f. Philologie 1884, pag. 421, cf. KEIL, Analecta Isocratea, pag. 84, 125,
2. επιθ',	4. επιθ' ganz wie M.,	ἔπειθ',
3. καθ ους,	4. καθως,	καθ' οὕς,
	6. Die Lücke erfcheint für das zu Ergänzende etwas zu klein,	
5 εξειναι,	6. εξιναι,	ἐξεῖναι,
5 τοις τε φιλοις,	6. id.,	id. τε om. Stobaei cod. A,
6. επιτιθες[θαι,	7. επιτιθες[θαι wie M.,	ἐπιθέσθαι,

8. και] των ποιητων τινεc,	9. .....ποιητων τινεc. Die Lücke iſt diesmal zu groſs; Ergänzung?	καὶ τῶν ποιητῶν τινὲc Γ τινὲc καὶ τῶν ποιητῶν v.,
	11. ωcτε εξ,	ὥcτ' ἐξ,
	12. γινεcθαι,	γίγνεcθαι,
	13. υπαρχειν (und υπαρχει nach Tilgung des ν),	ὑπάρχει,
	14. [εδει παιδε]υεcθαι μαλλον των αλ[λων,	ebenſo Γ; μᾶλλον ἔδει τῶν ἄλλων παιδεύεcθαι v. et Stobaeus praeter cod. A qui cum Γ consentit,
	15. καταcτα]θωcιν,	καταcτῶcιν Γ καταcταθῶcιν v. Stob.,
18. [οι μεν γαρ cυνοντεc πλειcτοι,	17. [γαρ πλειcτοι oder cυνοντεc]? empfiehlt die Gröſse der Lücke,	γε πλεῖcτοι Stob. A.,
18 f. [αυτοιc προc χαριν] ομιλουcιν. Dieſe Ergänzung erhält eine Stütze durch R., wo α[υτοιc] nach cυνοντεc, alſo vor [προc χαριν ομιλουcιν], ſteht.	17 f. αυτοι[c ου πληcια]ζουcιν οι δε cυνοντεc α[υτοιc.	αὐτοῖc οὐ πληcιάζουcιν, οἱ δὲ cυνόντεc Blass, οὐ πληcιάζουcιν αὐτοῖc Γ et Stob. cod. A.

Wien, 8. Jänner 1888.

K. Weſſely.

19*

KLEINERE MITTHEILUNGEN.

(Ueber einige Lehnwörter im Demotifchen.) Es ift der Sprachvergleichung auf indogermanifchem und femitifchem Gebiete gelungen, eine Reihe von wichtigen Thatfachen aus der Urzeit der Indogermanen und Semiten, aus welcher keine hiftorifche Ueberlieferung herüberreicht, feftzuftellen. Für die hamitifchen Sprachen ift Aehnliches weder verfucht worden, noch bei dem jetzigen Stande diefes Theiles der Sprachwiffenfchaft auszuführen. Und doch wird man wohl nur auf diefem Wege die Frage nach der Herkunft der Hamiten, der Aegypter zu löfen im Stande fein. Kamen die Aegypter nilabwärts oder über das rothe Meer, beziehungsweife die Landenge von Suez, ftammen fie aus Afien oder aus dem Innern Afrika's? Wenn es wahr wäre, dafs fie die Papyrusftaude in Aegypten nicht vorgefunden, fondern die Cultur diefer erft am oberen Nil heimifchen Pflanze in Aegypten eingeführt haben, fo läge darin ein ftarkes Argument für die Annahme, dafs die Aegypter nilabwärts in ihre fpätere Heimat gezogen find. Für diefe Annahme fprechen ferner die uralten Handelsbeziehungen zu dem Wunderlande Punt (Südweftarabien und die gegenüberliegende afrikanifche Küfte). Unter den Producten, die auf diefem Wege bezogen wurden, finden wir Elfenbein und Ebenholz, deren Provenienz, wie LIEBLEIN (Handel und Schiffahrt auf dem rothen Meere in alten Zeiten, S. 68 ff.) bemerkt, Innerafrika war. Beachtenswerth ift der Name Elephantine, der fchon in der Una-Infchrift vorkommt, für die Stadt an der Südgrenze Aegyptens. Die von verfchiedenen Forfchern behauptete Urverwandtfchaft der femitifchen und hamitifchen Sprachen ift vorläufig unbeweisbar. Dagegen haben früh gegenfeitige Entlehnungen ftattgefunden. Hieher ift das Wort *qmḥ* zu ziehen, welches in den Pyramidentexten vorkommt und von MASPERO bereits mit dem arabifchen قمح zufammengeftellt wurde. Doch ift das fremde Sprachgut, welches die hieroglyphifchen, hieratifchen und demotifchen Texte bieten, nicht eben bedeutend. Verhältnifsmäfsig noch das meifte geben die hieratifchen Texte der Rameffidenzeit, welche einer Zeit entftammen, wo Aegypten in lebhaftem Verkehr mit den femitifchen Staaten Syriens ftand, und Aegypten felbft, namentlich Unterägypten von femitifchen Stämmen befiedelt war. Trotzdem beläuft fich der ganze Beftand an femitifchen Lehnwörtern, welcher fich bisher in ägyptifchen Texten hat nachweifen laffen, auf etwa 60 Wörter,[1] die zum grofsen Theile Gegenftände, Thiere u. f. w. bezeichneten, deren Kenntnifs den Aegyptern durch die Semiten vermittelt wurde. Noch geringer find die Lehnwörter aus der libyfchen, kufchitifchen, perfifchen, griechifchen Sprache. Erft die

---

[1] Vergl. BONDI, Dem hebräifch-phönizifchen Sprachzweige angehörige Lehnwörter in hieroglyphifchen und hieratifchen Texten.

Zukunft wird die Frage löfen können, ob in dem Gallimathias, welchen die Zauberformeln bieten, nicht hie und da richtige Transfcriptionen kufchitifcher Wörter vorliegen. Nachweisbar tritt uns in einer Stelle des demotifch-griechifchen Leydener Zauberpapyrus die demotifche Transfcription eines griechifchen Wortes entgegen.

IV, Revers, l. 6 ff.

kalaine *n* *aun* *n* *as* *χem* *hefilalat* *ou*

eine kleine Eidechfe von ‚Kalaine'-Farbe.

In feiner Grammaire démotique überfetzt Brugsch das fragliche Citat (S. 127) ‚(de couleur) de la pierre Karaïna', in dem Wörterbuch (f. v.) durch ‚Afche', oder was wahrfcheinlicher ift, ‚einen Stein von afchgrauer Farbe'.

In den koptifchen Papyrus Erzherzog Rainer ift das fragliche Wort nicht felten. Es findet fich als Farbbeftimmung in Kleider- und Stoffverzeichniffen. So im Kopt. Pap. Nr. 76, wo eine Reihe von ϩⲱⲕ, cingulum, ϣⲧⲏⲛ vestis, tunica, ⲕⲁⲙⲓⲥⲓ Hemd, ϩⲁⲓⲧⲓ vestis, mit Zufätzen, welche fich oft auf die Farbe des Stoffes beziehen, z. B.:

ⲟⲩⲥⲧⲣⲱⲙⲁ ⲕⲁⲣⲕⲓⲛⲟⲩ

ⲟⲩⲕⲁⲣⲁⲕⲁⲗⲗⲓ ⲛⲧⲁⲥⲓ

ⲟⲩϩⲁⲓⲧⲓ ⲛⲛⲱⲕⲏⲥ

angeführt werden, und darunter auch ein ⲟⲩϩⲁⲓⲧⲓ ⲛⲕⲁⲗⲗⲁⲓⲛ.

Eine ähnliche Verbindung wie die oben angeführte Stelle des demotifchen Zauberpapyrus (*n aun n* u. f. w.) gibt der Kopt. Pap. Erzherzog Rainer Nr. 195:

ⲕⲁⲩⲛⲁⲕⲟⲥ ⲛⲡⲣⲁⲥ[ⲉ]ⲥ

ⲕⲁⲩⲛⲁⲕⲟⲥ ⲛⲁⲧⲁⲛ ///

alfo neben einem lauchgrünen (πραcιοc) Pelze — es ift das καυνάκη oder καυνάκηc, welches bereits bei Aristophanes vorkommt — auch einen folchen von ..... Farbe (ⲁⲧⲁⲛ).

Auch in dem Kopt. Pap. Nr. 882 erfcheint das fragliche Wort in der Verbindung

ⲡⲉⲥⲁⲩⲏⲛ ⲛⲕⲁⲗⲗⲁⲓⲛⲓ.

Diefe Beifpiele zeigen uns deutlich, dafs hier das griechifche καλλάϊνοc vorliegt. Bei Martial 14, 139 heifst es: lacernae callainae und in einem auf einer Infchrift erhaltenen Inventare aus Nemi (Henzen im Hermes, VI, 1872) wird eine ‚vestis sirica (l. serica) purpurea et callaina' erwähnt. Für das Sachliche fei auf die Plinius-Stellen verwiefen.

Lehnwörter müffen im Demotifchen zahlreicher gewefen fein, als man nach dem aus den wenigen bekannten Texten fich ergebendem Materiale anzunehmen geneigt ift. Für die verhältnifsmäfsig noch wenig klargelegten Culturbeziehungen Aegyptens zu Vorderafien in der perfifchen und griechifchen Zeit würde fich aus ihnen reichliche Belehrung fchöpfen laffen. Es fei hier noch auf zwei Bezeichnungen hingewiefen, welche erft in fpäter Zeit in ägyptifchen Texten aufkommen. So viel man fieht, wird erft in Texten aus der demotifchen Zeit die Rofe, *urt*, ohne welche wir uns jetzt ägyptifche Gärten kaum vorftellen können, und welche bereits zu Strabo's Zeit eine Zierde derfelben bildeten, erwähnt. Die Lefung einer Stelle des hieratifchen Papyrus Anaftafi IV, 12, 1 bei CHABAS, Mélanges III, 2, Seite 87, iſt nach BRUGSCH, W. B., III, 738, zu berichtigen; es iſt von keiner Roſe, ſondern von einem Muſikinſtrumente die Rede. Ebenſowenig werden in dem pantheiſtiſchen Berliner Hymnus aus der Zeit Ramſes IX. (LEPSIUS, Denkmäler, VI, 118, Zeile 36, vergl. PIERRET, Études égyptologiques, I, 5) Roſen erwähnt. Mit dem philologiſchen Ergebniſſe ſtimmen auch die Darſtellungen, ſowie die von SCHWEINFURTH unterſuchten Pflanzenreſte aus altägyptiſchen Gräbern überein, indem ſie Roſen durchaus vermiſſen laſſen.[2]

Aehnlich ſteht es wohl mit dem Namen des Apfels: [demotisch] *tépech*. Sicher finden wir ihn zuerſt in dem demotiſchen Papyrus der kaiſerlichen Sammlung Nr. 31, Columne 1, Zeile 6:

[demotisch]

d. h. *s(e)ch n huo e-t'(e)pech ef-n-aite.*

Es kann zweifelhaft ſein, ob man die erſte Gruppe mit dem koptiſchen ⲥⲁϣ, ictus, plaga, ⲥⲱϣ, contemnere oder ⲥⲁϣⲉ, amarum esse, zuſammenzuſtellen hat. Der Sinn würde das letztere verlangen, für *s(e)ch* im Sinne von ‚ſchlagen' ſpricht das hieroglyphiſche *s(e)ch*, an welches BRUGSCH (W. B. ſ. v.) erinnert. Doch das ſind Nuancen, die bei einem Stücke, deſſen allgemeine Erklärung vorläufig noch ganz problematiſch iſt,[3] nicht ſo ſchwer ins Gewicht fallen.

Die folgende Gruppe entſpricht dem koptiſchen ⲛϩⲟⲩⲟ, an der Gleichſetzung der dritten mit dem koptiſchen ϫⲉⲡⲛⲉϩ, ϫⲙⲡⲉϩ, ϫⲉⲙⲡⲉϩ, Apfel, kann, nachdem dies erkannt iſt, kein Zweifel ſein. Ebenſo ſicher iſt die Leſung der letzten Zeichen. Die Schluſsgruppe kommt auch in der Chamoïs-Sage vor, Seite 4, Zeile 27, wie mich die Nachvergleichung des Originals in Bulak gelehrt hat.

[demotisch]

‚Dieſe Frau hat dieſe Worte des Verderbens vor ihm geſagt.' Es liegt uns in beiden Fällen das hieroglyphiſche *atu*, Verderben, Unheil, vor. Da von einem Apfel die Rede iſt, ſo ſagen wir ‚Faulheit'.

Der ganze Satz heiſst ſonach:

Bitter (?) mehr als ein Apfel, indem ſaul iſt....

Mit unſerem *t'(e)p(e)ch*[4] iſt das hebräiſche תפוח und arabiſche تفاح zuſammenzuſtellen. Das demotiſch-koptiſche [demotisch], ϫ geht zum Theile auf das hieroglyphiſche θ zurück (ϫⲱⲱⲣⲉ, θnura), der correcten Transſcription des hebräiſchen ת.

---

[2] Man ſieht, daſs der Titel ‚Uarda', des in der Rameſſidenzeit ſpielenden Romans von EBERS hiſtoriſchen und archäologiſchen Bedenken unterliegt.

[3] Zur Beſtätigung des eben Geſagten gebe ich die von anderer Seite gegebene Ueberſetzung der eben behandelten Stelle: (La crapule) a brisé beaucoup ce misérable étant en perdition. — Dieſe Miscelle wurde im Auguſt des verfloſſenen Jahres geſchrieben und geſetzt; inzwiſchen iſt die Ueberſetzung des ganzen Papyrus von BRUGSCH erſchienen (Zeitſchrift für ägyptiſche Sprache, 1888, S. 1 ff.), welche erſt eine ſichere Grundlage für die Auffaſſung des Ganzen gegeben hat.

[4] Das hieroglyphiſche *tphu*, welches im Papyrus Anaſtaſi III, 2 und auch als *tpuh* in dem Duplicate desſelben, hieratiſcher Papyrus Erzherzog Rainer, Nr. 1, Zeile 9 (vergl. Mittheilungen, I, 89) vorkommt, gehört kaum hieher.

Im Gegenſatze zu dieſen ſpärlichen Entlehnungen wimmelt das Koptiſche geradezu von griechiſchen Wörtern. Dies iſt nur erklärlich, wenn man berückſichtigt, daſs die koptiſche Literatur unter direkter Einwirkung der griechiſchen entſtanden iſt. Von den Arabern dagegen haben die Kopten wieder verhältniſsmäſsig wenig entlehnt. Von den arabiſchen Lehnwörtern im Koptiſchen ſoll ein anderesmal die Rede ſein.

J. Krall.

(**Nachtrag zum Achmîmer Fund.**) Bei der Abfaſſung meines vorläufigen Berichtes über den Achmîmer Fund (ſiehe Mitth., Bd. III, S. 246) lag mir MASPERO'S Aufſatz in dem VIII. Bande des Recueil des travaux relatifs à la philologie et à l'archéologie égyptiennes et assyriennes, S. 181 ff., nicht vor. Ich habe daher zugleich mit der näheren Beſtimmung dieſer werthvollſten koptiſchen Pergamente auch über das Verhältniſs des der erzherzoglichen Sammlung einverleibten Fundes zu den von MASPERO beſprochenen Reſten einer Handſchrift der kleinen Propheten mich zu äuſsern. Die Prüfung unſerer Stücke zeigt, daſs hier die disiecta membra einer koptiſchen Pergamenthandſchrift der kleinen Propheten vorliegen, welche von den Findern an zwei verſchiedene Käufer verkauft wurden. Eine vergleichende Zuſammenſtellung des Wiener Beſtandes mit den von MASPERO mitgetheilten, inzwiſchen leider verſchwundenen Stücken wird den Sachverhalt klar hervorgehen laſſen. In Bezug auf die letzteren kann ich nur den Wunſch von MASPERO erneuern: Le propriétaire actuel, qui peut-être ne connaît pas toute la valeur de l'acquisition qu'il a faite, se décidera peut-être, soit à le donner à un musée, soit à le confier à quelque égyptologue, qui pourra les étudier à loisir et en donner une édition correcte.'

Von der Handſchrift liegen uns nun theils im Original, theils in Abſchriften eines koptiſchen Prieſters aus Sohag (bei MASPERO) folgende Stücke vor:

Hoſea: 1, 1—3. Ein Blatt S. E. R.
1, 7—10. Ein Blatt S. E. R.
Es fehlen einige Blätter.
2, 9—12. Ein Blatt S. E. R.
Es fehlt ein Blatt.
2, 18—4, 8. Drei Blätter S. E. R.
Es fehlen vier Blätter.
6, 3—10, 13. Zehn Blätter S. E. R.
10, 14—11, 5. Ein Blatt S. E. R.
Es fehlt ein Blatt.
11, 12—12, 6. Ein Blatt S. E. R.
Es fehlen zwei Blätter.
13, 7—15. Ein Blatt S. E. R.
Es fehlt ein Blatt.
14, 5 bis Schluſs. Ein Blatt S. E. R.
Joël: 1, 1—14. Zwei Blätter S. E. R.
1, 14—2, 19. MASPERO.
2, 19—3, 4. Drei Blätter S. E. R.
Es fehlen zwei Blätter.

Amos: 1, 2—12. Zwei Blätter S. E. R.
Es fehlt ein Blatt.
2, 1—12. Zwei Blätter S. E. R.
Es fehlen mehrere Blätter.
Michaias: 2, 3—8. MASPERO.
Es fehlt ein Blatt.
2, 12—5, 8. Sieben Blätter S. E. R.
5, 8—11. MASPERO.
Es fehlt eine Seite.
6, 1 bis Schluſs. } Acht Blätter
Abdias: 1, 1—16. } S. E. R.
1, 16 bis Schluſs. MASPERO.
Es fehlt ein Blatt.
Jonas: 1, 5—7. MASPERO.
Es fehlt ein Blatt.
3, 3—8. MASPERO.
Es fehlt ein Blatt.
4, 2 bis Schluſs. } Acht Blätter
Naum: 1, 1—3, 8. } S. E. R.
Es fehlt eine Seite.

3, 11—14. MASPERO.
3, 14 bis Schlufs. Ein Blatt S. E. R.
Es fehlt eine Seite.
Hambakum: 1, 4—7. MASPERO.
Es fehlen zwei Blätter.
2, 2—17. MASPERO.
2, 17 bis Schlufs. } Sechs Blätter
Sophonias: 1, 1—11. } S. E. R.
Ein Blatt fehlt.
1, 17—3, 17. Sechs Blätter S. E. R.
Es fehlen drei Blätter.

Haggaios: 1, 10 bis Schlufs. Sechs Blätter.
Zacharias: 1, 1—4. MASPERO.
1, 6—4, 6. Acht Blätter S. E. R.
4, 6—7, 14. MASPERO.
7, 14—14, 4. Achtzehn Blätter S. E. R.
Es fehlt ein Blatt.
14, 9—18. Zwei Blätter.
Es fehlen mehrere Blätter.
Malachias: 3, 16—4, 1.

Die Reihenfolge der kleinen Propheten war in diefem koptifchen Codex folgende: 1. ωcηε, 2. ιωηλ, 3. Αμως, 4. μιχαιας, 5. αβδειας, 6. ιωηας, 7. ηαουμ, 8. αμβακουμ, 9. coφoηιac, 10. αγγαιoc, 11. ζαχαριαc, 12. Μαλαχιας.

Die Namen Αμωc und Μαλαχιας kommen in der Handfchrift nicht vor. So find etwa fünf Sechftel des Codex erhalten. Etwa vier Sechftel desfelben bilden eine der Hauptzierden der koptifchen Abtheilung der erzherzoglichen Sammlung, ein Sechftel ift durch MASPERO'S Umficht wenigftens in Abfchrift vorhanden, der Reft ift verloren.

J. Krall.

(Ptolemäifche Münzen im III. Jahrhundert n. Chr.) ‚Nimm einen ptolemäifchen Stater...' So beginnt ein Recept in dem chemifchen Papyrus von Leyden.[5] Wenn man bedenkt, dafs derfelbe aus dem IV. Jahrhundert n. Chr. ftammt — ein Indicium dafür ift, von allen anderen abgefehen, der Gebrauch von νόμιcμα in der Bedeutung von Solidus, pag. 7, Zeile 16 — fo ift man verfucht, entweder an die Benützung älterer Quellen zu denken oder gar das Recept für chimärifch anzufehen, wie die in den Zauberpapyrus vorkommenden, die geradezu unerfüllbare Bedingungen anfetzen, vergl. PARTHEY, Zwei griechifche Zauberpapyrus, I, 235, Anmerkung. Ift es ja doch wahrfcheinlich, dafs der chemifche Papyrus und die eben erwähnten Schriftftücke zufammen ein und demfelben Amateur magifcher, alchymiftifcher und aftrologifcher Literatur angehört haben. Anderfeits find die Recepte diefes Papyrus vernünftig und für practifche Zwecke augenfcheinlich beftimmt. Es ift uns daher erwünfcht gekommen, das Curfiren ptolemäifcher Münzen in fehr fpäter Zeit noch durch mehrere Belege aus den Papyrus Erzherzog Rainer nachweifen zu können.

Es ift aus dem Gebrauche der frühbyzantinifchen Zeit wohl bekannt, dafs man in den Kaufcontracten, die jetzt zahlreich auf Papyrus erhalten vorliegen, mit grofser Genauigkeit das Geld angegeben hat, um das es fich handelt; nicht etwa die Summe allein, auch die Geldforte, in welcher diefelbe gezahlt wurde, wird namhaft gemacht; z. B. χρυcου

[5] Pag. 3, Zeile 40: λαβε cτατηρα πτολεμαϊκον sic εχουcι γαρ τηι κραcι χαλκον και καταβαψον· εcτιν δε η κραcιc τηc καταβαφηc cτυπτηριαc cχιcτηc αλοc κοινου εν οξει βαφικωι κλοιου παχοc καταβαψαc και ωταν εκτροχιcτηι χονευωμενον και μιγηι ειc τουτο πυραcον ειτα καταβαψον ειτα πυραcον. Die Schreibung πτολεμαϊκου sic kehrt wieder in den Papyrus Erzherzog Rainer; vergl. unten.

νομιcματια δεcποτικα απλα δοκιμα τρεια εκτον, Wiener Studien, V, 308; χρυcινων δεcποτικων τετραγραμμιαιων διζωδων, Hermes, XIX, 419; ο εcτιν χρυcιου νομ[ιcματια] δυο τριτον φωκα[τικα] χρ/ ν̊ λγ' φωκ/, Faijûmer Papyrus XX des Louvre; hier find Münzen gemeint, die unter dem regierenden Kaifer, im dritten Beifpiele Phokas, geprägt worden find.

Das byzantinifche Urkundenwefen wurzelt aber bekanntlich[6] ganz in dem der früheren Jahrhunderte; die peinliche Genauigkeit bei der Angabe des Geldes ift in der That auch in den Contracten des II. und III. Jahrhunderts n. Chr. nachweisbar, deren Eigenthümlichkeit und Befchaffenheit wir aber erft jetzt durch die Papyrus Erzherzog Rainer aus diefer Epoche kennen lernen.[7] Wir geben vor Allem Belege für eine Formel, die regelmäfsig auftritt:

Papyrus Erzherzog Rainer Nr. 1577 vom 11. Jänner 193 n. Chr. (Imperator Commodus):

αργυριου cεβαcτου
νομιcματοc κεφαλαιου δρα
χμαc τριακοcιαc τεccαρακον
τα γυο Γ ϛ τμβ

Papyrus Erzherzog Rainer Nr. 1486 vom Jahre 211 n. Chr. (Imperatoren Caracalla und Geta):

αργυριου cεβαcτων νομιcματοc αργυρι
ου δραχμαc χειλιαc οκτακοcιαc εξ[ηκοντα

Papyrus Erzherzog Rainer Nr. 1485 vom 2. Juni 221 n. Chr. (Imperator Elagabal):

η εcτιν αργυριου
cεβαcτου νομιcματοc δραχμαι διcχειλιαι διακοcιαι τεccαρακοντα

Papyrus Erzherzog Rainer Nr. 1530 vom September-October 237 n. Chr. (Maximinus und Maximus):

αργυριου cεβαcτων νομιcματοc δραχμαc πεντακοcιαc

Beifpiele für αργυριου cεβαcτου νομιcματοc δραχμαι liegen fonft noch überaus zahlreich vor; vergleichen wir nun die Schwankungen in den Formen cεβαcτου und cεβαcτων, je nachdem ein oder mehr als ein Imperator regierte, fo folgt, dafs unter unferen Münzen folche gemeint find, die das Bild des eben regierenden Herrfchers tragen.[8] Aus diefer Thatfache ergibt fich, nebenbei gefagt, für Maximus, dafs er im Jahre 237 für einen cεβαcτόc auch angefehen wurde. Wir können ferners die Beobachtung machen, dafs man damals, ebenfo wie in fpäterer Zeit, nach Münzen mit der Prägung des eben regierenden Herrfchers gerne in den Contracten rechnete.[9] Es ift nun bezeichnend, dafs in den letzten Decennien des III. Jahrhunderts die Contracte, foweit ich bis jetzt fehe, nicht mehr jenen

[6] Prolegomena (1883), pag. 27 ff.

[7] Früher exiftirte überhaupt nur ein einziger Contract aus den fünf erften Jahrhunderten n. Chr.; es ift dies der Parifer Papyrus XVII aus Elephantine, Wiener Studien, VII, 70 f.

[8] In fpäterer Zeit genannt δεcποτικά.

[9] Gelegentlich wurde der Curs der neuen Solidi fo in die Höhe getrieben.

Beifatz zu ἀργυρίου δραχμαί tragen, wohl aber fand ich dafür jene überaus intereffanten Angaben, die wieder für die frühere Zeit fich noch nicht haben nachweifen laffen.

Papyrus Erzherzog Rainer Nr. 1508 aus dem dritten Jahre Diocletians:

Zeile 7. αργυριου
8. παλαιου πτολεμαϊκου νομισματος δραχμας
9. εξακοσιας γ αργ ϛ χ

Dafs wirklich hier ‚600 Drachmen altptolemäifchen Gepräges' gemeint find, wird durch einen zweiten Papyrus aus vordiocletianifcher Zeit erhärtet.

Papyrus Erzherzog Rainer aus der Zeit des Claudius Gothicus Nr. 2001:

Zeile 11. αργυριου παλαιου πτολεμαϊκου νομισματος δραχμας πεντακις [χειλιας

Wohl find hier jene Drachmen gemeint, welche mit demfelben Ausdrucke der Leidener Papyrus *O*, Zeile 10, aus dem Jahre 89 v. Chr. bezeichnet αργυριου επισημου πτολεμαικου νομισματος δραχμας δεκα δυο. In dem Papyrus Erzherzog aus der Zeit des Aurelian und Vaballathus (271 n. Chr.) werden mehrere taufend folcher Drachmen παλαιου πτολεμαϊκου νομισματος erwähnt; zu folchen Münzen mufste alfo der Handel und Verkehr zurückgreifen, da das gleichzeitig geprägte Pfeudo-Silbergeld beinahe ganz aus Kupfer beftand.

Diefe wichtigen Ergebniffe aus unferen Papyrus ftehen in vollem Einklange zu der Angabe des chemifchen Papyrus.

Karl Weffely.

(**Amtsbücher und ihre Citirung.**) Wie grofsartig mufs doch der Einlauf amtlicher Schriftftücke gewefen fein, wenn wir aus den uns gegenwärtig noch vorliegenden maffenhaften Acten auf Papyrus und den Andeutungen, die wir aus ihren Texten entnehmen, einen Schlufs auf ihre Zahl ziehen! Wenn wir dann einerfeits ein hochentwickeltes Formelwefen, das eine eigene Gefchichte hat, beobachten können, anderfeits die oft mühevolle amtliche Behandlung der eingelangten Schriftftücke verfolgen, fo erübrigt uns nur noch zu conftatiren, dafs in einem folchen öffentlichen Amte genaue Evidenzhaltung und forgfältige Ordnung herrfchte.

So finden wir z. B. bei eingereichten Acten die Vormerkung des Beamten bezüglich der Uebernahme; Papyrus Erzherzog Rainer Nr. 1436 (aus dem Jahre 222 n. Chr.): Αὐρήλιος Ἡράκλειος ὁ καὶ Λιβεράλιος ἐξηγητ(ὴς) βουλ(ευτὴς) βιβλ(ιοφύλαξ) ἐπιτηρητ(ὴς) ἀγ[ο]ρ(ανομίας) ἀγήματ(ος) und am Rande Ἡράκλειος ὁ καὶ Λιβεράλις ἐξηγητὴς βιβλιοφύλαξ σεσημείωμαι τυβι α̅. Das Amt des βιβλιοφύλαξ ift in Verbindung zu fetzen mit der in den öffentlichen Schriftftücken häufiger erwähnten βιβλιοθήκη, dem Aufbewahrungsorte der Acten (βιβλία, libelli). Es ift wohl unter folchen Verhältniffen zu fchliefsen, dafs Anftalten getroffen waren, um die Texte der Schriftftücke, die wieder vom Amte ihren Ausgang nahmen, in eigenen Amtsbüchern feftzuhalten, fo dafs die an Parteien und Privatleute ausgegebenen Acten den Charakter der Abfchrift eines amtlichen Originals tragen. Wir finden noch Spuren, dafs diefe Auffaffung die richtige ift. Ein Urtheil, das einer von zwei ſtreitenden Parteien im Jahre 124 n. Chr. bekanntgegeben wurde (Papyrus Erzherzog Rainer Nr. 1492), wird als Abſchrift ausdrücklich bezeichnet aus dem τόμος ὑπομνηματισμῶν des Richtenden, der den Befehl ertheilt hatte, aus dieſen ſeinen Commentarii das uns erhaltene Schriftſtück zu excerpiren und zu copiren (ἀναδοῦναι ἀντίγραφον); der Archivar, βυβλιοφύλαξ,[10] der die Abſchrift collationirte, beſtätigt zu Ende derſelben eigenhändig, daſs das Original exiſtire, ſich unter den Acten in der Bibliothek (Archiv) vorfinde (ὑπάρχει).

In einem ſolchen Archive exiſtirten alſo die Originale der Proceſsacten und richterlichen Urtheile in einer Collectivrolle; aber auch die auf Grundverkäufe und andere Verträge bezüglichen Urkunden mit öffentlicher Geltung waren wieder in anderen groſsen Rollen eingetragen. Das Fragment einer ſolchen befindet ſich ebenſalls unter den Papyrus Erzherzog Rainer (Nr. 1578); auf den erhaltenen zwei Columnen ſtehen vier Privatverträge, ganz ſo ſtiliſirt wie die einzeln ausgegebenen, von derſelben Hand eingetragen. Um wieder die an das Amt gelangenden gleichartigen Texte beiſammen zu haben, ging man auch in der Weiſe vor, daſs man die einzelnen Stücke aneinanderklebte und ſo Rollen oft mit zahlreichen Columnen erhielt, die wieder numerirt wurden.[11] Als Beiſpiele für dieſen Fall citire ich den Papyrus Erzherzog Rainer Nr. 1410 aus dem Jahre 237 n. Chr., der die Nummer Ϥβ (92) trägt, die er in derjenigen Amtsrolle hatte, welche die einlaufenden Todesanzeigen enthielt. Die Nummer NB (52) ſteht auf dem oberen Rande der Steuerprofeſſion Papyrus Erzherzog Rainer Nr. 1428 aus demſelben Jahre, offenbar ſo eingereiht in einer Rolle mit den Steuerprofeſſionen, die eingereicht worden waren (ἐπιδιδόναι). Dann ſind wieder mit den Nummern ausgeſtattet die Columnen einer von ein und derſelben Hand gleichmäſsig ſchön geſchriebenen Rolle, welche die Steuereinnahmen aus dem Nomos verzeichnet (III. Jahrhundert n. Chr.); es liegen vor pag. 17 ιζ̄, 18 ιη̄, 19 ιθ̄, 20 κ̄ (Papyrus Erzherzog Rainer Nr. 2100). Im British Muſeum hat eine ähnliche Rolle noch die Columnenbezeichnung κα und κη (21, 28) am oberen Rande, der ſonſt vielfach abgebröckelt iſt; ebendort ſind die Reſte eines Flurbuches mit den Columnenzahlen οα, 71 (British Muſeum Papyrus Nr. CIX, 4), οαβ (ib. Nr. CIX, 1), οαγ (ib. Nr. CIX, 5). Nach den Ausführungen J. Woisin's De Graecorum notis numeralibus, Kiel 1886, iſt man geneigt, dieſe Bezeichnungen ſo aufzufaſſen, wie etwa unſer modernes LXXI; LXXI, 2; LXXI, 3; ähnlich wie die Angabe des Marſeiller Iſokrates-Papyrus ΙΣΟΚΡΑΤΟΥΣ ΠΑΡΑΙΝΕΣΕΩΝ BB erklärt wird als II, 2, d. i. ‚zweite Abtheilung der iſokratiſchen Reden, zweite Rede'. Andere Beiſpiele ſolcher Zählung ſind (l. c. pag. 12) αα, αβ, αγ, αδ etc. = I, 1; I, 2; I, 3; I, 4 u. ſ. w.

Dieſe Ordnung in den Amtsbüchern ermöglichte nun ein raſches Auſſchlagen, ſchnelle Orientirung in zweifelhaften Fällen und genaues Citiren. Während die Citate antiker Schriftſteller nur allgemein gehalten ſind und den Namen des Autors und etwa noch die Zahl des Buches angeben — offenbar wegen der Inegalität der Exemplare — ſind die amtlichen Belege — aus dem einen Originalvolumen — überaus genau, wie wir an zwei Beiſpielen erkennen, welche die Papyrus Erzherzog Rainer enthalten.

10 Häufiger iſt die Form βιβλίον, βιβλιοφύλαξ, βιβλιοθήκη, ſo bis jetzt immer in den aus dem III. Jahrhundert n. Chr. ſtammenden Papyrus.

11 Auch in den Volumina Herculanensia finden wir gelegentlich Paginirung.

20*

In einem Papyrus aus dem Jahre 314 n. Chr. ist die Frage um eine Person namens Eulogus, der ein Feldbauer zu sein scheint, εἴ τινα Εὔλογον ἔχοιεν. Darauf folgt das Citat:

κολλ' ρνβ τομ α.

Wie wir diese Angabe zu erklären haben, zeigt eine ähnliche in einer herkulanensischen Rolle φιλοδημου περι χαριτος κολληματα σελι(δων) οη (Nr. 1414 der Oxforder Ausgabe; Ritschl, kl. Schr. I, 1, pag. 183 = Index lect. Bon. 1840 — 41, pag. VII). Unter τόμος ist die Papyrusrolle zu verstehen, κόλλημα eines der Blätter, durch deren Aneinanderklebung die Rolle entsteht; z. B. ἱερατικὸν κόλλημα, ein Blatt Papyrus von der Sorte der charta hieratica (meine Zauberpapyrus vs. 2068, 2513, S. 72, 83; Leydener Papyrus W. 6, 41) gleichbedeutend mit ἱερατικὸς χάρτης und ἱερατικὸν πιττάκιον (meine Zauberpapyrus, pag. 153); es entspricht dann κόλλ(ημα) ρνβ' τόμ(ου) α' unserem modernen pagina 152, Volumen I.

In einem zweiten Papyrus Erzherzog Rainer aus dem Jahre 284 n. Chr. liegt uns ein amtlich behandelter Act vor, den zwei Frauen in einer strittigen Angelegenheit eingebracht hatten; in der Erledigung kommt das Citat aus dem Amtsbuche des Strategen des Bezirkes vor, der sich dahin ausgesprochen hatte, dass der Fall nach den bestehenden Gesetzen entschieden werde: ‚δικα[ζ]ειν κατα τους νομους' spricht der Strateg, ο στρατηγος κολλημ οζ τομου β''.

Dazu müssen wir bemerken, dass die Strategen eigene Amtsbücher führten, von denen uns auch Exemplare noch fragmentarisch erhalten sind; aus einem solchen ist unser Citat entnommen, welches zu übersetzen ist: ‚der Strateg auf pagina 77 des II. Volumens (seiner ämtlichen Aufzeichnungen)'.

Karl Wessely.

MITTHEILUNGEN

AUS DER SAMMLUNG DER

PAPYRUS ERZHERZOG RAINER

FÜNFTER BAND

MIT 2 LICHTDRUCKTAFELN UND 8 TEXTBILDERN

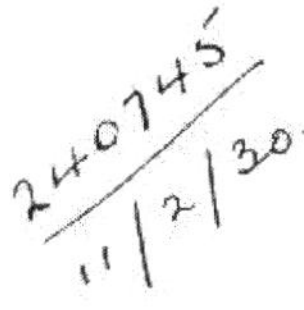

WIEN

VERLAG DER K. K. HOF- UND STAATSDRUCKEREI

1892

HERAUSGEGEBEN UND REDIGIRT VON JOSEPH KARABACEK

INHALT

des fünften Bandes.

Studien und Forschungen:

Kleinere Mittheilungen:

Nachweis der Tafeln und Textbilder:

V. Band | Nro. 1 und 2 | 1. Jänner 1889

MITTHEILUNGEN

AUS DER SAMMLUNG DER

PAPYRUS ERZHERZOG RAINER

Herausgegeben und redigirt von Joseph Karabacek.

EIN GRIECHISCHES KOMÖDIENBRUCHSTÜCK IN DORISCHER MUNDART.

Mit einem Textbilde in Lichtdruck.

Die im Folgenden mitgetheilten Verse find der erfte und bisher der einzige Ueberreft dorifcher Luftfpieldichtung, welcher nicht durch die vermittelnde Hand eines citirenden Schriftftellers hindurchgegangen, fondern in direćter Ueberlieferung aus dem Alterthum auf uns gelangt ift. Dafs diefe Ueberlieferung eine ungewöhnlich treue ift, dafür fprechen, von dem Alter der Papyrushandfchrift abgefehen (welches KARL WESSELY nicht über das Zeitalter des Kaifers Auguftus hinabrücken zu dürfen glaubt), mehrere Umftände, welche auf die forgfältige Recenfion eines Grammatikers deutlich hinweifen, insbefondere die ftreng dorifche Accentuation einzelner Worte und die den Text begleitenden Scholien.

Als ich im verfloffenen Sommer eine grofse Zahl von literarifchen Papyrus durchmufterte, fand ich diefes Blatt bereits mit dem von WESSELY'S Hand herrührenden Vermerk verfehen: ‚Gänzlich unbekannt, dorifcher Dialekt'. Dafs es Komödienverfe find, die uns hier vorliegen, war nicht fchwer zu erkennen; und wieder war, nachdem ich auf die Herkunft des Stückes aus der dorifchen Komödie hingewiefen hatte, KARL WESSELY derjenige, welcher die trochäifche Versform zuerft mit Sicherheit erkannte. Ihm verdanke ich auch eine Abfchrift diefes Fragmentes, welche die zuerft von mir angefertigte Copie in erwünfchter Weife ergänzt hat, während die Lefung und verfuchsweife Herftellung der Scholien, deren Entzifferung die gefchwächte Sehkraft meiner Augen nicht gewachfen wäre, ganz und gar fein Verdienft ift. Mir ward die kritifch-exegetifche Behandlung des Fragmentes und der Verfuch überlaffen, die fich daran knüpfenden literar-hiftorifchen Fragen zu beantworten. Ich laffe den Text folgen, in welchem ich nur jene Buchftaben nicht in Klammern eingefchloffen habe, die entweder vollftändig erhalten find oder deren einftiges Vorhandenfein durch unzweideutige Refte bezeugt ift. Dafs meine Supplemente nicht insgefammt auf gleiche Sicherheit Anfpruch machen, ift felbftverftändlich; über Einzelfragen der Kritik und Erklärung verbreitet fich der Commentar.

Text.

Τῆλ' ἀπε]νθὼν τεῖδε θωκησῶ τε καὶ λεξοῦ[μ' ἐγὼν
πᾶσιν ὐ]μεῖν (l. ὑμῖν) ταῦτα καὶ τοῖς δεξιωτέροις [ἁμᾶι·
σοφὸς] ἐμὶν δοκεῖ τε πάγχυ καὶ κατὰ τρόπ[ον φρονῶν
ὅτις ἔφα βρ]οτῶς ἐπεύξασθ', αἴ τις ἐνθυμεῖν γ[α λῆι,
μὴ τάπερ] γ' ὠφεῖλον· ἔνθεν ὗσπερ ἐκελή[θην ἴμεν
οὔ ποκ' εἶμ', οὐ] τῶν ἀγαθικῶν κακὰ προτιμάσαι θ[έλων.

✡

τόν τε κίν]δυνον τελέσσαι καὶ κλέος θεῖον [λαβεῖν,
Τρωϊκὸ]ν μολὼν ἐς ἄστυ, πάντα δ' εὖ σάφα [δρακὼν
ἄσμε]νος δίοις τ' Ἀχαοῖς παιδί τ' Ἀτρέος φί[λωι
σκέθρ' ἀπαγγ]εῖλαι τὰ τηνεῖ καὐτὸς ἀσκηθὴς [φανείς...

Ich laffe das Scholion nach KARL WESSELY'S Lefung folgen:

1. ...[π^{τ} π^{α} [π]ροσδο^{κ} ως ει ελε^{γ} κ' τοις εμπ[λ]ηττο^{μ} ττο το καθ[....
= πάντα = παρα = προσδοκίαν = ελεγε και τοις εμπληττομενοις

2. ...]η παλιν πρ^{ο} τους τραγικους λεγε^{τ} επει εδο^{κ} εκεινοι ε[..........
η unvollftändig = προς = λέγεται = ἐδόκουν oder ς[...

3. ...]η^{τ} δ' παραλελειπται στιχιδια δι[ων] η συναρτησι[ς..............

4. ...]ετιμ' τωι αριστοξενωι προσεχειν ακηκοεναι δ' [......................

5. ...]ομεν^{ο} αναστρεφειν.....ωφειλον ηδη τις λογ^{ο} ελ[............
= ομενος oder ομενον oder ομενου = λόγος

6. ...ει τοιουτον ✗ μετριον....η ανθρωπιν$^{\sim}$ πρ^{ο} ο αντι[...
ει unficher; vielleicht: ου — Orientirungszeichen des Scholions, nicht Abkürzung — = —ινη = προς

7. πορρωι καθεδου^{μ} κ' προσποιησο^{μ} παν^{τ} διαπεπραχ^{θ}
= καθεδοῦμ(αι) oder —μ(ενος) oder μ(εθα) etc. = και fiehe καθεδου^{μ} = —τα = —θαι

Der erfte Poetenname, der uns beim Anblick eines dorifchen Komödienbruchftückes in den Sinn kommt, ift derjenige Epicharm's. Ebenderfelbe Name aber ift es, zu welchem uns die Umfchau über die hier in Frage kommenden Möglichkeiten und die eingehende Prüfung aller einfchlägigen Beweismomente wieder zurückführt. Doch der Ermittelung des Dichters mufs jene des Inhaltes der Dichtung vorangehen. V. 9 begegnen uns die Achäer und der Sohn des Atreus, d. h. in diefem Zufammenhang: der König und Heerführer der Griechen, Agamemnon. Der Stoff unferes Dramas ift fomit der griechifchen Heldenfage und aller Wahrfcheinlichkeit nach dem troifchen Sagenkreis entnommen. Dafs es ein Luftfpiel ift, dies lehren uns nicht nur die Worte des Scholions, Z. 2: πρὸς τοὺς τραγικοὺς λέγεται, die einen deutlichen Hinweis auf die parodiftifche Behandlung eines tragifchen Stoffes enthalten; nicht weniger entfcheidend find die Texteswortte (V. 2): καὶ τοῖς δεξιωτέροις, mit welchen fich der Dichter ganz und gar in der Weife des Ariftophanes (fiehe Commentar) an das Theaterpublikum wendet. Verfuchen wir es, die Situation, welche unfer Bruchftück uns vorführt, zu ergründen, fo gelangen wir ebenfo leicht als ficher zu dem folgenden Ergebnifs. Es ift hier von einem gefahrvollen, dem, der es vollbringt, unſterblichen Ruhm verleihenden Unternehmen die Rede (V. 7), und dieſes Wagniſs beſteht darin, daſs ein Held als Späher in eine feindliche Stadt eindringt und, aus derſelben unverſehrt zurückkehrend, dem Griechenheer und ſeinem Führer wichtige Kundſchaft überbringt (V. 8 bis 10). Der Schauplatz unſerer Scene befindet ſich ſomit wohl nicht ferne von den Mauern Troja's, und der Held, der jene Späherdienſte verrichten wird oder verrichten zu wollen vorgibt, wie ſollen wir ihn wohl benennen? In einer bekannten homeriſchen Erzählung (Od., δ, 242 ff.) geht Odyſſeus als Späher nach Ilion. Dasſelbe Abenteuer hat der Dichter der kleinen Ilias behandelt (vergl. Epicorum fragmenta, ed

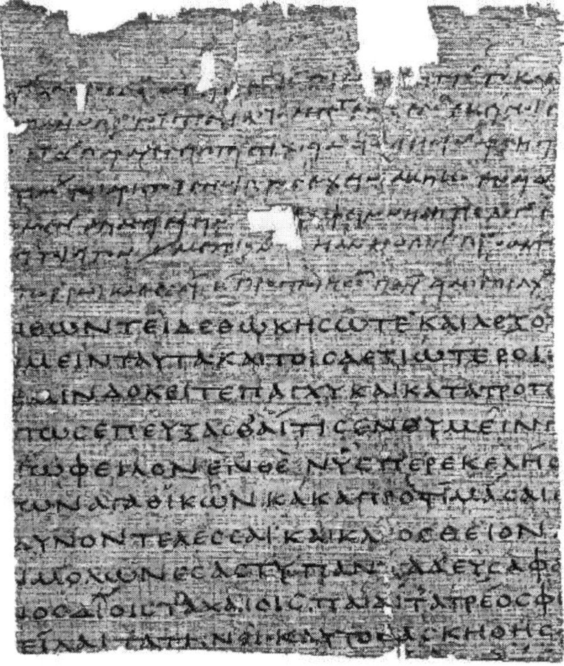

Griechiſcher (liter.) Papyrus Nr. 230. Originalgröſse.

KINKEL, vol. I, pag. 37 und WELCKER, Epiſcher Cyklus, II [1], S. 241); von den tragiſchen Dichtern hat Sophokles in den ‚Lakonerinen', Ion in den ‚Wächtern' und ein Unbekannter in dem ‚Trugboten Odyſſeus' den gleichen Gegenſtand verwerthet (vergl. NAUCK, Trag. graec. fragm., I [1], pag. 574, 652, 767). Die Wahrſcheinlichkeit, daſs der Ithakeſier der Held auch unſeres Bruchſtückes iſt, wird durch den Umſtand ſehr erheblich verſtärkt, daſs eben er und er ſaſt allein unter den Heroen der trojaniſchen Sage eine Lieblingsfigur der Luſtſpieldichtung geworden iſt; verzeichnet doch MEINEKE'S Index nicht weniger als ſieben 'Οδυccεύc und 'Οδυccῆc betitelte Erzeugniſſe der attiſchen Komödie. Vereinigen ſich ſomit alle Indicien darin, uns auf eine und dieſelbe Geſtalt hinzuweiſen — die epiſche Ueberlieferung, der den parodiſtiſchen Spott herausfordernde Vorgang der tragiſchen und die Gepflogenheit der komifchen Dichter —, fo tritt als ein letztes und entfcheidendes Anzeichen noch das folgende hinzu, welches zugleich den Gang unferes Dramas wenigftens eine kurze Strecke weit hell beleuchtet. Ich fpreche von dem Satz des Scholions (Z. 7): πόρρωι καθεδοῦμ(αι) κ(αὶ) προςποιήςομ(αι) πάντ(α) διαπεπρᾶχθ(αι). Man drehe und wende diefe Worte fo viel man will, man wird ihnen keinen anderen Sinn zu entlocken vermögen als diefen. Der verfchlagene Held, der zum Späheramte beftimmt war, — und wie follte zu folchem Gefchäfte ein Anderer erkoren werden? — wendet feine Verfchlagenheit nicht gegen den Feind, fondern gegen feine eigenen Auftraggeber, denen er weismachen will, die kühne That ruhmvoll vollbracht zu haben, während er in Wahrheit fern von der feindlichen Stadt geweilt und in aller Mufse das Märchen erfonnen hat, durch welches er den Hirten der Völker und feine Schaaren zu täufchen gewillt ift. Und da zweifle man noch daran, dafs der geriebene Schlaukopf Odyffeus vor uns fteht! — ebenderfelbe Schlaukopf, der fich im Beginne des Feldzuges durch erheuchelten Wahnfinn der Theilnahme an dem gefahrvollen Unternehmen zu entziehen verfucht hat (vergl. die Bruchftücke des ‚wahnfinnigen Odyffeus' des Sophokles bei NAUCK, S. 184). Wer aber find diejenigen, an welche die Rede des Laërtiers fich wendet? Schwerlich ein Gefolge von Getreuen, denn ein Kundfchafter pflegt feine Sendung allein und ohne die Begleitung von Dienern oder Knappen zu vollführen. Vielmehr werden es Bewohner der Troas fein, die er aufserhalb des Griechenlagers angetroffen hat und denen er als fremder Eindringling eine Auskunft oder Rechenfchaft fchuldet. Auf geiftig Tieferftehende, für welche die witzige und fubtile Wendung, die der Sprecher gebraucht, nicht eigentlich beftimmt fein kann, fcheint der Zufatz καὶ τοῖς δεξιωτέροις hinzuweifen, — ein Compliment für die Zufchauer, das zugleich dazu dienen mag, das Mifsverhältnifs zwifchen dem Inhalt der Rede und den Perfonen, an welche fie gerichtet ift, wie beiläufig zu entfchuldigen. Soweit alfo wären wir über den Gang unferes Luftfpiels im Reinen. Odyffeus ward als Späher nach Troja entfandt; er macht aufserhalb des Griechenlagers nach langer Wanderung Halt und benützt feine Raft dazu, Jenen, die ihn um das Ziel feiner Reife befragen, und zugleich dem Publikum von feiner trügerifchen Abficht Kunde zu geben. Welche Wendung das Drama in feinem weiteren Verlaufe genommen, und durch welche Mittel der Dichter folch eine Wendung herbeigeführt hat, dies wird uns wohl, wenn nicht ein neuer glücklicher Fund darüber Licht verbreitet, für immer verborgen bleiben.

Trachten wir nun den Dichter der vor uns liegenden Luftfpielfcene zu ermitteln, fo können wir zunächft den Kreis, innerhalb deffen wir ihn zu fuchen haben, dadurch verengern, dafs wir die Methode der Ausfchliefsung unferem Zwecke dienftbar machen. An den Tarentiner Rhinthon oder an deffen jüngere Nachfolger zu denken, hindert uns mancherlei. Ich lege wenig Gewicht auf den Umftand, dafs unter den mythifchen Stoffen, über deren parodiftifche Behandlung durch Rhinthon wir durch gelegentliche Erwähnungen unterrichtet find, fich kein hieher gehöriger findet.[1] Auch die Thatfache möchte ich nicht

[1] Es find dies Ἀμφιτρύων, Δοῦλος Μελέαγρος, Ἡρακλῆς, Ἰοβάτης (oder Ἰοβάται? was der fehlerhaften Schreibung bei Herodian π. μον. λέξ. pag. 64 L. εὐνοβάται näher kommt; man denke an die Ἀρχίλοχοι und Ὀδυςςῆς betitelten Komödien), Ἰφιγένεια ἐν Αὐλίδι, Ἰφιγένεια ἐν Ταύροις, Μήδεια, Ὀρέςτης, Τήλεφος. CHRIST, Griechifche Literaturgefchichte, S. 412, nennt freilich nur eine Ἰφιγένεια und vergifst der Medeia nicht weniger als des Meleagros und Iobates. Sämmtliche Titel, aber freilich nicht die Bruchftücke, bietet SOMMERBRODT, De phlyacographis graecis (Breslau, 1875), pag. 47.

allzu ſtark betonen, daſs unſer Bruchſtück V. 3 die gemein-doriſche Form ἐμίν und nicht die für Rhinthon bezeugte, vorzugsweiſe tarentiniſche ἐμίνη darbietet (Apollonius de pron., 104 *c*). Schwerer wiegt das vollſtändige Fehlen trochäiſcher Versmaſse in den Fragmenten der Dichtungen Rhinthon's. Geradezu entſcheidend aber ſcheint mir die Anführung des Ariſtoxenos beim Scholiaſten (Z. 4), unter dem wohl ſicherlich kein Anderer als der berühmte Rhythmiker dieſes Namens zu verſtehen iſt. Denn der Schüler des Ariſtoteles kann zwar das Auftreten des Rhinthon, der unter Ptolemäus I. geblüht hat, ſehr wohl noch erlebt haben; daſs er aber deſſen Dramen philologiſcher Behandlung unterzogen hat, muſs ſelbſtverſtändlich als unmöglich gelten. Da wir ſomit über das Zeitalter des literariſchen Schöpfers der Hilarotragödie hinausgewieſen werden, ſo bleibt uns nur jene Gruppe ſyrakuſaniſcher Poeten übrig, welche tragiſche Stoffe in traveſtirender Form dargeſtellt haben. Daſs unſer Fragment dem Phormis oder Deinolochos angehöre, dieſe Annahme, welche ſchwerlich einen ernſten Vertreter finden wird, läſst ſich zwar nicht durch zwingende Beweisgründe widerlegen, allein es ſpricht kein Atom von Wahrſcheinlichkeit für dieſelbe. Die Dramen des Erſteren, von welchen kein Grammatiker oder Lexicograph uns auch nur das winzigſte Bruchſtück erhalten hat, ſcheinen früh verloren gegangen zu ſein und keine ſorgfältige kritiſche Pflege genoſſen zu haben. Nur um Weniges beſſer mag es mit den Werken des Deinolochos geſtanden haben, von denen wir ‚einige unbedeutende Fragmente' beſitzen (man vergleiche die kaum über die Angabe einzelner Wortformen ſich erhebenden Ueberreſte bei LORENZ, Leben und Schriften des Epicharmos, S. 305 bis 307). Aber Niemand wird behaupten wollen, daſs ein neu auftauchendes, umfangreiches und die Spuren einer ſorgſamen Recenſion aufweiſendes Bruchſtück ſich mit einer mehr als infiniteſimalen Wahrſcheinlichkeit dieſem Komödiendichter zuſchreiben lieſse, von deſſen ‚mythologiſchen Traveſtien' wir überdies nur fünf Titel kennen (ebend. S. 87), die dem vorliegenden Sagenſtoffe insgeſammt gleichmäſsig fremd ſind. Ernſtlich in Frage kommt einzig und allein der ungleich gröſsere Vorgänger des Deinolochos. Und hier vereinigt ſich in der That Alles, um uns wie mit Fingern auf denſelben hinzuweiſen und einen von Gewiſsheit kaum zu unterſcheidenden Grad von Wahrſcheinlichkeit zu ſchaffen. Epicharmos, der hervorragendſte und gefeiertſte unter allen griechiſchen Luſtſpieldichtern, welche ſich der doriſchen Mundart bedient haben, iſt lange und viel geleſen worden. Beweis deſſen die groſse Zahl ſtattlicher Bruchſtücke, die wir beſitzen. Einer der gelehrteſten Grammatiker des Alterthums, Apollodoros von Athen, deſſen Leben ſich bis nahe an das Ende des II. Jahrhunderts vor unſerer Zeitrechnung erſtreckte, hat ſeine Dramen in eingehendſter und ausführlichſter Weiſe erklärt; vergl. LORENZ a. a. O. S. 41 bis 42. Daſs Ariſtoxenos ſich mit Fragen der epicharmiſchen Textkritik befaſst habe, dies war uns freilich bisher unbekannt; aber auch ſeine grammatiſche Beſchäftigung mit Homer wäre uns bis zur Stunde verborgen, wenn nicht eine kleine Notiz des Euſtathius (zu Ilias, *N*, 359) uns hierüber eine überraſchende, von KARL MÜLLER (Fgm. hist. gr. II, pag. 283) ſicherlich wohl gedeutete und mit zwei anderen geringfügigen Notizen in richtigen Zuſammenhang gebrachte Kunde erhalten hätte. Und daſs der Philoſoph dem vorzugsweiſe philoſophiſchen Dramen-Dichter, der doriſche Tarentiner ſeinem ſiciliſchen Volksgenoſſen, der Jünger der Pythagoreer dem jener Schule naheſtehenden Poeten lebhaften Antheil geſchenkt hat, — wie ſollte uns dies Wunder nehmen? Zu allem Ueberfluſſe konnten wir die Vertrautheit des groſsen Rhythmikers mit den Dramen des Syrakuſaners und eindringliche Beſchäftigung mit denfelben bereits längft aus der Mittheilung des Athenäus (XIV, 648 *d*) über ein pfeudo-epicharmifches Werk erfchliefsen, welches eben Ariftoxenos dem Flötenfpieler Chryfogonos als feinem wirklichen Urheber zugewiefen hat.[1] Doch auch Inhalt und Form unferes neuen Bruchftückes ftimmen aufs befte zu der Vorausfetzung, dafs es aus Epicharm's Schreibrohr gefloffen fei. Auf mehrfache fprachliche Anklänge wird der Commentar hinweifen. Die Geringachtung der Bühnenillufion, welche die direčte Anrufung der Zufchauer (καὶ τοῖc δεξιωτέροιc) bekundet, die nicht etwa, wie zumeift bei Ariftophanes dem Chor, fondern einer Perfon des Dramas felbft in den Mund gelegt wird, pafst gar wohl für den Poeten, der durch die weitläufige Darlegung fpeculativer Lehren fo oft den täufchenden Schein der fcenifchen Vorgänge durchbrochen hat. Und die allgemeine Sentenz über die Verkehrtheit und Verderblichkeit menfchlicher Wünfche und Beftrebungen (V. 3—5), verräth fie nicht eben die Hand des vor allen Anderen gnomifchen Dichters, während der luftige und faft poffenhafte Gebrauch, den der Redende von der ihm geliehenen Spruchweisheit macht, ganz und gar des Dramatikers würdig ift, der die tieffinnige ‚Werdelehre' des Heraklit in fo ergötzlicher Weife auf das Verhältnifs des Schuldners und Gläubigers zu übertragen verftanden hat?[2] Und jeder etwa noch übrig bleibende Zweifel mufs vor der Thatfache verftummen, dafs das Dramenverzeichnifs unferes Dichters einen Titel enthält, nach welchem das vorliegende Bruchftück gleichfam zu rufen fcheint. Ich fpreche von dem Ὀδυccεὺc αὐτόμολοc, in welchem man längft eine Darftellung der trojanifchen Späherfendung des Ulyffes erkannt hat (vergl. LORENZ a. a. O., S. 135 und 247).

Commentar.

V. 1. Τῆλ' ἀπενθών. Die Ergänzung τῆλε beruht auf der Erwägung, dafs von dem fich Niederlaffenden eine Motivirung feines Ruhebedürfniffes erwartet wird. Dazu kommt πόρρω im Scholion (Z. 7); vergl. Hefychius: τῆλε· μακράν, πόρρω. Zu ἀπενθὼν denke man das Schiffslager als Ausgangspunkt der Wanderung; τῆλε im Sinne von τηλόθεν wie bei Homer, Ilias, *B* 863: τῆλ' ἐξ Ἀcκανίηc. Die Schreibung ΝΘΩΝ, welche ficherlich keine andere als die im Text vorgefchlagene Lefung geftattet, lehrt, dafs diefe Form, über welche man G. MEYER, Griech. Grammatik², S. 178 und MORSBACH in Studien zur griech. und lat. Grammatik, X, S. 31 zu Rathe ziehen mag, dem Epicharm zurückzugeben ift, trotz der von AHRENS, De Graecae linguae dialečtis, II, pag. 110 bis 111 geäufserten Bedenken. Zu τεῖδε vergl. G. MEYER a. a. O., S. 341. Die durch die dorifchen Infchriften bezeugte Form

---

[1] In einer Anmerkung darf auch eine befcheidene Vermuthung Unterkunft finden. War nicht vielleicht auch der Umgang, den Ariftoxenos mit dem jüngeren Dionyfios nach deffen Vertreibung zu Korinth gepflogen hatte, ein Band, welches ihn mit den Dichtungen des Epicharm verknüpfte? Der ehemalige Tyrann hatte diefen eine gelehrte Monographie gewidmet (Suidas s. v. Διονύcιοc). Aus feinem Munde konnte der Peripatetiker manch eine fyrakufanifche Localtradition auflefen. Vielleicht deutet das in einem kritifchen Scholion fo befremdliche ἀκηκοέναι nach den Worten: τῷ Ἀριcτοξένῳ προcέχειν eben darauf hin. Das Wort erinnert wenigftens an eine bezeichnende individuelle Eigenthümlichkeit des Ariftoxenos, der fich augenfcheinlich auf mündliche Ueberlieferungen, die er der Vergeffenheit entriffen zu haben wähnt, nicht ohne Selbftgefälligkeit zu berufen liebte. Vergl. Jamblichus de vita Pythagorica ed. NAUCK, pag. 162, 10: ἔκ τε ὧν Ἀριcτόξενοc αὐτὸc διακηκοέναι φηcὶ Διονυcίου τοῦ Cικελίαc τυράννου κτἑ. (Fgm. 9, MÜLLER) oder Cyrillus contra Jul., VI, pag. 208: λέγει δὲ ὁ Ἀριcτόξενοc ἀφηγούμενοc τὸν βίον τοῦ Cωκράτουc ἀκηκοέναι Cπινθάρου τὰ περὶ αὐτοῦ κτἑ. (Fgm. 28, MÜLLER).

[2] Vergl. JACOB BERNAYS, Epicharmos und der Αὐξανόμενοc λόγοc, Rh. Muf., VIII, 280 ff.

ift in den Theokrit-Handfchriften zumeift durch τῆδε, τῆδε und τᾷδε verdrängt worden. Λεξοῦμ' ἐγών. Stünde der deutlich erkennbare Circumflex oberhalb des Υ nicht im Wege, fo würde ich λεξούμεθα vorziehen, mit jenem ftatthaften Uebergang vom Singular zum Plural, über welchen LOBECK, Sophoclis Aias², 152 bis 153 und KÜHNER, Griech. Grammatik, II², 74 bis 75 ausreichend handeln.

V. 2. Ich fchrieb ὑμεῖν, weil der Zufammenhang kaum eine andere Lefung zu geftatten fcheint, wenngleich der räthfelhafte Buchftabenreft am Anfange der Zeile fich einer ficheren Deutung entzieht. Zu δεξιωτέροις vergl. Ariftophanes Nub., V. 518, BERGK: ὡς ὑμᾶς ἡγούμενος εἶναι θεατὰς δεξιούς, ebend. V. 527: Ἀλλ' οὐδ' ὥς ὑμῶν ποθ' ἑκὼν προδώσω τοὺς δεξιούς, ferner Equ., V. 228: καὶ τῶν θεατῶν ὅστις ἐστὶ δεξιός. An den erften zwei Stellen fpricht der Chor, an der letzten der Demos.

V. 3. πάγχυ war bisher aus den Ueberreften des Epicharm fowohl als aus jenen des Sophron nicht nachgewiefen. Doch kann uns das vereinzelte Vorkommen des der Ias und dem Epos geläufigen Wortes, welches auch bei Aeschylus (Sept. V. 628, WECKL.), Pindar (Pyth. II, 82) und Ariftophanes (Ran. V. 1531) je einmal auftritt, nicht befremden, zumal hier, wo ein heroifcher Gegenftand parodiftifch behandelt wird. Zu κατὰ τρόπον φρονῶν, vergl. Epicharm, B Fgm. 23, LORENZ: οὐδὲ εἰς οὐδὲν μετ' ὀργᾶς κατὰ τρόπον βουλεύεται.[1] Statt an φρονῶν liefse fich übrigens auch an νοῶν denken.

V. 4. Der Infinitiv ἐπεύξασθαι verlangt einen Subjectsaccufativ, welchen ich mit Rückficht auf die Allgemeinheit der Sentenz und auf die überlieferten Buchftaben ϽΤΩϹ in βροτώς am ficherften zu finden meine. Die Schreibung —ως dem Epicharm (mit AHRENS, l. l. pag. 169) abzufprechen, fcheint nicht der mindefte Grund vorhanden. Der felbft in den Gedichten Theokrit's trotz ihrer directen Ueberlieferung mehrfach verwifchte, aber in den beften Handfchriften häufig erhaltene und gelegentlich auch unter dem Schutz einer Corruptel (wie des von REISKE gebefferten ἄθλω, XXIII, 56, ZIEGLER) geborgene Dorismus ift unferem Autor wiederzugeben, wie denn diefer Ausgang gelegentlich (fo Fgm. 40, V. 13 L.) von G. HERMANN und COBET hergeftellt worden ift. Wie wenig die Handfchriften der citirenden Schriftfteller in diefen Fragen bedeuten, erhellt, nebenbei bemerkt, aus dem Umftande, dafs die Artikelform τός zweimal bei Epicharm vom Versmafse gebieterifch gefordert wird, aber an beiden Stellen, S. 255 und 268 L., der handfchriftlichen Ueberlieferung allem Anfchein nach ganz und gar fremd ift. Zu ἐνθυμεῖν vergl. Epicharm, B 13, 14 L.: νυκτὸς ἐνθυμητέον. Zu αἰ—λῆ vergl. B Fgm. 40, V. 7 L.: αἰ δὲ λῆ τις, V. 10 bis 11: αἰ—λῆ τις; B 42, V. 4 L.: αἰ λῇς καταμαθεῖν; fiehe auch B 30, B 41 V. 10 L.; desgleichen LORENZ, S. 226, 227, 236.

V. 5. Zu ἐπεύξασθ(αι) — | μὴ τάπερ γ' ὤφειλον vergl. z. B. Soph. Philoct. 66 bis 67: εἰ δ' ἐργάσει | μὴ ταῦτα κτέ. Dem hier auftauchenden ὅς im Sinne von οἷ kommt die in den Söldnerinfchriften von Abu Simbel erfcheinende Form ωἷς, Inscr. gr. ant., 482 *a*, Z. 3,

---

[1] Wenn diefer Vers bei LORENZ (S. 261) mit einem Sternchen, dem Zeichen zweifelhafter Echtheit, verfehen ift, fo beruht dies einzig und allein auf dem nichtsfagenden Umftande, dafs TRINCAVELLI, der Veranftalter der Editio princeps des Stobäus, in feiner mittelmäfsigen Vorlage ftatt des Lemma der mafsgebenden Handfchriften (AMS) τοῦ αὐτοῦ (d. h. Ἐπιχάρμου) die Angabe Εὐριπίδου vorgefunden hat (Stob. Flor. 20, 10). Letztere ift ‚nur aus dem Folgenden fälfchlich hinaufgerückt', eine Art von Irrung, die ‚speciell bei TRINCAVELLI fehr häufig' ift, wie OTTO HENSE mir freundlich mittheilt.

2*

am nächſten. Erſchließen konnte man die doriſche Form ὑς aus dem bei Sophron, Fgm. 91 (AHRENS) vorkommenden, von dieſem Gelehrten mit Unrecht angetaſteten πῦς, welchem überdies auch in dem ſeither bekannt gewordenen ὅπυς (CARAPANOS, Dodone etc., Pl. XXXVII, 4) eine neue Stütze erwachſen iſt. Dasſelbe verhält ſich zu ποῖ genau wie ὑς zu οἶ, nur daſs in letzterem Falle auch das Mittelglied οἷς in der durch die delphiſchen Manumiſſionsurkunden vielfach erhaltenen Formel: οἷς κα τρέχῃ uns zu Gebote ſteht. Vergl. AUG. FICK'S Zuſammenſtellungen in BEZZENBERGER'S Beiträgen, III, S. 281 und im Allgemeinen G. MEYER², S. 295. Zu ἐκελήθην vergl. Epicharm, Μοῦςαι Fgm. 4, V. 2 (LORENZ, S. 238): καὶ κῆνον ὁ Ζεὺς ἔλαβε κηκελήςατο, ſiehe auch AHRENS, II, pag. 346. Die hier erſcheinende Form des Paſſivaoriſts: ἐκελήθην ſtatt ἐκελήςθην iſt eben diejenige, welche man nach Sophron's ἐξ ἑνὸς κελεύματος (Fgm. 51 AHRENS) bei Epicharm anzutreffen füglich erwarten konnte.

V. 6. Das Adjectiv ἀγαθικός war bisher den literariſchen Denkmälern fremd. Man kannte es nur aus der Gloſſe ἀγαθικά· τὰ σπουδαῖα in der Συναγωγὴ λέξ. (BEKKER, Anecd. Gr., T. I, pag. 324), bei ZONARAS, pag. 31 und SUIDAS s. v. Man vergleiche das eng verwandte ἀνδραγαθικός, welches in der hippokratiſchen Schrift ‚De articulis', c. 78 (IV, 312 LITTRÉ) begegnet: ἀνδραγαθικώτερον τοῦτο καὶ τεχνικώτερον. In προτιμάςαι beachte man die den doriſchen Accentuationsregeln entſprechende Betonung des Wortes, die ſich auch V. 10 in ἀπαγγεῖλαι wiederfindet. Vergl. AHRENS, II, pag. 27 und 300; nicht minder in θωκηςῶ V. 1.

Den hier erſcheinenden Gedanken: ‚Die Menſchen wünſchen oft das, was ihnen zum Schaden gereicht' findet man ausführlich dargelegt in dem Plato zugeſchriebenen Alcibiades II., 142 *d* ff.: κινδυνεύει γοῦν, ὦ Ἀλκιβιάδη, φρόνιμός τις εἶναι ἐκεῖνος ὁ ποιητής, ὃς δοκεῖ μοι φίλοις ἀνοήτοις τισὶ χρηςάμενος ὁρῶν αὐτοὺς καὶ πράττοντας καὶ εὐχομένους ἅπερ οὐ βέλτιον ἦν, ἐκείνοις δὲ ἐδόκει, κοινῇ ὑπὲρ ἁπάντων αὐτῶν εὐχὴν ποιήςαςθαι. Es folgen jene zwei Verſe eines unbekannten alten Dichters, welche in der Anthologie, X, 108 (DÜBNER, II, pag. 271) in verbeſſerter Geſtalt wiederkehren und auch ſonſt mehrfach (ſiehe NAUCK in Mélanges gréco-rom., III, 577), darunter bei Orion Anthol. V, 17 mit dem bemerkenswerthen Zuſatz: ἐκ τῶν Πυθαγορικῶν, angeführt werden: Ζεῦ βαςιλεῦ, τὰ μὲν ἐςθλὰ καὶ εὐχομένοις καὶ ἀνεύκτοις | ἄμμι δίδου, τὰ δὲ λυγρὰ καὶ εὐχομένων ἀπερύκοις. Nun beachte man den ſcurrilen Gebrauch, welcher von dieſer Sentenz gemacht wird. Zunächſt erfährt der Gedanke die ungebührlichſte Verallgemeinerung. Es wird ohneweiters vorausgeſetzt, daſs die Menſchen allezeit das wünſchen und erſtreben, was ihnen zum Unheil gereicht; und dann ſoll der alſo verzerrte und ins Ungemeſſene erweiterte Satz zur Rechtfertigung einer Pflichtverletzung dienen. ‚Weil die Sterblichen' (ſo etwa ſpricht unſer Odyſſeus) ‚das erflehen und erſtreben, was ſie, bei Lichte beſehen, nicht erſtreben ſollten, — darum werde ich den übernommenen Auftrag nicht vollführen und mich der aus ihm erwachſenden Gefahr entziehen.' Die wenigen Ergänzungen, durch welche wir den aus den erhaltenen Worten deutlich hervorſchimmernden Gedankengang vollends zum Ausdruck gebracht haben, bedürfen ſchwerlich einer eingehenden Begründung. Doch ſollte es auch gelingen, das Fehlende in anderer und beſſerer Weiſe zu ergänzen, ſicherlich wird Niemand der Annahme entrathen können, daſs zwiſchen dieſen und den nunmehr folgenden Verſen (7 bis 10) eine Lücke klafft. Daſs unſer Text kein lückenloſer iſt, dies lehren uns die Worte des Scholions Z. 3: δ' παραλέλειπται ςτιχίδια, δι' [ὧν] ἡ ςυνάρτηςι[ς] (etwa ἐπετελεῖτο). Ich möchte zwar nicht unbedingt dafür einſtehen, daſs dieſe Angabe ſich auf die von uns angenommene Lücke bezieht. Denn die Sicherheit ſolch eines Schluſſes wird durch den Umſtand beeinträchtigt, daſs zwiſchen jenen Worten der Scholien und dem Schluſs derſelben: πρὸς ὃ ἀντί[κειται] ... πόρρωι καθεδοῦμαι καὶ προςποιήςομαι πάντα διαπεπρᾶχθαι, welcher augenſcheinlich eine Paraphraſe der uns vorliegenden Verſe iſt, einiges in der Mitte liegt, deſſen Beziehung auf den uns erhaltenen Text zum mindeſten unklar iſt. Man kann daher nicht ohne Scheinbarkeit vermuthen, daſs der gröſste Theil jener den Oberrand des Blattes ausfüllenden Scholien die Fortſetzung deſſen bildet, was am Unterrand der vorangehenden Columne geſchrieben ſtand, und ſich ſomit auf einen früheren, uns unbekannten Theil dieſer Luſtſpielſcene bezieht. Doch wie dem auch ſein mag, daſs hier ein oder mehrere Verſe ausgefallen ſind, erſcheint mir als zweifellos. Müſſen doch die folgenden Infinitive: τελέϲϲαι, λαβεῖν, ἀπαγγεῖλαι, die jetzt jedes möglichen Bezuges entbehren, von einem Satze abhängen, in welchem der Sprecher, wenn nichts Anderes, ſo doch dies geſagt hat: ‚Ich will mir den Anſchein geben, ich will den täuſchenden Schein erzeugen, als ob ich' u. ſ. w. Denn ein vor κίνδυνον eingeſetztes λῶ δὲ würde den Anforderungen des Falles ſicherlich nicht genügen.

V. 7. Κίνδυνον iſt eher durch ‚gefahrvolle Unternehmung, Wageſtück, Wagniſs' als durch ‚Gefahr' zu überſetzen, wie in den mehrſach vorkommenden Verbindungen: κίνδυνον αἴρεϲθαι, ἀναλαβέϲθαι, ὑποδύεϲθαι. Zur Phraſe κλέοϲ θεῖον λαβεῖν vergl. Soph. Philoct. 1347: κλέοϲ ὑπέρτατον λαβεῖν oder Eurip. Electr. 1084: ἐξῆν κλέοϲ ϲοι μέγα λαβεῖν.

V. 8 und 9. Hier halte ich die Ergänzungen δρακών und ἄϲμενοϲ keineswegs für ſicher. Vielleicht werden Andere den Supplementen φρεϲὶν λαβόμενοϲ, βαλόμενοϲ oder πυθόμενοϲ den Vorzug geben. Zur Verbindung der Worte εὖ ϲάφα möge man Aeschyl. Pers., V. 786, WECKL: εὖ γὰρ ϲαφῶϲ τόδ' ἴϲτ' und Ariſtoph. Pax, V. 1302, BERGK: εὖ γὰρ οἶδ' ἐγὼ ϲαφῶϲ vergleichen. Cάφα iſt von AHRENS, II, pag. 345 bei Epicharm, B 1, V. 1 L. hergeſtellt worden, wo mir jedoch eine kleine Nachbeſſerung unerläſslich ſcheint. Unſer Dichter ſchrieb ohne Zweifel: Ὡϲ δ' ἐγὼ δοκέω — δοκέω γάρ — τί; ϲάφ' ἴϲαμι τοῦθ', ὅτι | τῶν ἐμῶν μνάμα ποκ' ἐϲϲεῖται λόγων τουτῶν ἔτι. Das von uns hinzugefügte τί; (im Sinne von τί λέγω; Aristoph. Eccles. 298 BERGK oder τί οὖν λέγω; Menander bei MEINEKE, IV, pag. 156) vermittelt den Uebergang zwiſchen den Begriffen des Meinens und Wiſſens, die ſolch einer Vermittlung dringend zu bedürfen ſcheinen. Vergl. Xenophanes, Fgm. 14 MULLACH: καὶ τὸ μὲν οὖν ϲαφὲϲ οὔτιϲ — εἰδώϲ und: αὐτὸϲ ὅμωϲ οὐκ οἶδε, δόκοϲ δ' ἐπὶ πᾶϲι τέτυκται. Daſs ἴϲαμι keineswegs nothwendig mit dem Digamma zu leſen iſt, zeigt Buſiris, I, 1: ἔϲθοντ' ἴδοιϲ S. 223 L., wie denn die Annahme des Digamma bei Epicharm überhaupt, auch nach AHRENS' Erörterung dieſes Gegenſtandes (II, pag. 44), zweifelhaft bleibt. Iſt meine Vermuthung begründet, ſo iſt Epicharm für uns der Erſte, der die Figur der correctio (ἐπιδιόρθωϲιϲ oder ἐπανόρθωϲιϲ) in Anwendung gebracht hat, gleichwie bei ihm der älteſte Gebrauch der ἐποικοδόμηϲιϲ oder ‚mehrgliedrigen Klimax' (VOLCKMANN, Rhetorik², S. 475) nachgewieſen iſt, B Fgm. 44 bis 45, S. 271 L. Zu Ἀχαιοῖϲ (V. 9) vergl. Epicharm, Ὀδυϲϲεὺϲ αὐτόμολοϲ, Fgm. 2, V. 4 (pag. 247 L.): τοῖϲ Ἀχαιοῖϲιν.

Zu V. 10 ſei nur noch bemerkt, daſs das doriſche Ortsadverb τηνεῖ bisher bei Epicharm lediglich in Ἐλπὶϲ ἢ Πλοῦτοϲ, Fgm. 2, S. 227 (L.) zu finden war, wo SCHWEIGHÄUSER die Lesart des Marcianus (Athenäus, VI, 235 f.) τηνιδε in τηνεὶ δὲ verbeſſert hatte. Mit den von AHRENS, II, pag. 361 angeführten Zeugniſſen der Grammatiker über die Betonung diefes und der verwandten dorifchen Adverbien ftimmt die Accentuation in unferem Papyrus überein.

Der Versbau gibt zu befonderen Bemerkungen keinen Anlafs. Derfelbe weift keinerlei unftatthafte Licenzen auf. Die normale Diaerefe am Schluffe der zweiten Dipodie, der man in den beftgebauten Verfen unferes Komikers begegnet (vergl. LORENZ, S. 160), bildet in unferem Bruchftück nicht die Ausnahme, fondern die Regel. Die zwei Anapäften in ἐκελήθην V. 5 und ἀγαθικῶν V. 6 nehmen je die fechfte und vierte Stelle im Verfe ein, an welchen diefelben bei unferem Dichter fehr gewöhnlich find, LORENZ, S. 159. Der unmittelbaren Aufeinanderfolge von Anapäft und Tribrachys V. 6 ftehen zwei Beifpiele, Ἥβας γάμος 17 und B 49 (LORENZ, S. 235 und 273), zur Seite.

Was die Interpunction, Accentuation und die Lefezeichen betrifft, fo ift darüber Folgendes zu fagen. Von Interpunctionszeichen kennt unfer Schreiber nur zwei, den Punkt oben und den Punkt unten, in deren Verwendung ich ein folgerichtig durchgeführtes Princip nicht zu erkennen vermag. Der Apoftroph wird regelmäfsig und nicht etwa, wie im ägyptifchen Alkman- und im Marfeiller Ifokrates-Papyrus, nur gelegentlich angewendet. Weit unregelmäfsiger ift der Gebrauch der Spirituszeichen, die nur zweimal (in αἴ τις V. 4 und ὥςπερ V. 5), und zwar beidemale in Verbindung mit Accentzeichen erfcheinen. Diefe letzteren endlich werden in überwiegendem Mafse Dialekt-Worten und Formen beigefellt (vergl. LUGEBIL, Rhein. Muf. XLIII, S. 10). Höchft befremdlich find die Schreibungen ἐνθὲν und εὖ ςᾶφα (die letztere minder ficher als die erftere). In jenem Worte die dorifche Infinitivform ἐνθὲν (=ἐνθεῖν) zu erkennen, verbietet der Zufammenhang, wie ich meine, kategorifch. Auch bliebe der erfte Gravis dabei noch unerklärt; denn einen Luxus, wie fich ihn andere alte Papyrus in Betreff der Bezeichnung felbft der tonlofen Silben geftatten (fiehe BLASS, Ausfprache des Griechifchen[3], S. 129 bis 130), auch in diefem Falle ohne befonderen Anlafs anzunehmen, dies widerfpricht der Accentarmuth unferes Blattes. Eben das im Verein mit der fonft correcten Setzung der Accente — ward doch fogar V. 9 der urfprünglich fälfchlich gefetzte Circumflex über διοις zum Acut verbeffert — fcheint auch die Vorausfetzung auszufchliefsen, der Schreiber habe das Wort irrthümlich für jene Verbalform gehalten und demgemäfs betont. Unter diefen Umftänden habe ich nach einer anderen, die beiden räthfelhaften Schreibungen zugleich erklärenden Löfung gefucht. Wie, wenn der Grammatiker, welchem wir die Diorthofe unferes Bruchftückes verdanken, jene, man möchte fagen individualifirende Handhabung der Betonung gekannt und geübt hätte, welcher wir im Codex Laurentianus der Argonautica des Apollonius fo häufig begegnen?[1]

---

[1] Es werden dafelbft nicht nur Präpofitionen nach alter Tradition (vergl. LA ROCHE, Homerifche Textkritik, S. 189) accentlos mit dem folgenden Worte verbunden; auch einfilbige Partikeln, ja felbft Paroxytona und Proparaxytona werden um ihres engen Anfchluffes an das Nachfolgende oder Vorangehende willen als tonlos behandelt und gefchrieben. So ηδηγηραλέον I, 194, δὴ τότ' επειτα | εἶςεν IV, 718—719, καςιγνήτων προπαροιθεν III, 317, ἐνθαμὲν ἀπιδανόςτε I, 38, ἐνθάρα | τοίγε κόπτον I, 913—914. Was dort, wo die Wortabtheilung im Uebrigen regelmäfsig durchgeführt ift, durch ςύνθεςις und unterbleibende Accentuirung angedeutet ward, mufste, falls unfere Vermuthung richtig ift, im vorliegenden Falle durch die fpecielle Bezeichnung der Tonlofigkeit ausgedrückt werden.

WIEN, im December 1888.

Th. Gomperz.

HOLZTÄFELCHEN DER SAMMLUNG DER PAPYRUS ERZHERZOG RAINER.

(Mit der Lichtdrucktafel I.)

‚Senpamonthes entbietet ihrem Bruder Pamonthes ihren Grufs. Ich überfende Dir den Körper unferer Mutter Senyris mit einem Täfelchen auf dem Halfe durch Tales, den Sohn des Hierax im eigenen Schiffe; das Fährgeld ift ihm von mir ganz bezahlt worden. Ein Erkennungszeichen der Leichenfendung ift ein aufsen rofafarbener Sindon, auf welchem in der Weichengegend der Name (Senyris) gefchrieben ift. Bruder lebe wohl. Am 11. Thoth des Jahres III.' So lautet ein noch erhaltener Papyrusbrief,[1] das Begleitfchreiben zu einem Leichentransporte, welches wohl am beften durch die noch erhaltenen Holztäfelchen mit ihren Auffchriften illuftrirt wird. Allerdings gehören diefelben zu den gröfsten Seltenheiten, und nur bei dem Klima Aegyptens ift es denkbar, dafs fich folche überhaupt noch erhalten haben; im Louvre befinden fich ihrer nach den Mittheilungen LE BLANT'S (Révue archéologique Nr. 5, XXVII) 14, in Florenz 6, in Turin 11, in Leyden 2, in Berlin 5, in London 6, in Bulaq 1. Es find das rechteckige Brettchen aus Platanen-, Sykomoren-, Akazien-, Cedern-, Fichten- und Tannenholz, das in verfchiedener Art zugefchnitten worden war; bald auf einer, bald auf beiden Seiten find Einkerbungen, fo dafs trapezförmige Anfätze an die viereckige Schreibfläche erfcheinen; bisweilen wurden die Ecken des urfprünglichen Trapezes abgerundet. Die Tafeln wurden an die Mumie feftgebunden, u. zw. entweder fo, dafs der Bindfaden mehreremale dort, wo die kürzere Parallele des Trapezes fich an die Seite des Tafelvierecks anfchliefst, gefchlungen wurde (LE BLANT, Abbildung 18); in der Regel aber wurden an einer oder an beiden Seiten

---

[1] Papyrus XVIII *bis*, Planche 22, der Notices et Extraits XVIII, 2: Cενπαμωντης Παμωνθη (Zeile 2) τω αδελφω χαιρειν (3) επεμψα coι το cωμα Cενυριος (4) τηc μητρος μου κεκηδευ (5) μενος εχων ταβλαν κατα (6) του τραχηλου δια Ταλητος (7) πατρος Ιερακος εν πλοιω (8) ιδιω του ναυλου δοθεντος (9) υπ εμου πληρης εcτιν δε (10) cημειον τηc ταφηc cιν (11) δων εcτιν εκτος εχων χρη (12) μα ροδινον επιγεγραμμε (13) νον επι τηc κοιλιαc το ο (14) νομα αυτηc ερρωcθαι cε (15) αδελφε ευχομαι L γ (16) θωθ ια. Hier ift zu corrigiren: Z. 5 μενον εχον, Z. 9 ἐc πλῆρεc oder πλήρουc, Z. 11 χρῶμα oder χρῖμα, ‚mit Rofenfalbe eingelaffen'. Das Geld für den Transport ward alfo im vorhinein gezahlt, wie in den anderen drei Fällen, welche LE BLANT l. c. unter 63, 64, 65 verzeichnet; εδωκα αυτω τα ναυλα πληρηc (63) hat dabei fogar diefelbe Redewendung wie der Papyrus. Das hier erwähnte Täfelchen, etwa mit der Auffchrift ταφη cενυριοc, war in der oben befprochenen Weife an einem Bindfaden befeftigt, der um den Hals der Leiche gefchlungen war, daher κατά; infolge deffen war das Täfelchen felbft auf beiden Seiten frei zu befchauen und fo erklärt fich, dafs mehrere der noch erhaltenen Exemplare auch auf der Rückfeite befchrieben worden find (LE BLANT, 22, 37, 49, 51, 67, unfere Nr. 1). Dafs immerhin allerlei Verwechslungen vorkommen konnten, bezeugt unfer Papyrus.

Bohrlocher angebracht, durch welche die Schlinge kam (Le Blant, Abbildung 5, 37); oder es wurde trotzdem nach der erſten Art beſeſtigt (Le Blant, 62). Dieſe Täfelchen waren dazu beſtimmt, die im Ganzen uniformen Mumien erkennen zu laſſen, ſei es während des Transportes in die Nekropole, wo ſie ruhen ſollten, ſei es in der Grabſtätte ſelbſt. Denn in Aegypten waren nach dem Tode eines Menſchen noch nicht die Akten über ihn geſchloſſen. Zuerſt kam die Todesanzeige an die Behörde und die Streichung aus den Liſten der Lebenden und Steuerträger. Dies erfahren wir aus dem Papyrus Erzherzog Rainer Nr. 1410 (237 n. Chr.), aus dem ich citire:

1. παρα αυρ[ηλ πα]πειριου κολλουθου απο
2. κωμης μουχεννωμθου επει
3. ο] συγγενης μου πουβλιος .... λιος
4. ετελευτησεν τω ενεστωτι γL [α]ναγρα
5. φομενος επι της προκειμενης
6. κωμης μουχεννωμθου [αξιω]
7. περιαιρεθηναι σε τουτο τ[ο ονομα]
8. δια τους παρα σοι δημοσιο[υς των γραμμα]
9. τε]ων ως καθηκει

Todesanzeige, eingereicht ‚von Aurelios Papirios, Sohn des Kolluthos, gebürtig aus der Ortſchaft Muchennomthu. Da mein Verwandter Publios...... im heurigen Jahre III, als in der obenerwähnten Ortſchaft Muchennomthu wohnend eingetragen, geſtorben iſt, bitte ich Dich, dieſen Namen durch einen Deiner öffentlichen Schreiber löſchen zu laſſen, wie es ſich gebührt‘.

Nr. 1412 (237 n. Chr.):

1. αυρηλι]ωι απολλωνιωι βασιλι[κω γραμματει
2. ηρακλε....
3. παρα] αυρηλιου νεω ηρακλειου απο ....
4. ....επει ο δουλος μου [ου το ονομα
5. ....στ]εφαν..... ετελευτησεν ανα[γραφομενος
6. .... εν]τος φρουριου αξιω σε [περιαιρε
7. θηναι τουτο το ονομα δια των δημο[σιων
8. γραμμ]ατεων ως καθηκει

‚An Aurelios Apollonios, Finanzdirector des herakleopolitiſchen Gaues, von Aurelios Herakleios jun., gebürtig aus.... Da mein Sklave namens Stephan(os), der als im Caſtell anweſend eingetragen iſt, geſtorben iſt, bitte ich Dich, dieſen Namen durch einen der öffentlichen Schreiber tilgen zu laſſen, wie es ſich gebührt.‘

Nr. 2026 (153 n. Chr.):

1. διοφαν]τωι βασιλικω γραμματει αρσινοιτου]
2. ηρα[κλειδου μερι]δος
3. παρα παση[μιος φασεως του φαη
4. σεως απο κωμης καρανιδος [ο
5. πατηρ μου φασις φασε[ως του

6. φαηcεωc μητροc cοηρεω[c απ]ο
7. τηc αυτηc κωμηc λαογραφο[με]
8. νοc ετελευτηcεν τω αθυρ[μηνι]
9. του ενεcτωτοc ιζ L αντω[νινου]
10. καιcαροc του κυριου διο αξιω [καταλε]
11. τηναι αυτο[ν] εν τη των τετε[λευ]
12. τηκοτων ταξει

‚An Diophantos, den Finanzdirector des Heraklides-Bezirkes des arſinoitiſchen Gaues, von Paſemis, dem Sohne des Phaëſis, Enkel des Phaëſis, gebürtig aus der Ortſchaft Karanis. Mein Vater Phaëſis, Sohn des Phaëſis und der Soëris, ſeiner Mutter, Enkel des Phaëſis, gebürtig aus derſelben Ortſchaft und dort conſcribirt, iſt im laufenden Monate Athyr des XVII. Jahres unſeres Kaiſers und Herrn Antoninus geſtorben. Ich bitte Dich daher um ſeine Eintragung in die Reihe der Verſtorbenen.'

Die Leiche kam dann oft nach längerer Fahrt, auch erſt nach Umladung, gelegentlich auf den ägyptiſchen Waſſerſtraſsen an den Beſtimmungsort (διαπορθμευομένων μὲν τῶν νεκρῶν διά τε τοῦ ποταμοῦ καὶ τῆς Ἀχερουςίας λίμνης, Diodor I, 96), ſelbſtverſtändlich nicht ohne daſs die ſolchen Transport gewerbsmäſsig Betreibenden ihren Fuhrlohn und Zehrgeld bekommen hätten; vergl. LE BLANT, Nr. 64, 65: ‚Senyris an Pluſas. Uebernimm den Transport der Mumie meines Sohnes; der Name der Mumie iſt Iſion. Ich habe das Fahr- und Zehrgeld vollſtändig bezahlt.'[1] Nr. 63: ‚Ich habe das Fahr- und Zehrgeld ganz bezahlt und bringet nun die Mumie in die Grabſtätte in den Memnonien (bei Theben).'[2]

Endlich wird die Mumie dem Todtenbeſtatter übergeben (Holztäfelchen in der Sammlung der Papyrus Erzherzog Rainer: ‚ihn dem Todtenbeſtatter Keleêſis nach Akanthon zu übergeben'), und da die pietätvollen Angehörigen Jahr für Jahr für den Todten Gebete verrichten und Todtenopfer ſpenden lieſsen, bildete ſie eine Erwerbsquelle für die Choachyten, welche wir daher um ſie Sorge tragen ſehen, daſs ſie unverletzt bleiben; ſie führen über dieſelbe Buch, ja, es werden um Mumien, d. h. um das Recht, ſie zu betreuen und dafür Zahlung zu erhalten, Proceſſe geführt,[3] Beſchwerden eingebracht;[4] Mumien bilden Gegenſtand von Kaufcontracten,[5] Theilungsverträgen[6] u. ſ. w.

Mitten in dieſes geſchäftige Treiben führen uns mehrere Holztäfelchen, welche in die Sammlung der Papyrus Erzherzog Rainer aufgenommen worden ſind.

1. Dicke, faſt quadratförmige Holztafel ohne Anſätze (10·8×8·6 Centimeter); in der Mitte des linken Randes iſt ein Bohrloch, vor welchem das Wort αρcενοιτου zurücktritt. Die ſchöne, gleichmäſsige Schrift iſt, mit Ruſstinte ausgeführt (die Buchſtaben erreichen eine

[1] Nr. 64: Cενυριc Πλουcα κομιcον το cωματιον του υιου μου εcτιν δε το ονομα αυτου του cωματιου Ιcιωνοc πεπληρωκα αυτον του ναυλου και των δαπανων τ[ων δυο] cωμα[των und Nr. 65: Cενυριc Πλου[cα] χαιρειν κομι[cον] το cοματιον Cενπαμωνθηc τηc αδελφηc cου πεπληρωκα αυτον τον ναυλον και δαπα (Verſo) πεπληρωκα αυτον το ναυλον και ταc δαπαναc των δ[υο] cωματων.

[2] Nr. 63, Zeile 6 ff.: εδωκα αυτω κα ναυλα (nach PEYRON τα ναυλα) και ταc δαπαναc και υμειc ουν καταcτηcατε αυτην ειc τουc ταφουc εν μεμνονειοιc.

[3] Notices et Extraits XVIII, 2, Papyrus 6.

[4] Pariſer Papyrus Nr. 6, Zeile 18 ff.

[5] Papyrus Caſati.

[6] Der Turiner Papyrus VIII hat einen ähnlichen Gegenſtand.

Höhe von 0·75 Centimeter), die Unciale etwa des I. Jahrhunderts n. Chr., mit Ligaturen (μι Z. 1, μη Z. 2, ερ Z. 4, ει Z. 5). Siehe die Abbildung auf Tafel I, Nr. 1.

Recto.	Verſo.
ΤΑΦΗϵΡΜΙΑϹ ΑΠΟΚΩΜΗϹΦΙ ΛΑΔϵΛΦΙΑϹΤΟΥ ☉ ΑΡϹϵΝΟΙΤΟΥ ϵΝΟΡΜΩΚϵΡΚΗ ΤΟΥΜϵΜΦϵΙΤΟΥ	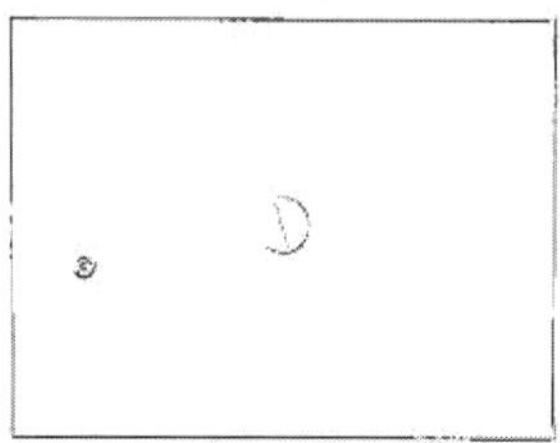

‚Ueberreſte des Hermias, aus der Ortſchaft Philadelphia im arſinoitiſchen Gaue gebürtig, im Hafen Kerke des memphitiſchen Gaues einzuſtellen.'

Eine der äuſseren Form nach und im Inhalte der Auſſchrift ganz ähnliches Holztäfelchen kennen wir aus den Publicationen Le Blant's; es trägt bei ihm die Nummer 49:

ταφὴ Ἄμμω	ΤΑΦΗΑΜΜΩ
νοῦϲ ἀπὸ κώμηϲ	ΝΟΥϹΑΠΟΚΩΜΗϹ
☉ Τρικατάνιϲ	☉ ΤΡΙΚΑΤΑΝΙϹ
τοῦ Κοπτίτου	ΤΟΥΚΟΠΤΙΤΟΥ
νομοῦ	ΝΟΜΟΥ

Auch hier trägt die Rückſeite eine Figur, u. zw. die eines eckigen 8; es dürſte dies irgend ein Zeichen für die ſich mit den Mumien befaſſenden Leute geweſen ſein, wie wir ja Aehnliches auch heutzutage bemerken können. Ebenſo ähnlich wie Nr. 49 iſt in Form und Inhalt Nr. 59 bei Le Blant:

ταφὴ Ταυρίνου	ΤΑΦΗΤΑΥΡΙΝΟΥ
ἀπὸ κώμηϲ	ΑΠΟΚΩΜΗϹ
☉ Τρικατάνιϲ	☉ ΤΡΙΚΑΤΑΝΙϹ
τοῦ Κοπτίτου	ΤΟΥΚΟΠΤΙΤΟΥ
νομοῦ	ΝΟΜΟΥ

Die Rückſeite zeigt dieſelbe Figur wie Nr. 49, einen etwas ſchräge geſchriebenen eckigen 8. Die Bedeutung des Wortes ταφή, welches die Leichenhülle, eventuell den Sarg ſammt der Leiche, eventuell Mumie bezeichnet, ergibt ſich aus dem im Eingange citirten Pariſer Papyrus 18 *bis*; in dieſem Sinne iſt auch die Auſſchrift eines griechiſch-ägyptiſchen Mumienſarges zu verſtehen: ταφὴ Πετεμενώφιοϲ (Reuvens, Lettres I, 36 *a*). Das Wort kommt ſo auch vor in der griechiſchen Partie eines bilinguen Zauberpapyrus, interpretirt von Reuvens, l. c.:

1. μη με διωκε οδε· ανοχ παπιπετου μετουβανεϲ· βαϲταζω
2. την ταφην του οϲιριοϲ και υπαγω κατα[ϲτη]ϲαι αυτην ειϲ αβιδοϲ
3. καταϲτηϲαι ειϲ ταϲ ταϲ[sic] και καταθεϲθαι ειϲ ..αχαϲ εαν μοι ο δ(ε)ι(να) κοπουϲ
4. παραϲχη προϲρεψω αυτην αυτω

Wir werden bei dieſen Worten an Le Blant, Nr. 63 erinnert: υμειϲ ουν καταϲτηϲατε αυτην ειϲ τουϲ ταφουϲ εν μεμνονειοιϲ (vergl. ἐν τοῖϲ Μεμνονείοιϲ τοῦ Περιθήβαϲ

1.

3.

2.

Holztäfelchen der Sammlung der Papyrus Erzherzog Rainer.

1. Mumienetikette, 10·8 × 8·6 Centimeter. — 2. Desgleichen, 13·2 × 14 Centimeter. — 3. Pachtcontract aus dem VI. Jahrhundert, 31 × 7·2 Centimeter.

τάφοις, Papyri graeci Taurinenses, ed. A. PEYRON, I, pag. 54), ‚bringet die Mumie in die Grabſtätte in den Memnonien‘. In dem Leydener Papyrus droht der Zauberer einer Perſon: ‚Verfolge mich nicht, Du da ...... ich transportire den todten Oſiris und eile ihn nach Abydos zu bringen und in dem Begräbnifsplatze einzuſtellen...... wenn mir N. N. (der Bedrohte) Schwierigkeiten bereiten ſollte, ſo werde ich ihn gegen den N. N. kehren‘. Aus dieſen Stellen erhellt aber auch noch die Conſtruction auf unſeren Täfelchen; das zu ταφή zu ergänzende Zeitwort iſt wohl auch hier καθιστάναι; der dazu genannte Ort iſt Kerke, ein Hafenplatz am Nil; iſt uns auch der Ort noch nicht bekannt, ſo erſcheinen deſto häufiger Ortsnamen mit Kerke zuſammengeſetzt (Κερκεσηφις, Κερκεσουχα, Κερκευσιρις).

2. An die eben beſchriebene Tafel ſchlieſst ſich, nach Form und Inhalt ähnlich, dieſe an; ſie iſt ohne Anſatz, 11·3 Centimeter breit, 9·5 Centimeter hoch; je ein Bohrloch iſt in der Mitte des rechten und linken Randes; die Ruſstinte der Schrift iſt vielfach abgefallen. Verſo unbeſchrieben.

ταφη ΑϹΤΡΑΘΙΩνος
ΑΠΟΦΙΛΑΔΕΛΦιας
⊕ ΤΟΥΑΡϲινοιΤΟ ⊕ Υ
ΝΟΜου

‚Sterbliche Ueberreſte des Aſtrathion aus Philadelphia im arſinoitiſchen Gau.‘ Daſs ἀπό in dem Sinne von ‚gebürtig aus‘ gebraucht iſt, erhellt aus dem beſtändigen Gebrauche der Papyrus und unſerem Holztäfelchen, das Πουπλιανὸς Φιλαδελφίτης bietet.

Auch das folgende Täfelchen iſt in derſelben Weiſe als Etikette einer Mumie anzuſehen (abgebildet auf Tafel I, Nr. 2):

3. Die Schrift iſt erſt eingeritzt, dann ſchwarz ausgeführt, wie LE BLANT Nr. 22, 54, 56. Die Tafel verengt ſich nach unten; oben iſt der trapezförmige Anſatz mit einem Bohrloch; Höhe der ganzen Tafel 13 Centimeter, die Breite ſchwankt zwiſchen 8·2 und 6 Centimeter; bei der Einkerbung iſt die kürzere Parallele des trapezförmigen Anſatzes mit 5·6 Centimeter; die längere beträgt 7·5 Centimeter; der Anſatz hat 2·2 Centimeter Höhe.

D. i. ταφὴ Ἑρμίνου· ἀπόδος Σα(ρα)πίωνι σιτολόγῳ ἀπὸ Φιλαδελφίας, ‚Sterbliche Ueberreſte des Herminos; übergib ſie dem Getreideſteuereinnehmer Sarapion

3*

aus Philadelphia'. Der Name Herminos ift nicht unbekannt (Ἑρμῖνος Ἀριστοτελικός, NICOLAI, G. L. II, 691); ähnliche Fehler wie Cα(ρα)πίωνι finden fich auch in anderen Täfelchen, ἐνήκοντα LE BLANT, Nr. 41, ἀθά(να)τον Nr. 22. Die verwilderte Sprache bezeugen Conftructionen wie Πλῆνις νεώτερος ἀρχιποιμένος Nr. 14, πεπλήρωκα αὐτὸν τοῦ ναύλου καὶ τῶν δαπανῶν Nr. 64 und πεπλήρωκα αὐτὸν τὸ ναῦλον καὶ τὰς δαπάνας Nr. 65; Τρικατάνις für -ιος fiehe oben, ετον für ἐτῶν Nr. 6, 41, ις für εἰς Nr. 56 u. ä.

Das Amt des Sitologos ift uns durch die Papyrus Erzherzog Rainer klar geworden; diefer Beamte wird feit der diocletianifchen Zeit σιτοπαραλήμπτης genannt, ein Titel, der fchon in dem Papyrus aus Saqqarah EGGER's auftritt. Die vollftändige Titulatur lautete σιτολόγος τῆς δεῖνα κώμης und er ftand in amtlichem Verkehre mit dem Finanzdirector des Bezirkes (βασιλικὸς γραμματεὺς τοῦ δεῖνα νομοῦ). Bei dem Umftande, dafs Aegypten vor Allem die Naturalfteuer in Getreide abgab, war fein Amt wichtig.

4. Holztafel mit trapezförmigen Anfätzen links und rechts, die in der Mitte Bohrlöcher haben; die viereckige Schreibfläche ift von Strichen begrenzt, wo fich die Anfätze anfchliefsen; Breite der Tafel 27·5 Centimeter, je eines Anfatzes 2·75 Centimeter; Höhe 11·2 Centimeter; kürzere Parallele des Trapezes 7·5 Centimeter, längere äufsere 8·5 Centimeter. Die beiden erften Zeilen find mit 1·5 Centimeter hohen Buchftaben gefchrieben, die letzte mit 0·5 Centimeter grofsen, die vorletzte mit 0·75, die drittletzte mit 1 Centimeter hohen, aber immer mit Rufstinte. Verfo frei.

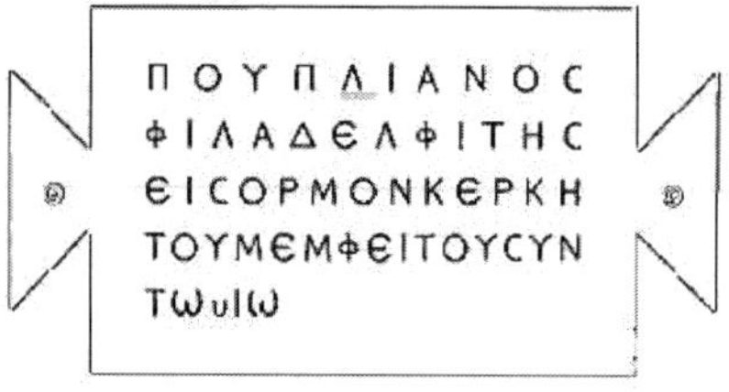

Πουπλιανὸς Φιλαδελφίτης εἰς ὅρμον Κέρκη τοῦ Μεμφείτου σὺν τῷ υἱῷ, ‚Publianos, aus Philadelphia gebürtig; in den Hafen Kerke des memphitifchen Gaues; fammt feinem Sohne'.

Die Schrift geht hart bis zum Rande. Lateinifche Namen treffen wir auch an auf dem Holztäfelchen bei LE BLANT, Nr. 54: Λιβελαρις ναυκληρος, d. i. Λιβεράλιος; Nr. 56: Πετρωνις = Petronius. Die Erfcheinung, dafs Eltern mit ihren Kindern auch im Tode vereinigt find, wie hier Publianus mit feinem Sohne, ift nichts Seltenes; fo beginnt das Holztäfelchen Nr. 63 mit: Lκβ′ επειφ ταφης σενεπωνυχος θυγατηρ φθαμοντη παφενιος και η θυγατηρ αυτης ενδον εστιν, ‚Anno XXIII, im Monate Epiphi; Sarg der Mumie der Seneponychos, Tochter des Phthamonthes Paphenis; auch ihre Tochter ift drinnen'. Jetzt verftehen wir auch, wiefo in den Mumienliften der oben genannten Choachyten Mann, Weib und Kinder fummarifch in einer Rubrik erfcheinen, z. B. Papyrus Cafati, Col. II, 6 ff.,

νεχθμοντης αρμαιος και η γυνη και οι υιοι
χαπονχωσις αρμαιος ωσαυτως
οσοροηρις αρμαιος ομοιως

πιβις και οι υιοι
πχορχωνσις και η γυ και οι υ'.........
III, 10. ωρος ονεους γυ κ[αι] υ'
12. αιατηις και η γυ και οι υ' u. f. w., u. f. w.'

5. Holztafel, 17·5 Centimeter breit, 14 Centimeter hoch; in der Mitte zu beiden Seiten find abgerundete Anfätze angebracht, 2·1 Centimeter breit, 4 Centimeter hoch, in denen die Bohrlöcher find. Die Schrift, mit Rufstinte ausgeführt, ift zwar forgfältig, aber ligaturenreich, mit curfiven Buchftabenformen. Verfo frei:

ΟΑΡΑΠΙΩΝΑ ΕΠΙΚΑΛΟΥ
ΜΕΝΟΝΟΥΑΛΕΡΙCΧΡΥCΟΧΟΥC
ΞΒΑΛΙΑΥΤΟΝΕΙCΑΚΑΝΘΩ
ΝΑΩCΤΕΕΙCΦΙΛΑΔΕΛΦΙΑΝ
ΤΟΥΑΡCΙΝΟΕΙΤΟΥΔΩCΙCΑΥ
ΤΟΝΚΕΛΕΗCΙΤΙΕΝΤΑΦΙΑC
ΤΗΕΙCΑΚΑΝΘΩΝΑ

Diefe Auffchrift enthält die meiften Angaben; fie nennt den vollen Namen der Mumie: Sarapion, mit dem Beinamen Valerios, Goldfchmied; die verfchiedenften Befchäftigungen erfcheinen auch fonft auf den Täfelchen, LE BLANT, Nr. 9: Πληνις Καμητιος αρχιποιμ(ην) ετων μ., Nr. 13 Πληνις ναυπηγος υιος Τελις, Nr. 14 Πληνις νεωτερος αρχιποιμενος, Nr. 28 Cενπληνις Λολουτος γναφευς, Nr. 42 Ωριωνος Πληνιος Τκερκικε βουκολ(ος), Nr. 54 Λιβελαρις ναυκληρος, Nr. 63 Cαραπιων Ερμαισκου χρυσοχ...... εξηγητευων εναρχος ετελευτησεν ετων νε', Nr. 77 Cεναρμιυσιος απο θυνεως... γερδιος, Nr. 89 Ηρας υιος Ηρακλειδου αγορανομου ετων τριακοντα. Hierauf kommt die Angabe des Transportzieles, ‚fpedire ihn nach Akanthon', und am Ende nochmals zur Bequemlichkeit und in die Augen fallend wiederholt ‚nach Akanthon'. Ein Ort diefes Namens ift aus Diodorus Sic., I, 97 und Ptolemäus, 4, 5, 55 bekannt, er lag unweit (120 Stadien) von Memphis, in deffen Nachbarfchaft jener aus Diodor, I, 96 bekannte gefchäftige Mumientransport fich abfpielte.[1] Aber noch eine zweite Ortsangabe findet fich hier vor, ebenfo in der nächften Tafel: εἰς Φιλαδελφίαν τοῦ Ἀρσινοΐτου, ‚nach Philadelphia im arfinoitifchen Gaue'; für dorthin foll die Leiche, nach Akanthon angelangt, erft dem Todtenbeftatter Keleêfis übergeben werden; diefe Angabe ftimmt vorzüglich zu dem Umftande, dafs auf allen unferen Täfelchen der Ort Philadelphia vorkommt, fei es, dafs es fich um Leute von dort handelt, fei es, dafs die Mumien erft hinzufchaffen find. Entaphiaften erfcheinen neben Parafchiften und Choachyten in den bekannten Urkunden einer Choachyten-Familie aus Oberägypten. Κελεήσιτι fteht für Κελεήσιδι, wie LE BLANT, Nr. 90 LKB κομμοτου (182 n. Chr.)

[1] Diefer Ort erhielt fich bis fpät in die arabifche Epoche hinein; er erfcheint auch in dem memphitifchen Papyrus Nr. 148, Verfo Zeile 1, 3.

6. Groſse Holztafel, 13·2 Centimeter breit, 14 Centimeter hoch, oben mit trapezförmigem Anſatz, deſſen Höhe 1·8 Centimeter, kleinere Parallele 9·3 Centimeter und gröſsere Parallele 10·5 Centimeter beträgt; in ſeiner Mitte iſt ein Bohrloch. Die Buchſtaben ſind eingeſchnitten und eckig.

D. i. ις Φιλαδελφίαν Σαραπίων ις ὅρμον Κερκη, ‚Sarapion nach Philadelphia, via Hafen Kerke‘. Die rohe, ſchnell eingeritzte Schrift weiſt ſo wie der Inhalt darauf, daſs die Tafel nur für den Gebrauch während des Transportes beſtimmt war; ſolche Aufſchriften ſind auch LE BLANT, Nr. 46 εις Διοσπο[λι]ν Ταμωτις υιος Ταπμ[ων]τις απο Πανδαρων, Nr. 50 ις Περσινα Αμμωνιν και Ταμωνιν (eingekratzt), Nr. 54 εις Ερμωνθιν Λιβελαρις ναυκληρος (gekratzt, dann beſtrichen), Nr. 56 ις Ερμωνθι Πετρωνις Πακερκεησεως (desgleichen), Nr. 67 εις Διοσπολιν Σενασκλας θυγατηρ Ταπιωμτις απο Πανδαρων.

Fragen wir, aus welcher Zeit dieſe zu Begräbniſszwecken hergeſtellten Täfelchen ſtammen, ſo iſt nur in einem Falle das Datum — 183 n. Chr. — genau feſtzuſtellen (LE BLANT, Nr. 90; vergl. 63); auch ſpäter noch gab es die Sitte, die Leichname als Mumien zu beſtatten; ſie kennen Athanaſius, I, 2, 862, Caſſian Collat., XV, Cap. 3, Auguſtinus sermo CXX de diuersis und altchriſtliche Denkmäler bei der Darſtellung von Todtenerweckungen, wo wir den wieder zum Leben Gerufenen noch als Mumie die Grabkammer verlaſſen ſehen; in den theologiſchen Schriften, die aus Aegypten ſtammen, iſt es immer eine wirkungsvolle Scene, wenn ein Heiliger eine Mumie auf kurze Zeit zum Sprechen aufruft und dieſes Weſen aus der anderen Welt für ſich zeugen läſst. Die Schrift einiger Täfelchen bei LE BLANT weiſt in der That auf jüngere Zeiten, aber die eben publicirten ſtammen aus dem I. und II. Jahrhundert n. Chr.

7. Nur äuſserſt ſelten ſtehen auf den wenigen erhaltenen Holztäfelchen andere Texte, als die der eben beſprochenen Gattung; ſo iſt LE BLANT, Nr. 80 ein Denkmal gnoſtiſcher Art; Recto: βουε βοαι βουα, Verſo: ου κατηκων εν βοηθηα [το]υ υψιστου α. . αια (=Pſalm XC). Ein Unicum iſt jedenfalls der nachſtehende Contract auf einem Holztäfelchen (31 Centimeter breit, 7·2 Centimeter hoch), das nur etwas an dem oberen Rande beſchädigt iſt; die Schrift iſt die Curſive des VI. Jahrhunderts. Siehe die Abbildung auf Tafel I, Nr. 3.

Recto.

Zeile 1. † αυρηλιος φοιβαμμων υιος απα σιωνος απο κωμης ιβιωνος και μαγδολον
2. του θεοδοσιουπολιτου νομο‾ αυρηλιω ανουπ υιω μουσαιο‾ απο της αρσινοϊτω
3. πολ^{ε}ς ομολογω μεμισθωσθαι παρα σου απο των διαφεροντων σοι εν πεδιω
4. της αυτης κωμης εν τοπω καλουμενω αραα αρουρας πεντε

Verfo.

Zeile 1. [μετα παντος αυτων του δικαιου επι χρονον οσον βουλεσθε] και παρεχειν με
2. τον μισθωσαμεν[ον] υπερ αποτακτο^{υ} φορου αυτων ενιαυσιως απο καρπων
3. της εισιουσης πρωτης ινς χρυσιου νομισματια δυο χρ/ ν̊ β τω παυνι
4. μηνι εξ υπαρχοντων μο^{υ} παν[των καθαπερ εκ δικης] και επερωτηθεις ωμολογησα †

‚Aurelios Phoibammon, Sohn des Apa Sion, gebürtig aus der Ortfchaft Ibionos-Magdolon im Bezirke von Theodofiupolis, an Aurelios Anup, Sohn des Mufaios aus der Stadt Arfinoë; ich erkläre, von Dir in Pacht übernommen zu haben von Deiner Befitzung im flachen Lande um eben diefe Ortfchaft in den Araa genannten Gründen, fünf Aruren mit allen an ihnen haftenden Rechten auf beliebig lange Zeit, und ich, der Pächter, zahle als feften Zins für diefelben jedes Jahr, gerechnet von der Ernte der eintretenden erften Indiction, zwei, fage zwei Goldftücke, im Monate Payni, bei Haftpflichtung mit all' meiner Habe wie in Folge eines Urtheilfpruches, und über Befragen habe ich meine Zuftimmung gegeben.'

Der Contract hat ganz denfelben Wortlaut, wie viele andere auf Papyrus, die fich in der erzherzoglichen Sammlung befinden. Auch die hier erwähnte Ortfchaft kommt fo vor in einem Fragmente aus dem V. Jahrhundert: οἱ ἀπὸ κώμης Ἰβίωνος καὶ Μαγδόλων. Auch bei diefem Namen wiederholt fich die Erfcheinung, dafs er in mehreren Gegenden zu verfchiedenen Niederlaffungen gebraucht wurde; ein Magdolo, Μαγδωλος war in Unterägypten unweit Pelufium.

Aber auch die Form des Materials, auf welchem unfer Contract fteht, ift ganz diefelbe, welche den Papyrus gleichen Inhaltes eigenthümlich ift. Wir müffen hier etwas vorgreifen. Wir unterfcheiden nämlich, was Inhalt fowohl als auch Format betrifft, unter den verfchiedenartigen Verträgen und Abmachungen zwei Gruppen, erftens notarielle Contracte, die fich fchon durch den Beginn mit dem bekannten ἐν ὀνόματι u. f. w. in fpäterer Zeit, mit dem Confulatsdatum in früherer Zeit kenntlich machen, zweitens private Abmachungen ohne den gedachten Anfang, um von anderen Kennzeichen abzufehen. War ein rechteckiges Stück Papyrus, wie fo häufig, zu befchreiben, fo kamen die Zeilen bei Schriftftücken der erften Gruppe auf die fchmale Breitfeite zu ftehen und fielen kurz aus; das Umgekehrte, lange, aber wenige Zeilen, finden wir bei der zweiten Gruppe. Augenfcheinlich folgt der vorliegende Vertrag den Eigenthümlichkeiten diefer zweiten Gruppe in Allem und Jedem; fchon der Beginn lautet wie bei den nichtnotariellen Acten, dazu ftimmt das Format mit feinen wenigen langen Zeilen.

8. Die Sammlung birgt auch ein Denkmal jener feltenen, alfo nur in zwei Exemplaren vertretenen Art, deren wir oben gedacht haben; nämlich ein Holztäfelchen mit Zauberformeln in derjenigen Weife, wie fie die von mir und Anderen herausgegebenen Zauberpapyrus bieten. Dafs fie aber diesmal auf Holz gefchrieben erfcheinen, darf uns ebenfalls nicht Wunder nehmen, da ja bekanntlich jede Art von Material zu diefem abergläubifchen Treiben verwendet wurde. Vergl. Wiener Studien, Bd. VIII, S. 117 und die Nachweife im Index meiner Zauberpapyrus.

Die Höhe der Tafel beträgt 7·3, die Breite 13 Centimeter. Die Schrift ift die des IV./V. Jahrhunderts n. Chr., curfiv ligirt.

Recto.

1. τριβικατον ορχιcκωcιφι cωλη ςςςς
2. και cενcοι κερcι καριcειαν και cενδε ςςςς
3. γαιαν cεν και cερι κενcαι και cενδε ςςςς
4. δε διρεκειμγιον και cενδερακ cενκριc ςςςς
5. τρικαν δια cνοιπαντι τω ιοωκονcενδε ςςςς
6. τιαc cον δεκα cενα και το ονδεκα ςςςς
7. κωλικαρον cικαιον κρονε εικαριcα ςςςς
8. cενοιορoκον ονcον αοον και cεναε ςςςς
9. κα..cιον cενδιαcον ονδαρα cου και cυ ςςςς
10. cεμε κειονον και ρικαρκονοκου ςςςς
11. κονcιουν κα ⊛ ραια ⊛ cενκα ςςςς
12. κον ο εν και ωκ αιcεν ςςςς

Verſo.

1. εκη ψεντωβιου οιμωω ναμμω κρηcτιωννι
2. ῦκη αωκαι μελοτιοcε ψοναρα χειροc εφε βο
3. κιc τανωρ και ον και ανοκεαc γω
4. αυκη και cενοερcι ενδεκατον cα ν
5. αυξγς εν και cενοεκαρεν καρδιαc cον βκα
6. τ. κ ενη και κετηcιον ωcενα εδεβωνα
7. τ. κ και cενκουον κερδω των κοργηβωνα
8. ινβς και cεκερετων δερκαρδιων ωκηcατ^{ε}
9. αηψ μμιον και cοντ. cι ταωνε
10. αηγς καρδια ⊛ του υκαρcι ⊛ τκε
11. αμγςς κωιc α και cενε εcηδωκα

Spielereien mit griechiſchen Zahlwörtern finden wir z. B. wieder in meinen Zauberpapyrus, Zeile 2957: τριcκαιδεκατηc Εκατηc.

K. Weſſely.

KOPTISCHE BRIEFE.

Mit zwei Textbildern in Lichtdruck.

Es ift fchon oft in diefen Blättern bemerkt worden, dafs der grofse Papyrusfund aus el-Faijûm, an den fich andere, vor Allem aus Schmûn, angefchloffen haben, im Gegenfatze zu früheren Funden die Totalität des in einer beftimmten Zeit und Gegend Gefchriebenen gibt. Eine auf einen beftimmten Zweck hin vorgenommene Sichtung in alter Zeit läfst derfelbe durchaus vermiffen. Von den Erläffen der arabifchen Behörde in koptifcher Sprache und annaliftifchen Aufzeichnungen, in denen die Hauptbegebenheiten Jahr für Jahr vermerkt erfcheinen, angefangen bis zu Zetteln kleinen und kleinften Formats, wo einmal ein Zahlungsauftrag ertheilt, ein anderesmal durch Striche die Anzahl der Tage notirt wird, welche feit dem Tode einer geliebten Perfon verftrichen waren[1] — alles liegt uns in mehr oder minder vollftändigen Proben vor.

Briefe bilden, wie fchon einmal ausgeführt wurde,[2] die Hauptmaffe diefer Ueberrefte. Bei den koptifchen Rechtsurkunden ftehen uns die griechifchen parallelen Texte fördernd zur Seite, bei den koptifchen Briefen mufsten wir vorläufig einer folchen Hilfe entrathen. Läfst ferner die Sprache der Rechtsurkunden bis zu einem gewiffen Grade Befolgung der grammatikalifchen Regeln erkennen, fo herrfcht in diefen, grofsentheils von ganz ungebildeten Menfchen gefchriebenen Briefen gänzliche Willkür. Dazu kommt noch die Fülle von Namen von Gegenftänden, die in der uns bisher geläufigen Literatur keine Verwendung fanden, fowie eine Reihe griechifcher und arabifcher Lehnwörter.

Ganz rathlos ftanden wir der gröfseren Mehrzahl diefer koptifchen Briefe gegenüber, und die Mühe der Entzifferung erfchien um fo gröfser, da als Lohn für das Gelingen derfelben keine Erfchliefsung wichtiger hiftorifcher Thatfachen winkte. Der fprachliche und culturhiftorifche Gewinn war jedoch nicht zu unterfchätzen. So habe ich zu wiederholten Malen mit immer fteigendem Intereffe die Prüfung diefer fchriftlichen Ueberrefte dahingegangener Generationen in Angriff genommen.

Nur durch die Maffenhaftigkeit des Materials konnte es gelingen, diefer Schwierigkeiten Herr zu werden. Aus der erzherzoglichen Sammlung ftanden mir etwa 2000 gröfsere und kleinere Fragmente zur Verfügung. Dazu kommen 12 Berliner Papyrus, welche aus dem alten Beftande der Berliner Sammlung (etwa 300 Stück im Ganzen) in der ‚Aegyptifchen Zeitfchrift', 1885, S. 23 ff. veröffentlicht wurden. Wie fehr durch das Material der erzherzoglichen Sammlung unfere Kenntnifs diefer Dinge fich erweitert hat, erfieht man aus unferem Verfuche, diejenigen unter den Berliner Stücken, von denen hier fern von

[1] Kopt. Pap. Nr. 1268.

[2] Mittheilungen, II, S. 43.

den Originalen auf Grund der photolithographifchen Reproductionen die richtige Lefung ermittelt werden konnte, zu überfetzen, während der erfte Herausgeber derfelben davon im Wefentlichen Abftand nehmen mufste.

Wie die folgenden Zufammenftellungen beweifen, war der Reichthum an Gedanken und Worten, über den die Schreiber unferer Briefe verfügten, kein grofser, immerhin aber bedeutender als bei jenem fchottifchen Pfarrer, der mit 300 Worten feinen Hausbedarf gedeckt haben foll. Nicht blofs in den Einleitungs- und Schlufsformeln zeigt fich die Vorliebe für die Phrafe, die wir fchon aus der altägyptifchen Literatur zur Genüge kennen, dies gilt auch für den eigentlichen Inhalt der Briefe. Dank diefem Umftande gelingt es bei wiederholter Betrachtung, auch die kleinen und kleinften Stücke zu verwerthen, und ich geftehe, dafs mir bei der Feftftellung dunkler Punkte gerade die kleinen Stücke vortreffliche Dienfte geleiftet haben. Durch die möglichft vollftändige Mittheilung des Formulars glaube ich Ordner ähnlicher Papyrusfunde gefördert zu haben; auf Grund derfelben gelingt es leicht, jedem einzelnen Stücke feinen richtigen Platz anzuweifen.

Eine vollftändige Edition diefer Urkunden zu geben fchien mir nicht die Aufgabe diefer vorbereitenden Arbeit zu fein; es handelte fich mir darum, aus der grofsen Maffe das ficher Erforfchte und Ueberfetzte zufammenzuftellen. Des Dunklen bleibt noch viel übrig. Erft wenn die hier gegebenen Ergebniffe geprüft und auch die in anderen Sammlungen enthaltenen Stücke wenigftens theilweife zugänglich gemacht fein werden, wird an eine gefichtete und abfchliefsende Edition diefer Urkunden, wie fie ein Corpus zu geben hat, gedacht werden können.

Die Briefe, die wir zu behandeln haben, find auf Papyrus, und als diefes im IV. Jahrhunderte der Hidfchra vom Papier abgelöft wurde, auf dem letzteren gefchrieben. Von diefer Regel kenne ich nur fünf oder fechs Ausnahmen — Briefe auf Pergament. Wie in der Zeit Cicero's galt noch in den drei erften Jahrhunderten der Hidfchra der Papyrus für briefliche Mittheilungen als allein entfprechend. Dafür, dafs wir es in den meiften Fällen mit eigenhändigen Niederfchriften zu thun haben, fpricht die Verbreitung der Kenntnifs der Schrift in die weiteften Kreife der ägyptifchen Bevölkerung. Dies geht aus den zahlreichen eigenhändigen Unterfchriften von Handwerkern und Bauern in koptifchen Rechtsurkunden hervor. Doch gibt es auch hier Ausnahmen. So erfcheint in den Papyrus aus T'eme ein Bifchof, Abraham[1] mit Namen, γράμματα μὴ ἐπιστάμενος, und ähnlich ein Presbyter,[2] ebenfo find die Zeugen in dem erzherzoglichen Papyrus Nr. 3002 — freilich durchaus Bauern — des Schreibens unkundig.

Die Beftimmung des Alters auf palaeographifchem Wege wird erft dann zu erzielen fein, wenn eine gröfsere Mehrzahl von datirten und ficher datirbaren Stücken aus verfchiedenen Jahrzehnten vorliegen werden. Die Zahl folcher Stücke ift noch ungemein gering. Aus der literarifchen Ueberlieferung find uns wohl für die Mitte des V. Jahrhunderts[3] koptifche Briefe bezeugt, dagegen hat fich, wenn wir von den literarifchen Stücken abfehen, die Hoffnung, in der Fülle von koptifchen Papyrus der erzherzoglichen Sammlung folche ausfindig zu machen, die mit Sicherheit noch der byzantinifchen Zeit

[1] Teftament des Bifchofs Abraham, ed. WESSELY, Zeile 81. Wiener Studien, IX, S. 240.

[2] Bulâker Papyrus, S. ⲛⲉ̄.

[3] Vergl. die im zweiten Bande diefer Mittheilungen S. 61 citirte Stelle des Liberatus Diaconus.

zugeschrieben werden können, nur einmal erfüllt. Mußte bisher als ältester datirter koptischer Papyrus die ἀσφάλεια vom sechsten Jahr des Kaisers Phokas[1] gelten, so können wir jetzt auf eine Rechtsurkunde, den erzherzoglichen Papyrus Nr. 3021 hinweisen, welcher der Regierungszeit des Kaisers Maurikios angehört. Die Schwurformel lautet in dieser Urkunde:

ⲉⲓ̈ⲱⲣⲕ ⲛ̄ⲡⲛⲟⲩⲧⲉ ⲙⲛ̄ ⲡⲉⲛϫⲟⲉⲓⲥ ⲡⲉⲣⲟ ⲙⲁⲩⲣⲓⲕⲉ

Ich schwöre bei Gott und unserem Herrn, dem Kaiser Maurikios.

Datirt ist dieselbe vom 11. Tybi der 14. Indiction (ⲧⲩⲃⲓ ⲓⲁ ⲓ̈ⲛⲇ/ ⲓⲇ), sonach, da in die Regierungszeit des Kaisers Maurikios nur eine 14. Indiction fiel, vom 7. Jänner 596.

Die Totalität der erzherzoglichen Papyrus gehört allem Anscheine nach jenen drei Jahrhunderten an, welche von der Eroberung Aegyptens durch die Araber bis zum Aufhören der Papyrusfabrication verstrichen sind. Die seltenen Datirungen — nach Jahren der Hidschra — fanden sich in Quittungen und Rechnungen. Bisher habe ich folgende nachweisen können: den kopt. Pap. Nr. 317 vom Jahre 196, den kopt Pap. Nr. 999 vom Jahre 198 (813/4 Chr.), den kopt. Pap. Nr. 3188 vom Jahre 212 (827/8 Chr.), den kopt. Pap. Nr. 3900 vom Jahre 238 (852/3 Chr.), den kopt. Pap. Nr. 1993 vom Jahre 241 (855/6 Chr.) der Hidschra.[2] Dem IV. Jahrhundert gehört nach der Fassung des Schwures die Rechtsurkunde Nr. 3002. Weiter führen uns die Papiere der erzherzoglichen Sammlung. Eine kleine Quittung (Papier Nr. 17121) gehört dem Jahre 341 (952/3 Chr.) der Hidschra an, eines der werthvollsten Stücke der koptischen Sammlung, ein Papier von 42 Centimeter Länge und 18 Centimeter Breite, Nr. 17008, gibt durch drei Jahre der Hidschra, 408—410 (1017/8—1019/20 Chr.), fortgesetzte gleichzeitige Aufzeichnungen annalistischer Art. Die wichtigsten Ereignisse, über welche dasselbe zu melden hat, beziehen sich naturgemäß auf das Steigen des Nils. Das Jahr 410 wird also eingeleitet:

ϩⲙ ⲡⲣⲁⲛ ⲉⲡⲛⲟⲩⲧⲉ ⲛϣⲟⲣⲡ ⲛϩⲱⲃ ⲛⲓⲙ	Im Namen Gottes, zuerst vor allen Dingen!
ϩⲛ ⲧⲙⲉϩ ⲩⲓ ⲛⲣⲟⲙⲡⲉ : ⲙ̄ⲡⲥⲁⲣⲁⲕ[ⲉ]ⲛⲟⲥ	Im 410. Jahre des Sarazenen,
ⲧⲣⲟⲙⲡⲉ ⲛⲧⲁ ⲡⲉⲣⲟ : ⲡⲁⲗϩⲉⲭⲉ[ⲓ]ⲙ ⲃⲱⲕ	das ist das Jahr, in welchem König Palhecheim
ⲛⲁϥ ⲉϣⲉ ⲛϩⲟⲩⲛ ⲉⲃⲁⲃⲓⲗⲱⲛ	nach Babylon gezogen ist u. s. w.

Die Bezeichnung der Jahre der Hidschra als Jahre der Sarazenen ist uns aus den Bulâker Papyrus geläufig genug. Ebenso kennen wir aus einer koptischen Beischrift einer Handschrift des Vatican die hier erscheinende Form des Namens des Chalifen El-Hâkim:[3] ⲉⲧⲉ ⲡϣⲏⲣⲉ ⲙ̄ⲡⲥⲁⲁⲕ ⲡⲉ ⲡⲉⲧⲟⲩⲙⲟⲩⲧⲉ ⲉⲣⲁϥ ⲡⲉ· ϫⲉ ⲡⲁⲗϩⲁⲭⲓⲙ ⲡⲉ, nämlich der Sohn des Isaas,[4] den man nennt Palhachîm. Auch hier haben wir den doppelten Artikel, den wir noch so oft bei arabischen Lehnwörtern im Koptischen werden beobachten können.

Bedenken wir, daß die koptischen Papiere der erzherzoglichen Sammlung wohl fast durchgehends aus Schmûn stammen, so werden wir diesem merkwürdigen Papier gegen-

[1] Von uns publicirt in dem Recueil de travaux relatifs à la philologie et à l'archéologie égyptiennes et assyriennes, Bd. VI, 70.

[2] Vergl. Mittheilungen, I, 22; II, 46.

[3] Quatremère, Recherches critiques et historiques sur la langue et la litterature de l'Égypte, S. 250 und jetzt auch bei Hyvernat, Paleographie Copte, Pl. 15.

[4] Unter Verwechslung mit dem Namen des Chalifen Li-izâz dîn allâh statt des richtigen El-'Azîz.

4*

über daran gemahnt, dafs in diefe Zeit die Thätigkeit des bekannten Gefchichtsfchreibers Severos von Schmûn [1] fällt, der zur Niederfchrift feiner Gefchichte der alexandrinifchen Patriarchen fich koptifcher und griechifcher Quellen bediente. Man fieht auf jeden Fall, dafs noch am Anfange des XI. Jahrhunderts die koptifche Sprache Lebenskraft genug befafs, um ähnliche literarifche Producte zu zeitigen.

Die koptifchen Briefe haben uns keine für uns verwerthbare Datirung erhalten. Doch läfst fich in einem Falle der Papyrus Nr. 55 (301) durch die Erwähnung eines Chalifen einigermafsen datiren. Wir lefen in demfelben von einem gewiffen ⲁⲡⲟⲩ ⲥⲁⲉⲓⲧ, ابو سعيد, Abû S'aîd und einem ϫⲱⲙⲉ Papyrus: ⲛⲧⲁ ⲟⲩⲗⲱⲙⲓ ⲛⲧⲉ ⲁⲗⲗⲟⲩⲗⲓⲧ ⲁⲙⲓⲣ ⲙⲟⲩⲙⲛⲓⲛ ⲥϩⲁⲓⲥ ⲛⲉϥ, welchen ein Mann des Allulit Amir Mumnin ihm gefchrieben hat. Ich ftehe nicht an, in ⲁⲗⲗⲟⲩⲗⲓⲧ al-Walid, الوليد und in ⲁⲙⲓⲣ ⲙⲟⲩⲙⲛⲓⲛ den Titel des Chalifen, امير المومنين Emir el-Muminîn zu erkennen. Wohl führen zwei Chalifen den Namen el-Walid, da fie jedoch nur durch vier Jahrzehnte von einander getrennt waren, fo fällt in beiden Fällen die Niederfchrift des Papyrus in die erfte Hälfte des VIII. Jahrhunderts.

I. Anfangsformeln.

Die Briefe beginnen faft durchgehends mit dem Chrysmon,[2] für welches nur fehr felten andere Zeichen, wie ⳁ (vergl. unten S. 45) oder ⁜ (vergl. unten S. 41) oder = (vergl. unten S. 28) eintreten. Dann folgt für gewöhnlich die Formel:

Kopt. Pap. Nr. 74: ϩⲉⲙ ⲡⲗⲉⲛ ⲉⲙⲛⲟⲩⲧⲓ ⲛϣⲁⲣⲉⲛ, Im Namen Gottes zuerft, oder abgekürzt, Kopt. Pap. Nr. 1132: ϩⲛ ⲛⲗⲛ ⲙⲙⲛⲟⲩⲧⲓ,[3] Im Namen Gottes, beziehungsweife kopt. Pap. Nr. 1191: ϩⲙ ⲡⲣⲁⲛ ⲙ̄ⲡⲛⲟⲩⲧⲉ ⲡⲡⲁⲛⲧⲟⲕⲣⲁⲧⲱⲣ, Im Namen Gottes des Allmächtigen.

Manchmals ftehen dafür die griechifchen Formeln:

Kopt. Pap. Nr. 33: ⲥⲩⲛ ⲑⲉⲱ ⲡⲣⲱⲧⲟⲛ. Kopt. Pap. Nr. 1364: ⲥⲩⲛ ⲑⲱ ⲛϣⲟⲣⲉⲛ. Kopt. Pap. Nr. 1001: ⲥⲩⲛ͂.

Manchmal wird an diefe Formel ⲛϩⲱⲃ ⲛⲓⲙ, ‚in allen Dingen', angefchloffen.

Kopt. Pap. Nr. 94: ϩⲉⲙ ⲡⲣⲁⲛ ⲙⲡⲛⲟⲩⲧⲉ ⲛϣⲁⲣⲉⲛ ⲛϩⲱⲃ ⲛⲓⲙ, Im Namen Gottes zuerft, in allen Dingen oder kopt. Pap. Nr. 101: ϩⲙ ⲡⲣⲁⲛ ⲉⲙⲛⲟⲩⲧⲉ ⲛϣⲟⲣⲉⲛ ⲛϩⲱⲃ ⲛⲓⲙ.

Als Abkürzung diefer Formeln geben fich Wendungen, die ungemein häufig find: Kopt. Pap. Nr. 3901: † ϣⲁⲣⲉⲛ. Kopt. Pap. Nr. 2012: † ⲛϣⲁⲣⲉⲛ. Kopt. Pap. Nr. 3079: † ⲛϣⲟⲣⲡ ⲙⲉⲛ (ⲧⲓⲡⲣⲟⲉⲕⲧⲏⲉⲓ u. f. w.). Kopt. Pap. Nr. 1120: † ϣⲁⲣⲉⲛ ⲙⲉⲛ̄ ϩⲱϥ ⲛⲓⲙ̄. Kopt. Pap. Nr. 173: † ϩⲁⲧϩⲏ ⲙⲉⲛ ϩⲱϥ ⲛⲓⲃⲓ. Kopt. Pap. Nr. 118: † ϩⲁⲑⲏ ⲙⲉⲛ ϩⲱⲃ ⲛⲓⲃⲓ. Kopt. Pap. Nr. 1252: † ϩⲁⲟⲩ ⲙⲉⲛ ϩⲟⲃⲓ ⲛⲓⲃⲓ. Kopt. Pap. Nr. 787: † ⲁⲑⲏ ⲙⲉⲛ ⲱⲃⲓ ⲛⲓⲃⲓ.

Die Bedeutung diefer Formeln wird durch die Schreibung des boheirifchen Papyrus Nr. 160: † ⲫϯ ⲛϣⲟⲣⲡ, † Gott zuerft, zufammengehalten mit dem Beginne des koptifchen Papyrus Nr. 1019: † ⲡⲁⲛⲧⲱⲥ ⲁ ⲧⲉⲕⲙⲉⲧⲥⲁⲛ ⲥⲱⲧⲙ[4] ⲉⲛϣⲉϫⲓ, † Durchaus Du, Bruder, haft die Rede gehört, hinreichend illuftrirt. Das Chrysmonzeichen wird geradezu als θεος, ⲛⲟⲩⲧⲓ aufgefafst.

---

[1] Quatremère, a. a. O., S. 35.

[2] In einigen Papyrus gibt fich das Chrysmon als Ligatur von ⲉ, ⲧ, ⲣ: ϲⲧⲁⲩⲣⲟϲ. So im Pap. Nr. 1336: ⳨. Vergl. Aegyptifche Zeitfchrift 1878, S. 15.

[3] Einmal fteht kopt Pap. Nr. 3075: ϩⲙ ⲡⲗⲉⲛ ⲙⲫϯ.

[4] Vergl. kopt. Perg. Nr. 101: ⲁ ⲫϯ ⲥⲱⲧⲙ ⲉⲡⲉⲛⲑⲉⲃⲓⲟ, es hat Gott unfere Demuth vernommen.

Singulär ist bei Briefen der in so vielen Rechtsurkunden stereotype Anfang:

Kopt. Pap. Nr. 29: † ϩⲉⲛ ⲧⲉⲧⲣⲓⲁⲥ ⲉⲧⲟⲩⲉⲉⲃ, Mit der heiligen Dreieinigkeit.

Nach diesen einleitenden Formeln begrüsst der Schreiber des Briefes den Empfänger, beziehungsweise erkundigt er sich nach seinem Befinden. Er umarmt ihn (ⲁⲥⲡⲁϫⲉ; Pap. Nr. 3506: ⲧⲉⲛⲁⲥⲡⲁⲍⲉ ⲙⲡⲉϩⲗⲟⲩ ⲛⲧⲉⲕⲙⲉⲧⲥⲟⲛ ⲧⲁⲓⲏⲩ, wir umarmen Dich, füsen Bruder, den Gepriesenen). Meistens werden auch die Angehörigen des Empfängers einzeln (ⲕⲟⲩⲁ ⲕⲟⲩⲁ), namentlich (ⲕⲁⲧⲁ ⲡⲉⲩⲣⲁⲛ) angeführt und in den Gruss einbegriffen. Oft erstreckt sich derselbe auf das ganze Haus (ⲡⲁⲡⲉⲕⲏⲓ ⲧⲏⲣⲟⲩ) und dessen ganze Versammlung (ⲡⲉⲥⲟⲟⲩϩ ⲉϩⲟⲩⲛ ⲡⲡⲉⲕⲏⲓ ⲧⲏⲣⲉϥ, Pap. Nr. 94), der häufig das Beiwort ⲉⲩⲗⲟⲅⲓⲙⲉⲛⲟⲥ gegeben wird. Aehnliche Beinamen erhält auch der Adressat, er ist der Christusliebende (ⲙⲁⲓⲡⲉⲭⲣⲥ, Pap. Nr. 1120), der Gottliebende (ⲙⲁⲓⲛⲟⲩⲧⲉ, Pap. Nr. 1364), der Gute (ⲧⲉⲕⲙⲉⲧⲥⲁⲛ ⲉⲧⲛⲁⲛⲟⲩⲉ, Pap. Nr. 1132; ⲁⲅⲑ, Pap. Nr. 1235), der Geliebte (ⲙⲉⲗⲓⲧ, Pap. Nr. 2000; ⲁⲅⲁⲡⲏⲧⲟⲥ, Pap. Nr. 1235). Der gewöhnliche Beiname ist jedoch ‚der Gepriesene' (ⲉⲧⲧⲁⲓⲏⲩ, Pap. Nr. 1012; ⲉⲧⲧⲁⲓⲉⲓⲟⲩⲧ, Pap. Nr. 1003), manchmal mit dem Zusatze: ‚Nach jeglicher göttlicher und menschlicher Art' (ⲕⲁⲧⲁ ⲉⲙⲁⲧ ⲛ̄ⲓⲃⲓ ⲛ̄ⲧⲉ ⲡⲛⲟⲩⲧⲓ ⲙⲉ ⲛⲉⲗⲱⲙⲓ, Pap. Nr. 56) oder: ‚Nach allen göttlichen und menschlichen Tugenden' (ⲕⲁⲧⲁ ⲛⲉⲁⲣⲉⲧⲏⲟⲩ ⲧⲏⲣⲟⲩ ⲙⲡⲛⲟⲩⲧ ⲙⲉ ⲛⲉⲗⲱⲙⲓ, Pap. Nr. 74).

Die Anordnung dieser Formeln ist eine zweifache. Entweder beginnen sie mit ⲁⲛⲁⲕ ⲡⲉ (ⲁⲛⲁⲕ ⲡⲉ ⲥⲉⲣⲅⲓ ⲉⲓⲉϩⲉⲓ ⲉⲓϣⲓⲛⲓ, Ich, Sergios, schreibe [und] grüsse, Pap. Nr. 32) oder mit ϯϣⲓⲛⲓ, ich grüsse. In dem ersteren Falle werden wir an die Rechtsurkunden erinnert, welche mit den Formeln beginnen:

Kopt. Pap. Nr. 49: ϩⲉⲛ ⲡⲣⲉⲛ ⲉⲡⲛⲟ[ⲩ]ⲧⲓ ⲛϣⲁⲣⲉⲛ ⲁⲛⲁⲕ ⲡⲉ....ⲉⲓⲉϩⲉⲓ ⲛ...., Im Namen Gottes zuerst. Ich N. N. schreibe an N. N.

Daneben finden wir im Anschlusse an das arabische السلام علك, ‚der Friede mit Dir' die Formel (Pap. Nr. 1132): ⲧⲓⲣⲏⲛⲏ ⲙ[ⲡⲛ]ⲟⲩⲧ ⲛⲏⲕ, der Friede Gottes (sei) Dir, wenn auch in den Anfangsformeln seltener angewendet. Ebenso vereinzelt ist der Gebrauch anderer Formeln, wie:

Kopt. Pap. Nr. 1001: ⲉⲗⲉ ⲡⲛⲟⲩⲧ ⲗⲁⲓⲥ ⲉⲗⲁⲕ, Gott wacht über Dich.

Kopt. Pap. Nr. 185: ⲉⲗⲉ ⲡⲛⲟⲩⲧⲓ ⲉⲙⲟⲩ ⲉⲗⲁⲕ ⲛ̄ⲃⲗⲁⲓⲥ [ⲉⲗⲁⲕ], Gott segnet Dich, er wacht über Dich.

Verhältnissmässig sehr selten werden wir nach einem einfachen ⲉⲛ̄ⲑ — hie und da fehlt auch dieses — zu dem eigentlichen Inhalt des Briefes geführt. Wir haben es in diesen Fällen mehr mit Zetteln, ⲡⲓⲧⲧⲁⲕⲉ, als mit Briefen zu thun. Ein solcher Zettel beginnt:

Kopt. Pap. Nr. 1122: † ⲉⲛ̄ⲑ ⲉϣⲱⲡⲉ ⲧⲉⲧⲛⲉⲙⲛⲧϫⲟⲉⲓⲥ ⲕⲉⲗⲉⲩⲉ ⲧⲁⲥϩⲁⲓ ⲟⲩⲡⲓⲧⲧⲁⲕⲉ ⲉⲕϫ ⲙⲉⲣⲕϫ. † Mit Gott. Wenn Ihr, Herr, befehlt, so schreibe ich ein Pittakion dem Herrn Merk(ure).

Der Uebergang von den einleitenden Formeln zu dem eigentlichen Inhalt des Briefes wird für gewöhnlich durch die Gruppe ⲙⲉⲛⲉⲥⲉⲁⲛⲉⲓ, hernach (vergl. Aegypt. Zeitschrift, 1885, S. 34) vermittelt. Daneben finden wir andere Partikeln angewendet, vor allem ⲗⲟⲓⲡⲟⲛ.

—

Die angeführten Principien werden durch folgende Beispiele hinreichend illustrirt:

Kopt. Pap. Nr. 152:

† ϩⲙ ⲡⲣⲁⲛ ⲙⲡⲛⲟⲩⲧⲉ ⲛϣⲟⲣⲉⲡ ⲁⲛⲁ[ⲕ ⲡⲉ ⲁⲡⲁ ⲕⲓⲣⲓ], Im Namen Gottes zuerst. Ich Apa Kiri ⲉⲓ[ⲉϩⲁⲓ ⲉⲓϣⲓⲛⲉ ⲉⲡⲁⲙⲉⲣⲓⲧ ⲛⲥⲟⲛ ⲉⲙⲁⲏⲗ:, schreibe und grüsse meinen geliebten Bruder (I)smael,

ⲙⲛ ⲧⲁⲙⲉⲣⲓⲧ ⲛⲥⲱⲛⲓ: ⲡⲁ[ⲗⲗⲁⲇⲓⲁ(?) ⲙⲛ ⲙⲟⲩ]ϩⲁⲙⲙⲏⲧ: ⲙⲛ ⲭⲁⲉⲓⲣ:, und meine geliebte Schwefter Pa(lladia?) und Muhammet und Chacir,

ⲙⲛ ⲡⲉⲱⲟⲩⲁϩ ⲉϩⲟⲩⲛ ⲉⲡⲉⲛⲏⲓ ⲧⲏⲣⲉϥ ϫⲓⲛ ⲉⲛⲕⲟⲩⲓ [ϣⲁ ⲛⲛⲁⲩ], und die Verfammlung unferes ganzen Haufes, Klein und Grofs.

ⲧⲓⲣⲏⲛⲏ] ⲙⲡⲛⲟⲩⲧⲉ ⲛⲉⲧⲛⲏ, Der Friede Gottes (fei) mit Euch.

Andere Schreibungen des Namens اسمعيل habe ich bereits angeführt (Mittheilungen, I, 65). Die Adreffe gibt: ⲧⲁⲁⲥ ⲛⲉⲥⲙⲁⲏⲗ, Dem Smael, ϩⲓⲧⲉⲛ ⲁⲡⲁⲕⲓⲣⲓ, durch Apa Kiri. Genauer lefen wir den erfteren Namen im kopt. Pap. Nr. 1809: ϩⲓⲧⲛ ⲓⲥⲙⲁⲏⲗ, durch Ismaël.

Kopt. Pap. Nr. 179:

† ϩⲙ ⲡⲗⲛ ⲙⲡⲛⲟⲩⲧⲓ: ϯϣⲓⲛⲓ: ⲉⲧⲁⲡⲛⲟⲩⲧⲓ ⲕⲁⲗⲟⲟⲥ, † Im Namen Gottes. Ich grüfse Tapnuti fchön,

ⲙⲛ̄ ⲭⲁⲏⲗ ⲡⲁϣⲏⲗⲓ: ⲙⲉⲛ [ⲁⲡⲁ] ⲡⲟⲥⲧⲟ^ⲗ ⲡⲁϣⲏⲗⲓ, und Chaël, meinen Sohn und Apa Poftolos, meinen Sohn.

Ⲧⲁⲡⲛⲟⲩⲧⲓ ift das bisher, wie ich glaube, noch nicht nachgewiefene weibliche Seitenftück des fo häufigen Männernamens Papnuti.

Kopt. Pap. Nr. 94:

† ϩⲉⲙ ⲡⲣⲁⲛ ⲙⲡⲛⲟⲩⲧⲉ ⲛϣⲁⲣⲉⲛ ⲛϩⲟⲃ ⲛⲓⲙ, † Im Namen Gottes, zuerft von allen Dingen!

ⲁⲛⲁⲕ ⲡⲉ̄ ⲁⲡⲁ ⲕⲓⲣ ⲉⲓⲥϩⲁⲓ ⲉⲓϣⲓⲛⲉ ⲧⲁⲙⲉⲣⲓ^ⲧ ⲛⲥⲱⲛ ⲁⲛⲁ ⲥⲧⲁϩⲉⲩ, Ich Apa Kir fchreibe (und) grüfse meine geliebte Schwefter Ana Staheu(?),

ⲙⲛ ⲙⲁⲛⲁⲥⲥⲉ ⲙⲛ ϩⲉⲡⲁⲧⲓⲁ ^ⲙⲛ ⲧⲁⲩⲉⲓⲧ̄ ⲙⲛ ϩⲁⲛⲛ̄ ⲙⲛ........ⲙⲛ ⲡⲁⲑⲟⲩ^ⲗ, und Manaffe und Hepatia und Tauit und Hann(a) und..........und Pathule

ⲙⲛ ⲛⲓⲱⲥⲏⲫ ⲙⲛ ⲡⲓⲥⲉⲛⲧⲉ ⲙⲛ ⲭⲁⲏ^ⲗ ⲙⲛ ⲛⲓⲱϩⲁⲛⲛⲏⲥ ⲙⲛ ⲡⲁϩⲟⲙⲁ̄.........., und die Jofephs und Pifente und Chaël und die Johannes und Pahoma

ⲙⲛ ⲡⲉⲥⲟⲟⲩϩ ⲉϩⲟⲩⲛ ⲙⲡⲉⲛⲏⲓ ⲧⲏⲣⲉϥ ⲛⲉⲧⲗⲟ^ⲩ ⲉϫⲉⲛ ⲉⲡⲕⲟⲩⲓ ϣⲁ ⲡⲛⲁⲩ, und die Verfammlung unferes ganzen Haufes, des geprlefenen, Klein und Grofs.

ⲧⲓ[ⲣⲏⲛⲏ ⲙ] ⲡⲛⲟⲩⲧⲉ ⲛⲏⲧⲉⲛ ⲙⲉⲛⲉⲥⲥⲁⲛⲉⲓ ⲧⲓⲧⲁⲙⲁ ⲛⲙⲁ ⲁⲛⲁ ⲥⲧⲁϩⲉⲩ u. f. w., Der Friede Gottes (fei) Euch. Hernach melde ich Dir (Frau) Ana Staheu(?) u. f. w.

Die Adreffe hat:

† ⲧⲉⲥⲉ ⲉⲡⲁⲙⲉⲣⲓⲧ ⲛ̄ⲥⲁⲛ ⲙⲁⲛⲁⲥⲥⲉ̄	ϩⲓⲧⲛ̄ ⲁⲡⲁ ⲕⲓⲣ ⲡⲉϥⲥⲁⲛ †††
Meinem geliebten Bruder Manaffe.	Von Apa Kir, feinen Bruder.

Diefer Briefanfang gibt uns eine Reihe feltener Namen. Wegen ⲡⲁϩⲟⲙⲁ fiehe unten S. 39 den Namen ⲡⲁϩⲱⲙⲟ.

Ⲥⲱⲟⲩϩ ⲉϩⲟⲩⲛ war uns im Sinne von ‚Congregation' bekannt; vergl. Bulâker Pap. Nr. 1: ⲉⲧⲉ ⲡⲉⲥⲱⲟⲩϩ ⲉϩⲟⲩⲛ ⲡⲉ ⲛ̄ⲧϩⲁⲅⲓⲁ ϩⲉⲛⲉⲉⲧⲉ ⲉⲧⲟⲩⲁⲁⲃ ⲁ̄ⲫⲁⲅⲓⲟⲥ ⲡⲁⲩⲗⲟⲥ.

Kopt. Pap. Nr. 3023:

† ϩⲙ ⲡⲣⲁⲛ ⲙⲡⲛⲟⲩⲧⲉ ⲡⲁⲛⲧⲟⲕⲣⲁⲧⲱⲣ, Im Namen Gottes des Allmächtigen!

ⲡⲉⲧⲣⲉ ⲡϩⲉⲣⲙⲏⲛⲉⲩⲧⲏⲥ ⲡϥⲉϩⲁⲓ̈ ⲙⲛϥⲡⲣⲟⲥⲧ/ ⲡⲙⲉⲅⲁⲗⲟⲡⲣ/ ⲛⲛⲕⲟⲙⲉⲥ ⲙⲏⲛⲁ, Petre der Dolmetfch fchreibt feinem Patron, dem illuftren Komes Mena:

ϩⲁⲑⲏ ⲛ̄ϩⲱⲃ ⲛⲓⲙ ϯⲡⲣⲟⲥⲕⲩⲛⲉⲓ ⲛ̄ⲧⲉⲧⲛⲙⲛ̄ⲧϫⲟⲉⲓⲥ, Vor allen Dingen bringe ich die Prokynefis dar Euerer Herrlichkeit,

ϯⲡⲁⲣⲁⲕⲁⲗⲉⲓ ⲧⲉⲧⲛ̄ⲙⲛ̄ⲧϫⲟⲉⲓⲥ ⲉⲧⲃⲉ ⲡⲓϫⲟⲓ̈ u. f. w., ich rufe Euere Herrlichkeit wegen diefes Schiffes an u. f. w.

Intereffant ift es, hier einen Dolmetfch zu finden. Vergl. darüber unfere Bemerkungen Mittheilungen IV, 134.

Kopt. Pap. Nr. 3501:

† ϩⲙ ⲡⲣⲁⲛ ⲙⲛⲛⲟⲩⲧⲉ ⲛϣⲟⲣⲡ ⲙⲛ ϩⲱϥ̄ ⲛⲓⲙ, Im Namen Gottes zuerft und durchaus!

ⲁⲛⲟⲕ ⲡⲓϩⲏⲩ ⲉⲓⲥϩⲁⲓ ⲉⲓϣⲓⲛⲉ ⲛⲡⲁⲙⲉⲣⲓⲧ ⲛⲥⲁϩ, Ich Piheu, ich fchreibe, ich grüfse meinen geliebten Schreiber.

ϯϣⲓⲛⲉ ⲛⲁⲡⲉⲕⲏⲓ ⲧⲏⲣⲟⲩ ϫⲓⲛ ⲉⲛⲕⲟⲩⲓ ϣⲁ ⲛⲛⲟⲩ ⲛⲟⲩⲁ ⲛⲟⲩⲁ ⲕⲁⲧⲁ ⲡⲉϥⲣⲁⲛ, Ich grüfse die Angehörigen Deines Haufes insgefammt, Klein und Grofs, Jeden einzeln nach feinem Namen,

ⲁⲩⲱ ϣⲓⲛⲉⲉⲧⲥⲁϩ ϩⲁⲣⲟⲓ ⲙⲛ ⲙⲁⲣⲟⲩⲁⲛ ⲙⲛ ⲙⲓⲥⲭⲓⲛ, und grüfse die für mich fchreiben und Marwan und Mischin.

ⲁⲩⲱ ⲛⲁⲡⲁⲏⲓ ⲧⲏⲣⲟⲩ ϣⲓⲛⲉ ⲉⲣⲟⲕ, Und die Angehörigen meines Haufes grüfsen Dich.

ϯⲧⲁⲙⲟ ⲙⲙⲟⲕ ϫⲉ ⲁⲡⲁ ⲡⲟⲥⲧⲟⲗⲟⲥ ⲡⲛⲛⲏϥ̄ ⲉⲓ ⲛⲁⲓ, Ich melde Dir, dafs Apa Poftolos der Schiffer zu mir gekommen ift.

Auf der Adreffe nennt fich der Abfender nach griechifcher Ausfprache ⲙⲏⲧ. Ⲙⲁⲣⲟⲩⲁⲛ ift مروان Merwân. Daneben war auch die Form ⲙⲉⲣⲟⲩⲁⲛ üblich. Denn ein koptifcher Text, der auf den Chalifen Merwân Bezug nehmend von demfelben fagt, dafs fein Name die aus der Apokalypfe wohlbekannte Zahl 666 ausmacht (ⲫⲁⲓ ⲉⲧⲉ ⲡⲉϥⲣⲁⲛ ⲡⲁⲓⲣⲓ ⲛ̄ ⲭ̅ⲝ̅ϥ̅ ⲛ̄ⲏⲡⲓ), fetzt die Transfcription ⲙⲉⲣⲟⲩⲁⲛ (ⲙ = 40 + ⲉ = 5 + ⲣ = 100 + ⲟ = 70 + ⲩ = 400 + ⲁ = 1 + ⲛ = 50 = 666) voraus. Ⲙⲓⲥⲭⲓⲛ ift مسكين Meskîn, mit der üblichen Transfcription des arabifchen ك durch koptifches ⲭ.

Kopt. Pap. Nr. 1175:

† ⲛϣⲟⲣⲡ ⲙⲉⲛ ⲛϩⲱⲃ ⲛⲓⲙ ϯϣⲓⲛⲉ ⲛⲁⲙⲉⲣⲓ(ⲧ) ⲛⲓⲱⲧ ⲙⲛ ⲧⲁⲙⲉⲣⲓ(ⲧ) ⲛⲙⲁⲁⲩ, Zuerft und durchaus, ich grüfse meinen geliebten Vater und meine geliebte Mutter

ⲙⲛ ⲛⲁⲥⲛⲏⲩ ⲧⲏⲣⲟⲩ ⲕⲁⲧⲁ ⲛⲉⲩⲣⲁⲛ ⲙⲛ ⲓ̈ⲁⲛⲛⲟⲩ ⲙⲛ ⲑⲉⲣⲱ ⲙⲛ ϣⲉⲛⲟⲩⲧⲉ, und meine Brüder insgefammt nach ihrem Namen und Jannu und Therô und Schenute.

Wegen ⲓ̈ⲁⲛⲛⲟⲩ vergl. kopt. Pap. Nr. 3513: † ⲁⲟⲛ ⲙⲉⲛ ⲟⲃⲃⲓ ⲛⲓⲃⲓ ⲁⲛⲁⲕ ⲓⲁⲛⲛⲓⲥ ϣⲓⲛⲓ ⲉ ⲕⲟⲥⲙⲁ [ⲡⲁ]ⲥⲁⲛ, Vor allen Dingen, ich, Jannis grüfse Kosma, meinen Bruder, und ZOËGA, 109, ⲓⲁⲛⲛⲏ, von GOODWIN vermuthungsweife mit Ιαννης zufammengeftellt (Aegypt. Zeitfchrift 1868, S. 65). Doch liegt hier nur eine Abkürzung von ⲓⲱⲁⲛⲛⲏⲥ vor.

Kopt. Pap. Nr. 3015:

† ⲥⲩⲛ(ⲑ) ϯⲡⲣⲟⲥⲕⲩⲛ(ⲧ) ⲁⲩⲱ ϯⲁⲥⲡⲁⲍⲉ, Mit Gott! Ich bringe die Prokynefis dar und umarme

ⲉϫⲛ ⲡϩⲩⲡⲟⲡⲟⲇⲓⲟⲛ ⲛⲛⲉⲕⲟⲩⲉⲣⲏⲧⲉ ⲙⲛ ⲡⲉⲕⲥⲱⲟⲩϩ ⲉϩⲟⲩⲛ ⲧⲏⲣϥ ⲉⲡⲉⲩⲗⲟⲅⲏⲙⲉⲛⲟⲛ, an dem Schemel Deine Füfse und Deine ganze gepriefene Verfammlung .....

ⲉⲕⲟⲩⲟϫ ⲙⲛ ⲛⲁ[ⲡⲉⲕ]ⲏⲓ ⲧⲏⲣⲟⲩ ⲥⲩⲛ̅ⲑ̅ ϫⲓ, Du bift gefund und die Angehörigen Deines Haufes insgefammt. Mit Gott! Nimm u. f. w.

Wegen der Wendung ⲉϫⲛ ⲡϩⲩⲡⲟⲡⲟⲇⲓⲟⲛ vergl. die Ausführungen unten S. 29.

Kopt. Pap. Nr. 3903:

† ⲥⲩⲛ(ⲑ) ϯϣⲓⲛⲉ ⲉⲡⲟⲩϫⲁⲓ ⲛⲧⲕⲙⲛⲧⲙⲉⲣⲓⲧ ⲛⲥⲟⲛ ⲉⲧⲧϛ, Mit Gott! Ich erkundige mich nach Deinem Heile, geliebter, gepriefener Bruder.

ⲡϫⲟⲉⲓⲥ ⲓ̅ⲥ̅ ⲉϥⲉⲥⲙⲟⲩ ⲉⲣⲟⲕ ϩⲛ ⲥⲙⲟⲩ ⲛⲓⲙ, Jefus, der Herr, wird Dich fegnen mit jeglichem Segen.

Die Schmúner Papiere vermehren unfer Material um einige neue Formeln.
Kopt. Papier Nr. 17306:

= ϩⲙ ⲡⲣⲁⲛ ⲉⲛⲛⲟⲩⲧⲉ ⲛϣⲟⲣⲡ ⲛϩⲱⲃ ⲛⲓⲙ	Im Namen Gottes zuerft, vor allen Dingen.
ϯϣⲓⲛⲉⲣⲟⲕ ⲕⲁⲗⲱⲥ ⲉⲣⲉ ⲡⲟ̄ⲥ̄ ⲕⲁⲁⲕ	Ich grüfse Dich fchön. Es ift Gott Dir nachfichtig,
ⲧⲉϥϯ ⲭⲁⲣⲓⲥ ⲛⲁⲕ ϩⲓ ⲡⲁⲣϩⲏⲉⲓⲥⲓⲁ ⲛⲛⲉϩⲟ ⲧⲏⲣⲟⲩ	er gibt Dir Gnade und Freimüthigkeit für alle Tage
ⲙⲡⲉⲕⲱϩⲉ ⲛⲉⲥⲁⲃⲟⲗ ⲉⲡⲉⲧⲟⲟⲩ ⲛⲓⲙ	Deines Dafeins vor allem Uebel.
ⲧⲉϥⲕⲁ ⲡⲉⲕⲣⲁϣⲉ ϩⲓⲡⲁϩⲏⲧ ϣⲁ ⲡⲁⲛⲓⲃⲉ ⲛϩⲁⲓⲉ	Er gebe Deine Freude in mein Herz bis zu meinem letzten Athemzuge.

Andere Papiere diefer Sammlung variiren diefe Formeln.
Kopt. Papier Nr. 17600:

ⲉⲣⲉ ⲡⲟ̄ⲥ̄ ⲕⲁⲁⲕ ⲧⲉϥⲕⲁ ⲡⲉⲕⲣⲁϣⲉ ϩⲓⲡⲁϩⲏⲧ ϣⲁ ⲡⲁⲛⲓⲃⲉ ⲛϩⲁⲓⲉ, Es ift Gott Dir nachfichtig, er gibt Deine Freude in mein Herz bis zu meinem letzten Athemzuge.

Kopt. Papier Nr. 17310:

ⲉⲣⲉ ⲡⲟ̄ⲥ̄ ⲕⲁⲕⲁ ⲡⲉⲕⲣⲁϣⲉ ϩⲓ ⲡⲁϩⲏⲧ ϣⲁ ⲡⲁⲛⲓⲃⲉ ⲛϩⲁⲓⲉ:, Es wird Gott Deine Freude in mein Herz geben bis zu meinem letzten Athemzuge.

ⲧⲉϥⲕⲁ ⲡⲉⲕⲣⲁϣⲉ ϩⲓⲡⲁϩⲏⲧ ϣⲁ ⲡⲁ[ⲛⲓⲃⲉ] ⲛϩⲁⲓⲉ:, Und er gibt Deine Freude in mein Herz bis zu meinem letzten Athemzuge.

Kopt. Papier Nr. 17314: ⲉⲣⲉ ⲡⲟ̄ⲥ̄ ⲕⲁⲧⲏⲩⲧⲉⲛ, Es ift Gott Euch nachfichtig.

Wegen der Formel ⲉⲣⲉ ⲡⲟ̄ⲥ̄ ⲕⲁⲁⲕ vergl. aus dem unten mitgetheilten Papyrus Nr. 1001: ⲉⲗⲉ ⲡⲛⲟⲩⲧ ⲕⲱ ⲛⲉⲕ ⲉⲃⲁⲗ, Es ift Gott Dir nachfichtig.

Sehr beliebt ift ferner die Formel: Kopt. Papier Nr. 17129:

ⲉⲣⲉ ⲡⲟ̄ⲥ̄ ϩⲁⲣⲉϩ ⲉⲣⲟⲧⲛ ⲥⲁⲃⲟⲗ ⲉⲛⲉⲑⲟⲟⲩ ⲛⲓⲙ, Es bewacht Euch Gott vor allem Schlechten.

Ein faft quadratifcher koptifcher Zettel von 6·5 Centimeter Breite und gegen 7 Centimeter Höhe (Papier Nr. 17304), enthält in fehr ligaturenreicher Schrift nur die Worte:

ϯⲡⲣⲟⲥⲕⲩⲛⲏ ⲙⲡⲉⲕⲟⲩϫⲁⲓ ⲉⲣⲉ ⲡϫⲟⲉⲓⲥ ϩⲁⲣⲉϩ ⲉⲡⲉⲕⲱⲛϩ ⲛⲉⲥⲁⲃⲟⲗ ⲉⲡⲉⲑⲟⲟⲩ, Ich bringe die Prokynefis Deinem Heile dar. Gott bewacht Dein Leben vor dem Schlechten.

Ein anderer koptifcher Brief gibt: Kopt. Papier Nr. 17311:

ϯⲥϩⲁⲓ ⲛⲉ ⲧⲙⲁⲁⲩ ⲕⲗⲁⲩⲧⲉ, Ich fchreibe Dir, Mutter Klaute (Klaude).
ⲉⲣⲉ ⲡⲟ̄ⲥ̄ ϩⲁⲣⲉϩ ⲉⲣⲟ ⲉϩⲱϥ ⲛⲓⲙ ⲉϥϩⲟⲟⲩ, Gott bewacht Dich vor jeglichem Uebel
ⲧⲉϥϯ ⲛⲧⲟⲟⲧⲉ ⲉϩⲱϥ ⲛⲓⲙ ⲉⲛⲁⲛⲟⲩϥ, und gibt Dir alles Gute.

Die reichfte Auswahl an Formeln gibt uns der koptifche Brief auf Papier Nr. 17003:

† ϩⲙ ⲡⲣⲁⲛ ⲉⲙⲛⲟⲩⲧⲉ ⲛϣⲟⲣⲡ ⲛϩⲱⲃ ⲛⲓⲙ, Im Namen Gottes zuerft durchaus!

ⲁⲛⲟⲕ ⲭⲁⲏⲗ ⲉⲓⲥϩⲁⲓ ⲉⲓϣⲓⲛⲉ ⲉⲡⲉⲕⲟⲩϫⲁⲓ ⲉⲧⲧⲁⲏⲩ· ⲉⲣⲉ ⲡϫⲟⲉⲓⲥ ⲕⲁⲁⲕ·, Ich, Chaël, fchreibe (und) erkundige mich nach Deinem gepriefenen Heile, es ift Gott Dir gnädig.

ⲉϥⲣⲟⲉⲓⲥ ⲉⲣⲟⲕ ⲉⲥⲁⲃⲟⲗ ⲉⲛⲉⲑⲟⲟⲩ ⲛⲓⲙ· ⲉⲓⲥ ⲟⲩⲙⲏ (sic) ⲙⲏϣⲉ· ⲛϩⲟⲟⲩ·, Er bewacht Dich vor jeglichem Uebel. Siehe (feit) einer Reihe von Tagen

ⲙⲛⲓⲥⲱⲧⲙ ⲉⲡⲉⲕϣⲓⲛⲉ· ⲁⲗⲗⲁ· ϯϩⲉⲗⲡⲓⲍⲉ ⲉⲡϫⲟⲉⲓⲥ ϫⲉⲕⲛⲁⲟϩⲙ:, habe ich keine Nachricht von Dir vernommen, aber ich hoffe zu Gott, daſs Du bewahrt (d. h. vor dem Uebel) biſt.
ⲡⲉⲟⲟⲩ ⲉⲡⲛⲟⲩⲧⲉ ϣⲁ ⲉⲛⲉϩ·, Ruhm (ſei) Gott ewiglich!
ⲁⲓϫⲟⲟⲩ: ϣⲟⲙⲧⲉ· ⲛⲧⲉⲣϩⲁⲙ· ⲉⲩⲟⲩⲟϫ, Ich habe drei unverſehrte Dirhem geſchickt.

Wegen ⲧⲉⲣϩⲁⲙ vergl. unten S. 53.
Die Adreſſe war:

ⲧⲁⲁⲥ ⲉⲫⲓⲃ:	ϩⲓⲧⲛ ⲭⲁⲏⲗ ⲡⲉϥⲥⲟⲛ
An Phib	Von Chaël, ſeinen Bruder.

Bisher hatten wir es mit Briefen an Verwandte oder Gleichgeſtellte zu thun, bei Briefen an Höhergeſtellte erleiden die gegebenen Regeln mancherlei Modificationen. Manchmal läſst man im letzteren Falle den Namen des Empfängers vorangehen. So im koptiſchen Briefe Nr. 1012:

† ϩⲙ ⲡⲣⲁⲛ̄ ⲙ̄ⲡⲛⲟⲩⲧⲓ, † Im Namen Gottes!
ⲉⲣⲉⲧϥ ⲡⲁϫⲁⲉⲓⲥ ⲉⲧⲧⲁⲓⲏⲩ ϩⲓⲧⲛ̄ ⲕⲟⲗⲑⲓ ⲡⲉϥⲧⲁⲟⲩⲁⲛ̄, Zu Füſsen meines geprieſenen Herrn durch Kolthi,[1] ſeinen Diener.
ⲧⲓⲧⲁⲙⲁ ⲧⲉⲕⲙⲉⲧϫⲁⲉⲓⲥ ϫⲉ, Ich melde Deiner Herrlichkeit:
ⲁⲓⲃⲓ ⲧⲁⲡⲏ ⲧⲁⲁⲕ ⲙⲛ ⲡⲉⲕⲓⲱⲧ, ich habe Dir das Aipimaas(?) und Dein Getreide gebracht,
ⲁⲓⲡⲱⲧ ⲁⲓⲉⲣⲧⲁⲟⲩⲁⲛ̄ ⲕⲁⲗⲁⲙⲱⲛ̄, ich eilte, ich war Knecht bei Kalamôn.

ⲁⲡⲏ ſteht wohl für das ſa'idiſche ⲟⲩⲟⲓⲛⲉ, οἶφι. Wegen ⲕⲁⲗⲁⲙⲱⲛ vergl. unten S. 53.

Dieſer Brieſanſang hat eigentlich die Form der Adreſſe ⲧⲁⲁⲥ......ϩⲓⲧⲛ beibehalten, nur daſs ſtatt des üblichen ⲧⲁⲁⲥ, ‚zu Händen', das demüthigere ⲉⲣⲉⲧϥ, ‚zu Füſsen' ſteht.

Die Ehrfurcht vor dem Empfänger findet in der Faſſung der Formeln ihren Ausdruck, der Abſender ‚wagt' (ⲧⲟⲗⲙⲁ) überhaupt nur zu ſchreiben, die Proskyneſis wird ‚zu Füſsen, an der Fuſsbank' (ὑποπόδιον, ⲫⲩⲡⲟⲡⲟⲧⲓⲟⲛ, kopt. Pap. Nr. 2026) oder gar im ‚Staube der Füſse' (ⲡϣⲟⲉⲓϣ ⲛ̄ⲛⲉⲕⲟⲩⲉⲣⲏⲧⲉ, Pap. Nr. 1294 R.) dargebracht.

Von der Ueberſchwenglichkeit der Wendungen, in denen ſich die Schreiber oft ergehen, gibt uns der kopt. Pap. Nr. 1235 eine gute Vorſtellung:

† ⲡⲉⲧⲛⲉϩⲙϩⲁⲗ ⲡⲉ ⲉϥⲡⲣⲟⲥⲕⲩⲛⲉⲓ ⲉϫⲛ̄ ⲡⲟⲩⲡⲟⲡⲟϫⲓⲟⲛ, Euer Diener iſt es, der die Proskyneſis darbringt auf dem Schemel
ⲛ̄ⲛⲉⲟⲩⲉⲣⲏⲧⲉ ⲙ̄ⲡⲁϫⲟⲉⲓⲥ ⲛ̄ⲁⲅⲑ ⲁⲩⲱ ⲙ̄ⲙⲁⲅⲁⲡⲏⲧⲟⲥ, der Füſse meines guten und geliebten Herrn.
ϫⲛ̄ⲧⲱⲧⲛ̄ ⲡⲉ ⲉϣⲁⲩϯ ⲛⲏⲧⲛ̄ ⲛ̄ⲁⲅⲁⲑⲟⲛ ⲉⲡⲕⲁϩ ⲙⲛ̄ ⲛⲁⲧⲡⲉ, Denn Ihr ſeid es, denen man gibt die Güter der Erde und des Himmels
ⲉⲧⲃⲉ ⲛⲉⲥⲧⲓⲛⲟⲩϥⲉ ⲛ̄ⲛⲉⲧⲛ̄ⲁⲅⲁⲡⲏ ⲉⲧⲁⲩⲙⲁϩ ⲙⲁ ⲛⲓⲙ, wegen des Wohlgefallens (eigentlich Wohlgeruchs) Euerer Liebenswürdigkeiten, welche jeglichen Ort erfüllt haben.
ϯⲡⲁⲣⲁⲕⲁⲗⲉⲓ ⲙ̄ⲡⲁϫⲟⲉⲓⲥ ⲛⲁⲅⲑ, Ich rufe meinen guten Herrn an u. ſ. w.

[1] Der Name iſt uns aus ZOEGA, 453, 8 (ⲕⲟⲗⲑⲉ) bekannt; wir finden ihn auſserdem in mehreren Namensverzeichniſſen der erzherzoglichen Sammlung.

Briefe dieſer Art ſind in der erzherzoglichen Sammlung ungemein häufig. Das Schema der einleitenden Formeln iſt regelmäſsig folgendes:

† ⲡⲉⲧⲛⲉϭⲁⲩⲟⲛ..................	† Euer Knecht.................................
ⲛⲉϥⲧⲟⲗⲙⲁ ⲉϥⲉϩⲁⲓ ⲛⲉϥϫⲟⲉⲓⲉ	wagt es zu ſchreiben ſeinem Herrn!
ϩⲁⲑⲏ ⲙⲛ ϩⲱϥ ⲛⲓⲙ	Vor allen Dingen
ϯⲡⲣⲟⲥⲕⲩⲛⲓ ⲛⲉⲟⲟⲩ ⲛⲧⲉⲕⲙⲛⲧϫⲟⲉⲓⲉ	bringe ich dem Ruhme Deiner Herrlichkeit die Proskyneſis dar
ⲛⲟⲩⲟⲉⲓϣ ⲛⲓⲙ	jeder Zeit.

Während die Abſender ſich als ϭⲁⲩⲟⲛ (δοῦλος), Knechte, bezeichnen, finden wir unter den Empfängern Grafen (ⲕⲟⲙⲏⲥ), Emire (ⲁⲙⲓⲣⲁ), Pagarchen, aber auch einen ⲫⲟⲓⲃⲁⲙⲙⲱⲛ ⲡⲉⲧⲣⲁⲕⲧⲉⲩⲧⲏⲥ (tractator, τρακτευτῆς). Allgemein werden die letzteren ⲡⲣⲟⲥⲧⲁⲧⲏⲥ, patronus oder ⲇⲉⲥⲡⲟⲧⲁ, δεσπότης genannt.

Die Bezeichnung ϭⲁⲩⲟⲛ, Knecht, möchte ich in vielen Fällen nicht wörtlich nehmen. Der eigentliche Ausdruck für das Dienſtverhältniſs iſt ϩⲙϩⲁⲗ, welches, wie der bereits angeführte Papyrus Nr. 1235 zeigt, manchmal für ϭⲁⲩⲟⲛ eintritt. Dieſe ϩⲙϩⲁⲗ werden wie das Vieh acquirirt. Dies lernen wir aus einer höchſt merkwürdigen ſa'idiſchen Pergamenthandſchrift kennen, von der mehrere Blätter in der erzherzoglichen Sammlung erhalten ſind. Sie enthielt einen Kalender mit Angabe der Glücks- und Unglückstage, alſo ein koptiſches Seitenſtück zu dem berühmten Papyrus Sallier Nr. 4.

ⲡⲉⲥⲛⲁⲩ ⲉⲛⲟⲟϩ ⲁⲩⲙⲁⲥ ⲧⲁⲅⲁⲡⲏ	Der zweite des Monates. Es iſt (an ihm) geboren die Liebe.
ⲛⲁⲛⲟⲩϥ· ⲁⲩⲱ ϥϫⲏⲛ ⲉⲃⲟⲗ	Er iſt gut. Es iſt vorzüglich (an ihm),
ⲉⲃⲱⲕ ⲉⲣⲁⲧϥ ⲉⲩⲉⲝⲟⲩⲥⲓⲁ ⲉϫⲓϩⲁⲡ	zu erſcheinen vor einer Obrigkeit, Recht zu holen
ⲙⲉ ⲟⲩⲉⲝⲟⲩⲥⲓⲁ ⲉⲧⲓⲛⲟⲩϥ ⲉⲧⲙⲏ	vor einer Obrigkeit, Geld auf Zinſen auszuleihen,
ⲉⲉ ⲉϫⲟ ⲛⲟⲩⲙⲁⲗⲟⲟⲗⲉ [1] ⲉϫⲟ ⲛⲟⲩⲉⲱϣⲉ	einen Weingarten zu pflanzen, ein Feld zu beſäen,
ⲉϣⲱⲛ ϩⲙϩⲁⲗ ϣⲱⲛ ⲧⲃⲛⲏ ⲉϫⲓⲉ	Knechte zu kaufen, Vieh zu kaufen, Dir (sic) ein Weib
ϩⲓⲙⲉ ⲛⲁⲕ· ⲉϯϩⲓⲙⲉ ⲛϩⲁⲓ̈ ⲉⲉϭⲏⲣ ϩⲛ	zu nehmen, eine Frau dem Manne zu geben, zu fahren
ⲑⲁⲗⲁⲥⲥⲁ ⲉⲕⲱⲧⲉ ⲛⲟⲩⲡⲩⲣⲅⲟⲥ	auf dem Meere, einen Thurm zu bauen.

Wir laſſen nun die Belege für die eben entwickelten Ausführungen folgen.

Kopt. Pap. Nr. 1223:

ⲛϭⲱⲗ ⲡⲉⲧⲛ̄ϭⲁⲩⲟⲛ ⲡⲉϥⲧⲟⲗⲙⲁ [ⲉϥⲉϩⲁⲓ] ⲙⲡⲉϥϫⲟⲉⲓⲉ ⲡⲕⲟⲙⲉⲥ ϩⲁⲑⲏ ⲙⲛ ⲛϩⲱϥ ⲛⲓⲙ ϯⲡⲣⲟⲥⲕⲩⲛⲓ ⲛⲧ[ⲉⲧⲛⲙⲛ]ⲧ ϫⲟⲉⲓⲉ u. ſ. w.

Ⲡϭⲱⲗ, Euer Knecht, wagt es zu ſchreiben ſeinem Herrn, dem Komes. Vor allen Dingen bringe ich die Proskyneſis Euerer Herrlichkeit dar.

Der Name ⲛϭⲱⲗ iſt uns aus ZOËGA, 375, 8 bereits bekannt; ich finde ihn auch in einer Rechnung (ⲗⲟⲅⲟⲥ) der erzherzoglichen Sammlung:

[1] Irrig für ⲙⲁⲛⲉⲗⲟⲟⲗⲉ, welches an einer anderen Stelle unſerer Handſchrift ſteht: ⲡⲉⲧⲛⲁϫⲟ ⲛⲟⲩⲙⲁⲛⲉⲗⲟⲟⲗⲉ ⲏ ⲟⲩⲉⲱϣⲉ ⲛⲉⲥⲛⲁⲣⲱⲧ ⲁⲛ, wer einen Weingarten oder ein Feld bepflanzt, (dem) wachſen ſie nicht.

Kopt. Pap. Nr. 3200:

ϩⲁ ⲁⲡⲁ ⲟⲩⲉⲛⲟⲃⲉⲣ	ⲛ̊ ⲁ	Für Apa Uenofer	N(omismation) 1
ϩⲁ ⲅⲉⲱⲣⲅⲉ ⲕⲉⲗⲱⲗ	ⲛ̊ ⲁ	Für Georg Kelôl	N. 1
ϩⲁ ⲡⲓϩⲏⲩ ⲡⲁⲧⲃⲁⲕⲓ	ⲛ̊ ⲁ	Für Piheu, dem von der Stadt	N. 1
ϩⲁ ⲡϭⲱⲗ ϩⲓ ⲡⲟⲩⲥⲓⲣⲉ		Für Ⲡϭⲱⲗ und Pusire	
ϩⲁ ⲇⲏⲙⲏⲧⲏⲣ		Für Demeter.	

Kopt. Pap. Nr. 3013:

† ⲡⲉⲧⲛϭⲁⲟⲩⲟⲛ ⲁⲛⲧⲱⲛⲉ.....ⲡϥⲧⲟⲗⲙⲁ [ⲉϥ]ⲉϩⲁⲓ ⲙⲡⲉϥϫⲟⲉⲓⲥ ⲛⲁⲅ̊ ⲁⲣⲁⲉϣⲓⲇ, † Euer Knecht Antone ....wagt es, zu schreiben seinem guten Herrn Araschid,

ⲡⲉⲛ^ⲇ ⲛⲁⲙⲓⲣⲁ ϫⲉ ⲧⲓⲣⲏⲛⲏⲧⲛ (sic) ⲉⲃⲟⲗϩⲓⲧⲙ ⲡⲛⲟⲩⲧⲉ, dem ruhmvollen Amir: Friede (sei) Euch durch Gott.

Kopt. Pap. Nr. 3014:

† ⲡⲉⲧⲛⲉϭⲁⲩⲟⲛ........ⲉⲩⲧⲟⲗⲙⲁ ⲉⲧⲉϩⲁⲓ̈ ⲙⲡⲉⲩϫⲟⲉⲓⲥ ⲛⲕⲩⲣ/, † Euere Knechte..........wagen es, zu schreiben ihrem Herrn, dem Kyrios

ⲁⲡⲁ ⲙⲁⲣⲕⲟⲥ ⲡⲉⲛ^ⲇ ⲡⲡⲁⲅⲁⲣ^ⲭ ϩⲁⲑⲏ ⲙⲛ ⲛϩⲱⲃ ⲛⲓⲙ ⲧⲛⲡⲣⲟⲥⲕⲩⲛⲓ ⲛⲧⲉⲧⲛⲙⲛⲧϫⲟⲉⲓⲥ, Apa Markos, dem ruhmvollen Pagarchen, vor allen Dingen bringen wir Euerer Herrlichkeit die Proskynesis dar.

Die koptischen Papyrus Nr. 1235 und 3051 waren ebenfalls an Emire adressirt (Adresse des kopt. Pap. Nr. 1235: ⲧⲱ ⲉⲛ^ⲇ ⲁⲙⲓⲣⲣ ///, wohl wie im Briefe ⲁⲙⲓⲣⲣⲁ). Der letztere war von einem gewissen ⲅⲁⲣⲣⲁⲃ geschrieben.

Die Stellung dieser Emire wird durch die Stelle des Protokolls des Bulâker Papyrus Nr. 1 illustrirt:

ⲉⲡⲓ ⲙⲁⲙⲉⲧ ⲁⲙⲓⲣⲁ ⲉⲩⲕⲗ· ⲁⲙⲓⲣⲁ ⲧⲏⲥ ⲡⲁⲅⲁⲣⲭⲓⲁⲥ ⲉⲣⲙⲟⲛⲑⲉⲟⲥ, Unter Mamet Emir, dem ruhmvollen Emir der Pagarchie Hermônthis.

Wir ersehen daraus, daſs die Stellung dieser Emire etwa derjenigen der Pagarchen der byzantinischen Zeit gleich kam. Die Gleichheit des Titels, der ihnen in den eben angeführten erzherzoglichen Papyrus beigelegt wird, spricht für diese Annahme. Ob der Pagarch Apa Markos der byzantinischen oder der arabischen Zeit angehört, will ich unentschieden lassen. Der Schrift nach möchte ich den Papyrus der arabischen Zeit zuweisen.

Kop. Pap. Nr. 1164:

ⲛⲉⲕϭⲁⲩⲟⲛ ⲛⲁⲛⲛⲟⲩⲉ ⲛⲧⲱⲟⲩ ⲛⲉⲧⲧⲟⲗⲙⲁ ⲉⲧⲉϩⲁⲉⲓ ⲡⲉⲩϫⲟⲉⲓⲥ ⲡⲉⲩⲡⲣⲟⲥⲧⲁⲧⲏⲥ, Die Häupter Deiner Knechte, sie wagen es zu schreiben ihrem Herrn (und) Patron,

ⲡⲕⲟⲙⲓⲥ ⲙⲏⲛⲁ ϩⲁⲑⲏ ⲙⲉⲛ ⲛϩⲱⲃ ⲛⲓⲙ ⲧⲉⲛⲡⲣⲟⲥⲕⲩⲛⲓ (sic) ⲡⲉⲟⲟⲩ ⲧⲉⲧⲉⲙⲛⲧϫⲟⲉⲓⲥ, dem Komes Mena, vor allen Dingen bringe ich die Proskynesis dar dem Ruhme Euerer Herrlichkeit

ⲛⲟⲩⲟⲉⲓϣ ⲛⲓⲙ, zu jeder Zeit.

Die Schreiber werden hier als ⲛⲉⲕϭⲁⲩⲟⲛ ⲛⲁⲛⲛⲟⲩⲉ bezeichnet, wobei ⲁⲛⲛⲟⲩⲉ vielleicht im Sinne von ‚Häupter' aufzufassen ist. Es sind wohl die Vorsteher der Knechte.

Aehnlich kopt. Pap. Nr. 3510:

† ⲛⲁⲛⲛⲧⲉ ⲛⲉⲩⲧⲟⲗⲙⲁ ⲉⲧⲉϩⲁⲓ̈ ⲙ̄ⲡⲉⲩϫⲟⲉⲓⲥ ⲡϫⲓⲟⲓⲕⲏⲧⲏⲥ u. ſ. w., † Die Häupter (d. h. der Knechte) wagen es, zu ſchreiben ihrem Herrn, dem Dioiketes.

Ueber die Eigenthümlichkeiten, welche dieſe mit ⲛⲉⲧⲛϭⲁⲩⲟⲛ anfangenden Briefe aufweiſen, wird gehörigen Ortes gehandelt werden. Hier ſei noch der weſentliche Inhalt eines ſolchen Briefes mitgetheilt, in dem die beſprochenen Formeln variirt werden.

Kopt. Pap. Nr. 766:

ⲡⲉⲧⲛϭⲁⲩⲟⲛ ⲫⲟⲓⲃⲁⲙⲙⲱⲛ ⲡⲉϥⲧⲟⲗⲙⲁ ⲉϥⲉϩⲁⲓ̈, Euer Knecht Phoibammon wagt es, zu ſchreiben

ⲙⲡⲉϥϫⲟⲉⲓⲥ ⲁⲩⲱ ⲡⲡⲣⲟⲥⲧⲁⲧⲏⲥ ⲡⲕⲩⲣⲏⲥ ⲕⲁⲗⲉ, ſeinem Herrn und Patron, dem Kyrios Kale.

ϩⲁⲑⲏ ⲙⲛ ϩⲱϥ ⲛⲓⲙ ⲧⲓⲡⲣⲟⲥⲕⲩⲛⲉⲓ ⲛⲧⲉⲕⲙⲛⲧϫⲟⲉⲓⲥ, Vor allen Dingen bringe ich die Proskyneſis dar Deiner Herrlichkeit

ⲁⲩⲱ ⲧⲓⲡⲣⲟⲥⲕⲩⲛⲉⲓ ⲛⲕⲩⲣⲁ ⲁⲛⲛⲁ ⲙⲛ ⲙⲁⲣⲓⲁ ϩⲙ ⲡⲁϩⲏⲧ ⲙⲛ ⲧⲁⲯⲩⲭⲏ, und ich bringe die Proskyneſis dar der Kyra Anna und Maria in meinem Herzen und meiner Seele

ⲁⲩⲱ ⲧⲓⲁⲥⲡⲁⲍⲉ ⲛⲁⲡⲏⲓ̈ ⲧⲏⲣϥ ϫⲉⲛ ⲉⲡⲉⲩⲕⲟⲩⲓ ϣⲁⲡⲉⲩⲛⲟϭ, und ich umarme die Angehörigen des Hauſes insgeſammt, Klein und Groſs..........

ⲉⲣϣⲁⲛ ⲡⲛⲟⲩⲧⲉ ⲧⲓ ⲡⲱⲛ̄ϩ ⲛⲁⲛ ϣⲁ ⲡⲃⲱⲗ ⲉⲃⲟⲗ, Wenn Gott uns das Leben ſchenkt bis zur Vollendung,

ϣⲁⲓ̈ⲉⲓ ⲧⲁⲡⲣⲟⲥⲕⲩⲛⲉⲓ ⲧⲉⲧⲛⲙⲛⲧϫⲟⲉⲓⲥ ⲁⲩⲱ ⲡⲁⲓⲱⲧ ⲙⲛ ⲧⲁⲙⲁⲁⲩ ⲙⲛ ⲡⲁⲏⲓ̈ ⲧⲏⲣϥ̄, ſo komme ich und bringe die Proskyneſis dar Euerer Herrlichkeit und meinem Vater, meiner Mutter und meinem ganzen Hauſe.

ⲁⲓⲡⲣⲟⲥⲕⲩⲛⲉⲓ ⲙⲙⲱⲧⲛ, Ich brachte Euch die Proskyneſis dar.

ⲁⲩⲱ ⲉⲓⲥ ⲃⲧⲟⲟⲩ ⲛ̄ⲍⲏⲥⲧⲉ ⲛⲉϩⲙⲏ ⲙⲛ ⲟⲩⲗⲁϩⲏⲛϫⲟⲉⲓⲧ ⲙⲛ ⲁϥ ⲛϩⲁⲗⲱⲙ, Und ſiehe, vier Xeſtes von Ehme(?) und eine Flaſche(?) Oel und Aſ(?) von Käſe

ⲁⲓⲧⲛⲟⲩⲥⲟⲩ ⲉⲡⲗⲟⲅⲟⲥ ⲛⲉⲧⲛϭⲁⲩⲟⲛ, habe ich geſchickt auf Rechnung Euerer Knechte.

ⲁⲩⲱ ⲛϣⲱⲛⲛ ⲧⲉⲧⲛⲙⲛⲧϫⲟⲉⲓⲥ ⲕⲉⲗⲉⲩⲉ ⲛⲟⲩⲁⲡⲟⲕⲣⲉⲉⲥⲓⲥ ⲉϩⲁⲓ̈ ⲛⲁⲓ̈, Und wenn Euere Herrlichkeit eine Antwort befiehlt, ſchreibt es mir.

ⲉⲣϣⲁⲛ ⲡⲛⲟⲩⲧⲉ ⲧⲓ ⲡⲱⲛϩ ⲛⲁⲓ̈ ϣⲁ ⲡⲃⲱⲗ ⲉⲃⲟⲗ, Wenn Gott mir das Leben ſchenkt bis zur Vollendung,

ϣⲁⲓⲉⲣ ⲧⲉⲧⲛⲕⲉⲗⲉⲩⲉⲓⲥ ⲧⲁⲉⲓ ⲧⲁⲡⲣⲟⲥⲕⲩⲛⲉⲓ ⲛⲧⲉⲧⲛⲙⲟⲛⲧϫⲟⲉⲓⲥ, ſo erfülle ich Eueren Befehl, ich komme, ich bringe Euerer Herrlichkeit meine Proskyneſis dar.

Steht ⲉϩⲙⲏ für ϩⲙⲟⲩ, Salz?

Im Hinblick auf das ſpäter noch anzuführende ϯ ⲛⲗⲁϩⲏⲛ̄ ⲛ̄ⲏⲣⲡ, fünf Lahên Wein, möchte ich ⲗⲁϩⲏⲛ ϫⲟⲉⲓⲧ trennen und ⲗⲁϩⲏⲛ zuſammenſtellen mit λάγηνος, Flaſche.

ϩⲁⲗⲟⲙ findet man öfter in unſeren Papyrus, ſo im Pap. Nr. 94:

ⲁⲩⲱ ϣⲁⲡ ⲉⲛⲛⲧⲉ ⲛⲕⲟⲩⲗⲁⲑⲉ ⲛϩⲁⲗⲟⲙ ⲛⲁⲓ ⲉϥⲛⲁⲛⲟⲩϥ, Und kaufe mir zwei Kulathe guten Käſe.

Wegen ⲕⲟⲩⲗⲁⲑⲉ vergl. Pap. Nr. 1027:

ⲭ̄ⲛ̄ⲏ̄ ⲛⲕⲟⲗⲁⲑⲓ ϩⲓ ϩⲛⲉⲩ   358 Kolathi und Gefäſse.

Es iſt wohl das griechiſche καλάθιον, kleiner Korb; ϩⲛⲉⲩ für das ſahidiſche ϩⲛⲁⲁⲩ iſt bekannt.

Zahlreich ſind endlich Briefe an oder von Perſonen geiſtlichen Standes. Wir finden unter denſelben Presbyter, Diakone, Archidiakone und Biſchöfe. Wendungen, die uns aus den Unterſchriften der Contracte geläufig ſind — vergl. Bulâker Papyrus Nr. 1:

ⲁⲛⲟⲕ ϣⲉⲙⲛ̄ⲧⲉⲛⲛⲟⲩ ⲡⲉⲓⲉⲗⲁⲭ/ ⲙ̄ⲡⲣⲉⲥⲃ/ Ich, Schementſneu, dieſer niedrigſte Prieſter —

finden wir in unſeren Briefanſängen wieder. So nennt ſich der Schreiber des kopt. Pap. Nr. 1289 bald ⲧⲁⲙⲉⲧⲉⲩⲧⲉⲗⲏⲥ, meine Wenigkeit (εὐτελής), bald ⲧⲁⲙⲉⲧⲗⲉϥⲉⲗⲛⲁⲃⲓ, ich Sünder. Der Anfang dieſes in verhältniſsmäſsig ſehr correctem Faijûmer Dialekte geſchriebenen Briefes iſt leider verwüſtet, der Reſt desſelben gibt uns Wendungen, die für das Formular dieſer Briefe ſehr belehrend ſind:

† ⲉⲩⲛ ⲑ︦ⲱ︦ ⲧⲁⲙⲉⲧⲉⲩⲧⲉⲗⲏⲥ ⲡⲉⲧⲉϩⲉⲓ ⲉ……, † Mit Gott! Meine Wenigkeit ſchreibt an…….,
ⲟⲩⲁⲛⲧⲏϥ ⲙ̄ⲙⲉⲩ ⲙ̄ⲡⲕⲱϩ ⲙ̄ⲫⲓⲛⲉⲉⲥ ⲙⲛ̄ ⲡⲁⲁⲣⲱⲛ, welcher hat den Eifer des Phinees (Pinehas) und Aarôn.

Im Folgenden handelte es ſich um einen ⲇⲓⲁⲇⲟⲭⲟⲥ, Nachfolger, um den erſucht wurde:

ϩⲟⲡⲱⲥ ⲛ̄ⲧⲉϥⲉⲣϩⲟⲓⲕⲟⲛⲟⲙⲓⲛ ⲙ̄ⲡⲉⲛⲕⲉⲕⲟⲩϫⲓ ⲛ̄ⲃ︦ ⲛ̄ϩⲁⲟⲩ ϩⲓϫⲛ̄ ⲡⲉⲓⲕⲉϩⲓ, Auf daſs er Oikonomos ſei in unſeren zwei kleinen Tagen auf dieſer Erde,
ⲕⲁⲗⲱⲥ ⲕⲁⲧⲁ ⲡⲉϥⲟⲩⲱϣ ⲉⲧⲟⲩⲉⲉⲃ ⲁⲩⲱ ⲙ̄ⲙⲁⲕⲁⲣⲓⲟⲛ, ſchön, gemäſs ſeinem reinen und ſeligen Willen.
ⲉⲗⲉ ⲡⲛⲟⲩⲧⲉ ⲛ̄ⲛⲁⲏⲧ ⲁⲩⲱ ⲛ̄ϣⲁⲛ̄ϩⲧⲏϥ, Gott iſt gnädig und barmherzig!
ⲉϥⲉϫⲓ ⲛⲉⲕϣⲗⲏⲗ ϩⲁⲣⲟⲛ ⲙⲛ̄ ⲡⲗⲁⲟⲥ ⲧⲏⲣϥ, Er wird Deine Bitten für uns und das geſammte Volk aufnehmen……….
ⲡⲉⲕⲃⲱⲕ ⲡⲇ︦ⲓ︦ ⲡⲉⲧⲣⲟ ⲙⲛ̄ ⲛⲉϥⲥⲛⲏⲟⲩ ⲙⲛ̄ ⲛⲉⲛⲓⲟⲧⲉ ⲛ̄ⲕⲗⲏⲣⲓⲕⲟⲥ, Dein Diener, der Diakon Petros und ſeine Brüder und die Väter, die Kleriker,
ⲥⲉⲧⲉⲗⲡⲣⲟⲥⲕⲩⲛ/ ⲙ̄ⲙⲁⲕ ⲙⲛ̄ ⲛⲉⲧⲛⲙ̄ⲙⲁⲕ ⲧⲏⲣⲟⲩ, ſie bringen Dir und allen, die mit Dir ſind, die Proskyneſis dar.
ϯϯϩⲟ ⲡⲁϫⲟⲉⲓⲥ ⲡⲓⲱⲧ ⲁⲣⲓⲡⲙⲉⲉⲩⲉ ⲙⲛ̄ ⲧⲁⲙⲉⲧⲉⲃⲓⲏⲛ, Ich bitte, o Herr, Vater, gedenket meiner, des Elenden,
ⲁⲛⲧⲓⲅⲣⲁⲫⲉ ⲛⲏⲛ ⲙ̄ⲡⲉⲕϣⲉⲛⲟⲩϥⲓ ⲉⲧⲙⲉϩ ⲛ̄ϩⲏⲩ ⲙ̄ⲯⲩⲭ ϩⲓⲥⲱⲙⲁ, antworte uns mit einer guten Nachricht von Dir, voll von Nutzen für Seele und Leib,
ⲛ̄ⲧⲉ ⲧⲉⲛⲯⲩⲭ ⲣⲁϣⲉ ϫⲉ ⲁⲛⲟⲙⲡϣⲉ ⲙ̄ⲡⲉⲕⲥⲙⲟⲩ ⲉⲧⲟⲩⲁⲁⲃ, auf daſs unſere Seele ſich freut, denn wir ſind würdig Deines reinen Segens.
ⲡϫⲟⲥ ⲓ︦ⲥ︦ ⲡⲉⲭ︦ⲥ︦ ⲧⲁϫⲣⲟ ⲛⲉϩⲟⲟⲩ ⲙ̄ⲡⲉⲕⲱⲛϩ ⲛⲏⲛ ⲛ̄ⲟⲩⲙⲏϣⲉ ⲛ̄ⲟⲩⲁⲉⲓϣ, Der Herr Jeſus Chriſtus feſtigt uns die Tage Deines Lebens für eine Fülle Zeit
ϩⲓⲧⲛ̄ ⲛⲉϣⲗⲏⲗ ⲙ̄ⲡⲓϩⲁⲅⲓⲟ ⲙⲁⲣⲕⲟ/ ⲙⲛ̄ ⲡⲭⲟⲣⲟⲥ ⲧⲏⲣϥ ⲛ̄ⲉⲧⲟⲩⲁⲁⲃ †, durch die Bitten des heiligen Markos und des ganzen Chors der Heiligen.

Unter den Brieſſchreibern erſcheinen wiederholt Biſchöfe von Schmûn.
Kopt. Pap. Nr. 1158:

† ⲉⲛ ⲑ︦ⲱ︦ ⲃⲁⲣⲑⲟ ϩⲙ̄ ⲡⲛⲁ ⲙ̄ⲡⲛⲟⲩⲧⲉ [ⲡⲉⲡⲓⲥ]ⲕⲟ/ ⲛ̄ⲧⲡⲟ[ⲗⲓⲥ] ⲙ̄ⲙⲁⲓⲡⲉⲭ︦ⲥ︦ ϣⲙⲟⲩⲛ ⲙⲛ̄ ⲛⲉϥⲧⲟⲟϣ ⲧ[ⲏⲣ]ϥ, † Mit Gott! Bartholomaios, durch Gottes Gnade Biſchof der chriſtosliebenden Stadt Schmûn und des ganzen Gebietes.

Ein Papierfragment gibt, nach dem vorftehenden Papyrus ergänzt:

Kopt. Papier Nr. 17309:

† ⲉⲛ[ⲑⲟ]...... ϩⲙ ⲡⲛⲁ ⲙⲛ]ⲛⲟⲩ[ⲧ] ⲡⲓⲉⲗⲁ[ⲭⲧ] ⲉⲡⲉⲡⲓⲥⲕⲟⲡⲟⲥ	† Mit Gott.....durch die Gnade Gottes der niedrigfte Bifchof
..............ⲛⲧⲡⲟⲗⲓⲥ ⲙ]ⲙⲁⲓⲛⲉⲭ̅ⲥ̅ ϣⲙⲟⲩⲛ ⲙⲛ ⲛⲉϥⲧⲟⲟϣ ⲧⲏⲣϥ...]	...der chriftosliebenden Stadt Schmûn und des ganzen Gebietes.

Ueber den Beinamen der Stadt Schmûn ⲙⲁⲓⲛⲉⲭ̅ⲥ̅, chriftosliebend, vergl. die in diefen Mittheilungen (II, 65, Anmerkung 2) angeführten Stellen. Auch Perfonen werden, wie bereits bemerkt, mit diefem Beinamen ausgezeichnet. Kopt. Pap. Nr. 1120: ⲧⲉⲕⲙⲉⲧϫⲁⲓⲥ ⲛⲉⲁⲛ ⲙⲁⲓⲛⲉⲭ̅ⲣ̅ⲥ̅, Dich chriftosliebenden Herrn Bruder. Und ebenfo in der Adreffe.

Ebenfalls von einem Bifchof rührt das Papyrusfragment Nr. 1209 her, in welchem ich lefe:

.... ⲉⲗⲁⲭⲓⲥ]ⲧⲟⲥ ⲛ ⲉⲡⲓⲥⲕ[ⲛ]	.... der niedrigfte Bifchof
.... ⲥ]ϩⲁⲓ ⲛⲛⲉ[ⲭ]ⲫⲓⲗⲟ	.......fchreibe an die chriftosliebende
.... ⲛⲁⲙ]ⲉⲣⲁⲧⲉ ⲛϣⲏⲣⲉ	.............meine geliebten Kinder.

Aehnlich wie diefe Bifchöfe führt fich ein Presbyteros in einer Rechtsurkunde ein:

Kopt. Pap. Nr. 1303:

† ⲕⲟⲗⲗⲟⲩⲑⲉ ϩⲙ ⲡⲛⲁ ⲙⲡⲛⲟⲩⲧⲉ ⲡⲣⲉⲥⲃⲩⲧ[ⲉ], Kolluthe, durch die Gnade Gottes Presbyteros.

Im Faijûmifchen haben wir, wie die folgenden Beifpiele lehren, ⲛⲉⲓ und ⲛⲉⲉⲓ.

Kopt. Pap. Nr. 1485:

ⲁⲓⲉⲗϩⲉⲗⲡⲓⲥⲉ ⲉⲡⲉⲕⲛⲉⲓ :	Ich habe gehofft auf Deine Gnade.
ⲡⲁϩⲏⲧ ⲉⲃⲉⲧⲉⲗⲏⲗ ϩⲓϫⲉⲛ ⲡⲉⲕⲟ[ⲩ]ϫⲉⲓ :	Mein Herz wird fich freuen über Dein Wohlbefinden.
ⲧⲓⲛⲉϫⲱ· ⲉⲡϫⲁⲓⲉ :	Ich werde fprechen zu dem Herrn,
ⲡⲉⲧⲁⲃⲉⲗⲡⲉⲧⲛⲁⲛⲟⲩϥ ⲙⲉⲛⲏⲓ	welcher Gutes mir erwiefen.

Kopt. Pap. Nr. 1019:

ⲧⲓ ⲡⲁⲣ[ⲁⲕⲁ]ⲗⲓ ⲛⲧⲉ ⲡⲉⲕⲛⲉⲉⲓ ⲧⲁϩⲁⲓ Ich flehe, dafs Deine Gnade mich aufrichte.

Kopt. Pap. Nr. 1754:

ⲕⲁⲧ ⲡⲉⲕⲛⲉⲓ ϫⲱ[ⲛ] Wende Deine Gnade uns zu,

wozu zu vergleichen ift Pap. Nr. 200: ⲕⲁⲧ ⲡⲉⲧⲛⲉϩⲁ ϩⲓϫⲱⲓ, wendet Euer Antlitz uns zu.

—

Verhältnifsmäfsig felten find die Briefe, welche ohne jede eröffnende Formel gleich nach dem Chrysmon mit dem eigentlichen Inhalt beginnen.

Kopt. Pap. Nr. 1133:

† ⲉⲓⲥ ϫⲱϫⲟⲙⲧⲉ ⲛ̄ⲥⲁⲣⲉⲓⲕⲓⲛ ⲁⲓ̈ⲧⲛⲟⲟⲩⲥⲟⲩ ⲛⲏⲧⲛ, † Siehe, dreiundzwanzig Würfte habe ich Euch gefchickt

ⲙⲛ̄ ⲟⲩϣⲟⲗ ⲛ̄ϣⲉ ⲙⲛ̄ ϯ ⲛ̄ⲗⲁϩⲛⲛ̄ ⲛⲏⲣⲡ̄, und einen Bund Holz und fünf Flafchen(?) Wein.

ⲁϣ ⲛⲉⲥⲁⲣⲉⲓⲕⲓⲛ ⲉϩⲣⲁⲓ̈ (ⲙⲟⲛ durchftrichen) ϣⲁⲛⲧⲛ̄ⲉⲓ ⲁⲩⲱ ⲛ̄ⲡⲣ̄ϫⲱϩ ⲉⲗⲁⲁⲩ, Hänge die Würfte auf, bis wir kommen und rühre nichts an,

ⲙⲟⲛ ⲛⲟⲩⲓ̈ ⲁⲛ ⲛⲉ ⲛⲁⲑⲉⲟⲫⲓⲗⲉ ⲛⲉⲙⲁⲓ̈, fie gehören nicht mir, fondern dem Theophilos und mir,

ϣⲁⲛⲧⲛ̄ⲉⲓ ⲟⲩϫⲁⲓ̈ ϩⲙ̄ ⲡϫⲟⲉⲓⲥ †, bis wir kommen, fei gefund im Herrn †.

Hier intereffirt uns vor Allem das Lehnwort ⲥⲁⲣⲉⲓⲛⲓⲛ, in welchem man unfchwer das griechifche ϲαλϲικιον erkennt, welches bisher uns nur aus einer Stelle im Leben des heil. Symeon von dem Bifchofe Neapels Leontios, bekannt war: λαμβάνειν αὐτὸν ϲειρὰν ϲαλϲικίων καὶ φορεῖν αὐτὰ ὡϲ ὀράριον. GELZER, der über Leontios in der hiftorifchen Zeitfchrift jüngft (1889, S. 1 ff.) gehandelt hat, überfetzt die fragliche Stelle durch: ‚Er kaufte einen Kranz Würfte und trug fie wie ein Schnupftuch' (a. a. O. S. 33). Ϲαλϲικοπώληϲ wird thatfächlich durch ἀλλαντοπώληϲ erklärt, ϲαλϲίκιον felbft liegt im ital. salsiccia, franz. saucisse, fpan. salchicha (DIEZ, Etymologifches Wörterbuch, s. v.) vor. Noch in einem anderen Papyrus (kopt. Pap. Nr. 1266) kommt das bisherige ἅπαξ εἰρημένον ‚ϲαλϲικιον' vor, und zwar in der Form ⲥⲁⲣⲉⲓⲛ, in einem langen Verzeichniffe neben ⲁⲁϥ Fleifch, ⲗⲁⲭⲁⲛⲏ Gemüfe u. f. w.

Die Schreibung ϫⲱϫⲟⲙⲧⲉ (=ϫⲱⲧϣⲟⲙⲧⲉ) ift für die Ausfprache des ϫ von Bedeutung. Aehnlich finden wir in dem Papiere Nr. 1721 ⲙⲛⲧϫⲏⲙⲟ für ⲙⲛⲧϣⲙ̄ⲙⲟ, die Gleichung ift ϫ = ⲧϣ. Ⲗⲁϩⲏⲛ haben wir bereits oben (S. 32) vermuthungsweife durch ‚Flafche' wiedergegeben.

II. Schlufsformeln und Adreffen.

Die Formeln, mit denen die Briefe fchliefsen, find verhältnifsmäfsig einfach. Die Wendungen, die in denfelben vorkommen, find uns faft durchgehends aus den Eröffnungsformeln geläufig.

Kopt. Pap. Nr. 41:

ϯⲁⲥⲡⲁⲍⲉ ⲛⲧⲉⲕⲙⲉⲧⲥⲁⲛ ⲉⲧⲁⲓⲏⲟⲩⲧ †, Ich umarme Dich, ruhmvollen Bruder †.

Kopt. Pap. Nr. 30:

ϯⲁⲥⲡⲁⲍⲉ ⲙⲙⲟⲕ ⲙⲛ̄ ⲗⲱⲙⲓ ⲛⲓⲉⲓⲃ̄ⲓ ⲉⲧⲛⲉⲙⲉⲕ †, Ich umarme Dich und alle Leute, welche mit Dir find †.

Kopt. Pap. Nr. 1424:

ϩⲓⲧⲛ ⲛⲉⲓⲥϩⲉⲓ ⲑⲓⲣⲏⲛⲏ ⲛⲉⲕ Durch diefen Brief Frieden Dir.

Kopt. Pap. Nr. 1160:

ⲛⲏ
ⲧⲓⲣⲏⲛⲏ ⲧⲏ ϩⲓⲧⲛ ⲡⲛⲟⲩⲧⲉ ϩⲓⲧⲛ ⲛⲉⲓⲥϩⲁⲓ, Frieden Euch von Seiten Gottes durch diefen Brief.

Kopt. Pap. Nr. 1167:

ⲧⲓϣⲓⲛⲓ ⲁⲩⲱ ⲧⲓⲡⲣⲟⲥⲕⲩⲛⲓ ⲉⲡⲁϫⲁⲓⲥ, Ich grüfse und bringe die Proskynefis dar meinem Herrn.

Kopt. Pap. Nr. 74:

ϩⲓⲧⲉⲛ ⲛⲉⲓⲥϩⲉⲓ ⲟⲩϫⲉⲓ ϩⲙ ⲡⲟ̄ⲥ̄ † Durch diefen Brief fei heil im Herrn †.

Kopt. Pap. Nr. 803 R.:

ϩⲓⲧⲛ ⲛⲁⲓⲥϩⲁⲓ ⲧⲓϣⲓⲛⲉ ⲉⲣⲟⲕ ⲟⲩϫⲁⲓ ϩⲛ ⲡϫⲟⲉⲓⲥ, Durch diefen Brief grüfse ich Dich, fei heil im Herrn.

Kopt. Pap. Nr. 1019 R.:

ϩⲓⲧⲉⲛ ⲛⲉⲓⲥϩⲉⲓ ⲧⲓⲁⲥⲡⲁⲍⲉ ⲙⲁⲧⲉⲛ ⲕⲁⲗⲱⲥ ⲟⲩϫⲉⲓ ϩⲙ ⲡϫⲁⲉⲓⲥ †, Durch diefen Brief umarme ich Euch fchön, feid heil im Herrn †.

Kopt. Pap. Nr. 1294 R.:

ⲧⲛⲟⲩⲱϣⲧ ⲉⲛϩⲩⲡⲟⲡⲟⲇⲓⲟⲛ ⲛⲛⲉⲕⲟⲩⲉⲣⲏⲧⲉ ⲉⲧⲟⲩⲁⲁⲃ ⲉⲧⲣⲉⲕⲉⲣⲡⲙⲉⲉⲩⲉ ⲛⲧⲙⲛⲧⲧⲁⲗⲁⲓⲡⲱⲣⲟⲥ, Wir flehen an dem Schemel Deiner reinen Füfse, dafs Du unfer, der Unglücklichen gedenkeft.
ⲛⲉⲕϩⲙϩⲁⲗ ⲉⲧⲛⲙⲙⲁⲛ ⲧⲙⲁⲁⲩ ⲛⲥⲱⲥⲓⲛⲛⲉ ⲙⲛ ⲕⲁⲡⲁⲓ ⲙⲛ ⲡⲉϥⲕⲟⲩⲓ ⲛⲥⲟⲛ, Deine Knechte, welche mit uns find, die Mutter von Sôfinne und Kapai und fein kleiner Bruder
ⲥⲉⲛⲣⲟⲥⲕⲩⲛⲏ ⲛϣⲟⲉⲓϣ ⲛⲛⲉⲕⲟⲩⲉⲣⲏⲧⲉ ⲉⲧⲟⲩⲁⲁⲃ, bringen im Staube Deiner heiligen Füfse die Proskynefis dar.

Wegen ⲥⲱⲥⲓⲛⲛⲉ vergl. die ⲕⲩⲣⲁ ⲥⲟⲩⲥⲓⲛⲏ auf einem Grabftein der Miramar-Sammlung (Aegyptifche Zeitfchrift 1878, S. 26).

Wir haben oben (S. 25) nur einen Fall betrachtet, wo ftatt des üblichen ϩⲙ ⲡⲗⲉⲛ ⲉⲛⲛⲟⲩⲧⲓ die Dreieinigkeit genannt wurde; in den Schlufsformeln findet fie dagegen eine gröfsere Verwendung.

Kopt. Pap. Nr. 60:

//////ⲓⲉ ⲉⲣⲱⲧⲛ ⲉⲛⲉⲑⲟⲟⲩ ⲛⲓⲙ ⲛϥⲧⲁϣⲉ ⲛⲉⲧⲛⲣⲟⲙⲡⲉ ϩⲛ ⲟⲩⲉⲓⲣⲏⲛⲏ ⲟⲩϫⲁⲓ, Gott bewacht] Euch vor allem Schlechten, er feftigt Euere Jahre in Frieden, feid heil.
ⲛ ⲁⲅⲓ(ⲁ) ⲧⲣⲓⲁⲥ †, Die heilige Dreifaltigkeit †.

Der Anfang ift zu ergänzen nach dem oben angeführten Papier Nr. 17003:

ⲧϥⲣⲟⲉⲓⲥ ⲉⲣⲟⲕ ⲉⲉⲁⲃⲟⲗ ⲉⲛⲉⲑⲟⲟⲩ ⲛⲓⲙ (Dafs) er Dich bewache vor allem Uebel.

Kopt. Pap. Nr. 103:

ⲁϩⲁ ⲥϩⲛ ⲡⲉⲧⲛⲉⲟⲩϫⲉⲓ ⲛⲏⲓ ⲟⲩϫⲉⲓ ϩⲉ ⲑⲁⲅⲓⲁ ⲧⲣ//////, Und fchreibt mir Euer Wohlbefinden. Seid heil mit der heiligen Dreifaltigkeit.

Kopt. Pap. Nr. 1120:

ⲟⲩϫⲉⲓ ϩⲛ̄ ⲑⲁⲅⲓⲁ ⲛⲧⲣⲓⲁⲥ ⲙ////// Sei heil mit der heiligen Dreifaltigkeit...

Der Umftand, dafs die Zahlenwerthe der in der oben belegten Gruppe ⲛ ⲁⲅⲓⲁ ⲧⲣⲓⲁⲥ vorkommenden Buchftaben die in koptifchen Texten fo häufig vorkommende Zahl ⲭ̄ⲙ̄ⲅ̄ (= 643) ergeben, hatte mich veranlafst, darin die Erklärung diefer räthfelhaften Zahl zu fuchen, — eine Löfung, die mir noch immer die wahrfcheinlichfte fcheint. Es follten fonach die Schriftftücke mannigfachfter Art, in welchen diefe Zahl verwendet erfcheint, unter den Schutz der Dreifaltigkeit geftellt werden. Sie hatte meiner Meinung nach eine wefentlich prophylaktifche Bedeutung. Daher, wie wir noch zu beobachten haben werden, ihre häufige Verwendung in den Adreffen, wo fie mit anderen Zeichen ähnlichen Charakters abwechfelt.

Die mit ⲛⲉⲧⲛⲉϭⲁⲩⲟⲛ anfangenden Briefe, welche wir oben kennen gelernt haben, haben auch einen entfprechenden Schlufs:

Kopt. Pap. Nr. 1164:

† ⲟⲩϫⲁⲓ ϩⲙ ⲡϫⲟⲉⲓⲥ ⲡⲉⲛϫⲟⲉⲓⲥ † † Sei heil im Herrn, (o) unfer Herr †.

Für gewöhnlich tritt hier das griechifche δεσπότης ein, manchmal ganz alleinftehend, fo kopt. Pap. Nr. 1241:

† ⲇⲉⲥⲛⲟⲩϛ † † (o) Herr †

Aehnlich im kopt. Pap. Nr. 1223 (zweimal) und im kopt. Pap. Nr. 1707: ⲇⲉⲥⲡⲟⲧⲁ †. Manchmal in anderen Verbindungen, Kopt. Pap. Nr. 766:

† ⲟⲩϫⲁⲓ ϩⲙ ⲡϫⲟⲉⲓⲥ ⲇⲉⲥⲡⲟⲧⲁ † † Lebe wohl im Herrn, (o) Herr †.

Einigemale findet man am Schluffe der Briefe die Datirung nach Tag, Monat und Indictionsjahr. So fchliefst der kopt. Pap. Nr. 1284:

δ
† φαωφι η ιν α † Achter Paophi der erften Indiction.

Aehnlich der Pap. Nr. 1160.

Oft fchliefsen die Briefe ohne jegliche Formel, nur mit dem Chrysmon. Kopt. Pap. Nr. 1002:

ⲛϣⲁⲛϫⲓ ⲛⲁⲉϩⲉⲓ ϭⲁⲛ ⲡⲗⲟⲙⲓ ⲉⲧⲙⲉⲩ ⲧⲁⲟⲩⲁϥ ⲛⲉⲓ, Wenn Du meinen Brief erhältft, fo faffe jenen Mann, fchicke ihn mir

ⲙⲉ ⲡⲗⲟⲙⲓ ⲛϣⲁϥⲓ ⲛⲁⲉϩⲉⲓ ⲛⲉⲕ †, und den Mann, welcher Dir meine Briefe bringt †.

Eine ähnliche Wendung gibt das Papyrusfragment Nr. 1239:

//////ⲗⲟⲙⲓ ϣⲁϥⲓ ⲛⲁⲉϩⲉⲓ ⲛⲉⲕ ⲁⲗⲏ////// Mann, welcher Dir meine Briefe bringt,

und der Pap. Nr. 126: ϣⲁϥⲓ ⲧⲉⲉⲡⲓⲥⲧⲟⲗⲏ, welcher bringt den Brief; vergl. ferner kopt. Pap. Nr. 152 R.: ⲙⲛ ⲡⲉⲧⲛⲁϯ ⲛⲁⲉϩⲁⲓ ⲛⲁⲕ, und derjenige, welcher Dir meine Briefe gibt; fowie ⲣⲱ]ⲙⲉ ϣⲁϥϯ ⲛⲁⲉϩⲁⲓ ⲛⲁⲕ, (ein) Mann, welcher Dir meine Briefe gibt.

Man trachtete, den Inhalt des Briefes auf einer Seite abzuthun; wo dies nicht anging ward auch ein Theil der Rückfeite, welche eigentlich der Adreffe vorbehalten war, befchrieben. Dann ward der Brief gefaltet und in der Mitte durch ein Baftband, auf welches oft ein Siegel gedrückt wurde, feftgehalten. Für Siegel und Siegelring bediente man fich des griechifchen ⲃⲟⲩⲗⲗⲁ. In dem koptifchen Sigill des Tributeinnehmers Râfchid, von dem wir öfter gefprochen, heifst es (kopt. Pap. Nr. 1800):

ⲙⲡⲉⲗⲁⲙ/ⲫⲓϥ/ ⲉⲛⲉⲓⲉⲓⲥⲉⲗⲗⲓ ⲁⲓⲥϩⲁⲓⲧϥ ⲁⲓⲧⲁⲁϥⲉϥ ϩⲛ ⲧⲁⲃⲟⲩⲗⲗⲁ, Mache keine Ausflüchte diefem Sigill gegenüber, ich habe es gefchrieben, ich habe es gefiegelt mit meinem Siegel.

In dem koptifchen Briefe Nr. 152 wird dem Empfänger aufgetragen:

ⲁⲩⲱ ⲧⲁⲁⲩ ⲉⲩⲧⲁⲥⲓⲥ ⲧⲁⲃⲟⲩ ⲛⲧⲉⲕⲃⲟⲩⲗⲗⲁ, Und gib fie (die Briefe?) in eine Binde, fiegle diefelben mit Deinem Siegel.

Die Befchreibung eines folchen Siegels erhalten wir in einem anderen Papyrusbriefe (kopt. Pap. Nr. 3018):

ϥⲣ
ⲉⲓⲥ ϩⲏⲏⲧⲉ ⲁⲓⲧⲛⲛⲟⲟⲩϥ ⲛⲁⲕ ϩⲓⲧⲟⲟⲧϥ ⲛⲁⲡⲁ ⲟⲩⲉⲛⲟ ⲉϥⲃⲟⲩⲗⲗⲓⲍⲉ ⲛⲟⲩⲃⲟⲩⲗⲗⲁ, Siehe, ich habe Dir ihn gefendet durch Apa Uenofer, gefiegelt mit einem Siegel,

ⲉⲣⲉ ⲟⲩⲣⲱⲙⲉ ϩⲓϫⲱϥ ⲙⲛ ⲟⲩⲉⲙⲥⲁϩ ϩⲁⲣⲁⲧϥ, (bei welchem) ein Mann darauf und ein Krokodil darunter ift.

Die erzherzogliche Sammlung enthält mehrere Papyrus mit ähnlichen Doppelfiegeln. Wohl aus dem Grunde, um auch bei nichtgefiegelten Briefen das Abftreifen des engen Papyrusbandes und die Eröffnung des Briefes durch Unberufene zu verhindern, wurden an der Stelle, wo ſonſt das Siegel zu ſtehen kam, über das Papyrusband hinaus prophylaktiſche Zeichen gezeichnet. Indem es nicht leicht war, das Band an die frühere Stelle zu bringen, derart, daſs die einzelnen Striche der Zeichnung genau entſprachen, ſo war der Brief gegen unbefugte Eröffnung einigermaſsen geſchützt.

Die Formeln der Adreſſen ſind aus anderen Urkunden bereits hinlänglich bekannt. Mit ⲧⲁⲁⲥ wird der Name des Adreſſaten, mit ϩⲓⲧⲉⲛ der Name des Schreibers eingeleitet. Für ϩⲓⲧⲉⲛ ſchreibt ein Papyrus ⲉⲓⲧⲉⲛ (ⲉⲓⲧⲉⲛ ⲓⲥⲁⲕ †, durch Iſaak †), derſelbe ſchreibt auch ⲥⲉⲓ in ⲁⲛⲟⲕ ⲓⲥⲁⲕ ⲉⲓⲥⲉⲓ, ich Iſaak ſchreibe, ſtatt ⲉⲓⲥϩⲉⲓ. Aehnlich oft ⲥⲓⲙⲓ für ⲥϩⲓⲙⲓ. Recht oft ſind die Adreſſen griechiſch, manchmal arabiſch, einmal koptiſch und arabiſch. Vergl. den kopt. Pap. Nr. 189: † ⲧⲇⲓⲱ ⲙⲟⲩ ⲁⲅⲁ^ⲑϛ ⲕⲁⲓ ⲑⲉⲟⲫⲩⲗⲁⲕⲧⲱ ⲙⲟⲩ ⲇⲉⲥ //////, An meinen geliebten und von Gott bewachten Herrn, oder kopt. Pap. Nr. 1364: ⲕⲩⲣ^ⲱ ϩⲏⲗⲓⲁ ⲁⲣ^ⲭⲇⲓⲁⲕ^ⲱ, an den Herrn Archidiakon Helias. Bei den Papieren wird es üblich, Zuſätze, die uns aus den Anfangsformeln geläufig ſind, der Adreſſe beizufügen.

Wir haben bereits eine Reihe von Adreſſen kennen gelernt, wir laſſen noch einige folgen, welche entweder ihrer Namen oder Faſſung wegen Beachtung verdienen.

Kopt. Pap. Nr. 1815:

† ⲧⲁⲁⲥ ⲛⲉⲧⲉⲫⲁⲛⲓⲁ — ϩⲓⲧⲛ ⲑⲁⲛ †
† An Stephania — Von Than †.

Kopt. Pap. Nr. 2004:

ϩⲓⲧⲉⲛ ϫⲉⲛⲓⲣ † — Von Dſchêbir (= جابر) †.

Kopt. Pap. Nr. 1252:

† ⲧⲉⲥⲓⲉ ⲥⲁⲣⲕⲁⲇⲓⲁ — ⲧⲁⲥⲓⲙⲓ ϩⲓⲧⲛ ⲡⲉⲧⲣⲉ †
An Arkadia, — meine Frau, von Petros †.

Kopt. Pap. Nr. 3039:

† ⲧⲉⲓⲉ ⲉⲡⲁϫⲁⲓⲥ ⲙⲁⲥⲟⲩⲁⲣ — † An meinen Herrn Maswar.

Maswar iſt مصور.

Kopt. Pap. Nr. 3902:

†] ⲧⲁⲁⲥ ⲛⲧⲁⲙⲁⲁⲩ ⲧⲁⲣⲭⲱⲛ — †] An meine Mutter Tarchon.

Der Frauenname ⲧⲁⲣⲭⲱⲛ (ein Seitenſtück zu dem Männernamen ⲡⲁⲣⲭⲱⲛ) kommt auch ſonſt vor. So in der Schmûner Rechtsurkunde Nr. 1937:

† ⲁⲛⲟⲕ ⲫⲓⲗⲓⲡⲡⲓⲕⲟⲥ ⲡϣⲉ ⲙⲡⲙⲁⲕⲁⲣⲓⲟⲥ ⲧⲁⲩⲣⲓⲛⲉ, † Ich, Philippikos, der Sohn des ſeligen Taurine,
ⲡⲣⲱⲙⲉ ϣⲙⲟⲩⲛ ⲉⲓⲥϩⲁⲓ ⲛⲧⲁⲣⲭⲱⲛ ϫⲉ, Bewohner von Schmûn, ſchreibe an Tarchon:
ⲁⲓϫⲓ ⲁⲓⲡⲗⲏⲣ[ⲟⲩ] ⲛⲧⲟⲟⲧⲉ, Ich habe erhalten und bin befriedigt von Dir (Frau) u. ſ. w.

Kopt. Pap. Nr. 1021:

ϩⲓⲧⲛ ⲁⲙⲃⲣⲟⲩ † — Von Amru †.

Im Texte ſteht der bereits aus vorislamitiſcher Zeit geläufige Name ⲁⲙⲃⲣⲟⲥ.

Kopt. Papier Nr. 7751:

ϩⲓⲧⲛ ⲡⲁϩⲱⲙⲟ ⲡ̅ ⲓⲥⲓⲇⲱⲣ — Von Pahômo, Isidor's Sohn.

Den Namen ⲡⲁϩⲱⲙⲟ kennen wir bereits aus ZOËGA, 175, 28.

Manchmal fehlt ⲧⲁⲁⲥ, so kopt. Pap. Nr. 1224:

† ⲙⲁⲓⲛⲟⲩⲧⲉ ⲛϫⲟⲉⲓⲥ ⲉⲧⲧⲁ[ⲓⲏⲩ] — † (Dem) gottliebenden gepriesenen Herrn ....

Briefe ohne Adresse sind uns mehrere erhalten (so Pap. Nr. 1012, 1003, 1001). Vor Allem fehlen die Adressen dort, wo zur Niederschrift des Briefes die leergebliebene Seite eines bereits arabisch, griechisch oder koptisch beschriebenen Papyrus benützt wurde. In solchen Fällen erhalten diese Briefe den Charakter von einfachen Zetteln an nahestehende Personen.

Die mit ⲡⲉⲧⲛⲉϭⲁⲩⲟⲛ anfangenden Briefe haben auch in der Adresse ihre Eigenthümlichkeiten. Sehr oft tritt hier die Zahl ⲭ̅ⲙ̅ⲅ̅ in Verbindung mit der Zahl ϥⲑ = αμην uns entgegen. Der oben (S. 37) angeführte koptische Brief Nr. 1223 gibt auf der Rückseite, wo sonst die Adresse stand, rechts und links vom Siegel:

ⲭⲙⲅ ϥⲑ (L. S.) † ⲭⲙⲅ ϥⲑ ††

Der kopt. Pap. Nr. 1283, an den ⲧⲣⲁⲕⲧⲉⲩⲧⲏⲥ Phoibammon (siehe oben S. 30) gerichtet, gibt an derselben Stelle:

ⲭⲙⲅ ϥⲑ (L. S.) † [illegible]

Aehnlich mit kleineren Nuancen die Pap. Nr. 1241, 1222, 2045 u. s. w. Doch gilt diese Uebung nicht ausnahmslos, denn es kommen mit ⲡⲉⲧⲛⲉϭⲁⲩⲟⲛ anfangende Briefe vor, welche die übliche Adressform zeigen, so das Fragment kopt. Pap. Nr. 1227:

† ⲡⲉⲧⲛⲉϭⲁⲩⲟⲛ ⲁⲡⲟⲗ[ⲗ]ⲱ ...... — † Euer Knecht Apollo.

Adresse:

† ϩⲓⲧ]ⲛ ⲁⲡⲟⲗⲗⲱ — † Von Apollo.

Wir finden das ⲭ̅ⲙ̅ⲅ̅ in ähnlicher Weise statt der Adresse in anderen, nicht mit ⲡⲉⲧⲛⲉϭⲁⲩⲟⲛ anfangenden Briefen vor. Doch kommt dieses sehr selten vor. Daneben erscheint das ⲭ̅ⲙ̅ⲅ̅ oft an der Spitze der Papyrus, so in dem Briefe Nr. 1110, welcher nicht blos statt der Adresse, sondern auch über dem ersten Drittel der ersten Zeile ein ⲭⲙⲅ ϥⲑ zeigt. Der Papyrus Nr. 2044 gibt mitten über der ersten Zeile ⲭⲙⲅ in Ligatur mit dem Chrysmon = ⲭⲙⲅ⳩ (ja nicht ⲭⲙⲅⲣ zu lesen!).

Nehmen wir neben den öfter angeführten Stellen[1] auch das weniger bemerkte[2]

† χ̅μ̅γ̅ τόδε τὸ μνῆμα ἔκτισεν
Μακέντιος Διογένους

---

[1] Wiener Studien, IX (1887), S. 252.

[2] C. I. Gr. 9144. Dazu bemerkt der Herausgeber: Literae ⲭⲙⲅ cum cruce redeunt in titulo Christiano Syracusis reperto in crypta S. Joannis, quem edidit Gualtherus in Tabb. antt. Siciliae, pag. 14. Nota 104, itaque quamquam quid significent equidem nescio temporis, tamen notationem iis non contineri certum videtur; vergl. noch C. I. Gr. 9273 und 9455.

einer ſiciliſchen Steininſchrift, ſo haben wir die uns bekannt gewordenen Fälle des Vorkommens der Zahl ⲭ̄ⲙ̄ⲅ̄ umſchrieben. Dem prophylaktiſchen, aus ihrer Bedeutung (= ⲏ ⲁⲅⲓⲁ ⲧⲣⲓⲁⲥ) entſpringenden Charakter der Zahl ⲭ̄ⲙ̄ⲅ̄ entſprechend möchte ich jene Adreſſen heranziehen, wo, wie im Papyrus Nr. 1164, je drei Chrysmon rechts und links vom Siegel:

† † † (L.S.) † † †

beziehungsweiſe, wie im Papyrus Nr. 1134, drei Chrysmon im Ganzen auftreten.

† † †

III. Dialektiſches.

Aus früheren Erörterungen wiſſen wir, daſs die Hauptmaſſe der koptiſchen Papyrus der erzherzoglichen Sammlung in zwei verſchiedenen Dialekten geſchrieben iſt, in dem faijûmiſchen und dem ſa'idiſchen, die eine Gruppe, gröſser an Zahl ſtammt, aus der Stadt Arſinoë oder aus ihrer Umgebung, die andere aus Schmûn. Daneben finden wir ſporadiſch Stücke anderer Provenienz, welche dementſprechend auch Verſchiedenheiten im Dialekte aufweiſen. Es kann unſere Aufgabe nicht ſein, hier frühere Unterſuchungen zu wiederholen; es wird genügen, neues Material zur Beurtheilung der einſchlägigen Fragen zuſammenzuſtellen.

Am intereſſanteſten iſt jene leider ſehr kleine Gruppe von Papyrus, welche mit gröſserer oder geringerer Conſequenz ohne oder unter beſchränkter Anwendung jener Zeichen geſchrieben ſind, welche dem koptiſchen Alphabete eigenthümlich ſind (ϣ, ϩ, ϫ, ϭ, ϧ). Dieſe Erſcheinung iſt nicht ganz neu, bereits 1801 hat Akerblad einen ähnlichen Text aus dem X. Jahrhundert mitgetheilt,[1] und auch ein angeblich im Faijûm gefundener Grabſtein,[2] welcher den kaiſerlichen Sammlungen einverleibt wurde, zeigt dieſelbe Eigenthümlichkeit.

[1] Magazin encyclopedique, V, 494.

[2] Sorgfältig edirt von v. Bergmann im Recueil de travaux relatifs à la philologie et l'archéologie égyptiennes et assyriennes, VII, S. 195. Die ſchwierige Stelle Zeile 7 iſt zu leſen: ϧ ⲉⲛⲧⲟⲩϣⲁⲛⲟⲩϣϥ, ‚daſs ſie ihn ernähren'. Das Zeichen ϧ iſt aus den boheiriſchen Handſchriften — vergl. auch unſeren Papyrus Nr. 1785 — wohlbekannt. Boheiriſche Handſchriften geben uns den auf dem Steine vorkommenden Text in folgender Faſſung:

Ⲁⲣⲓ ⲕⲁⲧⲁⲝⲓⲟⲓ ⲛⲙⲁ
ⲙⲧⲟⲛ ⲛⲛⲟⲩⲯ'ⲩ
ⲭⲏ ⲧⲏⲣⲟⲩ · ϧⲉⲛ
ⲕⲉⲛϥ ⲛⲛⲉⲛⲓⲟϯ ⲉ
ⲑⲟⲩⲁⲃ ÷ ⲁⲃⲣⲁⲁⲙ
ⲛⲉⲙ ⲓⲥⲁⲁⲕ ÷ ⲛⲉⲙ
ⲓⲁⲕⲱⲃ ÷
Ϣⲁⲛⲟⲩϣⲟⲩ ϧⲉⲛⲟⲩ
ⲙⲁ ⲛⲭⲗⲟⲙ ϩⲓϫⲉ̄

ⲫⲙⲱⲟⲩ ⲛⲧⲉ ⲡⲉⲙ
ⲧⲟⲛ ϧⲉⲛ ⲡⲓⲡⲁⲣⲁ
ⲇⲓⲥⲟⲥ ⲛⲧⲉ ⲡⲟⲩⲛⲟϥ
Ⲡⲓⲙⲁ ⲉⲧⲁϥⲫⲱⲧ
ⲉⲃⲟⲗ ⲛϧⲏⲧϥ ÷ ⲛ
ϫⲉ ⲡⲓⲙⲕⲁϩ ⲛϩⲏⲧ
ⲛⲉⲙ ϯⲗⲩⲡⲏ ÷ ⲛⲉⲙ
ⲡⲓϥⲓⲁϩⲟⲙ ÷ ϧⲉⲛ
ⲫⲟⲩⲱⲓⲛⲓ ⲛⲧⲉ ⲛⲏⲉ
ⲑⲟⲩⲁⲃ ⲛⲧⲁⲕ.

Auf diefem Grabftein bereits erfcheint das Zeichen ϧ, welches ich, wie fchon bemerkt,[1] bisher noch in keinem Papyrus gefunden habe. Dagegen findet es fich einmal auf einem Papierfragmente, welches früheftens dem IV. Jahrhundert der Hidfchra angehören kann.

Kopt. Papier Nr. 7634:

※ ⲉⲓⲥϧⲁⲓ ⲙⲡⲇⲓⲁⲕ ////// Ich fchreibe an den Diakon.......

Die älteften fafsbaren erhaltenen Denkmale des boheirifchen Dialektes find die Transfcriptionen der ägyptifchen Monatsnamen, welche in griechifchen Papyrus, fowohl aus Memphis als aus Theben vorkommen und die Formen der Monatsnamen darftellen, welche in Alexandrien galten. Indem ich bezüglich der Auffaffung diefer Stücke vorläufig auf frühere Ausführungen verweife,[2] laffe ich einige Proben aus diefen merkwürdigen Schriftftücken folgen.

Kopt. Pap. Nr. 1785:

† χεν πραν ενπνουδι ενcζορπ νωβ νιβεν
† ϧⲉⲛ ⲫⲣⲁⲛ ⲉⲛⲛⲟⲩⲇⲓ ⲉⲛϣⲟⲣⲡ ⲛⲱⲃ ⲛⲓⲃⲉⲛ
† Im Namen Gottes zuerft vor allen Dingen!

τιcχαει τιεραcπαζεcθε ενπαμαεινουδι ενcο[ν] ετταιηουτ κατα cμουτ νιβεν
ϯⲥϧⲁⲓ ϯⲉⲣⲁⲥⲡⲁⲍⲉⲥⲑⲉ ⲉⲛⲡⲁⲙⲁⲉⲓⲛⲟⲩⲇⲓ ⲉⲛⲥⲟⲛ ⲉⲧⲧⲁⲓⲏⲟⲩⲧ ⲕⲁⲧⲁ ⲥⲙⲟⲩⲧ ⲛⲓⲃⲉⲛ
Ich fchreibe, ich umarme meinen gottliebenden gepriefenen Bruder auf alle Weife

νεμ πεκηει τηρφ ειcζτζεν κουτζι cζανιcζ[τ] μενενcαναει
ⲛⲉⲙ ⲡⲉⲕⲏⲓ ⲧⲏⲣϥ ⲉⲓϣϫⲉⲛ ⲕⲟⲩϫⲓ ϣⲁⲛⲓϣ[ⲧ] ⲙⲉⲛⲉⲛⲥⲁⲛⲁⲉⲓ
und Dein ganzes Haus, Klein und Grofs, hernach

αειερδεχι νεκcχαει εκcχαει νηει εcζπη νιτεκνι δε
ⲁⲉⲓⲉⲣⲇⲉⲭⲓ ⲛⲉⲕⲥϧⲁⲉⲓ ⲉⲕⲥϧⲁⲉⲓ ⲛⲏⲓ ⲉϣⲡⲏ ⲛⲓⲧⲉⲕⲛⲓ ⲇⲉ
ich habe Deine Schreiben erhalten, Du fchreibft mir nun wegen der Kinder,

ς εντιουνο[υ] ταειρδεχι νεκcχαει αειβορπο[υ] νακ
ϛ ⲉⲛⲧⲓⲟⲩⲛⲟ[ⲩ] ⲧⲁⲉⲓⲣⲇⲉⲭⲓ ⲛⲉⲕⲥϧⲁⲉⲓ ⲁⲉⲓⲃⲟⲣⲡⲟ[ⲩ] ⲛⲁⲕ
und zu der Stunde, da ich Deine Schreiben erhalten habe, habe ich fie Dir gefchickt,

ς ενπιεωο[υ] κεριακη μ μεc[ω] ιβ.........εις πνου[δ] ουριατκ μεν παειcναο[υ] τεκνι δε ταειβορπο[υ] νακ
ϛ ⲉⲛⲡⲓⲉⲱⲟ[ⲩ] ⲕⲉⲣⲓⲁⲕⲏ ⲙ̅ ⲙⲉⲥ[ⲱ] ⲓⲃ...........ⲉⲓⲥ ⲡⲛⲟⲩ[ⲇ] ⲟⲩⲣⲓⲁⲧⲕ ⲙⲉⲛ ⲡⲁⲉⲓⲥⲛⲁⲟ[ⲩ] ⲧⲉⲕⲛⲓ ⲇⲉ ⲧⲁⲉⲓⲃⲟⲣⲡⲟ[ⲩ] ⲛⲁⲕ
an dem Tage, Sonntag, den zwölften Mefori.......... Siehe, Gott befchützt Dich und diefe zwei Kinder, die ich Dir gefchickt habe.

ειρηνι αμην †
ⲉⲓⲣⲏⲛⲏ ⲁⲙⲏⲛ †
Frieden! Amen! †

[1] Mittheilungen, II, S. 57.

[2] A. a. O.

Kopt. Pap. Nr. 160:

† ⲫ̄ϯ̄ ⲛϣⲟⲣⲡ, Gott zuerſt!

ⲉⲓϣⲓⲛⲓ ⲛⲥⲁ ⲡⲁⲙⲉⲣⲓⲧ ⲛ̄ϣⲏⲣⲓ ⲛⲕⲁⲗⲱⲥ, Ich erkundige mich nach meinem geliebten Sohn ſchön.

ⲍⲁⲭⲁⲣⲓⲁϗ ⲧⲉⲕⲥⲱ[ⲛⲓ ϣⲓⲛⲓ] ⲛⲥⲱⲕ, Zacharias und Deine Tochter erkundigen ſich nach Dir

ϗ ⲡⲉⲕⲥⲟⲛ ϗ ⲑⲉⲟⲇⲟⲣⲟⲥ ϗ ⲡⲉⲕϭⲓⲟⲩⲉ (ⲓⲱⲥⲏⲡ) ϣⲓⲛⲓ ⲛⲥⲱⲕ, und Dein Bruder und Theodoros und Joſeph, Dein Herr, erkundigen ſich nach Dir.

....

ⲉϣⲱⲡ ⲁ ⲡⲛⲟⲩϯ ϯⲙⲁϯ ⲛⲉⲙⲁⲕ ⲁⲕⲛⲟϩ ⲁⲕⲛⲁⲁⲩ, Wenn Gott zufrieden iſt mit Dir, ſo gelangſt Du und ſichſt Du,

ⲃⲱⲣ[ⲡ]ϥ ⲛⲁⲛ ⲛⲧⲉ ⲡⲉⲛϩⲏⲧ (ⲙⲧⲟⲛ), ſchicke ihn (d. h. Deinen Gruſs) uns, auf daſs unſer Herz beruhigt ſei.

ϯϯⲙⲁϯ ⲛⲉⲙⲁⲕ ⲉϫⲱϥ, Ich bin mit Dir darüber einverſtanden.

....

ⲉⲓⲉϩⲉⲙⲥⲓ ⲛⲁⲕ ϣⲁⲧⲉ ⲡⲉⲕϩⲏⲧ ⲉⲙⲧⲟⲛ, Ich werde warten bis Dein Herz beruhigt iſt.

ϗ ⲃⲟⲣⲡ ⲡⲉⲕⲙ̄ⲧⲟⲛϩⲏⲧ ⲛⲁⲛ, Und ſchicke uns (die Mittheilung von) Deiner Zufriedenheit.

ⲙⲉ ⲛⲉⲕⲣⲱⲙⲓ ⲧⲏⲣⲟⲩ [ϣⲓⲛ]ⲓ ⲛⲥⲁ ⲡⲉⲕⲙⲧⲟⲛϩⲏⲧ, Und Deine Leute insgeſammt erkundigen ſich nach Deiner Zufriedenheit.

....

ⲃⲟⲣ(ⲛ) ⲡⲉⲕⲉⲙⲧⲟⲛ ⲛϩⲏⲧ ⲛⲏⲓ, Schicke mir (die Mittheilung von) Deiner Zufriedenheit

....

ϗ ⲧⲁⲓⲉⲭⲏⲓ ⲡⲁⲓⲉⲭⲁⲓ ⲛⲁⲕ ⲛⲁⲧⲡⲉⲕϭⲓⲟⲩⲉ ⲥⲱⲗⲱⲙⲱⲛ, und ich ſchreibe Dir dieſes Schreiben ohne (Vorwiſſen?) Deines Herrn Solomon.

† ⲃ[ⲟⲣ]ⲡ ⲡⲉⲕϣⲓⲛⲓ ⲛⲏⲓ, † Schicke mir Deinen Gruſs.

....

[ⲟⲩ]ϫⲁⲓ ϧⲉⲛ ⲡⲟ̄ⲥ̄, Lebe wohl im Herrn.

Inſtructiv ſind ferner für unſere Frage jene Papyrus, welche an Babylon anknüpfen, und in denen wir Reſte des dort geſprochenen Dialektes zu erwarten haben. Hier iſt vor Allem der koptiſche Papyrus Nr. 803 zu nennen, der zu den ſchönſten und beſterhaltenen der Sammlung gehört. Er miſst 26 Centimeter in der Höhe, 29 Centimeter in der Breite. Seinem Dialekte nach iſt er zuſammenzuſtellen mit den oft und auch in dieſer Zeitſchrift beſprochenen Papyrus[1] des Kloſters des Apa Jeremias bei Memphis. Er beginnt mit den üblichen Formeln:

⳨ ϩⲛ ⲡ(ⲣ)ⲁⲛ ⲙⲡⲛⲟⲩⲧⲉ ⲁⲛⲟⲕ ⲡⲉ ⲓⲉⲍⲓⲇ ⲉⲓⲥϩⲁⲓ	Im Namen Gottes! Ich Jezîd ſchreibe
ⲉⲓϣⲓⲛⲉ ⲉⲡⲁⲙⲉⲣⲓⲧ ⲛⲥⲱⲛ ⲁⲃ(ⲟⲩ) ⲁⲗⲓ	(und) erkundige mich nach meinem geliebten Bruder Abû Alî
ⲙⲛ ⲡⲟⲩϫⲁⲓ ⲙⲡⲉⲕⲏⲓ ⲧⲏⲣϥ	und dem Wohlbefinden Deines ganzen Hauſes.
ⲡⲉⲕⲣⲱⲙⲉ ⲧⲏⲣⲟⲩ ϣⲓⲛⲉ ⲉⲣⲟⲕ ⲕⲁⲗⲟⲥ	Deine Leute insgeſammt grüſsen Dich ſchön.
ϯⲧⲁⲙⲟ ⲛⲧⲉⲕⲙⲛⲧⲥⲟⲛ ϫⲉ ⲁⲡⲛⲟⲩⲧⲉ ϫⲓⲙⲟⲉⲓⲧ ⲛⲁⲛ	Ich melde Deiner Bruderſchaft, daſs uns der Herr geleitet hat,
ⲁⲛⲧⲉ ⲉϩⲟⲩⲛ ⲉⲃⲁⲃⲓⲗⲟⲛ	wir ſind nach Babylon hineingekommen

[1] Mittheilungen, II, 51.

ⲁⲩⲱ ⲙⲡⲛϩⲉ ⲉⲗⲁⲁⲩ ⲉⲙⲓⲧⲧⲉ ⲡⲉⲧⲛⲁⲛⲟⲩϥ	und es ift uns nichts zugeftofsen, wenn nicht Gutes,
ⲁⲩⲱ ⲁⲓϩⲉⲣⲟⲥ	und ich habe fie [1] gefunden
ⲛⲡⲟⲩⲉⲓⲣϩⲱϥ ⲉⲗⲁⲁⲩ ⲛⲙⲁⲣⲓⲁⲙ ϩⲱⲗⲉⲥ	und man hat nichts gearbeitet für Maria durchaus,
ⲗⲉⲡⲟⲛ ⲕⲥⲟⲟⲩⲛ ϫⲉ ⲙⲛ ⲣⲱⲙⲉ ⲛⲧⲁⲥ ⲛϣⲁϥⲉⲓⲣ-ϩⲱϥ ⲛⲁⲥ	übrigens weifst Du, dafs fie keinen Mann hat, der für fie arbeitet,
ⲁⲩⲱ ⲙⲛⲛⲁϣⲛⲟⲩ ⲉⲃⲟⲗ ⲛⲛϩⲱϥ ⲧⲏⲣⲟⲩ ⲛⲟⲩϩⲟⲟⲩ ⲛⲟⲩⲱⲧ	und wir haben nicht erledigen können ihre Sachen insgefammt an einem einzigen Tage,
ⲗⲉⲡⲟⲛ ⲉϣⲱⲡⲉ ⲙⲛⲕⲓ ⲉⲃⲟⲗ ⲓⲛ ⲥϩⲁⲓ ⲛⲟⲩⲣⲱⲙⲉ ϩⲱⲗⲟⲉ ⲛⲃⲁⲣⲏⲧϥ ⲉⲡⲉⲥϩⲱϥ	übrigens, wenn Du nicht hinausgehft, fo fchreibe einem Manne jedenfalls, dafs er beiftehe in Bezug auf ihre Sache.
....	....
ⲓⲛ ⲣⲏϣⲉ ⲛϩⲱϥ ϩⲛ ⲛⲏⲕϭⲓϫ ⲛⲕⲓ ⲉⲃⲟⲗ ⲛⲕⲁⲣⲁⲧⲏ ⲉⲣⲟⲉ ϣⲁⲛⲧⲛⲛⲟⲩ ⲉⲃⲟⲗ ⲛⲡⲉⲥϩⲱϥ	So nimm die Sache in Deine Hand, gehe hinaus, ftehe ihr bei, bis wir ihre Sache erledigen,
ϫⲛⲩⲧⲁⲗⲥ ⲡⲣⲟⲥⲛⲁⲧⲣⲱⲙⲉ ⲧⲏ ⲉⲥϭⲟⲓⲗⲉ ⲉⲡⲛⲟⲩⲧⲉ	denn es ift ein übermenfchliches Opfer, welches Gott fremd ift.
ⲗⲉⲡⲟⲛ ⲉϣⲱⲡⲉ ϣⲁⲕⲛⲁϣ ⲙⲡⲣⲟⲩⲱϩ ⲛⲁⲥϩⲁⲓ ϩⲛ ⲛⲏⲕ ϭⲓϫ ϣⲁⲛⲧⲕⲓ ⲉⲃⲟⲗ	Uebrigens, wenn Du kannft, lafs' nicht meinen Brief (unerledigt?) in Deinen Händen bis Du hinausgeheft.

Dann ift von einer anderen Sendung (ⲁⲓⲧⲛⲛⲟⲟⲩ ⲛⲁⲥ, ich habe ihr gefchickt) die Rede, in welcher Abû 'Ali, der Vater erwähnt wird. Indem, wie natürlich, alle Verhältniffe als bekannt vorausgefetzt werden, wird es vollends bei der bunten Aufeinanderfolge der behandelten Dinge fchwer, dem Schreiber zu folgen.

ϣⲁⲛⲧⲏ ⲁⲃ̅ ⲁⲗⲓ ⲉⲓ ⲉⲃⲟⲗ	Bis Abû 'Alî hinauskommt.
ⲛⲧⲟϥ ⲡⲁⲓⲱⲧ ⲁⲩⲱ ⲛⲧⲟϥ ⲡⲉⲧⲧⲱϣ	Er ift mein Vater und er ift es, der befiehlt.
ⲗⲉⲡⲟⲛ ⲙⲡⲣⲉⲓⲁ ⲡⲉⲥϩⲱϥ ϩⲓⲡⲁϩⲟⲩ ⲙⲙⲟⲕ	Uebrigens vernachläffige nicht ihre Sache.
....	....
ⲁⲥⲓⲣ ⲟⲉ ⲛⲧⲉⲕϣⲉⲣⲉ	Sie war wie Deine Tochter.
ϩⲱⲗⲟⲥ ⲗⲉⲡⲟⲛ ⲙⲡⲣⲕⲁⲧⲏⲭⲉ ⲙⲙⲟⲛ	Durchaus, übrigens halte uns nicht [2] zurück,
ⲛⲧⲛⲥⲟⲟⲩⲛ ⲁⲛ ⲛⲛⲛϣⲁϥϣⲱⲡⲉ	wir wiffen nicht, was fich zuträgt.

Nun wird eine andere Angelegenheit vorgebracht; es handelt fich um eine ⲁⲡⲟⲩⲑⲏⲕⲏ, alfo um ein Magazin (ἀποθήκη) oder etwas Aehnliches. Das Wort kommt auch im Vulgär-arabifchen vor.

ⲁⲩⲱ ⲡⲉϩⲟⲟⲩ ⲛⲧⲁⲓⲥϩⲁⲓ ⲛⲁⲓⲥϩⲁⲓ ⲛⲁⲕ ϩⲓⲱϥ	Und an dem Tage, an dem ich Dir diefen Brief gefchrieben,
ⲁ ⲓⲁϩⲓⲥ ⲡϣⲉ ⲛⲁⲗⲓ ⲕⲱ ⲧⲏⲕⲁⲡⲟⲩⲑⲏⲕⲉ ⲉⲃⲟⲗ	hat Jahie, der Sohn des 'Alî, Deine ἀποθήκη verlaffen.

[1] Die gleich im folgenden Satze erwähnte ⲙⲁⲣⲓⲁⲙ.

[2] Oder ‚Nichts'.

Jezîd theilt ferner mit:

ϫⲁⲛⲣⲱⲙⲉ ϫⲛⲟⲩⲉ ϫⲏ ⲙⲁⲣⲏ ⲁⲃ̅ ⲁⲗⲓ ⲉⲓ ⲛⲁⲓ	Es haben Leute gefragt: Es möge Abû 'Alî zu mir kommen,
ⲧⲁⲃⲱⲧ ⲧⲁⲡⲟⲩⲑⲏⲕⲉ ⲉⲃⲟⲗ ϩⲓϫⲱϥ	auf dafs ich die ἀποθήκη für ihn abtrage.
....	....
ⲁⲩⲱ ⲙⲡⲛϣⲓⲛⲉ ϣⲱⲡⲉ ϩⲱⲗⲟⲥ	Und es hat fich keine Neuigkeit zugetragen, durchaus
ⲙⲡⲛⲉϩⲁⲓ ⲉⲓϣⲁⲧⲛⲛⲟⲩ ϩⲛ ⲧⲏⲭⲟⲣⲉ	— ich habe (darum?) nicht gefchrieben bis jetzt — in dem Lande.

Nach Erledigung diefer Frage berührt er kurz die einleitungsweife befprochene Angelegenheit und treibt Abû 'Alî zur Eile (ⲧⲁⲭⲏ[1] ⲛⲙⲟⲕ).

ⲁⲩⲱ ⲙⲡⲁⲧⲛⲛⲧⲓ ⲛⲏⲣⲡ ⲉⲃⲟⲗ ϣⲁⲧⲛⲛⲟⲩ ⲁⲗⲗⲁ ⲁⲛⲧⲓⲛⲁ	Und wir haben noch nicht den Wein bis jetzt verkauft, fondern ziehen es hin,[2]
ⲛⲛⲣⲱⲙⲉ ⲛⲁⲟⲩ ⲛⲑⲉ ⲛⲧⲁⲕⲉϩⲁⲓⲥⲟⲩ ⲛⲁⲓ	die Leute kommen, wie Du es mir gefchrieben haft,
ⲗⲉⲡⲟⲛ ⲙⲡⲛⲣⲕⲁⲧⲏⲭⲉ ⲙⲙⲱⲛ	übrigens halte uns nicht zurück,
ⲧⲁⲭⲏ ⲁⲙⲟⲩ ⲙⲱⲛ	komme rafch zu uns.
ⲙⲛ ⲗⲁⲟⲩ ⲕⲱⲗⲉ ⲙⲙⲟⲛ ⲛⲥⲁ ⲛⲧⲟⲕ	Nichts hindert[3] uns aufser Dir.
ϩⲓⲧⲛ ⲛⲁⲓⲉϩⲁⲓ ϯϣⲓⲛⲉ ⲉⲣⲟⲕ ⲟⲩϫⲁⲓ ϩⲛ ⲡϫⲟⲉⲓⲥ	Durch diefe Zeilen grüfse ich Dich, lebe wohl im Herrn.
ⲁⲩⲱ ⲓⲉ ⲙⲛⲥⲁⲧⲣⲏⲓⲉϩⲁⲓ ⲛⲁⲓⲉϩⲁⲓ ⲛⲁⲕ ⲙⲡⲓϩⲉ ⲣⲱⲙⲉ ⲛⲃⲓⲛⲧⲟⲩ ⲛⲁⲕ	Und nachdem ich diefe Zeilen Dir gefchrieben, habe ich keinen Menfchen gefunden, der fie Dir gebracht hätte.[4]
ⲁ ⲡⲛⲟⲩⲧⲉ ⲡⲓⲑⲉ ⲁⲓϯ ⲛⲏⲣⲡ ⲉⲃⲟⲗ ⲡⲣⲟⲥ ⲛ ⲃ̅ ϣ̅	Es hat Gott es gefügt, ich habe die Weine verkauft zu $2^2/_3$ Goldftücken.

Dann kommt noch eine Auseinanderfetzung (ⲁⲩⲱ ⲱⲛⲧⲱⲥ ϯⲉⲣϣⲡⲏⲣⲉ ⲙⲙⲱⲕ, und wirklich, ich wundere mich über Dich) über eine gewiffe Quantität Wein, welche zu Effig geworden (ⲛⲧⲁⲃⲓⲣϩⲙⲙⲏϫ) und welche nicht nach Babylon gebracht, fondern in das Haus des Abû 'Alî verladen wurde:

ⲗⲉⲡⲟⲛ ⲙⲡⲟⲩⲃⲓⲧⲟⲩ ⲁⲓⲧⲁⲗⲟⲟⲩ ⲉⲡⲉⲕⲏⲓ ⲧⲏⲣⲟⲩ	Uebrigens hat man fie nicht gebracht, ich habe fie alle in Dein Haus verladen.

---

1 ⲧⲁⲭⲏ ift uns namentlich aus den koptifchen Zauberpapyrus zur Genüge bekannt. So gibt ein koptifches Papier (Nr. 17125), das fpiralförmig gefchrieben, eine Anrufung an den Engel Ruphos — ϯⲱⲣⲕ ⲉⲣⲟⲕ ⲙⲡⲟⲟⲩ ⲱ ϩⲣⲟⲩⲫⲟⲥ ⲡⲁⲅⲅⲉⲗⲟⲥ ⲉⲧⲧⲏϣ ⲉϫⲉⲛ ⲧⲉⲭⲱⲣⲁ ⲛⲕⲏⲙⲉ, ich befchwöre Dich heute, o Hruphos, o Engel, welcher über das Land Keme (Aegypten) gefetzt ift — in den vier Ecken des Papiers lefen wir ⲧⲁⲭⲏ.

2 τείνω (?).

3 κωλύω.

4 Die folgenden Zeilen geben fich fonach als Poftfcriptum.

Zum Schluſſe wird eine Reihe von Poſten vorgeführt, denen wir ſolgende entnehmen:

пмоүϩ нтполнс	ⲁⲓ̈ ⲁ	Der Strick[1] der Stadt (d. h. Arſinoë)	Aipi	1
тⲁⲗⲕⲁнтрє нⲗⲓϩⲱнє	ⲁⲓ̈ ⲁ	Die Brücke[2] von Lihône (Ellahûn)	Aipi	1
нтєⲗєє	ⲁⲓ̈ ⲁ	Die Abgabe	Aipi	1
пϩⲱрⲙнє нпⲁⲃⲓⲗон	ⲁⲓ̈ ⲃ	Der Hafen von Babylon	Aipi	2
ⲓоүннс	ⲁⲓ̈ ⲁ	Jûnes[3]	Aipi	1
ⲁ поүстоүⲗⲓ єⲓ ϩн пϫоⲓ	ⲁⲓ̈ ⲃ	Puſtuli kam auf das Schiff	Aipi	2
ⲕⲁтнєтк пϫоⲓ	ⲁⲓ̈ ⲑ	Es ſtand das Schiff	Aipi	9
ⲁ поүстоүⲗⲓ єⲓ єнєєнⲓ	ⲁⲓ̈ тⲗ	Puſtoli ging in ihr Haus	Aipi	330
пєнтⲁнтⲁⲁϥ єⲃоⲗ	ⲁⲓ̈ т	Das was wir verkauſt haben	Aipi	300.

Dieſe Poſten werden mit der Bemerkung zuſammengefaſst: тⲁⲓ тє тноєон тнрнє нтⲁⲓϩєрєс ⲁⲓ̈ ⲑⲅ, das iſt die geſammte Quantität, welche ich vorgefunden habe, Aipi 903.

Zum Schluſſe folgen noch die Ausgaben für нтєⲗєє ‚Abgabe', (н)ϩⲱрⲙоє ‚Hafengebühr', (т)ϩⲓⲙє ннϫоⲓ ‚Fracht des Schiffes'.

Die Adreſſe lautet:

⳨ тⲁⲁє нпⲁⲙєрⲓт нєон ⲁⲃ ⲁⲗⲓ	ϩⲓтн ⲓєⲍⲓⲇ пєϥсон
An meinen geliebten Bruder Abû 'Alî.	Durch Jezîd, ſeinen Bruder.

Bemerkenswerth iſt, daſs dieſer Brieſ weder vor ϩн прⲁн ннноүтє am Anfange, noch in der Adreſſe vor тⲁⲁє das Chrysmon, ſondern vielmehr ein anderes Zeichen zeigt, welches auch am Anfange des Berliner Papyrus Nr. VIII und X vorzukommen ſcheint. Liegt der Grund dieſer Abweichung vielleicht darin, daſs die Schreiber dieſer Briefe Abû 'Alî und Jezîd heiſsen? Dieſe koptiſch ſchreibenden Perſonen mit arabiſchen Namen dürften doch wohl zum Muhammedanismus übergetretene Kopten ſein.

Hieher gehört ferner dialektiſch ein koptiſches Papier der Sammlung, welches, wie mich dünkt, von einem in der Nähe Babylons wohnenden Manne herrührt.

Kopt. Papier Nr. 17305:

† тⲓϣⲓнє єпоүϫⲁⲓ єтєⲕⲙнтєон єттⲁнү	Ich erkundige mich nach Deinem Wohlbefinden, verehrter Bruder.
єрє пϫоєⲓє ϩⲁрєϩ ʼєпєϩооү тнроү єпєⲕⲱнϩ·	Es beſchützt Gott die Tage insgeſammt Deines Lebens.
ⲁ пϫоє[ⲓє] ϫⲓⲙоєⲓт ⲁⲓⲃⲱⲕ єϩоүн єпⲁⲃнⲗⲱн єтⲕⲓрⲓⲁⲕ[н	Es hat der Herr den Weg gezeigt. Ich bin am Sonntage nach Babylon gegangen.
пєооү єпноүтє ϣнп ⲙн тєϥⲁⲅⲁпн єⲓнⲁϩ[ⲙ/////	Ruhm ſei Gott und ſeiner Liebe, ich bin bewahrt.......
ⲁⲓтⲓ ⲗⲁⲁү єⲃоⲗ ⲁ пⲁϩнт єⲙтон ⲕⲁⲗⲱє ⲕⲁ[ⲗⲱє] ⲕⲁⲗⲱє	Ich habe Sämereien(?) verkauſt. Mein Herz war beruhigt, ſchön, ſchön, ſchön.
пєϩⲙоү єпноүтє ϣнп· u. ſ. w.	Gott ſei Dank!

[1] Doch wohl ſo viel als die Zollſchranke oder Aehnliches.

[2] القنطرة *al-kanṭare.*

[3] Iſt يونس.

Ueber der erſten Zeile iſt als Poſtſcriptum nachfolgende Bemerkung verzeichnet:

ⲁⲩⲱ ⲁⲓϫⲓ : ⲅ̄ ϩⲟⲗⲟⲕ/ ⲛⲁⲗⲙⲁⲕⲉⲟⲩⲗ ϩⲁ ⲛⲉⲕⲗⲁⲁⲩ

Und ich habe drei Goldſtücke als Ertrag(?) für Deine Sämereien (?) erhalten.

Die Adreſſe lautet:

Links.	Rechts.
ⲧⲁⲁⲥ ⲉⲡⲁⲥⲟⲛ ⲙⲉⲣⲕⲟⲩⲣⲉ	ϩⲓⲧⲛ ⲭⲁⲏⲗ ⲩ̊ ⲡⲓϩⲏⲩ
ⲉⲣⲉ ⲡϫⲟⲉⲓⲥ ⲛⲁⲁϥ	Durch Chael, Sohn des Piheu.
An meinen Bruder Merkure.	
Es iſt Gott ihm gnädig.	

Bemerkenswerth iſt hier die Verwendung des Punktes ganz in unſerer Weiſe als Satztrenner nach ⲱⲛϩ und ϣⲏⲛ. Zu wiederholtenmalen haben wir die Zuſammenſtellung ⲁ ⲡϫⲟⲉⲓⲥ ϫⲓⲙⲟⲉⲓⲧ ⲁⲓⲃⲱⲕ ⲉϩⲟⲩⲛ ⲉⲃⲁⲃⲩⲗⲱⲛ in den koptiſchen Papyrus beobachtet. Vergl. Pap. Nr. 803: ϫⲁⲛⲛⲟⲩⲧⲉ ϫⲓⲙⲟⲉⲓⲧ ⲛⲁⲛ ⲁⲛⲧⲉ ⲉϩⲟⲩⲛ ⲉⲃⲁⲃⲩⲗⲟⲛ und den Papyrus des Apa Jeremias: ϣⲁⲣⲉ ⲡⲛⲟⲩⲧⲉ ϫⲓⲙⲟⲉⲓⲧ ⲛⲁⲕ ⲉⲃⲁⲃⲩⲗⲱⲛ. Ein Faijûmer Text (kopt. Pap. Nr. 1037) gibt: ϣⲁⲛⲧⲉ ⲡⲛⲟⲩⲧⲓ ϫⲓⲙⲁⲓⲧ ⲛⲏⲓ ⲧⲁⲉⲓ, bis mir Gott den Weg weiſt und ich komme ......

Unter den möglichen Erklärungen ſcheint trotz einiger Schwierigkeiten am gerathenſten zu ſein, ⲁⲗⲙⲁⲕⲉⲟⲩⲗ mit dem arabiſchen المحصول, ‚Ertrag' (= γέννημα) zuſammenzuſtellen. Die Ueberſetzung von ⲗⲁⲁⲩ durch ‚Sämereien' bleibt hypothetiſch, ich verweiſe auf ⲗⲁⲩ, germina bei Kircher, S. 177.

IV. Inhalt der Briefe.

Nach den oben behandelten einleitenden Formeln beginnt der eigentliche Inhalt des Briefes, der gewöhnlich mit ⲧⲓⲧⲁⲙⲟ ⲙⲙⲟⲕ, ‚ich melde Dir', beziehungsweiſe ⲧⲓⲧⲁⲙⲟ ⲛⲧⲉⲕⲙⲉⲧϫⲟⲉⲓⲥ, ‚ich melde Deiner Herrlichkeit' oder ⲧⲓⲡⲁⲣⲁⲕⲁⲗⲉⲓ ⲧⲉⲧⲛⲙⲛⲧϫⲟⲉⲓⲥ, ‚ich bitte Euere Herrlichkeit', oder mit Partikeln wie ⲉⲡⲓⲇⲏ, ⲗⲉⲡⲟⲛ u. ſ. w. eingeleitet wird.

Der Inhalt der Briefe iſt ein recht mannigfacher, wenn er ſich auch, wie wir bereits öfter bemerkt haben, gerne in denſelben Phraſen bewegt. Da ſind Empfangsbeſtätigungen eingelangter Briefe, Erkundigungen nach dem Befinden und Grüſse, welche oftmals den ganzen Inhalt der Briefe ausmachen. So ſchreibt in einem Briefe auf Papier Phoibammon (ϩⲓⲧⲛ ⲫⲓⲃⲁⲙ) an ſeinen Bruder nach den üblichen Formeln folgendermaſsen:

ⲁⲓϫⲓ ⲛⲛⲉⲕⲉϩⲁⲓ ⲁⲓⲟϣϥ	Ich habe Dein Schreiben erhalten, ich habe es geleſen,
ⲁⲓⲉⲓⲙⲉ ⲉⲡⲉⲧϣⲓⲛⲉ [ϫⲉ	ich weiſs Euer Wohlbefinden,
ⲧⲉⲧⲛⲁϩⲙ ⲛⲉϩⲙⲟⲩ ⲉⲡⲛⲟⲩ̅ⲧ ϣⲏⲛ	daſs Ihr bewahrt (d. h. vor dem Uebel) ſeid, Gott ſei Dank.

Vergl. kopt. Pap. Nr. 1230:

ⲁⲓⲉⲓⲙⲉ ⲉⲡⲉⲛⲧⲁⲕⲉϩⲁⲓⲥⲟⲩ ⲛⲁⲓ	Ich wuſste das, was Du mir geſchrieben haſt.

Kopt. Pap. Nr. 1132:

ⲧⲓⲟⲩⲉϣ ⲡⲉⲕϣⲓⲛⲓ	Ich wünſche Deinen Gruſs.

Kopt. Pap. Nr. 152:

ⲙⲡⲛⲕⲟⲩⲁⲣⲏⲡⲟⲩⲱ ⲙⲡⲛⲕⲟⲩⲁⲣⲓⲛ ϣⲓⲛⲓ : ⲛⲏⲓ :	Du haſt keine Nachricht, Du haſt mir keinen Gruſs geſchickt.

Kopt. Pap. Nr. 3018:

ⲁⲩⲱ ϩⲙ ⲡⲟⲩⲱϣ [ⲙ]ⲡⲛⲟⲩⲧⲉ ⲧⲛⲛⲁϩⲙ̅	Und nach dem Willen Gottes ſind wir bewahrt
ⲁⲩⲱ ⲛϩⲙⲟⲟⲥ ⲧⲉⲛⲟⲩ ⲛⲁⲧϩⲱⲃ	und wir ſitzen jetzt ohne eine Sache (ohne Arbeit?).
ϣⲁⲧⲉⲛⲟⲩ ⲙⲡⲁⲧⲛϭⲓⲛⲉ	Bis jetzt haben wir noch nicht gefunden u. ſ. w.

Kopt. Pap. Nr. 163:

ⲛⲧⲉϥϩⲁⲣⲉϩ ⲉⲣⲟⲕ ⲉⲃⲁⲗ ⲙⲡⲉⲑⲁⲩ ⲛⲓⲙ	Er beſchütze Dich vor allem Uebel,
ⲛⲧⲉϥϭⲉⲛⲧⲡⲁϩⲥ ⲙⲙⲁⲕ ϩⲁ ⲧⲉϥϭⲉⲛⲉⲡⲛ ⲉⲧⲟⲩⲉⲉⲃ	er bedecke Dich mit ſeinen reinen Flügeln.
ⲥⲓⲉϩⲛ ⲛⲉⲓⲉϩⲉⲓ ⲛⲏⲕ ⲉⲓⲛⲉϩⲉⲙ ⲉⲡⲉⲑⲁⲩ	Ich ſchreibe Dir dieſen Brief, ich bin bewahrt vor Uebel,
ⲛⲉϩⲙⲁⲧ ⲙⲡⲛⲟⲩϯ ϣⲏⲡ ϣⲁ ⲉⲛⲉϩ	Gott ſei Dank ewiglich.
ⲙⲡⲓϭⲛϣⲓⲛⲓ ⲛⲧⲏⲕ ϫⲓⲛⲧⲁⲓⲛⲉⲉⲕ ⲉⲃⲁⲗ	Ich habe keine Nachricht von Dir erhalten ſeitdem ich Dich verlaſſen.
ⲁⲩⲱ ⲡⲟ̅ⲥ̅ ⲡⲉⲧⲥⲁⲟⲩⲛ ⲉⲛⲁⲥⲙⲕⲉϩ ⲉⲧⲃⲉⲧⲏⲛⲟⲩ	Und Gott kennt meinen Kummer euretwegen
ⲁⲩⲱ ⲉⲧⲃⲉ ⲧⲁⲯⲩⲭⲏ ⲙⲛ ⲧⲁⲙⲉⲧϣⲉⲙⲁ	und wegen meiner Seele und meiner Vereinſamung.
....	....
ⲛϣⲁⲕⲁϣ ⲡⲁⲉϩⲉⲓ ⲉϩⲏ ⲡⲉⲕϣⲓⲛⲓ ⲛⲏⲓ	Wenn Du meinen Brief lieſeſt, ſchreibe mir Nachrichten von Dir,
ⲧⲁⲉⲓⲙⲓ ⲗⲁϥ ⲙⲛ ⲡϣⲓⲛⲓ ⲛⲛⲉⲛⲗⲱⲙⲓ ⲧⲏⲗⲟⲩ	auf daſs ich es wiſſe, und Nachrichten von unſeren Leuten insgeſammt
ⲁⲩⲱ ⲡϣⲓⲛⲧⲉⲕⲕⲗⲏⲥⲓⲁ ⲛϩⲟⲩⲁ	und Nachrichten von der Ekkleſie dazu,
....	....
ⲁⲩⲱ ⲡⲉϣⲓⲛⲓ ⲛⲧⲡⲟⲗⲓⲥ	und Nachrichten von der Stadt.
ϭⲛⲡϣⲓⲛⲓ ⲛⲭⲁⲏⲗ ϩⲁⲗⲁⲓ	Beſuche Chael von meiner Seite
ⲙⲛ ⲧⲉϥⲥⲱⲛⲓ ⲙⲛ ⲧⲉϥⲙⲉⲉⲩ	und ſeine Schweſter und ſeine Mutter.
ϣⲓⲛⲓ ⲧⲁⲥⲱⲛⲓ ϩⲁⲗⲁⲓ ⲙⲛ ⲛⲉⲥϣⲏⲗⲓ	Grüſse meine Schweſter von meiner Seite und ihre Kinder.
ϣⲓⲛⲓ ⲉⲧⲁϣⲏⲛⲗⲓ ϩⲁⲗⲁⲓ ⲙⲛ ⲛⲉⲥϣⲏⲗⲓ	Grüſse meine Tochter von meiner Seite und ihre Kinder.

Recht oft wird um Antwort ⲁⲡⲟⲕⲣⲉⲥⲓⲥ (ἀποκρισις) gebeten. Dieſes griechiſche Lehnwort erſcheint in mannigfachen Abkürzungen. Die kürzeſte derſelben ſtellt das räthſelhafte ⲁⲡⲟⲕ des Berliner Papyrus Nr. III dar, daneben finden wir ⲁⲡⲟⲕⲣⲓⲥ.

Berliner Pap. Nr. III: ⲁϩⲁ ϣⲟⲛ ⲉⲗⲉ ⲧⲉⲕ(ⲙ)ⲛⲧⲥⲁⲛ ⲭⲣⲓⲁ ⲛⲟⲩⲁⲡⲟⲕ ⲧⲉⲥϩⲉⲓ ⲛⲉⲓ, Und wenn Du, Bruder, eine Antwort brauchſt, ſo ſchreibe mir.

Kopt. Pap. Nr. 766: ⲁⲩⲱ ⲛϣⲱⲡⲉ ⲧⲉⲧⲛⲙⲛⲧϫⲟⲉⲓⲥ ⲕⲉⲗⲉⲩⲉ ⲛⲟⲩⲁⲡⲟⲕⲣⲉⲥⲓⲥ ⲥϩⲁï ⲛⲁï, Und wenn Euere Herrlichkeit eine Antwort befiehlt, ſo ſchreibt mir.

Statt einer ⲁⲡⲟⲕⲣⲉⲥⲓⲥ verlangt man manchmal ‚ein Wort' (kopt. Pap. Nr. 1003, 74).

Kosmas ſendet in dem kopt. Pap. Nr. 1119 ein ἀντίγραφον (eine Abſchrift) eines Briefes ein:

ⲗⲟⲓⲡⲟⲛ ⲙⲡⲉⲕⲧⲁⲩⲁ ⲁⲛⲧⲓⲅⲣⲁⲫⲟⲛ ⲛⲉⲓ	Uebrigens haſt Du mir keine Abſchrift geſendet,
ⲗⲟⲓⲡⲟⲛ ⲁⲓⲥϩⲏⲧϥ ⲛⲉϥ ⲛⲧⲉⲓϩⲏ ϫⲉ	übrigens habe ich ihm alſo geſchrieben:
ⲁⲛⲁⲕ ⲡⲉ ⲕⲟⲥⲙⲁ u. ſ. w.	Ich, Kosma u. ſ. w.

Der kopt. Pap. Nr. 1287 (30 Centimeter lang, 6 Centimeter breit) enthält in ungemein zierlicher, gleichmäfsiger Schrift einen an dieselbe Person — den ‚Herrn Paul' — gerichteten Doppelbrief. Der Absender des ersteren ist Phore, der Symmachos, der Absender des anderen Bartholomaios, der Boëthos.

† ϩⲙ̅ ⲛⲗⲉⲛ ⲙⲡⲛⲟⲩ^ⲧ	† Im Namen Gottes!
ⲁⲛⲁⲕ ⲛⲉ'ⲫⲟⲣⲉ	Ich Phore,
ⲛⲉⲩⲙⲙⲁⲭⲓ̈	der Symmachos
ⲛⲁⲡⲟⲩⲉⲓⲣⲓ ⲉⲓⲉϩⲉⲓ	aus Pusiri, schreibe
ⲉⲓϣⲓⲛⲓ ⲕⲩⲣⲓ	(und) grüfse Herrn
ⲡⲁⲩⲗⲉ ⲛⲁⲗⲱⲉ	Paule schön.
[ⲧ]ⲓⲟⲩⲱϣ ⲉⲕϣⲁⲛ	Ich wünsche, dafs Du mir
ⲟⲩⲙⲁⲕⲗⲁⲃⲓ	einen Halfter kaufst
ⲛⲕⲧⲛⲁⲟⲩⲧϥ ⲛⲏⲓ̈	und mir denselben
ⲛⲉ]ⲁⲩⲧⲟⲛ̅ ⲉⲧⲡⲟⲗⲓⲥ	direct in die Stadt schickest.
[ⲁⲩ]ⲱ ⲁⲛⲁⲕ ⲡⲉⲃⲁⲣⲟⲟ^ⲗ	Und ich Bartholomaios,
ⲛⲃⲟ^ⲑⲏ ⲡϣⲏⲛ ϣⲉⲛⲟⲩ^ⲧ	der Boëthos, der Sohn des Schenute,
ⲉⲓⲥϩⲉⲓ ⲉⲓϣⲓⲛⲓ ⲕⲩⲣⲓ	schreibe (und) grüfse Herrn
ⲡⲁⲩⲗⲉ ⲁⲩⲱ ⲧⲓⲧⲁⲙⲁ	Paule und melde
[ⲙⲙⲁ]ⲕ ⲉⲧⲃⲉ 'ⲫⲟⲣⲉ	(Dir) in Bezug auf Phore
ⲛⲉⲩⲙⲙ^ⲭ ϫⲉ	den Symmachos..................

Neu ist in der koptischen Papyrusliteratur der Ausdruck ⲙⲁⲕⲗⲁⲃⲓ, Zeile 8, er wird in der boheirischen Form ⲙⲁⲕⲗⲁⲃⲓ, ⲛⲓ bei KIRCHER, 136, durch vinculum, quo equorum pedes ligantur erklärt. Einen Boëthos haben wir bereits aus einem anderen Papyrus der Sammlung in diesen Mittheilungen (II, S. 64, Anmerkung 5) angeführt. Ebendaselbst (S. 60) haben wir ferner über die Symmachoi (doch wohl socius), die Briefboten im alten Aegypten, gehandelt.

Ein Vorgesetzter kündigt einem Untergebenen den Besuch an und ertheilt ihm Aufträge.

Kopt. Pap. Nr. 1298:

† ⲥⲩⲛ^ⲑ ⲡⲁⲗⲕⲁⲥⲓⲧ · ⲡⲉⲧ · ⲥϩⲉⲓ ⲡⲁⲡⲁ ⲅⲁⲃⲣⲓⲏⲗ · ⲉⲧⲙⲟⲩⲙⲏ · ϫⲉ	† Mit Gott! Palkaid schreibt an Apa Gabriel an der Quelle:
ϩⲉⲓ ⲧⲓⲛⲏⲩ · ⲛⲉⲕ · ⲉⲗⲉⲥⲧⲓ ·	Siehe ich komme zu Dir morgen.
ϣⲉϣ · ⲛⲉⲕϩⲱⲃ · ⲉⲃⲁⲗ ·	Breite (?) Deine Sache aus,
ϣⲁⲛⲧⲁⲉⲓ · ⲛⲉⲕ · ⲉⲗⲉⲥⲧⲓ ·	bis ich zu Dir morgen komme............
ⲁϩⲁ · ⲟⲩⲱⲧⲓ · ⲡϣⲏⲛ · ⲡⲁⲗⲁⲛⲥⲁⲣⲓ	und schicke um den Sohn des Al-Ansari,
ⲧⲉⲃⲓ · ϩⲉⲑⲛ · ⲙⲁⲓ ϩⲁ · ϣⲱⲣⲡ · ⲗⲉⲓⲉ (sic) · ⲧⲓ	auf dafs er zu mir komme morgen Früh.
ϩⲉ ⲛⲟⲩⲱϣ · ⲉⲡⲛⲟⲩⲧⲓ :	So Gott will!

Ⲟⲩⲱⲧⲓ ist dem Sinne nach wiedergegeben. Ⲡⲁⲗⲕⲁⲥⲓⲧ ist القائد, ⲡⲁⲗⲁⲛⲥⲁⲣⲓ الانصارى.

Krankheiten der Abfender oder Empfänger bilden den Anlafs der Briefe, wobei nicht felten diefe Gelegenheit benützt wird, um die Bitte nach einem Darlehen vorzubringen. Kopt. Pap. Nr. 1132 R.:

ϯ ϩⲙ ⲡⲗⲛ ⲙⲡⲛⲟⲩⲧ	† Im Namen Gottes!
ⲧⲓⲣⲏⲛⲏ ⲙⲡⲛⲟⲩⲧ ⲛⲧⲉⲕⲙⲉⲧⲥⲁⲛ ⲉⲧⲛⲁⲛⲟⲩⲥ	Der Frieden Gottes Dir gutem Bruder.
ⲁⲩⲧⲁⲙⲁⲓ ϫⲉ ⲁⲕϣⲱⲛⲓ ϩⲉⲓ ⲅ̄ ⲛϩⲁⲟⲩ :	Man hat mir gemeldet, dafs Du drei Tage krank warft,
ⲁⲓⲉⲗⲕⲟⲩ ⲛⲯⲩⲭⲏ ⲉⲧⲉ ⲙⲡⲓⲉⲛⲗⲃⲓ	ich war in der Seele betrübt, da ich nicht frei war
ⲧⲁⲉⲓ ⲧⲁϭⲙⲡⲉⲕϣⲓⲛⲓ ⲉⲧⲃⲏ ⲡϫⲁⲗϫⲉⲗ :	zu kommen und Dich zu befuchen wegen des Kummers,
ⲛⲧⲁⲉⲓ ⲛⲧⲁⲯⲩⲭⲏ ⲗⲁⲃ :	dem ich in meiner Seele verfallen war.

Ϭⲏⲛϣⲓⲛⲓ haben wir oben in dem Papyrus Nr. 163 kennen gelernt.

Ⲥⲗⲕⲟⲩ ftelle ich zufammen mit ἄλγος, ἀλγέω. Eine ähnliche Wendung kopt. Pap. Nr. 1119:

ⲗⲟⲓⲡⲟⲛ ⲁ ⲧⲁⲡⲥⲩⲭⲏ ϩⲓⲉⲓ ⲕⲁⲕⲟⲥ	Uebrigens, es war meine Seele fehr betrübt.

Kopt. Pap. Nr. 200:

ϩⲉⲓ ⲧⲓⲉⲛⲕⲁⲧ ⲧⲓϣⲱⲛⲓ ϩⲉⲓ ⲇ̄ ...... ⲛϩⲁⲟⲩ	Siehe, ich liege, ich bin krank feit vier. . . . Tagen,
ⲙⲛⲓⲛⲉϣⲙⲟⲩϩⲣⲉⲧ ϩⲓϫⲱ ⲛⲁⲛⲉⲧ	ich habe nicht einhergehen können auf meinen Füfsen,
ⲉⲓⲉⲛⲕⲁⲧ........ϣⲉ ⲡⲁⲟⲩ[1]	ich liege .... bei dem Ruhme,
ⲛⲧⲁ ⲡⲛⲟⲩⲧⲓ ⲧⲉⲓⲃ ⲙⲙⲧⲉⲛ ϫⲛ	welchen Gott Euch gegeben hat:
ⲙⲟⲩⲧⲉⲣϩⲁⲙ[2] ϩⲓⲛⲁϭⲓϫ	Gebt ein Dirhem mir auf die Hand.
ⲗⲟⲓⲡⲱⲛ ⲛⲁϫⲁⲉⲓⲥ ⲕⲉⲗⲉⲩⲓ	Uebrigens, meine Herren, befiehlt,
ⲛⲁⲧ ⲡⲉⲧⲛϩⲟ[3] ϩⲓϫⲱⲓ ⲛⲟⲩϫⲓⲙⲓⲧⲧⲓ	wendet Euer Angeficht mir zu in Gnade.
ⲧⲓ ⲡⲣⲟⲥⲕ/ ⲛⲁϫⲁⲉⲓⲥ ⲉⲧⲧⲁⲁ ⲙⲛⲟ̄ⲥ̄ †	Ich bringe meinen geprieſenen Herrn die Proskynefis dar mit Gott †.

Vor Allem find es Geldangelegenheiten, welche den Inhalt diefer Briefe ausmachen. Auch hier ftofsen wir auf Schritt und Tritt auf das Wort ϩⲟⲗⲟⲕⲟⲧⲉⲓ, beziehungsweife νομισμάτιον. Nicht blos zum eigenen Lebensunterhalte, fondern noch haufiger zur Beftreitung der Steuern, des ⲇⲏⲙⲟⲥⲓⲟⲛ, der ⲉⲙⲃⲟⲩⲗⲁ (vergl. die εμβολη της ευτυχους ενδεκατης ινδικτιονος im grofsen griechifchen Papyrus vom Jahre 487 n. Chr., Zeile 5), des ⲫⲟⲣⲟⲥ.

Kopt. Pap. Nr. 56:

ϯ ϩⲉ ⲡⲗⲉⲛ̄ ⲙⲡⲟⲩⲧⲓ ⲛ̄ϣⲁⲣⲉⲛ	† Im Namen Gottes zuerft.
ⲧⲓϣⲓⲛⲓ ⲁⲩⲱ ⲧⲓⲡⲣⲟⲥⲕⲩⲛⲓ ⲡⲟⲩϫⲉⲉⲓ	Ich grüfse und bringe die Proskynefis dar dem Heile

[1] Vergl. ϣⲉ ⲡⲉⲧⲉⲛϣⲟⲩϣⲟⲩ, 1 Kor. 15, 31.

[2] Vergl. unten S. 53.

[3] Vergl. oben S. 34.

ⲛ̄ⲧⲉⲕⲙⲉⲧⲥⲁⲛ ⲉⲧⲁⲙⲟⲩⲧ	von Dir gepriefenem Bruder
ⲕⲁⲧⲁ ⲉⲙⲁⲧ ⲛ̄ⲃⲓ ⲛⲧⲉ ⲛⲛⲟⲩⲧⲓ ⲙⲉ ⲛⲉⲗⲟⲙⲓ	nach aller göttlichen und menfchlichen Art.
ⲗⲟⲓⲡⲟⲛ ⲁⲡⲁ ⲁⲃⲉⲗ ⲛⲉⲩ⸌ⲭ⸍ⲙ ⲉⲓ ⲛⲉⲓ	Uebrigens Apa Abel, der Symmachos[1] kam zu mir,
ⲉϥⲙⲉϩⲓ ⲙⲁⲛ ϫⲉ ⲁⲓⲟⲩⲉϣ ⲟⲩ · ς ⲏ̄ ⲛⲗⲟⲙⲁⲥ	er befriedigt uns, ich verlangte 1/2 und 1/8 Nomismation als Reft.

In einem Briefe auf Papyrus wird der Dank für drei Dirhem[2] (ⲅ̄ ⲛⲧⲉⲣϩⲁⲙ) abgeftattet:

ⲛⲉⲓ ⲧⲏⲗⲟⲩ ϣⲁⲗⲉ ⲡⲟⲥ ⲧⲉⲓⲧⲟⲩ ⲛⲏⲕ ⲛϩⲟⲩⲟ ⲛⲣ̄ ⲛⲉⲁⲛ	Diefe insgefammt gibt Dir Gott mehr als hundertfältig.

Mannigfache Beifpiele werden wir unten noch kennen lernen, hier feien aus dem kopt. Pap. Nr. 1252 folgende Sätze angeführt:

ⲥⲁⲙⲓⲛⲁ ⲛⲉⲥⲁⲛ ⲁϩⲁ ⲡⲁⲡⲛⲟⲩⲧⲓ	Gib Samina, Deiner Schwefter und Papnuti
ⲧⲓ ⲟⲗⲟⲕⲟϫⲓ ⲉⲩ⸌ⲧⲏ⸍ⲛ ⲛⲉⲩ.	zwei Goldftücke . . . .
ⲁϩⲁ ⲧⲓ ⲟⲩⲧⲉⲙⲛⲉⲩ ⲟⲩⲙⲓ ⲧⲓⲟⲫⲁⲛ ϩⲉⲗⲉⲩ	und gib ein halbes der Frau des Diophanes für jene,
ⲁϩⲁ ⲧⲓⲟ[ⲩⲧⲉⲙ]ⲧⲉⲩ ⲉⲩⲙⲓ ⲕⲟⲥⲙⲁ ϩⲉⲗⲉⲩ	und gib ein halbes der Frau des Kosmas für jene.

Ⲥⲁⲙⲓⲛⲁ fteht doch wohl für ⲥⲁⲃⲓⲛⲁ.

Der Ton, der in diefen Briefen, vollends wenn fie an Perfonen höheren Standes gerichtet find, angefchlagen wird, ift, wie wir bereits bemerkt haben, ein ungemein unterwürfiger. So fchreibt der Knecht ⲁⲛⲧⲱⲛⲉ an den Emir Râfchid im kopt. Pap. Nr. 3013:

ⲁⲩⲱ ⲡⲣⲱⲙⲉ ⲛⲧⲉⲧⲛⲉⲙⲓⲛⲉ	Und einem Manne von Euerer Bedeutung gegenüber,
ⲛⲧⲁ ⲡⲛⲟⲩⲧⲉ ⲟⲩⲱϩⲧϥ ⲉⲝⲟⲩⲥⲓⲁ ⲉϫⲱϥ	dem Gott Macht gegeben hat,
ⲙⲉ ⲣⲱⲙⲉ ⲛⲧⲁⲙⲓⲛⲉ ⲙⲡϣⲁ	ift ein Mann von meiner Art nicht würdig,
ⲉⲣⲁⲧⲉⲥⲱⲧⲙ ⲛⲥⲁ ⲡⲉϥϣⲁϫⲉ	auf deffen Wort nicht zu hören.

Aber daneben fehlt es an fcharfen Wendungen nicht. So heifst es im kopt. Pap. Nr. 1001:

ⲛⲧⲁⲧⲉⲛ ϩⲉⲛⲗⲱⲙⲓ ⲉⲧⲕⲁⲧⲁⲗⲁⲗⲓ	Ihr feid Leute, welche verläumden,

oder im kopt. Pap. Nr. 3017:

ⲁⲩⲱ ⲁⲛⲟⲕ ⲡⲉ ⲁⲓ̈ⲩⲛⲧⲕ	Und ich habe gefunden,
ⲉⲕⲱⲛ ⲙ̄ⲙⲟⲓ̈ ϩⲱⲥ ⲧⲃⲛⲏ	dafs Du mich für ein Thier hältft.
ⲟⲩ ⲙⲟⲛⲟⲛ ⲅⲁⲣ ϫⲉ ⲙ̄ⲡⲕⲕⲁⲧⲁⲝⲓⲟⲩ	Nicht nur haft Du (mich?) nicht gewürdigt,
ⲛϥⲓ ⲧⲉⲡⲓⲥⲧⲟⲗⲏ ⲙⲡⲉⲩⲕⲗⲉⲉⲥⲧⲁⲧⲟⲥ ⲛ̄ⲇⲟⲩⲝ	den Brief des erlauchten Dux zu tragen,
ⲉⲕⲃⲏⲕ ⲉⲧⲡⲟⲗⲓⲥ.	(dann) gehft Du in die Stadt . . . .
ⲁⲗⲗⲁ ⲟⲥ ⲉⲕⲕⲁⲧⲁⲫⲣⲟⲛⲉⲓ ⲙⲙⲟⲓ̈ ⲙⲙⲟⲥ	aber wie Du mich verachteft
ⲙⲛ̄ ⲟⲥ ⲉⲧⲕⲩⲱϣⲧ ⲛ̄ⲥⲱⲓ̈ ⲙⲙⲟⲥ	und für mich forgft,
ⲡⲛⲟⲩⲧⲉ ⲛⲁⲩⲱϣⲧ ⲛ̄ⲥⲱⲕ ⲙⲙⲟⲥ ϩⲱⲱⲕ	fo wird Gott für Dich forgen
ⲁϫⲛ ⲱⲥⲕ	ohne Unterlafs.

[1] Ueber die ⲥⲩⲙⲙⲁⲭⲟⲓ vergl. Mittheilungen, II, 61 und oben S. 48.

[2] Vergl. unten S. 53.

Wir finden in unseren Papyrus die verschiedenartigsten Aemter, Würden und Geschäfte erwähnt, welche zusammengehalten mit dem nach dieser Richtung bereits Zusammengestellten uns ein Bild von der Stellung der koptischen Bevölkerung in jenen Jahrhunderten geben:

Duces (ϩⲉⲓⲧ ⲁⲓⲛⲟⲩ ϩⲁⲉⲛ ⲛⲇⲟⲩⲝ, ‚siehe ich eilte vor den Dux' und ⲛⲇⲟⲝ, kopt. Pap. Nr. 1665, vergl. oben S. 50), Emire (vergl. oben S. 31), Pagarchen (ⲡⲁⲅⲁⲣ^ⲭ, kopt. Pap. Nr. 146; ⲡⲁⲅⲁⲣⲭⲟⲥ, kopt. Pap. Nr. 3510, vergl. oben S. 31), Comites (ⲕⲟⲙⲏⲥ, vergl. oben

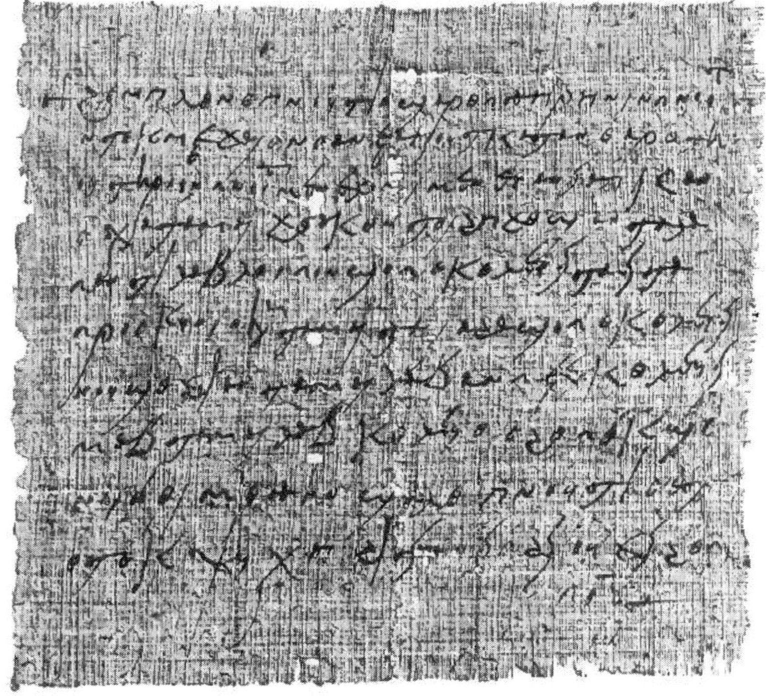

Koptischer Papyrus Nr. 74 (Originalgröße). Zu Seite 52.

S. 26, 31), einen Symbolos (ⲡⲉⲩⲙⲃⲟⲗⲟⲥ, kopt. Pap. Nr. 3512), einen Komarchen (ⲡⲕⲟⲙⲁⲣⲭⲏⲥ, kopt. Pap. Nr. 3510), einen ⲇⲓⲟⲓⲕⲏⲧⲏⲥ (kopt. Pap. Nr. 3510), ferner Personen geistlichen Standes vom Bischofe angefangen (vergl. oben S. 33), Notare, einen ⲕⲁⲛⲕⲉⲗⲗⲁⲣⲓⲟⲥ (kopt. Pap. Nr. 1150), ⲉⲭⲟⲗⲁⲥⲧⲓⲕⲟⲥ (kopt. Pap. Nr. 3019), mehrere ⲭⲁⲣⲧⲟⲩⲗⲁⲣⲏⲥ, ⲃⲟⲏⲑⲟⲥ (kopt. Pap. Nr. 1287, kopt. Pap. Nr. 3019), ⲕⲉⲗⲗⲁⲣⲓⲧⲏⲥ (kopt. Pap. Nr. 1991), einen ⲣⲓⲛⲁⲣⲓⲟⲥ (kopt. Pap. Nr. 3019), ϩⲉⲣⲙⲏⲛⲉⲩⲧⲏⲥ (kopt. Pap. Nr. 3023), einige ⲧⲣⲁⲛⲧⲉⲩⲧⲏⲥ (vergl. oben S. 30), ⲡⲉⲣⲓⲭⲏⲧⲏⲥ (kopt. Pap. Nr. 3018 A), ⲁⲣⲭⲩⲫⲩⲗⲁⲝ (kopt. Pap. Nr. 1164), dann mehrere ⲥⲩⲙⲙⲁⲭⲟⲥ (vergl. oben S. 48), mehrere ϩⲩⲡⲟⲣⲅⲟⲥ (kopt. Pap. Nr. 161, kopt. Pap. Nr. 329:

ⲁⲓⲟⲩⲁⲧ ⲛⲉⲓϩⲩⲡⲟⲩⲣⲅⲟⲥ), ⲉⲣⲅⲁⲧⲉⲥ (kopt. Pap. Nr. 199, ⲉⲣⲅⲁⲧⲏⲥ kopt. Pap. Nr. 1291), ⲧⲉⲭⲛⲓⲧⲏⲥ (kopt. Pap. Nr. 1291), endlich die uns fo geläufigen ϩⲙϩⲁⲗ und ϭⲁⲟⲩⲟⲛ.

Der örtliche Gefichtskreis diefer Briefe umfafst für gewöhnlich nur die nächfte Umgebung der Gegend, in der fie niedergefchrieben wurden; am häufigften finden wir in denfelben Reifen nach Babylon (Foftât) erwähnt, ein und das anderemal erfcheint auch Rakote (Alexandrien). So heifst es in dem kopt. Pap. Nr. 59: ⲉⲣⲉ ⲡⲁⲙⲉ ⲣⲁⲟⲩⲱϣ ⲉⲉⲓ ⲉⲣⲁⲕⲁ[ⲧⲉ, es forgt mein Sinn nach Alexandrien zu gehen.

Die Reihe koptifcher Mufterbriefe beginnen wir mit dem kopt. Pap. Nr. 74 (gegen 14 Centimeter breit, 12 Centimeter hoch), deffen vorzügliche Reproduction ein gutes Specimen der koptifchen Schrift des VIII. Jahrhunderts liefert (fiehe die umftehende Abbildung).

† ϩⲉⲙ ⲡⲗⲉⲛ ⲉⲛⲛⲟⲩⲧⲓ ⲛϣⲁⲣⲉⲛ	† Im Namen Gottes zuerft!
ⲟⲛⲣⲏⲛⲓ ⲛⲛⲟⲩ^{ⲧ} ⲛⲧⲉⲕⲙⲉⲧϫⲁⲓⲥ	Der Frieden des Herrn Deiner Herrlichkeit
ⲛⲥⲁⲛ ⲉⲧⲁⲛⲟⲩⲧ ⲕⲁⲧⲁ ⲛⲉⲁⲣⲉⲧⲏⲟⲩ ⲧⲏⲣⲟⲩ	(o) Bruder, der gepriefenen, gemäfs den göttlichen
ⲛⲛⲟⲩ^{ⲧ} ⲙⲉ ⲛⲉⲗⲱⲙⲓ ⲙⲉⲛⲉⲥⲁⲛⲉⲓ	und menfchlichen Tugenden insgefammt.
ⲁ ⲛⲕⲁⲛⲥⲁⲭⲁ ⲧⲁⲙⲁⲓ	Es hat der Kanfacha mir gemeldet,
ϫⲉ ⲁⲕⲉ ⲛⲧⲉⲓϩⲏ	dafs Du in der Lage warft,
ϫⲉ ϣⲁⲛⲧⲁⲗⲁⲛⲁⲛⲧⲓ ⲗⲁⲃ	nämlich bis ich ihn traf.
ⲗⲟⲓⲡⲟⲛ ϣⲱⲡⲉ ⲕⲉⲗⲉⲩⲉⲓ ⲧⲁⲉⲓ	Uebrigens, wenn Du befiehlft, dafs ich komme
ⲧⲁⲡⲣⲟⲥⲕⲩⲛⲓ ⲛⲕ/	und die Proskynefis dem Herrn (d. h. Dir) darbringe,
ⲧⲁⲙⲁⲓ ⲧⲁⲓ	fo melde mir dies,
ⲁϩⲁ ϣⲱⲡⲉⲕⲉⲗⲉⲩⲉⲓ ⲛⲟⲩϣⲉϫⲓ ⲁⲛ	und wenn Du ferner ein Wort befiehlft,
ⲧⲁⲙⲁⲓ ⲗⲁⲃ ⲁⲛ ⲕⲉⲗⲉⲩⲉ	fo melde es mir wiederum, befiehl,
ⲥϩⲉ ⲡⲉⲕϣⲓⲛⲓ ⲛⲉⲓ ⲙⲉ ⲟⲛ	fchreibe Deinen Grufs mir und die Art,
ⲛϣⲁⲗⲉ ⲡⲛⲟⲩⲧⲓ ⲥⲉⲧ ⲉⲧⲉⲕⲯⲩⲭⲏ	welche Gott Deiner Seele einflöfst.
ϩⲓⲧⲉⲛ ⲛⲉⲓⲉϩⲉⲓ ⲟⲩϫⲉⲓ ϩⲉⲙ ⲡ̅ⲟ̅ⲥ̅ †	Durch diefen Brief fei heil im Herrn. †

Ⲕⲁⲛⲥⲁⲭⲁ bleibt noch zweifelhaft, doch liegt es auf der Hand, dafs diefe Gruppe wie das in der Aegyptifchen Zeitfchrift 1885, S. 29 angeführte ⲕⲁⲛϣⲕⲗⲓ gebildet ift.

Ⲉⲗⲁⲛⲁⲛⲧⲓ kennen wir auch aus dem kopt. Pap. Nr. 1291: ⲁ ⳅⲁⲭⲁⲣⲓⲁⲥ ⲉⲗⲁⲛⲁⲛⲧⲓ ⲗⲁϥ: es hat Zacharias ihn getroffen.

Der kopt. Pap. Nr. 1001 (17 Centimeter breit, 22 Centimeter hoch) ift nach verfchiedenen Richtungen hin belehrend:

† ⲥⲩⲛ^{ⲑ} ϯϣⲓⲛⲓ ⲉⲡⲉⲕⲟⲩϫⲉⲓ ⲕⲁⲗⲱⲥ	† Mit Gott! Ich erkundige mich nach Deinem Heile fchön.
ⲉⲗⲉ ⲡⲛⲟⲩ^{ⲧ} ⲗⲁⲓⲥ ⲉⲗⲁⲕ..............ⲙⲉⲛⲉⲥⲁⲛⲉⲓ	Es bewacht Dich Gott..............hernach.
ⲁⲓⲁϣ ⲡⲉⲕⲉϩⲉⲓ ⲛⲥⲉⲃ ⲙⲛ ⲡⲉⲕⲉϩⲉⲓ ⲙⲡⲁⲟⲩ	Ich habe Dein Schreiben von geftern und Deine Zeilen von heute gelefen.
ⲁⲓⲉⲗϣⲡⲏⲣⲉ ⲕⲁⲗⲱⲥ ⲉⲗⲉ ⲡⲛⲟⲩ^{ⲧ} ⲕⲱ ⲛⲉⲕ ⲉⲃⲁⲗ	Ich wunderte mich fchön, es verzeiht Dir Gott.
ⲛⲧⲁⲧⲉⲛ ϩⲉⲛⲗⲱⲙⲓ ⲉⲧⲕⲁⲧⲁⲗⲁⲗⲓ............	Ihr feid Leute, welche verleumden...........

ⲙⲡⲉ ⲡⲉϭⲱϣ ⲉⲓ ⲛⲏⲓ ⲟⲩⲇⲉ ⲡⲁⲣⲉⲩ	Es ift ⲡⲉϭⲱϣ noch nicht zu mir gekommen, noch Pareu,
ⲁⲗⲗⲁ ⲛⲧⲁⲧⲉⲛ ⲉⲧⲉⲁⲟⲩⲛ ⲉⲡⲉⲧϩⲱⲃ	fondern ihr wifst diefe (?) Sache.
ϩⲉⲓ ⲓⲱⲥⲏⲫ ⲁⲃⲉⲓ ⲛⲏⲕ ϫⲓ ⲛⲉⲕⲉⲥ ⲛⲃⲁⲣⲁϭ	Siehe, Jofeph ift zu Dir gekommen um die Kes des ⲃⲁⲣⲁϭ zu holen
ⲙⲛ ⲛⲉⲧⲉⲣϩⲁⲙ ⲛⲛⲉϣⲏ ⲛⲛⲁⲡⲁ ⲕⲁⲗⲁⲙⲱⲛ	und die Dirhem der Söhne des Apa Kalamôn,
ⲙⲉⲙⲟⲩ[ⲛ] ⲁⲙⲙⲏⲗ ⲙⲛ ⲕⲁⲗⲁⲙⲱⲛ	Memûns, des Handwerkers und Kalamôns.
ⲡⲉⲧϣⲁϥⲧⲉⲓϥ ⲛⲏⲕ ⲥⲁⲩϩⲟⲩ ϭⲁⲛⲛ · ⲅ̄ ⲧⲉⲕⲧⲉⲓϥ ⲛⲃⲁⲣⲁϭ	Das, was er Dir gibt, hebe auf: Nimm ein Drittel Nomismation und gib es dem ⲃⲁⲣⲁϭ.
ⲡⲉⲧϣⲁϥⲉⲛⲛⲏⲃⲓ ⲉⲓⲙⲓ ϫⲉ ⲟⲩⲏⲗ ⲡⲉ	Das was übrig ift, wiffe wie viel es ausmacht,
ⲟⲩⲁⲧϥ ⲛⲏⲓ ⲙⲛ ⲛⲉⲧⲉⲣϩⲁⲙ ⲉⲧⲟⲩⲁϫ ϩⲙⲡⲛⲟⲩⲱϣ ⲙ̅ⲫ̅ϯ̅	liefere es mir ab und die unverfehrten Dirhem. So Gott will!

Hier ift vor Allem das Lehnwort ⲧⲉⲣϩⲁⲙ, namentlich in feinem Gegenfatze zu ⲕⲉⲥ (ⲛⲉⲕⲉⲥ ⲛⲃⲁⲣⲁϭ ⲙⲛ ⲛⲉⲧⲉⲣϩⲁⲙ ⲛⲛⲉϣⲏ ⲛⲛⲁⲡⲁ ⲕⲁⲗⲁⲙⲱⲛ), von Wichtigkeit. Das Wort ⲕⲉⲥ kennen wir vor Allem aus ZOËGA (S. 91, Z. 7 ff.): ⲡⲓϧⲉⲗⲗⲟ ⲉⲧⲉⲙⲙⲁⲩ ⲉⲩⲗⲟⲅⲓⲟⲥ ⲡⲉ ⲧⲉϥⲧⲉⲭⲛⲏ ϫⲉ ⲛⲉ ⲟⲩⲣⲉϥⲕⲁϩⲛⲉⲱⲛⲓ ⲡⲉ ⲉϥϫⲫⲟ ⲛⲟⲩⲕⲁⲥ ⲙⲙⲏⲛⲓ ϧⲉⲛ ⲧⲉϥⲧⲉⲭⲛⲏ, jener Greis, Eulogios, war feiner Kunftfertigkeit nach ein Steinarbeiter, er verdiente durch feine Kunftfertigkeit ein ⲕⲁⲥ täglich.

Ⲧⲉⲣϩⲁⲙ — das arabifche درهم — felbft ift in unferen Texten ungemein häufig. So fchreibt das kopt. Papier Nr. 17129 nach den einleitenden Formeln:

ⲉⲥ ⲙⲏⲧ ⲛϩⲁⲗⲏⲧ ⲁⲓϫⲟⲟⲩⲥⲟⲩ	Siehe zehn Vögel, ich habe fie gefchickt,
ⲧⲁⲁⲩ ⲉⲕⲱⲥⲙⲁ ⲫⲁⲩⲛⲟⲩϥ	gebt fie an Kosma Phaunûf,
ⲁⲩⲱ ⲉⲥ ⲥⲛⲏⲧⲉ ⲛⲧⲣϩⲁⲙ ⲉⲩⲟϫ	und fiehe, zwei unverfehrte Dirhem
ⲁⲓϫⲟⲟⲩⲥⲟⲩ ⲛⲏⲧⲛ	habe ich Euch gefendet
ⲁⲩⲱ ϣⲟⲙⲧⲉ ⲉϭⲓⲧⲣⲉ	und drei Citronen.

Inftructiv ift hier der Zufatz ⲉⲩⲟϫ zu ⲧⲣϩⲁⲙ, welcher dem oben angeführten ⲉⲧⲟⲩⲟϫ entfpricht. Zufätze ähnlicher Art, welche fich auf die Qualität beziehen, find uns bei Münzen bereits aus den griechifchen Contracten geläufig genug.

In einem koptifchen Papyrus finden wir ‚grofse' Dirhem erwähnt:

Kopt. Pap. Nr. 801: ⲁⲩⲱ ⲧⲉⲓⲧⲟⲩ ⲛⲛⲟϭ ⲛⲁϭ ⲛⲧⲉⲣϩⲁⲙ, gib fie (d. h. die geliehenen Beträge) in grofsen Dirhem.

Ⲧⲉⲣϩⲁⲙ finden wir aufser an den oben angeführten Stellen (S. 29, 49 und 50) auch in dem alchymiftifchen Tractate (Aegyptifche Zeitfchrift 1885, S. 103 ff., 118) erwähnt.

Wegen ⲟⲩⲁⲧ vergl. S. 52 und S. 58.

Intereffant find ferner die Namen, die in diefem Briefe vorkommen. Ⲃⲁⲣⲁϭ ift uns auch aus anderen Papyrus geläufig (Berliner Pap. Nr. V), es ift فرج; von ⲙⲉⲙⲟⲩ[ⲛ] ⲁⲙⲙⲏⲗ haben wir ⲙⲉⲙⲟⲩ[ⲛ] bereits befprochen, ⲁⲙⲙⲏⲗ ift das arabifche عمّال (Handwerker).

Den Namen ⲕⲁⲗⲁⲙⲱⲛ fanden wir auch (S. 29) in dem kopt. Pap. Nr. 1012:

ⲁⲓⲡⲱⲧ ⲁⲓⲉⲣϭⲁⲟⲩⲁⲗ ⲛ̅ⲕⲁⲗⲁⲙⲱⲛ̅	Ich habe mich beeilt, ich bin Knecht bei Kalamôn gewefen.

Ⲡⲉϭⲱϣ, der Aethiopier, ift hier Perfonenname (vergl. den Diakon ⲡⲉⲉⲱϣ, ZOËGA 23, 16), gebildet nach Analogie der altägyptifchen Namen Pi-chal, ‚der Syrer' u. f. w

Ⲛⲁⲣⲉⲩ kennen wir aus dem Pap. Nr. 1161: ⲛϣⲉ ⲛⲁⲣⲉⲩ, ‚der Sohn des Areu‘. Zu vergleichen ift damit der griechifche Name Areus des Papyrus Cafati (43, 2) und der Papyrus des britifchen Mufeums (7, 4; 8, 9).

Der kopt. Pap. Nr. 1237 ift 22 Centimeter breit und 8 Centimeter hoch. Von der Adreffe find nur einige undeutliche Zeichen erhalten; der Text lautet:

Zeile 1. † ϩⲉⲛ ⲛ̀ⲗⲉⲛ ⲡⲛⲟⲩⲧⲓ ⲛϣⲁⲣⲉⲛ ⲧⲓϣⲓⲛⲓ ⲧⲉⲕⲙⲉⲧⲥⲁⲛ ⲕⲁⲗⲟⲥ
2. ⲗⲓⲛⲱⲛ ⲁ ⲙⲏⲛⲁ ⲡϣⲏ ⲛⲁⲡⲁ ϣⲉⲛⲟⲩ^ⲧ ⲉⲓ ⲛⲉⲛⲁⲧⲓ ⲁⲣ^θ βς δηω ημη̅
3. ⲛⲟ̀ⲗⲱⲕⲟⲥⲏ ⲛⲉϥϫⲉ ϥⲉⲛⲧⲟⲩ ⲛⲉⲕ ⲗⲓⲛⲱⲛ ϫⲓⲧⲟⲩ
4. ⲧⲁϥ ⲙⲉⲛⲉⲥⲁⲛⲉⲩ ⲟⲓⲣⲏⲛⲏ ⲛⲉⲕ †

Zeile 1. Im Namen Gottes zuerft. Ich grüfse Dich, Bruder, fchön.
2. Uebrigens, es ift Mena, der Sohn des Apa Schenuti zu uns gekommen. Er (wir?) verlangte(n?) Goldftücke $2^1/_2$, zweieinhalb
3. Holokofi; er fagte, er werde fie Dir bringen. Uebrigens nimm fie
4. von feiner Hand. Hernach, Frieden Dir. †

Bemerkenswerth ift die Form ⲟⲗⲱⲕⲟⲥⲏ, welche mit den anderen von uns in diefen Mittheilungen bereits angeführten Formen (Bd. II, S. 47) ϩⲱⲗⲟⲕⲟⲧⲥⲓ, ϩⲟ̀ⲗⲟⲕⲟϫⲓ zufammenzuftellen ift. Das griechifche τι(ος) in feiner jüngeren Ausfprache wird, wie man fieht, bald durch ϫⲓ, bald durch ⲧⲥⲓ und ⲥⲏ wiedergegeben.

Ein Mufter eines koptifchen Billets gibt uns der arabifch-koptifche Papyrus Nr. 1, der auf der Rückfeite eines zerriffenen arabifchen Briefes gefchrieben ift.

† ϩⲉⲙ ⲡ̄ⲗⲉⲛ ⲉⲛⲛⲟⲩⲧⲓ ⲛϣⲁⲣⲉⲛ [ⲁⲛⲁⲕ	† Im Namen Gottes zuerft. Ich,
ⲡⲉ ⲓⲱϩⲁⲛⲛⲉⲥ ⲉⲓⲉϣⲓⲛⲉ (sic!) ⲛⲟⲩϫⲉ[ⲓ	Johannes, erkundige mich nach dem Heile
ⲉⲡⲁⲙⲉⲗⲓⲧ ⲛⲥⲁⲛ ⲕⲟⲥⲙⲁ ϫⲉ ⲉⲗ[ⲉ ⲡ	meines geliebten Bruders Kosmas: Es gibt
ⲛⲟⲩⲧⲓ ⲧⲓ ⲟⲩⲛⲁⲧⲛⲉϩⲓ	Gott eine Oelnoth.

Kopt. Pap. Nr. 1003 (10 Centimeter breit, 13 Centimeter hoch, ohne Adreffe):

† ⲥⲩ^θ ⲙⲉⲛⲉⲥⲁⲛⲉⲓ ⲧⲓⲡⲣⲟⲕⲓ	† Mit Gott hernach. Ich bringe die Proskynefis
ⲛⲓ ⲛⲡⲁϫⲁⲉⲓⲉ ⲉⲧⲁⲓⲉⲓⲟⲩⲧ	dar meinem geprieſenen Herrn.
ⲗⲟⲓⲡⲟⲛ ⲉⲗⲡⲁⲕⲁⲑⲱⲛ	Uebrigens habe die Güte,
ⲧⲁⲗⲁ ⲧⲉⲕⲯⲩⲭⲏ ϩⲓϫⲟⲓ ϣⲁ	erhebe Deine Seele zu mir bis
ϣⲟⲣⲡ ⲉⲗⲉⲉⲧⲓ ⲧⲁⲉⲓ ⲛⲉⲕ	morgen Früh, (da) ich zu Dir komme.
ⲉⲛϫⲓ ⲗⲟⲅⲟⲥ ⲛⲉⲓ ⲛⲧⲁⲁⲃ	Nimm die Rechnung für mich von der Hand
ⲉⲡⲭⲁⲗⲧⲟⲩⲗⲁⲣⲉⲉ ⲁϩⲁ ⲡ	des Chartulars, und es möge
ⲧⲉ ⲡⲁϫⲁⲉⲓⲉ ⲧⲁⲙⲁⲓ ϫⲉ ⲁⲩ	mein Herr mir melden,
ⲛⲗ ⲉⲡⲁⲕⲧⲱⲛ ⲉⲓ ⲃⲁ̀ⲗ ⲗⲁⲓ	welches Pakton für mich herausgekommen ift,
[ⲁϩⲁ ⲉ]ϣⲱⲡ ⲕⲟⲩⲉϣ ⲧⲁⲉⲓ ⲉⲫⲓⲗ	und wenn Du willft, dafs ich zu ⲫⲓⲗ (?) gehe,
ⲧⲁⲉⲓ ⲛⲉⲕ ⲉⲛⲗⲓⲧⲱⲛⲓ ⲧⲁⲉⲓ	dafs ich zu Dir komme nach Litoni(?), dafs ich komme
R. ⲁⲡⲗⲱⲥ ⲧⲁⲙⲁⲓ ⲉⲛϣⲉϫⲓ †	überhaupt, laffe mich (ein) Wort wiffen. †

Zeile 3. Vergl. die Wendung des Schmûner Briefes Nr. 1664: ⲛ̄ⲧⲉⲧⲛⲉⲉⲣⲧⲛⲟⲩ ⲛⲁⲅⲁⲡⲏ, möget Ihr die grofse Liebenswürdigkeit haben.

Kopt. Pap. Nr. 1297 (17 Centimeter breit, 12 Centimeter hoch, auf der Rückseite arabisch beschrieben):

† ϩ////ⲙ ⲡⲗⲉⲛ ⲉⲛⲛⲟⲩⲧⲓ ⲛϣⲁⲣⲉⲛ	† Im Namen Gottes zuerst,
ⲧⲓϣⲓⲛⲓ ⲁⲩⲱ ⲧⲓⲁⲍⲡⲁⲍⲉ ⲉⲛⲛⲟⲩϫⲉⲓ ⲉⲛⲧⲉⲕⲙⲉⲧϫⲁⲉⲓⲉⲥⲁⲛ ⲧⲁⲓⲉⲩ[ⲟ]ⲩⲧ	ich erkundige mich — und umarme — nach Deinem Heile, gepriesener Herr Bruder,
ⲕⲁⲧⲁ ⲉⲙⲁⲧ ⲛⲓⲃⲓ ⲉⲛⲧⲉ ⲛⲛⲟⲩⲧⲓ ⲙⲉⲛⲗⲱⲙⲓ	auf alle Weise Gottes und der Menschen,
ⲁⲩⲱ ⲧⲓϣⲓⲛⲓ ⲉⲛⲉⲟϩⲁ............ⲛⲛⲉⲓⲛⲉⲓ ⲧⲏⲣϥ ⲡⲉⲧⲩⲗⲟⲙⲉⲛⲟⲛ	und ich erkundige mich auch nach der Versammlung unseres ganzen Hauses, der gepriesenen,
ⲉϭⲛ ⲛⲉⲧⲕⲟⲩⲧⲉⲓ ϣⲁ ⲛⲉⲧⲛⲁϫ ⲙⲉⲛⲉⲥⲁⲛ[ⲉⲓ]	Klein und Groß; hernach,
ⲁⲓϫⲓ ⲉⲛⲕⲉ[ϩⲉⲓ] ⲁⲓⲁ[ϣ]ⲟⲩ ⲁⲓⲉⲓⲙⲉ ⲉⲛⲧⲁⲕⲉϩⲛⲧϥ ⲛⲉⲓ.....	ich habe Deine Briefe erhalten, ich habe sie gelesen, ich weiß, was Du mir geschrieben hast.....
ⲉϣⲱⲛⲉ ϣⲁⲕⲉⲗⲧⲉⲃⲁⲛⲟⲛⲣⲓⲥ (sic!) ⲧⲁⲙⲁⲓ ⲙⲁⲛ	Wenn Du seine Antwort fertigmachst, melde es uns.
ⲁⲃⲟⲩϣ ⲛⲟⲩ ⲛⲉϥ ⲗⲟⲛⲟⲛ ⲉⲛⲡⲉⲗⲕⲁⲧⲉϫⲉ ⲙⲁϥ	Er wünschte zu ihm zu eilen. Uebrigens halte ihn nicht zurück.

Ⲁⲃⲟⲩϣ ⲛⲟⲩ ⲛⲉϥ ist verkürzt aus ⲁⲃⲟⲩϣ ⲉⲛⲟⲩ ⲛⲉϥ, vergl. für ⲟⲩϣ statt ⲟⲩⲱϣ mit nachfolgendem Infinitiv: ⲉⲩⲟⲩϣ ⲉϫⲱⲕ ⲉⲃⲟⲗ ⲛⲧⲕⲉⲗⲉⲩⲥⲓⲥ ⲙⲡⲣⲣⲟ, ‚ausführen wollend den Befehl des Kaisers‘ (ZOËGA, S. 541). Vergl. auch den boheirischen Papyrus Nr. 1785.

Kopt. Papier Nr. 17123 (siehe die umstehende Abbildung):

ⲉⲩⲑⲱ	
ϯⲉⲣϩⲟⲩ ⲉϣⲓⲛⲉ ⲛⲟⲩϫⲁⲓ ⲙⲡⲁⲙⲉⲣⲓⲧ ⲥⲟⲛ ⲉⲧⲧⲁⲓⲏⲩ ϫⲁⲛⲓⲏⲗ	† Ich erkundige mich wiederholt nach dem Heile meines geliebten gepriesenen Bruders Daniel.
ⲡⲟ̄ⲥ̄ ⲕⲁⲁϥ ⲧⲉϥϩⲁⲣⲉϩ ⲉⲛⲉⲕⲱⲛϩ ⲥⲁⲃⲟⲗ ⲡⲉⲑⲟⲟⲩ ⲛⲓⲙ	Gott sei ihm milde und er bewache Dein Leben vor allem Uebel.
ⲁⲛⲟⲕ ⲛⲡⲁⲙⲉⲣⲕⲟⲩⲣⲉ ⲉⲓϣⲓⲛⲉⲣⲟⲕ	Ich, Apa Merkure grüße Dich.
ϫⲓ ⲡⲉⲥⲛⲟⲩ ⲛⲁⲕ ⲧⲁⲗϭⲟⲩⲛⲛⲉ ⲉⲥϩⲁⲧⲏⲕ ⲧⲁⲁⲥ ⲉⲁⲡⲁ ⲕⲓⲣⲉ ⲡⲁϣⲏⲣⲉ	Nimm Dir Zeit, gib die Joppe, welche bei Dir ist, dem Apa Kire, meinem Sohne.
ⲟⲩϫⲁⲓ ϩⲙ ⲡⲟ̄ⲥ̄	Lebe wohl im Herrn.

Ⲧⲁⲗϭⲟⲩⲛⲛⲉ gibt sich durch den doppelten Artikel als arabisches Lehnwort — الجبة, ital. giubba — zu erkennen.

Neben den bereits angeführten Lehnwörtern mit doppeltem Artikel seien hier aus den Papieren, wo sie verhältnismäßig recht zahlreich werden, noch folgende mitgetheilt:

In einem koptischen Papiere (Nr. 17315) werden drei Posten aufgezählt, welche als ⲛϣⲟⲣⲡ, ⲛⲙⲁϩⲥⲛⲁⲩ, ⲛⲙⲁϩϣⲟⲙⲧ, erstes, zweites, drittes, jeder zu 12 Stück(?) bezeichnet werden, zum Schlusse lesen wir ⲧⲉⲧⲁⲗϭⲟⲩⲙⲉ ⲗ̄ⲋ̄, ihre Summe 36 — es liegt hier das arabische الجملة, Summe vor. Daneben gibt das kopt. Papier Nr. 7694 noch einen anderen

9*

arabiſchen Ausdruck für Summe: ⲧⲁⲗϫⲟⲩⲙⲗⲉ, alſo الجملة. Das kopt. Papier Nr. 17316 liefert uns weitere Lehnworte: ⲁϣϣⲟⲕⲕⲉ, ⲁϣϣⲟⲩⲕⲕⲉ, الشقة, das Stück Zeug und ⲁⲧⲧⲓ̈ⲣⲁⲥ, الطراز, die Borte, Schriftborte, Stickerei, worüber KARABACEK, ‚Die perſiſche Nadelmalerei Sûſandſchird', S. 84 Note und ‚Merkmale zur Beſtimmung ſarazeniſcher Kunſt- und Induſtriedenkmäler', 1875, S. 7 einzuſehen ſind. Die Beiſpiele lauten: ⲟⲩⲁϣϣⲟⲕⲕⲉ ⲉⲥⲉⲓⲛⲉ ⲛⲧⲁϣϣⲟⲕⲕⲉ ⲧⲁⲥⲱⲗⲡ ⲟⲩϩⲟⲓⲧⲉ ⲉϫⲱⲓ, ein Zeug, welches gleicht dem Stück Zeug, von dem ich mir ein Kleid abgeſchnitten habe, ⲁⲩⲱ ⲧⲁϣϣⲟⲩⲕⲕⲉ ⲉⲣⲉ ⲡⲁⲧⲧⲓ̈ⲣⲁⲥ ϩⲓϫⲱⲥ, und das Stück Zeug, auf dem die Schriftborte iſt.

Koptiſches Papier Nr. 17123 (Originalgröſse). Zu Seite 55.

Endlich finde ich in dem kopt. Pap. Nr. 1167: ⲧⲉⲡⲓⲥⲧⲟ[ⲗ] ⲛⲡⲁⲗⲭⲁⲗⲓϥⲁ, den Brief des Chalîfa erwähnt. Dasſelbe Lehnwort finde ich auch in dem Pap. Nr. 1229: ⲁⲗⲭⲁⲗⲓϥⲁ = الخليفة (Steueraſſiſtent).

Anhang.

Es erübrigt uns noch, die gewonnenen Ergebniſſe zur Erklärung einiger der bisher veröffentlichten koptiſchen Papyrus der Berliner Sammlung zu verwerthen. Gerade unſere Bemerkungen über die einleitenden Formeln der koptiſchen Briefe kommen uns zur Feſtſtellung der richtigen Leſung einer für das Verſtändniſs des Berliner Papyrus Nr. I wichtigen Stelle wohl zu ſtatten:

Zeile 1. ⲁⲩⲱ ⲁⲕⲉϩⲁⲓ ⲛⲁⲓ ϫⲉ ⲟⲩⲱⲣⲉⲛ ⲉⲓⲃⲉ ⲛⲁⲓ ϩⲓ ⲱⲛⲉ ⲙⲁⲓⲱⲩⲱⲣⲉⲛ ⲗⲁⲁⲩ ⲛⲁⲕ

2. ϭⲉ ϣⲁⲛⲧⲁⲓⲙⲉ ϫⲉⲣⲉ ⲛⲁⲗⲱⲅⲱⲥ ⲛⲉⲙⲁⲕ ⲱ ⲛⲁϣ ⲉⲛϩⲉ ⲁⲩⲱ ⲡⲉⲧϣⲁⲕⲧ

3. ⲁⲁⲃ ⲉⲃⲱⲗ ϩⲓ ⲛϩⲱⲥⲉⲙ ⲕⲁⲁⲃ ⲛⲁⲩⲁⲁⲃ ϣⲁⲛⲧⲁⲛⲙⲉ ϩⲱⲃ ⲛⲓⲙ ⲧⲓ

ⲃ

4. ϣⲓⲛⲉⲣⲱⲕ ⲟⲩϫⲁⲓ ϩⲙ ⲡϫⲱⲉⲓⲥ † ⲁⲩⲱ ⲉⲩⲗⲉⲅⲓⲁ ⲛⲧⲁⲩⲓⲧⲉⲛⲡⲓⲉϩⲁⲕ

5. ⲙⲉ ⲛⲉⲧϩⲁⲧⲏⲕ ϩⲓ ϩⲱⲃ ⲛⲓⲙ ⲁⲩⲱ ⲡⲉⲧⲁⲕⲧⲁⲁⲃ ⲉϩⲏⲙⲉ ϩⲁ ⲛϩⲱⲉⲉ

6. ⲙ ⲛⲁⲣⲕⲁⲧⲉⲉ ⲁⲩⲱ ⲁⲓⲉϩⲁⲓ ⲛⲁⲕ ϫⲉ ⲉϩⲓϫⲱⲩ ⲧⲟⲩⲛⲛⲧⲃ ⲉϩⲟⲩⲛ ⲉⲩ

7. ⲫⲓⲁⲗⲉ ⲛⲁⲕ ⲁⲕⲛⲱⲧ ⲁⲕⲧⲓϩⲏⲙⲉ ⲁⲗⲗⲁ ⲡⲉⲧϣⲁⲕϣⲛⲛⲧⲃ ⲉⲛ

8. ϩⲏⲩ ⲁⲛⲃ †

1. Und Du haſt mir geſchrieben: Schicke mir Pech und Stein. Ich ſchicke Dir nichts
2. bis ich weiſs, wie es um meine Rechnungen mit Dir ſteht. Und das, was Du
3. ausgibſt für Natron, laſs es offen (?), bis ich jegliche Sache weiſs,
4. ich grüſse Dich, lebe wohl im Herrn. † Und Gruſs an Tauit Ben P-Ishak
5. und dem, der bei Dir iſt, vor allen Dingen, und das was Du ausgegeben an Fracht für das
6. Natron den Arbeitern und ich habe Dir geſchrieben: Es liegt ihnen ob, daſs ſie es Dir hineinbringen
7. in der (?) Phiale. Du haſt Dich beeilt, Du haſt die Fracht gezahlt. Aber das was Du darüber hinaus bringen
8. kannſt, bring's. †

Wenige Bemerkungen werden genügen, die hier gegebene Leſung und Ueberſetzung zu rechtfertigen. Die Leſung ⲉⲩⲗⲉⲅⲓⲁ ⲛⲧⲁⲩⲓⲧ ⲃⲉⲛ ⲡⲓⲉϩⲁⲕ (ſtatt ⲉⲩⲗⲉⲥⲓⲁ ⲛⲧϣⲓⲃⲧⲉ ⲛⲡⲓⲉϩⲁⲕ) dürfte, nachdem ſie gefunden, kaum angefochten werden; ⲉⲩⲗⲉⲅⲓⲁ ſteht ſtatt ⲉⲩⲗⲟⲅⲓⲁ, und dies ſowohl als das am Schluſſe der Phraſe ſtehende ϩⲓ ϩⲱⲃ ⲛⲓⲙ zeigt, daſs wir es mit einer Gruſsformel zu thun haben (vergl. oben S. 24). Das Wort ⲉⲩⲗⲟⲅⲓⲙⲉⲛⲟⲛ, welches in den Gruſsformeln ſo häufig verwendet wird, finden wir auch an einer Stelle des Berliner Papyrus Nr. III, welche der Herausgeber ⲛⲛ(ⲉⲛ)ⲛⲓ ⲧⲏⲣ(ϥ) ⲛⲉ.....(ⲙ)ⲉⲛⲟⲛ ϫⲓⲛ ⲟⲩⲕⲟⲩⲓ ϣⲁⲩⲛⲁⲩ wiedergibt. Es iſt zu ergänzen ⲛⲉ[ⲩⲗⲟⲅⲓⲙ]ⲉⲛⲟⲛ.

Die Schreibung ⲧⲁⲩⲓⲧ des Namens David kennen wir aus einer Reihe von Beiſpielen, vergl. auch oben S. 26.

Das zweimal vorkommende Wort ϩⲏⲙⲉ, von deſſen richtiger Erklärung das Verſtändniſs dieſes Briefes ſo weſentlich abhängt, habe ich bereits in der ‚Oeſterreichiſchen Monatsſchrift für den Orient', literariſch-kritiſche Beilage, Jahrgang 1885, S. 133, mit dem ſahidiſchen ϩⲉⲙⲉ, naulum zuſammengeſtellt. Wir haben es bereits oben (S. 45) kennen gelernt, wir finden es ferner in einem Faijûmer Contracte (Pap. Nr. 18): ⲧⲁⲧⲁⲗⲉ ⲛⲉⲏⲣⲡ ⲛⲉ ⲉⲛⲟⲗⲓⲉ ⲛⲁⲧϩⲏⲙⲏ, ‚daſs ich Dir (Frau) dieſe Weine in die Stadt verlade, frei vom naulum', und in einer Rechtsurkunde aus Schmûn (Pap. Nr. 1322), in welcher Theodor, der Sohn des Biktor (ⲑⲉⲟϫⲱⲣⲉ ⲛϣⲛ̄ⲃⲓⲕⲧⲱⲣ) erklärt: ⲁⲩⲱ ⲧⲓⲟ ⲛϩⲉⲧⲟⲓⲙⲱⲥ ⲧⲁⲧⲁⲗⲟ ⲡⲉⲫⲟⲣⲟⲥ ⲛⲁⲕ ⲉϣⲙⲟⲩⲛ ⲛ̄ⲧⲁϣⲓⲧϥ ⲛⲁⲕ ϩⲓ ⲛⲃⲟⲟⲩ ⲧⲁⲧⲓ ⲧⲉϥϩⲏⲙⲉ ⲛⲁⲕ ⲛ̄ⲟⲉ ⲛⲛⲉⲟⲩⲟⲉⲓⲉ ⲛⲅⲧⲁⲗⲟϥ ⲛⲧⲟⲕ, ‚und ich bin bereit, Dir zu verladen die Ladung (φορτιον?) nach Schmûn und ſie Dir abzuwägen an dem Canale (?), ich gebe Dir ihr naulum nach Art der Landleute und Du verladeſt ſie (d. h. von dem Canale ab in Dein Haus)'. Allem Anſcheine nach ſteht das Wort auch in einem von AMELINEAU mitgetheilten Fragmente (Monuments, S. 237): ⲁϥϯ ϩⲛϩⲱⲗⲱⲙⲁ ⲛⲁⲩ ⲧⲏⲣⲟⲩ ⲉⲧⲉϩⲛ ⲁϥϯ ϩⲏⲙⲉ ϩⲁⲣⲟⲟⲩ ⲁϥⲧⲁⲗⲟⲟⲩ ⲁϥϫⲟⲟⲩⲥⲟⲩ ⲉⲛⲉⲥⲧⲏ, indem ich annehme, daſs ſtatt ⲁϥϯ ϩⲙⲙⲉ vielmehr ⲁϥϯ ϩⲙⲙⲉ zu lefen ift und demnach überfetze: Er gab ihnen den Bedarf insgefammt auf den Weg mit, er zahlte für fie das naulum (ftatt ,il les réchauffa', wonach mir in Oberägypten gerade kein Bedarf zu fein fcheint), er brachte fie auf die Schiffe (und) fandte fie nach Haufe'.

Für ἐργάτης finden wir hier ⲁⲣⲕⲁⲧⲉⲉ, in dem Pap. Nr. 1266, dem wir oben die Form ⲥⲁⲣⲉⲓⲕ entnommen haben, lefen wir ⲁⲣⲅⲁⲧⲏⲥ, in dem kopt. Pap. Nr. 199 ⲉⲣⲅⲁⲧⲉⲉ.

Wegen ⲛⲉⲧϣⲁⲕϣⲱⲛⲧⲃ (Zeile 7) vergl. oben (S. 44) in dem Papyrus Nr. 803: ⲛⲛⲓϩⲉ ⲣⲱⲙⲉ ⲛⲃⲓⲛⲧⲟⲩ ⲛⲁⲕ.

Wir kommen nun zu dem in ,zierlicher Curfive' gefchriebenen Berliner kopt. Pap. Nr. IV, an dem kein Buchftabe fehlt, und deffen berichtigte Lefung fammt einer fortlaufenden Ueberfetzung wir nachftehend folgen laffen:

† ⲛϣⲁⲕϫⲓ ⲛⲛⲁⲉϩⲉⲓ ⲁⲛⲉⲩ ⲉⲛⲉⲧⲁⲃⲓ ⲃⲁⲗ	Wenn Du meinen Brief erhältft, fieh was herausgekommen ift [1]
ⲥⲛϣⲏⲛⲥⲁⲣⲡⲓ ϩⲉ ⲡⲇⲉⲙ(ⲟ) ⲛⲛⲉϥⲕⲟⲩⲙⲁ	für Pfchenfarpi in Bezug auf das Demofion feines Gartens
ⲣⲓ ⲓⲉ ⲛⲉϥⲗⲉⲃⲉⲕⲁⲩⲓ ⲓⲙⲓ ϫⲉ ⲁⲃⲉⲗ ⲟⲩ	oder feiner Lohnarbeiter. Wiffe, wie viel
ⲛⲗ ϣⲁⲛⲛⲓ ⲉⲛⲟⲗⲓⲉ ϣⲁⲃⲟⲩⲁⲧⲉϥ ⲉⲛ	es ausmachte, bis Du in die Stadt kommft. Er
ⲧⲁⲃⲗⲓⲛ †	liefert es (dann) an das Tablion ab.

Wenn der Herausgeber diefes Zettels meint, dafs Schreiber und Adreffat ,offenbar' Beamte bei der Steuerverwaltung in Arfinoë waren, fo zeigt die Ueberfetzung des Stückes, dafs dies nicht der Fall war. Ⲁⲛⲉⲩ finde ich im kopt. Pap. Nr. 1291: ⲁⲩⲱ: ⲁⲛⲉⲩ: ⲉⲧⲃⲏ ⲫⲱⲃ: ⲙⲡⲇⲏⲙⲟⲉⲓ: und fiehe (nach) in Bezug auf die Sache des Demofion. Für ⲁⲛⲉⲩ gibt der koptifche Berliner Papyrus Nr. III ⲁⲛⲉⲟⲩ (nicht ⲁⲛⲉⲟⲩ) an folgender Stelle: ⲛⲉⲓⲑⲟⲗⲕ(ⲑ)/ ⲁⲓⲧⲁⲟⲩⲁⲉ ⲛⲉⲕ ⲙⲉ ⲧⲉⲥⲙⲉⲟⲩ ⲃⲁⲗ ⲛⲉⲑⲉⲗⲉⲉ ⲁⲛⲓ ⲛⲉⲉⲗⲓⲙⲁ ⲛⲉⲓ ⲁⲛⲉⲟⲩ ϫⲉ, ,Diefe Holokotfi, ich habe fie (die Frau) Dir gefchickt mit ihrer Mutter, entrichte, was für fie ift, bringe mir ihr λῆμμα, fiehe' u. f. w.

Dafs ⲗⲉⲃⲉⲕⲁⲩⲓ zufammengehört, habe ich in der Beilage der Monatsfchrift für den Orient 1885, S. 134, dafs es ein Plural von ⲗⲉⲃⲉⲕⲏ ift, in diefen Mittheilungen, I, S. 21 bemerkt. Das Wort finden wir im Singular in einer Reihe von Rechtsurkunden, in welchen von der Gemeinde (ⲛⲕⲓⲙⲉ) Perfonen für die Dauer eines Jahres als ⲗⲉⲃⲉⲕⲏ Gemeindemitgliedern zugewiefen werden. Nach einer von uns angeführten Formel [2] wird die Dauer des Jahres genau präcifirt: ⲁⲩⲱ ⲛⲧⲁϣ ⲉⲧⲉⲃⲗⲁⲙⲡⲓ ⲛⲉ ϭⲓⲛ ⲉⲡⲓⲫⲓ α ινδ/ ιδ ϣⲁ ⲉⲡⲓⲫⲓ ινδ/ ιε, ,und die Grenze feines Jahres ift vom 1. Epiphi der 14. Indiction bis zum 1. Epiphi der 15. Indiction' (Pap. Nr. 91). Die Höhe des Lohnes (ⲃⲉⲕⲏ) für diefe ⲗⲉⲃⲉⲕⲏ wird feftgeftellt: ⲁⲩⲱ ⲡⲉⲃⲉⲕⲏ ⲧⲁⲛϥⲁⲗⲉ ⲛⲉⲙⲉⲕ, ,und der Lohn, den wir Dir ausgeworfen haben'. Die Formel ift: ⲁⲛⲧⲓ..... ⲛⲉⲕ ⲗⲉⲃⲉⲕⲏ ⲛⲟⲩⲗⲁⲙⲡⲓ, ,wir geben Dir N. N. als ⲗⲉⲃⲉⲕⲏ für ein Jahr', wofür correcter auch ⲛⲉⲕ ⲛⲗⲉⲃⲓⲕⲏ ⲛⲟⲩⲗⲁⲙ[ⲡⲓ] fteht (Pap. Nr. 350). Ⲗⲉⲃⲉⲕⲏ, Plural ⲗⲉⲃⲉⲕⲁⲩⲓ ift daher fo viel als ⲗⲉⲙⲃⲉⲕⲏ, mercenarius.

---

1 D. h. wie viel beftimmt worden ift.

2 Mittheilungen, I. 20.

WIEN, December 1888.

J. Krall.

ZUR KENNTNISS DES UMLAUTES IM ARABISCHEN.

(Mit einer Siegelabbildung.)

Die Wichtigkeit der arabiſchen Quellen urkundlichen oder hiſtoriſchen Inhaltes für das Verſtändniſs der jüngeren griechiſchen und koptiſchen Faijûmer und Schmûner Texte tritt von Tag zu Tag unbeſtreitbarer hervor. Bei der Stabilität gewiſſer ägyptiſcher Verhältniſſe erhalten dieſe durch jene eine commentariſche Ergänzung, welche kein künſtiger Bearbeiter wird überſehen dürfen. Umgekehrt ſind aber aus gleichen Gründen auch die griechiſchen und koptiſchen Texte für unſere arabiſchen Papyrus aufſchluſsgebend. Namentlich in ſprachlicher Beziehung reſultirt aus dieſer Wechſelbeziehung ſchon jetzt mancher Gewinn, indem dieſelben in ihren Transſcriptionen arabiſcher Namen und Worte intereſſante Beiträge zur Kenntniſs der arabiſchen Sprache in den früheſten Zeiten des Islâm liefern. Ich greiſe zunächſt einige den Umlautungsproceſs (*Imâla*) betreffende Beiſpiele heraus, welche um ſo beachtenswerther erſcheinen mögen, als ſie nicht von Orthoëpiſten und Grammatikern, ſondern von öffentlichen Schriftſtücken der älteſten, alſo claſſiſchen Epoche herrühren.

Der Sorgfalt M. GRÜNERT'S verdanken wir in zuſammenfaſſender Behandlung des Stoffes eine Arbeit über die Imâla, d. h. die Neigung des Tones im Arabiſchen (Sitzungsber. der phil.-hiſt. Claſſe der kaiſerl. Akademie der Wiſſenſchaften, LXXXI, 447 ff.) als Beitrag zur arabiſchen Grammatik, ſpeciell zur arabiſchen Lautlehre. Indem GRÜNERT zu beweiſen ſucht, daſs die ſprachliche Erſcheinung der Imâla als ſolche keine rein dialektiſche Eigenthümlichkeit einzelner Araberſtämme (wie z. B. der Banû Tamîm) geweſen ſei, ſondern daſs dieſelbe integrirender Beſtandtheil der claſſiſchen Ausdrucksweiſe (كلام فصيح) und in der Sprache als vorhanden und angewendet anzuſehen ſei (pag. 449), können wir den factiſchen Beweis hiefür nunmehr aus der Sprechweiſe verſchiedener in Aegypten eingewanderter arabiſcher Stammesangehöriger, wie ſie uns in ihren älteſten ſchriftlichen Emanationen entgegentritt, beibringen.

Für die Imâla des 'Alif, d. h. die Neigung des reinen gedehnten *â* zum *î* (إمالة نحو الياء) ſtoſsen wir, entſprechend den durch die Korân- und Flexionslehrer aufgeſtellten Regeln, ſchon vom VII. Jahrhundert an auf urkundliche Beiſpiele, u. zw.:

1. Betreffend die ‚Tonminderung' (تقليل) als Medialmodulation, d. i. das weniger intenſive, nicht abſolute Hinneigen des *â*-Lautes zum vocaliſchen Dehnungslaute *î*, alſo *ae* oder *ê*:

10*

a) ⲑⲉⲃⲉⲧ, kopt. Pap. Nr. 1327 und ⲑⲉⲃⲓⲧ, kopt. Pap. Nr. 1187 = ثابت, ⲑⲉⲃⲓⲧ ⲡⲙⲁⲩⲗⲉ ⲓⲉⲍⲓⲇ = ثابت مولى يزيد, wohl ein Freigelaffener des Chalifen Jezîd I., 60—64 H. = 680 bis 683 Chr. oder Jezîd's II., 101—105 H. = 720—724 Chr. Zu beachten ift hier der Wechfel in der Schreibung des kopt. ⲃ und ⲃ für arab. ب *b.*[1]

b) ϫⲉⲃⲓⲣ = جابر, kopt. Pap. Nr. 2004 in der Adreffe: ϩⲓⲧⲉⲛ ϫⲉⲃⲓⲣ †, Von Dfchêbir †.

c) αλμουγελησ = الجالد, biling. griech.-arab. Pap. Nr. 8611, VIII. Jahrh.: αλμουγελησ υἱ ραβε الجالد بن رافع. Ueber ραβε fpäter das Nöthige.

d) νεγιδ = ناجد, arab. Pap. Nr. 8350: νεγιδ υἱ μουσλιμ, d. h. ناجد بن مسلم. Ein an Pap. Nr. 8351 befeftigtes Thonfiegel (fiehe die beiftehende Abbildung) trägt die Infchrift:

اعتصم نا	Es nimmt feine Zuflucht
جد بالله	zu Gott, Nêgid.
ΝΕΓΙΔ	NEGID.

Zu diefem Nom. pr. vergl. auch נגד, Corp. Inscr. Sem. 144, 3. 7.

Für die Differenzirung der Ausfprache in Fällen, wo die Imâla zufolge der hervorrufenden Urfachen (أسباب) erwartet werden könnte, liegen gleichfalls Beifpiele vor, fo um eines anzuführen:

e) ϩⲓⲗⲁⲗ kopt. Pap. Nr. 408 = هلال; ⲁⲡⲟⲩϩⲓⲗⲁⲗ kopt. Pap. Nr. 375 = ابو هلال, welches Nom. pron. in den griechifch-arabifchen Diplomen von Sicilien thatfächlich in der Imâla χιλέλ transfcribirt erfcheint.

2. Die volle Imâla, d. h. das abfolute Hinneigen des *a*-Lautes zum *i*-Laute, wodurch die Imâla شديدة wird, liegt mir in zwei intereffanten Beifpielen für beide durch die Regel beftimmten Fälle vor:

a) ⲡⲣⲉⲕⲏⲧⲏ = بركات in ⲡⲣⲉⲕⲏⲧⲏ ⲏⲗⲉⲓⲕⲉ = بركات عليك, Sûr. XI, 50 in dem arab. Papier Nr. 7258 (Modeldruck), X. Jahrh. n. Chr., indem der vocalifirte Dehnungslaut *Alif* fich vollkommen zu dem vocalifchen Dehnungslaut *Jâ* hinneigt, alfo *â* = *î* = η (η und ⲏ = *î* wie oben in 1 *c* αλμουγελησ und kopt. Pap. Nr. 1167 und 1229 ⲁⲗⲭⲁⲗⲏⲃ = الحلبة, fiehe S. 56 etc.).

b) ϣⲓⲃⲓⲃ = شبيب, kopt. Pap. Nr. 1776, indem der kurze *a*-Laut (Fatha) fich zu dem kurzen *i*-Laut (Kasra) hinneigt, alfo *a* = *i*. Ein Beleg des fehr frühen Vorkommens der Imâla des Fatha, für welche die arabifchen Grammatiker nur wenige Beifpiele anführen.

3. Die Imâla des Final-'Alif als ألف تأنيث, nach der Form فُعْلَى, zu welcher die Korân-Lefelehrer (Hamza, Kifâi und Chalaf) die drei Eigennamen im Korân يحيى — موسى — عيسى rechnen, läfst fich an denfelben Beifpielen auch dialektifch nachweifen:

[1] So auch in der bilinguen Adreffe des kopt. Pap. Nr. 803: ⲧⲁⲁⲥ ⲁⲃⲟⲩ ⲁⲗⲓ — الى ابو علي (sic) oder kopt. Pap. Nr. 1327: ⲁⲃⲟⲩⲗⲁⲙ, ebenfo kopt. Pap. Nr. 31: ⲁⲃⲇⲉⲗⲁⲍⲓⲍ, kopt. Pap. Nr. 11: ⲁⲃⲇⲉⲣⲁⲙⲁⲛ und ⲁⲃⲇⲉⲗⲗⲁ, kopt. Pap. Nr. 715: ⲁⲃⲇⲉⲗⲩⲁⲃⲃⲁⲣ — hingegen: kopt. Pap. Nr. 375: ⲁⲡⲟⲩ ϩⲓⲗⲁⲗ, kopt. Pap. Nr. 712: ⲁⲡⲟⲩⲗϩⲁⲥⲁⲛ, kopt. Pap. Nr. 1118: ⲁⲡⲧⲉⲗⲗⲁ, Papier (kopt.) Nr. 17000: ⲁⲡⲧⲏⲗⲁⲥ etc. etc.

a) ιαϩιε = يحيى kopt.-arab. Pap. Nr. 6288; kopt. Pap. Nr. 586 etc. ειαειε kopt. Pap. Nr. 1355 in αnραϩιм пщн неιαειε = ابرهيم بن يحيى.
ιαειε Griech. Pap. Paris., M. N. 6846 (Wessely), Zeile 7, in

ιαειε υἱ αβδελλα = يحيى بن عبد الله.

vergl. hingegen ειαια υἱ αβδελλα, griech. Pap. M. N. 7386 (Wessely).

b) ειсε = عيسى in den kopt. Papyrus und kopt. Papier Nr. 17000.

c) мωυсε = موسى in den kopt. Papyrus. Ebenſo auf einer Kupfermünze des Eroberers von Nordafrika MVSE F(ilius) NVSIR A(mir) A(fricae) und *Muze* bei Iſidor Pacenſis, dem Zeitgenoſſen desſelben, vergl. meine Kritiſchen Beiträge zur lateiniſch-arabiſchen Numismatik, 1871, 11, dazu מוסא als Transſcription von موسى in dieſen Mitth., I, 42 und die danebenlaufende arabiſche Schreibung موسه in den erzherzoglichen Papyrus.

In die Kategorie der Imâla des durch ein Jâ etymologiſch ſubſtituirten Final-'Alif gehört noch

d) маυλε = مولى kopt. Pap. Nr. 1187: θεϐιτ пмаυλε ιεзιⲁ; αλмаυλε αпоυϩиλαλ kopt. Pap. Nr. 375: المولى ابوهلال. Vergl. die in den arabiſchen Papyrus öfter vorkommende Schreibung المولا. So auch im Papier Nr. 7262 (Modeldruck) des X. Jahrhunderts n. Chr.

4. Beiſpiele für den durch den ‚Uſus' berechtigten Umlautungsproceſs (الامالة لكثرة الاستعمال) ſind:

a) αммиλ kopt. Pap. Nr. 1001 = عَمّال (ſiehe S. 53) indem ا ـَ als volles *i* erſcheint.

b) αпоυλαппεс kopt. Pap. Nr. 3900 = ابو العباس, hingegen auf einem kopt. Leinwandbillet (Nr. 7) αпαс = عباس. Andere Fälle für die Differenzirung der Ausſprache ſind:

c) αϐⲇεραмαп kopt. Pap. Nr. 11 = عبد الرحمٰن in αϐⲇεραмαп υἱ αϐⲇελλα = عبد الرحمٰن بن عبد الله, wo kopt. Pap. Nr. 1361 αпⲇερραϩмп und die griechiſch-arabiſchen Diplome von Sicilien ἀβδεῤῥαχμέν in der Imâla bieten.

d) соυλιмαп kopt.-arab. Pap. Nr. 6288 und coυλεμαν kopt.-arab. Pap. Nr. 328 = سليمان etc.

5. Hieran ſchlieſsen ſich die Beiſpiele, mit welchen der Beweis für die durch die Regeln beſtimmte Verhinderung der Imâla auch dialektiſch geliefert wird:

a) ἀριγατος = خارجة griech.-arab. Pap. Nr. 4 vom 26. Jänner—24. Februar 642 n. Chr., indem der emphatiſche Buchſtab خ vor 'Alif als einer der ſieben ‚hohen' Buchſtaben zu den موانع الامالة ‚Hinderniſſen für die Imâla' gezählt wird, wodurch die Ausſprache des *a*-Lautes unbeeinfluſst bleibt. Dasſelbe iſt der Fall mit

b) ϩαλεⲇ und χαλεδ = خالد in den koptiſchen und griechiſchen Papyrus, desgleichen in ΑΜΙΡ ΧΑΛΕΔ, d. i. الامير خالد auf den Kupfermünzen des Eroberers von Syrien und Paläſtina, Châlid ibn al-Walîd († 642 n. Chr.).

c) ετα = عطاء griech.-arab. Pap. Nr. 11 vom Jahre 643/44 Chr.: Ἄμβρος υἱὸς Ἐτα = عمرو بن عطاء, indem ط als ‚hoher' Buchſtab gleichfalls die Imâla verhindert, ebenſo

d) κλαλ = قلال kopt. Pap. 197 (Mitth. I, 65): αпоυκλαλ, d. i. ابو قلال, wobei zu bemerken iſt, daſs das emphatiſche ق vor dem 'Alif ſtehend, durch einen Buchſtaben von ihm getrennt iſt. In dieſelbe Kategorie gehört das folgende intereſſante Beiſpiel:

e) μουσαφε = مسافع griech.-arab. Pap. Nr. 11, Jahr 643/44 Chr.: Μουσαφε υἱὸς Σαληειτ, d. i. مسافع بن سليط, indem hier offenbar der Fall des ‚conſonantiſchen' Lautwechſels (قلب) von س und ص, vergl. die Rad. سفع und صفع, eintritt, infolge deſſen die Verhinderung der Imâla wie durch einen hohen Buchſtaben (ص) eintritt.

f) ⲣⲁⲥϩⲓⲇ = راشد kopt. Pap. Nr. 1283; ⲣⲁⲥϩⲓⲇ ⲩⲓ ϫⲁⲗⲉⲇ = راشد بن خالد; ebenfo in unferen griechifchen Papyrus ρασζιδ (Mitth., I, 123). Diverfe Schreibungen: ραζιδ griech.-arab. Pap. Nr. 661, ραζετ Mitth., I, 124, ⲣⲁϣⲓⲧ Mitth., I, 16, 49 (ⲁⲣⲁϣⲓⲧ l. c. hingegen ift, wie αρασιτ, l. c. I, 124 = الرشيد). Hier verhindert das mit Kasra nicht verfehene ر in der Nähe des 'Alif die Imâla desfelben gerade fo, wie die hohen Buchftaben fie verhindern. Man fpricht alfo راشد auf Grund des *Tafchîm* (على التفخيم) ‚mit voller, unbeeinflufster Ausfprache des *a*-Lautes'. Analog damit ift

g) ραβε = رافع, biling. griech.-arab. Pap. Nr. 8611, fiehe oben 1 *c*. Zu bemerken ift hier β für ف, wie ναβακα für نفقة Pap. Nr. 6631, ⲃⲁⲣⲁϭ für فرج kopt. Pap. Nr. 1001 (Mitth., I, 65) etc. Ferner

h) αμηρ = عامر griech.-arab. Pap. Nr. 11, Jahr 643/44 Chr.: σαειτ υἱὸς ἄμηρ, d. i. سعيد بن عامر;

αμερ griech.-arab. Pap. Nr. 1 vom 26. December 642 Chr.: αμερ υἱ ασλα, d. i. عامر بن الاسلع;

ⲁⲙⲉⲣ kopt. Pap. Nr. 197 (Mitth., I, 65): ⲁⲃⲇⲉⲗⲁⲍⲓⲍ ⲩⲓ ⲁⲙⲉⲣ, d. i. عبد العزيز بن عامر.

i) αλιαρετ, d. i. αλ-ἰαρετ = الحارث griech.-arab. Pap. Nr. 11, Jahr 643/44 Chr.: ἄπα ιουσεφ αλιαρετ υἱὸς καειτε, d. h. ابو يوسف الحارث بن قائد; in den griechifch-arabifchen Diplomen von Sicilien: ἐλχάρεθ. Hier follte das mit Kasra verfehene, nach dem 'Alif ftehende ر gemäfs den Regeln der Grammatiker die Imâla eigentlich nicht verhindern, fondern im Gegentheil diefelbe befördern. Indeffen ift die dialektifche Modificirung, wie die Transfcriptionen beweifen, in diefem Falle ufuell.

6. Ein Beifpiel für die Imâla in Folge des hinter 'Alif ftehenden, mit Kasra verfehenen ر ift: ⲁⲗϫⲉⲣⲓⲁ = الجارية kopt.-arab. Pap. Nr. 328 in αλγερια υἱ δελεμη = الجارية بن دلامة, wo das Patronymicon δελεμη gleichfalls in der Imâla fteht. Ueber das Hyionymicon als Nom. pr. masc. vergl. Mufchtabih, 81 (ohne Artikel).

7. Die von einigen Grammatikern als unzuläffig, von anderen als zuläffig erklärte Imâla bei Partikeln, welche al-Mubarrad geradezu als einen Fehler (خطأ) bezeichnet, fcheint an unferen älteften Urkunden als fchwächere Neigung graphifch angedeutet zu fein an حتّى, wo das 'Alif (الالف المقصورة) ein aus ي verwandeltes 'Alif vorftellt, demgemäfs die Schreibung diefer Partikel faft immmer حتّا ift (Pap. Nr. 173 zweimal, 251, 352, 401 zweimal, 404, 454, 518, 553, 632, 698, 717 u. f. w.). Dagegen hat unter anderen der von einem Kâtib ausgefertigte Papyrus Nr. 293 (VIII. Jahrhundert n. Chr.) حتّى. Mehrmals ftiefs mir in unferen Papyrus diefe Tonminderung auch bei der Partikel على in der graphifchen Bezeichnung علا auf, ohne dafs ich jedoch (in Folge unterlaffener Notirung) die betreffenden Beifpiele augenblicklich zu citiren vermöchte. Auch in dem oben 2 *a* erwähnten Papiere Nr. 7258 fcheint das letzte Wort des koptifch transfcribirten Korântextes, foweit die Ueberrefte erkennen laffen, ⲁⲗⲉ d. i. علا gefchrieben zu fein.

Indem ich mit diefen aus unferen Documenten gefchöpften Proben vorläufig abfchliefse, darf wohl die Erwartung auszufprechen geftattet fein, dafs die weitere aufmerkfame Durchforfchung des in der erzherzoglichen Sammlung enthaltenen faft unerfchöpflichen Schriftenreichthums ficher bald eine noch ergiebigere Ausbeute an fprachwiffenfchaftlichem Materiale zu Tage fördern wird.

J. Karabacek.

KLEINERE MITTHEILUNG.

(Arabifche Oftraka.) Der Gebrauch, die irdene Topffcherbe, ὄστρακον, kopt. ⲡⲃⲗⲁϫⲉ (Mitth. IV, 129) als Befchreibftoff zu verwenden, ift, was Ägypten betrifft, zur Genüge bekannt. Hieratifche, demotifche, koptifche und griechifche, mit Tinte befchriebene Thonfcherben find dort in grofser Zahl ans Tageslicht gekommen. Das weite Trümmerfeld von Arfinoë-Faijûm wird von den Arabern geradezu als Schutt- und Scherbenland bezeichnet. Wo man hintritt, greift man Scherben heraus, mitunter recht koftbare. Arabifch befchriebene Oftraka find jedoch meines Wiffens bis jetzt nicht aufgefunden worden, was um fo befremdlicher ift, als die Araber bei der Befitznahme des Landes die bis auf fie vererbten uralten Sitten und Gewohnheiten der autochtonen Bevölkerung eine Zeit hindurch unverfehrt zu erhalten beftrebt waren. Dazu kommt, dafs die Wüftenföhne vor der Begründung ihres nationalen Einheitsftaates, gleichwie vor ihrem Auftreten als Eroberer die mannigfachften, darunter nicht minder unanfehnliche Befchreibftoffe angenommen hatten. Sie befchrieben die Thierhaut oder das Leder, أدم *adim*, neben dem Pergamen, رقّ *rikk* und deffen Abfchnitzeln, رقاع *rikâ'*, d. h. Stückchen, Zettel, ferner die Schulterknochen, أكتاف *aktâf* und Rippen, أضلاع *adhlâ'*, der Kameele, dann Palmblätter, عسب *'usub*, dünne weifse Steine, لخاف *lichâf* u. dergl. (Fihrift, I, 21.) Wie es daher gar nicht zweifelhaft fein kann, dafs der confervative Boden Aegyptens die fehlenden arabifchen Oftraka uns auch noch befcheren werde, kann ich jetzt fchon wenigftens den Gebrauch derfelben an der Hand verfchiedener Nachweife fichern. Zunächft in der arabifchen Halbinfel. Es ift die Zeit der Flucht Muhammeds von Mekka nach Medina, 622 n. Chr. Der treffliche Gewährsmann Ibn Ishâk († 768 n. Chr.) bei Ibn Hifchâm (I, 332) läfst den Propheten, als er fich von Surâka verfolgt fah, zu Abû Bekr fagen: قُلْ له ما تبتغي منا قال فقال لى ذلك ابو بكر قال فقلت تَكْتُب لى كتاباً يكون اية بينى وبينك قال اُكْتب له يابا بكر قال فكتب لى كتاباً فى عَظْمٍ او فى رُقْعة او فى خَزَفَةٍ ثم القاه الىّ فاخذْتُه فجعلته فى كنانتى ثم رجعت الخ ‚Frage ihn, was er von uns begehrt. Als Abû Bekr (berichtet Surâka) mir dies fagte, antwortete ich: Schreibe mir einen Brief, damit derfelbe ein Zeichen fei zwifchen mir und Dir. Muhammed fagte: Schreibe ihm einen folchen, o Abû Bekr! Da fchrieb er mir einen Brief auf einen Knochen, oder auf ein Zettelchen, oder auf eine irdene Topffcherbe und warf fie mir zu. Ich nahm fie, legte fie in meinen Köcher und kehrte zurück, u. f. w.' Der hier gebrauchte Ausdruck خزفة *chásafe*, pl. خزوف *chusûf*, ift fynonym mit ὄστρακον. Heute nennen die Araber Aegyptens letzteres aber ‚*schekef*', d. i. شقف, pl. شقاف *schikâf* oder شقوف *schukûf*. Und dies war auch die alte vulgäre Bezeichnung für den im Nillande fo allgemein verwendeten

Beſchreibſtoff, wie ein aus dem VIII. Jahrhundert n. Chr. ſtammender ſchöner, vollkommener arabiſcher Papyrusbrief (Nr. 6318) der erzherzoglichen Sammlung bezeugt. In demſelben begehrt der Schreiber von dem Adreſſaten: ان تبعث الىّ ذلك (sic) الشقوف, daſs du mir jene Scheḳef (Oſtraka) ſendeſt‘ zugleich mit den zwei zur Bereitung einer Arznei nöthigen Miſchungen und der Preisangabe. Die Oſtraka enthielten die entſprechenden Recepte, ‚und‘, fügt der Briefſchreiber im Poſtſcriptum hinzu: وبيّن الصفة وكيف اعمله وكيف اشربه , ‚erkläre mir die Beſchreibung (der Recepte), ſodann wie ich die Medizin bereiten und wie ich ſie trinken ſoll.‘ In der That laſſen ſich an den bisher bekannt gewordenen fremdſprachigen Oſtraka dieſe und andere Gebrauchszwecke des täglichen Lebens der niedrigen Bevölkerungsclaſſe erkennen, indem ſich derlei Thonſcherben den Correſpondenzen, Notizen, ſowie dem Rechtsverkehr hervorragend dienſtbar erwieſen haben. Es iſt daher nicht zutreffend, wenn R. Dozy in ſeinem Suppl. I, 775 denſelben Ausdruck شقف *scheḳef* mit morceau de papier überſetzt, indem er als Beleg hiefür die Stelle aus dem Rijâdh en-nufûs, fol. 22 *r* heranzieht, wo von einem Kâdhî die Rede iſt: كان اذا جلس للخصوم رمى اليه الخصماءُ الشقاف فيها قِصَصُهم مكتوبة فقعد يومًا للخصوم فرموا اليه شقافهم فدعا بها فاذا فى شقفة منها مكتوب الخ , ‚Sobald er zur Verhandlung in Streitſachen ſich niederließ, pflegten ihm die Proceſsgegner die Scheḳef, auf welchen ſie ihre Beſchwerdeeingaben geſchrieben hatten, hinzuwerfen. Da er nun eines Tages behufs ſolcher Proceſsverhandlungen ſich niederſetzte, warfen ſie ihm wieder ihre Scheḳef hin, und als er dieſelben herbeiholen ließ, ſiehe, da war unter ihnen ein Scheḳef, auf welchem geſchrieben war etc.‘ Alſo ein Scherbengericht (ὀστρακισμός) eigener Art! In dieſer Beziehung ergibt ſich demnach ein realer Untergrund auch für jene moraliſche Erzählung im Behâriſtân des Perſers Dſchâmî, perſ. Text 33, nach welcher der Chalife ʿOmar († 644 Chr.) in Medîna einſt auf die Klage eines Juden über den Richter von Baſſora in Ermangelung eines anderen Schreibſtoffes eine Topfſcherbe, perſ. سفال *sufâl*, von der Erde aufgehoben und darauf eine Verwarnung für den Richter geſchrieben habe, des Inhalts, Letzterer möge keinen Anlaſs zu Klagen geben, oder ſich bequemen, ſeiner Richterwürde zu entſagen. Hiemit glaube ich auf eine noch zu erwartende intereſſante Bereicherung unſerer Kenntniſs der arabiſchen Beſchreibſtoffe hingewieſen zu haben. Zunächſt könnten dieſe Zeilen aber wohl die Fälſcher griechiſcher und koptiſcher Oſtraka verleiten, ſich nun in der neuen Richtung zu verſuchen, da jene jüngſt aufgetauchten zahlreichen Producte ihrer fleiſsigen Hände bis jetzt bei uns wenigſtens durchaus kein Verſtändniſs zu finden vermochten.

J. Karabacek.

V. Band — Nro. 3 und 4 — 18. August 1892

MITTHEILUNGEN
AUS DER SAMMLUNG DER
PAPYRUS ERZHERZOG RAINER

Herausgegeben und redigirt von Joseph Karabacek.

PAPYRUSFRAGMENT DES CHORGESANGES VON EURIPIDES OREST 330 FF. MIT PARTITUR.

(Mit einem Textbilde in Lichtdruck.)

Wiederholt hat man geklagt, dafs die Überlieferung der antiken Literatur einem grofsen Trümmerfeld gleiche. So berechtigt dies ift, wie viel gröfser ift der Verluft überall dort, wo es fich um die Aufzeichnungen der flüchtigen Töne handelt: denn hier ift Alles verschwunden. Die Macht der griechifchen Mufik, welche die Sagen verherrlichten, die Dichter feierten, ift dahin. Wenn wir überhaupt von griechifcher Mufik reden können, fo ift dies möglich auf Grund von Überlieferung der Theorie, und wir können fagen, dafs allerdings dank den Bemühungen der Specialiften die Forfchung zu Ergebniffen gelangt ift, welche gefichert find. Aber von Mufikdenkmälern liegt nur ganz unbedeutendes vor; aufser einigen Solfeggiaturen und Taktfchulen find durch die handfchriftliche Überlieferung des Mittelalters drei kleine Hymnen erhalten — auf die Mufe, auf Helios und auf Nemefis — etwa in der Zeit Hadrian's, alfo fpät componirt und in vielfach entftelltem Zuftande auf uns gekommen, aus welchem die Melodien erft durch methodifche Forfchung gewonnen werden mufsten. Erft jetzt bringt die Denkmälerforfchung auch hier einiges Licht.

So ift auf einem Stein, alfo ungetrübt durch handfchriftliche Überlieferung, ein fentenziöfes Lied fammt Melodie erhalten, welches ein gewiffer Seikilos in Tralles etwa in den erften Jahrhunderten unferer Zeitrechnung zu ewigem Gedächtnifs hatte einhauen laffen. Ich wiederhole hier die vier Zeilen, welche für die Art charakteriftifch und lehrreich find, wie man damals Mufikftücke zu fchreiben pflegte:

6. C Z̄ KIZ Ī	12. I KI K C̄ OΦ
7. ΟΣΟΝΖΗΣΦΑΙΝΟΥ	13. ΓΟΝΕΣΤΙΤΟΖΗΝ
8. K̄ I Z IK O	14. C K O I Z
9. ΜΗΔΕΝΟΛΩΣΣΥ	15. ΤΟΤΕΛΟΣΟΧΡΟ
10. C̄ OΦ C K Z	16. K C C̈ CX]
11. ΛΥΠΟΥ ΠΡΟΣΟΛΙ	17. ΝΟΣΑΠΑΙΤΕΙ

11

Urkundlich belegt find uns hier folgende Eigenthümlichkeiten der Notenfchrift des Gefanges: 1. jede notirte Silbe trägt ihr Notenzeichen oberhalb zu Anfang, 2. haben (zwei) Silben hintereinander diefelbe Note gemeinfam, fo fteht das Notenzeichen nur einmal (zum Beifpiel in der fechften Zeile), 3. eine Silbe kann auch auf mehrere Töne gefungen werden, 4. die Dauer der Töne wird angegeben, 5. einer kurzen Silbe des Textes entfpricht eine Note im Chronos protos, einer langen Silbe eine doppelt fo lange oder zwei folche Noten refpective eine Triole (zum Beifpiel in der fechften Zeile), 6. Paufen werden nicht angegeben.

Es ift für uns auch wichtig, aus diefer Infchrift zu erfehen, dafs die Singnoten allgemein bekannt waren; wollte man alfo eine für gewöhnliche Menfchen lesbare Gefangsmelodie niederfchreiben, fo bediente man fich doch wohl der allgemein verftändlichen Schriftzeichen dafür, nämlich diefer Gefangsnoten. Und fo finden wir denn auch diefe zur Bezeichnung des Melos in einem koftbaren Fragmente der erzherzoglichen Sammlung, welches einer antiken Rolle — es ift nicht opiftograph — entftammt und die Partitur zu einem Chorgefang des Euripideifchen Oreft enthält. Wollten wir zweifeln, dafs die Melodie von Euripides ift, fo fcheint gegen das hohe Alter zu fprechen, dafs die Inftrumentalmufiknotirung von der vocalifchen getrennt ift, welche auf das neue Alphabet mit εηοω... bafirt ift, welches erft fpät öffentlich in Attika eingeführt wurde. Aber der Einwand, abgefehen von der inneren Unwahrfcheinlichkeit der Gegenannahme, befteht nur zum Schein. Zu Euripides' Zeit war das ionifche Alphabet im Privatgebrauch. Und gibt es einen Vorwurf, fo trifft er unfer Manufcript, das nicht aus Euripides' Zeit ftammt, fondern etwa aus der des Auguftus, und in diefer hatten die Mufikeditionen ebenfo ihre fefte Geftalt, wie andere Texte, follten fie lesbar fein. Oder würde es jemand einfallen zu behaupten, dafs die Ilias nicht aus alter Zeit ftamme, weil ihre ältefte Überlieferung in den Manufcripten ein ε, η, ο, ω aufweift? Es weist vielmehr alles darauf hin, dafs wir ein altes Mufikftück vor uns haben; Dionys von Halicarnafs hatte eine ähnliche Partiturausgabe vor Augen, die enharmonifche Mufik, deren Abfterben Ariftoxenos beklagt, finden wir hier; wie anders ift die Leiftung fpäter Zeit, wie fie im Seikilosliede entgegentritt!

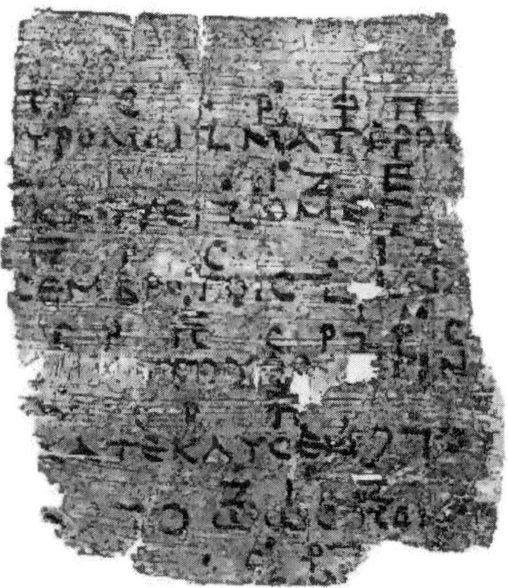

Das Papyrusftück ift 9·2 Ctm. hoch, 8·5 Ctm. breit, befchrieben auf den Horizontalfafern, mit Ausnahme der oberen auf allen Seiten abgebrochen. Es ift von mir aus einer Schichte von Papyrusftücken gehoben, welche dem I. Jahrhundert n. Chr. fpäteftens der Hadrianifchen Zeit angehören, was ich durch die Datirung einzelner Stücke erhärten kann.

wenn nicht die Schriftzüge Indicien genug abgeben follten; es ftammt, ebenfo wie nach meiner Meinung die Ariftoteles-Papyrus des British Mufeum, aus Hermopolis magna. Was das Alter des in Rede ftehenden Fragmentes betrifft, fo werden wir ficher gut thun, wenn wir es, wie bei literarifchen Stücken fonft auch, in der Datirung um ein oder mehrere Menfchenalter zurückfetzen. Die prächtige Schrift des Oreftfragmentes erlaubt gewifs es in die Zeit des Auguftus zu fetzen, alfo in jene, wo Dionys von Halikarnafs die Partitur zu Oreft 140 ff. vor Augen hatte; denn dafs in fpäter Zeit noch Handfchriften exiftirten, die nebft den Texten auch die Melodien enthielten, folgt nicht nur aus Dionys fondern auch aus der Angabe, dafs Apollonios der Eidograph nach den in Alexandrien aufbewahrten Handfchriften der melifchen Gedichte mit Berückfichtigung der Tonarten eine Eintheilung derfelben unternahm. Weiters fagt das Scholion zu Dionyfios Thrax B. A. II, 751: gewiffe Gedichte wurden nicht nur im Metrum, fondern auch mit der Melodie gefchrieben τινὰ ποιήματα οὐ μόνον ἐμμέτρως γέγραπται ἀλλὰ καὶ μετὰ μέλους· διὸ οὐδ' ὁ στίχος κεῖται ἐν τῇ στοιχήσει τέλειος ἀλλὰ μέχρι τοῦ ἀπηχήματος τῆς λύρας στίζει τὴν ὁρμήν.

Der Papyrus bietet folgende Zeichen (fiehe die nebenftehende Abbildung):

1. ΠΡ C Ρ' Φ Π
2. ΥΡοΜΑΙΖΜΑΤΕΡοC
3. Z Ι' Z Ε
4. ΑΚΧΕΥΕΙΖοΜΕΓΑC
5. Π Ρ C Ι' Z
6. CΕΜΒΡοΤΟΙCΖΑΝΑ
7. CΡ Π C ΡΖΦ' C
8. CΑΚαΤΟΥΘΟΑCΤΙΝΑ
9. [...] Π Ρ Π
10. ΚΑΤΕΚΛΥCΕΝ ϽꓶϽ
11. Ζ Ι' Z
12. ΝϽꓶϽΩΩCΠΟΝΤ
13. Ρ . C' Ρꓶ
14. Text] [Note] ΟCΩΝ [Text.

Zeile 1. Π ift mit Sicherheit zu erkennen, wenn auch nicht vollftändig erhalten.

Zeile 2. ο ift beidemale kleiner; ebenfo Zeile 4, 6 βρο.

Zeile 3. Ebenfo Z, wie darunter A von der Silbe ΒΑ, haben durch den Randbruch gelitten.

Zeile 4. Das Endfigma ift nicht vollftändig.

Zeile 6. α in der Silbe αν ift undeutlich.

Zeile 7. Nach dem letzten C ift noch das Fragment der nächften Note zu fehen, in der Geftalt eines fpitzen, nach rechts geöffneten Winkels; vielleicht der Fufs von Z (oder es könnte dies der Anfang eines ähnlichen Zeichens fein, wie es Zeile 13 nach P folgt).

Zeile 8. CΑΚ, dann ΑC und zu Ende des Α find nur in Umriffen erhalten.

11*

Zeile 9. Über ΚΑ fteht das undeutliche Fragment einer Note, darüber ift noch der Ictus. Jene Note kann man, je nachdem das Verwifchte ergänzt wird, lefen als V oder W oder ∇.

Zeile 10. Nach den drei Inftrumentalnoten folgt noch die Spur einer Schrift, wohl einer vierten Inftrumentalnote, nach dem übergefetzten Punkte zu urtheilen. Die Inftrumentalnote felbft könnte C *a* fein. Ferners fcheint das vorhergehende Ͻ durch Verwifchen des Querftriches aus Э E* corrigirt zu fein. Grofse Schwierigkeiten bietet Zeile 13, 14: über einer ausgefallenen Silbe des Textes fteht P, dann kommt ein Punkt, fo nieder, dafs er auf eine Inftrumentalnote unter ihm deutet; daneben das Texwort ΟϹωΝ, als Anfang eines Verfes. Es fcheint alfo hier geftanden zu haben: κατολοφ]ύρομαι, ματέροc αἷμα cᾶc, ὅ c᾽ ἀναβακχεύει· ὁ μέγαc ὄλβοc οὐ μόνιμοc ἐμ βροτοῖc ἀνὰ δὲ λαῖφοc ὥc τιc ἀκάτου θοᾶc τινάξαc δαίμων κατέκλυcεν κύμαcιν ἐν ὡc πόντου λάβροιc ὀλεθρίοιc ὅcων cυμφορῶν (cf. Eurip. Ion. 927, Hippol. 824, Aesch. Prom. 888, Eum. 796, Suppl. 120, Soph. O. R. 1527, Eur. Medea 362 etc.). Vergl. die Strophe.

Zeile 13. Nach der Note P folgt ein Horizontalftrich, ob ein befonderes Längenzeichen oder dergleichen, oder ein Bruchftück der Note ⅂, ift nicht mehr möglich zu fagen.

Die Vocalmufik mit kleinen, die Inftrumentalmufik mit grofsen Buchftaben umfchrieben, ergibt:

Bafsfchlüffel.

ais a a* *a* g ais*
κατολο]φυρομαι *G′* ματεροc [αιμα cαc ο c

e′ *d′ c′ e′**
ανα]βακχευει *G′* ο μεγαc [ολβοc ου μονι

$\overline{ais}$ *a* a* *d′ e′*
μο]c εμ βροτοιc *G′* ανα [δε λαιφοc ωc

*a a** $\overline{ais}$ *a a** *g a*
τι]c ακατου θοαc *G′* τινα[ξαc δαιμων

*y ais a** $\overline{ais}$
κατεκλυcεν *A* Eis Ais*

e′ d′ e′
A Eis Ais* ω ωc ποντ[ου

*a** . *a a* c?*
4 Buchftaben Inftrumentalnote ὁcων . . . .

Wir bemerken vor Allem dreierlei Beftandtheile: 1. Den Text, deffen Verfe nicht abgebrochen, fondern in continuo laufen. 2. In den Zeilen des Textes ftehen die Inftrumentalnoten, das Ende des Verfes wird dadurch markirt (vergl. B. A. II, 757), fo konnte denn die Tradition bezüglich des Endes der Verfe und Kola erhalten bleiben, als dann fpäterhin die Melodie nicht mehr gefchrieben wurde (W. CHRIST, Werth der überlieferten Kolometrie in den griechifchen Dramen, Münchener Akad. 1871). Zwifchen den Verfen ertönten hier ein oder mehrere Krumata. Bekanntlich verwendete fie Euripides, wie auch hier, ſparſam und höhnte daher in Ariſtophanes' ‚Fröſchen' 1286 ff. den Aischylos, der mit ihnen gar nicht ſparte, in der Art, daſs er einem Gemengſel äſchyläiſcher Verſe reichlich φλαττοθρατ, damit ahmte er nämlich die Töne nach, dazwiſchen einſetzte. Die Nachweiſe über das Einfallen der Inſtrumentalmuſik ſind geſammelt bei Ernſt GRAF, De Graecorum veterum re musica S. 69. — 3. Die Vocalmuſiknoten ſtehen, wie in der Seikilosinſchrift, oberhalb des Silbenanfanges. Von der zweiten Regel iſt inſofern einmal abgewichen, — offenbar infolge eines Verſehens — als die Instrumentalnote zwiſchen θοας τινα — über der Zeile ſteht; ςτ iſt nämlich in der Schrift hier ligirt worden; wie denn überhaupt dieſe Buchſtaben alter Buchſchrift zur Ligirung hinneigen, vergl. το Z. 3, 4, τε Z. 5. Dieſe Ligatur hatte nun den Anlaſs zum Ausfall der Note gegeben.

Gilt ein und dieſelbe Note für mehr als eine Silbe, ſo ſteht ſie nur einmal; ebenſo in der Seikilosinſchrift.

Ferners ſehen wir Punkte bei den Noten; ſie ſtehen je nach Maſsgabe des Raumes bald über, bald neben ihnen. Wir werden nicht ſehlgehen, in ihnen die Iſten im Sinne der alten Überlieferung zu ſehen. Zwei iſtirte Noten können unmittelbar folgen; ſo zu Ende und zu Anfang zweier Verſe; ſelbſt in demſelben Verſe.

Die Iſten fehlen in der Seikilosinſchrift.

Dann ſteht dreimal über der Note Π der als Zeichen der Länge bekannte Horizontal-
Π Ρ C
ſtrich; in einer analogen Partie, zu Anfang, fehlt er (υρομαι), ſo weit bei der ſchlechten Erhaltung des Π zu erkennen iſt. Eine mit dem Längenzeichen verſehene Note ſteht über der Syllaba anceps ςεν zu Schluſs des Verſes. Aber auch eine Note ohne Längenzeichen
Ż Ր Z
ſteht über langen Silben ω ως ποντ. In den Zeiten des Seikilos, wo das Quantitätsgefühl ſchwankte oder gar mangelte, ſind die Quantitätsverhältniſſe gar ſorgfältig eingezeichnet.

Vor Allem können wir auch jene Beobachtungen hier machen, welche Dionys von Halikarnaſs an einer früheren Stelle des Oreſt, V. 140 ff. ausgeführt hat; ſie betreffen die Thatſache, daſs der im Griechiſchen muſikaliſche Wortaccent von der Melodie ignorirt wird. ‚Die Muſik — ſagt er — ſowohl die der Inſtrumente als auch die Vocalmuſik, macht von mehreren Intervallen Gebrauch und nicht allein von der Quint, ſondern von der Octav angefangen, läſst die Muſik auch die Quint vernehmen, die Quart.....Prim, den Halb- und ſelbſt nach der Meinung einiger den Viertelton. Übrigens verlangt ſie die Unterordnung der Worte unter den Geſang und nicht umgekehrt. Das ist eine Thatſache, die ſich aus vielen Melodien ergibt, insbeſondere aus dem Geſang des Euripides in jener Stelle des Oreſt, wo Elektra dem Chore zuruft:

σῖγα σῖγα λεπτὸν ἴχνος ἀρβύλης
τίθετε, μὴ κτυπεῖτ'
ἀποπρόβατε 'κεῖς' ἀπόπροθι κοίτας.'

‚In dieſer Stelle wird σῖγα σῖγα λεπτὸν, trotzdem ein jedes der drei Worte accentuirte und nicht accentuirte Silben hat, auf eine Note geſungen. Und ἀρβύλης hat auf der zweiten und auf der dritten Silbe den gleichen Ton, trotzdem es unmöglich iſt, daſs ein Wort zwei Acute habe. Und bei τίθετε hat die erſte Silbe eine tiefere Note, die beiden anderen hinter ihr haben eine höhere, und zwar beide dieſelbe Note; κτυπεῖτ' hat ſeinen

Circumflex verloren, beide Silben haben nämlich dieſelbe Höhe. Und ἀποπρόβατε nimmt nicht ſeinen Acut auf der Mittelſilbe an, ſondern dieſer iſt von der dritten auf die vierte Silbe gewandert.'

Solche Betrachtungen können wir auch hier anſtellen: ἀναβακχεύει hat auf den drei letzten Silben die gleiche Note, während der Acut auf der zweitletzten ſteht; in μέγας iſt das Verhältniſs von Accent und Note verkehrt: die letzte Silbe iſt höher; ähnlich geht es in βροτοῖς, wo die unbetonte erſte Silbe eine höhere Note trägt; ἀκάτου hat die letzte Silbe höher als die betonte vorletzte; κατέκλυσεν hat auf der drittletzten betonten dieſelbe Note wie auf der letzten unbetonten.

Nach den Andeutungen Dionys' iſt es verſucht worden, die Muſik von Oreſt 140 ff. vermuthungsweiſe wieder herzuſtellen. Das Papyrusfragment gibt uns aber gegenwärtig ein anſchauliches Beiſpiel, wie dergleichen ausſah. Aber auf einen Umſtand müſſen wir aufmerkſam machen. Reconſtruiren wir obiges τιθετε μη κτυπειτ mit ſeinen Noten, ſo erhalten wir für die Silbe θετε die gleiche Note, zum Beiſpiel *y*; für κτυπειτ ebenſo eine gleiche, nennen wir ſie *x*; über τι ſteht eine Note, die tiefer als *y* liegt, alſo —*y* genannt; für μή iſt nichts geſagt, alſo irgend eine Note: *m*; das gibt

—*y*	*y*	*y*	*m*	*x*	*x*
τι	θε	τε	μη	κτυ	πειτ
∪	∪	∪	—	∪	—

Das Kolon ἴχνος ἀρβύλης mag ſo ausgeſehen haben:

n	—*n*	—*z*	*z*	*z*
ιχ	νος	αρ	βυ	λης
∪	∪	—	∪	—

Und ferners:

—*p*	—*p*	—*p*	*p*	—*p*	*q*—*q*
α	πο	προ	βα	τε	κεις
∪	∪	∪	—	∪	—

Dabei ſind *m n p q x y z* Unbekannte, über die wir weiter nichts ſagen können. ἴχνος und κεῖς' erhalten bei der genauen Analyſe des Dionyſios keine Bemerkung, dürſten alſo keinen Widerſpruch zwiſchen Accentuirung und Note gezeigt haben.

Ich mache nun aufmerkſam auf die Übereinſtimmung im Baue folgender Kola:

—*z z z* und *m x x*
—*z z z* und —*y y y*.

Zwei gleiche Noten ſtehen neben einander gegen das Ende; dann ſind ganze Kola unter einander ähnlich gebaut, indem die tiefere Note vorangeht, die höhere zweimal folgt u. ſ. w.

Damit werden wir aufmerkſam gemacht auf die Analogien in der Melodie unſeres Papyrusfragmentes. Das Glück hat es auch gewollt, daſs uns gerade aus Oreſt und gerade aus einer verwandten, dochmiſchen Partie, wie es Oreſt 140 ff. iſt, das Bruchſtück erhalten iſt.

Allerdings ist, was die Dochmien betrifft, kein einziger Vers uns vollständig erhalten, ja nicht einmal ein einzelner Dochmius; es stammen

von dem ersten Theile eines Dochmius			vom zweiten Theile		
◡̄	◡◡ (unterstrichen)		—	◡̄	◡̲
P˙	Φ	Π	Π	P	C
μα	τε	ροc	υ	ρο	μαι
			Z	Z	Z
			βακ	χευ	ει
I˙	Z	E	Π̈	P	C
ο	με	γαc	εμ	βρο	τοιc
I˙	Z	⁝			
α	να	δε			
⁝	C	P	Π̇	P	C
τιc	α	κα	του	θο	αc

Hier ergibt sich, dass dreimal der zweite Theil des Dochmius ganz oder fast gleich ist: ΠPC, Π̈PC, Π̈CP.

Der allernächste Schluss ist dann, dass wir berechtigt sind, auch für den ersten Theil des Dochmius dasselbe zu urgiren, dass wir ὁ μέγαc und ἀνὰ δὲ gegenseitig ergänzen können: I˙ZE, I˙Z[E].

Damit sind aber die Analogien nicht erschöpft; denn auch I˙ZE ο μεγαc und ⁝CP τιc ακα — beides Anfänge von Dochmien — sind insofern ähnlich gebaut, als sie an zweiter und dritter Stelle steigende Töne haben, die um ¼ Tonintervall verschieden sind; dem Theile *d' e' e'** würde vollständig entsprechen: *g a a**.

Eine weitere Beobachtung: Wenn bei den gepaarten Dochmien der erste Dochmius aus Variationen von *g a a* ais* besteht, so bietet der zweite solche von *d' e' e'** und umgekehrt. Und wie dort *g* so wird hier *d* herangezogen. Folgende Übersicht möge die Beobachtungen erleichtern:

◡ ◡ ◡ — ◡ — ◡ ◡ ◡ *ais a* a G'*
a g ais* — ◡ — ◡ ◡ ◡ *e' e' e' G'*
*d' e' e'** — ◡ — ◡ ◡ ◡ *ais a* a G'*
d' e' |*e'**| — ◡ — [*g*⁝] *a a* ais a a* G'*
g a — — — ◡ *ais a* ais A* Eis Ais*
— —◡ — *A* Eis Ais e' d' e'* —

Es ist selbstverständlich jeder Versuch die Melodie herzustellen etwas Gewagtes; wenn wir diese Beobachtungen benützen, so ergibt sich für den Dochmius ματεροc αιμαcαc etwa *a* g ais ais̄ a a** (od. dgl. ähnlich mochte κατολοφυρομαι gebaut gewesen sein) wir benützen dabei den bekannten Dochmienschluss mit ΠPC; der zweite Dochmius dazu bewegte sich, wie das Erhaltene zeigt, in *e'* und den verwandten Tönen; dann wäre also möglich: *e' d' e'* e' e' e'* für ὃ c' ἀναβακχεύει; in ὁ μέγαc ὄλβοc οὐ μόνιμοc ἐμ βροτοῖc, ebenso in ἀνὰ δὲ λαῖφοc ὥc τιc ἀκάτου θοᾶc beginnt die Melodie, offenbar in beiden ganz ähnlich,

12*

mit den höheren Tönen und endet mit dem zweiten Dochmius in *a* — Variationen. — Nicht unähnlich mögen die Kola der so verwandten Stelle V. 140 ff. ausgesehen haben.

Sammeln wir sämmtliche Gesangsnoten, die alle in einer Octave liegen, so sind es folgende:

Φ	C	P	Π	I	Z	E
g	*a*	*a**	*ais*	*d'*	*e'*	*e**.

Die Intervalle sind dabei von *g* bis *d*:

—1—¼—¼—2—

Wir erkennen hier die Gesetze der Enharmonik, von der Plutarch de mus. c. 11 erzählt, als Olympos sich auf einer diatonischen Scala bewegte und die Melodie öfters nach der diatonischen Parypate hinführte, bald von der Paramese, bald von der Mese, und dabei die diatonische Lichanos unberührt liess, da habe er die Schönheit des Ethos erkannt, welche auf diese Weise hervorgebracht wurde....; so war der Anfang des enharmonischen Geschlechtes, später theilte man den Halbton in lydischen und phrygischen Compositionen. Anstatt also in der diatonischen Scala *h c' d' e'* zu spielen, liess man *d'* aus, schob aber in das Halbtonintervall einen Viertelton ein, dies ergab die Intervalle *h* ¼ *h** ¼ *c'* 2 *e'*. Es entspricht also unser *g a a* ais d* mit Aufhebung der enharmonischen Schaltung der Reihe: *g* 1 *a* ½ *b* 1 *c'* 1 *d'*. Die weiteren Töne *e'* ¼ *e** entsprechen, wieder mit Aufhebung des Enharmonischen dem *e'* ½ *f'* 1 *g'*; die Scala *g* 1 *a* ½ *b* 1 *c'* 1 *d'* 1 *e* ½ *f'* 1 *g'* ist aber die phrygische Harmonie, im Tonos lydios; in ihr kam die Enharmonik zur Anwendung, in ihr dichtete Sophokles, der sie in die Tragödie einführte, Monodien und Threnoi.

Was die Instrumentalbegleitung betrifft, so wissen wir auch aus Aristoteles Problemata XIX, 12, dass sie höher lag, als das Melos.

Es erübrigt die Ictensetzung zu untersuchen. Und hier kommen wir alsbald zu einem wichtigen Ergebniss. Rücken wir nämlich nach der obigen Zusammenstellung den ersten Theil der Dochmien, wie er erhalten ist, mit dem zweiten Fuss zusammen, so finden wir folgendes:

Erster Theil.	Zweiter Theil.
I· Z E	Π̇ P C
I˙ Z [E]	Π̇̄ C P
∪ ∪ ∪	— ∪ —

Nun ist mit Zuversicht auszusprechen, dass bei dem Dochmius die drittletzte Silbe — wir zählen dabei nach der vorliegenden Form — den Ictus trug, und so erscheint in der That das Π mit dem Längenzeichen und dem Ictus versehen. Ob mit ∸ etwa eine Art Ersatz für : gegeben war, lassen wir unentschieden.

Der erste Theil des Dochmius schwankt dagegen schon in den beiden Grundformen:

∪ ∪̄ ∪̄ — ∪ — und — ∪ ∪ — ∪

Die zweite Grundform repräsentirt hier der Verstheil: ματερος αιμα σας.

Die Hauptfrage war dabei, wie der Nebenictus des ersten Theiles vom Dochmius im Falle der Auflösung der ersten Länge, also in der Form ∪ ∪ ∪ anzusetzen ist; da ∪ ∪ einer Länge entsprach, so konnte man sich folgende Vertheilung denken:

∪ ∸ ∪ | — ∪ —

Wir lernen nun aus dem vorliegenden Papyrus, dafs der Ictus vielmehr auf die erfte Silbe gefetzt wurde, und es beftätigt fich nun glänzend als Gewifsheit, was CHRIST, Metrik, S. 435, 449 f. vermuthet hat: ·◡◡| ·◡ –.

Abgefehen nämlich von den Indicien, welche dafür die Analyfe von Strophen abgab, welche Dochmien mit verwandten Rythmen enthalten (in ihnen entfpricht der Form ◡◡◡ – ◡ — nicht leicht der anderen ◡ — — ◡ —), wurde beobachtet, dafs in Dochmien mit beginnendem Päon oft die erfte Silbe den Wortaccent hat, fo in dem obigen Vers τίθετε μὴ κτυπεῖτ'. Wir werden alfo die Betonung ◡◡◡ · ◡ — als beurkundete Thatfache annehmen müffen, und haben dann um fo mehr Berechtigung, die Dochmien mit beginnendem Dactylus fo zu nehmen, dafs die erfte Länge, nicht die erfte Kürze den Ictus trägt: ·◡◡ · ◡ —.

In der That lefen wir:

P·Φ Π
ματερος αιμα σας.

Wir verlaffen die gepaarten Dochmien; bei der lückenhaften Erhaltung des Verfes

Φ· C · Π Ρ Π
τι να[ξας δαιμων κατ]ε κλυ σεν
· —[· |◡ ◡ ◡

ift es unficher, fich in Vermuthungen zu ergehen; der Anfang des Verfes ◡ verdient allerdings unfere volle Beachtung.

Ż I'

Im Folgenden finden wir ωωϹ; wir haben in diefer Schreibung eine frappante Analogie zu dem bekannten ειειειειει λιςςετε in Ariftophanes' ‚Fröfchen', 1314, ειειειει λιςςουςα 1348. In guter alter Zeit war es nämlich Regel, dafs der Gefang eine Note auf eine Silbe kommen liefs; der Neuerer Euripides wird a. a. O. von Aischylos wegen des Verfuches verfpottet, mehrere Töne auf eine Silbe zu bringen; man fchrieb damals in einem folchen Falle den Vocal mehrmals; fpäter kam man, wie die Seikilosinfchrift zeigt, davon ab, indem dort ein Vocal zwei, felbft drei Noten trägt.

Stofsen mehrere Icten zufammen, fo haben wir Paufen anzufetzen, die im Papyrus nicht aufgezeichnet find, zum Beifpiel ŻΛ, oder es ift anzunehmen, dafs eine drei- oder vierzeitige Länge vorliegt, zum Beifpiel:

⊔ ⊔
Ż I
ωωϹ

Für die vielumftrittene Theorie des Dochmius ergibt fich, dafs er fich in zwei Theile zerlegt, in eine Thefis von drei und eine Arfis von fünf Chronoi protoi ♪♪♪♩♪♩ 
I'ZEΠPC.

Karl Weffely.

EURIPIDES PHÖNISSEN 1097—1107 UND 1126—1137 AUF EINER HOLZTAFEL.

(Mit einer Schriftprobe als Textbild.)

Euripides gehört fchon feit einer Reihe von Jahren zu den Autoren, für deren Text Papyrusfunde in Betracht kommen, fei es nun, dafs fie neue Fragmente bieten oder als ältere Zeugen handfchriftlich erhaltener Stücke uns einen Einblick in die Gefchichte des Textes thun laffen, wie denn A. KIRCHHOFF bei Befprechung des Berliner Hippolyt-Fragmentes (Monatsber. der Berl. Akad. 1881, S. 982 ff.) behaupten konnte, der Text des Euripides habe fich vom VI. bis zum XII. Jahrhundert nicht wefentlich verändert. Zur zweiten Gattung von Funden gehört die in Rede ftehende Holztafel, wenn anders man fie als Beftandtheil der erzherzoglichen Papyrusfammlung (Katal. Nr. 34) mit dem

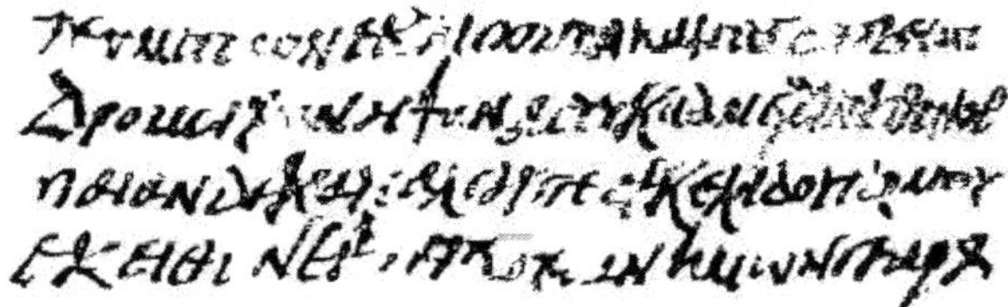

Berliner Papyrus aus dem Faijûm zufammenftellen kann. Für die Altersbeftimmung der Unciale, die wohl dem Anfang des V. Jahrhundertes angehört, verweife ich auf die im Facfimile beigegebene Probe (Vers 1100—1103). Es obliegt mir nun, die Abweichungen von dem Texte der kleineren KIRCHHOFF'fchen Ausgabe (3. Bd., Berl. 1868) anzugeben, wobei ich auf die fchwierige Befprechung von Buchftabenreften im Allgemeinen nicht eingehe, woferne nur die Übereinftimmung mit dem recipirten Text unzweifelhaft ift.[1]

Vorerft ein paar Worte über die Holztafel, deren genauere Befchreibung der Publication ihrer intereffanten Vorderfeite[2] vorbehalten werden mufs. Die Tafel ift 52 Ctm.

[1] Ich bemerke gleich hier, dafs über der erften Columne χμγ† fteht; über die Bedeutung von χμγ vergl. J. KRALL in diefen Mittheilungen I, 127, die Erkennung des Chrismon verdanke ich Herrn Prof. KRALL.

[2] Es ift mir gelungen, unzweifelhaft zu conftatiren, dafs wir etwa 60 bisher unbekannte Hexameter aus der Hekale des Kallimachos vor uns haben, deren Publication fpäter erfolgen foll. — Bei der Lefung der Euripides-Verfe hat mein Freund Dr. JOSEPH ZINGERLE aus Innsbruck geholfen, bei der Würdigung der Varianten im Euripides-Text erfreute ich mich des Rathes der Herren Professoren GOMPERZ und SCHENKL, denen ich auch an diefer Stelle Dank zu fagen mir erlaube.

lang und hat am rechten Ende, wo die zwei Columnen mit den Euripides-Verfen beginnen eine Höhe von 10 Ctm., etwa zwei Fünftel der urfprünglichen, da zwifchen den beiden Columnen 18 oder (wenn man mit G. HERMANN den Ausfall eines Verfes nach 1115 annimmt) 19 Verfe fehlen.[1] Links laffen fich Spuren von Schrift nicht nachweifen; doch findet fich eine Anzahl kleiner Striche, welche die Columnen trennen, auch vor der erften Columne. Der Beginn diefer ift jedenfalls abrupt. Die Schrift ift eine gut lesbare Unciale; nur ift die zweite Columne weniger gut erhalten. Die mit Rufstinte aufgetragenen Buchftaben find manchmal ein wenig fchräg. Verbindungen unter ihnen felten; ϵη ift mir einigemale aufgefallen. Von Unterfcheidungszeichen findet fich der Apoftroph ziemlich regelmäfsig (beftimmt kann ich das Fehlen desfelben nur für δι' in V. 1098 und ἐπ' in V. 1131 behaupten) in der Form eines fchräg von links nach rechts laufenden Striches (ˋ), die diakritifchen Punkte in νηΐϲταιϲ (1104) und ϋμιν (1133). Die Correcturen find von der gleichen Hand.

1097 τω̸ (ω über der Zeile). 1099 (am Ende) ϲτρατο (die Refte von το find fehr gering). 1100 τευμηϲϲον (wie im Marcianus und im Schol. des Par. 2713). 1101 („graviter corruptus aut spurius' KIRCHHOFF; vergl. dagegen W. ZIPPERER, De Eur. Phoen. vers. suspectis et interpol. Würzburg 1875, S. 48[2]) ξυνηψαν (die Schol. περιέλαβον, περιεκύκλωϲαν u. f. w. fprechen mehr für den Plural). καδμειων mit einer über der Endfilbe gefchriebenen, fehr fraglichen Variante, vielleicht: αϲ. 1104 νηΐϲταιϲ, fo dafs auch die Holztafel, wohl der ältefte Zeuge für die von NAUCK (vergl. Eur. Stud. I, 85) nach HERMANNS Vorgang und auch fonft (von SCHUBART und WALZ bei Paus. IX, 8, 4, von M. SCHMIDT im Hesychios, von WECKLEIN[3] in Aesch. Sept. 447) ziemlich allgemein angenommene Form fpricht. πυλαιϲ. 1106 ϵγγονοϲ („Aldina et novicii' K.).[4] 1107. Von ἐπίϲημ' faft gar keine Spur; fonft ift von der Zeile die obere Hälfte erhalten.

In V. 1126 ift das letzte Erkennbare κυκλουμ, 1127 μαινεϲθα, 1128 αρεωϲ (ο über der Zeile) ειϲ (oder εϲ?) μαχην φ. 1129 von πύλαιϲ nur π fichtbar. 1130 ϲιδηρονωτου („ϲιδηρονώτου vulgato non esset deterius' VALCK.). κυκλοιϲ für τύποιϲ. Am Ende von 1132 Refte, welche βαθ und ω unzweifelhaft, dazwifchen ρ möglich machen. Alfo ftand hier βάθρων, welches KIRCHHOFF als Variante des Marcianus aufnahm; vergl. die Anmerkungen von HERMANN und R. KLOTZ, welch letzterer es mit feiner Polemik nicht hat verhindern können, dafs man βάθρων, dem im Texte aller mafsgebenden Handfchriften ftehenden βίᾳ vorzieht.[5] 1133 υπονοια

[1] Dafs bei den Verfen 1107 ἐπίϲημ' ἔχων οἰκεῖον ἐν μέϲῳ ϲάκει und 1114 ἔϲτειχ' ἔχων ϲημεῖον ἐν μέϲῳ ϲάκει eine Haplographie möglich wäre, ift mir nicht entgangen.

[2] Aus ZIPPERER's Auseinanderfetzung ergibt fich auch, dafs die Änderung von BERNARDAKIS (Εὐρ. δράματα ἐξ ἑρμην. Δ. Β., 1. Bd., Athen 1888): ϲυνῆψ' ἐϲ unnöthig ift. — PALEY ftreicht den Vers, wie ich aus BURSIAN's Jahresber. XVII, 85 fehe.

[3] Nach deffen Gefammtausgabe (Berlin 1885) ich äschyleifche Verfe citire.

[4] Dafs das zwifchen τῆϲ und κυναγοῦ bemerkbare, wohl durch Einfchlagen eines Nagels entftandene Loch vorhanden war, ehe die Rückfeite der Tafel befchrieben wurde, dürfte für einen anderen Zufammenhang wichtig fein.

[5] G. GRIGORAKIS in feiner Cύγκριϲιϲ τῶν ϲχολίων τῶν Φοιν. τοῦ Εὐρ. πρὸϲ τὸ τούτων κείμενον (Jena 1890) erwähnt diefe Variante, die doch als Scholion erfcheint, foviel ich fehe, nirgends, auch S. 54 bei der Zufammenftellung nicht, auf Grund deren er S. 55 behauptet, die Varianten in den Scholien feien meift fchlecht und jüngere Zuthat. Die früheren diesbezüglichen Abhandlungen (z. B. G. FRANSSEN, Quaest. de schol. Eur. in poetae verbis restit. auctor. Göttingen 1872) find mir nicht zugänglich.

ὑμιν. 1135 εκπληρων, dann ſichere Reſte von τρ, zweifelhafte von αφ. 1136 υδραν. Am Schluſſe des wieder durch den Bruch beſchädigten V. 1137 iſt von μέϲων faſt gar nichts mehr zu ſehen.

Wir haben in den Verſen 1101, 1104 und namentlich 1132 beachtenswerthe Lesarten gefunden und treten daher an die nun zu beſprechenden Verſe 1130, 1133 und 1135 vielleicht mit einer gewiſſen Präſumption für die Lesarten der Holztafel heran. Gerade deshalb will ich mir die nöthige Reſerve auferlegen und mit den folgenden Bemerkungen über die fraglichen Verſe nicht entſchieden haben. Im V. 1130 ϲιδηρονώτοιϲ δ' ἀϲπίδοϲ τύποιϲ ἐπῆν | γίγαϲ ſcheint κύκλοιϲ zu ἐπῆν beſſer zu paſſen (vergl. Aesch. Sept. 578 ϲῆμα δ' οὐκ ἐπῆν κύκλῳ und 476 ἀϲπίδοϲ κύκλον λέγω) als τύποιϲ, das ſich doch auf Reliefdarſtellungen beziehen muſs und weder als von ἐπῆν abhängiger Dativ, noch inſtrumental gefaſst vollkommen befriedigt. Auch der Plural κύκλοιϲ läſst ſich vielleicht begreifen, wenn man an eine groſse Zahl von Rundungen denkt. Nur weiſs ich nicht recht zu erklären, wie τύποιϲ in den Text gekommen ſein ſollte, wenn ich auch nicht unterlaſſen will, auf die Schol. zu V. 1126 (κυκλούμεναι) aufmerkſam zu machen: ἐνετετύπωντο αἱ Ποτνιάδεϲ ἵπποι. Von dem Giganten heiſst es weiter: ἐπ' ὤμοιϲ γηγενὴϲ ὅλην πόλιν | φέρων μόχλοιϲιν ἐξαναϲπάϲαϲ βάθρων, | ὑπόνοιαν ἡμῖν, οἷα πείϲεται πόλιϲ. Den letzten Vers hat VALCKENAER für interpolirt erklärt; ZIPPERER läſst S. 59 f. die Frage unentſchieden, bringt aber ein neues, gerade nicht gewichtiges Argument gegen die Echtheit vor: die verſchiedene Beziehung von πόλιϲ in 1131 und 1133. Es erregt in der That einiges in dieſem von den neueren Herausgebern nicht angetaſteten Verſe Bedenken. Derſelbe ſcheint als eine Bemerkung des Boten verſtanden werden zu müſſen; aber wenn wir uns auch bemühen ὑπόνοιαν als Appoſition zu der ganzen Darſtellung zu faſſen (F. POLLE, Jahrb. für Phil. CV, 509 gegen KINKEL), liegt es nahe (vergl. d. Schol. ἀπὸ κοινοῦ τὸ φέρων), dieſen Vers als einen Gedanken des dargeſtellten Giganten, beziehungsweiſe des Kapaneus anzuſehen, wie es z. B. KLOTZ will.[1] Dann iſt aber das Wort ὑπόνοια, das in der Bedeutung ‚verſteckte Andeutung', ‚Allegorie' nicht poetiſch zu ſein ſcheint, beſonders anſtöſsig. Die Sache complicirt ſich durch die Meinung POLLES, ‚für die Gründe anzuführen keinen Zweck haben würde' (Comment. Fleckeiſen., S. 53), die ganze Partie von 1104—1140 ſei ein nach Äſchylus gearbeitetes Einſchiebſel der Schauſpieler. Ich begnüge mich mit der Bemerkung, daſs wer nur den Vers 1133 für eingeſchoben hält, auf der Holztafel eine urſprünglichere Faſſung finden könnte, die durch den metriſchen Fehler den Interpolator verräth. Sonſt iſt ὑπόνοια ein einfacher Schreibfehler, wie denn überhaupt, ſoviel ich ſehe, der Vorwurf der Schlimmbeſſerung nirgends gegen den Schreiber der Holztafel oder ſeine Vorlage erhoben werden kann. ἡμῖν und ὑμῖν ſind ſchon in Papyris oft genug verwechſelt worden; vergl. z. B. K. WESSELY, Proleg. ad papyr. gr. novam collȩct. edend. Wien 1882, S. 62.

Auch über die letzte zu beſprechende Stelle kann ich mich nicht beſtimmter ausſprechen; 1134 ff. lauten in den beſten Handſchriften: ταῖϲ δ' ἑβδόμαιϲ Ἄδραϲτοϲ ἐν πύλαιϲιν ἦν | ἑκατὸν ἐχίδναιϲ ἀϲπίδ' ἐκπληρῶν γραφῇ, | ὕδραϲ ἔχων λαιοῖϲιν ἐν βραχίοϲιν |

[1] Er vergleicht V. 1122, was GEEL wohl mit Recht zurückgewieſen hat. Die Vertheidigungen von L. G. FIRNHABER, Die Verdächtigungen euripid. Verſe u. ſ. w., Leipzig 1840, und von H. T. TRAUTMANN, De Eur. vers. ſuſpect. Progr. Paedag. Halle 1863, kenne ich nur aus den Anführungen anderer.

'Αργεῖον αὔχημ'. 'Αργεῖον αὔχημα bezieht ſich auf die lernäiſche Schlange; gegen NAUCK Eur. Stud. I, 86 ſiehe K. SCHENKL, Philol. XX, 309. Ich bin auch davon überzeugt, daſs ὕδρας, wenn es richtig iſt, als gen. explic. von 'Αργεῖον αὔχημα abhängt und nicht (mit WECKLEIN in der Neubearbeitung der KLOTZ'ſchen Ausgabe und BERNARDAKIS) zu γραφῇ zu ziehen, noch weniger mit BRUNCK und PORSON γραφὴν ὕδρας zu ſchreiben und dies mit ἔχων zu verbinden iſt. Ich würdige ferner die Bedenken, welche POLLE (Jahrb. CV. 516) gegen GEELS faſt allgemein angenommene Conjectur ἐκπληροῦν vorgebracht hat, und glaube auch BERNARDAKIS zugeben zu ſollen, daſs der Gedanke: ‚Adraſt erfüllt den Schild mit den gemalten Hydraköpfen', den GEEL nur einem ſchlechten Dichter zutraut, poetiſcher iſt als der, den GEEL in die Stelle hineinbringt. Ob aber, alles dies vorausgeſetzt, das ὕδραν der Holztafel, zu dem 'Αργεῖον αὔχημα Appoſition wäre, vorzuziehen ſei, muſs ich die Kenner des Euripides beurtheilen laſſen.

Die Entſcheidung über die vorgeführten Stellen iſt deshalb wichtig, weil die eingangs erwähnte Behauptung KIRCHHOFF's eine Modification erſahren muſs, wenn die Lesarten der Holztafel für urſprünglich erklärt werden. Verwirſt man ſie, ſo hat die Rückſeite faſt nur für die Frage Intereſſe, zu welchem Zwecke die Tafel gedient haben mag. Vielleicht läſst ſich darüber bei der Publication der Hekale-Fragmente eine Vermuthung vortragen.

WIEN, im April 1892.

Wilhelm Weinberger.

EIN LETZTES WORT ÜBER DAS PAPYRUS-EVANGELIUM.

Abgefehen von der erften Zeile unterliegt weder die Lefung, noch die Ergänzung des Faijûmer Evangelienfragmentes erheblichen Zweifeln. Thatfächlich find folche auch nur gegen unfere Ergänzung der beiden letzten Textlücken erhoben worden, indem USENER in feinen Religionsgefchichtlichen Unterfuchungen (I, S. 94) und HARNACK in feiner Abhandlung über das Papyrusevangelium am Schluffe von RESCH'S Ἄγραφα hier folgende Lefung vorfchlagen: ο[ὐκ ἐγώ· πρὶν ἢ] ὁ ἀλεκτρυὼν δὶς κοκ[κύσει, σὺ σήμερον τρίς με ἀ]παρν[ήσῃ]. Wenn wir demgegenüber, nur unter Vertaufchung von προσθεὶς mit ἔτι αὐτῷ, an unferer bisherigen Ergänzung fefthalten, fo beftimmt uns dazu nicht nur die Unwahrfcheinlichkeit eines Wechfels in der Perfon des Redenden ohne jede vorhergehende Ankündigung, fondern auch die Raumverhältniffe. Denn, da die Zahl der Buchftaben, welche zwifchen der dritten und vierten Zeile fehlen, unbedingt ficher ift und das c der fünften Zeile unter dem letzten v der dritten, fowie das erfte o der fechften unter dem erften ρ der vierten fteht, fo müffen zwifchen c und o ebenfo viele Buchftaben geftanden haben, wie zwifchen v und ρ, alfo dreizehn; bei HARNACK find es nur elf. Zwifchen der fechften und fiebenten Zeile ergänzt er zwar ebenfo viele Buchftaben wie ich; feine Ergänzung fteht und fällt aber mit der als unzuläffig erkannten von πρὶν ἢ in der vorhergehenden Lücke.

Am meiften Schwierigkeit hat von Anfang an die fo ftark verwifchte erfte Zeile dargeboten. Das erfte Wort glaubte ich bisher φαγεῖν lefen zu müffen, und ergänzte das folgende, theilweife ganz unlesbare, früher auf Grund der Parallelberichte bei Matthäus und Markus zu ὡς ἐξῆγον, fpäter, durch Lukas 22, 39 veranlafst, zu ὡς ἐξ ἔθους, bis mich eine abermalige Befichtigung des Originals von der Unmöglichkeit diefer Lefung überzeugt hat.

Die bisherigen Deutungen beruhten auf der Vorausfetzung, das rechtwinklige, dicke und geradlinige Gebilde über dem erften α der zweiten Zeile fei das untere Ende eines ξ. Aber das wirkliche ξ in πατάξω hat eine bei weitem nicht fo tief herabgehende, feinere und leicht gefchwungene Bafis, welche nach oben einen fehr fpitzwinkligen Anfchlufs mittelft eines Haarftriches erhält. Bei genauerer Beobachtung bemerkt man überdies, dafs der braune, gleichfchenklige rechte Winkel gar nicht zur Schrift gehört, wohl aber deffen durch eine kleine Lücke abgetrennte fcheinbare Fortfetzung nach rechts, eine fchwarze, ftarke, aber kurze Querlinie, welche ganz der Ausbiegung nach links am unteren Schaftende eines τ gleichfieht. Dafs wir hier wirklich ein τ vor uns haben, beftätigt der darüber liegende wagrechte Querftrich, deffen fichtbares rechtes Ende den für diefen Buchftaben charakteriftifchen Anfchlufs an den folgenden hat. Für den Mittelftrich eines ε liegt dieſer Querſtrich viel zu hoch. Der folgende Buchſtabe, ein nach rechts offenes, nur die obere Reihe des Buchſtabenraumes füllendes Ellipſenſegment, kann nur ο oder ω ſein, da alle anderen Buchſtaben, auch θ, die ganze Zeile ausfüllen. Für ω entſcheiden deutliche Spuren vom rechten Ende dieſes Buchſtabens. Zwiſchen dieſem und dem ϲ, welches dem erſten in διαϲκορπιϲθήϲονται ſehr ähnlich iſt, liegt zwar ein ziemlicher Zwiſchenraum, aber doch kein gröſserer als zwiſchen νυκτί und ϲκανδαλιϲθήϲεϲθε. Da nun nach dem erſten ωϲ offenbar die Spitze der Schleife eines Alphas hervorſchaut, ſo kann das zweite Wort der Zeile nur ὡϲαύτωϲ ſein. Das vorhergehende αγειν darf nicht zu φαγεῖν ergänzt werden; denn vor α ſteht ein Buchſtabenreſt, deſſen Endſtrich ſich, ſchräg von oben links nach unten rechts herabkommend, nach dem folgenden Buchſtaben umbiegt. Es kann dies nur λ ſein, da die etwa ſonſt noch möglichen Buchſtaben α, δ, κ, χ keine hier zuläſſige Wortcombination ergeben.

Der Anfang unſeres Fragmentes lautete alſo ſicher λαγειν ὡϲαύτωϲ. Das zweite Wort (= desgleichen, ebenſo) führt offenbar den folgenden Ausſpruch Jeſu ein und bezeichnet zugleich, daſs er gleich den vorhergehenden, die in dieſem Evangelium mit den Worten ‚er ſprach zu den Zwölfen' eingeleitet waren, an alle Jünger gerichtet war, im Gegenſatze zu dem letzten, nur an Petrus gerichteten, vor welchem wir daher ἔτι αὐτῷ ergänzen. Das erſte Wort kann nur der Schluſs eines Infinitives ſein; der Zuſammenhang dürfte nur zwei Ergänzungen geſtatten, entweder ἐν δὲ τῷ ἀπαλλαγεῖν (= beim Fortgehen aber) oder πρὸ τοῦ με μεταλλαγεῖν (= vor meinem Hinſcheiden). Gegen die erſtere Möglichkeit ſpricht, daſs Lukas (und Johannes) die folgende Unterredung noch im Saale ſtattfinden läſst, was er gewiſs nicht gethan haben würde, wenn die urſprüngliche apoſtoliſche Quelle das Gegentheil angegeben hätte; ferner die wörtliche Uebereinſtimmung und Variantenloſigkeit von Mark. 14, 26 und Matth. 26, 30, welche darauf ſchlieſsen läſst, daſs in der Urquelle nichts Entſprechendes vorlag; endlich die Unwahrſcheinlichkeit, daſs dieſe eine ſolche, zum Verſtändniſſe der Chriſtusworte nicht unbedingt nothwendige, thatſächliche Bemerkung enthalten habe. Wir entſcheiden uns alſo für πρὸ τοῦ με μεταλλαγεῖν. Das Verbum μεταλλάϲϲειν ſteht häufig, ſowohl im claſſiſchen, als auch im helleniſtiſchen Sprachgebrauche, mit oder ohne τὸν βίον, für ‚aus dem Leben ſcheiden, ſterben'. Im zweiten Buche der Makkabäer iſt es faſt die ſtändige Bezeichnung für dieſen Begriff (ohne τὸν βίον kommt es daſelbſt vor 4, 37; 6, 31; 7, 7. 13. 14. 40; 14, 46). Im dritten Buche Esdras 1, 29 iſt es die Ueberſetzung von וימת in II. Paralipom. 35, 24. Der Bedeutung von μεταλλάϲϲειν entſpricht genau aramäiſches שְׁנֵי, welches ebenfalls ein häufiger Ausdruck für ‚ſterben' iſt. Als terminus technicus für ‚Assumptio B. Mariae V.' gilt in der ſyriſchen Kirche das davon abgeleitete ܫܘܢܝܐ, wie bei den Griechen früher μετάϲταϲιϲ, bei den Lateinern *transitus*, im Arabiſchen noch jetzt نقلة oder انتقال. Im Originale unſeres Evangeliums ſtand alſo wohl עַד דִּי אֶשְׁנֵא. Der Aoriſt II von μεταλλάϲϲειν findet ſich bei Eunapius.

Dies führt uns nun auch zum Verſtändniſſe des Verhältniſſes von πρὸ τοῦ με μεταλλαγεῖν zu den Parallelſtellen bei Matthäus und Markus. Während nämlich ὡϲαύτωϲ den erſten fünf Worten von Mark. 14, 27 und Matth. 26, 31 entſpricht, hat Markus ſtatt πρὸ τοῦ με μεταλλαγεῖν: ‚bis zu jenem Tage, wo ich es neu trinke im Reiche Gottes'. Ebenſo Matthäus, welcher jedoch ‚mit euch' hinzufügt und ‚meines Vaters' ſtatt ‚Gottes' hat. Hiernach könnte es allzu kühn erſcheinen, eine von dieſen Evangelien ſo abweichende Form für das Papyrusevangelium vorauszuſetzen. Dagegen iſt jedoch zu erinnern, daſs

13*

Lukas 22, 18 zwar die vorhergehenden Worte mit Matthäus und Markus übereinſtimmend bietet, dann aber ganz abweichend fortfährt: ‚bis daſs das Reich Gottes kommt'. Was nun gar der heil. Paulus (1. Corinth. 11, 25) an der entſprechenden Stelle hat, iſt zwar in letzter Inſtanz inhaltlich identiſch, aber formell kaum wieder zu erkennen, nämlich: ‚dieſes thuet, ſo oft ihr trinket, zu meinem Gedächtniſſe!' Hätte der Apoſtel, welchem damals nur unſer Evangelium zu Gebote ſtand, dieſelben Worte daraus citirt, wie Markus und Matthäus, ſo könnte über deren abſolute Urſprünglichkeit kein Zweifel beſtehen; ſo aber bleibt die Möglichkeit offen, daſs Markus hier ſeine Vorlage etwas freier behandelt habe. Da μεταλλάϲϲειν und שני eigentlich das Vertauſchen dieſes Lebens mit einem anderen bezeichnen, ſo konnte Markus ſeine Faſſung der Stelle als genau anſehen; denn jenes andere Leben konnte nur das Gottesreich ſein und die Partikel ‚bis' wies bei wörtlicher Deutung auf ein ſpäteres Wiedertrinken hin. Vielleicht aber dachte Markus an das hebräiſche Verbum שנה (= wiederholen, von neuem thun) und ward ſo zu ſeinem eigenthümlichen Ausdrucke ‚neu trinken' geführt.

Der Text, inſoweit er auf dem Papyrus vorliegt oder ſicher ergänzt werden kann, lautet alſo: [πρὸ τοῦ με μεταλ]λαγεῖν· ὡϲαύτωϲ· πά[ντεϲ ἐν ταύτῃ] τῇ νυκτὶ ϲκανδαλιϲ[θήϲεϲθε, κατὰ] τὸ γραφέν· πατάξω τὸν [ποιμένα, καὶ τὰ] πρόβατα διαϲκορπιϲθήϲ[ονται· εἰπόντοϲ το]ῦ Πέτρου· καὶ εἰ πάντεϲ, ο[ὐκ ἐγώ· ἔτι αὐτῷ·] ὁ ἀλεκτρυὼν δὶϲ κοκ[κύξει, καὶ ϲὺ πρῶτον τρὶϲ ἀ]παρν[ήϲῃ με].

Auch der verlorene Anfang unſeres Satzes läſst ſich, wie im erſten Jahrgange dieſer Zeitſchrift gezeigt worden iſt, mit ziemlicher Sicherheit herſtellen, was man namentlich dem Citate im erſten Korintherbriefe verdankt. In dem dortigen Reſtitutionsverſuche möchte ich jedoch jetzt εὐχαριϲτήϲαϲ ſtatt λέγων nach ποτήριον leſen. Zum deutlicheren Verſtändniſſe möge hier noch eine Ueberſetzung des ganzen Satzes folgen, nebſt einer Vergleichung ſeiner urkundlich vorliegenden zweiten Hälfte mit den Parallelen bei Matthäus (26, 29 bis 34), Markus (14, 25—30), Lukas (22, 18. 39. 34, in anderer Reihenfolge) und Paulus (1. Korinth. 11, 25):

[Als ſie das Paſcha aſsen, ſprach er zu den Zwölfen: Einer von euch, die ihr mit mir in dieſelbe Schüſſel eintauchet, wird mich verrathen; und Brot nehmend, lobpreiſend und brechend: nehmet, dies iſt mein Leib; und einen Becher, dankſagend: dies iſt mein Blut des Bundes, das für Viele vergoſſene;

Papyrus.	Markus.	Matthäus.	Lukas.	Paulus.
denn ich werde nicht mehr von der Frucht des Weinſtockes trinken] vor meinem Hinſcheiden;	Wahrlich, ich ſage euch, daſs ich nicht mehr von der Frucht des Weinſtockes trinken werde, bis zu jenem Tage, wo ich ſie neu trinke im Reiche Gottes.	Ich ſage euch aber: ich werde von jetzt an nicht mehr von dieſer Frucht des Weinſtockes trinken, bis zu jenem Tage, wo ich ſie mit euch neu trinke im Reiche meines Vaters.	Denn ich ſage euch, daſs ich von nun an nicht mehr von der Frucht des Weinſtockes trinken werde, bis daſs das Reich Gottes kommt.	Dieſes thuet, ſo oft ihr trinket, zu meinem Gedächtniſſe!

Papyrus.	Markus.	Matthäus.	Lukas.
	Und nachdem fie den Lobgefang gefprochen hatten, gingen fie hinaus zum Oelberge.	Und nachdem fie den Lobgefang gefprochen hatten, gingen fie hinaus zum Oelberge.	Und hinausgehend begab er fich, nach feiner Gewohnheit, zum Oelberge; es folgten ihm aber auch die Jünger.
desgleichen:	Und es fpricht zu ihnen Jefus:	Alsdann fpricht zu ihnen Jefus:	
ihr alle werdet in diefer Nacht Aergernifs nehmen, gemäfs dem Gefchriebenen: ich werde den Hirten fchlagen, und die Schafe werden fich zerftreuen;	Ihr alle werdet Aergernifs nehmen; denn es fteht gefchrieben: ich werde den Hirten fchlagen, und die Schafe werden fich zerftreuen.	Ihr alle werdet an mir in diefer Nacht Aergernifs nehmen; denn es fteht gefchrieben: ich werde den Hirten fchlagen, und zerftreuen werden fich die Schafe der Heerde.	
	Aber nach meiner Auferweckung werde ich euch vorausziehen nach Galiläa.	Aber nach meiner Auferweckung werde ich euch vorausziehen nach Galiläa.	
als Petrus fprach:	Petrus aber fprach zu ihm:	Petrus aber antwortend fprach zu ihm:	
und wenn alle, nicht ich;	Wenn auch Alle Aergernifs nehmen, doch ich nicht.	Wenn Alle an dir Aergernifs nehmen werden, fo werde ich doch niemals Aergernifs nehmen.	
[noch zu ihm:]	Und es fpricht zu ihm Jefus:	Es fprach zu ihm Jefus:	Er aber fprach:
der Hahn wird zweimal krähen und du wirft mich vorher dreimal verleugnen.	Wahrlich, ich fage dir, dafs du heute in diefer Nacht, ehe der Hahn zweimal fchreit, mich dreimal verleugnen wirft.	Wahrlich, ich fage dir, dafs du in diefer Nacht, ehe der Hahn fchreit, mich dreimal verleugnen wirft.	Ich fage Dir, Petrus, der Hahn wird heute nicht fchreien, bevor du dreimal verleugnen wirft, mich zu kennen.

Mit der endgiltigen Entzifferung ift nun die Arbeit unferer Zeitfchrift an dem Papyrusevangelium abgefchloffen; die Erörterung der kritifchen Ergebniffe fällt der theologifchen Literatur anheim, und ein Curiofum, wie die Nichterwähnung diefes Fragmentes in der neuteftamentlichen Einleitung des Herrn Profeffors B. WEISS, dürfte fich künftig fchwerlich wiederholen.

Nur einen Umftand möchte ich hier kurz berühren, um meine Ausführungen in diefer Zeitfchrift (Band II—III, S. 41—42) richtig zu ftellen. Diefelben laffen fich zwar jetzt, nachdem die falfche Lefung des erften Wortes als φαγεῖν aufgegeben ift, nicht mehr aus dem Papyrusevangelium beweifen, bleiben aber aus anderen Gründen nicht minder ficher. Hier fei nur bemerkt, dafs die Dankfagung der Didache μετὰ τὸ ἐμπλησθῆναι, abgefehen von ihrem hymnenartigen, dem Hallel entfprechenden Schluffe, aus drei, jedesmal mit einer Doxologie abfchliefsenden Gebeten befteht, welche genau den drei erften Eulogien des jüdifchen Dankgebetes nach dem Mahle parallel gehen; und zwar, wie ich demnächft zeigen werde, in den älteften handfchriftlichen Siddurim noch viel genauer, als in den bisher bekannten Texten. Die vierte Eulogie ftammt nach dem Talmud erft aus der Zeit Hadrian's und kann daher bei einer Vergleichung mit der urchriftlichen Liturgie nicht in Betracht kommen.

Bei diefer Gelegenheit fei noch berichtigt, dafs in der Antiphone zum Epiphanienfefte aus dem Anfange des IV. Jahrhunderts unbedingt ἀςτέρας φανέντας gelefen werden mufs, alfo jede Beziehung auf den Stern der Magier ausgefchloffen ift.

WIEN.

G. Bickell.

DIE ÄGYPTISCHEN AGORANOMEN ALS NOTARE.

Die Verträge, gefchäftlichen Stipulationen, kurz Urkunden aller Art aus altgriechifcher Zeit zeichnen fich, fo weit wir fie zum Beifpiel aus den attifchen Rednern kennen,[1] durch ihre formelle und materielle Ungezwungenheit aus. Wenn wir die materielle Seite ins Auge faffen, fo möchte ich an die Freiheit vergleichsweife erinnern, die bei dem Errichten von Teftamenten herrfchte;[2] die Formalitäten waren dabei äufserft gering, und ebenfo ungezwungen ging es her bei der Aufhebung der Teftamentsurkunde.

Was die formelle Seite betrifft, fo finden wir wohl bei den Urkunden gleicher Gattung eine gewiffe Analogie in der Art der Abfaffung; allein ein feftftehendes Formular, nach dem die Schriftftücke gleichen Charakters abgefafst worden wären, exiftirte nicht, und hätte es exiftirt, fo war der Geift des griechifchen Rechtes fo, dafs ein folches auf den Wortlaut fixirtes Formular vielleicht aus praktifchen, aus Nützlichkeitsgründen beobachtet worden wäre, aber es hätte nicht beobachtet werden müffen. Wir könnten auch hier die Analogie der Teftamente vergleichsweife heranziehen, bei denen fich, wie kaum zu leugnen ift, der Anfatz von conventionell gewordenen Redensarten, alfo das erfte Stadium zum Formular nachweifen läfst; doch ift hier von einem Formular keine Rede, es ift hier nur die Gepflogenheit, der Ufus zu verzeichnen.[3]

Wenn wir das Gefagte zufammenfaffen, fo haben wir alfo in altgriechifcher Zeit wohl potentiell die Anlage zu einem Formalismus auf dem Gebiete der Urkunden, doch bewahrte die Jugendfrifche der hellenifchen Cultur auch das Leben auf diefem Gebiete vor Erfcheinungen, wie fie das Product fehr langen Culturlebens find, vor dem Satze eines langen Entwicklungsproceffes voll Erfahrungen, vielleicht voll trüber Erfahrungen.

Doch wie foll es dem griechifchen Keime ergehen, wenn er aus feiner Heimat auf fremden Boden, auf fremdem Culturboden verfetzt wird, wenn der hellenifche Rechts-

---

[1] GNEIST, Formelle Verträge, S. 468, 472 f.

[2] SCHULIN, Bafeler Rectoratsprogramm 1882.

[3] Vergl. das Teftament Strato's τάδε διατίθεμαι ἐάν τι πάςχω· τὰ μὲν οἴκοι καταλείπω πάντα......., Lyco's τάδε διατίθεμαι περὶ τῶν κατ' ἐμαυτόν· ἐὰν μὴ δυνηθῶ τὴν ἀρρωςτίαν ταύτην ὑπενεγκεῖν... δίδωμι, Platons τάδε κατέλιπε..... καὶ διετίθετο, Ariftoteles' ἔςται μὲν εὖ.....ἐὰν δέ τι ςυμβαίνῃ τάδε διέθετο 'Αρ.. Theophraft's ἔςται μὲν εὖ ἐὰν δέ τι ςυμβῇ τάδε διατίθεμαι, dazu infchriftliche Teftamente, gefammelt bei SCHULIN; wir werden nächftens auf diefe Materie zurückkommen in einer Arbeit über die ägyptifch-griechifchen Teftamente, deren Formular fich bis in jene Anfänge zurückverfolgen läfst; denn auch hier zeigt fich das Schaufpiel, wie bei anderen Urkunden es fich wiederholt, dafs das urfprünglich frei Gewählte zum Obligaten gemacht wird.

gebrauch nicht mehr vom hellenifchen Geifte allein getragen ift, wenn fich die Scenerie, die Umgebung des Hintergrundes verfchoben, verändert hat?

Und diefem Problem, griechifchen Rechtsgebrauch in feiner Natürlichkeit und Ungezwungenheit verpflanzt auf den uralten Boden ägyptifcher Cultur weiterzuziehen, ftanden in der That die Ptolemäer gegenüber.

Im geradeften Widerfpruch zu den griechifchen Verhältniffen ftanden die ägyptifchen zu der Zeit, da das helleniftifche Reich diefer Dynaftie entfteht, welche mit feinem Tacte das Mittel zu finden wufste, wie die gähnende Kluft nationaler, religiöfer und focialer Unterfchiede, welche die beiden Völker trennten, glücklich zu überbrücken, ja einen lebensvollen Organismus, der nach Aufsen machtvoll auftrat, zu fchaffen.

Wie fich nun diefer Amalgamirungsprocefs vollzog, könnten wir in grofsen Zügen darlegen;[1] aber das Bild, das von diefer Epoche zu entwerfen ift, gewinnt, wenn wir uns in das Ausmalen des Details im Culturleben verlieren.

Denn derfelbe Gedanke, der in grofsen Zügen in der weltgefchichtlichen Stellung des ptolemäifchen Aegyptens uns entgegentritt, er ift derfelbe, dem wir auf dem befcheidenen Gebiete des Privatlebens und bei unferer Urkundendurchforfchung begegnen.

Die Producte des Ausgleichungsproceffes auf diefem letzteren Gebiete alfo liegen uns vor, erhalten auf Papyrus. Unfere Aufgabe wird es fein herauszufinden, was ägyptifcher Einwirkung zu verdanken ift bei diefen griechifchen Urkunden. Sammeln wir das Material zu unferer Unterfuchung, laffen wir die Texte folgen, und zwar wegen der fich anknüpfenden Fragen vollftändig.

Papyrus *O* von Leyden aus dem Jahre 89 v. Chr.

‚Im Jahre 26. Urkunde. Es hat Konuphis, Sohn des Petefis, dem Peteimuthes, Sohn des Horus, Militärcoloniften perfifcher Abkunft, 12 Drachmen gemünzten Silbers ohne Zinfen zu verlangen, als Darlehen gegeben.................Ich Herakleides habe den Act confignirt.

Unter der Regierung des Ptolemäus Alexander und Kleopatra's, feiner Schwefter und Frau, der göttlichen Philometoren, im Jahre 26 unter dem eponymen Alexander-Priefter u. f. w., am 14. des Monates Dios (makedonifch) oder Thoth (ägyptifch), in dem Bureau unterhalb Memphis.

Konuphis, Sohn des Petefis, einer von den Taricheuten des grofsen Asklepios-Tempels bei Memphis hat dem Peteimuthes, Sohn des Horus, Militärcoloniften perfifcher Abkunft, 12 Drachmen geprägten Silbers ptolemäifcher Münze geliehen ohne Zinfen zu verlangen auf 10 Monate, angefangen vom Thoth des XXVI. Jahres.

Dies ift das Darlehen, welches Peteimuthes von Konuphis bekommen hat aus einer Hand in die andere, augenblicklich baar zugezählt. Peteimuthes foll dem Konuphis das Darlehen, das ift die 12 Drachmen Silbers bis zum 30. Payni des XXVI. Jahres auszahlen. Wenn er aber nicht zurückgibt wie gefchrieben ift, foll Peteimuthes dem Konuphis den anderthalbfachen Betrag des Darlehens augenblicklich zahlen und für die Zeit, die verftrichen ift, die Zinfen nach dem Zinsfufse, dafs für einen Stater monatlich

[1] A. PEYRON, Einleitung zu den Papyri graeci musei Taurinensis.

100 Kupferdrachmen gezahlt werden und als Straffumme auch für den Contractbruch an den königlichen Fiscus aufserdem 4 Drachmen Silbers.

Das Executionsrecht fteht dem Konuphis und feinen Leuten zu fowohl an der Perfon des Peteimuthes, als auch an feiner eigenen Habe wie in Folge eines gerichtlichen Urtheilsfpruches. Diefe Urkunde foll überall bindende Kraft haben.

Zeugen: Herakleides, Sohn des Hermias, Dorion, Petear. . . chares, Heliodor, . . . ilos. Das find die Namen der fechs Zeugen. Signatur des Herakleides, des Urkundenverwahrers.

Ich Peteimuthes, Sohn des Horus, Militärcolonift, habe das vorliegende Darlehen erhalten, es find das die obgenannten 12 Drachmen Silbermünze, und ich werde die Rückerftattung machen wie vorliegt. (Unterfchrift des) Herakleides, Sohnes des Hermias.

Jahr XXVI, am 14. Thoth; eingefchrieben in dem Bureau unterhalb Memphis durch . . . . on[1] (Nom. proprium).'

An diefen Papyrus knüpfen fich, was die diplomatifche und juriftifche Seite desfelben betrifft, viele fchwierige Fragen.[2] In formeller Hinficht enthält er:

A. Eine kurze Inhaltsangabe; in ihr fteht das Datum, der Gegenftand, die Namen der Contrahenten, die Gröfse der genau bezeichneten Darlehensfumme, dann nach mehreren Worten, welche etwa ανθ^{ω}(ν) απεχων τελοϲ του κδ L. . . . . ξ. . . zuletzt ηρακλειδηϲ ϲεϲημει^{ω}(μαι) lauten.

---

1 Wir lefen in Zeile 3: ηρακλειδηϲ ϲεϲημει^{ω}, Zeile 25 ff.: ειϲ το βαϲιλικον ετι μην αργυριου δραχμαϲ τεϲϲαρεϲ και η πραξιϲ εϲτω κονουφει και τοιϲ παρ αυτου εκ τε αυτου πετειμουθου και [εκ τ]ων υπαρχ[οντων αυτου παντων καθ]απερ εκ δικηϲ η δε ϲυγγραφη ηδε κυρια εϲτω πανταχου μαρτυρεϲ ηρακλειδηϲ ερμιου δωριων πετεαρ. . . χαρηϲ ηλιοδωροϲ. . . . . ιλοϲ οι εξ μαρτυρεϲ. Zeile 35: ηρακλειδηϲ ερμιου ε[γραψα] υ' [αυτ]ου, infoweit dem LEEMANS'fchen Facfimile zu vertrauen ift.

Da der Schriftcharakter der Stelle Πετειμούθηϲ u. f. w. identifch ift mit dem von 'Ηρακλείδηϲ, ift wohl zu ergänzen ἔ[γραψα ὑ(πὲρ) αὐτ]οῦ.

2 Man hat gefragt, was der Zweck der Unterfchrift ift, welche mit den Worten Ηρακλειδηϲ Ερμιου beginnt; man vermuthete die eigenhändige Unterfchrift des als öffentlichen Beamten fungirenden Herakleides. Man könnte auch daran denken, dafs die Zeugenunterfchriften collectiv durch die Unterfchrift des einzigen Herakleides (ein Name, der auch in der Zeugenlifte vorkommt) als Zeugen abgegeben wurde. Indefs bei der Aehnlichkeit der ungefchlachten Schriftzüge in der Vormerkung, die mit dem Namen Πετειμούθηϲ beginnt, und wieder der Schriftzeile mit 'Ηρακλείδηϲ 'Ερμίου ift es für ein etwas im Urkundenlefen geübtes Auge klar, dafs einer der vielen Fälle vorliegt, wo eine dritte Perfon für die contrahirende Partei unterfchreibt.

Störend ift allerdings die Namensgleichheit Herakleides; hier find wohl zwei Perfonen zu unterfcheiden: 1. Der Urkundenverwahrer Herakleides in der Unterfchrift ϲυγγραφοφύλαξ 'Ηρακλείδηϲ, identifch mit dem in der dritten Zeile erwähnten Herakleides vor ϲεϲημε(ίω(μαι), 2. Herakleides, Sohn des Hermias, einmal erwähnt unter den Zeugen und dann nach der Unterfchrift des Peteimuthes. Es wäre anderfeits auch denkbar, dafs eben derfelbe Urkundenverwahrer zugleich die Gefälligkeit hatte, als Zeuge zu wirken. Dafür fpräche, dafs in der Zeugenlifte diefer Name der erfte ift, wie ferners auch der Name Dorion an zweiter Stelle unter den Zeugen hier vorkommt, der vielleicht identifch ift mit dem Beamten des graphifchen Regifters (allein der Name Dorion in der letzten Zeile des graphifchen Regifters beruht nur auf einer Vermuthung). Allerdings fpricht wieder gegen diefe Annahme die plumpe Schrift, während die Beamten einen feinen, flüchtigen Zug befafsen in Folge der bureaukratifchen Vielfchreiberei, und weil die Vormerkung ϲυγγραφοφύλαξ 'Ηρακλείδηϲ einen anderen Ductus zeigt; doch wäre dagegen wieder einzuwenden, dafs ja den Beamten gewifs Schreiber zu Gebote ftanden, die in ihrem Namen Urkunden ausfertigten. Sicherer dürfte die Annahme von zwei gleichnamigen Perfonen fein, worin wir beftärkt werden dadurch, dafs einmal der Name Herakleides als des öffentlichen Functionärs allein auftritt, das zweitemal mit ‚Sohn des Hermias' verbunden, was doch augenfcheinlich behufs Unterfcheidung gefchehen ift. In der Zeugenlifte macht fich diefe Angabe des Vaternamens befonders auffällig, da die übrigen Zeugen diefen nicht haben.

Auch in anderen Acten fehlt es nicht an einer solchen kurzen Vormerkung über den Inhalt; ja, wir könnten kurz eine Geschichte ihres Schicksals entwerfen. Was die Stelle im Contracte betrifft, so steht sie in mehreren Urkunden aus ptolemäischer Zeit an der Spitze des Actes, aber auch gelegentlich ganz zu Ende, oder sie fehlt endlich ganz. Der Gebrauch der ptolemäischen Zeit wird, wie wir im Allgemeinen gleich hier für alle Zukunft bemerken wollen, in der römischen Kaiserzeit festgehalten und entwickelt sich frei organisch weiter, bis eine strengere Auffassung und strammeres, consequentes Vorgehen sich unter Septimius Severus bemerkbar macht; in den Wirren des III. Jahrhunderts reifst auch hier vollständige Unordnung ein, bis unter Diocletian eine neue Formel festgesetzt wird, theilweise auf Grundlage des Alten gebildet, welche durch die folgenden Jahrhunderte mit wenigen Aenderungen festgehalten wird. Dies das Resultat der Studien an den Urkunden. Für Untersuchung ergibt sich praktisch daraus der Satz, dafs zum Vergleiche, zur Reconstruction der Texte und Commentirung derselben die Urkunden anderer Perioden berechtigterweise herangezogen werden können. Desto gröfser ist aber die Berechtigung, je verwandter die Gruppen sind; ein solches Band besteht zwischen der ptolemäischen und der frührömischen Zeit, zwischen der Periode Diocletians und der byzantinischen.

Es folgen Beispiele für die Formulirung dieses Theiles der Urkunden aus verschiedenen Zeiten.

Papyrus *N* von Leyden vom Jahre 103 v. Chr., ‚complicato denique papyro et sigillo obsignato in plagula superiori... scriptus fuit titulus 10 versibus brevioribus quo de instrumenti argumento constaret‘ LEEMANS.

Lι|β του κα|ι θ
τ]υβι κθ
απεδ[οτ]ο
πι|μων|θης
και [οι] αδελφοι
[ψι|λου [το]που
π(ηχεις) [αδ′|
εω[νηcατ]ο
[νεχο]υ[τ]ηc
[μικροc] χα(λκου) τ(αλαντου)α

Papyrus Nr. 7 des Louvre vom Jahre 99 v. Chr., Verso: [1]

δ[ανειον] αρτ[αβαι] κβL αρcιηcιοc
οφ[ειλει] cενιμουθιν

Papyrus Erzherzog Rainer Nr. 1530 vom Jahre 238 n. Chr., Verso:

χ(ειρο)γ(ραφον) αμμωνιου παραθηκηc (δραχμων) φ ναβριωνι

Papyrus Erzherzog Rainer Nr. 3 aus dem Jahre 297 n. Chr., Verso:

γραμματειον ωρειωνοc και νουφεωc...και κανκουθιου εξ αλληλ(εγγυηc) αργ[υριου δραχμων τοcωνδε].

Papyrus Erzherzog Rainer aus dem Jahre 424 n. Chr., Verso:

μιc$^{\theta}$ δωροθεοc ιcακ ειρηναρχου...αρουραc μιαc τεταρτου.

[1] Vergl. GNEIST, Formelle Verträge, S. 448: ‚Nicht unwesentlich war endlich (bei Testamenten), dafs auf der Vorderseite des Umschlages der Name des Erblassers als Aufschrift steht: γραμματεῖον ἔχειν ἐφ' ᾧ γεγράφθαι Διαθήκη Πασίωνος Demosth. c. Step. 1106, 26 ff.

Papyrus Erzherzog Rainer aus dem Jahre 463 n. Chr., Verso:

εγγυη βικτορος απα ωρι[ωνος.

Papyrus Erzherzog Rainer aus dem Jahre 544 n. Chr., Verso:

† μισθωσις αρουρων πεντε πλεον ελαττον υπο αυρηλιου μηνα υιου φοιβαμμωνος εις αυρηλιαν νωνναν.

Als Beispiel für die Vormerkung mit σεσημειωμαι citiren wir den Papyrus Erzherzog Rainer Nr. 1513 (II./III. Jahrhundert):

σαραπιων σεσημ.

Papyrus Erzherzog Rainer Nr. 1712 (III. Jahrhundert):

ηρακλειος ο και
λιβεραλις εξηγη
τευσας βουλευ
της βιβλιοφυλαξ
σεσημειωμαι
τυβι α.

B. Der zweite Haupbestandtheil ist der Contract selbst, der sich so gliedert:

a) Datirung durch die feierliche Einleitungsformel, welche hier in abgekürzter Gestalt erscheint;

b) Namen der beiden Parteien, welche genau nach ihrer Herkunft und ihrem Stande bezeichnet werden;

c) Gegenstand des Vertrages, mit voller Genauigkeit bezeichnet;

d) die Bedingungen, die sich an den Vertrag knüpfen: Termin der Rückerstattung des Darlehens, Strafe bei dem Nichteinhalten, Haftung;

e) Erklärung der Legalität der Urkunde.

C. Die Zeugen, sechs an der Zahl.

D. Unterschrift des Urkundenbewahrers Herakleides.

E. Unterschrift des Schuldners (für welchen ein Anderer unterschreibt).

F. Vormerkung, dass der Act im graphischen Register einregistrirt worden ist; über dieses vergl. A. PEYRON, I, 149 ff., LEEMANS, I, 48, Papyrus von Turin Nr. XIII: δεδανεικεναι τωι ευθυνομενω [κατ]α συγγραφην τροφιτιν την αναγραφεισαν δια του γραφιου.

Der Act ist offenbar eine Originalurkunde; es erscheinen hier die Zeugen, es sind Spuren von Siegeln da und die Unterschrift des Schuldners. Vor Fehlern in der Auffassung bewahrt die richtige Lesung der Zeilen 29, 30; wir haben es also hier mit sechs Zeugen zu thun, eine Anzahl, die sich wiederfindet in dem Papyrus Erzherzog Rainer Nr. 723 aus der Zeit des Caracalla:

μαρτυρων εξ ων τα ονοματα και οι εικονισμοι εξης δηλουνται.

LUMBROSO, Economie politique, S. 164, verschliesst sich durch sein unmögliches ἑξμαρτυρος der Erkenntniss, dass auch in dem Papyrus *I* von Leyden eine ‚Urkunde eines Vertrages von sechs Zeugen', συγγραφη ἑξ μαρτυρων vorkommt, wie FRANZ, C. I. G. III, 294 richtig gelesen hatte.

Sechs Zeugen figuriren bei den nach griechifchem Gebrauche errichteten Teftamenten: fo befchliefst der Papyrus Erzherzog Rainer Nr. 1576 aus dem neunten Jahre Hadrians die Lifte der Zeugen mit den Worten: ‚Das find die gewöhnlichen fechs Zeugen', οἱ ἕξ μάρτυρες.

Nach GNEIST, S. 160, liegt hier im Leydener Papyrus *O* das lehrreichfte Beifpiel der griechifchen Urkundenform vor.

Dafs hier griechifcher Rechtsgebrauch waltet, erhellt fchlagend in einem Falle, wo uns der nähere Einblick in die Rechtsverhältniffe bei Aegyptern und wieder bei Griechen geftattet ift, wir meinen die Haftung des Schuldners mit feinem Körper und feiner Habe bei dem helleniftifchen Rechte; denn die erftere Art der Haftung hatten die Aegypter nicht.[1]

[1] Hierher gehört eine Stelle des Edicts des Tiberius Alexander, der als Anordnung des Kaifers angibt: (θεου Σεβαστου βουλησις) αι πραξεις των δανειων εκ των υπαρχοντων ωσι και μη εκ των σωματων, ‚Die Schuldner follen mit ihrem Befitze zur Haftpflicht herangezogen werden und nicht mit ihrem Körper.' Im Widerfpruche dazu lefen wir in fpäteren Urkunden:

Papyrus Erzherzog Rainer Nr. 1577 aus dem Jahre 193 n. Chr.:

της πραξεως σοι ουσης και τοις
παρα σου εκ τε εμου και εκ των
υπαρχοντων μοι παντοιων
παντων πρασσοντι καθα
περ εκ δικης

Papyrus Erzherzog Rainer aus der Zeit des Pupienius und Balbinus, Mittheilungen Bd. III:

γεινομενης αυτω της πραξεως εκ τε του ισχυρα και
εκ των υπαρχοντων αυτου παντων
καθαπερ εκ δικης

Papyrus Erzherzog Rainer Nr. 1487 aus dem Jahre 251:

της πραξεως σοι ουσης εκ τε εμου και
εκ των υπαρχοντων μοι παντων πρασσουση καθα
περ εκ δικης

Papyrus Erzherzog Rainer Nr. 3 aus dem Jahre 297:

γεινομενης τω αυρηλιω διδαρω της πραξεως εκ τε των ομολογουν
των και εξ ου αυτων εαν αιρηται κατα το της αλληλεγγυης δικαιον
και εκ των υπαρχοντιων αυτοις παντων καθαπερ εκ δικης

Papyrus Erzherzog Rainer Nr. 751 aus dem Jahre 216:

της πραξεως υμειν ουσης και τοις παρ υμιν
εκ τε εμου και εκ των υπαρχοντων μοι παντων
πρασσουσι] καθαπερ εκ δικης u. f. w.

In der grofsen Schuldverfchreibung aus Orchomenos, welche FOUCART im III. und IV. Bande des Bulletin de correspondance hellénique herausgegeben hat, heifst es (III, S. 460): η δε πραξις εστω εκ των αυτων των δανεισαμενων και εκ των εγγυων και εξ ενος και εκ πλειονων και εκ παντων; vergl. Bulletin de corr. hell. VIII, S. 24/5, Zeile 24: και εξεστω πραξασθαι Πραξικλει ταυτα τα χρηματα πραξει πασηι ε(κ) τε τωγ κοινων τ(ω)ν Αρκ(ε)σινεων παντωγ και εκ των (ι)διων των Αρκεσινεωγ και εκ των οικουντων εν Αρκεσινηι και εξ ενος (ε)καστου απαν το αργυριογ (κ)αι εξ απαντων τροπωι ωι αν επισταται καθαπερ δικην ωφληκοτων. Auch (Demosthenes) c. Lacrit. §. 12 kommt hier in Betracht, man mag über die Urkunde in §. 10 urtheilen, wie man will (vergl. Rhein. Mufeum, XL, 301, Wiener Studien, VII, 236: Hermes, XXIII, 333), ἔστω ἡ πρᾶξις τοῖς δανείσασι καὶ ἐκ τῶν τούτων ἁπάντων καὶ.......... καθάπερ δίκην ὠφληκότων, vergl. WACHSMUTH, Rhein. Mufeum, XL, pag. 290 n. 13.

Dafs die ganze Art und Weife der Urkundenftilifirung hier griechifch ift, erhellt aus dem Vergleiche mit dem Darlehensvertrage bei (Demosthenes) c. Lacrit., pag. 925—927:

ἐδάνειςεν Ἀνδροκλῆς Cφήττιος καὶ Ναυςικράτης Καρύςτιος Ἀρτέμωνι καὶ Ἀπολλοδώρῳ Φαςηλίταις δραχμὰς ἀργυρίου, τ Ἀθήνηθεν εἰς Μένδην ἢ Cκιώνην καὶ ἐντεῦθεν εἰς Βόςπορον

ὑποτιθέαςι δὲ ταῦτα (οἶνον) οὐκ ὀφείλοντες ἐπὶ τούτοις ἄλλῳ οὐδενὶ οὐδὲν ἀργύριον οὐδ' ἐπιδανείςονται

cωθέντων δὲ τῶν χρημάτων Ἀθήναζε ἀποδώςουςιν οἱ δανειςάμενοι τοῖς δανείςαςι τὸ γιγνόμενον ἀργύριον κατὰ τὴν ςυγγραφὴν ἡμερῶν εἴκοςιν·

κυριώτερον δὲ περὶ τούτων ἄλλο μηδὲν εἶναι τῆς ςυγγραφῆς

μάρτυρες Φορμίων Πειραιεύς, Κηφιςόδωρος Βοιώτιος, Ἡλιόδωρος Πιτθεύς. Depofition, §. 14.

Die Analogie erftreckt fich auch auf eine andere griechifche Syngraphe (Bulletin de correspondance hellénique, III, 464), die infchriftlich erhalten ift; wir citiren aus ihr:

εδανειςεν Νικαρετα Θεωνο[ς] Θεςπικη παροντος αυτηι κ[υ]ριου του ανδρος Δεξιππου Ε[υ]νομιδου Καφιςοδωρωι.......και ἐγγυοις......αργυριου δραχμας μυριας οκτακιςχειλιας τριακοντα τρεις ατοκον εχ Θεςπιων ες τα Παμβοιωτια.....

αποδοτωςαν δε το δανειον οι δανειςαμενοι η οι εγγυοι Νικαρεται εν τοις Παμβοιωτιοις προ της θυςιας εν ημεραις τριςιν

εαν δε μη αποδως[ι] πραχθηςονται κατα τον νομον [η] δε πραξις εςτω εκ τ[ων] αυτων των δανειςαμενων και εκ των εγγυων και εξ ενος και εκ πλειονων και εκ παντων και εκ των υπαρχοντων αυτοις πραττουςηι ον αν τροπον βουληται

η δε ςυγγραφος κυρια εςτω καν αλλος επιφερηι....

μαρτυρες Αριςτογειτων Αρμοξενου... (7 Zeugen)

α ςουγγραφος παρ Ϝιφιαδαν Τιμοκλειος.

Desgleichen auf eine dritte (AMORGOS; Bulletin de correspondance hellénique, VIII, S. 23):

..........μη(νος Εκ)ατομβαιωνος εν Ναξωι αιςυμνωντ[ων...ενους και Cωςτρατου εν Αρκεςινηι δε μηνος Μιλτοφοριωνος [αρχ]οντος Κτηςιφωντος Πραξικλης Πολυμνηςτου εδανειςεν τ[ηι πο]λε[ι] τηι Αρκεςινεων αργυριου Αττικου τρια ταλαντα.....επ[ι] τοκωι πεντ οβολοις τημ μναν εκαςτην το[υ μην]ος εκαςτου...

υπεθετο δε.......το δε...αργυριον αποδωςουςιν εν εξ μηςιν αφ ου αν απαιτηςη[ι] Πρα[ξι]κλη[ς...οταν δε αποδιδωςιν...αποδωςουςιν εν Ναξωι....

εαν δε μη αποδωςιν το αργυριον...εξεςτω πραξαςθαι Πραξικλει ταυτα τα χρηματ[α] πραξει παςηι ε[κ] τε τωγ κοινων τ[ων] Αρκ[ε]ςινεων παντωγ και εκ των [ι]διων των Αρκεςινεωγ κ[αι] ε[κ των] οικουντων εν Αρκεςινηι και εξ ενος [ε]καςτου απαν το αργυριογ [κ]αι εξ απαντων τροπωι ωι αν επιςτηται καθαπερ δικην ωφληκοτων

της δε ςυγγραφης τηςδε [ω]μολογηςαν Αρκ[εςιν]εις μηδεν ειναι κυριωτερον μητε νομον μητε ψη[φ]ιςμα μητε δ[ογμ]α [μη]τε ςτρατηγον μητε αρχην αλλα κρινου[ς]αν η τα εν τη[ι ςυγγ]ραφηι γεγ[ρ]αμμ[ενα] μητε αλλο μηθεν μητε τεχνηι μητε πα[ρε]υρεςει μηδεμιαι αλλ ειναι την ςυγγραφηγ κυριαν [ου α]ν επιφερει ο δανειςας...κειμενημ παρ...μαρτυρες.

Vergl. R. DARESTE, Sur la syngraphé en droit grec et en droit romain, l. c. pag. 362.

Die genannten drei nicht ägyptifchen Schuldurkunden in griechifcher Sprache verbinden alfo mit der ptolemäifchen viele gemeinfame Züge. Bemerken wir noch die Aehnlichkeit, dafs der Text den Hergang erzählt; doch der Leydener Papyrus ift aufserdem durch die fubjectiv ftilifirte Unterfchrift des Schuldners ausgezeichnet. Diefe Form, wie man in Aegypten in ptolemäifcher Zeit die Urkunden ausftellt, hält fich ungemein lange. Der Papyrus Erzherzog Rainer Nr. III aus dem Jahre 297 zeigt noch ganz diefelbe Geftaltung.

ομολογουϲιν Αυρηλιοι......οι τεϲϲαρεϲ απο κωμηϲ Τεβετνυ εχειν παρα Αυρηλιου Διδαρου δια χειροϲ αργυριου δραχμαϲ μυριαδα μιαν εννακιϲ χειλιαϲ διακοϲιαϲ τεϲϲαρακοντα οκτω ουϲαϲ ταλαντα τρια και δραχμαϲ χειλιαϲ διακοϲιαϲ τεϲϲαρακοντα οκτω

α και [επαν]αγκεϲ απο[διδον]αι ομολογο[υϲιν ε]ξ αλληλεγγ[υηϲ] τη τριτη [δεκα]δι του ε[ιϲι]οντο[ϲ μηνο]ϲ μεϲορη [το]κων ητοι [εκ]πειπτοντ[ων οντων τοϲωνδε]

γεινομενηϲ τω Αυρηλιω Διδαρω τη[ϲ π]ραξεωϲ εκ τ[ε τω]ν ομολογουντων και εξ ου αυτων εαν αιρηται κατα το τηϲ αλληλεγγυηϲ δικαιον και εκ των υπαρχοντων αυτοιϲ παντων καθαπερ εκ δικηϲ και επερωτηθεντεϲ ωμολογηϲαν.

Es folgt nach der nochmaligen Datirung die Unterfchrift:

Αυρηλιοι.....εϲχ[ο]μεν εξ αλληλεγγυηϲ τα του αργυ[ριου ταλ]αντα τρεια κ[αι δραχμ]αϲ χειλιαϲ [διακοϲ]ιαϲ τεϲϲαρακ[οντα οκτω κ[αι...αποδωϲομεν]ωϲ προ[κειται και επ]ερωτ[ηθεντεϲ] ωμολογ[ηϲαμεν.

Dabei können wir GNEIST's Beobachtung S. 469, dafs man in fpäter römifcher Zeit einen gewiffen Nachdruck auf das ὁμολογῶ legte, dahin modificiren, dafs der Anfang diefer Erfcheinung fchon früh zu fuchen ift; wir erinnern nur an den Turiner Papyrus Nr. IV und VIII.

Unterfuchen wir weiter ob die, griechifchen Verträgen zukommenden Eigenthümlichkeiten fich hier wiederfinden, fo ergibt fich wieder ein Refultat, das in unferem Sinne ift.

Diefe Eigenthümlichkeiten des griechifchen Vertrages find aber:

1. Die Obfignation. In der That finden fich Spuren von Siegeln auch bei unferem Papyrus.

2. Was die Niederlegung der Urkunde bei einem Depofitar betrifft, fo macht dies gerade einen Theil unferer Unterfuchung aus; um aber nicht vorzugreifen, erinnern wir an die Subfcription Ἡρακλείδης ϲυγγραφοφύλαξ.[1]

3. Das Aufweifen von Zeugen, um die Abfchliefsung des Gefchäftes etc. feftzuftellen; es erfcheinen ihrer hier fechs.

---

[1] Ein anderer ϲυγγραφοφύλαξ erfcheint in einer Infchrift aus ptolemäifcher Zeit, deren Anfang fo lautet:

η πολιϲ η ναυκρατιτ[ων
ηλιοδωρον δωριωνοϲ φιλο...
τον ιερεα τηϲ αθηναϲ δια βι[ου
ϲυγγραφοφυλακα αρετηϲ και [ευνοιαϲ
ενεκα τηϲ ειϲ αυτην
βαϲιλεα νεον διο[νυϲον
πτολεμ[αιον.........

Academy Nr. 661 vom 3. Jänner 1885.

4. Die Ausftellung von Duplicaten, Abfchriften; wir können über diefen Punkt im vorliegenden Falle keine Auskunft geben; dagegen ift diefer Gebrauch bei in Aegypten abgefchloffenen griechifchen Verträgen gar häufig nachzuweifen, ja in formelhaften Wendungen ift der Paffus enthalten, dafs ‚vorliegende Urkunde in (ein oder) zwei oder drei Exemplaren ausgeftellt ift' (Mittheilungen, IV, S. 53).

Anderfeits fehlt es nicht an unläugbaren Befonderheiten. Wir haben hier die ältefte Subfcription als (eigenhändige) Erklärung des Ausftellers, wodurch er unter dem von anderer Hand gefchriebenen Urkundentext den Inhalt der Urkunde beftätigt oder genehmigt (H. BRUNNER, Zur Rechtsgefchichte der römifchen und germanifchen Urkunde, S. 36). Dafs der Depofitar ferners eine öffentlich beglaubigte Perfon ift, bildet eine weitere Befonderheit (GNEIST, l. c. pag. 461). Die Verfchiedenheit, welche zwifchen dem Schriftzuge der Subfcription des Peteimuthes und dem Körper der Urkunde befteht, wird für uns den Ausgangspunkt bilden, zu unterfuchen, ob nicht etwa die Herftellung von Urkunden eine gefchäftliche Obliegenheit befonderer Perfonen ausmachte, wenigftens gelegentlich, und ob es einen Unterfchied gab zwifchen folchen Akten und vielen anderen rein privaten Aufzeichnungen von Verträgen.

Diefe Frage, fowie die dritte Befonderheit, dafs eine eigenthümlich geformte feierliche Einleitung die in Aegypten abgefchloffenen griechifchen Verträge in der Regel auszeichnet, führt uns dazu zurück, nach anderen Urkunden Umfchau zu halten.[1]

Papyrus Nr. 7 des Louvre.

‚Im Jahre 16 (= 99 v. Chr.) am 29. Phamenoth in Grofs-Diospolis, gelegen in der Thebais, unter Dionyfios, dem Agoranomen des Gaues um Theben. Es hat Harfiëfis, Sohn des Horus, einer von den diospolitifchen Choachyten, der Asklepias, auch genannt Senimuthin, Tochter des Panas, von perfifcher Abkunft mit ihrem Tutor Harpaëfis,[2] ihrem Manne, einem Entaphiaften aus eben diefem Diospolis zweiundzwanzig und eine halbe Artabe Weizen geliehen, ohne Zins zu verlangen; diefes Darlehen foll Asklepias dem Harfiëfis am 1. Pachon eben diefes 16. Jahres zurückerftatten, frifchen, ungemifchten, ungemahlenen Weizen für das, was fie erhielt, und ins Haus ihm auf eigene Koften zuftellen. Wenn fie ihn aber nicht zurückgibt, wie gefchrieben fteht, fo foll fie alfogleich die anderthalbfache Straffumme erlegen, nämlich des Darlehens jener 22½ Artaben Weizens, u. zw. von jeder Artabe den Preis, der auf dem Markte fein wird.

Das Executionsrecht fteht dem Harfiëfis zu, fowohl an der Perfon der Asklepias, als auch an all' ihrer Habe, indem er verfährt wie in Folge eines Urtheilfpruches[3] . . . . .

[1] Hierher gehören aber nicht Ueberfetzungen ägyptifcher Originalurkunden ins Griechifche, welche den Akten beigelegt wurden; fo ift der Leydener Papyrus *P* ‚nach Kräften' aus dem Aegyptifchen überfetzt; ebenfo der I. Papyrus der Londoner Ausgabe FORSHALL'S.

[2] Wir glauben lefen zu dürfen του εαυτηϲ ανδροϲ, indem wir an eine in Aegypten gebräuchliche Wendung anknüpfen, die fich z. B. wiederfindet in dem Papyrus Erzherzog Rainer Nr. XLVI: Θαηϲιϲ. . .μετα κυριου του εαυτηϲ ανδροϲ, Papyrus Erzherzog Rainer Nr. 1444: Αυρηλια Θαηϲιϲ. . .μετα κυριου του εαυτηϲ ανδροϲ, Nr. 1491: Πτολεμαϊϲ. . .μετα κυριου του εαυτηϲ ανδροϲ, Nr. 1485: Αυρηλια Ηραιϲ μετα κυριου του εαυτηϲ υιου u. f. w., Papyrus *N* von Leyden, Zeile 8: μετα κυριου του εαυτων.

[3] Wir lefen εκ τε τ αϲκληπιαδοϲ, d. i. τηϲ αϲκληπιαδοϲ, denn einerfeits ift der Ausfall der ähnlichklingenden Silbe ηϲ vor αϲ denkbar, anderfeits ift eine Verftümmelung des Artikels in der ägyptifchen Gräcität nicht unerhört.

Ich, Ptolemaios, Subaltern des Dionyſios, habe amtirt: Darlehenscontract über 22½ Artaben des Harſiëſis; die Schuldnerin iſt Senimuthin.' (Auf der Rückſeite.)

Der Papyrus iſt von einer Hand geſchrieben.

Papyrus *N* von Leyden.

Der Papyrus war obſignirt. Der Contractkörper iſt von einer Hand geſchrieben.

Erſte Columne:

Im Jahre 12 (zugleich 9) (= 103 v. Chr.) verkauften Pimonthes und ſeine Brüder 1½ ägyptiſche Flächenellen unbebauten Bodens. Käufer iſt Nechuthes der jüngere; Kaufpreis 1 Talent Kupfervaluta.

Zweite Columne:

Im Jahre 12, zugleich 9, der Herrſchaft des Königspaares Kleopatra und Ptolemaios, genannt Alexander, der göttlichen Philometoren, der Soteres, unter dem eponymen Prieſter in Alexandrien des Alexandros, der göttlichen Soteres, der göttlichen Adelphi, der göttlichen Euergeten, der göttlichen Philopatores, der göttlichen Epiphanes, des göttlichen Philometor, des göttlichen Eupator, der göttlichen Euergeten; unter den eponymen Athlophoren der Berenike Euergetis, der Kanephore der Arſinoë Philadelphus und der göttlichen Arſinoë Eupator, die da ſind in Alexandrien, in Ptolemaïs wieder, das in der Thebais liegt, unter den eponymen Prieſtern des Ptolemaios Soter, Prieſter und Prieſterinen ſo da ſind in Ptolemaïs; am 29. des Monates Tybi, unter dem Functionär des Agoranomen-Amtes der Memnonia und des unteren Bezirkes des pathyritiſchen Gaues.

Es haben verkauft Pimonthes, ungefähr 35 Jahre alt, von mittlerer Statur, bräunlich, krumm, mit einer Glatze, rundem Geſichte, gerader Naſe, und Snachomeneus, ungefähr 20 Jahre alt, von mittlerer Statur, bräunlichgelbem Teint, krumm, mit rundem Geſichte, gerader Naſe, und Semmuthis, perſiſcher Abkunft, ungefähr 22 Jahre alt, von mittlerer Statur, bräunlichgelbem Teint, rundem Geſichte, mit einem gelinden Höcker, und Tathaut, perſiſcher Abkunft, ungefähr 30 Jahre alt, von mittlerer Statur, bräunlichgelbem Teint, rundem Geſichte, gerader Naſe, ſammt Pimonthes, ihrem Vormunde, der auch als Verkäufer erſcheint — ſämmtliche vier ſind Kinder des Petepſais und Schuhmacher aus den Memnonia — 1¼ ägyptiſche Flächenellen unbebauter Area, es iſt dies ein Theil ihrer Beſitzungen im Süden der Memnonia........Die Nachbarn derſelben ſind: im Süden die königliche Straſse, im Norden und Oſten die Beſitzung der Brüder Pamonthes und Bokonſemis, wobei die Mauer gemeinſam iſt, im Weſten das Haus des Tages, Sohnes des Chonompres, wobei in der Mitte ein Durchlaſs geht, oder wie immer die Nachbarn heiſsen mögen in der ganzen Umgebung. Käufer iſt Nechutes der jüngere, Sohn des Haſos, ungefähr 40 Jahre alt, von mittlerer Statur, bräunlichgelbem Teint, glattem, länglichem Geſichte, gerader Naſe, mit einem Male in der Mitte der Stirn — für den Preis von einem Talente Kupfervaluta. Als Vorverkäufer und Garanten der Kaufbedingungen fungiren die Verkäufer, welche der Käufer Nechutes acceptirte. Ich Apollonios habe amtirt.

In der dritten Columne folgt das trapezitiſche Regiſter des Contractes.

Papyrus *M* von Leyden.

Er iſt augenſcheinlich eine Abſchrift; dies zeigt ſchon die Art an, wie der Eingang ſtiliſirt iſt.

Ptole.... .... Im Jahre 4 am 9. Epiphi u. f. w., in Hermonthis im pathyritifchen Gau der Thebaïs, unter dem Agoranomen Hermias...........

Es wurde alfo der langathmige Anfang des Originals abgekürzt und die Aufzählung der Eponymen mit den Worten ‚und fo weiter' abgefchnitten. Dann folgt, ähnlich wie im vorhergehenden Akte, die Angabe des Verkäufers und deffen Signalement, die Befchreibung und Orientirung des Kaufobjectes, dann die Käufer und deren Perfonsbefchreibungen. Nach den Worten ‚Vorverkäufer und Garant der Kaufftipulationen ift der Verkäufer Horos, den Oforoëris und feine mitkaufenden Gefchwifter acceptirten' folgt unmittelbar das trapezitifche Regifter. Es fignirte kein Beamter.

Eng verwandt mit diefem Papyrus ift der berühmte Papyrus Cafati, Nr. 5 der Notices et extraits des manuscrits, XVIII, 2.

Es kommen ferners in Betracht Urkunden, welche mehr oder minder genau in Schriftftücken anderen Charakters citirt werden.

Im Papyrus Nr. XIII von Turin wird eine συγγραφὴ τροφιτις citirt, die aber wohl nicht zu den griechifchen Urkunden zu zählen fein dürfte. Dagegen ergibt fich aus dem Turiner Papyrus Nr. IV und VIII ein intereffantes Beifpiel, wie fich fchon im II. Jahrhundert v. Chr. im griechifchen Aktenwefen Formelhaftes feftgefetzt hat.[1]

[1] Der Turiner Papyrus, der ein ἀντίγραφον fein dürfte, beginnt fo: ετους $\overline{\mu\delta}$ μεσορη $\overline{\kappa\epsilon}$ εν διοσπολει τηι μεγαλη της Θηβαιδος εφ Ηρακλειδου αγορανομου του περι Θηβας ομολογει Απολλωνιος..........συνλελυσθαι......... und endet mit einem formelhaften Schluffe, der fich in indirecter Rede im Turiner Papyrus Nr. VIII wiederfindet; da fich hieraus ergibt, dafs in letzterem Papyrus die in ihm citirte Urkunde wörtlich citirt wird, von der oratio obliqua abgefehen, fo ift der Verfuch geftattet, jene Urkunde herauszufchälen, von der es heifst: του γαρ να L παυνι ιγ εθεμεθα προς εαυτους ομολογιαν δια του εν τηι διοσπολει ξενικου αγοραν[ομ]ιου δι ης ο μεν αμενωθης ομολογει μοι α[φι]στασθαι u. f. w. Jener formelhafte Schlufs heifst alfo in beiden Urkunden fo

Zeile 17 ff. des Turiner Papyrus Nr. IV.

και μη επελευσεσθαι μητ αυτον απολλωνιον μηδ αλλον μηδενα υπερ αυτου επι τους περι τον Ψενχωνσιν μηδ επ αλλον μηδενα των παρ αυτων περι μηδενος απλως των δια της εντευξεως σημαινομενων καθ οντινουν τροπον εαν δ επελθη ετερος τις υπερ αυτου η τ εφοδος ακυρος εστω και προσαποτεισατω τοις περι Ψενχωνσιν ηι ωι αν επελθη των παρ αυτων επιτιμον παραχρημα χα(λκου) νομισματος (ταλαντα) εικοσι και ιερας τοις βασιλευσι αργυρου επισημου δραχμας τετρακοσιας και μηθεν ησσον επαναγκον ποιειτω κατα τα προγεγραμμενα.

Zeile 31 ff. des Turiner Papyrus Nr. VIII.

εμμενειν δε αμφοτερους εν τοις προς εαυτους διωμολογημεναις και μη εξειναι [ημιν παρα]συνγραφειν τι των [πρ]ογεγ[ρ]αμμενων ει δε μη την [εφοδο]ν ακυρον ειναι και προσαποτ[ει]σαι τον παρασ[υγγρ]αφουντα τ[ωι] εμμενοντι καθ ο αν μερος η ειδος παρασυνγραφησηι επιτιμου παραχρημα χα(λκου) νο(μισματος) τ(αλαντα) λ και το βλαβος κατα τον νομον και ιερας τοις β(ασιλ)ευσιν αργυριου επισημου δραχμας τ και μηθεν ησσον κυρια ειναι τα διωμολογημενα καθοτι ευδοκουντες προς εαυτους συνεχωρησαμεν.

Wie man diefes Formular fefthielt und ausbildete, foll der Gegenftand fpäterer Unterfuchungen fein; einftweilen ziehen wir zum Vergleiche eine Stelle des in diefen Mittheilungen, IV, S. 54, Zeile 15 ff. herausgegebenen Papyrus Erzherzog Rainer aus der Zeit des Aurelian und Vaballathus heran:

και μη επελευσεσθαι με μηδ αλλους υπερ εμου επι σε την ωνουμενην μηδε επι τους παρα σου περι μηδενος τησδε της πρασεως τροπω μηδενι εαν δε επελθω η μη βεβαιωσω η τε εφοδος ακυρος εστω και προσαποτισατωι ο υπερ εμου επελευσομενος σοι τη ωνουμενη η τοις παρα σου τα τε βλαβη και δαπανηματα και επιτειμου ως ιδιον χρεος διπλην την τιμην και εις το δημοσιον την ισην και μηδεν ησσον η πρασις κυρια εστω.......περι δε του ταυτα ουτως ορθως και καλως γεγενησθαι επερωτηθεις ωμολογησα.

Und wie ſollte dies auch nicht gekommen ſein? Die einheimiſchen Aegypter hatten ein ſtrenges, lange ausgebildetes Formelweſen zu beobachten, deſſen Handhabung nicht eine der ſchwächſten Seiten der Prieſter war. So griffen ihre Fäden in die privaten Verhältniſſe ein, die in ſo vieler Beziehung an ſie gekettet waren. Wir wollen jetzt nicht davon reden, daſs an der Religion und der Prieſterſchaft die ägyptiſche Nationaleigenthümlichkeit ihren feſten Halt hatte, daſs wenn es den Lagiden darum zu thun war, die nationale Kraft abzuſchwächen und dem griechiſchen Weſen den Vorrang über die ägyptiſchen Maſſen zu wahren, ſie wieder die Stützpunkte der Nationalität, alſo hier den Einfluſs der ägyptiſchen Prieſterſchaft untergraben und ſchwächen muſsten. Wie ſie das ſucceſſive auf unſerem Gebiete thaten, läſst ſich ja verfolgen;[1] man durfte ſich aber dabei wohl gegen das praktiſch Vortheilhafte, was jene boten, nicht verſchlieſsen. Schon die Ueberſetzungen ägyptiſcher Originale geben Anlaſs, zumindeſt Einiges aus der ägyptiſchen Phraſeologie ſich eigen zu machen, Wendungen und Sätze und ſo manchen erprobten praktiſchen Zug feſtzuhalten. Wir möchten hier an die genauen Perſonsbeſchreibungen erinnern.[2]

Eine Wahrnehmung, die wir jetzt gleich machen wollen, drängt ſich vor Allem in die Augen. Soweit wir ſolenne öffentliche Urkunden unterſcheiden können, zeichnen ſich dieſelben durch das hervorſtechende Protokoll aus, und hier iſt eine Formelhaftigkeit nicht zu leugnen; mag man auch noch ſo hartnäckig die Ungezwungenheit und Formloſigkeit griechiſcher Verträge vertheidigen, in dieſem Falle iſt gewiſs das Beobachten eines Formulars zu conſtatiren.

Ja noch mehr; wenn etwas geeignet iſt, die Exiſtenz eines Formulars zu beweiſen, ſo iſt es das unverbrüchliche Feſthalten an dem ſtehend gewordenen, ſanctionirten Gebrauche, und wenn wir ein ſolches Feſthalten durch Jahrhunderte beobachten können, ſo ſchlieſsen wir wieder auf Formulare zurück. Daſs wirklich Formalitäten und Formulare im Ptolemäerreiche exiſtirten, wiſſen wir hinlänglich ſicher: das Actenweſen ſpricht laut dafür, wir erinnern nur an die Formulare der Trapeziten. Wenn wir auf dem Wege der Analogie weiter arbeiten dürfen, ſo erinnern wir uns, daſs zu anderen Perioden wirklich höhere Verordnungen für das Actenweſen erlaſſen wurden; eine das Urkundenprotokoll betreffende Verfügung Juſtinians iſt ja bekannt.

Wenn ich nunmehr vorausſetzen darf, daſs hinter dem Wechſel der Erſcheinungen, die das Protokoll im Laufe der Jahrhunderte bietet, als Urſachen Verordnungen ſtehen, welche uns unbekannt ſind, deren Wirkungen aber eine theilweiſe Erkenntniſs erlauben, ſo wollen wir die aus verſchiedenen Jahrhunderten vorliegenden Proben an uns vorüberziehen laſſen und zu abſtrahiren verſuchen, was für Veränderungen getroffen worden ſind; vielleicht werden wir auf dieſem unſcheinbaren Gebiete auch den Geiſt Neuerungen treffen ſehen, der ſonſt das betreffende Zeitalter charakteriſirt, alſo wird in einer kurzen Geſchichte des Protokolls ſich ſo mancher Vorgang wiederſpiegeln können, der in der Geſchichte ſeinen Platz gefunden hat. Doch un generaliſiren zu können, laſſen wir Beiſpiele der Protokolle aus verſchiedenen Zeiten folgen, und zwar als eines der ptolemäiſchen Epoche Papyrus Caſati, Col. 1, Zeile 1 ff.:

[1] Peyron, Papyri Taurinenses, I.

[2] Im Antigraphum Greyanum z. B. Zeile 5: ωϲ ετων μ ευμεγεθηϲ μελαγχρωϲ κοιλ[ο]φθαλμοϲ αναφαλαν[τοϲ].

βαcιλευοντων Κλεοπατραc και Πτολεμαιου θεων Φιλομητορων Cωτηρων ετουc δ εφ ιερεωc βαcιλεωc Πτολεμαιου θεου Φιλομητοροc Cωτηροc Αλεχανδρου και θεων Cωτηρων και θεων Αδελφων και θεων Ευεργετων και θεων Φιλοπατορων και θεων Επιφανων και θεου Ευπατοροc και θεου Φιλομητοροc και θεου Ευεργετου και θεων Φιλομητορων Cωτηρων ιερου πωλου Ιcιδοc μ[εγα]ληc μητροc θεων αθλοφορου Βερενικηc Ευεργετιδοc κανηφορου Αρcινοηc Φιλαδελφου ιερεαc Αρcινοηc Φιλοπατοροc των ουcων εν Αλεξανδρεια εν δε Πτολεμαιδι τηc Θηβαιδοc εφ ιερεων και ιερειων και κανηφορου των οντων και ουcων μηνοc επιφ θ¯ εν Ερμωνθει του Παρθυριτου τηc Θηβαιδοc εφ Ερμιου αγορανομου.

Nicht anders ift der Beginn des Protokolles der demotifchen Papyrus, z. B. des Wiener Papyrus Nr. 26, welches nach der Ueberfetzung E. REVILLOUT'S (Nouvelle Chreftomathie démotique, pag. 87 ff.) fo lautet:

An 49 choiak 18 du roi Ptolemée le dieu évergète fils de Ptolemée et de la reine Cléopatre sa soeur et de la reine Cléopatre sa femme les dieux Evergètes et (sous) le prêtre d'Aléxandre et des dieux sauveurs des dieux frères des dieux évergètes des dieux philopators des dieux épiphanes du dieu philométor du dieu eupator des dieux évergètes et de la porteuse d'athlon de Bérénice évergète et de la canéphore devant Arsinoé philadelphe et de la prêtresse d'Arsinoé philopatre selon ceux qui etablis à Racoti et ceux qui à Psoi dans la region de Thèbes.

Noch genauer verfährt der demotifche Papyrus 97 *A* und *B* von Berlin, der nach der Aufzählung der alexandrinifchen Priefter fo fortfährt: ...et sous le prêtre dans la region de Thèbes et Ptolemée Soter et le prêtre de Ptolemée Philométor et le prêtre de Ptolemée Philadelphe et le prêtre de Ptolemée Evergète et le prêtre de Ptolemée Philopator et le prêtre de Ptolemée de dieux Eupator et le prêtre de Ptolemée le dieu Epiphane Eucharifte et la prêtresse de la reine Cléopatre (femme de Philométor) et la prêtresse de la reine Cléopatre la mère, la déesse Epiphane et la canéphore devant Arsinoé Philadelphe....

An diefe Protokolle aus ptolemäifcher Zeit fchliefsen fich würdig folche aus römifcher Epoche an, wie es die folgenden herakleopolitifchen find:

Papyrus Erzherzog Rainer Nr. 1726:

1. ετουc δευτερου αυτοκρατοροc καιcαροc μαρκου αυρηλιου
2. αντωνινου ευcεβουc ευτυχουc cεβαcτου εφ ιερεων των οντων
3. εν αλεξανδρεια και των αλλων των γραφομενων κοινων μηνοc
4. cεβαcτου αθυρ πεμπτη δι επιτηρητων αγορανομιαc περι
5. τεκμει του υπερ μεμφιν ηρακλεοπολιτου.

Papyrus Erzherzog Rainer. Nr. 1444:

1. ετουc εκτου αυτοκρατοροc καιcαροc μαρκου αυρηλιου
2. cεουηρου αλεξανδρου ευcεβουc ευτυχου[c cεβαcτου
3. εφ ιερων των οντων εν αλεξανδρεια και τω[ν αλλων των
4. γραφομενων κοινων μηνοc ξαντικου μεχειρ [δευτε]ρα δι επι
5. τηρητων αγορανομιαc μερων μεcηc πεε[ν]αμεωc
6. του υπερ μεμφιν ηρακλεοπολιτου.

15*

Papyrus Erzherzog Rainer Nr. 1409:

1 [ετους τ[εταρ[του αυ[τοκ[ρατορ]ος καισαρος γα[ιου ιο]υλιου ουηρου μαξιμινου ευσεβους ευτυχους

2. [σεβαστο]υ εφ ιερων των οντων εν αλεξ[αν]δρεια και των αλλων των γραφομενων κοινων

3. [μηνος] ξανθικου μεχειρ ενατη δι επιτη[ρητων] αγορανομιας μερων τοπαρχιας αγημ[ατος

4. [του υπε]ρ μεμφιν ηρακλεοπολιτου.

Papyrus Erzherzog Rainer Nr. 1485:

1. [ετους τεταρτου αυτο]κρατορος καισαρος μαρκου αυ[ρηλιου...ευσεβους] ευτυχους σεβαστου

2. [εφ ι]ερεων των οντων εν αλεξανδρεια και [των αλλων τ]ων γραφομενων κοινων μηνος

3. γορπιαιου επειφ ογδοη δι επιτηρητων αγ[ορανομιας] του κατωτερου υπερ μεμφ[ιν ηρ]α

4. κλεοπολιτου.

Papyrus Erzherzog Rainer Nr. 1578:

1. [ετους ογδοου αυτοκρατορος καισαρος] λουκιου σεπτιμιου σεουηρου ευσεβους

2. [περτινακος αραβικου αδιαβηνικου παρ]θικου μεγιστου και μαρκου αυρ]ηλιου

3. [αντωνινου σεβαστων εφ ιερων των οντ]ων εν αλεξανδρεια κα[ι των

4. [αλλων των γραφομενων κοινων μηνος απελ]λαιου φαωφι εικαδι [δι επι

5. [τηρητων της δεινα αγορανομιας του υπερ μεμφιν ηρακλεο]πολειτου.......

Eine allen diefen Protokollen gemeinfame Eigenthümlichkeit ift die übereinftimmende Aufeinanderfolge der nachftehenden Angaben: *a)* Jahreszahl des *b)* regierenden Herrfchers; *c)* Aufzählung der eponymen Priefterfchaften in Alexandria, dann anderer; *d)* Tagesdatum nach dem makedonifchen und ägyptifchen Kalender, refpective Monate;[1] *e)* das Notariatsamt und *f)* mittelbar oder unmittelbar der Ort der Ausftellung.[2]

Minder vollkommen find die nachftehenden Protokolle; fo erfcheint um den Punkt sub *c)* und durch die theilweife Befchränkung von *d)* verkürzt der in den Notices et Extraits, XVIII, 2 unter Nr. 17 herausgegebene Contract, deffen Protokoll fo lautet:

1. L ις αυτοκρ]ατορος καισαρος τιτου αιλιου αδριανου αντωνινου σεβαστου ευσεβους φαρμουθι λ

2. ...θη]βαιδος του περι ελεφαντινην νομου επι ρουφιλλου νιγρου αγορανομου.

In nachfolgenden arfinoitifchen Urkunden fehlt ebenfalls der Punkt sub *c)* und felbft der sub *e)*, aber nur fcheinbar, da eine amtliche Vormerkung bei Originalurkunden am Schluffe des Actes angebracht ift, und zwar theils mit der formelhaften Wendung

ὁ δεῖνα (ἀγορανόμος) κεχρημάτικα

(d. i. ‚ich N. N. der Agoranomos habe amtirt'), welche wiederum fchon in ptolemäifcher Zeit, alfo fchon viel früher, im Actenwefen erfcheint; wir belegen ihren Gebrauch innerhalb eines Zeitraumes von vier Jahrhunderten (II. v. Chr. bis II. n. Chr.) aus den Papyrus:

Parifer Papyrus l. c. Nr. VII:

Πτολεμαιος ο παρα Διονυσιου κεχρη(ματικα).

---

[1] Vergl. unter Anderen auch Rheinifches Mufeum, XXI, 430.

[2] Denn wie die Genetive ἀγήματος....... zeigen, ift in Fällen wie περι τεκμει das Attribut zu ἀγορανομίας zu ziehen, es ift alfo die Ortsangabe nur mittelbar durch die Angabe des Notariatsamtes da.

Leydener Papyrus *M* vergl. Wiener Studien, III, 18 ff.:

Απολ(λωνιος) κεχρη(ματικα).

Papyrus Erzherzog Rainer Nr. 1517:

. . . .αγορ]αν[ομος κεχρημ¯.

Papyrus Erzherzog Rainer Nr. 1518:

Αρτεμιδωρος αγορανομος κεχρη(ματικα).

Aber auch eine zweite formelhafte Vormerkung erscheint an derselben Stelle der Acten, von der wir nachfolgende Beispiele geben:

Papyrus Erzherzog Rainer Nr. 1519:

κατεχ° λ L φαμ^ε λ¯. . . .εξεδο¯,

d. i. ‚Ich habe den Act einregistrirt am 31. Phamenoth des Jahres 30 und ihn ausgefertigt.‘

Papyrus Erzherzog Rainer Nr. 1528:

κατεχωρ(ισα) παχ^ω (= παχων).

Papyrus Erzherzog Rainer Nr. 1544 ähnlich:

χρ. . . .παχω(ν) ι. . .εξ[εδομην.

Beidemale wird also gesagt, dass der Act amtlich ausgestellt ist. Das einemal, indem die Amtsperson mit ihrem Namen sich bezeichnet, als öffentlicher Functionär; das zweitemal tritt ihre Function, die Ausstellung der Urkunde, von ihr ausgehend in den Vordergrund.

Sonst bietet das Protokoll die Erscheinung, dass der makedonische Monatsnamen fortbesteht. Für diese Gerippe von Protokollen, wie wir sie jetzt gekennzeichnet, geben wir nunmehr einige Beispiele.

Papyrus Erzherzog Rainer Nr. 1490 (es ist das ein vollständig erhaltener Papyrus, der den Anfang eines Contractes enthält, welcher kurz nach den eben zu citirenden Worten abbricht; vielleicht ist die Urkunde durch den Schreibenden verdorben worden, oder es kam der Pakt nicht zu Stande):

1. ετους επτακαιδεκατου αυτοκρατορος
2. καισαρος νερουα τραιανου σεβαστου γερμανικ
3. δακικου μηνος σεβαστου ενδεκατη
4. διευεργετιδι του αρσινοειτου.

Die Worte der vierten Zeile bieten für das Verständniss grosse Schwierigkeiten; man könnte zu der Construction (ἡμέρᾳ) ἑνδεκάτῃ διευεργέτιδι allerdings Parallelen nachweisen, so C. I. G. III, 4957: φαωφὶ α¯ ἰουλίᾳ σεβαστῇ, was erklärt wird als dies eponymus Iuliae Augustae, ebenso der 1. Thoth als Eponymus des Augustus, C. I. G. 4715; ferners 5866 *c*: Lκζ καίσαρος φαρμουθὶ σεβαστῇ, ein Datum, welches aber abweichend erklärt wird mit den Worten: BOECKHIUS uniuscuiusque mensis calendas Augusto dedicatas fuisse suspicatur.[1] In unserem Falle könnten wir an einen Schreibfehler denken für das beabsichtigte

[1] LETRONNE, Recueil I, 83 ff.

<εν πτολεμαι>δι ευεργετιδι του αρcινοειτου (νομου), wofür im Folgenden Beifpiele genug vorhanden find:

Papyrus Erzherzog Rainer Nr. 1505:

1. ετουc τρ[ιc]καιδεκατου αυτοκρατοροc καιcαροc νερουα τραιανου cε[βαcτου γερμανικου δακικου μηνοc] γερμανικιου ενατη [εν πτολεμαιδι ευεργετιδι του
2. αρcιν]οιτου νομου.

Papyrus Erzherzog Rainer Nr. 1514:

1. Lκ αυτοκρατοροc κ[αιc]αροc [αιλι]ου
2. αδριανου cεβαcτου μηνοc και[c]αρειου κα
3. εν πτολ ευερ[γετιδι] τηc ιουλιαc cεβαcτηc.

Papyrus Erzherzog Rainer Nr. 1544:

2. ετουc επτ[ακαιδεκατου αυτοκρατοροc καιc]αροc μαρκου αυρηλιου....
3. μηνοc γερμαν[ικιου......] εν πτολεμαιδι ευεργετιδι ....

Papyrus Erzherzog Rainer Nr. 1519:

1. ετουc τριαντοcτου αυ]τοκρατορ[ο]c καιcαροc μ[α]ρκου αυρηλιου κομμοδου αντ[ων]εινου ευcεβουc
2. ....μ]ηδικου πα[ρθικ]ου αρμενιακου μεγιc[του βρεταννικου μηνοc
3. ...εν πτο]λεμαιδι ευεργετιδι του αρcινοειτου νομου.

Papyrus Erzherzog Rainer Nr. 1527:

1. ετουc τεταρτου και εικοc[του αυ]τοκρατο[ροc
2. και]cαροc [αιλιου] αυρηλι[ου κ]ομμοδου [αν
3. τωνεινου [c]εβαcτου αρμενιακου μ[ηδικου
4. πα]ρθι[κου c]αρματικου γερμανικου [μ]εγιcτου μη
5. νοc] δυ[cτρ]ου τυβι [δωδεκατη εν πτο]λεμαιδι ευ[εργετιδι του
6. αρcινοιτου νομ[ου.

Papyrus Erzherzog Rainer Nr. 1532 ähnlich:

1. ε]τουc πρωτου και τριαντο[cτου Commodi
2. ευτυχουc cεβαcτου αρμενι[ακου ....
3. μη[νοc α]δριανου ιβ εν πτολεμαιδι ε[υεργετιδι....

Papyrus Erzherzog Rainer Nr. 1504:

1. ετουc εβ[δο]μου αυτοκρατ[οροc καιcαρ]οc πουβλιου λικιννιου ουαλεριανου
2. και πουβλιου λικινν[ιου ουαλερια]νου γαλλιηνου γερμανικων μεγιcτων
3. ευτυχων ευcεβων cεβαcτων και π[ουβλιου λικινν]ιου κορνηλιου ουαλεριανου
4. του επιφανεcτατου....................μη]νο[c καιc]αριου μεcορη ε̅ εν
5. πτολεμαιδι ευερ[γετιδι του αρcινοιτου.

Wie die notarielle Praxis das Protokoll der Acten in Hermopolis Magna geftaltete, zeigt ein von dort ftammender Papyrus Erzherzog Rainer Nr. 2001:

1. ετουc.....αυτοκρατοροc καιcαροc μαρκου αυρη]λιου κλαυδιου ευcεβουc ευτυχουc cεβαcτου
2. ....] μηνοc καιcαρειου μεcορη ιδ εν ερμουπολει τη μεγα(λη).

Die allgemeine Unordnung im dritten nachchriftlichen Jahrhundert hat ihre Spuren auch in dem Actenwefen hinterlaffen; die Unficherheit auf jedem Gebiete des Culturlebens erlaubte eine ftricte Durchführung des durch den Gebrauch geftützten Formulars nicht mehr. Das im Laufe der Zeit immer fchmächtiger gewordene Protokoll der notariellen Urkunden fchwindet gelegentlich gänzlich, und die in ihm enthaltene Datirung wird, da man fie fchon einmal nicht entbehren kann, am Ende des Actes eingetragen. Zwar fehlte es auch in der vorangehenden Zeit nicht an fchriftlichen Verträgen, welche zwar kein Protokoll hatten, dafür aber in dem zum Schluffe auftretenden Datum die breite Titulatur der Regenten entfalteten, Eigenthümlichkeiten das, welche befonders bei den unter Maximinus ausgeftellten Urkunden hervortreten (Mittheilungen, III, 20 ff.); doch waren das eben private Verträge, nicht notarielle Acten. Nunmehr aber werden diefe Unterfchiede nicht mehr feftgehalten, wir lefen vielmehr in einer notariellen Syngraphe aus dem Jahre 252 (253) zu Schlufs der Urkunde die einfache Datirung (Papyrus Erzherzog Rainer Nr. 1424, Mittheilungen, III, 27). Da tritt unter Diocletian ein neues Moment hinzu: Aegypten tritt aus feiner Sonderftellung heraus und wird ein integrirender Beftandtheil des Reiches — ein Vorgang, den das Actenwefen wiederfpiegelt, indem die uralte Datirung nach Jahren der Könige oder deren Nachfolger, der römifchen Kaifer, fallen gelaffen wird und nach den Reichsconfulaten die Jahre unterfchieden werden. In diefes vielfache Schwanken zwifchen Altem und Neuem, Formelgemäfsem und feinem Gegentheil führt uns ein Document ein, das fowohl die Datirung nach dem Confulat, als auch die nach ägyptifchen Kaiferjahren hat, das fowohl zu Beginn das, was vom Protokoll noch übrig geblieben ift, aufweift, als auch zum Schluffe nochmals datirt ift. Es beginnt nämlich mit den Worten:

1. επι υπατων των κυριων ημων μαξιμιανου cεβαcτου
3. το ϵ′ και μαξιμιανου καιcαροc το β′

und endet fo:

6. Lιγ′ και Lιβ′ των κυριων ημων διοκλητιανου
7. και μαξιμινου cεβαcτων και Lϵ′ των κυριων ημων κωνcταντινου και μαξιμιανου επιφανεcτατων καιcαρων επιφ κγ′.

Im IV. Jahrhundert geht vorerft noch diefes Schwanken nach zwei Richtungen fo fort, wie es der eben citirte Papyrus Erzherzog Rainer Nr. 3 trefflich charakterifirt.

So trägt der Papyrus Erzherzog Rainer Nr. 4111 aus dem Jahre 308 zu Ende des Contractkörpers die Datirung nach ägyptifchen Kaiferjahren; zuletzt folgt noch die Confensbeifchrift eines Contrahenten.

Gleich zu Beginn der Urkunde fteht die nach Confulatsjahren gerechnete Datirung im Papyrus Erzherzog Rainer Nr. 4113 aus dem Jahre 340; in eben diefer Urkunde wird zwar fchon das Indictionsjahr erwähnt, es findet fich jedoch nicht auch dort vor, wo es zu anderen Zeiten fpäter erfcheint, wir meinen bei der Datirung nach dem Confulate.

Doch fchon aus dem Jahre 355 ift dasjenige Formular belegbar, welches, als das vollkommenfte, fich als das fertige Entwicklungsproduct der neuen Verhältniffe herausftellt; nachdem nun einmal das Ziel erreicht ift, wird nach einigem Schwanken bis auf Juftinian an dem Protokolle feftgehalten, wie es der Papyrus Edmondftone zuerft uns bietet; es befteht *a)* aus der Datirung nach dem Confulate, *b)* nach dem ägyptifchen Monats- und Tagesdatum, *c)* der Angabe der Indiction, *d)* dem Namen des Ortes, wo der Vertrag gefchloffen wurde.

1. ...υπατειας των δεσποτων ημων κωνσταντιου αυγουστου το ζ και κωνσταντιου του επιφανεστατου καισαρος το γ'
2. τυβι' ιζ'' της ιγ' ινδικτιονος εν ελεφαντινη πολει της ανω θηβαιδος.

Es entfpricht daher der Punkt sub *a)* des neuen Formulars dem sub *a)* des alten, ebenfo *b)* neu dem *d)* alt, und *d)* neu dem *f)* alt im Grofsen und Ganzen. Ein Aequivalent für sub *e)* im alten Formelwefen entfteht dadurch, dafs die Notare fich unterzeichnen mit der formelhaften Wendung:

† δι εμου του δεινος εγραφη (oder εσημειωθη),

und zwar bald in griechifcher Schrift allein, aber auch in lateinifcher und endlich in beiden Schriftarten zugleich (Wiener Studien, IX, 1887, S. 246 ff.).

Beifpiele für den Gang der Entwicklung bis zu dem alleinigen Vorherrfchen der zuerft im Jahre 355 erfcheinenden Form des Protokolles bieten der

Papyrus Erzherzog Rainer Nr. 4117 aus dem Jahre 401; er bietet zu Ende nur:

3. υπατειας φλς βικεντιου
2. και φραβηττα των λαμς (= λαμπροτατων)
1. θωθ κθ.

Papyrus Erzherzog Rainer Nr. 4118 aus dem Jahre 407; er bietet zu Beginn:

1. υπατειας των κυριων] ημων ονωριου το ζ και θεοδοσιου το δ
2. των αιωνιων αυγ]ουστων χοιακ ε εν αρσι— (= Αρσινοιτων).

Papyrus Erzherzog Rainer Nr. 4101 aus demfelben Jahre bietet ebenfalls zu Beginn:

1. ...και θεοδοσι[ου] το δ' των αιωνιων αυγο[υς]των χοιακ β εν κωμη κοβα.....ου νομου ηρακλ[εοπολ]ιτου.

Beide Urkunden find, wie man fieht, faft gleichzeitig ausgeftellt worden, die eine in Arfinoë, die andere im herakleopolitifchen Gaue, und beide tragen genau diefelbe Protokollformel.

Papyrus Erzherzog Rainer Nr. 4119 aus dem Jahre 420, gefchrieben in Alexandria, zu Beginn mit dem vollen Protokoll:

1. υπατειας του κυριου ημω]ν θεοδοσιου του αιωνιου αυγς (= αυγουστου)
2. και...κωνσταντος του λαμ(προτατου)] το γ'' μεσορ[η...] ινδ(ικτιωνος) εν αλεξ(ανδρεια).

Papyrus Erzherzog Rainer Nr. 4123 aus dem Jahre 421 bringt zuerft den Körper der Urkunde, dann die Datirung nach den beiden Confuln, Monat und Tag, dann die Confensbeifchrift und endlich die Unterfchrift des Notars mit den Worten δι εμου θεωνος γρς in griechifchen Buchftaben.

Papyrus Erzherzog Rainer Nr. 4124 aus dem Jahre 426 ift ganz ebenfo ftilifirt; desgleichen andere, wie Nr. 4125.

Papyrus Erzherzog Rainer Nr. 4128 aus dem Jahre 460 ift der erfte in der ununterbrochenen Kette von Urkunden, welche regelmäfsig fämmtliche Punkte des neuen Formulars, und zwar als Protokoll tragen — alfo

1. μετα την υπατειαν του δεσποτου ημων φλ(αουιου) νεου
2. λεο]ντος του αιωνιου αυγουστου το α' τυβι λ'' της ευτυ
3. χους] τρισκαιδεκατης ινδ(ικτιονος) εν ηρακλεουσπολει —

mögen fie wo immer ausgeftellt fein, wie z. B. Papyrus Erzherzog Rainer Nr. 4129 aus dem Jahre 463:

1. μετα την υπατειαν του δεσποτου ημων φλαουιου του αιωνιου
2. αυγουστου το β' μεχειρ θ α ινς(δικτιωνος) επι κωμη κερκεσηφεως.

Die weiteren Begebenheiten in der Gefchichte des Urkundenprotokolles find klar und von W. A. SCHMIDT, Forfchungen auf dem Gebiete des Alterthums, I, S. 319, dann von mir in den Prolegomena ad papyrorum graecorum nouam collectionam edendam, cap. III, Revue égyptologique 1885, S. 164 und fonft dargeftellt worden. Juftinians Erlafs, der fich mit dem Urkundenprotokoll befchäftigt, ift noch erhalten; diefes mufs oder foll darnach folgende Punkte enthalten:

a) Den frommen Anfang mit Gott, der Dreifaltigkeit oder im Namen Jefu Chrifti, der Gottesgebärerin Maria und aller Heiligen;
b) das Regierungsjahr und die byzantinifch gehaltene Angabe des jeweiligen Regenten;
c) die Confulatsdatirung;
d) Monat und Tag;
e) die Indiction;
f) die Ortsangabe.

Bald entfällt das Confulat und fomit auch in den Acten die Confulatsdatirung sub *c*. Es bleiben alfo sub *a* — das gelegentlich jedoch fehlt, wie im Papyrus Nr. 21 *bis* der Notices et Extraits, XVIII, 2 — ferner *b, d, e, f*.

Als die Araber Aegypten erobert hatten, fiel natürlich für immer sub *b* fort. Die Acten enthalten in der erften Zeit nur noch *a, d, e, f*.

Doch bald machten fich die Mängel, die einem folchen Protokolle anhaften, fühlbar, denn auf eine folche Weife konnte man im 16. Jahre — wir meinen nach Ablauf eines Indictionencyclus — keinen einzigen Act mehr ordentlich datiren. Man griff alfo zu der bis dahin nur im Volke noch lebenden Datirung nach der diocletianifchen Aera, eine Erfcheinung, die für den erften Augenblick einen befremdet; wir erklären fie fo: Als bei der neuen Reichsorganifation im III. und IV. Jahrhundert die uralte ägyptifche Datirungsweife nach Königsjahren gewaltfam unterdrückt wurde, an ihre Stelle die nach Confulaten kam, konnte man zwar officiell auch diefe Neuerung durchführen, doch wie jeder fchroffe Uebergang die allmähliche Entwicklung, und das ift die natürliche, nur in eine andere Richtung ablenken kann, fo fuchte das Volk, in welchem das Gefühl des Gegenfatzes zwifchen Altem und Neuem zu einem Drange geführt, nach einem Aequivalent für den Brauch feiner Väter, der ihm verkümmert war. So fpriefst, wenn der ftarke lebenskräftige Stamm felbft auch umgehackt ift, ein feitlicher Trieb hervor und lebt kräftig genug für einen Trieb. Das gefuchte Aequivalent fand fich in der That. Schon im III. Jahrhundert war es gefchehen, dafs die ägyptifchen Regierungsjahre auch dann noch weiter fortgefetzt worden waren, als der Regent geftorben war; fo brachte es Commodus bis zu 33 Regierungsjahren, indem er die Jahre feines Vaters fortzählte; wie Commodus machte es Caracalla mit den Jahren feines Vaters Septimius Severus; ganz fo verfuhr auch Gallienus nach dem Abgange feines Vaters Valerianus. An diefe Beifpiele knüpfte man im Volke an; Diocletian war ja der letzte Herrfcher gewefen, deffen Jahre officiell noch nach der uralten Art gezählt worden waren; Diocletians Geftalt trat unter den Wirren feiner Nachfolger noch um fo bedeutender hervor; nichts war leichter als die Ideenaffociation mit den Erfcheinungen des III. Jahrhunderts, wo die Kaifer felbft den einzufchlagenden Weg vorausgegangen waren: kurz, das Volk zählte nach dem Tode Diocletians deffen Jahre ebenfo fort, wie einft Commodus die Jahre feines Vaters Mark Aurel, nur mit dem Unterfchiede, dafs es damals officiell gefchehen war, jetzt aber nicht; doch genug, im Volke bürgerte fich die Aera Diocletians ein. Wenn alfo ein Aftrolog z. B. ein volksthümliches Datum angeben foll, fo nennt er ein diocletianifches Jahr. ‚Nehmen wir beifpielsweife an, dafs Jemand im 97. Jahre, feit dem Regierungsantritte Diocletians gerechnet, am 30. Athyr um 6 Uhr... geboren fei', fo und ähnlich fpricht er zum Volke.[1]

So ift denn die Aera Diocletians fo recht das natürliche Entwicklungsproduct der altägyptifchen Cultur in ihren Ausläufern, und gerade in dem Momente, da diefe Cultur dem Untergange geweiht ift, tritt noch einmal klar die Erinnerung an die ferne Vergangenheit hervor und im Grofsen fpielt fich hier das ab, was uns bei dem einzelnen Menfchenleben ergreift, wenn der Sterbende mit voller Klarheit noch einmal die Tage der Jugend, der Kindheit mit feinem geiftigen Auge fchaut.

Die letzte Form in der Entwicklung des Protokolles bietet alfo die Punkte sub *a*, dann die Jahre nach der Aera Diocletiani, endlich sub *d*, *e*, *f*. Hiemit hätten wir die Gefchichte des Protokolles zu Ende geführt.

—

Diefe Ordnung, diefe Jahrhunderte lange Praxis, die wir für den einzelnen Fall der Gefchichte des Protokolles, die fo fehr ins Auge fticht, verfolgt haben, wir finden fie wieder in dem vielfachen Fefthalten an formelhaften Wendungen, in der ähnlichen Anlage der Urkunden. Sie läfst fich nur erklären, wenn wir einen Stand vorausfetzen, der die Traditionen wahrte und den kommenden Gefchlechtern den Schatz der Erfahrung, das Ergebnifs der Jahre überantwortete.

Natürlich, wenn ein fixes Urkundenwefen da ift, fo fchliefsen wir weiter auf ein gewiffes Vorrecht, das fo geftaltete Urkunden hatten; diefes ift wieder für eine Gegenleiftung zu haben; anderfeits, wenn eine Urkunde öffentlich fein, überall Rechtskraft befitzen foll, wenn fogar die Gefellfchaft, die Gerichte diefe refpectiren und fo garantiren, wie foll der Rechtsfchutz zu Stande kommen, wie foll er nur denjenigen zu Theil werden, die berechtigt werden, nicht anderen; wer ift es, der folche öffentliche Urkunden ausftellt, wie wird die öffentliche Garantie veranlafst und geübt?

Wenn wir die Wege überblicken, die zu diefem Ziele bei griechifchen Contracten überhaupt eingefchlagen worden find, fo fehen wir, dafs nach folgenden Richtungen hin die Löfung der Frage verfucht wurde:

[1] Philologifche Rundfchau. 1889. Nr. 51.

Erftens die Depofition des Urkundentextes in einem öffentlichen Amte. Es ift dies anknüpfend an die bei der Ausftellung griechifcher Urkunden gebräuchliche Sitte gewefen, das Inftrument bei dritten Perfonen zu deponiren; die gröfste Sicherheit bot eine Amtsperfon und das Amt felbft.

Zweitens die Einzeichnung der Urkunde in amtlich geführte Liften. War dies fchon überhaupt ein Erfordernifs der Ordnung, an einem Orte, wo zahlreiche Schriftftücke zufammenftrömten, ein Regifter und Repertorium anzulegen, fo forderten namentlich folche Verträge, in denen es fich um den Befitz von Grund und Boden handelte, geradezu zur amtlichen Einzeichnung von Veränderungen auf, welche in einer Zeit, da der Grundbefitzer die Hauptperfon im Staate war, für diefen ein Gegenftand der Beachtung und Controle werden mufste.

Drittens, im Anfchlufs daran, die amtliche Publicirung der Urkunden, refpective die Veröffentlichung von Liften mit der Inhaltsangabe der gefchloffenen Verträge.

Viertens die Intervention einer Amtsperfon.

In vielen griechifchen Städten gab es befondere Magiftratshäufer (ἀρχεῖον, vergl. τόποϲ ἀρχειαῖοϲ δημόϲιοϲ, δημόϲιον ἀρχεῖον. Mittheilungen, IV, 62, DARESTE im Bulletin de correspondance hellénique, VI, 240 ff.), in welchen die auf Papyrus oder Stein gefchriebenen öffentlichen Decrete, Documente, kurz die den Staat — denn Stadt und Staat deckten fich vielfach — intereffirenden Schriftftücke aufbewahrt wurden. Es ftellte fich jedoch bald der Brauch ein, aufser diefen öffentlichen Schriften auch die von Privatleuten dort ficher aufzubewahren. Dies gefchah befonders bei Urkunden, welche die Uebertragung von Eigenthum und Rechten darauf betrafen, fowie bei Darlehens- und Heirathsverträgen. Dort war bei Uebertragung von Unbeweglichem oder Urkunden über Feftftellung von Realrechten die ἀναγραφή; es war in Griechenland nämlich die Sitte, eine Art Einregiftrirung in Liften vorzunehmen, bei gewiffen Acten, die auf folche Weife öffentlich gemacht wurden; erhalten find z. B. folche Serien von Käufen und Verkäufen,[1] desgleichen eine Lifte über abgefchloffene Verlobungsverträge.[2] So ift es zu erklären, wenn Verkaufsurkunden διὰ τῶν ἀρχείων abgefchloffen werden.[3] Da diefe Acten auch in Doppelexemplaren ausgeftellt wurden, pflegte man ein Exemplar im Archiv zu hinterlegen.[4] Solche Archive hiefsen bald ἀρχεῖον, das fich in mehr als 20 Städten nachweifen läfst, oder φυλακὴ τῶν γραμμάτων, dann γραμματοφυλάκιον, ferner ῥητροφυλάκιον, τεθμοφυλάκιον, χρεωφυλάκιον. Der Depofition im Archiv kam überhaupt eine wichtige Bedeutung zu; fo ftürmten im Jahre 66 in Jerufalem die Aufftändifchen das χρεωφυλάκιον, wie Jofephus, De bello iud., II, 31, berichtet, ϲπεύδοντεϲ τὰ ϲυμβόλαια τῶν δεδανεικότων καὶ τὰϲ εἰϲπράξειϲ ἀποκόψαι τῶν χρεῶν.

Wenn wir anderfeits die ftreng geregelten ägyptifchen Verhältniffe ins Auge faffen, wenn wir uns erinnern, welche bedeutende Rolle dem Priefter bei dem Abfchliefsen von Verträgen dort zufiel, fo dürfen wir vermuthen, dafs im Hinblick darauf die Ptolemäer zu einer ftrengeren Auffaffung hinneigten, was das Urkundenwefen betrifft. Strenge

---

[1] C. I. G. 2338, RHANGABÉ, Antiqu. hellén. I, Nr. 348; II, 877, 878.

[2] Bulletin de correspondance hellénique, VI, 590: G. BARILLEAU, Constitutions de dot.

[3] C. I. G. 3509.

[4] C. I. G. 3892. Wir folgen hier der Darftellung DARESTE'S. Vergl. MOMMSEN-MARQUARDT, Handb., VII, 1, 123, 11.

Ordnung in Archiven, obligatorifcher Zwang der Einregiftrirung, Eintragung der Acten in Verzeichniffe, das find die Erfcheinungen, die uns jetzt begegnen.

Vor Allem fragen wir nach einer Perfon, an welche die neue Ordnung angeknüpft wird, nach einer Amtsperfon, die eine ähnliche Stellung bei dem Abfchliefsen der Urkunden einnimmt, wie der ägyptifche Priefter. Es exiftirte in der That eine folche, es war der Agoranomos.

Auch bei diefer Löfung der Frage ftehen die Ptolemäer nicht vereinzelt da. Die Agoranomen waren ebenfo wie die in ihren Befugniffen fo verwandten Aftynomen eine echt griechifche Inftitution, die fich, fo weit es griechifche Städte gibt, nachweifen läfst; neben ihrer adminiftrativen Thätigkeit und neben der als Polizeibehörde und Marktcommiffäre . . . . ., intervenirten fie bei Privat- und felbft Staatsverträgen, die unter ihren Aufpicien abgefchloffen wurden.[1]

Es mangelte diefes Amt auch den in Aegypten eingezogenen Griechen nicht. Uns intereffiren die übrigen Functionen[2] des Agoranomos dort nicht fo fehr als ihre Stellung als Amtsperfonen bei Ausftellung von öffentlichen Urkunden.

In der That tragen notarielle Urkunden aus der Ptolemäerzeit, fowie aus der erften Periode der römifchen Herrfchaft, die fich fo enge anfchliefst, im Protokoll, wenn es vollftändig ift, die Worte ‚unter dem Agoranomos N. N.' Eben diefer Name des Agoranomos, der im Protokoll erfcheint, findet fich in den Originalurkunden, die uns erhalten find, wieder bei der Unterfchrift, die nach dem Mufter ὁ δεῖνα κεχρημάτικα abgefafst ift, oder wie wir auch oben fchon verzeichneten, in der Wendung ὁ δεῖνα ἀγορανόμος κεχρημάτικα.

Nunmehr aber drängen fich viele Fragen an uns heran.[3] Warum erfcheint der Agoranomos nicht in allen Urkunden unterfchrieben? Die Urkunden, in denen er eigenhändig unterfchrieben erfcheint, find: Der Papyrus Erzherzog Rainer Nr. 1517, ein Heirathscontract, ferner Nr. 1518, ebenfalls ein Heirathscontract, der nach dem objectiv ftilifirten Urkundenkörper eine Beifchrift von der Hand des Bräutigams über den richtigen Erhalt der Ausftattung und eine zweite Beifchrift von der Hand der Brautmutter, die Mitgift betreffend, bietet; der Leydener Papyrus *N*, eine Urkunde über Realitätenverkauf; der Papyrus Nr. 7 des Louvre, ein Darlehensvertrag (prêt de blé), gefertigt vom Agoranomenfubaltern.

[1] Für unferen Zweck genügt es, einzelne von den durch R. HAEDERLI zufammengeftellten Thatfachen herauszuheben. ‚Aus dem IV. und III. Jahrhundert v. Chr. find mehrere Staatsverträge, die unter den Aufpicien der Agoranomen fowohl, wie der Aftynomen abgefchloffen find, erhalten . . . . Im Baucontracte von Delos (C. I. G. 2266, Hermes XVII, 1—23) unterzeichnen die drei Agoranomen . . . . . als amtliche Zeugen; und wenn im Bundesvertrage von Lariffa mit König Philipp V. von Makedonien zweimal die Agoranomen zur Zeitbeftimmung namhaft gemacht werden, fo ift auch hier ein Zufammenhang mit dem Vertrage zu vermuthen. — Von Privatverträgen find namentlich diejenigen über Arbeitslöhne zu nennen. Vom parifchen Agoranomen Killos wird zu befonderem Lobe gefagt, dafs er einerfeits die Arbeiter von Strike abhielt, anderfeits die Arbeitgeber zwang, den bedungenen Lohn ohne Vorbehalt auszubezahlen . . . . . Einmal ift von dem Deponiren eines Teftaments bei den Aftynomen die Rede.' (Die hellenifchen Aftynomen und Agoranomen, S. 82.)

[2] LUMBROSO, Economie politique, pag. 246; Strabo, 15, 707.

[3] Bei Wendungen wie ἐφ' Ἑρμίου ἀγορανόμου ift nicht daran zu denken, dafs diefe nur eponym allein zu faffen wären; denn fonft hätten Unterfchriften von Agoranomen keinen Sinn oder es müfsten alle Eponymen unterfchreiben; vergl. HAEDERLI l. c. 89 ff.

Denken wir an die gewaltige Maſſe von Contracten verſchiedenſter Art in dem ohnehin ſo ſchreibſeligen Aegypten, deren Menge nach den in den Papyrus Erzherzog Rainer erhaltenen Reſten und Stücken zu ſchlieſsen, eine ungeheuere war, denken wir ferner daran, daſs der Agoronomos ja noch vielen anderen und ganz verſchiedenen Functionen nachzukommen hatte, ſo erſcheint es uns als grundſätzlich von Bedeutung, zuerſt zu erörtern, welcher Art ſeine ſociale Stellung iſt. War er ein hoher Functionär, ſo iſt es ſelbſtverſtändlich, daſs man nur in wichtigen Fällen an ſeine Perſon ſelbſt appellirte, ſelbſtverſtändlich auch, daſs er eine Anzahl Subſtituten und Subalternbeamten hatte.

Es war in der That der Agoranomos eine groſse Perſönlichſteit; dies ſchlieſsen wir 1. daraus, wie in volksthümlichen Schriften vom Agoranomos geſprochen wird, in demſelben Tone nämlich wie von den erſten öffentlichen Functionären des Landes; will ein Aſtrolog ſagen, daſs ein unter dieſer oder jener Conſtellation geborenes Knäblein ſein Glück machen werde, ſo drückt er das ſo aus: Groſs geworden kann ſich ein ſolcher Pferde halten, iſt Epitropos, iſt Strateg, iſt Agoranomos, wird Oberprieſter und Liebling der Frauen.[1] 2. Der Weg zu der Würde eines Agoranomos war ein langer und allem Anſcheine nach dauerte es gelegentlich 20 Jahre, bis daſs ein Beamter der graphiſchen Regiſtratur zu dieſer Stelle emporrückte.[2] 3. Als die Römer Aegypten befaſsen, beſetzten ſie mit ihren Leuten die wichtigen Poſten, während ſie die alten Formen des adminiſtrativen Apparates ruhig fortbeſtehen lieſsen, ihr ſcharfer praktiſcher Blick fand die Stelle des Agoranomos für bedeutend genug, ſie vielfach mit Römern zu beſetzen.[3]

Die nächſte Folge iſt, daſs nicht ſo ſehr die Perſon des Agoranomos, als vielmehr das Amt in Thätigkeit geſetzt wurden, wenn es ſich um notarielle Contracte handelte; nur in wichtigen Fällen wurde dieſer hohe Functionär angegangen, ſo bei Heirathscontracten, wo es ſich um das ganze Vermögen einzelner Perſonen handelte, oder wenn ängſtliche Leute, wie die Choachyten (Leydener Papyrus *N*) nur ja den ſicherſten Weg gehen wollten. Dazu kommt erſchwerend die groſse Ausdehnung des Amtsſprengels eines Agoranomos, ein Uebelſtand, der dadurch behoben wurde, daſs es nachweislich eine Anzahl Unterbureaux des Agoranomos gab, an denen ſubalterne Stellvertreter fungirten. Die Papyrus Erzherzog Rainer ſind in dieſer Beziehung, was den herakleopolitiſchen Nomos betrifft, ſehr lehrreich — wir erinnern hier nochmals daran, daſs die Inſtitutionen der römiſchen Kaiſerzeit in den erſten Jahrhunderten in Allem faſt die Copie der ptolemäiſchen ſind.

Papyrus Erzherzog Rainer Nr. 723: δι επιτηρητων αγορανομιας ταν[α]μεως του υπερ Μεμφιν Ηρακλεοπολιτου, ‚Der Act wurde durch die Agoranomen-Functionäre des Bureaus in Tanamis, Bezirk Herakleopolis oberhalb Memphis, gefertigt'.

Papyrus Erzherzog Rainer Nr. 1409: δι επιτη[ρητων] αγορανομιας μερων τοπαρχιας αγημ[ατος του υπε]ρ Μεμφιν Ηρακλεοπολειτου, ‚Durch die Functionäre an der Filiale des

[1] καὶ ἱπποτροφοῦςιν ἢ ἐπιτροπεύουςι καὶ στρατηγοῦςι καὶ ἀγορανομοῦςι γίνονται καὶ ἀρχιερεῖς καὶ ὑπὸ γυναικῶν εὐνοοῦνται, Hephäſtion von Theben, I, pag. 61 l. 23 ff.

[2] Leemanns, I, 74.

[3] C. I. G. III, 294, meine Prolegomena ad papyrorum Graecorum novam collectionem edendam, Wien, Gerold, 1883, pag. 13 ff.

Agoranomen-Amtes in dem Kreiſe des Agema,[1] Bezirk von Herakleopolis oberhalb Memphis'.

Papyrus Erzherzog Rainer Nr. 1485: δι επιτηρητων αγ[ορανομιας] του κατωτερου υπερ Μεμφ[ιν Ηρ]α[κλεοπολειτου, ,Durch die Functionäre an dem Agoranomen-Bureau im niederen Kreiſe des Bezirkes von Herakleopolis oberhalb Memphis' wurde eine Sklavin gekauft, welche früher an die Verkäuferin gekommen war δι επιτηρητων αγορανομιας αγηματος ,durch einen Act vor den Functionären an dem Agoranomen-Amte des Agema'.

Papyrus Erzherzog Rainer Nr. 1802: δι επιτηρητων αγορανομιας μερων μεσης πεεναμεως του υπερ Μεμφιν Ηρακλεοπολιτου, ,Durch die Functionäre an der Filiale des Agoranomen-Amtes in Mitt-Peenamea, Bezirk Herakleopolis oberhalb Memphis'.

Papyrus Erzherzog Rainer Nr. 1444: δι επιτηρητων [αγορανομιας] Βυκεως του υπερ Μεμφιν Ηρακλεοπολιτου, ,Durch die Functionäre an dem Agoranomen-Bureau in Bykis, Bezirk Herakleopolis oberhalb Memphis'.

Papyrus Erzherzog Rainer Nr. 1726: δι επιτηρητων αγορανομιας περι τεκμει του υπερ Μεμφιν Ηρακλεοπολιτου, ,Durch die Functionäre an dem Agoranomen-Amte des Kreiſes von Tekmei, Bezirk Herakleopolis oberhalb Memphis'.

Dies Beiſpiel eines concreten Falles, wo uns durch die Gunſt der Verhältniſſe ein Einblick in die Organiſation eines Bezirkes gewährt iſt, genüge.

Ein anderer Standpunkt, den wir feſthalten müſſen, iſt die Wichtigkeit der Depoſition der Urkunde im griechiſchen Rechtsgebrauch. Dieſer Act der Depoſition erhielt durch das Agoranomen-Amt ſelbſt eine groſse Vervollkommnung.

Wir dürfen dabei nicht vergeſſen, wie verſchiedenartige Functionen nebenbei der Agoranomie zukamen. So geſtaltete ſich die Depoſition daſelbſt bei dem Zuſammenſtrömen und Ordnen ſo vieler Schriftſtücke aller Art, zu einer wahren Depoſition in ein Archiv, und wie ſich in anderen Gegenden der Ausdruck entwickeln konnte, Käufe

[1] Das Agema erinnert uns an die durch die Ptolemäer durchgeführte militäriſche Coloniſation Aegyptens. Bekanntlich dienten als Reſerve die in den Nomen Aegyptens in den ſogenannten κατοικίαι angeſiedelten Militärcoloniſten, die κάτοικοι griechiſcher, makedoniſcher, thrakiſcher, perſiſcher, kurz fremder Herkunft; innerhalb eines jeden Nomos bildeten ſie wie ihre Söhne (die ἐπίγονοι) eine oder mehrere Compagnien, in deren Stammrollen ſie geführt wurden; im Frieden konnten ſie irgendwelchem bürgerlichen Geſchäfte frei nachgeben, für ihre etwaige Dienſtleiſtung im Kriegsfalle erhielten ſie ſtändige Beſoldung und Verpflegung, auch im Frieden. So waren ſie in Krieg und Frieden verläſsliche Stützen des ptolemäiſchen Thrones in ihrer beſonderen Stellung im Civil und als Krieger; daſs ſie gut dazu taugten, das Innere im Zaume zu halten, erſieht man aus der ihnen zukommenden Diſtinction von dem übrigen Volke. Nun iſt es ein glücklicher Zufall, daſs wir genau darüber unterrichtet ſind, daſs makedoniſche Militärcoloniſten im herakleopolitiſchen Nomos waren; wir kennen ja aus den Papyrus des II. Jahrhunderts v. Chr. den Makedonier Glaukias, einen von den συγγενεῖς κάτοικοι ἐν τῷ Ἡρακλεοπολίτῃ, wir kennen die ἐπιγονὴ τῶν ἐκ τοῦ Ἡρακλεοπολίτου; dazu ſtimmt ſchon der Ausdruck ἄγημα, wie man im makedoniſchen Heere den Kern desſelben, die Garde nannte. Das Gefühl der Zuſammengehörigkeit erhielt alſo ſeine Nahrung auch darin, daſs dieſe Militärcoloniſten ein beſonderes Bureau der Agoranomie hatten, wie ja ihretwegen dem Bezirkshauptmanne (Strategen) für die Intendantur und Verwaltung ein eigener Beamter, Archyperetes, ſowie ein Schreiber beigegeben war (H. Droysen, Heerweſen der Griechen, 163).

Es iſt ſelbſtverſtändlich, daſs die Römer in den erſten nachchriſtlichen Jahrhunderten alles bei der alten ptolemäiſchen Einrichtung belieſsen; ſollte nicht der Hinweis auf die allgemeine Analogie genügen, ſo führen wir als poſitiven Beleg an z. B. den Papyrus Erzherzog Rainer Nr. 1524 aus dem 14. Jahre des Trajan, in welchem Zeile 1 vorkommt ein gewiſſer Α]μμων Ωριωνος Περσης της επιγονης, ,Ammon Sohn des Horion, Militärcoloniſt perſiſcher Abkunft'.

und Verkäufe feien δια των αρχειων[1] abgefchloffen, fo finden wir in den Papyrus als Aequivalent δια τηϲ βιβλιοθηκηϲ (z. B. Papyrus Erzherzog Rainer Nr. 1533 bis 1536).

Jetzt, da wir durch die Papyrus Erzherzog Rainer einen näheren Einblick in das ganze bureaukratifche Walten jener Tage gewonnen haben, ftaunen wir ob der Ordnung und praktifchen Einrichtung diefes gewaltigen adminiftrativen Apparates. Denn eine Menge Verbefferungen hatten fich im Laufe der Zeit gefunden.[2]

Die Depofition der Urkundencopien, der Antigrapha, verbefferte fich, wie wir fehen, nun dahin, dafs es eine von amtswegen geführte grofse Copierrolle im Amte gab, in welche ein Contract nach dem anderen von den Amtsfchreibern abgefchrieben wurde. Dafs wir diefen vortheilhaften Griff kennen lernen, verdanken wir dem Fragmente einer folchen Rolle, die in den Papyrus Erzherzog Rainer erhalten vorliegt, fie enthält die Antigrapha mehrerer Verträge aus dem achten Jahre des Septimius Severus.

Eine weitere Ausbildung ergab fich durch die ἀναγραφή, d. i. die Einfchreibung der Acten in eine grofse Lifte. Wir haben bisher nicht genau gewufst wie diefe Liften in den ägyptifchen Aemtern geführt wurden, die Exiftenz diefer Einrichtung war nicht unbekannt.[3] Auch hier erfcheint Alles durch die neuen Papyrus der erzherzoglichen Sammlung in klarem Lichte, denn folche Liften find uns mehrfach erhalten.

Papyrus Erzherzog Rainer Nr. 2045.

Höhe 15·4 Centimeter, Breite 9 Centimeter. Oben ift der Rand frei (1·4 Centimeter), dann folgt eine 5·1 Centimeter hohe Schriftcolumne; dann wieder ein freier Raum, hierauf eine zweite 4·1 Centimeter hohe Schriftcolumne, zuletzt freier Raum, der nur von einer Zeile durchbrochen ift (5 Centimeter hoch).

τω ϲυνεϲτακεναι τον φλαυιον νειλον τον και
νην προϲ δε τουϲ αντιλεγονταϲ καταϲτη
τ]αδε η αυρηλια τρυφωνιϲ ευδοκι τηδε τη ϲυϲ
δρα]χμαϲ οκτακοϲιαϲ ἴϲαϲ ων ωφιλεν ο πρωταϲ τω
παρεδιξε δε ο ϲαραπιων τουϲ αφηλικαϲ αυτ
ιω ταμαλλαιτι και ταλογγινα αμφοτεραι
κα[τα δη]μοϲιαν ομολ(ογιαν) τελιωθιϲαν δια του
αφηλικαϲ ταμαλαιτι και ταλογγινι
τοϲ (Die Zeile ift frei gelaffen.)
νω απιωνι γενομενω κοϲμητη εναρχω
μενη ημερα εξοικον[ο]μηϲι τον ὕπαρχοντα α[υτω
ϲυν χρηϲτη]ριοιϲ παϲι κατα την εξ αρχηϲ και μεχρι του νυν ϲ...
ϲου δια χιροϲ ουϲαϲ εκ του του αυρηλιου α ....
τ]ων απογεγρϛ μεχρι.....................εικονιϲμου απογραφη
επελευ]ϲομενον η ενποιηϲομενον αυτουϲ αποϲτηϲιν
αργυριο]υ δραχμαϲ εκατον πεντηκοντα χρηϲιν εν[τοκον
δια παντοϲ απο του ιϲιοντοϲ β L γεωργιαν ηϲ.

---

[1] Dareste, Bulletin de correspondance hellénique, VI, 240 ff.

[2] Vergl. meinen Auffatz über Amtsbücher und deren Citirung in diefen Mittheilungen, VI. 146 ff.

[3] Peyron, I, 149 ff.

Papyrus Erzherzog Rainer Nr. 2030 bis 2034.

Wir vereinigen hier die Reſte einer der gröſsten Liſten der Apographe, welche ſich ebenbürtig den inſchriftlich erhaltenen Verzeichniſſen von Tenos gegenüberſtellen.[1]

A.

1. ....μμ....μερος..........................
2. ενα απο του ενεστωτος μην[ος
3. ομ]ολογουσιν [α]λληλο[ις] δι[δυμ]αριον αρς....[μετα κυριου
4. πτολεμαιου του απολλωνιο[υ] ως L με ο̅ (ουλη)........
5. .... ασθαι τους ομολογουντας μηδ επι το
6. ομ]ολογει ϊσαρ[ι]ον απελευθερωμενη του [αμμωνιου
7. ....ω κατ[α συμβολαι]ον τελειωθεν δια του αυ[του
8. .... ασσομενα αυτη προς ην εχει ο αμμω[νιος φερνην
9. κ]αι ιματιζοντος την ισαριον εαν δε ε[κουσιως
10. ομ]ολογει χρυσιππος δειου ως Lοβ ο̅ (ουλη) με[τωπω
11. ......π]αρμεν[ων]ως Lλα [ασημ]ος επαγοντα..........
12. και βεβαιωσιν αυτον τε χρυσιππον α..................
13. ας και ετεροις εξαλλοτριουντας και...................
14. μ]ενου αμφοδου της προς το.......................
15. ....ν υπομνηματα λαμβανιν.................
16. ....υ..διοσκορων η μαρκω....................
17. ....πρ]ος εκτεισιν μετενγυου..................
18. ....νι...νους η λογου δια της ....
19. ....ος εκ τε των δεδ[ηλωμενων..............
20. ....ασιος [η]λιοδω[ρ]ου το[υ..................
21. ....σαν αυτω δεδωκα........................
22. ....ρυμ]η βασιλικη βορρα διδυμ ....
23. ....του[ς ε]πομενου[ς...................
24. ....ω...ε]σπαρ[μ]ε[νης]
25. η] και φιλωτερα την τειμην μ[ε]θη[μιολιας
26. ομ]ολογει ηρακλια σαραπιωνος [του και] αλκ ....
27. αμπελωνος συν απαση τη εκ τουτο[υ
28. πα]ρα ηρωνος του διοδωρου εξ ονομα[τος
29. προς]οδοις και εξοδοις και τοις αλλ[οις δ]ικ[αιοις
30. αρου]ρων τεσσαρων τειμην αργυριου δ[ραχμων
31. του ο παρ αυτου την των πεπραμεν[ων
32. ο]μολογει χρυσας στοτοητιος του αρπο[κρατιωνος
35. δανηον παλαμηδης ηρακ[λειδου

[1] Zur Vergleichung citiren wir aus der ἀναγραφὴ προίκων der Inſchrift von Mykonos, Zeile 14 ff.: αμεινοκρατης... αρισταγορην την θυγατερα μετηγγ[υ]ησε φιλοτιμωι γυναικα και προικα εδωκε μ[υρι]ας δραχμας καλλιξενος την θυγατερα τιμηκρατην ροδοκλει και πρ[οι]κα εδωκεν πεντακοσιας δραχμας τουτου εσθην τριακοσιων την εσθην [και] εκατον δραχμας ωμολογει εχειν ροδοκλης των δε τριακοσιων [δρα]χμων υπεθηκε καλλιξενος ροδοκλει το οικημα το εμ πολει ωι γειτων κτησιδημου του χαιρελα u. f. w. Ferner C. I. G. 2338, Zeile 103 ff.: επ αρ[χο ν[τος...ων]ος [πε]μ[πτ]ηι [ισ]ταμενου φ[α]νι[ον πα]σιφιλο[υ] εκ πολεως μετα κυριου πασιφιλου φιλημονος εκ πολεως παρ ιφικριτης χαιρελα ε[λ]ειου[λι]δος μετα κυριου τιμ[οκρατου και] χαιρελα

In Zeile 6 ff. erkennen wir den Auszug eines Contractes auf ϲυμβίωϲιϲ, über welche wir noch genauer einmal ſprechen wollen; dann in Zeile 26 ff. einen Kaufcontract über einen Weinberg u. ſ. w.

B.

.... νου ωϲ L [τοϲωνδε
.... χρηϲιν εντοκον αργυριο[υ δραχμαϲ τοϲαϲδε
πε]ρι αφροδιτην πολιν επιβοληϲ κωμη[ϲ...................................
ωϲ Lμ αϲημοϲ και αρποκραϲ οννωφρεωϲ ωϲ Lμε ο^{υ} (ουλη) πο̅ δε[ξιωι
το]υτων δραχμιαιων τοκων εν μηνι παυνι του ενεϲτωτ[οϲ
ουλη..........] αριϲ^{τ} και υπ οφρυν δεξιαν μετα κυριου του αδελφου παϲιωνοϲ
.... υθεωϲ γραφειου τω ZL αντωνεινου καιϲαροϲ του κυριου
εξοδοιϲ και τοιϲ αλλοιϲ δικαιοιϲ παϲι γειτονεϲ καθωϲ ηγορ[ευϲαν
τ]εκνων πενεευτοϲ τε ηρακλεου[ϲ.......................... επι τι μεροϲ εκ
τετα]ρτον εικοϲτον μεροϲ.. τεκνων πατυνιοϲ
α]ργυριου δραχμαϲ τετρακοϲιαϲ δια τηϲ εν τη μητροπολει ϲα[ραπιωνοϲ τραπεζηϲ
απο τ]ηϲ ενεϲτωϲηϲ ημε[ρα]ϲ απο δε ιδιωτικων και παϲηϲ ε[μποιηϲεωϲ
εξαλλοτριουνταϲ και οικονομουνταϲ περι αυτου οτι εαν [βουληται
ε]κφοριον ων γεωργειϲ τιθοηϲ τηϲϲου αφροδιϲιου μητροϲ.....................
ο^{υ}(λη) μετο^{π} μεϲω και καϲτω ϲαβεινου ωϲ Lξε αϲημω ϲυν[εϲτωτοϲ
ημιϲου]ϲ μερουϲ κτηματοϲ τιμοδαμου λεγο^{μ}(ενου) περι ψενυυριν ηρ[ακλεοπολιτου
τουϲ πατρωνοϲ ϲωϲϲω κρομιω τω και αλθαιει χρηματιϲμ.........................
καταϲτηϲομενου πατροϲ αυτου η εφ ω εαν δεον η ων μ
διπ]λωματα αποκαταϲτηϲουϲι αυτω τηϲ πιϲτεωϲ περ[
.... οριου του και αλθαι[ε]ωϲ ωϲ Lμα αϲημου διδαριωνι απο
τη μ]να τον μηνα εκαϲτον επι υποθηκη και μεϲιτει[α
κ]ατ επιβοληνεγβηϲομενου παντοϲ πηχιϲμου παντ
τετα]ρτου ο εϲτιν επι το..ρ....αρ]ουραι δυο η οϲου εαν η προϲ αϲμ
τηριων νοτου εγ μ[εντου] προϲ λιβα μερουϲ τηϲ απολλωναριου
μερουϲ κελλων ο[κτ]ω και ψειλου τοπου νοτου τηϲ απολ[λωναριου
απηλι]ωτου τρυφαινηϲ κελλη λιβοϲ οδοϲ δημοϲια και βεβαι[ωϲειν
τικου και ταϲ αρουραϲ δυο καλλιεργουμεναϲ κα[θωϲ
τοκουϲ και μη εξε[ι]ναι τη απολλωναριω οποτερα
αν εν τω ενιαυϲιν χρονω αποδουϲαν τω διδα[ριωνι
δι]δαριωνι χωριϲ.. ολ ηϲ και παρανγελιαϲ και
ειοιϲ και αυτοθεν ευδοκειν την απολλω[ναριον
τα μεν οικοπεδα απο παντοϲ δημοϲιο[υ οφειληματοϲ

χαρυϲϲιου θεϲτιαδων επρ[ιατο] την οικιαν και τα χωρια τα εν ελειουλιωι και [ταϲ] εϲχατιαϲ και τα υδατα τα προϲοντα τοιϲ χωριοιϲ και ταϲ κρ[ηναϲ ταϲ] τηϲ [εϲχατι]αϲ οιϲ γειτονεϲ χαριππιδηϲ και αρ[χιαϲ] δραχμων αργυριου οκτακιϲχιλιων πρατηρεϲ και μεϲωι και χωρι[ϲ] τειμοκρατηϲ χαιρελα[ϲ] χαρυϲϲιου θεϲτιαδα[ι]. Zeile 113 ff.: δι]οϲ[θ]υου μ[η]νοϲ πε[μπ]τη[ι ιϲ]ταμενου αρτυμαχοϲ αριϲταρχου ηρακλε[ι]δων παρα θεϲπιεωϲ [θε]ϲπιεωϲ εκ πολεωϲ [και [α]ρ[ιϲτ]ων[ακτο]ϲ [αριϲτ[ολ[ο]χου θεϲτιαδ[ων] και κ[οι]νο[υ θε]ο[ξε]νιαϲτων ϲυν]επαινουντοϲ και ϲυμπωλουντοϲ θουγενουϲ επριατο την οικιαν και τα χωρια τα εν [υ]ακινθωι [π]αν[τα α επ]ρι[ατ]ο [θεϲπιευϲ και αριϲτολοχ]οϲ και κοινον [θεοξε]νιαϲτων παρ[α θο]υγενουϲ οιϲ γειτονεϲ αρτυμαχοϲ πλειϲταρχοϲ δραχμων αργυριου τετρακοϲιων ϲυνεπαινουντοϲ ϲωφραν[ο]ρ[ο]ϲ u. ſ. w.

C.

1. υπαρ]χουσης αυτη επ αμφοδου δ
2. ως L λε ουλη μετοπω μεσω
3. απο του της μισθωσεως
4. ωσεως δραχμαι χειλιαι τρι[ακοσιαι
5. αλλ ει τω αγαθω δαιμονι
6. μεχρι ου ανα.

D.

1. νων μοι χρυσιου
2. ποτε εαν αιρω[νται
3. μητρος η
4. ποτ]ε βουληθ[ειη
5. ε]ν τω π
6. ..υπρ...
7. το]υ αυτου
8. και αυτω π
9. ..τ......
10. ..υδ.....
11. την απο]δοσιν ποιησονται
12. με διδα Ζωσιμου
13. α]ποδωσιν τω θεω
14. τ]ω εν τω αρσινοϊτ[η
15. ενωτιων ζευγος [μναιαιων
16. αν χωρισμος απ
17. επ αμφοδου] μοηρεως ως L
18. μος φανια η
19. μηνο]ς φαρμουθι τ
20. επ αμφοδου] θεραπειας ω[ς L
21. πτολεμαιο
22. μαρτυρ
23. και εξοδος ο κατ
24. μην του πεπ
25. καθου

E.

1. παρακεχ[ωρηκ
2. συν τοις ε
3. ε]ναντι
4. αρτου ος
5. την συμ

F.

1. ομο[λογε]ι απολλ ....
2. π...εσμ..
3. τ[ε] μητερα......α]μμω[ν..............................
4. εφ α και μη επελευσασθαι |επ αυτον μηδε τους παρ αυτου ......
5. χερσον............μωτο ....
6. δε της ομολογιας οτι
7. ομολογει ονησικρατης ο κα[ι
8. ταμιω τω σεβαστω μηνι
9. ομολογει απολλωναριον η κ[αι
10. σαν δια του αυτου γραφιου
11. αγραφου τροπω μηδενι
12. ομολογει ανθεστηριος
13. κατοικικων κολλημα

14. ομολογει Ζωςιμος ο [και....
15. νυν την υπαρχουςαν τω...
16. αργυρς χειλιας πεντακ[οςιας....... και μη επελευςαςθαι επ αυτον
17. μηδε τους παρ αυτου...
18. ομολογει διονυςιαδιον...
19. υπο της διονυςιας εγδ.....................
20. κεναι αυτη ωςτε και εγ|γονοις καταλιπειν
21. [αρο]υρας δυο
22. ...τους ανη[κοντας
23. ...διωρυξ φιλω
24. αρου]ρων εξ τετ[αρτου
25. ...α αςωταριου

G.

1. .... νυομενη
2. ως L]κε αςημω με]τα κυριου
3. ετελι]ωθη τη αυτη
4. τη]ς θερμουθαριου
5. ημιςου]ς μερους του ψιλου |τοπου
6. των ε]μπροςθεν χρονων
7. .... αι οι καθ απερ α
8. ως L]ξδ ο^{υ} (αυλη) με̅ (μετωπω) δεξιω
9. υ]παρχοντων
10. του μηνος
11. η]μιςυ μερος
12. .... τριακοντα ν
13. ρ ψιλους τοπους
14. ψι]λοι τοποι και
15. δημος]ιωςι ο και πα[ρων
16. τα εξ αυτων
17. εις το δημοςι]ον τας ιςας
18. ω δεξιω ε
19. ρος τον προ[γεγραμμενον
20. απηλιωτην

Wenn wir nur an das Zuſammenſtrömen der Verträge denken in dem Hauptbureau des Agoranomos, ſowie bei den im Lande zerſtreuten Unterbureaux, ſo bildete ſich denn im Laufe der Zeit infolge der Urkundendepoſition die Einregiſtrirung in Liſten, der Copirung in amtlich geführte Rollen ein ganzes Archiv von Acten: ſo weit muſste es ja natürlich kommen und es iſt auch wirklich ſo geweſen. Dabei dürfen wir ferner auch nicht vergeſſen, welch weites Gebiet ſonſt die Thätigkeit des Agoranomos beherrſchte, daſs auſserdem noch vielerlei andere Schriftſtücke fortwährend herzukamen, die doch gewiſs aufbewahrt werden ſollten und, wie uns die Papyrus zeigen, aufbewahrt wurden. Daſs es natürlich ein glücklicher Griff war, wenn dem Amte des Agoranomos auch notarielle Functionen zugetheilt wurden, ift klar, wenn wir an den Zufammenhang der Katafteranlage mit den Grundverkäufen, Belehnungen und Intabulirungen denken. Da nun der Agoranomos, in den Unterbureaux der Agoranomos-Subftitut, als intervenirende Amtsperfon durch feine amtliche Würde, durch feine Erfahrung fich wohl wie kein zweiter in dem Wuft von Schriften auskannte, fo wurde denn, als fich die Nothwendigkeit ergab, das fo grofs herangewachfene Archiv als folches, als befonderes Amt darzuftellen und durch eine Perfon an feiner Spitze repräfentiren zu laffen, eben diefe Perfon des Agoranomos zugleich auch mit der Würde eines Archivars betraut — wir denken dabei nicht an die Handlangergefchäfte, zu denen es immer eigene ‚Handlanger des Archivs' und Schreiber gegeben hat.

Diefer Entwicklungsgang findet fich nicht etwa in Aegypten allein. So wird in einer Infchrift aus Philadelphia ein Mann erwähnt, der in feiner Perfon die Würde eines Agoranomen und Archivars vereinigte, C. I. G. 3429: ψηφιcαμενηc βου|λης γερουcιας| νεικανωρ β′ αγορανο|μος cτρατηγος δεκα|πρωτος γυμναcιαρ,χος γραμματευc γε ρουcιας χρεοφυλαξ; was letzteres Wort betrifft, erinnern wir daran, dafs identifche Namen für Archivar find βιβλιοφυλαξ, χρεοφυλαξ, cυγγραφοφυλαξ....., infofern als gleichbedeutend für Archiv fich vorfinden χρεοφυλάκιον, γραμματοφυλάκιον, βιβλιοθήκη, φυλακὴ τῶν γραμμάτων (MYLASA, C. I. G 2693) u. f. w.

Die Amtsthätigkeit des Archivars umfafst die Aufbewahrung, Ordnung und Evidenzhaltung der Acten, den Nachweis der Exiftenz von Urkunden im Archiv,[1] er beforgt die Copien,[2] welche von den in feiner Obhut ftehenden Originalen abgenommen werden; er collationirt und revidirt die Abfchriften nach dem Originale.[3]

Wir knüpfen bei diefer Stelle einen Excurs über die Unterfchrift des Leydener Papyrus *O* an, der von einem Archivar, Ἡρακλείδης cυγγραφοφύλαξ, unterzeichnet ift, während man darauf hingewiefen hat, dafs ein anderer Darlehenscontract vom Agoranomos-fubaltern gefertigt ift (Parifer Papyrus Nr. 7). Nach unferer Darftellung ift ein Widerfpruch nicht vorhanden.

GNEIST, Formelle Verträge, S. 461, meint, der cυγγραφοφύλαξ fei ein für einen kleinen Bezirk förmlich autorifirter Notar; richtiger gefagt wäre, er fei zugleich auch Notar oder Notarfubftitut. — REUVENS, Lettres à Mr. LETRONNE, III, 21 fagt: C'est en quelque sorte un notaire.... serait-ce un titre particulièrement affecté aux agoranomes de district...? Wohl ift cυγγραφοφύλαξ ein Titel, die Perfon, die ihn führt, ift Diftrictsnotär, die Verbindung der beiden Würden befteht aber nur in der Perfon, die beide bekleidet. LEEMANS, I, 76 meint, nur die Darlehenscontracte und fonft alle Verträge, deren Object nur geringen Wert hatte, feien in die Competenz des Syngraphophylax gefallen, die anderen, wichtigeren, dagegen vor dem Agoranomos abgefchloffen worden.

[1] Lehrreich ift in diefer Beziehung der Papyrus Erzherzog Rainer Nr. 1492; er ift die Copie eines im Archive aufbewahrten Originals, das wieder in einer ganzen Amtsrolle (τόμος) enthalten ift; der Archivar conftatirt zu Ende, dafs diefes Original ὑπάρχει, fich im Archiv befinde.

[2] Die Copirung felbft gefchah über Auftrag einer höheren Amtsperfon mit den Worten ‚ἀναδοῦναι ἀντίγραφον', Papyrus Nr. 1492, Zeile 37.

[3] Der in Rede ftehende Papyrus Nr. 1492 ift eine Copie, die mit Rothfchrift die Varianten vom Originale — orthographifche Abweichungen miteinbegriffen — eingezeichnet enthält von der Hand des Bybliophylax, der in derfelben Schrift unterfertigte.

Doch wie das vorhandene Material zeigt, wäre der Mafsftab nur fubjectiv gewefen; auch nicht das Formale am Gegenftand der Verträge machte die Verfchiedenheit der Behandlung nöthig. FRANZ in der Einleitung zum C. I. G. III, 294 kommt der Wahrheit nahe: dort wo es keine Agoranomie gab, hätten die Archivare die Rolle des Agoranomen gefpielt. Sie konnten in der That zugleich Archivare und Notarfubftituten fein. LUMBROSO, Economie politique, 263, knüpft an den im Darlehenscontract vorkommenden Ausdruck an, die Darlehensfumme von 12 Drachmen Silber habe der Schuldner erhalten διὰ χειρός, aus einer Hand in die andere, ἐξ οἴκου, eine Wendung, welche unferem deutfchen ‚baar' entfpricht, von LUMBROSO aber fälfchlich als Gegenfatz zu ἐξ ἀγορᾶς gedeutet wird: zu jenen Verträgen nun, bei denen unter der Formalität gezahlt wurde, dafs man die Summe auf der öffentlichen Agora einhändigte, habe man die Intervention des Agoranomos nothwendig gehabt. Dagegen fpricht der Umftand, dafs der hypothetifche Gegenfatz ἐξ ἀγορᾶς überhaupt nie vorkommt, dafs vielmehr in Wirklichkeit zu ἐξ οἴκου der Gegenfatz διὰ τῆς τραπέζης ift, zu der Baarzahlung die durch die Anweifung an eine Bank. Dies ift eine Erkenntnifs, die wir den Papyrus Erzherzog Rainer verdanken, und wir lefen fo im

Papyrus Nr. 1491, Zeile 12 ff.: απεχειν.......κατα χειρογραφον και διαγρ[αφην] της Ηρακλειδου κολλυβιστικης τραπε[ζης] ταμει^ω αργυριου δραχμας πεντακοσιας [τας] δε λοιπας αργυριου δραχμας | [τε]τρακοσια[ς...ει[ν δι]α της Ισιδωρου τραπεζης und Zeile 28 ff.: απεχειν παρα του Μαρωνος το πα[ραχ]ωρητικον κεφαλαιον αργυριου δραχμας ενακοσιας αφ ων παρα μεν του Μαρκου εκ του του Μαρ|ωνος λογου κατα χειρογραφον και διαγρα|φην δια της Ηρακλειδου τραπεζης ταμειων δραχμας πεντακοσιας τας δε λοιπας αργυρου δραχμας τετρακοσιας δια της Ειcιδωρου τραπεζης θεμενου | συμβολαιου. Es follen 900 Drachmen bezahlt werden; 500 werden durch eine Anweifung gedeckt auf ein Guthaben bei der Wechfelbank des Herakleides, die anderen 400 durch eine Urkunde über ein Gefchäft mit der Bank des Ifidor. — Der Papyrus ftammt aus Arfinoë.

Papyrus Erzherzog Rainer Nr. 2001: την συμπεφωνημ]ενην τιμην αργυριου παλαιου πτολεμαικου νομισματος δραχμας πεντακις [χειλιας...δια της εν Ερμουπολει τραπεζης. Der Preis von 5000 altptolemäifchen Drachmen wird durch die Bank in Hermopolis Magna bezahlt. Solche Stadtbanken kommen in Athen und in anderen Städten jener Zeit vor; vergl. HERMANN, Lehrbuch der griechifchen Alterthümer, IV ^{3}, 456.

Papyrus Erzherzog Rainer Nr. 1526: αργυριου δραχμων δισχειλιων εξακοσιων ας και απεσχηκεναι τον Σαλουιον Συμμαχον παρα του Απολλωνιδου δια τε χειρος και δια της Τιβεριου Ιουλιου Σαραπιωνος δια των επακολουθουντων τραπε[ζιτων] ουσας ε[κ λ]ογου Αφροδεισιου. Saluius Symmachus erklärt hier, von Apollonides 2600 Drachmen erhalten zu haben, theils baar, theils durch die Bank des Tiberius Iulius Sarapion und Genoffen aus dem Conto des Aphrodifios.

So fällt auch die Hypothefe LUMBROSO'S. Die Erklärung der fraglichen Unterfchrift ergibt fich fo, dafs jener Beamte Heraklides zugleich Archivar und Subftitut an dem Agoranomen-Unterbureau war und fich lieber als Archivar, denn als Subftitut fignirte. Den Schlüffel zu diefer Erklärung bildet der Papyrus Erzherzog Rainer Nr. 1436, in dem der Amtirende fich fo einfchrieb:

Ηρακλειος ο και Λιβεραλις εξηγητευσας βουλευτης βιβλιοφυλαξ, während er zugleich auch επιτηρητης αγορανομιας αγηματος war, und es erscheint dieser Titel in seiner vollständigen Titulatur in der That erst an letzter Stelle.

Die Agoranomen-Substitute an den verschiedenen Unterbureaux haben jedenfalls eine geringe Rolle gespielt, sie treten derart vor der eigentlichen Amtsperson zurück, dass ihre Namen in den herakleopolitischen Contracten nie erscheinen; sie und ihr Amt, sammt dem Unterarchiv gingen auf in den Instituten der Centralstelle der Provinz.

Die obligatorische Deposition des Vertragstextes bei einer Amtsperson führte zur weitverzweigten Organisation von Haupt- und Unterbureaux des Agoranomen-Amtes und weiter zur Ausbildung der Archive.

Es bildete sich in diesen Aemtern eine traditionelle Praxis, weiters ein Formular bei der Abfassung von Urkunden aus.

Die Vertrautheit mit den Erlässen, die Routine in den amtlichen Geschäften brachte ein solches Uebergewicht auf die Seite der Amtsperson bei den Agoranomen-Bureaux und den mit diesen in Verbindung stehenden Archiven, während die Contrahenten oft nur kaum der vorherrschenden griechischen Sprache und Schrift mächtig waren, dass die Abfassung der Urkunden von ihnen regelmässig, factisch besorgt wurde.

So konnte dem altägyptischen Urkundenwesen, das die Ergebnisse so langer Erfahrung aufwies, das griechische ebenbürtig entgegentreten. In der römischen Periode beherrschen vollends, wie es scheint, Alles die griechischen Urkunden. Dies war der Entwicklungsgang des Notariats, der in der hellenistischen Periode zurückgelegt wurde; an sie schliesst sich die römische enge an in den ersten Jahrhunderten unserer Zeitrechnung.[1]

[1] Auf Wunsch des Herrn Verfassers constatiren wir, dass das Manuscript der obigen Abhandlung bereits im Frühjahre 1889 eingereicht und gesetzt worden, dass somit der Herr Verfasser seitherige Forschungsergebnisse zu berücksichtigen nicht in der Lage war. Die Redaction.

K. Wessely.

KOPTISCHE AMULETE.

1. Der Brief von Chriſtos an den König Abgar V. von Edeſſa.

Der apokryphe Briefwechſel[1] zwiſchen Abgar und Chriſtos liegt uns in verſchiedenen Faſſungen vor. Der älteſte Zeuge Euſebios[2] verſichert, daſs der von ihm gegebene Text auf ein im Archiv von Edeſſa in ſyriſcher Sprache aufbewahrtes Actenſtück zurückgehe. In dieſer Faſſung fehlt in dem Antwortſchreiben von Chriſtos jene Stelle, auf welche die Späteren beſonderes Gewicht gelegt haben, nämlich die Zuſicherung der Uneinnehmbarkeit der Stadt Edeſſa. Schon in der Faſſung, welche in der Doctrina Addaei[3] enthalten iſt, finden wir den Satz: ‚Deine Stadt ſoll geſegnet sein und kein Feind ſoll ſie bewältigen auf ewig'. In dieſer Faſſung haben, wie uns Prokop[4] und nach ihm Euagrios[5] berichten, die Bewohner von Edeſſa den Brief des Heilands über den Thoren der Stadt angebracht. Aber auch dem einzelnen Träger einer Copie dieſes Briefes ſollte ein beſonderer Schutz erwachſen. In einer griechiſchen Handſchrift der hieſigen Hofbibliothek[6] findet ſich zu dem Briefe der Zuſatz, daſs derſelbe als Amulet getragen beſonderen Schutz vor Gericht, auf Reiſen zu Waſſer und zu Lande, vor Krankheit gewähren ſollte.

Diese Angabe der Wiener Handſchrift wird durch zwei merkwürdige koptische Pergamente der erzherzoglichen Sammlung beſtätigt. Der Werth derſelben wird durch den Umſtand erhöht, daſs ſie beide in dem verhältniſsmäſsig noch immer ſehr ſeltenen Faijûmer Dialecte geſchrieben ſind. Das eine derſelben miſst 11·5 Centimeter in der Breite, 4·5 Centimeter in der Höhe. Auf dieſem kleinen Streifen ſtanden in kleiner zierlicher, zum Theile ſehr verwiſchter Schrift, zehn Zeilen; da ein gröſseres Stück des Pergaments unten abgeriſſen iſt, ſind die letzten Zeilen des Streifens nur fragmentariſch erhalten.

1 Vergl. R. A. LIPSIUS, Die Edeſſeniſche Abgar-Sage; v. GUTSCHMID, Die Königsnamen in den apokryphen Apoſtelgeſchichten, jetzt in den Kleinen Schriften, Bd. II, S. 345 ff. und v. GUTSCHMID's Anzeige des Werkes von LIPSIUS, jetzt in den Kleinen Schriften, II, 534 ff.; R. DUVAL, Histoire politique, religieuse et littéraire d'Édesse jusqu'à la première croisade, Journal Asiatique, 1891, Bd. 18, S. 234 ff.

2 Kirchengeſchichte, I, 13.

3 GEORGE PHILLIPS, The Doctrine of Addai the Apostle with an English translation and notes, London 1876.

4 De bello Persico, II, 12.

5 H. E., IV, 27.

6 Cod. Vindob. theol. graec., 315, fol. 59^{2}–61^{2} bei LIPSIUS, a. a. O. S. 4, 16 N. 2 und 21 N. 1.

Kopt. Perg. Nr. 78:

Zeile 1. † ⲡⲁⲛⲧⲓⲅⲣⲁⲫⲟⲛ ⲓ̅ⲥ̅ ⲡⲭ̅ⲣ̅ⲥ̅ ⲡⲉϣⲉ ⲙⲫ̅ⲧ̅: ⲉⲧⲁⲛϩ · ⲉⲃϩⲉⲓ ⲛⲁⲩⲅⲁⲣⲟⲥ ⲡⲣⲁ

2. ⲡⲉⲇⲉⲥⲥⲁⲓ ⲭⲁⲓⲣⲉ · ⲛⲁⲓⲉⲧⲕ ⲁⲩⲱ ⲡⲉⲧⲛⲁⲛⲟⲩⲃ ⲡⲉϣⲱⲡⲓ ⲙⲁⲕ ⲁⲩⲱ ⲛⲁ

3. ⲓⲉⲧⲉ ⲉⲧⲉⲕⲛⲟⲗⲓⲥ ⲧⲉⲓ ⲉⲧⲉ ⲡⲉⲥⲗⲉⲛ ⲡⲉ ⲉⲇⲉⲥⲥⲁ · ⲉⲛⲓⲇⲛ ⲙⲡⲉⲕⲛⲉⲩ

4. ///// ⲓⲁⲕⲉⲗⲛⲓⲉⲧⲉⲩⲓⲛ ⲙ /// ⲕⲁⲧⲁ ⲧⲉⲕⲡⲓⲥⲧⲓⲥ : ⲕⲁⲧⲁ ⲕⲁⲧⲁ ⲧⲉⲕ

5. ///// ⲛⲁⲛⲟⲩⲉ : ⲛⲉⲕϣⲱⲛⲓ ⲥⲉⲛⲉⲧⲉⲗⲟ̈ⲁⲩ : ⲁⲩⲱ ⲉϥϫⲉ ⲁⲛⲓ

6. ///// ⲉⲛⲉⲩ ⲛⲉⲕ ⲉⲃⲁⲗ : ⲁⲩⲱ̇ ⲉⲇⲉⲥⲥⲁ : ⲉⲥⲉϣⲱⲡⲓ

7. ///// ⲁⲩ ⲛⲛⲟⲩⲧⲓ ⲁϣⲉⲓ ⲙⲡⲉⲕⲗⲁⲟⲥ : ⲁⲩⲱ̇

8. ///// ⲕⲛⲗⲁⲧⲓⲁ · ⲁⲛⲁⲕ ⲡⲉ ⲓ̅ⲥ̅

9. ///// ⲙ /// ⲧ ⲉⲙⲁⲧⲉ · †

10. ///// ⲛⲟⲩⲥⲙⲟ

Diefes Pergament gibt zu einer Anzahl von Bemerkungen palaeographifcher Art Anlafs. Vor Allem fällt es auf, dafs es für den Buchftaben ⲩ das Zeichen ꝋ verwendet, welches, wie wir gefehen haben,[1] den Faijûmer Handfchriften älterer Zeit eigenthümlich ift. Wir finden dasfelbe unter Anderen in einem Pergamentftücke aus dem V. Jahrhundert, welches Jeremias 22, 20 ff. enthält, auf einem Pergamentftreifen, auf welchem Pehlevizeichen über den Koptifchen aufgetragen find. Spätere Faijûmer Handfchriften (fo das in diefen Mittheilungen[2] mitgetheilte Stück des Römerbriefes, fowie das gleich zu befprechende Pergament Nr. 65) bedienen fich des gewöhnlichen Zeichens für ⲩ.

Zweimal (bei ⲁⲩⲱ̇ Z. 6 und 7) wird durch einen darüber gefetzten Punkt das Wortende bezeichnet. Die Übung durch folche Punkte, beziehungsweife Häkchen, das Wortende anzudeuten, habe ich in koptifchen Handfchriften beobachtet, die aus verfchiedenen Kriterien als fehr alt anzufehen find.

Sie findet fich in jenem zweifeitig befchriebenen Papyrus im Schmîner Dialecte, von welchem gelegentlich in diefen Mittheilungen die Rede war,[3] welcher wie ich nach längerem Suchen zu conftatiren in der Lage war, Fragmente der erften Ofterrede des heil. Kyrillos von Alexandrien, fowie allem Anfcheine nach einer verlorenen Ofterrede des heil. Athanafios enthält. Diefer Papyrus ift ein beredter Zeuge für die reiche Entwicklung der koptifchen Literatur auch im Schmîner Dialecte.

Diefe Übung der Wortabtrennung findet fich ferner in griechifchen Schriftftücken des vierten und fünften Jahrhunderts, fie findet fich aber auch in jener werthvollen Hiob-Handfchrift der Sammlung Borgia, welche A. CIASCA[4] herausgegeben hat. Nach der von A. CIASCA und H. HYVERNAT gegebenen Schriftprobe kann ich unmöglich der Beftimmung des letzteren mich anfchliefsen, der die Handfchrift ins achte oder neunte Jahrhundert verweift.[5] Sie ift vielmehr aus verfchiedenen Gründen ins fünfte oder fechfte Jahrhundert

[1] Mittheilungen, I. S. 111.
[2] II./III., S. 69 ff.
[3] II./III., S. 54 ff.
[4] Sacrorum Bibliorum fragmenta Copto-Sahidica Musei Borgiani, Bd. II. S. 1 ff. und T. XIX.
[5] Album de paléographie Copte, S. 11 und T. 5.

zu fetzen. Für die fchwierige Frage der Datirung koptifcher Handfchriften erweifen fich folche Äufserlichkeiten von der gröfsten Wichtigkeit.

Das zweite Pergament mifst 19 Centimeter in der Höhe und 5 Centimeter in der Breite. Es war zuerft der Höhe nach zufammengelegt und dann mehrfach gefaltet.

Kopt. Perg. Nr. 65:

Zeile 1. ////////// ⲫⲟⲛ ⲛⲧⲉ
2. ////////// ⲉ̅ ⲡⲉⲭ̅ⲉ ⲡϣ
3. ////////// ⲉⲧⲁⲛϩ ⲉϥ
4. ////////// ⲉ ⲛⲣⲣⲁ ⲛⲉ
5. ////////// ⲁ]ⲛⲉⲧⲕ ⲁⲩⲁ
6. ////////// ⲛⲉϣⲱⲛⲓ
7. ////////// ⲁ]ⲛⲉⲧⲉ ⲉⲧⲉ
8. ////////// ⲉⲧⲉ ⲛⲉⲉ
9. ////////// ⲉⲉⲁ ϫⲉ ⲉ
10. ////////// ⲩ ⲉⲗⲁ[ⲓ] ⲁⲛ
11. ////////// ⲛ ⲛⲉⲁⲓ
12. ⲕⲁⲧⲁ ⲧⲉⲕⲡⲓⲥⲧⲓⲥ
13. ⲁⲩⲱ ⲕⲁⲧⲁ ⲧⲉⲕⲡⲣⲟ
14. ϩⲉⲣⲉⲥⲓⲥ ⲉⲧⲛⲁⲛⲟⲩⲥ
15. ⲛⲉⲕϣⲱⲛⲓ ⲥⲉⲛⲁ
16. ⲧⲉⲗϭⲁⲩ ⲛⲉⲕⲛⲟⲃⲓ
17. ⲥⲉ[ⲛⲁ]ⲕⲉⲩ ⲛⲉⲕ ⲉⲃⲁⲗ
18. ⲁⲩ[ⲱ] ⲉⲧⲉ[ⲥⲁ] ⲧⲉⲕ
19. ⲡ[ⲟⲗ]ⲓⲥ ⲉⲥϣⲱⲡⲓ
20. ⲉⲥ[ⲉⲙ]ⲁⲙⲉⲧ ⲛϣⲉ
21. ⲉⲛ[ⲉϩ] ⲁⲩⲱ ⲛⲧⲉ ⲛ

Zeile 22. ⲥⲁ[ⲟⲩ]ⲛ ⲛⲧⲉ ⲫ̅ϯ̅ ⲁ
23. ϣⲉ[ⲓ] ⲛϩⲏⲧⲉ ⲁⲛⲁⲕ
24. ⲡⲉ ⲓ̅ⲉ̅ ⲡⲉⲭ̅ⲉ̅ ⲁⲓⲥϩⲁⲓ
25. ⲛⲧⲉⲓⲉⲡⲓⲥⲧⲟⲗⲏ ϩⲛ
26. ⲧⲁϭⲓϫ ⲙⲓⲛ ⲙⲁⲓ ⲛ
27. ⲙⲉ ⲉⲧⲟⲩⲛⲉⲕⲉⲥ ⲛ
28. ϩⲛⲧϥ ⲛⲉ ⲗⲁⲁⲩ ⲙⲡⲣⲁ
29. ⲉⲙⲟⲥ ⲟⲩⲁϣⲃⲉϥ ⲟⲩ
30. ϫⲉ[ⲛⲛ̅]ⲁ ⲛ[ⲁⲕⲁ]ⲑⲁⲣⲧ
31. ⲟⲛ[///]ⲉⲛⲓ[//] ⲛϣⲱⲡⲓ
32. ⲛⲃ[ⲉⲛ] ⲗⲱⲙⲓ ⲟⲩⲗⲱ
33. ⲙⲓ ⲉⲧϩⲁⲩ ⲛⲉϥϣⲧⲉ
34. ⲙϭⲁ[ⲙ] ⲉϩⲟⲩⲛ ⲉⲗⲁϥ
35. ⲟⲩϫⲉⲓ ϩⲛ ⲧⲉⲧⲣⲓⲁⲥ
36. ⲉⲧⲟⲩⲉⲃ ϩⲁⲙⲏⲛ —
37. ⲫ̅ϯ̅ ⲓ̅ⲏ̅ⲥ̅ ⲡⲉⲭ̅ⲣ̅ⲥ̅ ⲉⲛⲉϯ
38. ⲙⲛⲧⲉⲗϭⲁ ⲛⲭⲣⲓⲥⲧⲱ
39. ϫⲱⲣⲁ ⲧϣⲛⲗⲓ ⲉⲁ
40. ⲃⲣⲓⲗⲓⲁ ϩⲁ[ⲙⲏ]ⲛ ⲉϥ[ⲉ
41. ϣⲱⲡⲓ ⲧⲁⲭ[ⲏ ⲧ]ⲁⲭⲏ·

Unter Heranziehung des Pergamentes Nr. 78 läfst fich das vollftändiger erhaltene Pergament Nr. 65 alfo übertragen:

‚Abfchrift (ἀντίγραφον) des [Briefes] Jefus Chriftos,[1] des Sohnes des lebendigen [Gottes]. Er fchreibt an [Abgaro]s, den König von [Edeffa]: Sei gegrüfst! Selig bift Du und [Gutes] wird [Dir] werden. Selig ift diefe Deine [Stadt] (πόλις), deren [Name] Edeffa, denn Du haft ohne mich gefehen zu haben, an mich geglaubt (πιστεύειν) in Deinem Glauben (πίστις) und Deinem guten Vorfatz (προαίρεσις). Deine Krankheiten werden geheilt, Deine Sünden werden Dir vergeben fein,[2] und Edeffa wird gefegnet fein ewiglich und es wachfe die Erkenntnifs Gottes in ihr.[3] Ich, Jefus Chriftos, habe diefen Brief mit eigener Hand

[1] Kopt. Perg. Nr. 78 heifst es nur: Abfchrift (ἀντίγραφον). Jefus Chriftos, der Sohn des lebendigen Gottes, fchreibt u. f. w.

[2] Kopt. Perg. Nr. 78 ift etwa zu überfetzen: Und wenn du in Sünden bift, fo u. f. w.

[3] ‚Deinem Volke', kopt. Perg. Nr. 78. Für den fich anfchliefsenden Satz, welcher im kopt. Pap. Nr. 65 fehlt, vergl. im Cod. Vindob. 315 (bei Lipsius a. a. O. S. 20) καὶ περὶ τῆς πόλεως σου ἧς ἐδήλωσάς μοι συγκροτάτην εἶναι, πλατύνων πλατυνῶ αὐτήν.

geschrieben. Der Ort, an dem man denselben niederlegen wird, wird von Versuchung getroffen sein .... und kein böser Mensch wird Gewalt über ihn haben. Sei heil in der heil. Dreifaltigkeit. Amen.

Gott, Jesus Christos, Du wirst Heilung der Christodora, der Tochter der Gabrilia gewähren. Amen.

Rasch, Rasch.‘

Das kopt. Perg. Nr. 65 schreibt ⲉⲧⲉⲉⲁ.

Im kopt. Perg. Nr. 65 schliest der Brief mit der Formel: ⲟⲩϫⲉⲓ ϩⲛ ⲧⲉⲧⲣⲓⲁⲥ ⲉⲧⲟⲩⲉⲉⲃ ϩⲁⲙⲏⲛ. Dies dürfte wohl das älteste bekannte Vorkommen dieser Formel sein, auf welche auf Grund der Wiener Papyrus in diesen Blättern wiederholt aufmerksam gemacht wurde, und die sich auch in einem Berliner Papyrus vorgefunden hat [1] (vergl. STEINDORFF, Ägyptische Zeitschrift, XXX, S. 42).

Aber nicht blos das Antwortschreiben von Christos, sondern auch das Schreiben des Königs Abgar liegt uns, wenn auch nur fragmentarisch, in einem koptischen Papyrus Schmuner Provenienz vor. Es ist dies der koptische Papyrus Nr. 3151, welchen ich aus zwei Fragmenten zusammengesetzt habe. In seiner jetzigen Erhaltung misst er 5 Centimeter in der Breite, 16 Centimeter in der Höhe. Das vorliegende Fragment enthält, wie die Vergleichung mit dem griechischen Text lehrt, etwa die Hälfte des Briefes; der Papyrus war sonach ursprünglich ungefähr 32 Centimeter hoch. Gefaltet wurde er wohl, wie die meisten dieser Amulete, in einer Kapsel am Halse getragen. In dem spiralförmig geschriebenen koptischen Papiere Nr. 17125 heist es:

ϯⲱⲣⲕ ⲉⲣⲟⲕ ⲙⲡⲟⲟⲩ ⲱ ϩⲣⲟⲩⲫⲟⲥ ⲡⲁⲅⲅⲉⲗⲟⲥ ⲉⲧⲧⲏϣ ⲉϫⲉⲛ ⲧⲉⲭⲱⲣⲁ ⲛⲕⲏⲙⲉ ϫⲉⲕⲁⲁ[ⲥ] ⲉⲕⲉⲡⲱⲣϣ ⲛⲛⲉⲕⲧⲉⲛϩ ⲉϫⲛ ⲙⲁⲙⲁ ⲛⲓⲙ ⲉⲧⲉ ⲛⲉ ⲡⲓϩⲛⲁⲩ ⲛⲃⲁⲣⲱⲧ ⲛϩⲧϥ u. s. w.

‚Ich beschwöre Dich heute, Hruphos, o Engel, der über das Land Ägypten gesetzt ist, auf dass Du Deine Flügel über jeglichen Ort ausbreitest, an dem dieses eherne Gefäss sich findet‘ u. s. w.

Die erhaltenen Reste des Papyrus, welche uns den nicht uninteressanten Beleg dafür bringen, dass auch der Brief Abgar's an Christos als Amulet verwendet wurde, lauten in ihrer vielfach überarbeiteten Fassung folgendermassen:

Zeile		
1.	////////////////// . ⲟ]ⲩ	
2.	ⲛϩⲉⲗϩⲛⲉ ⲁⲩⲱ ⲛⲉ	und (dass Du?) die
3.	ⲧⲙⲟⲟⲩⲧ ⲛⲧⲟⲩⲛⲟⲥ	Todte erweckest
4.	ⲙ̄ⲙⲟⲟⲩ ϩ̄ⲛ̄ ⲧϭⲟⲙ	durch die Macht
5.	ⲛⲧⲉⲕⲉⲝⲟⲩ[ⲥⲓⲁ ///	Deines Könnens (ἐξουςία),
6.	ⲁⲓⲡⲓⲉⲧⲉⲩ [//// ? ? ?	habe ich geglaubt.....
7.	ϫ]ⲉⲛⲅⲛⲧⲓ [////	....
8.	ⲛⲧⲟⲕ ⲡⲁⲙⲉ ⲡⲉ [ⲡⲙ	Wahrlich, Du bist der
9.	ⲟⲛⲟⲅⲉⲛⲏⲥ ⲛϣⲏⲣⲉ	eingeborene (μονογενής) Sohn

[1] Das Wort ⲫⲁⲣⲙⲟⲩⲉ, welches in diesem Berliner Papyrus vorkommt, findet sich auch bei ZOEGA, Catalogus, S. 556.

Zeile 10.	ⲛⲧⲉ ⲛⲛⲟⲩⲧⲉ ⲉⲧⲃⲉ	Gottes. Deswegen
11.	ⲛⲁⲓ ϯⲡⲁⲣⲁⲕⲁⲗⲉ[ⲓ ⲙ	rufe ich (παρακαλεῖν) Dich
12.	ⲙⲟⲕ ϩⲓⲧⲛ̄ ⲛ̄ⲁⲃⲁⲓϣⲓ	durch meine Boten an,
13.	ⲛⲉ ⲉⲧⲣⲉⲕⲕⲁⲧⲁⲍⲓⲟⲩ	dafs Du Dich herablaffeft (καταξιοῦν)
14.	ⲛⲅⲉⲕⲩⲗⲗⲓ ⲙⲙⲟ	und Dich zu uns
15.	ⲛ ϣⲁⲣⲟⲛ ⲧⲁⲣⲉⲕ[/	bemüheft (σκύλλειν), auf dafs Du
16.	ⲉⲙⲟⲩ ⲉⲛⲉⲛⲕⲁϩ [ⲁⲩ	Segen unferem Lande
17.	ⲱ ⲛⲉⲧⲁⲗϭⲟ ⲛ̄ⲛⲉⲧ	und Heil denjenigen,
18.	ϣⲱⲛⲉ ⲛϩⲏⲧⲛ̄ ⲉⲛ	welche unter uns krank find. Da
19.	ⲉⲓⲇⲏ ⲁⲩⲧⲁⲙⲟⲓ ϫⲉ	man mir gemeldet hat, dafs
20.	ⲡⲉⲕϩⲉⲑⲛⲟⲥ ⲙⲟⲥⲧⲉ	Dein Volk (ἔθνος) Dich hafst,
21.	ⲙⲙⲟⲕ ⲛⲥⲉⲟⲩⲱϣ ⲁ	und fie nicht wollen, dafs
22.	ⲛ ⲉⲧⲣⲉⲕⲣ̄ⲣ̄ⲣⲟ ⲉϫⲱⲟⲩ	Du über fie König feieft,
23.	ϯⲧⲁⲙⲟ ϫⲉ ⲙⲙⲟⲕ	(fo) melde ich Dir
24.	ϩⲓⲧⲛ ⲡⲉⲓⲥϩⲁⲓ ϫⲉ	durch diefes Schreiben, dafs
25.	ϯⲕⲟⲩⲓ̈ ⲙ̄ⲡⲟⲗⲓⲥ	die kleine Stadt (πόλις),
26.	ϯⲛϩⲏⲧⲥ̄ ⲣⲱϣⲉ	in welcher ich bin, genügt
27.	ⲉⲣⲟⲛ ϩⲓ ⲟⲩⲥⲟⲛ	für uns beide zufammen.
28.	ϩⲛ̄ ⲟⲩⲉⲓⲣⲏⲛⲏ	Im Frieden (εἰρήνη).
	XXXXXXX	
29.	ⲉⲓⲥ ⲧⲉⲡⲓ	Siehe der
30.	ⲥⲧⲟⲗⲏ	Brief (ἐπιστολή).

2. Sator, Areto, Tenet, Otera, Rotas.

Die erzherzogliche Sammlung enthält drei Pergamente (kopt. Perg. Nr. 2434—2436, das gröfsere derfelben ift 5 Centimeter hoch, 4 Centimeter breit, die beiden kleineren find 4 Centimeter hoch und 3 Centimeter breit), welche die obenftehenden Worte in folgender Anordnung tragen:

† ⲥ ⲁ ⲧ ⲱ ⲣ
ⲁ ⲣ ⲉ ⲧ ⲱ
ⲧ ⲉ ⲛ ⲉ ⲧ
ⲱ ⲧ ⲉ ⲣ ⲁ
ⲣ ⲱ ⲧ ⲁ ⲥ

Es zeigt fich auf den erften Blick, dafs die fraglichen Worte herauskommen, wenn man die Buchftaben von links nach rechts, von rechts nach links, von unten nach oben und von oben nach unten lieft. Stellt man die Worte neben einander, fo erhält man die Formel ⲥⲁⲧⲱⲣ ⲁⲣⲉⲧⲱ ⲧⲉⲛⲉⲧ ⲱⲧⲉⲣⲁ ⲣⲱⲧⲁⲥ, welche vorwärts und rückwärts gelesen dasfelbe ergibt. Diefe Formel eignete fich nicht nur zu allerlei Spielen, fie fchien den Verfertigern von Amuleten befonders heilkräftig zu fein. Einige Beifpiele werden dies zeigen.

18*

Kopt. Papier Nr. 17354, Breite 11·5 Centimeter, Höhe 5—5·5 Centimeter:

ⲥⲁⲧⲱⲣ ⲁⲣⲉⲧⲱ ⲧⲉⲛⲉⲧ ⲱⲧⲉⲣⲁ ⲣⲱⲧⲁⲥ ⲁⲗⲫⲁ ⲗⲉⲱⲛ ⲫⲱⲛⲏ ⲁⲛⲏⲣ ⲁⲛⲁⲛⲛⲁ ? ?

ⲧⲁ ⲛⲉⲣⲓ ⲧⲱⲛ ⲉⲟⲩⲣⲓⲛⲟⲛ ⲛⲁⲣⲁⲙⲏⲣⲁⲱ ⲱⲭⲁⲙⲏⲛ ⲱⲣⲱⲫⲁⲥⲱⲛ (??? ????)

ⲣⲱⲃⲓⲏⲗ ⲟⲣⲓⲛⲭⲥ ⲁⲛⲁ ⲃⲁⲑⲟⲩⲏⲗ ⲙⲁⲙⲁⲣⲓⲱⲑ ϯⲥⲟⲡⲥ ⲁⲩⲱ (?)

ϯⲡⲁⲣⲁⲕⲁⲗⲓ ⲙⲱⲧⲛ ⲁⲩⲱ ϯⲱⲣⲕ ⲉⲣⲱⲧⲛ ⲙⲡⲉⲛⲧⲁⲩⲉϯ ⲛⲙⲟϥ

ϩⲓϫⲛ ⲛⲉⲥⲧⲁⲩⲣⲟⲥ ϫⲉ ⲉⲧⲉⲧⲛⲃⲓ ⲛⲓϩⲓⲥⲉ ⲙⲛ ⲛⲓⲧⲕⲁⲥ ⲉⲃⲟⲗ ϩⲓ (?? ??)

ⲕⲓⲣⲁ ϩⲏⲩ ⲧϣⲉⲣⲉ ⲙⲁⲣⲓϩⲁⲙ ⲛⲧⲉⲧⲛϯ ⲛⲁⲥ ⲛⲛⲧⲁⲗϭⲟ ϩⲓⲧⲛ (? ?)

ⲧϭⲟⲙ ⲛⲧⲙⲛⲧϫⲟⲉⲓⲥ ⲓⲁⲱ ⲥⲁⲃⲁⲱⲑ ⲁⲗⲫⲁ ⲁⲗⲫⲁ ⲉⲓ (???)

ⲫⲱⲛⲏ ⲁⲛⲏⲣ ⲟⲉⲃⲛⲁ ⲁⲧⲱⲣ ⲁⲣⲭⲱⲛ ⲥⲁⲧⲱⲣ ⲁⲣⲉⲧⲱ (? ? ? ⲛⲭ)

ⲧⲉⲛⲉⲧ ⲱⲧⲉⲣⲁ ⲣⲱⲧⲁⲥ ⲑⲓⲱ ⲧⲁⲭⲏ ⲧⲁⲭⲏ

Aus diefem Papier lernen wir eine zweite, wenn auch nicht fo kunftvolle Formel kennen, welche ebenfalls häufig in derartigen Amuleten vorkommt.

ⲁ ⲗ ⲫ ⲁ
ⲗ ⲉ ⲱ ⲛ
ⲫ ⲱ ⲛ ⲏ
ⲁ ⲛ ⲏ ⲣ

Nach diefen zwei Formeln folgen verftümmelte griechifche Worte und Zaubernamen von denen uns ⲁⲛⲁ ⲃⲁⲑⲟⲩⲏⲗ und ⲙⲁⲙⲁⲣⲓⲱⲑ aus der einfchlägigen Literatur bekannt find. Das erftere finden wir zum Beifpiel in dem Papyrus Nr. 2568:

ⲁⲛⲁ ⲃⲁⲑⲟⲩⲏⲗ
ⲁⲛⲁ ⲃⲁⲑⲟⲩⲏⲗⲏⲗ
ⲉⲓⲥ ⲥⲁⲃⲁⲱⲑ ⲏⲗ
ⲁⲥⲏⲓⲟⲩⲱ ⲏⲗ
ⲏⲗ ⲏⲗ ⲏⲗ

Das letztere ift in der Form μαρμαριωθ, auch μαρμαραυωθ, μαρμαυωθ, μαρμαεωθ, in griechifchen Zauberpapyrus nicht felten, wie die Zufammenftellungen von Wessely, Ephesia Grammata Nr. 81 (ὑψίςτου θεοῦ τοῦ κατέχοντος τὸν κόσμον καὶ παντοκράτορος μαρμαριωθ), 119, 226, 250, 310 bezeugen.

Diefer Name, welcher wiederholt als Name des höchften Gottes bezeichnet wird, weift uns auf das Syrifche hin. Es ift, wie Bickell beftätigt, mit dem Syrifchen ܡܪܐ ܡܪܘܬܐ, *mârê mâravâthâ* in oftfyrifcher, *môrê môravôthô* in weftfyrifcher Ausfprache, d. h. ‚Herr der Herren', zufammenzuftellen. Gott wird fo genannt in dem Canon einer oftfyrifchen Anaphora aus dem VI. Jahrhundert, vergl. Bickell in ZDMG 1873, S. 609, Z. 11 v. o. Die Behandlung diefer Zaubernamen durch einen Kenner femitifcher Sprachen würde manch wichtiges Refultat ergeben.

Nach den erwähnten Zauberformeln folgt im Papier Nr. 17354 der eigentliche Inhalt: ‚Ich flehe und rufe Euch an und ich beschwöre Euch bei Dem, den man ans Kreuz geschlagen, auf daß Ihr den Schmerz und das Leiden wegnehmet von der Frau Hêu,[1] der Tochter der Maria, und ihr Heilung gewährt durch die Macht[2] der Herrlichkeit von Jaô Sabaôth.'

Das Ganze endet mit allerlei Zauberwörtern, unter welchen die Formel Sator Areto Tenet Otera Rotas wiederkehrt, an welche sich das übliche ⲧⲁⲭⲏ, ⲧⲁⲭⲏ ‚rasch, rasch' schließt.

Der Zweck dieses und ähnlicher Papiere und Pergamente, aus welchem ein eigenthümliches Gemenge von Christenthum, Gnosticismus und altägyptischem Zauberglauben spricht, ist klar genug ausgesprochen, sie waren für kranke Personen bestimmt, denen auf diese Weise Heilung gebracht werden sollte. Man sieht, daß die Krankenbehandlung in dieser Zeit dieselbe war wie im alten Ägypten, wo Beschwörungen und Gebete einen ebenso breiten Raum einnahmen wie die Heilmittel selbst. Je nach der Krankheit wechseln auch die Dämonennamen. So wird einmal um Heilung vom Fieber, ein andermal unter Anrufung der Dämonen Eriuch,[3] Baruch,[4] Barucha um Befreiung von den Schmerzen und den bösen Säften eines kranken Fußes gebeten. Es heißt in dem letzteren Fall Kopt. Perg. Nr. 64[5] (Breite 7 Centimeter, Höhe 8·5 Centimeter):

Zeile 1. ⲉⲣⲓⲩⲭ ⲃⲁⲣⲟⲩⲭ
2. ⲃⲁⲣⲟⲩⲭⲁ ⲧⲓⲥⲟⲛⲉ ⲁⲩⲱ ϯ
3. ⲡⲁⲣⲁⲕⲁⲗⲓ ⲙⲙⲟⲛ ⲥⲛⲟⲟⲩ ⲛ
4. ϫⲟⲉⲓⲥ ⲛⲛⲟ̈ⲩⲧⲉ ⲙⲡⲁⲛⲧⲱⲕ
5. ⲣⲁⲧⲱⲣ ϫⲉⲕⲁⲁⲥ ⲉⲧⲁⲃⲓ ⲧⲓⲧⲛ
6. ⲁⲥ ⲛⲓⲙ ϩⲓ ⲧⲛⲩ ⲛⲓⲙ ⲉⲃⲟⲗ ϩⲓ
7. ⲧⲛⲁⲧ ⲉⲃⲉⲣⲉⲥ ⲛϣⲉ ⲛⲛⲁⲥ
8. ⲉⲗⲉ ⲛⲧⲉⲧⲁⲗⲩⲟϥ ⲉⲃⲟⲗ ϩⲓ
9. ϩⲓⲉⲉ ⲛⲓⲙ ⲁⲓⲟ ⲁⲓⲟ ⲧⲁⲭⲏ ⲧⲁⲭⲏ
10. ⲉⲁⲧⲱⲣ ⲁⲣⲉⲇⲱ ⲧⲉⲛⲉⲇ ⲱⲇⲉ
11. ⲣⲁ ⲣⲱⲇⲁⲥ ⲁⲗⲫⲁ ⲗⲉⲱⲛ
12. ⲫⲱⲛⲏ ⲁⲛⲏⲣ
13. Ⲁ Ⲉ Ⲏ Ⲓ Ⲟ Ⲩ Ⲱ

[1] Vergl. den häufigen Männernamen ⲛⲓϩⲏⲩ.

[2] In der ursprünglichen Fassung wird die Macht dieser Dämonen direct angerufen, so in dem Papyrusfragmente Nr. 883 (Breite 14 Centimeter, Höhe 3 Centimeter):

† ⲧⲁⲙⲥⲁⲣⲓ ϯⲱⲗⲉⲛ ⲉⲗⲁⲛ ⲛⲛⲉⲛ — † Tamsari, ich beschwöre Dich bei Deiner
ⲛⲁⲩ ⲛⲩⲁⲙ ⲙⲛ ⲛⲧⲟⲡⲟⲥ ⲉⲧⲉⲕϣⲁⲁⲛ ⲛ//// — großen Macht und bei den Stätten (τόπος) an denen Du (weilst),

oder im kopt. Pergamente Nr. 102 (Breite 8 Centimeter, Höhe 13 Centimeter):

† ϯⲱⲗⲱⲟⲛ ⲉⲗⲁⲛ ⲁⲥⲁⲣⲱⲣ | ⲛⲛⲁⲧⲩ ⲉⲭⲉⲣⲟⲩⲃⲓⲛ ⲡⲉⲛⲛ|ⲧⲁ ⲛⲓⲱⲧ ⲧⲁⲗⲓ ϩⲗⲛ ⲉϫⲱⲃ | ⲥⲃⲛⲁⲃⲱⲛ ϣⲁ ⲁϫⲁⲙ ϩⲉ ⲡⲁ ⲣⲁϯⲉⲟⲉ ⲛϫⲉⲛⲉⲉⲥ u. s. w.

[3] Vergl. Arioch, 1 M. 14, 1, 9; Dan. 2, 14.

[4] Baruch als Zaubername angewendet findet sich auch Ephesia Grammata Nr. 319: μχελουβομ βαρουχ.

[5] Das Pergament schließt, wie man sieht, mit den sieben Vocalen, welche auch in dem oben angeführten Papyrus Nr. 2568 und so oft in den griechischen Zauberpapyrus vorkommen.

Auch in diesem Papyrus bildet die Formel Sator Areto Tenet Otera Rotas, welche als besonders heilkräftig erscheinen mufste,[1] den Befchluss. Wiewohl diefe Formel deutlich ihrem Beftande nach an das Lateinifche erinnert, fcheint fie den griechifchen Zauberpapyrus fremd zu fein; foviel ich fehe ift fie erft feit dem VIII. Jahrhundert etwa nachzuweifen. Das Papier, welches wir oben befprochen haben, führt uns etwa ins XI. Jahrhundert. Die Formel hat fich bis in unfere Zeit behauptet, denn in der Sammlung von Beifpielen und Aufgaben aus der allgemeinen Arithmetik und Algebra von E. HEIS (28. Auflage 1872) finde ich auf S. 329 unter Nr. 5 den Vers ‚Sator arepo tenet opera rotas' als Aufgabe der Permutationsrechnung gegeben.

Der Zwifchenraum von vielen Jahrhunderten, welche zwifchen den koptifchen Pergamenten und Papieren einerfeits und der Aufgabenfammlung von HEIS anderfeits liegen, wird von Athanafius KIRCHER in feiner 1665 erfchienenen Arithmologia, S. 220 (auf diefe Stelle hat mich Prof. CANTOR in Heidelberg aufmerkfam gemacht) in erwünfchter Weife ausgefüllt. Nachdem KIRCHER die fragliche Formel angeführt und deren Eigenthümlichkeiten erwähnt, bemerkt er: ‚praedicta nomina tantum obtinuisse aestimationis, ut ea non in Latinorum dumtaxat, sed in Arabum, imo Aethiopum orationes invocatorias irrepserint. Aethiopes quidem postquam sanis precibus Deum Christumque fatigaverint insanas has voces addunt; si quidem virtute horum nominum, maius pondus roburque, ad id quod intendunt obtinendum, se sortituros amentes sibi persuadent. Porro eadem nomina: Sator, Arepo, Tenet, Opera, Rotas in orationibus Arabum leguntur et nullibi apud Mago-Cabalistas desunt'.

[1] In ähnlicher Weife fchrieb man dem magifchen Worte Abracadabra eine befonders heilkräftige Wirkung, namentlich gegen das viertägige Wechfelfieber zu.

WIEN, 20. Juli 1892.

J. Krall.

EIN ARABISCHES REITERBILD DES X. JAHRHUNDERTS.

(Mit einem Textbilde.)

Unter den Papieren der erzherzoglichen Sammlung ſand ich ein Stück (8 : 10·4 Centimeter) mit der umſtehend wiedergegebenen Darſtellung eines zu Pferde einherſprengenden Kriegers. Durch die unglückſelige Halbirung des Blättchens iſt die Reiterfigur von demſelben Schickſale betroffen worden. Aber auch in dieſem Zuſtande wird man ihr, als arabiſche Federzeichnung, kunſthiſtoriſche Bedeutung beilegen dürfen; in culturgeſchichtlicher Beziehung muſs ſie, ſchon um ihres hohen Alters willen, als eine Merkwürdigkeit gar ſeltener Art bezeichnet werden.

Bevor ich in die nähere Beſchreibung des Bildes eingehe, will ich bemerken, daſs die Signatur des Zeichners erhalten iſt. Sie befindet ſich auf der Rückſeite des Blattes, deren Inhalt zweifellos in gegenſtändlicher Beziehung zur Vorderſeite ſteht. Man erblickt nämlich in der Mitte die Skizze eines durch den Riſs getheilten, aus einer Bandverſchlingung ſich entwickelnden Ornamentes als Mittelpunkt der ſogenannten Subſcription des Künſtlers, von der freilich nur die linksſeitige Hälfte erhalten iſt. Von derſelben Hand, welche das Bild der Vorderſeite mit der Unterſchrift verſah, ſtehen hier die folgenden arabiſchen Worte:

(Riſs)

وما توفيقى الا	Mein Erfolg beruht auf dem Beiſtand
بالله وعليه	Gottes, nur auf ihn
توكلت	vertraue ich!
الحمد لله شكرًا الحمد لله وحده	Lob ſei Gott und Dank! Lob ſei Gott dem Einzigen!
عمل ابو تميم حيدرة	Ausgeführt von Abû Temîm Haidara.

Die drei erſten Zeilen ſind ein Citat aus dem Korân, Sure XI, 91. Am oberen Rande ſtehen querüber noch Reſte durchſtrichener Schriftzeilen belangloſen Inhalts.

Der Schriftcharakter, zu deſſen Vergleichung zahlreiche datirte Belege aus der Sammlung verfügbar ſind, weiſt in das X. Jahrhundert n. Chr.

Nähere Daten über den Zeichner oder Maler (مصوّر) Abû Temîm Haidara lieſsen ſich bisher nicht auffinden. Zweifellos ſcheint indeſs, daſs er ſeine Kunſt in Ägypten ausübte, wo gerade um die Wende des X. Jahrhunderts nachweislich arabiſche Maler eine Schule bildeten, über deren figurale Schöpfungen wir nicht ganz ohne alle Nachricht gelaſſen ſind.[1] Übrigens enthält die erzherzogliche Sammlung unter ihren aus Mittelägypten ſtammenden Papieren[2] auch noch andere Federzeichnungen, zuweilen in farbiger Ausführung.

Was nun die vorliegende Federzeichnung betrifft, ſo iſt ihr Vorwurf durch die arabiſche Unterſchrift:

الفرْس بالصاد[م] ‚Das Pferd mit dem heftig Angreifenden'

genügend erklärt.[3] Sie war möglicherweiſe dazu beſtimmt, in der Ausführung einem kriegswiſſenſchaftlichen oder hippologiſchen Werke als Textbild einverleibt zu werden. Flott hingeworfen läſst ſie erkennen, wie ſehr der Zeichner mit der Führung des Rohres (قلم) vertraut war. Daſs für ſolchen Zweck eine beſondere Art der Kunſt des Federſchneidens (برى الاقلام) angewendet zu werden pflegte, erfahren wir aus dem Fihriſt, einer Schrift desſelben Jahrhunderts. Soll im Übrigen von dem künſtleriſchen Werth des Bildchens geredet werden, ſo dürfte das Urtheil ziemlich auf alle Beiſpiele der Buchilluſtration des frühen Mittelalters hüben und drüben paſſen. Am beſten faſſen wir, mit Zugrundelegung eines bekannten arabiſchen Sinnſpruches, das Urtheil in die Worte: Abû Temîm Haidara war eben, wie jeder Andere, der Sohn ſeiner Zeit (ابن زمانه).

Die Darſtellung läſst ſich, wie folgt, beſchreiben: Ein Krieger mit vorgebeugtem Oberkörper, die Linke mit dem Rundſchild (درقة *dáraka*, wovon unſer ‚Tartſche') zum Schutze vorſtreckend, ſprengt, indem er ſeinem Roſſe die Zügel ſchieſsen läſst, in geſtrecktem Laufe nach uraltem arabiſchem Gebrauche mit geſenkter Lanze zum Angriff.[4] Das Roſs zeigt keine Abnormität in ſeiner Beſchirrung und Zäumung. Von der Sattelung (سرج) und der Satteldecke (Schabrake, غاشية) iſt keine Spur wahrzunehmen, ſo oft auch beide ſonſt in ihren charakteriſtiſchen Formen uns an den orientaliſchen Reiterbildern des Mittelalters begegnen. Ebenſo wenig bietet unſer Bild eine Andeutung für die Annahme, daſs der Künſtler den Reiter der Steigbügel ſich hätte bedienen laſſen.[5]

[1] Chit. II. 318.

[2] Mittheilungen, II/III, p. 88 f.

[3] Sichtbar iſt nur بالصاد. Von dem nachfolgenden م kann kaum mehr als ein Pünktchen mit der Loupe wahrgenommen werden, da an dieſer Stelle durch den Riſs die eine, obere Schicht des Papieres (Mitth. II/III, p. 140 f.) verloren gegangen iſt. Über صدم vergl. DOZY, Suppl. I, 825 f. und dazu Beibars, Et-tohfet el-mulûkijje, Handſchr. der k. k. Hofbibl. in Wien, Mxt. 665, Fol. 9 *a*. Der Parallelſtrich ober dem *Sin* von الفرس iſt das in dieſer Zeit gebräuchliche Differentialzeichen.

[4] F. W. SCHWARZLOSE, Kitâb es-ſilâh, p. 50.

[5] Es wäre ein Irrthum, aus dem Fehlen dieſes ſo wichtigen Reitbehelfes an unſerem Bilde einen Schluſs auf die Zeit des früheſten Gebrauches der Steigbügel bei den Arabern, überhaupt den islamitiſchen Völkern des Morgenlandes ziehen zu wollen. Ohne mich in die Geſchichte der Steigbügel vertieſen zu wollen, ſei hier zu der

Die Perfon des Reiters kennzeichnet fich als Vollblut-Araber: untrügliche Zeichen hiefür find der fpärliche Bartwuchs und die gefcheitelten, in Strähnen auf die Schulter herabfallenden Haupthaare. Die weiten faltigen Beinkleider (سراويل), fowie die federgefchmückte Spitzmütze (قلنسوة) entfprechen der üblichen arabifchen Tracht jenes Jahrhunderts.

Viel mehr als die Unterfuchung der künftlerifchen Bedeutung des Bildchens zu intereffiren vermöchte, bringt uns feine Betrachtung der Löfung einer wichtigen culturhiftorifchen Frage wieder um einen Schritt näher. Es dient als neues Beifpiel dazu, die bisher allgemein verbreitete Anficht über das angebliche Bilderverbot des Islâm zu entkräften.

Schon vor vielen Jahren bin ich diefem Vorurtheile mit Belegen aller Art entgegengetreten.[1] Heute laffen fich diefelben in beträchtlicher Menge vermehren. Wenn nun die kunfthiftorifche Forfchung — von dem Volksaberglauben natürlich abgefehen — dennoch auf diefem Vorurtheil beftehen bleibt, fo find es eben die alten, ausgefahrenen Geleife, welche bekanntermafsen die ficherfte Bürgfchaft für treue Anhänglichkeit gewähren. Dahin gehören demnach alle Äufserungen, wie die jüngft vernommenen, dafs die menfchliche Figur nur in feltenen Fällen in die orientalifche Teppichverzierung Eingang gefunden; dafs die Menfchen- und Thierfiguren aus religiöfen Gründen in der farazenifchen Ornamentik faft vollftändig zurücktreten und dort, wo fie fich dennoch finden, nicht islamitifchen Urfprungs feien.[2] Dies find Behauptungen, aber auch nicht mehr — Schlüffe,

jüngft erfchienenen vortrefflichen Abhandlung A. SCHLIEBEN's, ‚Gefchichte der Steigbügel' (Wiesbaden, 1892, 0 Tafeln mit 352 Abbildungen) bemerkt, dafs der Gebrauch der Steigbügel bei den Arabern für eine viel frühere Zeit gefchichtlich fich belegen läfst, als bisher angenommen wurde. Die erften Nachrichten reichen in den Beginn des VII. Jahrhunderts zurück. Es gab lederne und hölzerne Steigbügel, für Kameelreiter fowohl, wie für Reiter zu Pferde. Im letzten Drittel des genannten Jahrhunderts liefs el-Mehalleb, einer der Statthalter und Heerführer des Chalifen 'Abd-el-Melik, zum erftenmale eiferne Steigbügel in Ringform fchmieden, da die Feinde die hölzernen Steigbügel fogleich mit dem Schwerte durchzuhauen pflegten, wodurch die Cavalleriften des feften Stützpunktes bei Hieb und Stofs beraubt wurden (فاذا أراد الضربَ أو الطعْن لم يكن له مُعتمَد). Mubarrad's Kâmil, 675, Z. 7 ff. Vergl. ferner Ibn Hifchâm, 332; Hamâfa, 554, S. 63 f.; Hamdânî, 236, 19, 24 und 237, 2. Ausführlicher gedenke ich über diefen Gegenftand an einem anderen Orte zu handeln.

[1] Vergl. meinen am 7. Februar 1876 im Bayrifchen Gewerbemufeum in Nürnberg gehaltenen Vortrag: ‚Das angebliche Bilderverbot des Islâm', Nürnberg, 1876.

[2] A. RIEGL, Altorientalifche Teppiche, 21 f., 49.

von dem augenblicklichen oder vorausgefetzten Mangel an Beweisftücken und der Unkenntnifs der Quellen auf die Wirklichkeit gezogen.

Weder im Korân, noch in der Überlieferung der glaubwürdigen Tâbi'ijjûn, findet fich die Andeutung eines allgemeinen Bilderverbotes feitens des Propheten. Als aber ein fpitzfindiges und theologifch ftreitfüchtiges Zeitalter den Korân nach eigener Weife interpretirte, zog man Schlüffe aus den Worten des ‚Gefandten Gottes', an die weder er felber, noch das Naturvolk, dem er feine Lehre vorgetragen, jemals gedacht haben mögen. So gefchah es, dafs die orthodoxen Commentatoren aus gewiffen Korânftellen und fonftigen angeblichen Äufserungen des Propheten über die Abgötterei und Anfertigung von Götzenbildern bald ein allgemeines Bilderverbot herauslafen. Fürften und Völker bekümmerten fich aber wenig darum. Ja, die vorurtheilslofen Theologen liefsen in ihren Commentaren zur Überlieferung bezüglich der orthodoxen Lehrmeinung vom Bilderverbot erfichtlich Raum für eine freiere fubjective Auffaffung. Und felbft, wo Andere das Verbot zu begründen fuchten, vermochte die Beweisführung nicht über eine fchale Wortklauberei fich zu erheben. Aber wir follen ihnen dennoch hiefür danken. Denn fie liefern felber den pofitiven Beleg für die frifche und frohe Exiftenz der farazenifchen Bildnerei, indem fie die figuralen Schöpfungen ihres Volkes an den Zimmerwänden, Zeltdecken, Stoffen, Gewändern, Teppichen, Buchblättern u. f. w. in den Kreis ihrer Exegesis sublimior einbeziehen.[1]

Wenn nun trotzdem die Leiftungen der Araber in der bildenden Kunft auch quantitativ weit hinter jenen in den Wiffenfchaften zurückblieben, fo wird man keinesfalls ein beklagenswerthes religiöfes Vorurtheil dafür allein verantwortlich machen können. Auch die abftrahirende Natur des Islâm und fein von aller Bildlichkeit entkleideter Monotheismus wird hiebei nicht gar fehr in Betracht kommen. Die Urfachen jener Erfcheinungen liegen viel tiefer; fie wurzeln, wie dies Graf SCHACK vor langer Zeit fchon fo trefflich ausgeführt,[2] in dem arabifchen Geift. Zur eigenen künftlerifchen Productivität fehlt dem Araber überhaupt und vor Allem die reflexionslofe Begeifterung, die ohne praktifchen Zweck der Idee fich hinzugeben vermag, um diefelbe, unbekümmert um weitere praktifche Erfolge, zur Anfchauung zu bringen. Ein gleicher Mangel an dem arabifchen Geift war es ja auch, der eine höhere Entfaltung der geftaltenbildenden Formen in der Poefie verhindert hat. Aber keine diefer Urfachen berechtigt, die figurale Kunft des Islâm in Abrede zu ftellen.

---

[1] 'Askalânî, Fath el-bârî, Kairo 1301 H., Bd. X, p. 319 ff.

[2] Poefie und Kunft der Araber in Spanien und Sicilien, II, 170 ff.

J. Karabacek.

Brief eines aegyptischen Rabbi an den Gaon Salomo ben Jehuda.

(Papier, Grösse 27 : 17 Cm., XI./XII. Jahrhundert.)

DER BRIEF EINES ÄGYPTISCHEN RABBI AN DEN GAON [SALOMO] BEN JEHUDA.

(Mit der Lichtdrucktafel II.)

Nebst den hebräischen Papyrusfragmenten, welche in diesen Mittheilungen, Bd. I, S. 38 ff. kurz besprochen worden sind und die seither aus dem inzwischen geordneten Materiale an Zahl zugenommen haben, befindet sich auch in der erzherzoglichen Sammlung eine kleine Collection von hebräischen Manuscriptfragmenten, die anderer Provenienz sind und wahrscheinlich aus einer Synagoge in Alt-Kaïro stammen. Dieser kleinen, aber in mannigfacher Beziehung interessanten Collection gehört auch dieser Brief an. Er ist auf einem Blatte Papier von 27 Ctm. Höhe und 17 Ctm. Breite, Kopf und Ende in Quadratschrift, der eigentliche Brief in einer Art Cursiv geschrieben und vielfach mit Glossen von anderer Hand zwischen den Zeilen und am Rande versehen. Das Schriftstück ist weder datirt, noch unterschrieben, auch der Wohnort des Adressaten ist in demselben nicht angegeben. Aus all' dem ist wohl der Schluss gestattet, dass hier nur der Entwurf des Briefes vorliegt. Er betrifft die Zulassung eines Vorbeters, der angeblich in den Bann gethan worden war. Sprache und Schrift, wie der ganze Inhalt weisen in eine alte Zeit, etwa in das XI. oder XII. Jahrhundert, zurück.

Wenn wir auch aus dem Berichte Benjamin von Tudela's, welcher in der zweiten Hälfte des XII. Jahrhunderts lebte, erfahren, dass der Nagid, der, von Babylon und seinem Gaonate unabhängig, über die ägyptischen Juden eingesetzt war, Rabbiner und Vorbeter zu ernennen allein die Autorisation hatte,[1] so muss doch angenommen werden, dass das hier vorliegende merkwürdige Schreiben an den Gaon von Bagdad gerichtet wurde. Wie uns nämlich derselbe Benjamin berichtet, waren in Bagdad allein zehn Lehrhäuser, die nach Zahlen benannt waren und deren Vorsteher alle dem Gaon zur Seite standen. So werden wohl die Bezeichnungen: der Vierte, der Sechste, der Erste, Zweite und Dritte zu erklären sein, welche in diesem Briefe vorkommen.

Abgesehen von seiner sprachlichen Bedeutung hat dieses Schreiben als Vertreter einer fast untergegangenen Literaturgattung, nämlich des Briefformulares, dessen die Juden bei ihrer Correspondenz mit den Exilfürsten oder Gaonen sich bedienten, ein eigenartiges

[1] Benjamin von Tudela sagt von מצרים, d. i. Kaïro und Ägypten: ובינהם רבי נתנאל שר השרים ראש הישיבה והוא ראש לכל קהלות מצרים להקים רבנים והזנים, dagegen heisst es vom ראש הגולה in Bagdad: ועד ארץ הודו ראש הגולה נותן להם רשות בכל הקהלות האלו לשום על כל קהל וקהל רב וחזן. Von Bagdad bemerkt er: ושם בעיר י' ישיבות וראש הישיבה הגדולה הרב ר' שמואל בן עלי ראש ישיבה גאון [יעקב ור' יעקב] סגן הלוי ראש השניה. ור' דניאל סוד (l. ראש) הי' השלישית ורבי אלעזר החבר ראש הישיבה הד'. ור' אלעזר בן צמח ראש הסדר···והוא ראש הישיבה החמישית. ור' חסדא פאר החברים ראש הישיבה הששית. ור' חגי הנשיא ראש השביעית. ור' עזרא ראש הישיבה השמינית. ור' אברהם הנקרא אב"ו טא"הר ראש הישיבה הט'. ור' זכאי בן בוסתנאי בעל הסיום ראש הישיבה הי'.

Intereffe. Der Gaon erfcheint hier als die höchfte Inftanz in allen Cultusangelegenheiten, feinem Ausfpruche fügen die Gemeinden fich unbedingt.

Der Vorbeter, um deffen Abfetzung es fich hier handelte, hatte infolge eines Vergehens fich den Bann zugezogen. Anderfeits war die Autorifation, die er von der Hand des Gaon befafs, nicht anzufechten, wenn man nicht die Echtheit der Unterfchrift beftritt. Offenbar beftanden alfo in Bagdad Matrikeln, in welche die Namen aller derer eingetragen waren, die vom Gaon zu einem Gemeindeamte als Rabbiner oder Vorbeter autorifirt worden waren und aus denen in ftrittigen Fällen die Echtheit der Diplome feftgeftellt werden konnte. Bei dem Streite, der in der ägyptifchen Gemeinde, aus der wohl der Brief ftammt, fo bedenkliche Dimenfionen angenomman hatte, fcheint zufällig ein Akademievorfteher aus Bagdad, und zwar Rabbi Jofeph, der dort dem VI. Lehrhaufe vorftand, anwefend gewefen zu fein. Der Mann, für den ein befonderes Dankfchreiben des Gaon erbeten wird, Namens Chefed, dürfte eine öffentliche Stelle bei Hofe bekleidet haben und durch Anfehen und Reichthum feinen Glaubensgenoffen befonders nützlich geworden fein. Sein Name erfcheint wie feine Perfon hier zum erftenmale; Chasdai, Chafadja u. f. w., aber nicht Chefed find die üblichen Namensformen diefes Wortftammes.

Die Quadratfchrift im Anfange und am Ende des Entwurfes ahmen wohl den Brauch nach, wie er bei Ausfertigungen von Briefen an das Gaonat üblich gewefen fein wird.

Text.

שלום וברכה . וטובה ערוכה . לעד מושכה . מרפה וארוכה
לתכן מלוכה [להפויך][1] וכל מסרב להפריכה . מתקומם להצריכה
עוזרים לסמוכה מכל דאב לחסכה עשר לשפוכה . חן וכבוד
לסוככה . שקט ושלוה לברוכה . לתכן המלוכה . אמתה לשפכה
נתיבותה להאריכה . שני עולמות להתויכה . ימים טובים להריכה .

שלום וברכה . וטובה ערוכה . לעד מושכה . מרפה וארוכה . וכל מסרך
לפרכה . ומתקומם להצריכה · לכנק מ׳ור׳ אדונינו שלמ׳ ישנא רגאון הגדול
ההוקם עוז מגדול · לקטון וגדול · בן כנק מ׳ור׳ יהודה הסיד אורו .
גן ערן דיורו . וכן יהי רצון . ישא הארון שלום לא יסוף . מהקודש
בזרוע הסוף . גם מתלמוד לבו לו כסוף . מתהנן בכל יום לדתועד באיסוף .
וכן יהי רצון . ומודיע פני תהלתו כי קדמו חלותי מודיע רוב
עלצי בכנק מור הששי י׳ ישמרו הלקי והלשי . והוא שלום בגופו
ובכל אורה מעוזו . צורו יהזירו אל מקום הפצו . לתקן רבצו .
אמן סלה . אמנם לא נעלם מארוננו ש׳צ׳ קושי [העת] הדור ורוב
המרעמים[2] וכי יגע ההון מרב שלמה הקרוי סאבק הביא בידו
כתב ארוננו מצוה לסייעו[3] וקיבלתי מאמרו וכמו[4] בא אל הכניסה
להתפלל עמדו רוב הקהל ואמרו זה מנודה הוא ואיך תניחהו
כי ?
להתפלל[5]. גמתי לו היה בן לא כתב הארון עבורו והוא ראוי

[1] Die eingeklammerten Worte find im Originale durchftrichen. Die mit Punkten verfehenen Buchftaben find zweifelhaft.

[2] Über der Zeile: המתאוננים כמו שאמר אהרן עליו השלום אתה ידעת את העם (Exod. 32, 22).

[3] Über der Zeile: ולעשות עמו.

[4] Über der Zeile dafür: ובעת.

[5] Über der Zeile: ונתקשה עלי דיבורם.

ורצוי . אמרו אין הכתב הזה כיד יד ארוננו ש'צ' ועתה תצוה להכריז [על כל] ויבאו עדים הנה יעידו כי כנק מרב יוסף הרביעי נירהו . אמרתי לא יתכן להכריז מאחר שעמדתי על כתב ארוננו בו ראוי ורצוי . אמרו והלא[1] כתב ה זקני רמלה כתוב בו כי סאבק המוחרם על כישופו[2] ואיך יתכן לך לעשות כן ותהי מריבה גדולה ונתעשתתי בכל מאודי] ולא יכולתי כי עצמו עלי רבוהם ותעל קטטה גדולה עד למאוד . ולולי נשאי טרחם היה רבים מהם נופלים ביד השלטון [ולא הועילו בם דברי] ואפצר בם ולא אבו לקבל . גם הזקנים שלחו ולא הועיל כי רוב הקהל מתאוננים נוהצים להריב ואוין בם והם אצים לחרחר ריב ומצות וסוף כל דבר

Rev.

התנו עלי שלא יתפלל חזן זה[3] עד שיבוא כתב ארוננו הגאון ש'מ'צ' בחתימתו ועמו אב והשלישי להקהל יאמרו בו כי ארוננו התיר עיזיו וגם יצוה לעם להתפלל אחריו . ומאחר [כן] שהתנו כזה שקטו כמעט . ואם כשר פני ארוננו נט'ר' יכתוב כידו . כי המתרעמים והמתאוננים קשים עדינו . ורבים עוזרים לבחורים כדי להצית האש . אלהים ינבה הדין מהם כי למאוד נתקלקל הדור ונתקים בם ירהבו הנער בזקן והנקלה בנכבד . וכל מה שזכרתי קט מאשר נהיה . ועיני כ'נ'ק מ'ור' הששי רואות . ויהיה הכתב להקהל כפי דעתו להחזירם למוטב בלאט ולא ימנע לתת אמת הדין עליהם....... וך[4] אלהים יודע דבר מתוך דבר מחכן חסנים יאילו כה ויספיק בידו לסיוע קהלותיו כדי לקבל שכר טוב [ושלום ארוננו] ובבריעה וקידה שינדיל חסרו בכתב ידו אל הזקן היקר הצדיק כק מר ורבי חסר (?) השר הנכבד להחזיק לו טובה כי הוא מתעסק בכל מאודו ומחזיק ברסנו בכל יכלו לעזרנו . מסכרת שליכה ישלם לו קדושנו . וכמה הוא אוהב שלום עמנו ברית שלום יתן לו ולזרעו ושלום ארוננו הגאון עם שלום כל נלויו וסמוכיו ועוזריו יסגא וירבה נצח סלה .

Überfetzung.

Heil und Segen und wohlbereitetes immerwährendes Glück, Heilung und Genefung, allen Widerfpänftigen Bändigung, allen Gegnern Dürftigkeit,

den Freunden Stütze, allen Kummers Endfchaft, des Reichthums Überflufs, für Gunft und Ehre

Schutz, Ruhe und Frieden im Verein, des Reiches Aufrichtung, der Magd Demüthigung,

seinen Wegen Länge, der zwei Welten Vermittlung und glücklicher Tage Dauer.

Heil und Segen und wohlbereitetes immerwährendes Glück, Heilung und Genefung, aller Verkehrten

Bändigung, aller Gegner Dürftigkeit Seiner Hoheit unferem Herrn und Lehrer, deffen Heil wachfe, dem grofsen Gaon,

---

[1] Über der Zeile: ועוד היה.

[2] Über der Zeile: והעידו בֿםֿ.

[3] Gloffe am Rande: והיה שם שמים וה.....מתחלל כי השליכו נפשם כנגד ול.....חורו [וי]עצו אחד החזנים לשוחטו ·עד שהתנתי עלי.......

[4] מלאך zu lefen verbietet das fichere וך.

der als thurmgleicher Schutz für Grofs und Klein ward eingefetzt, dem Sohne unferes Herrn und Lehrers R. Jehuda Hafid..., deffen Sitz das Paradies ift. Alfo möge der Wille [Gottes] fein! Möge der Herr unaufhörliches Heil erfahren von der Allmacht entblöfstem Arm wie von dem Jünger, deffen Herz fich nach ihm fehnt und täglich fleht, fich mit ihm vereinigen zu können. Alfo möge der Wille (Gottes) fein! Ich theile Seiner Hoheit mit, dafs .... meiner Wonne darüber Ausdruck gebe, dafs Seine Hoheit, von der fechften Akademie, den der Herr befchützen wolle, mein Theil und mein Loos, fich leiblich wohl befindet und auf allen Wegen, die er unternimmt. Sein Hort führe ihn zurück an die Stätte feiner Luft, um feine Wohnftätte zu begründen! Amen, Sela. Es wird unferem Herrn, den fein Hort befchützen möge, nicht entgangen fein die Schwere diefer Zeit und die Menge der Aufrührer. Als der Vorbeter R. Salomo, genannt Sâbiḳ, fich mir vorftellte und in feiner Hand ein Schreiben unferes Herrn mitbrachte, war es Pflicht, ihn zu unterftützen. Ich nahm denn auch die Weifung an. Als er aber die Synagoge betrat, um vorzubeten, da erhob fich der gröfste Theil der Gemeinde mit dem Ausrufe: der liegt im Bann, wie kannft du ihn vorbeten laffen. Ich erwiederte wohl, dafs wenn dem fo wäre, unfer Herr ihm kein Schreiben ausgeftellt hätte, wonach er als geeignet und wohlentfprechend zu betrachten ift, allein fie behaupteten, das Schreiben zeige die Hand unferes Herrn, den fein Hort befchützen möge, nicht, wefshalb du auch fofort den Ruf ergehen zu laffen haft, dafs die Zeugen hieher kommen, um zu bezeugen, dafs Seine Hoheit R. Jofeph der IV. ihn in den Bann gethan. Ich erwiederte, ich könnte den Ruf unmöglich ergehen laffen, nachdem ich aus dem Schreiben unferes Herrn in Betreff feiner entnehme, dafs er geeignet und wohlentfprechend fei. Darauf erklärten fie, dafs auch ein Schreiben von den Älteften von Ramlah vorliege, worin es heifst, Sâbiḳ fei wegen feiner Zaubereien in den Bann gethan. ‚Wie vermagft du alfo fo vorzugehen?' Darauf entftand ein grofser Streit. Ich nahm alle Energie zufammen, aber ich kam ihnen nicht bei, da fie mit ihren Reden mich überwältigten. Es erhob fich ein gar furchtbarer Zank und, wenn ich mit ihrem Treiben nicht Geduld gehabt hätte, fo wären viele von ihnen dem Chalifen in die Hände gefallen. Meine eindringlichen Vorftellungen wollten fie ebenfo wenig vernehmen als die Gefandtfchaft der Älteften, die nichts fruchtete. Der gröfste Theil der Gemeinde revoltirte und drängte zum Streite. Je mehr ich in fie drang, defto mehr waren fie auf Streit und Zank erpicht. Endlich

stellten sie mir die Bedingung, dafs dieser Vorbeter nicht eher vorbeten dürfe, als bis ein Schreiben unseres Herrn, den sein Gott behüten wolle,
mit seiner Unterschrift und der des ersten, zweiten und dritten Akademievorstehers an die Gemeinde eingetroffen sein wird, worin sie erklären, dafs unser Herr seinem Vergehen Absolution ertheilt hat und
den Leuten aufgetragen wird, nach diesem Vorbeter ihr Gebet zu verrichten. Nachdem ihnen die Erfüllung dieser Bedingungen zugesagt wurde, gaben sie sich mählig zufrieden.
Wenn es unserem Herrn, den Gott bewahren wolle, beliebt, so wolle er eigenhändig schreiben; denn die Murrenden und Aufrührer
setzen uns gar hart zu und viele helfen den jugendlichen Streithähnen das Feuer zu schüren. Gott möge von
ihnen die Schuld einfordern, da das Zeitalter gesunken und das Wort sich an ihnen erfüllt hat, dafs der Knabe
gegen den Greis, der Geringgeschätzte gegen den Verehrungswürdigen sich auflehnt. Was ich hier erzählt habe, ist ein geringer Theil von dem, was geschehen ist, wie es Seine Hoheit
der Vorsteher der sechsten Akademie mit angesehen hat. Möge das Schreiben an die Gemeinde nach dem Sinne seiner Hoheit dazu dienen, sie zum Guten zurückzuführen,
er möge aber nicht unterlassen, den Mafsstab der strengen Gerechtigkeit auf sie anzulegen. . . . . . Gott,
der eines aus dem anderen erkennt, der Stärke und Kraft verleiht, möge Seine Hoheit mit Kraft stärken und ihm die Macht verleihen,
seine Gemeinden zu unterstützen und heilvollen Lohn zu empfangen. Kniefällig [bitte ich noch]
die grofse Gnade zu haben und an den edlen mächtigen Greis, unseren Heiligen, Herrn und Lehrer Chesed, den angesehenen
Fürsten ein Handschreiben mit Dankbezeugungen dafür zu richten, dafs er mit aller Macht es sich angelegen sein läfst und die Zügel
kräftigst ergreift, uns zu helfen. Möge unser Gott eine volle Belohnung ihm zu Theil werden lassen. Und so wie er bei uns
den Frieden liebt, also möge er ihm und seinen Nachkommen das Band des Friedens gewähren. Möge das Heil unseres Herrn, des Gaons, und das Heil
aller seiner Angehörigen und ihm Verbundenen und seiner Helfer wachsen und sich mehren in Ewigkeit, Sela!

Noten.

Erinnert der Stil des Briefes, besonders aber der formelhafte Eingang mit seinen Reimen an Kalir's Poesieen und an die von Saadia überlieferten Grufsformeln in Briefen, so ist andererseits der Einflufs des arabischen Idioms auf den Schreiber unverkennbar. Schon der Übergang von einleitenden Formeln und den üblichen Segenssprüchen auf das eigentliche Sachliche durch אמנם (= أمّا بعد) deutet auf einen des arabischen Briefstiles kundigen Mann. Wendungen und Worte wie לולי נשאי (Z. 26), פני תהלתי (Z. 11), כניסה (Z. 16), כמה (= كما Z. 43) verrathen unzweifelhaft arabiſches Denken. Bemerkenswerth iſt auch die Eigenthümlichkeit des Schreibers, ſeltene hebräiſche Wörter zum Gebrauche heranzuziehen, wie אֵיל, התעשת, עֲלָץ u. A. Im Einzelnen ſei noch bemerkt:

Z. 1 und 7 להפריכה und לפרכה. Die Belege für den ſehr häufigen Gebrauch dieſes Verbums im Qâl wie im Hiplil ſiehe bei ZUNZ, Synagogale Poeſie, S. 431—432.

Z. 4 אמתה לשפכה. אמה iſt der ganz gewöhnliche Ausdruck für das arabiſche Reich oder den Islâm, ſiehe ZUNZ, ib. 444 ff. und STEINSCHNEIDER, Polemiſche Literatur ſ. v. An חמה zu denken, verwehrt die Vorlage.

Z. 7 fehlt der Name des Gaon vor שלמ׳ ישנא. Man darf vermuthen, daſs er שלמה lautete und als Dittographie irrthümlicherweiſe ausgefallen iſt. Salomon ben Jehuda war der Name des letzten Exilarchen (ראש גלותא) um 1170. Vergl. LAZARUS in N. BRÜLL's Jahrbücher, X, 182.

Z. 7. לכנק מור iſt Abbreviatur für לכבוד גדולת קדושת מורינו ורבינו. Dieſe Abbreviatur wiederholt ſich öfters, ſo Z. 8, 12, 20 (wo jedoch מרב für מור׳ ſteht), ferner Z. 36 und Z. 41, wo nur כק = כבוד קדושתו ſich findet. Von anderen Abkurzungen ſind zu notiren ש״צ (Z. 14, 19) und שמ״צ (Z. 30) = שמרהו צורו und נט״ר = נטריה רחמנא (Z. 33). Nach einer Vermuthung KAUFMANN's iſt auch אורו (Z. 8) Abbreviatur für אורו יאיר (= נר״ו). Es bezieht ſich auf den Lebenden, während גן עדן דיורו auf den Vater geht.

Z. 11 iſt wohl קדמו für קודם verſchrieben.

Z. 12. Die Leſung הששי י׳ iſt nicht ganz ſicher, wird aber durch Z. 37 beſtätigt.

Z. 15. יִנַע gibt keinen Sinn und iſt nur dem Zuſammenhange gemäſs überſetzt worden. סאבק = سابق. Vergl. *Muſchtabih*, S. 247 السابق علاء الدين ابن السابق الكاتب......وسابق البربرى وآخرون.

Z. 17. Über den Gebrauch von נם ‚reden' in der Miſchna und im paläſtiniſchen Aramäiſch vergl. LEWY, Wörterbuch und bei der älteren Peitanim ZUNZ, Literaturgeſchichte der ſynagogalen Poeſie, pag. 637—639.

Z. 22. וזקני רמלה ‚die Älteſten von Ramlah'. Dieſe Lesart ſcheint mir geſichert. Das vorangehende ה iſt durchſtrichen. Unter רמלה iſt wohl الرملة in Syrien zu verſtehen, welches zur Zeit Mukaddaſi's die gröſste und bedeutendſte Stadt Paläſtinas war und als bedeutende Handelsſtadt galt. Vergl. beſonders S. 154, 17 und 164, 6—165, 11. (Ich leſe הזקנים דמלה ‚die Älteſten von Mahalla' in Ägypten, mit Eliſion des ה KAUFMANN.)

Z. 25 ותפל, ſo lieſt MÜLLER, während KAUFMANN die Leſung ותעל vorzieht.

Z. 26 השלטון. Unter שלטון iſt wohl der Herrſcher Ägyptens zu verſtehen.

Z. 28 נוחצים, eine Weiterbildung von נָחוּץ.

Z. 31 אב Abbreviatur für הראשון והשני.

Z. 39 איל, vergl. bei ZUNZ, Synagogale Poeſie, 424 Beiſpiele für den Gebrauch dieſes Verbums bei den älteren ſynagogalen Dichtern.

Z. 41. MÜLLER lieſt האדיר, KAUFMANN הצדיק.

D. H. Müller und **David Kaufmann.**

KLEINERE MITTHEILUNGEN.

(**Hermes Trismegiftus.**) Unter den apokryphen myftifchen Autoren nimmt den erften Platz diefer Hermes ein, fo zwar, dafs die Schriften, die in diefe Kategorie fallen, unter dem Namen hermetifche Literatur zufammengefafst werden; noch jetzt befitzen wir durch die handfchriftliche Ueberlieferung eine Anzahl folcher Producte, als deren Autor der dreimal gröfste Hermes angegeben wird, und allerlei alchemiftifche, magifche und aftrologifche Papyrus curfirten unter demfelben Namen fchon im III. und IV. Jahrhundert. Schon bei Tertullian adv. Valentinianos, cap. 15 kommt erwähnt vor Mercurius ille Trismegiftus magister omnium physicorum. Seine Autorität erfchien fo grofs, dafs fich der Kirchenvater Lactantius auf fie beruft: ,Trismegistus Hermes idoneus testis est, qui nobiscum........ congruit (div. inst. VI de vero cultu, cap. 25). Und fo ähnlich geht es weiter.

So bekannt nun diefe auffallende Erfcheinung in fpäterer Zeit, fo fchwer ift es, ein diplomatifch feftes Zeugnifs für die öffentliche Anerkennung des Hermes Trismegiftus zu finden. In der Literatur ift das ältefte Zeugnifs das des Tertullian; denn wir müffen von dem offenbar gefälfchten des Manetho bei Georgios Synkellos, I, pag. 73, DINDORF abfehen (C. MÜLLER, Fr. hist. graec., II, pag. 512). Dafs der Urfprung des Hermes Trismegiftus in Aegypten zu fuchen ift, wo unter dem Einflufs des Neuplatonismus fchon im III. Jahrhundert manch hermetifches Buch entftanden fein mag, ift klar. Aber infchriftlich erfcheint der Beiname Trismegiftus für Hermes dort nicht belegt; denn in C. I. G. 4767 liegt nur eine Conjectur LETRONNE'S vor; in den Infchriften aus Aegypten und Aethiopien des C. I. G. hat Hermes das Epitheton κύριος einmal in Aegypten, zehnmal in Aethiopien, μέγας einmal in Aethiopien, μέγας καὶ μέγας in der Infchrift von Rofette; wer die Verhältniffe kennt, unter denen diefes Decret zu Stande kam, weifs, dafs diefer Ausdruck ein Aegypticismus ift, für den ich ein zweites Beifpiel aus dem Papyrus Erzherzog Rainer Nr. 2082 aus dem Jahre 188 n. Chr. beibringe:

Zeile 12. πετενεφιης χαιρημονος
13. ϊερευς σουχου θεου μεγαλου
14. μεγαλου και των σηναων sic (= συνναων) θεων

Dann heifst Hermes μέγιστος fünfzehnmal in Aethiopien, einmal ebendort τρίςμακαρ (vergl. H. W. SCHÄFER, Die Alchemie, Flensburg 1887).

Es kommt daher erwünfcht, dafs uns jetzt zwei Belege aus früher Zeit für Ἑρμῆς τριςμέγιστος bekannt geworden find: der eine ift in meinen Zauberpapyrus enthalten,

Zeile 886: τὰ ὀ(νόματα) ἃ ἔγραψεν ἐν Ἡλιουπόλει ὁ τριϲμέγιϲτοϲ Ἑρμῆϲ ἱερογλυφικοῖϲ γράμμαϲι. (Dazu kommt aus den neuen Zauberpapyri Z. 560: τρὶϲ μέγαϲ Ἑρμῆϲ.) Die ältefte officielle Erwähnung aber liegt vor in einem aus Hermopolis ftammenden Papyrus Erzherzog Rainer; es ift dies ein Ehrendecret, welches an einen hohen kaiferlichen Beamten, der aus Hermopolis gebürtig war, von den Spitzen und dem Gemeinderathe diefer Stadt gerichtet wird; in diefem fchön ftilifirten Schriftftücke aus der Zeit des Gallienus, ‚unferes Kaifers und Herrn', wie es heifst, kommt die Stelle vor: τοῦ [πατρῴου] ἡμῶν θεοῦ τριϲμεγίϲτου Ἑρμοῦ ὃϲ παρίϲταταί ϲοι, ‚unferes Gottes, des Gottes unferer Väter, des dreimalgröfsten Hermes, der Dich befchützt'. So fehen wir, dafs die Hermesftadt auch fchon dem Hermes Trismegiftos als ihrem Gotte die officielle Geltung eingeräumt hat.

K. Weffely.

(Die Abkürzung ωϲ$^{\tau}$.) Man ift leicht geneigt, diefe Abkürzung mit ὥϲτε aufzulöfen; aber ein Fall wie (Hermes, XX, S. 435, Pap. pag. VI, Zeile 6, 7, vergl. S. 437, pag. VIII, Zeile 4, 5, 7)

(ϲιδηρου. . . .)   ολ(κηϲ) μνων
ν̅β̅ ωϲτ [μ]ιαϲ < ε αι ϲυναγο(μεναι) < ϲξ

weift auf eine andere Erklärung hin; wir lefen daher vielmehr ὁλκῆϲ μνῶν νβ' ὡϲ τῆϲ μιᾶϲ (oder μνᾶϲ?) δραχμαὶ ε', d. i. ‚Eifen im Gewichte von 52 Minen, je eine zu 5 Drachmen, zufammen 260 Drachmen'. In diefer Auffaffung beftärkt uns ein Papyrus Erzherzog Rainer, der eine Bauurkunde enthält, in welcher drei aufeinanderfolgende Poften in der erften Columne fo lauten:

ξυλων π]ηχ ἐϲιϛ ωϲ$^{\tau}$ πηχ 𐅵   . . . .
οικοδο]μοι φιϛ ωϲ$^{\tau}$ α̅ 𐅵 δ   𐅵 ͵βξδ
ε]ργα ͵βξδ ωϲ του α̅ 𐅵 δ   ϡα 𐅵 ͵βϲνϛ

Wir haben alfo zu lefen: ὡϲ τῆϲ πήχεωϲ und ὡϲ τοῦ ἑνόϲ, letzteres ift in der dritten Zeile ausgefchrieben. Die Rechnung gibt fo ein zufriedenftellendes Refultat: ‚5216 Ellen Holz, je eine Elle zu 5 Obolen; 516 Bauleute, für einen jeden je 4 Drachmen (macht) 2064 Drachmen; 2064 Tagewerke, für ein jedes je 4 Drachmen (macht) 1 Talent 2256 Drachmen'.

Ferner fprechen noch für uns ähnliche Kürzungen, in denen der Artikel bis auf einen Buchftaben reducirt wird; fo ift α$^{\tau}$ zu lefen ἀπὸ τοῦ oder τῆϲ, δ$^{\tau}$ = διὰ τοῦ, τῆϲ, υ$^{\tau}$ = ὑπὲρ τοῦ, τῆϲ, ει$^{\tau}$ = εἰϲ τὴν u. f. w.

Karl Weffely.

MITTHEILUNGEN

AUS DER SAMMLUNG DER

PAPYRUS ERZHERZOG RAINER

SECHSTER BAND

MIT 2 TAFELN IN LICHT- UND STEINDRUCK

WIEN

VERLAG DER K. K. HOF- UND STAATSDRUCKEREI

1897

HERAUSGEGEBEN UND REDIGIRT VON JOSEPH KARABACEK

INHALT

des fechsten Bandes.

Studien und Forfchungen:

Kleinere Mittheilungen:

Nachweis der Tafeln:

VI. Band Nro. 1 bis 4 11. Jänner 1897

MITTHEILUNGEN

AUS DER SAMMLUNG DER

PAPYRUS ERZHERZOG RAINER

Herausgegeben und redigirt von Joseph Karabacek.

AUS DER HEKALE DES KALLIMACHOS.

Mit den Tafeln I und II.

Vorbemerkung.

An der Verwerthung des literarischen Denkmals, das hier der Öffentlichkeit übergeben wird, haben sich mehrere Hände betheiligt. Dasselbe wurde zuvörderst einem jungen Philologen, Dr. JOSEPH ZINGERLE, überantwortet, dem sich sofort ein Studiengenosse, Dr. WILHELM WEINBERGER, zugesellte. Dieser hat, mit kallimacheischen Studien beschäftigt, die Provenienz des Stückes zuerst erkannt, und beide haben das dem Erweis dieser These dienende Material gesammelt. In der ungemein mühseligen Entzifferungsarbeit wurden die beiden jungen Gelehrten von den Herren BORMANN und KRALL wesentlich unterstützt. Insbesondere der erstgenannte dieser Forscher hat anläßlich kritischer Übungen, die er mit seinen Schülern abhielt, die Restitution dieser Überreste in der nachhaltigsten Weise gefördert. Schließlich wurde der Unterzeichnete, der schon früher in Betreff einzelner Stellen zu Rathe gezogen ward, von den Genannten ersucht, die durch äußere Umstände ins Stocken gerathene Arbeit einem wenigstens vorläufigen Abschlusse zuzuführen — eine Aufgabe, der er sich nicht entziehen zu sollen, die er aber nur unter der Mitwirkung des Herrn KARL WESSELY in einer einigermaßen befriedigenden Weise erfüllen zu können glaubte. Letzterer hat einen Theil der ihm spärlich zugemessenen Mußestunden dem Entzifferungsgeschäfte mit ebenso hingebendem Eifer, als glänzendem Erfolge gewidmet. Bleibt auch jetzt noch so manches Räthsel ungelöst, so darf doch wohl die Hoffnung als berechtigt gelten, daß nunmehr, da das schwerste Stück Arbeit gethan ist, auch die noch übrigen Schwierigkeiten sich nicht als unüberwindlich erweisen werden.

Die einzelnen Lesungen ihren Urhebern zuzuweisen, hat sich in Folge des oben angedeuteten, auf der Vereinigung verschiedener Kräfte beruhenden Arbeitsverfahrens in sehr vielen Fällen nicht als thunlich gezeigt, und so wurde, um nicht durch theilweise Angaben einen unrichtigen Eindruck hervorzubringen, auf eine derartige Scheidung überhaupt verzichtet. Auch wäre diese Sonderung um so schwieriger durchzuführen, da gar häufig von dem Einen als Conjectur das aufgestellt war, was nachträglich ein Anderer thatsächlich gelesen hat. Für die ‚Einleitung' und den ‚Commentar', dem zwei ‚Excurse' nachfolgen, wurden die mir vorliegenden Aufzeichnungen reichlich, wenn auch nicht ohne jeden redactionellen Eingriff verwerthet, wobei erheblicheren Mittheilungen der Name ihres Urhebers beigefügt ist. Alle im Laufe der Arbeit aufgetauchten Vermuthungen zu verzeichnen, konnte nicht meine Aufgabe sein. Das mit äusserster Sorgfalt und Gewissenhaftigkeit angefertigte Facsimile (Tafel II) wird die Controle beziehentlich die Fortführung der Arbeit erleichtern, während der Lichtdruck (Tafel I) von den ihr anhaftenden Schwierigkeiten eine angemessene Vorstellung gibt. Seit der Veröffentlichung des Separatabdruckes sind dem Herausgeber zahlreiche, die Kritik sowohl, als die Interpretation des Bruchstückes betreffende Beiträge von Fachgenossen zugegangen, die im Folgenden dankbar verwerthet werden. Es sind dies Anzeigen von O. CRUSIUS, Liter. Centralblatt, 1893, Nr. 32; G. KNAACK, Berliner Wochenschrift für classische Philologie, 1894, Nr. 14; E. MAASS, Deutsche Literaturzeitung, 1893, Nr. 33; TH. REINACH, Révue des Études grecques, Bd. VI, Nr. 22; die Abhandlungen von E. DEI PICCOLOMINI, Nuova Antologia italiana, Vol. 46, ser. 3, 1. August 1893; H. J. POLACK, Separatabdruck aus Verslaagen en Mededeelingen d. kon. Academie van Wetenschappen Afdeeling Letterkunde, 3de Reeks, Deel X, 1894; U. v. WILAMOWITZ-MÖLLENDORFF, Nachrichten der königl. Gesellschaft der Wissenschaften, Göttingen 1893, Nr. 19; ROBINSON ELLIS, Journ. of Philology, XXIV, 48 ff. Gütige, theils mündliche, theils briefliche Mittheilungen verdanke ich den Herren V. ARNIM, DIELS, KAIBEL, STERNBACH, WECKLEIN und ZIELINSKI. Auch hat Herr WESSELY einige der am schwersten lesbaren Zeilen des Originals einer nochmaligen mühevollen und keineswegs ergebnisslosen Untersuchung unterzogen.

Th. Gomperz.

Einleitung.

Es ist eine Perle alexandrinischer Poesie, die wir im Folgenden unseren Lesern darzubieten so glücklich sind. Von dem im Alterthum am höchsten geschätzten Werke des Kallimachos waren uns bisher nur ungefähr dreissig Verse bekannt, zum grössten Theil Einzelverse, hie und da zu Gruppen von zwei oder drei solchen vereinigt, während jeder Versuch, einigermassen grössere Versgebilde zu reconstruiren, durch eben den Fund, der uns beschäftigt, widerlegt worden ist. Nicht ohne freudige Überraschung wird man daher die langen Versreihen betrachten, die uns auf der hier abgebildeten gebräunten Holztafel entgegentreten. Dieselbe hat, wie die an ihr erkennbaren Leinwandspuren zeigen, lange Zeit in unmittelbarer Nähe einer Mumie in einem ägyptischen Grabe geruht, aus dem sie jetzt gleich manchen anderen antiken Literaturwerken erstanden und der wissenschaftlichen Ausbeutung erschlossen ist. Und nicht nur der Wissenschaft, auch dem ästhetischen Genuss jedes Literaturfreundes ist hiemit ein Besitz erworben, der so lange lebendig bleiben wird, als die griechische Sprache und die Kleinodien griechischer Poesie gekannt und geschätzt sein werden. Denn um dies sofort zu bemerken, von der Kunst des Kallimachos und dem Werth seiner Dichtungen gewinnen wir nunmehr eine vollere und höhere Vorstellung, als wir bislang besassen. Die Verse, in welchen des Theseus Rückkehr von dem Kampf mit dem marathonischen Stier und seine Begrüssung durch die ihm zujubelnden und ihn mit einem Blätterregen überschüttenden Landleute geschildert wird, am Beginne und in nicht geringerem, vielleicht in noch höherem Maſse die Darſtellung des Tagesanbruchs und des erwachenden ländlichen Getriebes am Schluſs dieſer Überreſte — ſie gehören zu dem beſten, was wir von kallimacheiſcher Dichtung beſitzen, ja zu dem vorzüglichſten, was uns von der Poeſie ſeines Zeitalters überhaupt erhalten iſt. Auch darf uns dies nicht Wunder nehmen. Der Gegenſtand der zuletzt genannten Schilderung iſt durch ſeinen genrehaften Charakter augenſcheinlich der dichteriſchen Anlage des groſsen Alexandriners am congenialſten, wie denn ja auch Theokrit dort das Höchſte erreicht, wo er Bilder des Alltagslebens dichteriſch verklärt. Auch war die ‚Hekale', wie längſt bekannt und anerkannt iſt, ein Werk ſeiner gereiſten Muſe — ein Punkt, über den neuere Unterſuchungen im Vereine mit unſerem Funde uns ein noch ſichereres Urtheil geſtatten, als vordem erreichbar war. Denn da die Schmähung umfangreicher Gedichte, wie ſie uns am Schluſs des Apollohymnus entgegentritt, doch nicht füglich der Abfaſſung eines eigenen groſsen Gedichtes nachgefolgt ſein kann, ſo erſcheint der Schluſs ſtatthaft, daſs die ‚Hekale', die ein antiker Leſer ein ‚groſses Gedicht' genannt hat (Schol. zu II 106), ſpäter geſchrieben iſt als jener nach 247 v. Ch. G. (vergl. STUDNICZKA, Hermes 28, 14) verfaſste Hymnus. War jedoch an der Richtigkeit dieſer Ausſage ein Zweifel noch möglich, ſo wird er durch die hier ans Licht tretenden Überreſte des Gedichtes verſcheucht. Da ſelbſt nebenſächliche, von dem Hauptthema weitabliegende Epiſoden mit ſo groſser Ausführlichkeit behandelt werden, wie insbeſondere die Columnen II und III ſie uns zeigen, ſo können wir es unmöglich bezweifeln, daſs die vollſtändige Dichtung einen beträchtlichen Umfang beſeſſen hat; jenes Zeugnis wird geſichert und die aus ihm flieſsende Folgerung verſtärkt. Man wird fortan kein Bedenken tragen dürfen, die ‚Hekale' für eines der reifſten, wenn nicht das reifſte Werk unſeres Dichters, und, wenn derſelbe, wie man nicht ohne Grund annimmt, um 235 v. Ch. aus dem Leben geſchieden iſt, für eine ſeiner letzten Schöpfungen zu halten.[1] Dazu ſtimmt es aufs beſte, daſs er hier einen der Eigenart ſeines Talentes ſo wohl entſprechenden Stoff gewählt hat und daſs von dem froſtigen Wortpomp, der uns den Genuſs der Hymnen vielfach verleidet, kaum irgendwelche Spuren anzutreffen ſind. Und da wir einmal von dem Kunſtwerth des Werkes zu ſprechen uns veranlaſst ſahen, ſo ſei noch eines nicht wenig bezeichnenden Umſtandes gedacht. Die Vorſchrift, welche Ariſtoteles in der Poetik den Epikern ertheilt, ſoweit als irgend möglich hinter ihrem Stoffe zu verſchwinden, ſo wenig als irgend möglich ſelbſt zu ſprechen, ſondern ſtatt deſſen die von ihnen eingeführten Perſonen reden zu laſſen — dieſe Kunſtregel, zu deren Befolgung ſich auch in den Hymnen ſo beträchtliche Anſätze erkennen laſſen, wird in den neuen Bruchſtücken in einer Ausdehnung verwirklicht, die zwar das Verſtändniſs derſelben in nicht geringem Maſse beeinträchtigt, von dem Kunſtverſtand des Dichters aber uns einen hohen Begriff gibt. Inwieweit Kallimachos hier der Eingebung ſeines Genies, inwieweit er — der Mann von umfaſſendſter Gelehrſamkeit und der Schüler des Ariſtotelikers Praxiphanes — bewuſst und abſichtlich dem Gebot des groſsen Kunſttheoretikers gefolgt iſt, wer möchte dies mit Sicherheit entſcheiden wollen?

Doch es iſt Zeit, das Denkmal, dem wir ſo reiche Belehrung und nicht minder reichen Genuſs verdanken, ins Auge zu faſſen.

[1] [Anders urtheilt v. WILAMOWITZ a. a. O.]

1*

Die faſt 2 *cm* dicke Holztafel hat eine Länge von 52 *cm*; die Höhe wechſelt zwiſchen 8 *cm* (am linken) und 10 *cm* (am rechten Ende), da der Bruch in nicht ganz paralleler Richtung zur oberen Begrenzungskante der Tafel verlaufen iſt. Das erhaltene Stück weiſt an der Bruchfläche die Spuren von drei Durchlochungen auf, je eine davon am äuſserſten Ende derſelben; ein viertes Loch ſitzt in der II. Columne nahe am Rande des Bruches; ſämmtliche liegen in einer Geraden und ſcheinen demnach die Richtung des Bruches bedingt zu haben. Da das am linksſeitigen Rande der Tafel befindliche Loch ein Hineinrücken der Anfänge der Zeilen 11, 12, 13 verurſacht hat und ebenſo jenem in Columne II, 13 ausgewichen wurde, iſt es ſicher, daſs die Durchlochungen ſchon vor der Beſchreibung der Tafel vorhanden waren. Daſs ſie zur dauernden Befeſtigung der letzteren an einer Wand vermittelſt Nägel gedient hätten, iſt ſchon in Anbetracht der beſchriebenen Rückſeite wenig wahrſcheinlich. Auf die Art der Befeſtigung weiſen vielmehr die in der Mitte der oberen Kante der Tafel ſymmetriſch liegenden und tief in das Holz eindringenden Nagellöcher, die durch Fäden mit einander verbunden zu denken ſind; die Tafel konnte ſomit beweglich aufgehängt und nach Belieben abgenommen oder umgekehrt werden. Auf die letztere Art der Benützung weiſen die auf der Rückſeite befindlichen zwei Columnen aus Euripides' Phoeniſſen. Aus dieſen ergibt ſich auch die Gröſsenbeſtimmung des verloren gegangenen Stückes (vgl. Mitth. aus der Samml. der Papyrus Erzherzog Rainer, V, 74 ff.). Zwiſchen den in zwei Columnen geſchriebenen 11, beziehungsweiſe 12 Verſen der euripideiſchen Tragödie fehlen 18 oder 19 Verſe. Da dasſelbe Verhältniſs auch für die Vorderſeite angenommen werden darf, ergibt ſich, daſs der Bruch uns beiläufig drei Fünftel der ganzen Tafel entzog. Am oberen Ende iſt nichts verloren, da der Rand durch zwei eingekerbte Linien bezeichnet iſt; Spuren einer ſolchen Begrenzung finden ſich auch an den ſeitlichen Enden. Über die Beſtimmung des Ganzen kann ein Zweifel nicht obwalten. Eine Holztafel, die mit einem Theile der Botenrede aus einem der drei meiſtgeleſenen Dramen des Euripides und mit einer an mythologiſchen Anſpielungen reichen Partie eines der gefeierteſten Werke des Kallimachos beſchrieben wurde, was ſollte ſie anders geweſen ſein als eine Schultafel, welche als Vorlage für Leſe- und Interpretationsübungen gedient hat?

Dieſer nicht vom Herausgeber herrührenden Darlegung darf er hinzufügen, daſs unſere Tafel ſich, wie dies ihre Beſtimmung mit ſich brachte, von dem Dutzend bisher bekannt gewordener, gleichfalls in Ägypten aufgefundener griechiſcher Schultafeln (über dieſe vergl. Welcker im Rhein. Mus. XV, 155 ff. und Fröhner, Tablettes Grecques du musée de Marseille, Paris 1867), die zu Schreibeübungen gedient haben, in jedem Betracht unterſcheidet. Ihre Schrift ſtammt, wie nach Wessely's Ermittlung die der Curſive angehörigen Schriftzüge des Denkmals lehren, aus dem vierten nachchriſtlichen Jahrhundert.

Wir wenden uns von dieſen Äuſserlichkeiten zu den Fragen der ſogenannten höheren Kritik. Den eigentlichen Urſprungsſtempel unſeres Stückes bildet V. 13 der vierten Columne, der ſowohl in einem Scholion zu Ariſtophanes' Fröſchen 1297 als bei Suidas s. v. ἱμαῖον angeführt und an erſter Stelle dem Kallimachos, an zweiter der ‚Hekale' desſelben zugeſprochen wird. Kann ſomit über die Autorſchaft dieſer ununterbrochen fortlaufenden Versreihe und über ihre Zugehörigkeit zu dem genannten Gedichte nicht der Schatten eines Zweifels beſtehen, ſo gilt wenn auch aus anderen Gründen genau dasfelbe von Col. I. Diefe entbehrt zwar einer ebenfo unzweideutigen Beglaubigung als Beftandtheil der ‚Hekale'; allein die Nennung des Thefeus, der von Marathon kommend den gefeffelten Stier an der Hand führt und an feinen Vater Ägeus die Botfchaft fendet, dafs er das gefahrvolle Abenteuer glücklich beftanden hat, die fchon erwähnte jubelnde Begrüfsung, die ihm von den ihn umringenden Landleuten zutheil wird — alle diefe Züge würden einen Zweifel an der Provenienz auch diefer Versreihe felbft dann nicht aufkommen laffen, wenn fie vereinzelt auf uns gekommen wäre und wenn nicht überdies V. 6 als kallimacheifch bezeugt und nebenbei bemerkt fchon früher der ‚Hekale' wenn auch in ganz unrichtiger Verbindung mit einigen anderen Bruchftücken zugewiefen worden wäre. Ein wunderbares Spiel des Zufalls hat es fo gefügt, dafs die Schlufsworte diefer Columne von Suidas angeführt werden und unferen Text um zwei daran geknüpfte Worte bereichern helfen; der Zufammenhang, in dem das namenlofe Citat erfcheint, hat übrigens fchon RUHNKEN geftattet, es der ‚Hekale' des Kallimachos zuzuweifen. Zur Verftärkung des Beweifes, der freilich keiner folchen bedarf, dient ferner der Umftand, dafs zwei Col. IV, Z. 4 und 12 begegnende Wendungen, desgleichen der Vers IV, 14 durch antike Anführungen als kallimacheifch direct bezeugt, beziehentlich längft erkannt find.

Anders fteht es um die Columnen II und III. Hier verfiegen die antiken Citate vollftändig, und da überdies der Inhalt Manches bietet, das man in der ‚Hekale' zu finden kaum erwartet hätte — Col. III fcheint eine Krähe redend eingeführt zu fein —, fchliefslich aber die beiden Columnen von einer anderen Hand gefchrieben fcheinen als I und IV (vgl. den Excurs I), fo ift es begreiflich, dafs der Gedanke erwachen konnte, es möchten uns hier die Überrefte eines verfchiedenen Gedichtes vor Augen liegen. Allein fo natürlich folch eine Anwandlung von Skepfis auch ift, fo verkehrt wäre es, bei ihr ftehen bleiben zu wollen. Die ungleiche Vertheilung der Citate, bei der übrigens der fchlechtere Erhaltungszuftand der Columne III, die geringere Zahl darin überhaupt lesbarer und die bisher wenigftens unvollftändigere Lefung auch diefer Zeilen mit in Rechnung zu ziehen ift, kann durch das zufällige Vorkommen einiger überaus feltener und darum erklärungsbedürftiger Worte in den Columnen I und IV, gleichwie dadurch bedingt fein, dafs hier augenfcheinlich Glanzftellen des Gedichtes vorliegen, die häufiger gelefen und darum auch reichlicher ausgezogen wurden. In Sprache und Versbau bieten die zwei fraglichen Columnen nichts, was der Art des Kallimachos fremd wäre und Einzelheiten wie jener Versfchlufs: ἀλλά ἑ Παλλάς (III 3 verglichen mit hymn. I 13: ἀλλά ἑ 'Ρείης), fcheinen die Factur des Kallimachos zu verrathen. Befremdlich, ja räthfelhaft ift aber auch gar Manches in der fo wohlbeglaubigten vierten Columne. Denn wer mag wohl die eine jener zwei Frauen fein — in der anderen dürfen wir bis auf Weiteres die Namensträgerin des Gedichtes erblicken — die bis in die tiefe Nacht hinein mit einander plaudern, bis der Schlaf fie überrafcht und fie nach kurzer Raft von einem Nachbar geweckt werden, der den Anbruch des Morgens in den meifterhaften Schlufsverfen fchildert?[1] Wie kann diefe Unbekannte das künftige Schickfal des Raben vorherfagen, der ob der unliebfamen Kunde, die er dem Apollon von der Untreue feiner

[1] [Hekale und ihre Hauskrähe, — fo glaubt jetzt MAASS, desgleichen WEIL bei TH. REINACH, die Krähe und ein anderer Vogel, — fo glaubt v. WILAMOWITZ desgleichen die Frage beantworten zu follen.]

Geliebten bringt, sein jetzt noch schneeweißes Gefieder gegen ein pechschwarzes vertauschen wird? Solche Vorblicke in die Zukunft, die übrigens Kallimachos ungemein liebt, pflegen doch nur Göttern, wenn nicht Sehern beigelegt zu werden, und nichts, was wir bisher von dem Inhalt des Gedichtes wußten, hat uns auf das Auftreten einer Göttin oder auch nur einer Seherin vorbereitet, die in der gastlichen Hütte des guten Mütterchens einkehrt und mit ihm trauliche Zwiesprache pflegt. Man muß eben angesichts neuer Funde allezeit auf Erweiterungen, ja auf verblüffende Erweiterungen unserer bisherigen Kenntniß gefaßt sein. Wenn aber kein Vers jener Columnen als zu unserem Epyllion gehörig (oder auch nur als kallimacheisch) bezeugt war, so gilt dies doch nicht von dem Sagenstoff, den sie behandeln. Wissen wir doch längst durch ein Scholion zur Ilias (B 547), daß die Geburt des Erichthonios darin erzählt ward. Da nun Columne II uns eine Reihe von Zügen der Erichthonios-Sage vorführt, wie daß Athena denselben den Kekropstöchtern übergibt, während sie selbst sich von Athen entfernt, um einen zur Sicherung der ihr jüngst durch Götterschluß zugefallenen Stadt bestimmten Berg herbeizuholen und daß die Hüterinnen des Hephaistoskindes ihre Neugier nicht zu bezähmen vermögen und den Korb öffnen, der Athenens Schützling verwahrt — so darf man wohl in jenem Zeugniß den, wenn auch nicht vollständigen Ersatz einer Textanführung erblicken. Und auf's Engste hängt mit dem Inhalt dieser Columne jener der arg zerrütteten Columne III zusammen, in welcher von dem schweren Groll der Göttin gegen die Krähe die Rede ist, ein Groll, der nach der beim Atthidenschreiber Amelesagoras (Fragm. hist. graec. II, 22) und bei Ovid (Metam. II, 531 sqq.) am ausführlichsten erhaltenen Version dadurch hervorgerufen war, daß eine Krähe von jenem Act frevelhafter Neugier der Athena Kenntniß gegeben hat. Eine Brücke zwischen Columne III und IV endlich schlägt die schon erwähnte, auf das Schicksal des Raben bezügliche Weissagung, da augenscheinlich die Gleichartigkeit des Motivs — Bestrafung des Überbringers einer unwillkommenen Botschaft — es ist, die hier wie bei Ovid die zwei Erzählungen mit einander verknüpft hat. Somit entbehren auch die beiden in Rede stehenden Columnen nicht einer an sich freilich schwächeren, jedoch durch die Umrahmung, innerhalb deren sie erscheinen, ausreichend verstärkten urkundlichen Beglaubigung. Auch das Befremden, welches die im Metamorphosenstyl gehaltene Klage der Krähe uns bereitet, wird durch eine naheliegende Erwägung gemildert. Da sogleich im Beginne der in Columne IV ohne Unterbrechung verlaufenden Versreihe eine der zwei später erwähnten Frauen die Sprecherin sein muß und die den Raben betreffende Weissagung mit der Erzählung vom Schicksal der Krähe auf's innigste verknüpft ist, so können die der Krähe in den Mund gelegten Worte kaum etwas anderes sein als eine Anführung innerhalb der Anführung.

Eine erstere und schwierigere Frage ist die nach der Anordnung und dem Zusammenhang der Columnen. Hierüber hat Herr ZINGERLE in einer Erörterung, die anläßlich der Unterscheidung von zwei Schreiberhänden auch manches paläographische Detail berührt, eingehend gehandelt (siehe Excurs I).

Text und Commentar.

(Vergl. die Tafeln I und II.)

Columne I.

. . . . .ἑτέρην περίαπτε καὶ εἰν ἄορ ἧκεν·
ὡς ἴδον, ο[ἰδ'] ἅμα πάντες ὑπ[έτρ]ες[α]ν ἠδ' [ἐλίας]θεν
ἄνδρα μέγαν καὶ θῆρα πελώριον ἄντ[α ἰ]δέσθαι,
μέσφ' ὅτε δὴ Θησεύς φιν ἀπόπροθι μακρὸν ἄυσε·
μίμνετε θαρσήεντες, ἐμῷ δέ [τ]ις Αἰγέϊ πατρὶ
νεύμενος ὦστ' [ὤ]κιστος ἐς ἄστυρον ἀγγελιώτης
ὧς ἐνέποι — πολέων κεν ἀναψύξειε μεριμνέων —·
„Θησεὺς οὐχ . . . . ἀπ' εὐύδρου Μαραθῶνος
[ζ]ωὸν ἄγων τὸν ταῦρον." ὁ μὲν φάτο, τοὶ δ' ἀίοντες
[π]άντες ‚[ἰ]ὴ παιῆον" ἀνέκλαγον, αὖθι δὲ μίμνον.
οὐχὶ νότος τόσσην γε χύσιν κατεχεύατο φύλλων
οὐ βορέης οὐδ' αὐτὸς ὅτ' ἔπλετο φυλλοχόος μ(ε)ίς,
[ὅ]σσα τότ' [ἀ]γ[ρ]ῶσται περί [τ'] ἀμφί [τ]ε Θησέι βάλλον,
[οἵ μιν ἐκυκλώσα]ντο περιστα[δ]όν, αἱ δὲ γυναῖκες
. . . . .στόρνῃσιν ἀνέστεφον

V. 1 Die ungemein fchwer zu entziffernden Worte geftatten keine völlig fichere Auslegung. Während des Kampfes mit dem Stier hatte Thefeus (vgl. die Vafenbilder bei Klein Euphronios [2], S. 193 ff. und Museo ital., III, 1890, S. 209 ff.) das im Wehrgehäng fteckende Schwert abgelegt und an einem Baume befeftigt. Welches Subftantiv zu ἑτέρην zu ergänzen ift, wird fich nicht mit Sicherheit ermitteln laffen. [POLACK vermuthet ἄψ τελαμῶν' ἑτέρῃ oder θέσμην ἑτέρην, PICCOLOMINI (brieflich) οὗ σειρὴν ἑτέρην.]

V. 2. Das Τ in ὑπέτρεσαν ift aus Δ corrigirt. Unberichtigt blieb dasfelbe Verfehen V. 5, wo man ΔΙϹ liest, während offenbar τις gemeint ift, desgleichen V. 14, wo ΠΕΡΙϹΤΑΤΟΝ überliefert ift und II, 10, wo ΔΕ für τε erfcheint; vergl. BLASS, Ausfprache des Griechifchen [3], 95. [ὡς ftatt οἴδε, vorgefchlagen von CRUSIUS, DIELS, KAIBEL, STERNBACH nach Theocrit. II, 82 und III, 42 und Coluth. 257 ABEL, woran W(EINBERGER) erinnert.]

V. 4. μέσφ' ὅτε (hier und Col. II, 4) ift den Differt. Vindob. III 262 angeführten Belegen hinzuzufügen. φίν gehört zu den Dorismen, die DEGNER, de dorismi usu Callimacheo, Breslau 1877, p. 71 verwirft. Doch fcheint die Holztafel nicht nur die drei Stellen, an denen φίν überliefert ift (III, 125, 213 und fr. 183; vergl. Nicandr. ther. 725 und fr. 6), zu fichern, fondern auch MEINEKE'S Conjectur zu I, 12 einigermafsen zu ftützen. Dialektmifchung ift der alexandrinifchen Poefie nicht fremd. W.

V. 6. Von dem neu auftauchenden νεύμενος abgefehen, identifch mit dem bei Suidas s. v. ἄστυρον erhaltenen fr. 288. ὤκιστος hat fchon BENTLEY aus dem dort überlieferten ῴκιστο hergeftellt, eine Befferung, die nachträglich handfchriftliche Beftätigung gefunden hat. Der ‚Hekale' hat NÄKE (Opusc. II, 261) den Vers zugewiefen und den Zufammenhang, in dem er jetzt auftritt, richtig erkannt. Statt ὤκιστος bietet die Tafel ΟΚΙϹΤΟϹ eine Verwechslung, die uns noch mehrfach begegnen wird. [Statt ὦστ' mit SUIDAS ὅστ' zu fchreiben, empfehlen KAIBEL, PICCOLOMINI, WECKLEIN.]

V. 7. Zur Form πολέων vgl. MEINEKE'S Bemerkung zum hymn. in Delum v. 37 und SCHNEIDER, I, p. 211.

V. 8 ist es unmöglich, aus ΟΥΧ'ΟΥΤΟϹ (darüber ЄΚΤΑϹ) das Urſprüngliche durch einfache Zuſammenfügung des in der Zeile und ober ihr Geſchriebenen wiederzugewinnen. Gern würde man mindeſtens jeden Buchſtaben der Correctur retten wollen. Doch auch dies iſt bisher wenigſtens nicht gelungen. Einen recht befriedigenden Sinn würde die Schreibung Θηςεὺς οὔ τοι ἀπέκτατ' ergeben; allein auch ſie entfernt ſich allzu weit von den überlieferten Zeichen. [Das Richtige ſcheint Θηςεὺς οὐχ ἑκὰς οὖλος —. οὐχ ἑκὰς hatte der Herausgeber gefunden, aber in der letzten Correctur wieder fallen gelaſſen; ſeither haben v. ARNIM, DIELS, ELLIS, POLACK, ZIELINSKI die Schreibung empfohlen. οὖλος hat POLACK vorgeſchlagen unter Verweiſung auf Callim. hymn. II, 76. (Statt des Τ von ЄΚΤΑϹ glaube ich Λ leſen und darin die beabſichtigte Correctur erkennen zu dürfen. Zum Apoſtroph nach ΟΥΧ vergl. KÜHNER-BLASS, I, 299 und 72, 4, und ABEL zu Colluth. 381. W.)] Mit εὐύδρου Μαραθῶνος vergleiche man Suid. Μαραθών· τοῦτον Καλλίμαχος ἐννότιον λέγει, τουτέστι δίυγρον ἢ ἔνυδρον (fr. 350, von NÄKE der Hekale zugewieſen). Die Möglichkeit, daſs der Lexikograph unſeren Vers im Auge hat und daſs εὐύδρου ein urſprüngliches ἐννοτίου verdrängt habe, läſst ſich ſchwerlich zu irgend einem höheren Grade von Wahrſcheinlichkeit erheben. Daſs durch dieſe Verſe die jüngſt von REITZENSTEIN vorgebrachte, beſtrickende Hypotheſe über den Bau der Hekale (Roſtocker Winter-Programm 1891/92, p. 5) widerlegt wird, braucht kaum geſagt zu werden. Die Geſtalt der Sage, welche der — durch die neuentdeckten ſabbaitiſchen Fragmente bereicherte — Apollodor vor Augen hat, iſt eben eine von der kallimacheiſchen weſentlich verſchiedene.

V. 9 iſt ΜЄΝ aus einem urſprünglich geſchriebenen ΜЄΓΑ corrigirt.

V. 10. Zu ἰὴ παιῆον vergl. h. II, 21, 80, 97, 103. δὲ μίμνον und nicht δ' ἔμιμνον zu ſchreiben, empfiehlt der Umſtand, daſs die Eliſion auf der Holztafel in der Regel bezeichnet iſt. Vergl. SCHNEIDER, I, 239 f., MERKEL, Prolegg. zu Apollonius CVII—CXII und FRIEDLÄNDER, de Nicanore, p. 131—135. W.

[V. 11. Zur φυλλοβολία vergleicht CRUSIUS Schol. ad Eurip. Hec., 569, Eratoſth., p. 248 BERNHARDY, desgleichen verweiſt KNAACK auf BÖCKH zu Pind. Pyth., 9 fin., zu ςτόρνηςιν ἀνέςτεφον (V. 15) auf Parthen. amat. 9 und Anthol. pal. XI, 123, 3.]

V. 13. Zu περί τ' ἀμφί τε vgl. h. IV 300: ςὲ μὲν περί τ' ἀμφί τε νῆςοι.

V. 14. Zur vermuthungsweiſen Ergänzung οἵ μιν (oder νιν) ἐκυκλώςαντο mag man III, 170, 267 und IV, 250 vergleichen. [Vergl. μέςςον ἐκυκλώςαντο περιςταδὸν Qu. Snym. 72, 362. Wie bei περιςταδὸν (*N* 551) zeigt ſich die Vorliebe der Alexandriner für homeriſche ἅπαξ λεγόμενα, die meiſt an der gleichen Versſtelle erſcheinen (MERKEL, Proleg. zu Apoll., CLVI ff.), auch bei ἔρυμα (II, 9, Δ 137), μαρτυρίηςιν (II, 11, λ 325), παραίςια (III, 8, Δ 381), χροιήν (IV, 4, Ξ 164), πίςςαν (IV, 5, Δ 277), λύχνα (IV, 12, τ 34) und πλόον (IV, 14, γ 169); mit IV, 8 mag das nur Ω 423 vorkommende μιαρόν, mit I, 6 (ἀγγελιώτης) hymn. hom. in Merc. 296 verglichen werden. W.]

V. 14/5. Den Schluſs von v. 14 bietet Suid.: ςτόρνηςι· ζώναις· αἱ δὲ γυναῖκες ςτόρνηςιν ἀνέςτρεφον· περὶ Θηςέως. TOUP hat ἀνέςτεφον hergeſtellt; die verſchiedenen Ergänzungsverſuche verzeichnet SCHNEIDER, frg. an. 59.

[illegible] Papyrus Erzherzog Rainer [illegible]

Holztafel mit Versen aus der Hekale des Kallimachos

[illegible] Originalgröße

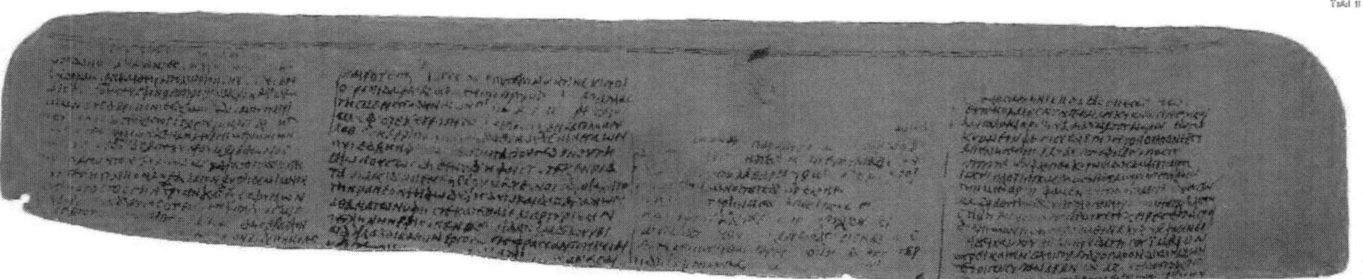

Rückseite mit Versen aus der Hekale des Kallimachos.
(Facsimile in Originalgrösse)

Columne II.

καὶ ῥ' ὅτ' ἐπόφ[θη] (?) . . . . ἐφ' (?) ὃν ἄν τιν' ἕκαστοι
Οὐρανίδαι ἐπάγοιεν ἐμῷ πτ[ε]ρῷ, ἀλλά ἑ Παλλὰς
τῆς μὲν ἔσω δηναι[ό]ν (?) ἀφῆ δρ[ό]σον Ἡφαίστοιο
— μέσφ' ὅτε Κεκροπίδῃσιν ἐπ' ἀκτῇ θήκατο λᾶαν —
λάθριον ἄρρητον, γενεῇ δ' ὅθεν οὐδέ νιν ἔγνων
οὔτ' ἐδάην, φήμη δὲ κατ' ὠγυγίους (?) ἔφαν [α]ὐταὶ
οἰωνούς, ὡς δῆθεν ὑφ' Ἡφαίστῳ τέκεν Αἶα.
τ[ο]υτάκι δ' ἡ μὲν ἑῆς ἔρυμα χθονὸς ὄφρα βάλοιτο,
τήν ῥα νέον ψήφῳ [τ]ε Διὸς δυ[ο]καίδεκα τ' ἄλλων
ἀθανάτων ὄφιός τε κατέλλαβε μαρτυρίῃσιν,
Πελλήνην ἐφίκανεν Ἀχαιίδα· τόφρα δὲ κοῦραι
αἱ φυλακοὶ κακὸν ἔργον [ἐ]πεφράσσαντο τελέσσαι,
κείστης . . . . δεσμά τ' ἀνεῖσαι

Während auf das ſichere Verſtändniſs von V. 2 und den gröſsten Theil von 3 zunächſt verzichtet werden muſs, iſt von 3 fin. angefangen der Gedankenzuſammenhang klar. Es kann, wie die folgenden Verſe lehren, von nichts anderem die Rede ſein, als davon, daſs Athena das Hephaistoskind in jenen Korb einſchlieſst, in welchem die Kekropstöchter ihn bis zu ihrer Rückkehr verwahren ſollen. ἐμῷ πτερῷ, wenn richtig hergeſtellt, läſst ſchon hier die Krähe als Sprecherin erkennen. [PICCOLOMINI vermuthet laut brieflicher Mittheilung ἐμὸν πτερόν.]

V. 4 muſs ſich τῆς auf jenen, offenbar vorher erwähnten Korb (vergl. κείστης V 14) beziehen. Eine irrige Schreibung begegnet in den Zeichen, die man als ΔΗΝΑΙϢΝ leſen zu müſſen glaubt. Wenn δηναιόν das Richtige iſt, ſo muſs es ſich auf die Dauer der Abweſenheit Athenens beziehen. Völlig ſingulär, aber wie es ſcheint nicht zu bezweifeln iſt die Verbalform ἀφῆ, während man bisher dieſem zweiten Aoriſt den sing. ind. durchaus abſprechen zu müſſen glaubte. Mit dem ſpät, aber ſicher gefundenen, erleſenen δρόσον Ἡφαίστοιο vergleiche man vor allem Aeschyl. Agam. (133 Kirchh. = 147 Weckl.): δρόσοις — μαλερῶν λεόντων, was im Etym. M. p. 377 39 alſo erklärt wird: καὶ Αἰσχύλος ἐν Ἀγαμέμνονι τοὺς σκύμνους τῶν λεόντων δρόσους κέκληκε. Der Bedeutungsübergang iſt derſelbe wie bei γόνος. [δὴ νάσσεν ἀφῆ, letzteres als Adjectiv nach Heſych. ἀφῆς· ἀδύνατος ἄλλος (l. ἄλαλος) empfiehlt POLACK.]

[V. 5. Ἀκτῇ zu ſchreiben empfehlen DIELS, KNAACK, MAASS und WILAMOWITZ.]

V. 6—7. Wenn man ſich das Verſtändniſs dieſer Verſe nicht vollſtändig verbauen will, ſo darf man in ἔγνων und ἐδάην nicht die 1. pers. sing. erblicken. Denn wie ſollte der Erzähler, mag es nun der Dichter ſelbſt oder eine von ihm vorgeführte Perſon ſein, die Ungeſchicklichkeit begehen, den Erichthonios zuerſt ‚Hephaiſtosſpröſsling' zu nennen und nachher Unkenntniſs ſeiner Herkunft zu bekennen? Es bleibt nichts übrig als ἔγνων = ἔγνωσαν aufzufaſſen, eine Nebenform, die bisher auſser aus einigen Pindarſtellen nur aus dem homeriſchen Demeterhymnus (V. 111) nachgewieſen war. (Nebenbei erlangt die dort überlieferte Form, die COBET und Andere mit ἔγνον vertauſchen wollten, hier eine neue, wenn auch vielleicht keine ausreichende Gewähr; vergl. KÜHNER-BLASS, I, 2, 55.) ἐδάην = ἐδάησαν erſcheint hier zum erſten Mal, kann aber nach jenem ἔγνων und vor ἔφαν keinem Zweifel unterliegen und fo wenig ein Bedenken erregen als die vielen anderen, vereinzelt vorkommenden derartigen Formen. Unter αὐταί find natürlich Herfe, Aglauros und Pandrofos zu verftehen. Die Folge οὐδέ — οὔτ' möge Niemand wegemendiren wollen; vergl. SCHNEIDER'S Bemerkungen zu IV, 163 (p. 290) und KÜHNER, Griech. Gramm. II, 829. Dem bisher nur in den Epigrammen geduldeten νίν, das h. I, 4 in den Handfchriften, ferner fr. 220 in einem Scholion zu Aeschyl. Eum. 21 und fr. 420 bei Apollon. Dysc. de pronom. p. 143 überliefert ift, erwächft hier eine neue Stütze. [Gegen die obige Auffaffung der beiden Aorifte haben CRUSIUS, REINACH und WILAMOWITZ Einfprache erhoben.]

V. 7—8. Die Zeichen der Holztafel ωΓΑΓΙΟΥΣ in ὠγυγίους zu verändern fcheint unerläfslich [vergl. hymn., I, 14]; ὠγύγιοι οἰωνοί müffen wohl, obgleich es an genau zutreffenden Analogien fehlt, im Sinne von uralten ‚Weisfagungen' verftanden werden. Man beachte δῆθεν ‚angeblich.' Das Wort deutet an, dafs der Glaube der Kekropstöchter dem wirklichen Sachverhalt widerfpricht. An einer fpäteren Stelle des Gedichtes hat Kallimachos, wie aus dem Scholion zu Il. B. 546 erhellt, die Herkunft des Erichthonios in Übereinftimmung mit der dort und fonft mehrfach erhaltenen Verfion (ἀπεσπέρμηνεν εἰς τὸ σκέλος κτέ.) erzählt. Aber auch die hier den Kekropstöchtern zugefchriebene Annahme begegnet mehrfach in der Sage, vergl. PRELLER-ROBERT, Griech. Myth. I, 198 und ROBERT, Eratosth. cataster. reliquiae, p. 98. [Statt φήμη will CRUSIUS, dem KNAACK zuftimmt, φῆμαι lefen. Unter den ὠγύγιοι οἰωνοί verftehen CRUSIUS, DIELS und WILAMOWITZ uralte Vögel.]

V. 9 mufste das überlieferte ΤΑΥΤΑΚΙ in τουτάκι verändert werden. Hier erftreckt fich die Übereinftimmung mit der (fchon in der ‚Einleitung' erwähnten) Erzählung des Amelesagoras bis auf den Ausdruck (vergl. ἐῇς ἔρυμα χθονὸς ὄφρα βάλοιτο mit ἵνα ἔρυμα πρὸ τῆς ἀκροπόλεως ποιήσῃ. Fr. Hist. gr. II, 22).

V. 10—12. Unter der Schlange ift, wie vor allem die Vergleichung mit Apollodor, III, 14, 1 (Κέκροπα μάρτυρα und Κέκροπος μαρτυρήσαντος) zeigt, der fchlangenfüfsige Kekrops gemeint. Somit beruht diefe Darftellung nicht mehr blos auf dem Zeugnifs Apollodors, was gegen PETERSEN (Kunft des Pheidias, S. 156 ff., Hermes, XVII, 124 ff., Wiener Stud., V, 42 ff.) bemerkt wird. Wenn hier das achäifche Pellene, in den Aitia aber in demfelben Zufammenhange das thrakifche Pallene genannt war (vergl. fr. 19 und SCHNEIDER, II, 98), fo mag an STUDNICZKA'S Ausführungen (Hermes, XXVIII, S. 3 und 17) erinnert werden, nach welchen in verfchiedenen Werken des Kallimachos verfchiedene Verfionen derfelben Sage anzutreffen waren. W.

V. 14 fin. erinnert δεσμά τ' ἀνεῖσαι auffallend an Ovid. metam., II, 560: ‚nodosque manu diducit', was dort von der einen Aglauros gefagt wird. Ob übrigens δεσμά τ' oder δέσματ' zu fchreiben ift, könnte nur die bisher nicht gelungene Entzifferung der vorangehenden Worte mit Sicherheit lehren. [ΔΑΚΑ glaubt jetzt WESSELY vor δεσμά zu fehen und er will die Zeichen zu πύνδακα ergänzen.]

Columne III.

. . . . 'Αθήνης
. . . . μοῦναι δὲ παρὰ πτύ[χας] (?) . . . . κορῶναι
. . . . τεόν (?) ποτε πότνια θυ[μ]όν

.... πολλὰ παραίϲια μήποτ' ἐλαφροὶ
[ζή]ϲομεν οἰωνοί, τότε δ' ὤφελον ....
.......ἡμετέρην μὲν ....
ἡμετέρην ἑ καλεῖν ....
μηδέποτ' ἐκθύ[ϲαιτ]ο(?) · βαρὺϲ χόλοϲ αἰὲν 'Αθήνηϲ·
αὐτὰρ ἐγὼ τυτθὸϲ παρέ[ην] [γ]όνοϲ(?) · [ὀ]γδ[ο]άτ[η] γὰρ
ἤδη μοι γενεὴ πέλ[εται] ....
....

Die Entzifferung dieſer ſchwer beſchädigten Columne hat bisher die geringſten Fortſchritte gemacht. Doch kann über den Gegenſtand der Darſtellung nicht der mindeſte Zweifel beſtehen. Da 'Αθήνηϲ am Ende der 5. und κορῶναι am Ende der 6. Zeile lesbar iſt, ſo iſt es ſofort einleuchtend, daſs hier genau ſo wie in der Atthis des Amelesagoras und in Ovids Metamorphoſen a. a. O. die Verbannung der Krähe von der Akropolis als Strafe für ihre unwillkommene Meldung behandelt war. Vermuthen darf man ferner, daſs V. 6 in μοῦναι....παρὰ πτύχαϲ(?) eine Beziehung auf die Eulen, die Feindinnen der Krähen (vgl. Ariſtoteles, hiſt. an. IX, 1, Plin. h. n. X 74, 203, Aelian. n. an. III, 9), enthalten iſt, die ſich allein auf den Abhängen der Akropolis umhertummeln dürfen, vgl. Ovid a. a. O. 564: ‚et ponar post noctis avem'. Die in V. 7 erhaltenen Worte τεόν ποτε πότνια θυμόν (man ergänze: haben wir ſchwer gereizt oder gekränkt) laſſen errathen, daſs, wie ſchon in der Einleitung bemerkt ward, eine Krähe die Sprecherin iſt — eine Vermuthung, die durch V. 13—14 ihre Beſtätigung erhält. Leſen wir doch dort die Worte αὐτὰρ ἐγὼ τυτθὸϲ παρέην γόνοϲ, ὀγδοάτη γὰρ | ἤδη μοι γενεὴ πέλεται — Worte, die im Munde der ob ihrer Langlebigkeit im ganzen Alterthum berufenen Krähe, der ‚novem cornicis saecula passae' (Metam., VII, 274 und Heſiod bei Plut. def. orac., XI) ebenſo angemeſſen ſind, wie ſie in jenem eines menſchlichen oder auch eines göttlichen Weſens unpaſſend wären. Die Sprechende erzählt in ihrem Uralter von dem für ihr Geſchlecht verhängniſsvollen Begebniſs, deſſen Zeugin ſie als Neſtling geweſen iſt. Von dem ſchweren, unſühnbaren Groll der Göttin handelt V. 12: βαρὺϲ χόλοϲ αἰὲν 'Αθήνηϲ, womit man etwa h. II, 68: ἀεὶ δ' εὔορκοϲ 'Απόλλων oder h. IV, 26: θεὸϲ δ' ἀεὶ ἀϲτυφέλικτοϲ oder auch Palladis lavacr. 17: ἀεὶ καλὸν ὄμμα τὸ τῆναϲ vergleichen mag. In V. 7 und 8, wo übrigens zu dem Adjectiv παραίϲια zu bemerken iſt, daſs es uns bisher nur aus Δ 381 und aus Heſychius bekannt war, muſs von dem Verluſte des einſtigen freudigen, lebensfrohen Sinnes dieſes Vogelgeſchlechtes die Rede ſein. Mit μήποτ' ἐλαφροὶ ζήϲομεν(?) οἰωνοί mag man Sophocl. Antig. 243: κουφονόων τε φῦλον ὀρνίθων, Theogn. 5, 80 (P. L. G. II[4], 171): ϲμικρῆϲ ὄρνιθοϲ κοῦφον ἔχουϲα νόον vergleichen und ſich zugleich daran erinnern, daſs der Luſtſpieldichter Philemon in ſeinem ‚Aitolos' ἐλαφρόϲ im Sinne von ὁ τὰϲ φρέναϲ κοῦφοϲ gebraucht hat (Com. Att. fragm., II, 480 Kock). Die Bedeutung dieſer Worte ſchillert allezeit zwiſchen ‚Leichtſinn' und ‚leichtem Sinn'. Ebendort beginnt mit τότε δ' ὤφελον offenbar eine Verwünſchung, ſei es ihres eigenen Lebens, ſei es der an dem Unheil des Geſchlechtes ſchuldtragenden Krähen. [Z. 6 und 7 glaubt jetzt WESSELY zu erkennen παραπτυόμεϲθα κορῶναι | δαίμοϲιν' οὐ γὰρ ἔγωγε τεόν κτέ. Z. 8 ὅϲα vor πολλά. Z. 10 οὕτωϲ ἡμετέρην μὲν ἀπέπτυϲεν, οὐδὲ γενέθλην. Z. 11/12 ἀλλὰ πέϲοιο | μηθέ ποτ' ἐκ θυμοῖο. Z. 14 δεκάτη δὲ τοκεῦϲι. PICCOLOMINI

2*

vermuthet V. 9 τότε δ' ὤφελον εἶναι ἄναυδος. Mit βαρὺς χόλος αἰὲν Ἀθήνης vergleicht KNAACK, Lucret., VI, 753: iras Palladis acris.]

Columne IV.

[δεί]ελος, ἀλλ' ἢ νὺξ ἢ ἔνδιος ἢ ἔσετ' ἠώς,
εὖτε κόραξ, [ὅ]ς νῦν γε καὶ ἂν κύκνοισιν ἐρίζοι
καὶ γάλακι χροιὴν καὶ κύματος ἄκρῳ ἀώτῳ,
κυάνεον φὴ πίσσαν ἐπὶ πτερὸν οὐλοὸν ἕξει,
ἀγγελίης ἐπίχε[ι]ρα τά οἵ ποτε Φοῖβος ὀπάσσει,
ὁππότε [κ]εν Φλεγύαο Κορωνίδος ἀμφὶ θυγατρὸς
Ἴσχυι πληξίππῳ σπομένης μιερόν τ[ι] πύθηται.
τὴν μὲν ἄρ' ὣς φαμένην ὕπνος λάβε τὴν δ' ἀίουσαν.
καδδραδέτην δ' οὐ πολλὸν ἐπὶ χρόν[ον], αἶψα γὰρ ἦλθεν
στιβήεις ἄγχουρος· „ἴτ', οὐκέτι χεῖρες ἔπαγροι
φιλητέων· ἤδη γὰρ ἑωθινὰ λύχνα φαείνει·
[ἀ]είδει καί πού τις ἀνὴρ ὑδατηγὸς ἱμαῖον·
ἔγρει καί τιν' ἔχοντα παρ[ὰ] πλόον οἰκίον ἄξων
τετριγὼς ὑπ' ἅμαξαν, ἀνιάζουσι δὲ πυκνοὶ
[δμ]ῶοι χαλκῆες κωφώμενοι ἔν[δον] ἀκουήν.

V. 2. Die Ergänzung des Anfangswortes ſcheint durch den Gegenſatz zu νύξ, ἔνδιος und ἠώς geſichert. Ebenſo weiſt ἀλλ' ἢ νὺξ κτέ. darauf hin, daſs eine negative Beſtimmung voranging. Der Zuſammenhang mit dem Folgenden bleibt unklar. Stünde der Vers allein, ſo dürfte man wohl mit einiger Sicherheit annehmen, daſs er ſich auf die Feindſchaft zwiſchen den Krähen und Eulen bezieht und den Gedanken abſchlieſst: ‚wenn jemals wieder die Krähe die Akropolis betreten ſollte, ſo könnte dies nicht zur Abendzeit, in der die Eulen umherfliegen, ſondern nur am hellen Tage oder auch zur Nachtzeit geſchehen', zu welcher die Eulen ebenſo wenig ſehen als beim Sonnenlicht und ſich daher in ihren Schlupfwinkeln verſteckt halten. [Richtiger will wohl WILAMOWITZ den Vers nicht anders verſtanden wiſſen als Φ 111: ἔσσεται ἢ ἠὼς ἢ δείλη ἢ μέσον ἦμαρ, ὁππότε τις κτέ. Daſs δείελος ἀλλ' = ἀλλὰ δείελος iſt, bemerkt im Hinblick auf dieſe Gebrauchsweiſe des Kallimachos PICCOLOMINI; auf die metriſche Unwahrſcheinlichkeit eines Einſchnittes nach δείελος macht W. aufmerkſam (vergl. PRAHL, Quaest. metr. Callimach., p. 15).] — Wie hier, ſo behält ἤ in der Theſis vor vocaliſchem Anlaut an gleicher Versſtelle ſeine Länge Il. A 150 und bei Kallimachos ſelbſt Pall. lav. 61. Die mittlere Silbe von ἔνδιος wird von unſerem Dichter ebenſo auch h. in Cer. 39 und fr. an. 24 gekürzt, hingegen fr. 124 und fr. an. 159 gelängt.

Zu V. 3 ff. vergl. PRELLER, Griech. Myth., I³, 424. V. 4. Die Formen γάλακος und γάλακι ſind als kallimacheiſch bezeugt, vergl. fr. 551 (Herodian, II, pag. 646, 29, LENTZ), wo SCHNEIDER die durch die Worte des Grammatikers ὡς ἀπὸ εἰς ξ ληγούσης εὐθείας nahegelegte und durch Herodian I, 352, 3 beſtätigte Beſſerung γάλακος, γάλακι vermiſſen läſst. W. Man kann hinzufügen, daſs die beiden Grammatikerſtellen ſich wechſelſeitig ergänzen und berichtigen, denn I, 352 iſt nach II, 646 zu ſchreiben: ἡ γὰρ κλίσις αὐτοῦ <ὡς> ἀπὸ εὐθείας κτέ. Mit κύματος ἄκρῳ ἀώτῳ vgl. Suidas: κύματος ἄκρον ἄωτον· ὁ ἀφρός, ein Bruchftück, das fchon HECKER auf Grund von h. II, 112 (ἄκρον ἄωτον) dem Kallimachos zugewiefen hat (fr. an. 40 Schn.).

V. 5. Ob ftatt ἕξει nicht vielmehr ἕccει (ἐπὶ — ἕccει = ἐφέccει) das Urfprüngliche ift, fteht dahin.

V. 7. Zur Schreibung κέν vor Φλεγύαο vergl. MERKEL prolegg. ad Apollon. Rhod. CVI. W.

V. 8. Ifchys heifst hier πλήξιππος, wie er im hom. Hymn. in Apoll. Pyth. 32 das Prädikat εὔιπποc erhält. Die von Phrynichus p. 309 (Lobeck) getadelte Form μιερόc ift der Koine eigen und auch in diefer bisher nur durch geringe Gewährsmänner vertreten. Mit μιερόν τι vergl. h. II, 24, III, 132 u. dergl. mehr.

[V. 10. Der aus ο 494 und μ 407 zufammengefetzte Vers erweift fich als fingulär gegenüber der von TAN (de Call. Homeri interprete, Strafsburg 1893, S. 85) ermittelten Regel, dafs unfer Dichter homerifche Versfchlüffe nicht unverändert übernimmt, vergl. ε 487 χύcιν τ' ἐπεχεύατο φύλλων mit I, 11. W.]

V. 11. cτιβήειc (bisher nur aus Suidas nachgewiefen) dürfte hier eher den ‚Reif' des Alters als jenen der Morgenfrühe bezeichnen. Vgl. Com. anonym. (IV, 604 Mein.): γήρωc εὐρῶτα καὶ πάχνην. In Ägypten, wo der Dichter fchrieb, ift die Morgenkühle nicht intenfiv genug, um den Ausdruck ‚ein bereifter Nachbar' zu rechtfertigen, und die Localfarbe zu wahren zeigt fich der Verfaffer der ‚Hekale' eben in der unmittelbar folgenden Schilderung wenig befliffen. [Anders urtheilen hierüber CRUSIUS, KNAACK, MAASS, REINACH und v. WILAMOWITZ.] Die zwei bejahrten Frauen — denn als folche kennzeichnet fie der unerfchöpfliche, nur vom Schlaf gehemmte Redeflufs — weckt, wie billig, ein greifer und darum früh vom Schlummer verlaffener Nachbar.

V. 12. Der heterogenifche Plural λύχνα war bereits aus Kallimachos angeführt im Etym. M., p. 572, 22. Die dort citirten Worte, fr. 255, kann man nicht ohne Wahrfcheinlichkeit auf eben unfere Stelle beziehen. Mit ἑωθινὰ λύχνα mag man auch III, 182: τὰ δὲ φάεα μηκύνονται vergleichen.

Zu V. 13 vergl. Einleitung S. 6.

V. 14 = fr. 278, wo jedoch die Worte trotz der vom citirenden Autor (Schol. ad Apollon. Rhod., III, 1150) hinzugefügten Erklärung: ἐπεὶ καὶ πλόοc λέγεται ἡ ὁδόc felbft von BENTLEY mit einem ‚nescio quid sibi velint' abgethan und von Anderen durch die Schlimmbefferung ἔγρευ ftatt ἔγρει verderbt worden find, während περὶ πλόον ungebeffert geblieben ift. Die active Form ἔγρω wurde trotz des Zeugniffes Herodians (I, 452, 26): τὸ δὲ ἔγρω κατὰ cυγκοπὴν τοῦ ἐγείρω von NAUCK, Mél. Gréco-Rom. IV, p. 320, Anm. 18, verworfen. Mit diefer fynkopirten Form ift bei Kallimachos auch ἄρχμενοc und θρίζω zu vergleichen; über letzteres handelt REITZENSTEIN, Roftocker Programm 1890/91, p. 12.

V. 15. Zu ἅμαξαν vergl. SCHNEIDER, I, 141 und II, 414.

[V. 16. Da vor ἀκουὴν ein C erkennbar fcheint, fo wird ftatt ἔνδον vielmehr ἐντὸc zu fchreiben fein. (Die an das bekannte illi inter sese magna vi brachia tollunt erinnernde Tonmalerei erweift fich als beabfichtigt, da die fonftigen Fälle von *sssdd*: hymn. II, 45, 74; VI, 101 und Epigr. 64, 1 durch Anaphora o. dergl. entfchuldigt find; vergl. BENEKE, De arte metrica Callimachi, p. 15, 19. W.)]

Anhang.

Excurs I.

Die Reihenfolge, in der die vier Columnen vorliegen, läfst fich meines Erachtens nicht aufrecht erhalten; fchon die vorauszufetzende Anlage des Epyllions zwingt zu diefer Folgerung. In Columne I drängt bereits alles zum Schluffe, der Kampf mit dem Stiere ift zu Ende und Thefeus läfst durch einen Boten feine Rückkehr nach Athen melden; Columne II und III enthalten attifche Stammfage; es fcheint mir nun ganz ausgefchloffen, dafs der Dichter eine derart ausführliche Abfchweifung am Schluffe des Ganzen eingefügt hätte. So wenig wir von der Anlage des Epyllion wiffen und fo ablehnend man fich gegen gewagte Reconftructionsverfuche verhalten mag, als ficher kann gelten, dafs eine Epifode, wie Columne II und III fie enthalten, am Schluffe des Epyllions nicht zu rechtfertigen ift.

Abgefehen von diefem inneren Grunde bietet der palaeographifche Thatbeftand Anhaltspunkte genug, um die Reihenfolge, in der die Columnen anzufetzen find, feftzuftellen. Die Tafel ift von zwei verfchiedenen Händen befchrieben; die eingehende Begründung füge ich, um den Gang der Unterfuchung nicht durch eine gröfsere Abfchweifung aufzuhalten, am Schluffe an. Columne I und IV rühren von gleicher Hand her, ebenfo Columne II und III. Es ift nun von vorneherein wahrfcheinlicher, dafs die von gleicher Hand gefchriebenen Columnen nacheinander gefchrieben wurden, als anzunehmen, dafs die erfte Hand Columne I fchrieb, dann die zweite Hand mit den Columnen II und III einfetzte und zuletzt wieder die erfte zur Feder griff. Es ergeben fich zwei Möglichkeiten; die Columnen können gefchrieben worden fein in der Reihenfolge II, III IV, I oder IV, I, II, III; nach dem zu Anfang Bemerkten kommt die letztere Möglichkeit aufser Betracht. Der hellere Grund, auf dem Columne I gefchrieben ift, fowie deutliche Wifchfpuren im Raume zwifchen Columne I und II führten mich zur Annahme, dafs Columne I urfprünglich von gleicher Hand befchrieben war wie Columne II und III. Mit Columne II und III fetzte die neue ein; wollte fie, am Schluffe diefer Columne angelangt, weiter fahren, fo mufste fie zu Columne I zurückkehren und diefelbe löfchen; mit diefer kam das Epyllion zu Ende, fo dafs eine weitere Tilgung nicht mehr nöthig war.

Die Richtigkeit diefer Vermuthung erhält ihre Beftätigung aus einem rein äufserlichen Umftande. Die einzelnen Columnen find durch Längsftriche von einander getrennt; der Strich nun, der Columne I von II trennt, kann nicht vom Schreiber der erfteren herrühren; fchon die verwifchten Tintenfpuren an feinem oberen Ende deuten darauf hin, dafs die vorausgegangene Löfchung fich bis zu ihm hin erftreckte, ohne ihn aber felbft in Mitleidenfchaft zu ziehen. Dazu kommt, dafs der freie Raum zwifchen dem Zeilenende der Columne I und dem Trennungsftriche höchft auffallend wäre bei der Annahme, dafs ihn der Schreiber der erfteren gezogen. Der Strich läuft knapp am Zeilenbeginne der Columne II, fteht aber in einem ganz ungerechtfertigten Abftande vom Zeilenende der Columne I; hätte ihn der Schreiber der letzteren gezogen, fo würde er ihn unmittelbar an das Ende feiner Zeilen, nicht aber in fo bedenkliche Nähe an den Zeilenbeginn der Columne II gerückt haben. Der Schreiber, der die frühere Schrift der Columne I löfchte, liefs den Trennungsftrich ftehen, da er ihn einmal felbft noch benützen konnte, aufserdem aber eine Tilgung desfelben den Anfang der Columne II ftark gefährdet haben würde.

Der auffallende freie Raum, fowie der gedrängte Charakter der Schrift am Beginne der Columne I erklären fich aus einem Einblicke in die Pfychologie des Schreibers; bei dem vorgefteckten Raume durfte er feiner Feder nicht freien Spielraum gönnen, wollte er die Verslänge in einer Zeile unterbringen. Anfangs befleifsigt er fich daher einer engeren Schrift; der freibleibende Raum am Schluffe der Zeile belehrt ihn, dafs für die Verslänge hinlänglich Platz vorhanden ift, er drängt die Buchftaben weniger eng aneinander, fo dafs die letzten Zeilen bis an den Trennungsftrich hinanreichen. Der Vorgang ift demjenigen entgegengefetzt, der in Handfchriften häufig beobachtet werden kann, wo der Schreiber die Gröfsenverhältniffe feiner Vorlage zwar einhalten will, aber am Beginne der Seite mit dem Raum zu wenig fparfam umgeht, fo dafs er am Schluffe die Buchftaben eng aneinander rücken mufs, um eine Seite der Vorlage auf dem gleichen Raume unterzubringen. Ich füge noch hinzu, dafs die Länge der Zeile der Columne I vom Beginne derfelben bis zum Trennungsftrich gerechnet genau mit der Zeilenlänge in Columne II und III übereinftimmt, wodurch die Annahme, dafs Columne I urfprünglich von gleicher Hand wie diefe letzteren befchrieben war, an Wahrfcheinlichkeit gewinnt.

Die knappe Aufführung der palaeographifchen Eigenthümlichkeiten, die ich im Folgenden gebe, dient hauptfächlich dem Zwecke, die Unterfcheidung der zwei Hände zu erhärten. Diefelbe macht fich fchon einer oberflächlichen Betrachtung durch den plumpen Ductus der zweiten und dritten Columne bemerkbar, der ficher nicht auf die geringere Güte des Schreibrohres, deffen fich der Schreibende bediente, allein zurückzuführen ift. Die Buchftabenformen, an und für fich betrachtet, weichen zwar in ihren Grundformen wenig von einander ab, wie es die Annahme einer in einer Schule überlieferten und allgemein geübten Tradition von vornherein erwarten läfst. Wenn fich jedoch felbft auf Infchriften der individuelle Zug im fpröden Material häufig genug nachweifen läfst, fo gelingt dies bei handfchriftlichen Texten auch da faft immer, wo, wie im vorliegenden Falle, eine gleiche Schulung auch eine gewiffe Gleichheit in den Grundformen der Buchftaben erzielt hat. π erfcheint mit zwei Ausnahmen (I_5 πατρί; I_{10} παιῆον) in fämmtlichen Columnen in der bekannten fpitzen Form, wie fie fchon die curfiven Beifchriften des Hypereides-Papyrus *A* aufweifen; an letztere erinnert auch die Kreuzform des ψ; α erfcheint faft durchgehends in der curfiven, mit einem Zuge auszuführenden Form. η findet fich in allen Übergängen von der reinen Majuskel- bis zur Minuskelform. Bei ε ift die Ausführung in zwei Anfätzen faft immer deutlich erkennbar. Ebenfo ift die Form des Doppellambda, fowie die curfive, in einem Zuge auszuführende Form des φ beiden Schreibern gemeinfam.

Der Unterfchied der Hände zeigt fich aber ganz unverkennbar in der verfchiedenen Federführung; der Zug in der erften und vierten Columne ift leicht und flüffig, im Vergleiche zu den beiden anderen faft elegant zu nennen. Die Leichtigkeit der Federführung bekundet fich fowohl in einem gewiffen Schwunge, der den Haften gefällige Krümmungen gibt (vergl. I_{11} φύλλων), das α häufig in weitgefchweiftem Bogen anfetzen läfst, als auch in der aufserordentlich grofsen Anzahl curfiver Verbindungen, die namentlich der vierten Columne den Charakter einer ziemlich ausgebildeten Majuskelcurfive verleihen. ω und π erfcheinen meiftens mit dem folgenden Buchftaben verbunden; die Verbindung πο wird faſt durchgängig in einem Zuge ausgeführt, ebenſo gröſsere Buchſtabencomplexe (vergl. IV$_7$ ὅπποτε, I$_4$ ἀπόπροθι). Häufig erſcheint ϵ an den vorhergehenden Buchſtaben derart angelehnt, daſs ein Theil des letzteren zugleich als erſtere Hälfte des ϵ dient (vergl. VI$_6$ Φλεγύαο); bei vorausgehendem c liebt es der Schreiber, dasſelbe in einem Zuge zum unteren Theile des ϵ überzuführen, an den er dann den Haken anſetzt (vergl. IV$_7$ ὅπαccε, IV$_{11}$ χεῖρεc ἔπαγροι, I$_4$ ἄϋcε.) Der vierten Columne eigenthümlich iſt die Verbindung von ο mit c, die für ου verleſen werden könnte (vergl. IV$_3$ κύματοc, IV$_6$ Φοῖβοc, IV$_7$ θυγατρόc, IV$_{13}$ ὑδατηγόc). Ganz gewöhnlich iſt die curſive Verbindung ερ (vergl. I$_7$ μεριμνέων, IV$_9$ ἐρίζοι), ebenſo χρ und τρ. Die Reihe der Ligaturen iſt damit nicht erſchöpft, gelegentlich erſcheinen α, φ, θ und andere Buchſtaben in unmittelbarer Verbindung mit den umgebenden. Auch für ſich allein ſtehende Buchſtaben verrathen durch den Federanſatz häufig ihre Loslöſung aus curſiven Verbindungen: vergl. z. B. π in I$_3$ πελώριον; V$_{14}$ παρ[ὰ] πλόον; Schluſsſigma in I$_6$ [ὤ]κιcτοc u. ſ. w. Hervorzuheben iſt noch die Minuskelform des κ in IV$_4$ ἄκρῳ.

Die Schrift der zweiten und dritten Columne trägt ein völlig verſchiedenes Gepräge; curſive Verbindungen kommen zwar vor (vergl. II$_8$ ἔρυμα χθονὸc III$_{12}$, βαρὺc χόλοc), jedoch in ſo geringer Anzahl, daſs ſie den Geſammteindruck, den dieſe Columnen hervorrufen, nicht beeinträchtigen. Meiſtens ſind die Buchſtaben ohne Verbindung nebeneinander gemalt und man ſieht es ihrem ſchwerfälligen Zuge, der jede gefällige Rundung und jeden Schwung vermiſſen läſst, förmlich an, daſs ſich der Schreiber zwar ſeine Arbeit ſauer genug werden lieſs, ohne es aber zu einem ſolchen Fluſſe zu bringen, wie ſein Nachfolger, deſſen Feder in flottem Zuge über das Holz glitt; ſo kecke Verbindungen, wie z. B. IV$_6$ ὀπάccει, πυκνοί (IV$_{15}$), indem die erſten drei Buchſtaben vermittelſt zierlicher Schnörkel in einem Zuge ausgeführt ſind, oder οὐκέτι (IV$_{10}$), wo ι mittelſt in einer die Höhe gehenden Schlinge mit τ verknüpft iſt (vergl. ähnlich cι in I$_{11}$ χύcιν), ſucht man beim Schreiber der zweiten und dritten Columne vergebens. Der Unterſchied der beiden Hände läſst ſich dahin feſtſtellen, daſs Columne I und IV eine ziemlich ausgebildete Majuskelcurſive bieten, zu der in Columne II und III ſich zwar Anſätze finden, die aber den Charakter der Unciale nicht weſentlich beeinträchtigen.

Joſeph Zingerle.

Excurs II.

Einen Excurs möchte ich an das Gleichniſs knüpfen, mit dem die erſte Columne ſchlieſst. Blätter, namentlich die abfallenden, begegnen in der griechiſchen und in der römiſchen Literatur allenthalben, wo die Unzählbarkeit das tertium comparationis iſt; vergl. *B* 468 (= 151) μύριοι ὅccα τε φύλλα καὶ ἄνθεα γίγνεται ὥρῃ, Verg. Aen. II, 310 quam multi in silvis autumni frigore primo | lapsa cadunt folia und Washietl, De imag. similitudinibusque Ovid., S. 23. Bemerkenswerth iſt vom äſthetiſchen Standpunkte, daſs hier allem Anſcheine nach Blätter mit Blättern verglichen werden, vom literarhiſtoriſchen, daſs ſich der φυλλοχόοc μείc bei Dichtern — von Nonnos, 38, 278 abgeſehen — nur noch in einem bei Pollux (I, 231) bewahrten Fragmente des Heſiod (260) und bei Apollonios findet. Im vierten Buche der Argonautika leſen wir V. 217 ff.: ὅccα τε πόντου | κύματα χειμερίοιο κορύccεται ἐξ ἀνέμοιο, | ἢ ὅcα φύλλα χαμᾶζε περικλαδέοc πέcεν ὕληc | φυλλοχόῳ ἐνὶ μηνί· τίς ἂν τάδε τεκμήραιτο; | ὡς οἱ ἀπειρέσιοι ποταμοῦ παρεμέτρεον ὄχθας. Nun fteht es feft, dafs fich in den Werken des Kallimachos und des Apollonios Anklänge finden. Das Scholion zu Apoll., I, 1309 bezeugt, dafs der Vers καὶ τὰ μὲν ὡς ἤμελλε κατὰ χρόνον ἐκτελέεσθαι fich bei Kallimachos fand (fr. 212), wie man vermuthet hat, in der Hekale; vergl. fr. 126 mit Apoll., IV, 1323, fr. 277 mit I, 1353, fr. an. 93 mit III, 617, fr. 479 mit II, 926. Fraglich bleibt die Priorität und der Zweck einer bewufsten Anfpielung; vergl. was ich Wien. Stud., XIV, 211 und 219 darüber bemerkt habe. Wer kann bei fr. 212 entfcheiden, wem die Priorität gebührt, wer die Abficht des Dichters bei Πελλήνην...'Αχαιΐδα (II, 13) erkennen? HECKER (S. 33 und 107) und SCHNEIDER (II, 176 A. 1) fchloffen aus den Nachahmungen der Hekale bei Apollonios, dafs diefe nicht gegen Apollonios gerichtet gewefen fei. Dafs manche diefer Anfpielungen polemifche Tendenz haben, ift GERCKE zuzugeben, fo Apoll., III, 1340 ff. (τῆμος ἀρήροτο νειὸς ὑπ' ἀκαμάτῳ ἀροτῆρι | τετράγυός περ ἐοῦσα) gegen h. III, 175, wo der Gedanke, Helios verweile beim Anblick des Artemisreigens und der Tag werde dadurch überlang, eingeleitet werde durch die Wendung: μὴ νειὸν τημοῦτος ἐμαὶ βόες εἵνεκα μισθοῦ | τετράγυον τέμνοιεν ὑπ' ἀλλοτρίῳ ἀροτῆρι; vergl. REITZENSTEIN, Ind. lect. hib., Roftock 1890/1, S. 12 mit A. 10. Dafs das chronologifche Verhältnifs von h. II, 106 οὐκ ἄγαμαι τὸν ἀοιδόν, ὃς οὐδ' ὅσα πόντος ἀείδει und Apoll. III, 932 ἀκλειὴς ὅδε μάντις, ὃς οὐδ' ὅσα παῖδες ἴσασιν | οἶδε νόῳ φράσσασθαι nicht feftfteht, hat STUDNICZKA, Hermes, XXVIII, 16, A. 1 betont. [Die Beziehung wird geleugnet von WILAMOWITZ, Göttinger gel. Anzeigen, 1893, 743, A. 1.] Prüfen wir nun einige zur Hekale gehörige Fragmente. Mit fr. 44 ἁρμοῖ που κἀκείνῳ ἐπέτρεχε λεπτὸς ἴουλος fteht Apoll., I, 972 ἶσον που κἀκείνῳ ὑποσταχύεσκον ἴουλοι in Beziehung. Nach dem Zeugnifs des Scholiaften wurde ἶσον bei der zweiten Recenfion für ἁρμοῖ eingefetzt, ne quid sibi surreptum quereretur Callimachus, wie RUHNKEN urtheilte (Ep. crit., 286). Möglich wäre es auch, dafs Kallimachos das ungewöhnliche Wort feinem Gegner durch eine Art von Citat vorhielt. Auf die Frage nach der doppelten Recenfion der Argonautika will ich um fo weniger eingehen, als mir LINDE's Schrift ‚De diversis recension. Apoll. Rhod. Argon.', Göttingen 1885, nicht zugänglich ift. Ich bemerke nur, dafs MERKEL, Proleg., S. LXXI das ἁρμοῖ im Scholion für eine Interpolation aus dem Etym. Magn. erklärt. Eine ähnliche Lection hat vielleicht Apollonios feinem Lehrer mit dem θώρηκα στάδιον geben wollen (III, 1226); wenigftens gibt der Scholiaft zwei Auffaffungen von στάδιος zu und citirt als Beleg für die zweite das kallimacheifche Fragment 59: στάδιον δ' ὑφέεστο χιτῶνα. Warum ich das umgekehrte Verhältnifs nicht für wahrfcheinlich halte, wird fich aus der Befprechung von fr. 46 ergeben: βουσόον, ὅν τε μύωπα βοῶν καλέουσιν ἀμορβοί. Es kommen zwei Stellen des Apollonios in Betracht: I, 1265 ὡς δ' ὅτε τις τε μύωπι τετυμμένος ἔσσυτο ταῦρος und III, 277: οἶστρος | τέλλεται, ὅν τε μύωπα βοῶν κλείουσι νομῆες. NAEKE (S. 60) und Andere haben behauptet, Kallimachos ahme die Stelle aus dem dritten Buche nach. Dann bleibt aber unerklärt, warum Apollonios das erftemal μύωψ ohneweiters gebraucht und es das zweitemal, wir würden fagen, mit Anführungszeichen verficht. Das erklärt fich aber, wenn Kallimachos in der Mitte liegt, den nach feiner Anficht unpaffenden (vergl. das Schol. zu Ap. III, 277) oder nicht gewählten Ausdruck den ἀμορβοί in den Mund legt und als Antwort feine eigene Erklärung zu hören bekommt, wobei οἶστρος gleichfam als Lemma gewählt und für das ungewöhnliche ἀμορβοί das triviale νομῆες gefetzt wird. Diefes Verhältnifs fpricht für

GERCKE'S Hypothefe (Rhein. Muf., XLIV, 145, A. 5 und 149), die Hekale fei nach den beiden erften und vor den beiden letzten Büchern des Apollonios erfchienen. Diefe Hypothefe erklärt es auch, wie fich Apollonios auf das Gleichnifs in der Hekale, die, wie erwähnt, gegen ihn gerichtet war, beziehen konnte. [Möglich wäre es, in τίς ἂν τάδε τεκμήραιτο eine — verunglückte — Anfpielung auf das in fr. 442 niedergelegte Princip des Kallimachos zu erblicken. Dafs Apoll. III, 918 ff. fpäter liegt als die Hekale, hat v. WILAMOWITZ a. a. O. 741 ff. bewiefen. Seither habe ich das Verhältnifs von Kallimachos und Apollonios mit Berückfichtigung der von EHRLICH (De Call. hymnis quaest. chronol., Breslauer phil. Abh., VII, 3), KNAACK (Artikel ‚Apollonios' in Pauly-Wiffowa's Real-Encycl.) und WILAMOWITZ (a. a. O.) geäufserten Anfichten ausführlich erörtert in meinen ‚Kallimacheifchen Studien' (Wien 1895, Programm des Gymnafiums im XVII. Bezirk, S. 15, 18 ff.).]

Wilhelm Weinberger.

Nachtrag.

Ob die Zeichen IB oberhalb der erften lesbaren Zeile der Col. II als Zahlzeichen aufzufaffen feien, läfst fich zur Zeit nicht mit Sicherheit entfcheiden. Dafür fcheint zu fprechen, dafs eben in der zweitnächften Columne an nahezu gleicher Stelle IΔ erfcheint. Dürfte man darauf weiterbauen und die zwei Bezeichnungen auf die 12. und 14. Columne des ganzen Gedichtes beziehen, fo wäre dadurch im Verein mit dem in der ‚Einleitung' S. 5 Gefagten ein Minimalmafs für den Umfang des Epyllions gewonnen. Doch zeigen fich Col. IV, nicht nur zur Linken (wo man etwa Ἑκάλης gefchrieben denken könnte), fondern überdies auch zur Rechten diefer zwei Buchftaben Schriftfpuren, die jene Annahme und die aus ihr zu ziehenden Schlüffe zweifelhaft machen.

EIN NEUER HISTORISCHER ROMAN IN DEMOTISCHER SCHRIFT.

(Nach einem auf dem Orientaliften-Congreffe in Genf am 10. September 1894 gehaltenen Vortrage.)

I. Befchreibung des Papyrus.

Im Jahre 1866 überrafchte der Begründer der demotifchen Studien HEINRICH BRUGSCH die gelehrte Welt durch die Mittheilung, dafs er in einem von MARIETTE ihm mitgetheilten demotifchen Papyrus[1] einen Roman entdeckt habe: ‚Wie mufste ich erftaunt fein, als ich nach genauer Durchlefung der erhaltenen vier Seiten, welche nur an einzelnen Stellen vorläufige Schwierigkeiten in den Weg legen, die Überzeugung gewann, dafs der Inhalt des Papyrus nichts Geringeres betraf als die vollftändige Schilderung eines Romans, und dafs fomit das Demotifche auch hier Schritt gehalten hat mit der hieratifchen Literatur.‘[2] Diefer Fund des Chamois-Sethon[3]-Romanes ift, von einigen ganz kleinen Fragmenten abgefehen, faft ein ganzes Menfchenalter hindurch vereinzelt geblieben. Da auch von den anderen Literaturgattungen nur äufserft fpärliche Refte vorliegen — unter diefen wäre vor allem der vielumftrittene Sang des Harfenfpielers, der in einem Papyrus der hiefigen Sammlungen des allerhöchften Kaiferhaufes enthalten ift, zu nennen —, fo gewann es den Anfchein, dafs wir uns für das Demotifche auf die zahlreich vorhandenen Rechtsurkunden befchränken müfsten, welche wohl für die innere Verwaltung des Ptolemäerreiches reiche Auffchlüffe gewähren, in grammatifcher und lexikalifcher Hinficht jedoch nur eine verhältnifsmäfsig geringe Ausbeute bieten. Die fprichwörtlich gewordene Trockenheit (aridité[4]) der demotifchen Studien mufste um fo mehr bedauert werden, als gerade in unferen Tagen, wo durch Heranziehung des Koptifchen die altägyptifche Grammatik zu einer gröfseren Vertiefung gelangt, das Demotifche berufen wäre, die Verbindung zwifchen den älteren und jüngften Phafen der ägyptifchen Sprache her-

[1] Der Papyrus wurde bekanntlich in dem Grabe eines koptifchen Mönches entdeckt.

[2] Entdeckung eines Romanes in einem demotifchen Papyrus, Ägypt. Zeitfchrift, 1866, S. 34 ff.

[3] Die Vocalifirung des Namens des Helden diefes Romanes [illegible] ift ftrittig, man hat ihn Setnau, Setna, Satni gelefen. Ich möchte vermuthen, dafs in dem Namen Σεθῶν bei Herodot (II, 142) die griechifche Transfcription, ja vielleicht in der Geftalt diefes ἱρεὺς τοῦ Ἡφαίστου eine verzerrte Erinnerung an den Hohenpriefter und Ramfes-Sohn vorliegt.

[4] MASPERO im Recueil, I, 18.

3*

zuftellen. Wider Erwarten hat fich durch Funde der jüngften Zeit das demotifche Material allfeitig erweitert, und es ift Hoffnung vorhanden, dafs auch für diefen Zweig der ägyptifchen Studien beffere Tage angebrochen find.

Während die grofsen Papyrusfunde, welche in den letzten Jahrzehnten auf dem Boden des alten Arfinoë gemacht wurden, uns in zufammenhängender Folge aus dem fpäten Mittelalter bis in die zweite Hälfte des erften Jahrhunderts n. Chr. zurückführten und Stücke aus älterer Zeit nur fporadifch und gleichfam zufällig fich in der grofsen Maffe vorfanden, haben Funde an einer entlegeneren Stelle, wenige Kilometer nördlich vom Birket el-Qurun gelegen, eine um zwei Jahrhunderte ältere Schichte erfchloffen. Die Refte des Tempels, welcher dem krokodilköpfigen Gotte Soknopaios geweiht war, erheben fich in der heutigen Ortfchaft Dimeh und find von LEPSIUS[1] und SCHWEINFURTH[2] befchrieben worden. Von den in Dimeh gefundenen Papyrus ift wohl der Hauptftock des demotifchen Antheiles durch Vermittlung des Herrn TH. GRAF der erzherzoglichen Sammlung einverleibt worden. Es find dies die Papyrus, welche BRUGSCH in einem feiner letzten Auffätze ‚Der Möris-See' erwähnt und aus denen er zwei kurze Mittheilungen gemacht hat.[3] Zahlreiche demotifche Rechtsurkunden geftatten es, die Fundftücke näher zu datiren; fie fuhren uns aus der Mitte des zweiten vorchriftlichen bis in die Mitte des zweiten nachchriftlichen Jahrhunderts und find für die Paläographie der erften Kaiferzeit, welche bisher in unferer demotifchen Urkundenreihe nicht vertreten war, grundlegend.

Unter den etwa 1000 demotifchen Fragmenten diefes Soknopaios-Fundes fand ich eine Reihe gröfserer und kleinerer Stücke vor, welche auf den erften Blick als Bruchftücke einer literarifchen Compofition nach Art des fogenannten Chamoïs-Sethon-Romans fich erwiefen. Die nähere Durchforfchung des ganzen Materials förderte nicht weniger als 44 hieher gehörige Fragmente zu Tage. Nach dem üblichen Geduldfpiel, deffen Freuden und Leiden wir bei der Ordnung diefer Faijûmer Papyrus hinreichend durchgekoftet haben, ergaben fich neben einer Reihe kleinerer Fragmente, deren Einordnung nach äufseren Kriterien nicht gelingen wollte, drei grofse Bruchftücke, von denen das erfte 188 *cm*, das zweite 79 *cm*, das dritte 66 *cm* breit ift. Die Höhe des Papyrus ift 28 *cm*.

Von diefen drei Stücken enthält das erfte — aus 14 Fragmenten zufammengefetzt — die Refte von acht Columnen, die als *F, G, H, I, K, L, M, N* bezeichnet find. Von der Columne *F* fehlt etwa das erfte Drittel. Die Columnen *G, H, I* find je 25, die Columnen

[1] Briefe aus Ägypten und Äthiopien, S. 84, vergl. KREBS, Ägyptifche Priefter unter römifcher Herrfchaft, Ägypt. Zeitfchrift, 1893, S. 31 ff.

[2] Zeitfchrift der Gefellfchaft für Erdkunde, 1886, S. 38 ff.

[3] Ägypt. Zeitfchrift, 1893, S. 22 und 24. An der erftangeführten Stelle heifst es: ‚Über das Alter der letzteren Handfchrift' (des Moiris See-Papyrus des Mufeums von Gizeh) ‚kann ich auf Grund meiner näheren Einficht der überaus reichen Papyrusfammlung des Herrn THEODOR GRAF in Wien eine genaue Angabe liefern. Es befinden fich darunter gröfsere Bruchftücke eines Möris-Papyrus, der mit dem von Gizeh vollftändig identifch ift Ein befonderes Stück darunter, welches offenbar den Anfang der Urkunde bildete, gedenkt der Namen Königs Ptolemäus IX., Euergetes II. und feiner Schwefter Kleopatra, wodurch die Zeit der Abfaffung der Urkunde vollftändig beftimmt ift.' Diefe Angabe ift nicht zutreffend. Das in der erzherzoglichen Sammlung vorliegende Papyrusfragment mit der Titulatur des Königs Ptolemaios Euergetes hat, wie die Vergleichung der Schrift und Structur des Papyrus zeigt, mit den ebenfalls der Sammlung einverleibten Fragmenten eines Duplicats des Faijûmer Moiris-See-Papyrus nichts zu thun.

K, L, M und *N* 22—23 *cm* breit. Die Columne *H* hat 32, die Columnen *F, G, L* haben je 33, die Columnen *I* und *M* 34, die Columnen *K* und *N* 36 und 38 Zeilen.

Das zweite, aus fechs Fragmenten zufammengefetzte Stück enthält die Refte der fünf Columnen *P, Q, R, S, T.* Von der Columne *P* ift nur das Ende, von der Columne *T* nur der Anfang erhalten. Die Columnen *Q, R, S* find je 19·5 *cm* breit. Die Columnen *P* und *T* haben je 30, die Columnen *Q* und *R* je 32 und die Columne *S* 33 Zeilen.

Das dritte Stück enthält in zufammenhängender Folge Refte der vier Columnen *V, W, X, Y*; von der Columne *V* fehlt der Anfang, von der Columne *Y* find nur die Anfänge der Zeilen erhalten. Die Columne *V* ift 19, die Columne *W* 18, die Columne *X* 17 *cm* breit. Die Columnen *V* und *X* haben 31, die Columnen *W* und *Y* 32 und 34 Zeilen.

Schon diefe drei Stücke repräfentiren nebeneinander geftellt eine Breite von 3·33 *m*, fie umfaffen 17 Columnen mit zufammen 558 Zeilen. Dazu kommen noch die kleineren Fragmente (23 an der Zahl), aus denen fich noch fünf weitere Columnen erfchliefsen laffen. Der unverfehrte Papyrus hatte zum mindeften 22 Columnen mit über 700 Zeilen und etwa 6 *m* Breite. Er darf daher getroft den gröfsten literarifchen Compofitionen des alten Ägyptens zugezählt werden.

Die nähere Prüfung ergab die Kriterien für die Anordnung der drei grofsen Fragmente; in dem erften ergehen die Einladungen zur Verfammlung an dem Gazellen-See, in dem zweiten fehen wir die Fürften am See vorfahren und gleichzeitig wird das Erfcheinen einer Perfönlichkeit fignalifirt (Monthbal), welche in dem dritten Fragment handelnd eingreift.

Später wurde ich auf ein äufseres Kriterium aufmerkfam, welches die aus inneren Gründen gewonnene Anreihung beftätigte. Die Breite der Columnen nimmt von Anfang gegen Ende conftant ab, fie beträgt bei den Columnen *G, H, I* 25, bei den Columnen *K, L, M, N* 23 und 22, bei den Columnen *Q, R, S* 19·5, bei der Columne *V* 19, bei der Columne *W* 18 und endlich bei der vielleicht vorletzten Columne *(X)* des ganzen Papyrus 17 *cm*. Am Anfang der Columne ift die Schrift klein und dicht und wird gegen Ende derfelben gröfser und weiter, der Schreiber beeilte fich fichtlich, die Columne fertig zu bringen. Die Lücken zwifchen den einzelnen Fragmenten können, wie die Analyfe zeigen wird, nicht fehr bedeutend gewefen fein, und wir können annehmen, dafs uns der gröfste Theil der zweiten Hälfte des Papyrus erhalten ift. Die kleineren Fragmente find dem Anfange des Papyrus zuzuweifen.

Wäre der Papyrus ganz erhalten, fo würde die Darlegung feines Inhaltes keine Schwierigkeiten bereiten. Bei der Trümmerhaftigkeit, in der er uns jedoch vorliegt, wird es wohl nie gelingen, auf viele der fich aufdrängenden Fragen Antwort zu geben. Ich gebe in der nachfolgenden Inhaltsanalyfe was fich mir nach wiederholter Prüfung als wahrfcheinlicher Gang der Handlung ergeben hat und hege die Hoffnung und den Wunfch, dafs es mit unferem Papyrus fo gegangen ift wie mit fo vielen anderen Funden auf ägyptifchem Boden, dafs fehlende Stücke desfelben den Weg in andere Mufeen gefunden haben und dafs diefe erfte Mittheilung die Aufmerkfamkeit der Fachgenoffen zu Nachforfchungen nach diefer Richtung hin veranlaffen wird. Die Publication des Textes mit Commentar, Gloffar und photolithographifcher Reproduction des ganzen Papyrus bleibt dem erften Bande des demotifchen Corpus, welcher nicht zu lange auf fich warten laffen wird, vorbehalten.

II. Perfonen, die im Papyrus genannt werden.

Die Handlung dreht fich in den erhaltenen Stücken des Papyrus um die [illegible] des Fürften Eiorhorereou. Die Gruppe wird durch die Determinative [illegible] für Metalle, Eifen und Gegenftände aus Metall (vergl. unten VI, 12) bezeichnet. Wir werden kaum irre gehen, wenn wir annehmen, dafs fie dem koptifchen ϧⲉⲗⲓⲡϣ oder ϧⲉⲗⲗⲓⲃϣ entfpricht, welches in der boheirifchen Bibelüberfetzung (Ephef., VI, 14; I. Theff., V, 8; Apokal., 9, 8, 17) einen Panzer bedeutet und fchon von STERN (Kopt. Gr., §. 165) mit dem griechifchen χάλυψ zufammengeftellt wurde. Eine ähnliche Bedeutung wie die Chalibfch in unferem Papyrus haben die Jept des Gottes Thoth im Papyrus Weftcar, hat der Stab des Königs Thethmofis III. im Papyrus Harris.

Diefe Chalibfch, welche fich urfprünglich in Heliopolis in dem Haufe von Pimai, dem Kleinen befand, war durch Lift von dem Heerführer des Nomos von Mendes, Kaamenophis, in eine feiner Feftungen entführt worden. Wahrfcheinlich bildete der Raub der Chalibfch den Inhalt des verlorenen Anfanges des Papyrus. Die ganze Sippe des Eiorhorerou ift nun daran, wieder in den Befitz diefer Chalibfch zu gelangen, während Kaamenophis und fein Anhang den heftigften Widerftand leiften. So fcheidet diefer Zwift die Städte, Nomen, Sippen Ägyptens. Um ihn auszutragen, verfammeln fich die beiderfeitigen Parteigänger in Gegenwart Pharao's am Gazellen-See, wo es thatfächlich zum Kampfe kommt, in welchem die Sippe des Eiorhorerou fich als die ftärkere erweist und die Auslieferung der Chalibfch erzwingt. Wer Liebesfcenen nach Art des Chamoïs-Romanes in unferem Papyrus zu finden erwartete, wird etwas enttäufcht fein; hier klirren die Waffen und Schilde fchlagen an einander. Dafür gewinnen wir aus unferem Romane einen Einblick in die damaligen politifchen Verhältniffe Ägyptens, wie wohl aus keinem anderen Stücke diefer Art, und wir werden denfelben als eine der wichtigften Quellen jener dunklen Zeit anfehen können.

Die Perfonen und Örtlichkeiten, welche in unferem Papyrus vorkommen, verdienen eine nähere Befprechung, umfomehr als die Lefung mancher derfelben grofsen Schwierigkeiten unterliegt.

Vor allem ift es die Perfönlichkeit Pharao's, welche unfere Aufmerkfamkeit auf fich zieht. Die Handlung fpielt unter einem Könige, deffen Name zweimal (*F* 5, *Q* 19) [illegible], einmal (*S* 3) [illegible], einmal (*V* 15) [illegible], zweimal (*V* 23, *IV* 12) [illegible], zweimal (*R* 9, 12) [illegible] gefchrieben ift. Wir erfahren aus dem Papyrus, dafs diefer König in Tanis refidirte und in diefer feiner Hauptftadt Amon Ra als Hauptgott verehrte (*F* 32 fchwört der König bei Amon Ra, dem Herrn, dem Könige der Götter, dem grofsen Gott von Tanis). Der erfte Beftandtheil des Namens [illegible] — denn fo ift zu trennen, wie die Schreibung [illegible] (*S* 4) für [illegible] Petchonfu beweift — entfpricht dem bekannten [illegible], Πετου, das Gefchenk. Unter den in den manethonifchen Tomoi überlieferten Königsnamen ift nur einer, welcher mit Πετου zufammengefetzt ift, es ift dies König Πετουβάστις oder Πετουβάτης, der erfte König der fo räthfelhaften dreiundzwanzigften Dynaftie, welche in den Tomoi als eine tanitifche bezeichnet wird, gerade wie der König unferes Papyrus in Tanis thront. Ich möchte daher in dem zweiten Beftandtheil unferes Königsnamens, welcher in fünf Columnen fechsmal [illegible], beziehungsweiſe [illegible] geſchrieben iſt, den Gottesnamen Baſt erkennen, der ja gewöhnlich die Formen [illegible],[1] [illegible],[2] [illegible][3] oder [illegible][4] zeigt.

Auch die hiſtoriſchen Momente, auf die wir ſpäter zurückkommen werden, ſprechen für die Leſung Πετουβάϲτιϲ für die fragliche demotiſche Cartouche; es darf jedoch nicht unerwähnt bleiben, daſs die Variante [illegible], welche freilich nur in der Columne *R* ſich vorfindet, auf andere Leſungen führen würde. Es wäre vor allem auf den Namen [illegible] hinzuweiſen, welchen Hess (Ägypt. Zeitſchr., 1890, S. 6 ff.) in einer bilinguen Mumienetiquette des Berliner Muſeums durch Πατιάπιϲ transſcribirt vorgefunden hat. Aber weder für dieſe, noch für die anderen eventuell möglichen Leſungen des Zeichens [illegible] wüſste ich in dem bisher vorliegenden urkundlichen Material eine Stütze. Man wird die ſechsmal vorkommende Form [illegible] als die maſsgebende anzuſehen und die Form [illegible] der Vorliebe des Schreibers, Querſtriche anzubringen zuzuſchreiben haben; ſo ſchreibt er bald [illegible], bald [illegible], bald [illegible], bald [illegible] (*Q* 21, 23), ſo ſchreibt er ſtatt des üblichen [illegible] vielmehr [illegible] u. ſ. w.

Ägyptiſche Monumente haben uns zwei, jedenfalls in dieſelbe Zeit gehörige Könige des Namens Petubaſt kennen gelehrt. Von dem einen, deſſen vierter Name Ra-ſe-her-ab war, ſind einige Scarabäen, dann der Thürflügel eines kleinen Naos im Louvre[5] und ein Bild der Iſis mit der Cartouche des Königs in Bologna erhalten;[6] von Scarabäen mit ſeinem Namen wurden zwei in Naukratis von Petrie gefunden. Von dem anderen König, deſſen vierter Name Uſer-ma-ra Mi-amun lautete, fand ſich ein Bronzetorſo vor.[7] Aus aſſyriſchen Inſchriften lernen wir einen dritten König dieſes Namens aus etwas ſpäterer Zeit kennen. In den Annalen Aſſurbanipals wird unter den von Aſſarhaddon eingeſetzten oder beſtätigten Kleinkönigen des Delta auch ein Putubišti, König von Ça'nu, d. h. von Tanis, genannt. Nach dem Inhalt des Papyrus ſcheint es ausgeſchloſſen zu ſein, die Handlung desſelben in die Zeit wechſelnder Beherrſchung Ägyptens von Äthiopien und Aſſyrien aus zu verlegen und damit in dem Petubaſt des Papyrus den Putubišti der aſſyriſchen Inſchriften zu erkennen. Welchem der beiden älteren Petubaſt der Vorzug zu geben ſei, läſst ſich nicht ſagen. Über die Zeit ihrer Anſetzung geben uns die Tomoi Auskunft. In den Tomoi des Africanus werden dem Petubaſtis 40, in jenen des Euſebios 25 Jahre zugeſchrieben. Africanus macht zudem zu dieſem Könige die Bemerkung, daſs unter ihm die erſte Olympiade gefeiert wurde (ἐφ' οὗ ὀλυμπιὰς ἤχθη πρώτη). Seine Regierungszeit iſt nach den Tomoi des Africanus rund auf 810—770 v. Chr. anzuſetzen.

Als Haupt der einen Sippe erſcheint der Erpoi [illegible] Eiorhorerou, welcher wiederholt (*G* 26, *H* 29, *I* 27, 31, *R* 3, *Q* 9) als [illegible], alſo doch wohl als ‚Prophet' bezeichnet wird. Ihm gehörte die Chalibſch an, welche in unſerem Papyrus die Hauptrolle ſpielt. Er greift in die Handlung activ nicht ein, in der Columne *G* wird uns ſein

---

[1] So in dem Namen Petubaſtis, Brugsch, Theſaurus, V, 929, 930.

[2] Decret von Kanopos, Theſaurus, VI, 1565.

[3] Chamoïs-Roman, V, 3, 9.

[4] Papyrus Rhind, XX, 2.

[5] Vergl. Wiedemann, Geſchichte, S. 560 und Suppl., S. 65.

[6] In der von Petrie angefertigten Sammlung von Photographien ägyptiſcher Alterthümer hat dieſes Stück die Nummer 338 (‚wood for inlaying, Petubast protected by Maat').

[7] In der Sammlung Stroganoff, Nr. 81. Publicirt von Wiedemann, Recueil, VIII, 63, erwähnt von Maspero, Archéologie, S. 291.

Leichenbegängniſs beſchrieben, und demgemäſs wird er wiederholt als Oſiris und König bezeichnet. Die Leſung des Namens Eiorhorerou iſt durch die Leſung ειωρϩ für die Gruppe bedingt, über welche die Bemerkungen im Index zu vergleichen ſind. Der Name findet ſich in hieroglyphiſchen und hieratiſchen Texten wieder. Zwei Todtenbuchpapyrus [1] des Louvre waren für Verſtorbene des Namens geſchrieben. Im Namensverzeichniſſe von LIEBLEIN findet wiederholt [2] ſich der Name .

Die Sippe des Eiorhorerou iſt die bei weitem zahlreichere. Ausdrücklich werden uns als Söhne desſelben bezeichnet:

1. Pimai, der Kleine, faſs in Heliopolis; demgemäſs ſchwört er bei Atum, dem Herrn von Heliopolis, dem groſsen Gotte. In ſeinen Häuſern war die Chalibſch, bevor ſie geraubt wurde, untergebracht (*F* 6, *H* 3). Er bekleidete das Amt eines (*I* 17). Er erſcheint als der eigentliche Gegner des Kaamenophis. Mit einem Streite zwiſchen den beiden beginnt die Columne *F*, mit Pekrur vereint verlangt er in Tanis vom König die Auslieferung der Chalibſch *(G)*, er erſcheint als der erſte ſeiner Sippe am Gazellen-See, wohin Kaamenophis ihm nachfolgt. Als Führer des Heeres von Heliopolis tritt er dem Führer der vier Nomen, Kaamenophis, auf dem Schlachtfelde entgegen *(R)*, wo ihn noch Monthbal im Kampfe mit Kaamenophis vorfindet. Wiederholt (*K* 4, *R* 1) führt er den Beinamen ‚der mit der ſtarken Fauſt‘ (?).

2. Minnemai wird als Fürſt von Elephantine bezeichnet; an ihn ergeht die Einladung Pekrur's, am Gazellen-See zu erſcheinen (*K* 1 ff). Unter den Barken, welche ſich am Gazellen See verſammeln, wird auch die eines Minnemai erwähnt; nach dem Zuſatze ‚. . . . von Elephantine‘ an der betreffenden Stelle iſt es möglich, daſs wir es mit derſelben Perſon zu thun haben. Doch fehlt er ſowohl unter den Fürſten, für welche ein Bak auf dem Schlachtfelde errichtet wird, als unter denjenigen, die ſich an der Schlacht betheiligen; erſt als der Kampf vorbei iſt (*X* 13), erſcheint er mit ſeinen Kriegsmannen, dem Contingente von Theben und Äthiopen aus Meroë am Gazellen-See, ihm gelingt es, die Chalibſch auf der Barke des Zihor zu Geſicht zu bekommen. Er ſchwört bei Chnum (*X* 22), bekanntlich dem Gotte von Elephantine.

3. , auch (*S* 24) Monthbal tritt erſt gegen Ende des Papyrus auf. Es ſcheint, daſs er ſich in Syrien (im Lande Choir) aufgehalten hatte und von dort zu dem Gazellen-See berufen wurde, an welchem er einlangte, als ſchon die Schlacht im Gange war. Durch ſein Eingreifen wird dieſelbe zu Gunſten Pekrur's entſchieden. Er ſchwört bei Bel (*V* 7, *S* 19). *W* 9 redet ihn Pimai als Bruder an. Die Leſung des Namens iſt nicht ſicher. Es ſei auf den Namen verwieſen, welcher auf einer Wiener Stele vorkommt; vergl. Recueil, XII, 17.

4. Ruru. An ihn ergeht die Einladung, zum Gazellen-See zu kommen (*K* 6), und er landet an demſelben mit dem Heere des Nomos von Buſiris (*Q* 30).

[1] DEVÉRIA, Catalogue des Manuscrits Égyptiens, S. 60 und 61. Zu dem einen bemerkt er: ‚Ce manuscrits . . . . . est écrits en caractères hieratiques d'assez bonne époque‘.

[2] Nr. 1050, 1054, 1111, 1112, 2322, 2378, 2398, 2406, 2410, 2419, 2430, 2472; Recueil, 8, 161; 17, 14. Vergl. auch den Namen des Bruders des Prinzen Chamoïs (Chamoïs, IV, 31).

5. [demotic] landet mit dem Heere von Saïs an dem Gazellen-See (*Q* 28).

6. [demotic] landet an dem Gazellen-See (*Q* 32).

Neben dieſen Söhnen des Erpoi Eiorhorerou erſcheinen in unſerem Papyrus noch andere Glieder der Sippe.

[demotic] Petchonſu. Er wird als Erpoi und [demotic] Führer der Streitkräfte (*I* 29, *S* 3, *W* 15) bezeichnet. Er erhält die Einladung, zum Gazellen-See zu kommen, in der Stadt Piſapte (*I* 29). Als ſein ſpecieller Gegner erſcheint der Königsſohn [demotic] Ônchhor. Der König hält ihn vor zu frühem Ausbruch der Feindſeligkeiten gegen Ônchhor zurück (*Q*). Er iſt wohl identiſch mit dem Petchonſu, der am Gazellen-See mit den Leuten von Athribis landet (*Q* 23). Sonſt wird Sobkhôtpe als Heerführer von Athribis genannt. Auf dem Schlachtfelde iſt er Ônchhor gegenüber aufgeſtellt (*S* 3), den er im Zweikampfe (*W* 15 ff.) bezwingt, worauf der König, um Erhaltung des Sohnes flehend, ſich an ihn wendet (*W* 31). Einen anderen Petchonſu aus Mendes finden wir unter den Anhängern des Kaamenophis.

[demotic] (*K* 11) Werhne, Sohn des [demotic] Ônchhor. Er erhält eine Einladung, zum Gazellen-See zu kommen (*K* 11), ſeine Mera-Barke landet an demſelben mit dem Heere von [demotic] Mer(?)-atum (*Q* 31). Er erhält einen Bak dem Königsſohne Ônchhor gegenüber (*R* 11). An der Stelle *R* 11 wird ſein Name [demotic] geſchrieben, an der Stelle *Q* 31 [demotic]. Er bekleidete in ſeiner Stadt dasſelbe Amt ([demotic]) wie Pimai in Heliopolis. In einer Stele aus der Saïtenzeit (jetzt im Muſeum von Gizeh, Daressy, Recueil, XVIII, 51) kommt der Name [hieroglyphs] vor.

[demotic] P-ra-moone, Sohn des [demotic] Zi-noſr (*R* 14) wird als Erpoi von [demotic] bezeichnet. Er erhält eine Einladung zum Gazellen-See (*I* 34) und landet an demſelben mit dem Heere ſeiner Stadt (*Q* 27), er erhält einen Bak (*R* 14) dem Erpoi Nemeḥ gegenüber; auf dem Schlachtfelde finden wir ihn mit ſeinem Heere dem Heere des Nomos von T-Hat gegenüber aufgeſtellt (*S* 6). Er kommt auch *T* 29 vor.

[demotic] Sobkḥôtpe, Sohn des [demotic] Zinoſr, vielleicht ein Bruder des vorhergenannten, der Heerführer des Nomos von [demotic] Athribis, erſcheint auf dem Schlachtfelde (*S* 9) und iſt vielleicht mit dem Sobkhôtpe, Sohn des [demotic] Teſnacht(?), dem ein Bak (*R* 18) errichtet wird, identiſch.

[demotic] Horâu, Sohn des .....][demotic] Pet[chonſu?] erhält *I* 21 eine Einladung zum Gazellen See. Sonſt wird er in den uns vorliegenden Stücken nicht genannt.

[demotic] Ônchhor, Sohn des [demotic] (*R* 15) wird als Erpoi von T-ôme in(?) P-R(o)ḥte [demotic] bezeichnet und iſt wohl auch den Anhängern des Eiorhorerou zuzuzählen. Er erhält einen Bak dem Mendeſier Petchonſu gegenüber. Auch auf dem Schlachtfelde war er thätig, er heiſst hier *S* 8: [demotic] der Erpoi von T-ôme, der(?) Vorſteher der Herden(??) von(?) Sochmet (vergl. *F* 4). *I* 10 iſt von den Häuſern des Ônchhor, des Sohnes des Ḥurbeſa, des Erpoi von [demotic] T-ôme die Rede. Man beachte, daſs ſein Vater den ſeltenen Namen Ḥurbeſa führt, den wir aus der Peônche-Stele (Z. 117 [hieroglyphs] [1]) als Namen des Fürſten von Sa und Herſaui

[1] Man beachte, daſs die hieroglyphiſche und demotiſche Namensform wohl wegen des Namenbeſtandtheiles Beſa von dem Thierdeterminativ begleitet iſt.

kennen. In Gizeh iſt ein Grab eines, etwa aus der XXVI. Dynaſtie ſtammend, erhalten (DE ROUGÉ, Chreſtomathie, IV, 69, Note 6).

Mit dem vorhergehenden iſt nicht identiſch der Ônchhor, welcher in Herakleopolis(?) eine Einladung zum Gazellen-See erhält (*K* 7) und als Sohn des am Gazellen-See landet (*Q* 24).

Endlich iſt der Diener (Sotmôſch) des Pimai, mit Namen Zinofr (*K* 27, *L* 12, vergl. auch *F* 4) zu erwähnen.

Aber weitaus die wichtigſte Perſönlichkeit dieſer Sippe iſt der, der Groſse des Oſtens, Pekrur. Daſs die Gruppe ‚Oſten' (einmal auch — *H* 20 — geſchrieben) bedeutet, zeigt am beſten die Aufzählung der Weltgegenden in *K* 31 (Süden, Norden, Weſten, Oſten). Es iſt hier der zwanzigſte Nomos Arabia von Unter-Ägypten gemeint, über welchen die Ausführungen von BRUGSCH[1] und die Ausgrabungen von NAVILLE in Saft el-Henneh Licht verbreitet haben. Die Hauptſtadt des Nomos führte den Namen Piſapte und war der Sitz des Horos-Sapt, der auch als Horos des Oſtens oder Seele des Oſtens verehrt wurde. Damit in Übereinſtimmung wird als Hauptſtadt des Fürſten Pekrur in unſerem Papyrus Piſapte und als Gott, welcher von Pekrur angerufen wird, Sapt, der Groſse des Oſtens (*G* 21) genannt. Auf dem Naos des Königs Nektanebo II. wird Gott Sapt der Herr des Oſtens, die Seele des Oſtens, der Horus des Oſtens genannt.[2] Gott Sapt iſt zugleich der Beſchützer Ägyptens gegen die Menti, die Beduinen des Sinaï, welche, vom Wadi Tumilat kommend, leicht einen Einbruch in das Culturland Ägyptens verſuchen konnten.

Der Name des Fürſten ſelbſt entſpricht einem hieroglyphiſchen . Statt des Determinativum, in welchem ich eine Ableitung des hieratiſchen Zeichens für den Froſch erkennen möchte, findet ſich einmal (*Q* 22) das Zeichen, welches als Determinativum für die Waſſerthiere dient. Die Bedeutung des Namens iſt, wie STEINDORFF[3] dargethan hat, ‚der Froſch'. Als weibliches Seitenſtück finden wir den Namen ‚die Fröſchin' auf der Stele Nr. 63 der hieſigen ägyptiſchen Sammlung und auf einer Stele in Gizeh.[4]

Es iſt merkwürdig, daſs in den Zeiten des Vordringens der Aſſyrer nach Ägypten unter Aſſarhaddon und Aſſurbanipal wir in der Stadt Piſaptu einen Paḳruru erwähnt finden,[5] welcher auch den hieroglyphiſchen Inſchriften nicht unbekannt iſt. Wir finden ihn in der ſogenannten Traum-Stele[6] als Erpoi und Fürſt von Piſapte Peḳrur. Er leitete mit Sarludari von Çi'nu[7] und Neko von

[1] Die Götter des Nomos Arabia, Ägypt. Zeitſchrift, 1881, 15 ff., vergl. auch J. DE ROUGÉ, Géographie ancienne de la Basse-Égypte, S. 131 ff.

[2] NAVILLE, Goshen and the shrine of Saft el-Henneh (1885), S. 6 und T. 1.

[3] Beiträge zur Aſſyriologie, I, 348 und Ägypt. Zeitſchrift. 1892, 63.

[4] Recueil, XII, 18, ROUGÉ, Inscriptions, 53, vergl. LIEBLEIN, Nr. 925 (nach MARIETTE, Catalogue 1272, im Supplement S. 974 berichtigt), Nr. 2243.

[5] Annalen Aſſurbanipals, Inscriptions of Western Asia, V, 1, 93.

[6] MARIETTE, Monuments divers, 8, R., Z. 17.

[7] Nach STEINDORFF in den Beiträgen zur Aſſyriologie, I, 598 ſo viel wie Ça'nu = Tanis.

Memphis und Saïs den Aufstand der ägyptischen Kleinfürsten gegen Assurbanipal und stand mit Tearko in Unterhandlung. Den Assyrern, welche Sarludari und Neko als Gefangene nach Niniveh abführten, gelang es nicht, sich Pakruru's zu bemächtigen. Als nach Tearko's Tode Tanut-Ammon (Urdamane) einen Vorstoss gegen die assyrische Herrschaft in Ägypten unternahm, verhandelte Pakruru mit ihm als Führer der Kleinfürsten. Sonst ist der Name äusserst selten.[1]

[demotisch] Pfitwer[2] (*S* 4) ist wohl ein Sohn Pekrur's.

Als Haupt oder besser als Heros Eponymos der anderen Sippe wird uns (*S* 32) [demotisch] Hornacht(?), Sohn des Smendes(??)[3] genannt, dessen Chalibsch an einer abgerissenen Stelle (*Y* 24) erwähnt wird. Sonst hören wir nichts von ihm.

Unter den Persönlichkeiten dieser Sippe sind zu nennen:

[demotisch] Kaamenophis(?); *F* 9 und in einem der kleinen Fragmente heisst er der Sohn des Ônchhor. Er bekleidete das Amt eines [demotisch] Heerführers (*K* 24) im mendesischen Nomos. Er war aber auch, wie wir noch sehen werden (S. 29), der Heerführer Pharao's. Als solcher erscheint er als Führer des Heeres der vier (verbündeten) Nomen ([demotisch]): ‚Es stand das Heer der vier Nomen hinter Kaamenophis, es stand das Heer des Nomos von Heliopolis hinter Pimai, dem Kleinen' (*R* 18). Für die anderen Details verweisen wir auf die Bemerkungen zu Pimai, seinem Hauptgegner.

[demotisch] Ônchhor, als Sohn des Königs Petubastis *R* 12 und *S* 3 ([demotisch]) ausdrücklich bezeichnet. Von den Brüdern des Ônchhor, den Söhnen des Königs, ist *I* 13 die Rede. Wir finden Ônchhor in heftigem Streite mit Petchonsu (*P* vorletzte Zeile). Er erhält einen Bak, Werhne gegenüber (*R* 12). Auf dem Schlachtfelde ist er gegen Petchonsu aufgestellt, mit dem er in einen Zweikampf geräth (*W*), in dem er den Kürzeren zieht und nur durch Eingreifen des königlichen Vaters gerettet wird.

[demotisch] Ziḥor, Ⲧⲉϩⲱⲣ, Sohn des [demotisch] (*X* 27), bekleidet nach *X* 20 das Amt eines [demotisch] des Nomos von Mendes, sonach dasselbe Amt, welches Pimai der Kleine im Nomos von Heliopolis und Werhne in der Stadt Meratum inne hatten. Er erhält einen Bak, Petchonsu gegenüber (*R* 10). Er bringt unter starker Bewachung auf seiner Remes-Barke die Chalibsch zum Gazellen-See.

[demotisch] Pramoone(?), Sohn des [demotisch], nicht zu verwechseln mit Pramoone, Sohn des Zinofr, den wir im Lager Pekrur's und Pimai's finden, erhält von Kaamenophis die Einladung, zum Gazellen-See zu kommen (*I* 4).

[demotisch] Nemeḥ, der Erpoi von [demotisch] und, wie es scheint, auch der Befehlshaber von [demotisch], jener Feste, in welche die Chalibsch von Kaamenophis gebracht wurde (*R* 12, 13).

---

[1] Vergl. Lieblein, Nr. 2495. Das Leidener Todtenbuchexemplar *T* 4 (bei Naville *Le*) war für einen gewissen [demotisch] geschrieben. Auffallend ist die Variante [demotisch], welche sich einmal (*S* 19) vorfindet. Liegt hier ein Versehen des Schreibers vor, der an eine andere Namensform, etwa ⲡⲉⲗⲗⲉ, dachte, oder sollen wir unter Hinweis auf das assyrische Pakruru vielleicht Pekrure lesen?

[2] Der Name bedeutet ‚der grosse Basilisk' (ⲡ-ⲉⲓⲧ).

[3] Hier wird der Nomos von Mendes und die Sippe des Hornacht(?) in Gegensatz gestellt zu den Brüdern und der Sippe des Monthbal.

4*

[illegible] Petchonfu wird einfach als Mann aus Mendes [illegible] bezeichnet (*R* 16). Er erhält einen Bak, Ônchhor, Sohn des Ḥurbefa gegenüber. Welcher Petchonfu *S* 4 gemeint ift, bleibt zweifelhaft.

[illegible] Ônchhapi, Sohn des [illegible] Pramoone, erhält einen Bak dem Sobkhôtpe (*R* 16) gegenüber; er war der Erpoi von [illegible].

III. Örtlichkeiten, die im Papyrus erwähnt werden.

An Örtlichkeiten finden wir folgende erwähnt:

[illegible] (*F* 32, *H* 1), meift mit dem Artikel [illegible] (*G* 32, *K* 28, *L* 15, 22[?], *N* 15[?]), in den affyrifchen Texten Ça'nu (vielleicht auch Çi'nu, vergl. Beiträge zur Affyriologie, I, 598), koptifch xaane : xani, xann (zu der Bedeutung des Namens ift vielleicht das boheirifche xann (†), [illegible], welches als ,instrumentum quo terra finditur ubi aratro non est locus vel etiam ventilabrum' erklärt wird, zu vergleichen), Tanis, der Sitz des Königs Petubaftis. *G* 23 fahren Pekrur und Pimai nach Tanis zum Könige. *H* 1 heifst es: ,Nicht zögerte Kaamenophis nach Tanis, an den Ort, an dem der König war, zu gehen.' Der König empfängt die Befucher in der [illegible], Werch (*F* 28, *G* 23). Diefes Wort kommt auch in einem hieroglyphifchen Texte in Edfu vor ([illegible]); es wird von BRUGSCH, Dict. géogr., 159, WB. 338 und Suppl. 386 von dem Verbum *wrḫ*, welches etwa ,grünen, blühen' bedeutet, abgeleitet und mit dem koptifchen oypeϩ zufammengeftellt, welches fchon von ZOËGA, Catalogus, S. 580 annäherungsweife durch ,area' wiedergegeben wurde. Fraglich bleibt es, ob diefes Wort mit dem in den Rechtsurkunden fo häufigen Ausdrucke [illegible] ψιλότοπος identifch ift. Ob diefer ,Anger' oder ,Platz' mit dem שְׂדֵה־צֹעַן, boheirifch ⲧⲱⲓ ⲛϫⲁⲛⲓ, dem Felde von Tanis, etwas zu thun hat, auf welchem nach Pfalm LXXVIII, 12 und 43 die Wunder Mofes' vor Pharao ftattgefunden hatten? Das Feld von Tanis ([illegible]) kommt auch auf zwei Statuen des Mufeums von Gizeh vor (Recueil, XV, 150, 152, BRUGSCH, Dict. géogr., 303, 986). Die Stadt, deren Ruinen MARIETTE und FLINDERS PETRIE durchforfcht haben, lag bei dem heutigen Orte San el-Hagar. Der Name der Stadt kommt in älteren Infchriften nicht vor (vergl. Beiträge, II, 600); zum erften Male erfcheint er in einem Petersburger Papyrus für die Zeit des Hohenpriefters Hirhor (Recueil, XV, 88); die Erwähnung in unferem Papyrus für die Zeit des Königs Petubaftis ift eine der älteften vorhandenen. Hier war, wie in Theben, Gott Amon Ra Sonther zu Haufe, den der König regelmäfsig anruft (*H* 24, *F* 32 wird er geradezu der grofse Gott von Tanis genannt).

[illegible] Stadt und Nomos von Mendes. Die Form [illegible] (*V* 10, *L* 22) führt auf die affyrifche Transfcription Binṭiṭi. Kaamenophis war der Heerführer von Mendes. Auch ein Mendefier des Namens Petchonfu wird (*R* 16) erwähnt. Hier ward Gott [illegible] Mendes (*K* 10 und öfter) verehrt. Das Heer des Nomos von Mendes ift gegen das Heer des Nomos von Heliopolis aufgeftellt (*S* 2).

[illegible] T-ḥa(t), wird neben Tanis, Mendes, Ifeion(?) genannt *K* 28(?), *L* 16, 23, *N* 15. Neben Sebennytos, Mendes und [illegible] erfcheint es *V* 11; *S* 6 heifst es, dafs Pramoone und fein Heer im Kampfe mit dem Nomos von T-ḥa(t) begriffen waren. An [illegible], die Hauptftadt des fiebenten oberägyptifchen Nomos, ift hier kaum zu denken, da die anderen daneben genannten Localitäten in Unterägypten lagen; vorläufig fei an den Ort [Hieroglyphen] erinnert, welcher auf einer jetzt in Wien befindlichen letopolitiſchen Stele vorkommt (BRUGSCH, Dict. géogr., 64, 473).

[Demotisch] oder [Demotisch], einmal auch [Demotisch] (*I* 32) geſchrieben, wird neben Tanis, Mendes, T-ḥa(t) genannt *K* 28, *L* 16, 23. Das Heer dieſes Nomos wird *S* 6, *V* 3, 6 erwähnt. An der erſteren Stelle heiſst es, daſs es im Kampfe mit dem Heere von Piſapte ſtand. Vielleicht liegt hier der Name der Stadt Ḥ(e)byt vor. Da in der Peônche-Stele (Z. 115) ein Fürſt von Ḥebyt und Sebennytos erſcheint, ſo ſind dieſe Städte als benachbart anzuſehen. Ḥebyt, deſſen Ruinen bei dem heutigen Bahbeit geſucht werden, wird von BRUGSCH (Dict. géogr., 489) Ἰσεῖον, Iſeum gleichgeſetzt. Gelegentlich war es auch die Hauptſtadt eines eigenen Nomos (J. DE ROUGÉ, Géographie, S. 78). Die Stadt wird auch [Hieroglyphen] genannt (BRUGSCH, a. a. O., 366). Doch ſei auch auf die Möglichkeit hingewieſen, daſs in der demotiſchen Form [Demotisch] die hieroglyphiſche [Hieroglyphen], der Name des Nomos von Sebennytos vorliegt.

[Demotisch], aſſyriſch Zabnûti, koptiſch ϫⲉⲙⲛⲟⲩⲧⲉ : ϫⲉⲙⲛⲟⲩϯ, Sebennytos. Schon von anderer Seite wurde darauf aufmerkſam gemacht (vergl. Beiträge zur Aſſyriologie, I/2, 603), daſs die koptiſche Namensform aus dem hieroglyphiſchen [Hieroglyphen] nicht abzuleiten ſei, vielmehr auf eine Form Ḏb-nt(r) mit [Hieroglyphe] hinweist, welche, wie man ſieht, ſich thatſächlich in unſerem Papyrus vorfindet. Die Stadt wird neben Mendes (*V* 10) im Anhange des Kaamenophis genannt.

[Demotisch], auch mit dem Artikel [Demotisch] *G* 31 u. ö. Dieſe Feſtung lag nach *G* 20 und *I* 28 auf einer Nil-Inſel ([Demotisch]) des mendeſiſchen Nomos. Dahin hatte Kaamenophis die Chalibſch gebracht. Eine Gleichſetzung mit den uns bekannten Örtlichkeiten auf unterägyptiſchem Boden hat nicht gelingen wollen. Es ſei bemerkt, daſs in der bekannten Stele aus der Zeit des zweiten Alexander [Hieroglyphen] als Feſtung (P-ſobt) in Mendes erwähnt wird.

Die vier Nomen von Tanis, Mendes, Iſeion (?), T-ḥat bildeten eine Einheit, als deren Mittelpunkt Tanis, die Reſidenz Pharao's galt. Dieſes geographiſch geſchloſſene Gebiet iſt als das Kernland des Königs Petubaſtis anzuſehen. Es iſt von einer Reihe widerſpänſtiger Nomen umgeben. Wiederholt (*R* 18, *V* 19, *X* 9) iſt in unſerem Papyrus von den ‚vier Nomen' die Rede. Speciell wird Kaamenophis als Heerführer dieſer vier Nomen bezeichnet. So heiſst es *R* 18: Es ſtand das Heer der vier Nomen hinter Kaamenophis. Verſchiedene Stellen des Papyrus ermöglichen es uns, dieſe vier Nomen feſtzuſtellen. In *L* 15, 16 und in *N* 15 wird uns geſagt, daſs das Heer des Kaamenophis aus Leuten von

1. Tanis [Demotisch],
2. Mendes [Demotisch],
3. T-ḥat [Demotisch],
4. Iſeion (?) [Demotisch],

beſtand. In *L* 22, 23 finden wir dieſelben Namen vor, nur mit dem Unterſchiede, daſs Tanis und Mendes ihren Platz vertauſcht haben, Mendes ſteht an erſter, Tanis an zweiter Stelle. Dieſe Namen ſtanden wohl auch an den Stellen *I* 12, *K* 28. Auf Grund dieſer Stellen iſt es geſtattet, Kaamenophis, den Führer der vier Nomen, geradezu als den Heerführer Pharao's anzuſehen.

An einer anderen Stelle (*V* 10) werden, als zur Gefolgfchaft des Kaamenophis gehörig, folgende Gebiete aufgezählt:

1. Sebennytos .
2. Mendes ,
3. ,
4. T-hat .

In diefer Lifte fehlt Tanis, für Ifeion(?) tritt das benachbarte Sebennytos ein; der Nomos von Mendes wird durch den an dritter Stelle erfcheinenden Namen der Feftung auf einer Nilinfel von Mendes ergänzt; man wird in diefer Lifte das fpecielle Machtgebiet des mendefifchen Heerführers zu erblicken haben.

, , affyrifch Unu, Heliopolis. Hier war Pimai, der Kleine, zu Haufe. In feinen Häufern war die Chalibfch des Erpoi Eiorhorerou untergebracht (*F* 16, *H* 3). Hier wurde Atum, der Herr von Heliopolis verehrt. Das Heer des Nomos von Heliopolis wird gegen das Heer des Nomos von Mendes aufgeftellt (*S* 1). Bisher war die Schreibung für das füdliche Ôn, Hermonthis, aus dem Papyrus Rhind (Brugsch, Thefaurus, V, 897, 901, 902) bekannt.

Pifapte, affyrifch Pifaptu, jetzt Saft el-Henneh, Hauptftadt des Nomos Arabia, wo der Grofse des Oftens, Pekrur, refidirte. Petchonfu war Truppenführer in Pifapte (*I* 29). Hier wurde Gott Horos als Sapt, der Grofse des Oftens (*G* 21) verehrt. Das Heer des Nomos von Pifapte kämpft gegen das Heer des Nomos von Ifeion(?) (*S* 5).

, affyrifch Hatẖiribi, koptifch: ⲁⲑⲣⲏⲃⲓ, Ἀθρῖβις, Athribis. Die Mera-Barke eines Petchonfu aus diefer Stadt wird bei der Zufammenkunft am Gazellen-See erwähnt (*Q* 23). Sobkhôtpe, Sohn des Zinofr, wird als Heerführer diefes Nomos genannt (*S* 7, vergl. auch *R* 18). Diefer zehnte unterägyptifche Nomos von Athribis kommt fchon auf einer Sarapeum-Stele vor; ein Apis war in einem Orte auf dem Gebiete des Nomos von Athribis geboren (Brugsch, Dict. géogr., 520).

, affyrifch Sa-a-a, boheirifch ⲥⲁⲓ, Σάϊς, Stadt und Nomos von Saïs (*T* 17); das Heer diefer Stadt verfammelt fich, von einem der Söhne des Eiorhorerou geführt, am Gazellen-See (*Q* 29). Der Nomosname kommt auf der Sarapeum-Stele 5934 vor; ein Apis war in Zarit im Nomos von Saïs geboren (Brugsch, Dict. géogr., 1000).

, affyrifch Puširu, boheirifch ⲃⲟⲩⲥⲓⲣⲓ, Βούσιρις, jetzt Abufir, Stadt und Nomos von Bufiris (*G* 14). Das Heer diefes neunten unterägyptifchen Nomos kommt auf der Remes-Barke des Ruru zu dem Gazellen-See (*Q* 30).

Bufiris-neb-Dad, gibt uns die volle Schreibung des Ortsnamens, wie fie fich auch auf der Peônche-Stele, Z. 18 findet. Der Ort ift als Begräbnifsftätte des Erpoi Eiorhorerou genannt (*G* 9, 12, 17). (*G* 17) ift wohl der Name der Nekropole von Bufiris.

. Die Feftung von Pi-monch-rê(?) oder Pimonch war der Sitz des Erpoi Pramoone, Sohnes des Zinofr (*I* 34, *Q* 27, *R* 14, *S* 6).

(*F* 4, *S* 9[?]) Letopolis(?).

Theben. Die Kriegsmannen des Nomos von Theben werden im Gefolge des Erpoi von Elephantine erwähnt (*X* 15). Vergl. auch den Namen Kaamenophis(?).

Syene, neben Elephantine genannt (*G* 7).

Elephantine, der Sitz des Erpoi und Truppenführers Minnemai (*K* 2, *X* 19), neben Syene genannt (*G* 7).

Die nachfolgenden Localitäten laffen fich mit den uns aus anderen Quellen bekannten Stätten nicht identificiren.

Pi-nemeḥ wird *L* 31 erwähnt.

Metra wird neben Pifaptu genannt (*H* 19).

Sitz des Erpoi Nemeḥ (*R* 13).

[ ] *K* 7. Eine Depefche wird nach diefer Stadt zu einem Ônchhor gefendet. Soll man an ϩⲛⲏⲥ Herakleopolis denken?

Meratum (?), Sitz des Werhne (*R* 11, *Q* 31). *K* 11 wird diefer Ort als Feftung ( ) bezeichnet.

[ ] Sitz des Ônchhor, Sohn des Hurbefa (*R* 15, *J* 10, *T* 28). In dem mendefifchen Nomos heifst das Peḥu R(o)ḥte (vergl. DE ROUGÉ, Géographie de la Basse-Égypte, S. 111).

ⲛⲱⲉⲓⲉ Sitz des Erpoi Onchhapi, Sohnes des Pra-moone (*R* 17).

Der See der Gazelle, das Birket von Pi-woz-neb(t)-Ame, das Dad der Hathor (?) von Mafkat (*J* 7, 24/5, 32/3, *K* 14/5, 22/3, *L* 7) oder kurz der Gazellen-See (*L* 5, *Q* 22, *R* 4) ift der Verfammlungsort der Anhänger des Pekrur und des Kaamenophis. Der See der Gazelle (ⲧⲁϭⲥⲉ) ift aus anderen Quellen nicht bekannt. Das Gazellenland wird in den Pyramidentexten wiederholt genannt (Pape I. 192/3, Mernra 365). Etwas mehr ift wohl aus der näheren Beftimmung ‚das Birket von Pi-woz-neb(t) Ame' zu fchliefsen. Wir haben es hier nicht mit der bekannten Stadt Pi-woz = Ⲃⲟⲩⲧⲱ im fiebenten unterägyptifchen Nomos zu thun, fondern, wie der Zufatz Neb(t)-Ame lehrt, mit einer Localität des neunzehnten unterägyptifchen Nomos. Hier in Ame ( ) wurden die Augenbrauen des Ofiris als Reliquien bewahrt, und wohl in Hinblick darauf wird der Name in unferem Papyrus gelegentlich (*K* 26) gefchrieben. Die Lage von ift durch die Ausgrabungen des Egypt Exploration Fund feftgeftellt worden. Wir wiffen, dafs das heutige Tell Nebefcheh dem alten Am entfpricht; auf Infchriften, die an Ort und Stelle gefunden wurden, ift von Buto, der Herrin von Amt, gerade wie in unferem Papyrus die Rede (FLINDERS PETRIE und GRIFFITH, Nebefheh, II, 6, 28 ff. und J. DE ROUGÉ, Géographie de la Basse-Égypte, S. 126 ff.). Das Dad der Göttin Hathor wird meift (*I* 32), aber auch (*I* 25) und (*K* 23) gefchrieben. Wiederholt wird die Göttin Hathor als die Herrin von Mafkat bezeichnet (fo auf einer Stele aus der Zeit Schefchonk IV., Recueil, XV, 84). BRUGSCH bemerkt Ägyptologie, 453, dafs Mafkat, ‚das Malachitgebiet', als zum Nomos Arabia gehörig angefehen wurde.

Von Gebieten aufserhalb Ägyptens werden genannt:

das Land Choir, Syrien. Monthbal kam aus Choir zum Gazellen-See, um feiner Sippe beizuftehen (*S* 25). Für die Ausfprache ‚Choir' vergl. HESS in der Ägypt. Zeitfchrift, 1892, S. 119.

Aribi, Arabien (fofern die Wiedergabe des ε durch keine Schwierigkeiten macht), erwähnt als Heimat einer Holzart bei der Befchreibung der

Ausrüſtung Pekrur's (*R* 26). Auch die aſſyriſchen Inſchriften geben die Form Aribi, ſo ſind im Bundesheere der ſyriſchen Fürſten, welches gegen Salmanaſſar II. 854 kämpfte, auch Kameele eines Fürſten von Aribi erwähnt; ſo erhält Tiglathpileſar III. von zwei Königinnen von Aribi Tribut.

[illegible] Meroë. Äthiopen [illegible] aus Meroë finden ſich im Gefolge des Erpoi von Elephantine, Minnemai (*X* 14 und wohl auch *K* 3). Über Meroē vergl. unſere Ausführungen unten S. 50).

Hunde ([illegible]) aus [illegible] werden *X* 15 und *Y* 16 erwähnt.

IV. Inhalt des Papyrus.

Die Anmerkungen [1] bis [80] folgen auf Seite 43 bis 48.

Das erſte groſse Stück beginnt mit den Reſten einer Columne *(F)*, deren Erhaltung eine Detailanalyſe nicht geſtattet. Wir ſehen, daſs am Anfange der Columne von Pimai Vorwürfe gegen Kaamenophis, welcher hier Sohn des Ônchhor genannt wird, erhoben werden [1], weil er die Chalibſch des Fürſten Eiorhorerou nach einer ſeiner Feſtungen gewaltſamerweiſe verſchleppt hat. Damit iſt auch ſchon der Hauptinhalt unſerer Sage gegeben. Dieſe Chalibſch iſt mit Hinterliſt aus ihrem Platze, aus den Häuſern des Pimai in Heliopolis entführt worden, und Pimai's Beginnen iſt darauf gerichtet, ſie wieder an ihren früheren Ort zurückzubringen. In einem nicht ganz klaren Zuſammenhange werden auch der Vorſteher der Heerden(??) von Sochmet [2] und der Sotmôſch des Pimai, deſſen Namen Zinofr wir aus anderen Fragmenten erfahren, erwähnt. Man wird wohl vermuthen können, daſs Pimai ſeinen Gegner Kaamenōphis, wie wir nach *G* 33 ſchlieſsen müſſen, in ſeiner Feſtung [illegible] perſönlich aufgeſucht hatte, um ihn zur Herausgabe der Chalibſch zu bewegen. Als es ſich zeigte, daſs Kaamenophis dazu nicht zu bringen ſei, beeilte ſich Pimai, zum Könige nach Tanis zu fahren. Darauf bezieht ſich wohl die Stelle ,er fuhr auf dem Nil in der Nacht' [3]. Hier trifft Pimai mit Pekrur zuſammen. Der König fordert ſie auf, vor ihm auf der W(e)rch [4] zu erſcheinen. Pimai beklagt ſich vor dem Könige, daſs Kaamenophis in ſchmählicher Weiſe von dem Erpoi Eiorhorerou geſprochen habe [5]. Der König antwortet ihnen: ,Reget euch in euerem Herzen nicht auf' [6]. Er verſpricht (am Schluſſe der Columne) dem Pimai bei Amon-Ra, dem groſsen Gotte von Tanis [7], ein groſses und ſchönes Begräbniſs [8] für den Erpoi Eiorhorerou. Der Anfang der nächſten Columne *(G)* iſt nur fragmentariſch erhalten, wir ſehen, daſs die Unterredung zwiſchen Pimai und dem Könige fortging. Der König befiehlt, daſs Boten durch die Nomen Ägyptens, von Elephantine bis Syene (sic!) ziehen, mit der Meldung(?), daſs die Todtenbinden *(monch)* und die übrige Zubehör nach der Stadt Pi-oſiris-neb-dad geliefert werden, wie es vorgeſchrieben iſt für den Apis und den Mnevis, den König (und) Oberen der Götter, damit man [begraben könne?] den Erpoi Eiorhorerou. Es geſchah alles, wie es der König befohlen hatte [9].

,Da ſagte der Fürſt des Oſtens, Pekrur: „Mein Sohn Pimai, ſiehe auf das Heer.... des Oſtens. Mögen ſie beiſtellen ihre Todtenbinden, und ihre Antebarze,[1] und ihre

[1] Über das Ante vergl. unſere Studien zur Geſchichte des alten Ägyptens, IV, Das Land Punt, S. 26 ff. Unter dieſer allgemeinen Bezeichnung faſste man die Gummi- *(Komi)* und Weihrauchſorten (Weihrauch = *sontr*, Myrrhe, welche erſt in ſpäter Zeit, wie es ſcheint, in Ägypten bekannt wurde = *ḫ[a]r*) zuſammen.

Talismane der Tempel und ihre ..... mögen ſie fahren nach Pi-oſiris-neb-dad, mögen ſie [den Körper?] des Oſiris, des Königs Eiorhorerou in das Haus der Salbung (Einbalſamirung) geben(?) und ihn ſalben und ihm ein ſchönes Begräbniſs [bereiten nach Art] des groſsen und ſchönen Begräbniſſes, welches man dem Apis und dem Mnevis, dem König (und) Oberen der Götter, macht." So lieſs man ihn zu ſeinen Ruheſtätten, welche in Scheſth[...] lagen, gelangen. Darnach entlieſs der König das Heer Ägyptens zu ſeinen Nomen' [10].

,Da ſagte Pimai zu dem Fürſten des Oſtens, Pekrur: „Mein Vater, kann ich denn nach Heliopolis zu meinem Nomos zurückkehren......., während die Chalibſch meines Vaters Eiorhorerou in das Innere der Inſel von Mendes, nach ϯſ℘ʒſıL (gebracht iſt)" [11]. Es ſagte der Fürſt des Oſtens, Pekrur: ..... O Gott Sapt, Fürſt des Oſtens. Nur(?) als Gegner meines Propheten(?) Eiorhorerou kannſt Du nach Heliopolis ziehen, ohne daſs wir die Chalibſch mit uns nehmen".

,Es ſtieſsen die groſsen Männer (vom Lande) ab, ſie fuhren, bis ſie nach Tanis auf die W(e)rch in Gegenwart des Königs gelangten [12]. Zu der Stunde, da der König den Fürſten des Oſtens, Pekrur, und Pimai und ihr Heer bemerkte, da ward betrübt ſein Herz und er ſagte zu ihnen: „Was iſt es mit Euch, ihr groſsen Männer? Habe ich nicht zu Eueren Nomen, zu Eueren Städten und Eueren groſsen Männern geſchickt(?), damit ſie ein groſses (und) ſchönes Begräbniſs für meinen Propheten(?) Eiorhorerou machen? Was iſt es nun mit dieſem ſchändlichen Benehmen Euererſeits?" [13]. Da ſagte der Fürſt des Oſtens, Pekrur: „Mein groſser Gott, können wir denn nach Heliopolis ziehen ohne die Chalibſch des Erpoi Eiorhorerou in unſere Nomen und unſere Städte mitzunehmen, unſere Schande wäre dann in ganz Ägypten. Können wir das Begräbniſs feiern, während die Chalibſch in der Feſtung von ϯſ℘ʒſıL iſt, (da) wir ſie an ihren früheren(?) Ort in Heliopolis nicht haben bringen können" [14].

,Da ſagte der König zu einem Depeſchenträger: „[Trage] eine Botſchaft nach ϯſ℘ʒſıL um dem Kaamenophis zu melden: „Zögere nicht, nach Tanis zu kommen wegen einiger Sachen, deretwegen ich Dich befragen will. Man führte ihn herbei, man gab die Depeſche in die Hand......" Nicht zögerte er, nach ϯſ℘ʒſıL [15] (zu ziehen), er gab' — hier beginnt die Columne *H* — ,die Depeſche in die Hand des Kaamenophis. Dieſer las ſie, nicht zögerte er nach Tanis (zu ziehen), an den Ort, an dem der König war [16]. Es ſagte der König: „Kaamenophis, ſiehe die Chalibſch des Oſiris, des Gottes Eiorhorerou, möge ſie an ihren Ort zurückgeſtellt werden, möge man ſie tragen nach Heliopolis, in die Häuſer des Pimai, an den Ort, aus dem Du ſie gebracht haſt" [17]. Als Kaamenophis dieſe Worte vernahm, da neigte(?) er ſein Haupt vor ihm, und er brachte die Proskyneſis(?) dreimal vor ihm dar' [18].

Kaamenophis zeigt keine Luſt, dem Verlangen Pimai's nachzukommen, er fordert vielmehr Pimai zum Kampfe heraus [19]. ,Als das Heer von Ägypten dies gehört hatte, da ſagten ſie: „Es iſt Kaamenophis, welcher den Kampf wünſcht" [20]. Da ſagte Pimai: „Bei Atum, dem Herrn von Heliopolis, dem groſsen Gotte, meinem Gotte", wenn die Ehrfurcht vor dem Könige ihn nicht hinderte(?), ſo würde er ihm die böſe Farbe (doch wohl des Todes) (bereiten) [21]. Es ſagte Kaamenophis: „Bei Mendes, dem groſsen Gotte, [es wird ſein] ein Kampf in den Nomen, ein Krieg in den Städten, indem eine Sippe gegen die andere ſein wird und einer gegen den anderen kämpfen wird wegen der Chalibſch, da man nicht geſtatten (kann), daſs man ſie aus der Feſtung von ϯſ℘ʒſıL bringe" [22].

Es fagte der Fürft des Oftens, Pekrur, vor dem Könige: „Ift es fchön, was Kaamenophis [thut], und die Worte, welche er dem Könige gefagt hat, [nämlich] zu fehen auf den Stärkeren von uns. Ich werde Kaamenophis und den Nomos von Mendes die Schande der Worte fühlen laffen, welche fie gefagt haben von Krieg gegen einander. Ich werde ihn mit Krieg eigenhändig fättigen(?), auf dafs nicht entftehe Kampf und Krieg in Ägypten in den Tagen des Königs" [23]. Er ruft zugleich dem Könige die Tapferkeit feiner Anhänger in Erinnerung: ‚Du wirft fehen [die Rinder][1] von Pifapte, die Löwen von Metra und ihre Kampfesweife' [24].

‚Darauf fagte der König: „Sei nicht übermüthig, o unfer Vater, o Fürft des Oftens, Pekrur, ... Du bift fchwachen Herzens; ziehet(?) zu Eueren Nomen und Eueren Städten. Ich werde nehmen laffen die Chalibfch des Ofiris, des Königs Eiorhorerou, an den Ort, aus welchem man fie gebracht hat, indem die Freude von ihr, die Liebe hinter ift.[2] Du bift zu kleinherzig für einen grofsen Krieg . . . möge kein Krieg zwifchen uns ausbrechen. Wenn es Euch genehm ift, gewährt mir fünf Tage, bei Amon Ra, dem Herrn, dem Könige der Götter (Sonther), dem grofsen Gotte, nachdem ihr in Euere Nomen und Euere Städte gezogen feid, werde ich die Chalibfch an ihren Ort wiederum bringen laffen" [25]. Es fchwieg der König darnach und ging in die Mitte [26]. Da trat Pimai der Kleine vor den König und fagte: „Mein grofser Herr, bei Atum, meinem grofsen Gotte, wenn fie mir die Chalibfch geben, um fie nach Heliopolis zu bringen, fo werde ich fie nicht mit Gewalt nehmen, und es wird die Lanze(?) (als Kriegszeichen) nicht in Ägypten aufgeftellt werden ihretwegen, und es [wird] das Heer des ganzen Landes [Ruhe haben ihretwegen]. Ich werde einhergehen im Namen meines Vaters Eiorhorerou, indem ich feine Chalibfch nach Heliopolis bringe" [27]. Es fagte Kaamenophis: „O König, o unfer grofser Herr, mögeft Du die (Lebens-) Dauer des Rê erreichen. Möge der König dem Depefchenträger befehlen, dafs er die Meldung bringe in meinen Nomos und meine Stadt, zu meinen Brüdern, meinen Genoffen, meinen Freunden, (den Leuten) der Sippe, damit fie auf mich hören [28]. Es fagte der König." Hier endet die Columne *H*. In den nächften *(I, K)* wird uns die Einladung an die einzelnen Parteigänger einerfeits des Kaamenophis, anderfeits des Pekrur und Pimai mitgetheilt.

Vorerft fordert Kaamenophis Teos, den wir fpäter als Vorfteher der Soldaten(?) des Nomos von Mendes kennen lernen (*X* 19) und Pramoone, Sohn des Ônchhor auf, die nöthigen Vorkehrungen zu treffen und fich am Gazellen-See einzufinden. Wir finden an diefer arg zerftörten Stelle eine Reihe von Wendungen, die fich in den beffer erhaltenen Einladungsfchreiben an die Anhänger Pekrur's wiederfinden [29]. Das Heer von [Mendes(?)], Tanis(?), T-hat und Ifeion(?) wird aufgeboten [30], und es ift auch, wie es fcheint, von der Mitwirkung des Ônchhor, den wir als Sohn des Königs Petubaftis aus den folgenden Columnen kennen, und feiner Brüder, der Söhne des Königs, die Rede [31].

Als Pekrur davon erfährt, beeilt er fich feinerfeits, feinen Anhang zu verfammeln.

[1] Ich ergänze unter Hinweis auf *Q* 5, wo von den Rindern der Oftländer die Rede ift, und auf *K* 8, wo es von der Sippe des Eiorhorerou heifst, dafs fie ‚die Form von Löwen für ihre Libfch, (die) von Rindern für ihre Kriegswaffen gemacht haben'.

[2] Eine ähnliche Wendung findet fich *W* 2 und Sethon, IV, 34, wo Chamoïs das Zauberbuch aus dem Grabe trägt und das Licht vor ihm geht, die Finfternifs hinter ihm.

‚Es fagte der Grofse des Oftens (zum) Depefchenträger: „Mache eine Depefchenrolle für Horâu, Sohn des Pet[chonfu(?)] .... (des Inhaltes): „Mache Deine Vorkehrungen mit Deinem Heere des Nomos [.........], möge man ihnen geben......... (das Nöthige?) an Libfch und Waffen des Krieges. Möge man ihm (sic!) geben ihre Weifungen(??), möge ihre Gewaltthätigkeit aufhören. Ich komme mit Euch zu dem See der Gazelle, dem Birket von Pi-woz-neb(t)-Ame, dem Dad der Hathor (von) Mafkat, wegen des Zwiftes, welcher ausgebrochen ift zwifchen Stadt und Stadt, Nomos und Nomos, Sippe und Sippe wegen Pimai des Kleinen, des Sohnes des Eiorhorerou (und) wegen der Chalibfch des Propheten(?), des Ofiris, des Erpoi Eiorhorerou, da er (d. h. Pimai) kämpfen wird gegen Kaamenophis wegen der Chalibfch, welche zu der Infel von [illegible] in .... dem Nomos von Mendes genommen wurde" [32].

‚Mache eine zweite Depefche nach dem Oftlande zu der Stadt Pifapte für den Grofsen der Streitkräfte Petchonfu (des Inhaltes): „Mache Deine Vorkehrungen mit Deinem Heere, Deinen Pferden, Deinen heiligen Thieren, Deiner Mera-Barke und den Männern des Oftens, welche Dir folgen, insgefammt wegen der Chalibfch des Propheten(?), des Erpoi Eiorhorerou, welche genommen hat Kaamenophis in die Feftung von [illegible] (und) ich komme mit Dir zum Gazellen-See, dem Birket von Pi-woz-neb(t)-Ame, dem Dad der Hathor (von) Mafkat, wegen des Zwiftes, welcher ausgebrochen ift" [33].

Ein ähnlich gehaltenes Schriftftück ergeht an Pramoone, Sohn des Zinofr, den Erpoi der Feftung Pi-mônch-rê.

Eine andere Depefche geht an den Truppenführer(?) Minnemai, den Erpoi von Elephantine, mit der Aufforderung, feine ... Kriegsmannen ...., feine Genoffen(?) ...., feine Äthiopen ...., feine Pferde, feine heiligen Thiere zu verfammeln.

Ferner [an Pimai], den Sohn des Eiorhorerou, den Kleinen, den mit der feften Fauft(?) [des Inhaltes]: ‚Mache Deine Vorkehrungen [mit Deinem Heere], Deinen Kriegsmannen und Deinen fieben Genoffen(?) ...., wie es vorher befchrieben.'

Eine andere Depefche an den [illegible] Ruru, den Sohn des Eiorhorerou, des Inhaltes: ‚Mache Deine Vorkehrungen [.....'.

Eine andere Depefche nach Herakleopolis (? [illegible]) zu Ônchhor ...., des Inhaltes: ‚Mache Deine Vorbereitungen mit Deinem Heere, Deinen Kriegsmannen, mache [.................... Pet]chonfu(?) und feinen Genoffen(?) ...., wie es vorher befchrieben'.

Schicke eine (Depefche) an ....], Sohn des(?) Zinofr:[1] ‚Mache Deine Vorbereitungen mit Deinem Heere, Deinen [Kriegsmannen ....'.

Schicke eine (Depefche) an Wirhne, Sohn des Ônchhor, den Erpoi der Feftung von Meratum: ‚Mache Deine Vorbereitungen mit Deinem Heere, Deiner Kriegsausrüftung(??), Deinen Pferden, Deinen heiligen Thieren'.

‚Alfo [verfandte(?)] der Grofse des Oftens, Pekrur, Depefchen nach feinen Nomen und feinen Städten, des Inhaltes: „Macht Euere Vorbereitungen [für(?)] den See der Gazelle, das Birket von Pi-woz-neb(t)-Ame, das Dad der Hathor von Mafkat".

‚Darnach fagte der Grofse des Oftens, Pekrur: „Mein Sohn Pimai, höre [.......]. Man hat Dir Deine Depefche gefagt, fende in Deine Nomen und Deine Städte. Ziehe

[1] Nach den anderen Liften ift Sobk(?)hotpe, Sohn des Zinofr zu ergänzen.

dahin, verweile(?) nicht, [. . . . .] komme ihm (doch wohl dem Kaamenophis) vor, ſei der erſte an Kraft(?). Stelle(?) Dich an die Spitze Deiner Brüder und Deiner Sippe, ſo daſs ſie Dich dort (doch wohl am Gazellen-See) finden. Wenn ſie Dich nicht dort vorfinden, ſo werden ſie in ihre Nomen und ihre Städte zurückkehren. Ich ſelbſt werde nach Pi[ſapte] ziehen, ich werde das Heer ſichern, auf daſs nicht. . . . . ., und ich führe(?) es(?) zu dem Ort, an dem Du Dich befindeſt" [34]. ‚Es ſagte Pimai: „Ich billige, was Du geſagt haſt" [35].

Die bisherigen Vorgänge haben ſich in Tanis zugetragen, nun wird der Schauplatz der Begebenheiten an den Gazellen-See verlegt.

‚Darnach zogen die groſsen Männer zu ihren Nomen und ihren Städten(?). Pimai, der Kleine, zog von dannen, er beſtieg eine neue Remes-Barke [36] und richtete alles für die Fahrt Nöthige(?) her; es fuhr ſeine Remes-Barke nilabwärts (durch) . . . Tage(?) und es gelangte Pimai zu dem Gazellen-See, dem Birket von Pi-woz-neb(t)-Ame, dem Dad der Hathor von Maſkat.'

Man meldete dem Führer des Heeres Kaamenophis, daſs Pimai am Gazellen-See angelangt(?) ſei und daſs ſein junger Sotemôſch Zinofr bei ihm ſei(?). ‚Es mögen (die Leute) von Tanis, [Mendes(?), T-hat(?)] (und) Heion(?) mit Dir fahren und Dir an die Hand gehen(?).' Pimai wäre ihm (dem Kaamenophis) zuvorgekommen, aber er wäre der Arm(?) der genannten Städte und Nomen, und wenn dieſe Pimai von Süden, Norden, Weſten und Oſten faſſen würden, ſo könnte Pimai vernichtet werden(?); wenn dann ſeine Brüder kämen und fänden Pimai erſchlagen(?),[1] ſo würde ihr Herz wohl betrübt ſein, ſie könnten aber nichts ausrichten und müſsten in ihre Städte und Nomen zurückkehren, ohne daſs die Chalibſch des Erpoi Eiorhorerou aus Kaamenophis' Hauſe fort müſste.

Kaamenophis ruft den Gott von Mendes an und beruft ſich auf das, was er in Gegenwart von Mendes und . . . . geſagt hat. Hier endet die Columne *K*, von den oberen Zeilen der nächſten *(L)* ſind nur Theile erhalten; es iſt von der Herrichtung einer Remes-Barke und von der Fahrt des Kaamenophis zum Gazellen-See die Rede. Auch das Heer der vier Nomen begleitet ihn dahin. Hier ſtoſsen ſie mit Pimai zuſammen.

Kaamenophis richtet an Pimai die Aufforderung: ‚Machen wir eine Stunde des Kampfes zu 52 bis [Deine Brüder kommen]' [37]. Welcher Art dieſer Kampf zu 52 war, wiſſen wir nicht, doch iſt wohl anzunehmen, daſs zwiſchen demſelben und dem Kampfſpiele zu 52, welches im Chamoïs-Romane erwähnt wird [38], ein Zuſammenhang beſtand. Als Pimai ſich dazu bereit erklärte, da brach ſein junger Diener (Sotmôſch) Zinofr in Weinen aus, er beſchwor ihn: ‚Mein Gott! Hüte Dich, möge Dein Leben heil ſein' [39]; er macht ihn darauf aufmerkſam, daſs auf ſeiner Seite nur ein Nomos ſei, während Kaamenophis die Leute von Tanis, Mendes, T-hat und Sebennytos mit ſich habe [40].

Pimai erwidert ſeinem Sotmôſch Zinofr, er [ſei betrübt] über die Worte, die dieſer geſprochen, er habe dem Kampfe zugeſtimmt. ‚Ich werde', ſo fährt er fort, ‚Mendes ſchlagen, ich werde Tanis, T-hat und Sebennytos(?) demüthigen [41], welche mich nicht zu den Kriegsmannen gezählt haben. Sei guten Muthes.' Pimai redet Zinofr als ſeinen Bruder an, während dieſer ihn als ſeinen Gott anſpricht. Pimai läſst die Ausrüſtung(?) eines Schwerbewaffneten(?) vor ſich bringen [42]. Sie wurde auf der Stelle herbeigeſchafft.

---

[1] Die Überſetzung dieſer Zeilen iſt in Folge der Lücken des Papyrus ſehr unſicher.

Die Aufzählung der einzelnen Stücke, welche Pimai anlegt [43], nimmt das Ende der Columne *L* und den Anfang der Columne *M* ein; fie wimmelt von fonft nicht vorkommenden Ausdrücken.

Von dem unteren Theile der Columne *M* find nur einzelne Gruppen erhalten; es ift aus denfelben nicht zu erfehen, wie der Kampf ausging. In der Columne *N* fehen wir Zinofr handelnd eingreifen. Er blickte auf und bemerkte eine Remes-Barke, welche wohlbemannt und mit Kriegern beladen war, 40(?) Bari-Barken und 60(?) kleinere Barken(??); Pferde, Kameele, Fufstruppen folgten, für welche der Flufs und die Ufer zu eng waren.[1] Zinofr fragt mit lautem Rufe, wer von der Verwandtfchaft des Eiorhorerou auf der Barke fahre, er berichtet von dem Kampfe des Pimai mit Kaamenophis und den Leuten von Tanis, Mendes, T-hat, Ifeion(?). Sobald die Leute auf der Remes-Barke den Ruf Pimai's gehört hatten, erfchien ein Krieger auf dem Vordertheile der Barke. Was von der Columne noch erhalten ift, geftattet es nicht feftzuftellen, wer auf der Barke fuhr, man kann vermuthen, dafs es Petchonfu war. Damit find wir an das Ende des erften Stückes, welches, wie wir gefehen haben, die Columnen *F* bis *M* enthält, gelangt. Das zweite ergibt das Ende der Columne *P*, die Columnen *Q* bis *S* und den Anfang der Columne *T*. Wie grofs das zwifchen den Columnen *M* und *P* fehlende Stück war, läfst fich nicht fagen; man bemerkt, dafs die Epifode zwifchen Pimai, Zinofr und Kaamenophis abgefchloffen ift und neue Perfonen handelnd auftreten.

Von der Columne *P* läfst fich eine Inhaltsüberficht nicht geben. Wir fehen, dafs die Göttin Sochme(t) (Z. 11), ein Sotmôfch (Z. 22), Kaamenophis (Z. 24) erwähnt waren. Das Ende der Columne läfst fich etwa folgendermafsen ergänzen:

(Z. 26) ....]vor dem Befehlshaber Pet (Z. 27) [chonfu; N. N.] zögerte nicht zu eilen an den Ort, an dem der König fich befand [und zu melden von allen den Dingen], welche vorgefallen waren mit Petchonfu und Ônch-hor, [auf dafs diefer (der König) ihm (dem Petchonfu) befehle], dafs er abftehe von dem.....

Auch der Anfang der Columne *Q* ift arg verwüftet, doch können wir nach dem ganzen Zufammenhange annehmen, dafs hier die Meldung an den König und die Antwort desfelben (Z. 1 heifst es ‚die Antwort') vorlagen, wobei Z. 5 die fpöttifche Wendung ‚das fchwere Vieh des Oftens' — wir wiffen, dafs Petchonfu aus dem Nomos des Oftens (Pifapte) war — fällt. Der Nomos von Pifapte wird dann mit jenem von Athribis, der Nomos von Mendes mit jenem von Sebennytos genannt. Feften Fufs faffen wir erft von der achten Zeile an, wo die Sippe, die Edlen, die Erpoi's, die Söhne des Propheten(?) als Anlafs des Kampfes hervorgehoben werden [44] Dann heifst es weiter: ‚Die Lanze(?) des Erpoi Eiorhorerou weiche, bis fie (d. h. feine Sippe) kommen. Möge man den Kampfplatz herrichten.' An den Erpoi Petchonfu ergeht der Befehl, nicht zum Kampfe mit Ônchhor zu fchreiten und die Lanze(?) nicht aufzuftellen bis das Heer gelandet fei [45]. Inzwifchen wurde ein Balkon für den König hergerichtet [46].

Während diefer Vorkehrungen begibt fich der König an den Ort, an dem Petchonfu war, er fah ihn bei feiner Bari-Barke mit der Inftandfetzung(?) eines eifernen Gegenftandes befchäftigt [47], was wohl als Vorbereitung zum Kampfe aufzufaffen ift. Der König bricht

[1] Man vergleiche die Stelle der Bachtan-Stele (Z. 16/17), wo das grofse Schiff von fünf kleineren begleitet ift und Wagen und Pferde zur Rechten und Linken (alfo doch wohl auf den Ufern) folgen.

bei dieſem Anblicke in die Worte aus: ‚O mein Sohn, Führer der Streitkräfte, Petchonſu! Führe keinen Krieg, kämpfe nicht, bis Deine Brüder kommen, ſtelle nicht die Lanze(?) auf, bis Deine Sippe kommt‘ [48]. Petchonſu gehorchte den Befehlen des Königs, er unterließ den Kampf an dem genannten Tage und ward vom Könige belohnt für alles, was er gethan hatte.

Inzwiſchen landete die Sippe des Eiorhorerou an dem Gazellen-See und erhielt ihre Aufſtellungsplätze.

Es landete die Rems-Barke des Fürſten des Oſtens, Pekrur.

Es landete die Mera-Barke des Petchonſu, von der Stadt Athribis.

Es landete die Mera-Barke des Ônchhor, des Sohnes(?) des [illegible].

Es landete die Mera-Barke der Heliopoliten und jene der Saïten (sic!).

Es landete die Mera-Barke des Min-mmai .... und(?) von Elephantine.

Es landete die Mera-Barke des Pramoone, des Sohnes des Zinofr, und des Heeres von Pi-monch-rê.

Es landete die Mera-Barke des [illegible], des Sohnes des Eiorhorerou, und das Heer des Nomos von Saïs (sic!).

Es landete die Rems-Barke des [illegible] Ruru, des Sohnes des Eiorhorerou, und das Heer des Nomos von Buſiris.

Es landete die Mera-Barke des Werhne, des Sohnes des Ônchhor, und das Heer von Mer-Atum.

Es landete [illegible], der Sohn des Eiorhorerou.

Es landete (Anfang der Columne *K*) Pimai, der Kleine, mit der ſtarken Fauſt(?), und der Reſt der Söhne des Erpoi Eiorhorerou und der Brüder des Führers der Streitkräfte Petchonſu, der Sippe des Propheten [49].

Um uns eine Vorſtellung von der Zahl und Kampfluſt der verſammelten Schaaren zu geben, bricht der Erzähler in die Worte aus: ‚Wer ſieht den Teich vor den Vögeln, das Meer vor den Fiſchen, wer ſieht den Gazellen-See vor der Verwandtſchaft des Eiorhorerou! Sie brüllen nach Art von Rindern, ſie ſind zorngewaltig nach Art von Löwen ſie wüthen nach Art von Löwinnen‘ [50]. ‚Man meldete‘, ſo fährt der Papyrus fort, ‚dies dem Könige, nämlich die Sippe iſt gekommen. Sie haben die Form von Löwen für ihre Libſch, (die) von Rindern für ihre Kriegswaffen gemacht‘ [51]. Es ſind wohl Abzeichen in Form von Löwen und Rindern gemeint.

Es wird nun an die Aufſtellung von Bak[1] für die verſammelten Fürſten geſchritten.

‚Man machte einen erhöhten Bak für den König Petubaſtis.

Man machte einen anderen Bak für den Groſsen des Oſtens, Pekrur, ihm gegenüber.

Man machte einen Bak für Zihor, den Sohn des Ônch-hor.

Man machte einen anderen für [Petchon]ſu, ihm gegenüber.

Man machte einen für Werhne, den Führer der Soldaten(?) (der Stadt) Mer-Atum.

Man machte einen anderen für den Königſohn Ônchhor, den Sohn des Königs Petubaſtis, ihm gegenüber.

[1] Wir kennen den Ausdruck aus der Peʿônche-Stele, Z. 32, wo von der Belagerung von Groſs-Hermupolis die Rede iſt, und Z. 91, wo von der Belagerung von Memphis die Rede iſt. Er wird von DE ROUGÉ (Chreſtomathie, IV, S. 27, 50) durch ‚échelle‘ überſetzt. Wir können das Wort etwa durch ‚Tribüne‘ wiedergeben.

Man machte einen für [illegible] Nemeh(?), den Fürften von [illegible] und [illegible].

Man machte einen anderen für P-ra-moone, den Sohn des Zinofr, den Erpoi von Pi-monch-rê, ihm gegenüber.

Man machte einen für Ônchhor, (den Sohn des) Hurbefa, den Erpoi von T-ôme-n-p-rechte.

Man machte einen anderen für [Pet]chonfu aus Mendes, ihm gegenüber.

Man machte einen für Ônchhapi, den Sohn des P-ra[moone], den Fürften von [illegible].

Man machte einen für Sobk(?)hotpe, den Sohn des Tafnacht(?), den Heerführer von Athribis, ihm gegenüber [52].

Es ftand das Heer der vier Nomen hinter Kaamenophis, [es ftand] das Heer des Nomos von Heliopolis hinter Pimai, dem Kleinen' [53].

Die Gegenüberftellung bedeutet auch die Gegnerfchaft, und wir erhalten eine neue werthvolle Lifte der beiderfeitigen Anhänger:

Der König.
Zihor, Sohn des Ônchhor.
Ônchhor, Sohn des Königs.
Nemeh.
Petchonfu aus Mendes.
Ônchhapi.
Kaamenophis.

Pekrur.
Petchonfu.
Werhne.
P-ra-moone, Sohn des Zinofr.
Ônchhor, Sohn des Hurbefa.
Sobk(?)hotpe, Sohn des Tafnacht(?).
Pimai, der Kleine.

Zur Vergleichung geben wir die Lifte der Anhänger Pekrur's, welche nach *I* 21 ff. Einladungen zum Gazellen-See erhalten, und jener, welche nach *Q* 22 ff. am Gazellen-See fich eingefunden hatten.

I 21 ff.

Horâu, Sohn des Pet[chonfu??].
Petchonfu (Pifapte).
Pramoone, Sohn des Zinofr (Pimônchrê).
Minnemai (Elephantine).
Pimai, Sohn des Eiorhorerou (Heliopolis).
Ruru, Sohn des Eiorhorerou.
Ônchhor (Grofs-Herakleopolis?).
[Sobk(?)hotpe], Sohn des Zinofr.
Werhne, Sohn des Ônchhor (Meratum).
Pekrur (Pifapte).

Q 22 ff.

Pekrur.
Petchonfu (Athribis).
Ônchhor.
Minnemai (Elephantine).
Pramoone (Pimonchrê).
[illegible], Sohn des Eiorhorerou (Sais).
Ruru (Bufiris).
Werhne, Sohn des Ônchhor (Meratum).
[illegible], Sohn des Eiorhorerou.
Pimai (Heliopolis).

Beide Liften enthalten zehn Namen, von denen fieben gemeinfam find: Pekrur, Pimai, Petchonfu, Minnemai, Pramoone, Ruru, Ônchhor, Werhne. Auffallend bleibt es, dafs Petchonfu nach der erften Lifte die Einladung in die Stadt Pifapte zugefchickt wird, während er nach der zweiten mit den Leuten von Athribis beim Gazellen-See landet. Dafür finden wir in der erften Lifte einen Sohn des Zinofr genannt, deffen Name verloren ift, doch ift wohl ficher, dafs hier der aus anderen Quellen bekannte Heerführer von Athribis Sobk(?)hotpe, Sohn des Zinofr vorliegt. Die übrigen drei [illegible], [illegible] und [demotisch] kommen ſonſt im Papyrus nicht vor. Die dritte Liſte (*R* 9) gibt nur ſieben von den acht Namen, welche den beiden anderen Liſten gemeinſam ſind; es fehlen Minnemai aus Elephantine und Kuru aus Buſiris, dafür finden wir, wie in der erſten Liſte, Sobk(?)hotpe, welcher freilich in der erſten Liſte als Sohn des Zinofr, in der zweiten als Sohn des Tafnacht(?) bezeichnet iſt.

Nun erhebt der König ſeine warnende Stimme, er wendet ſich an Pekrur und fragt, ob denn Niemand im Stande ſei, einen Schild vorzuhalten, auf daſs nicht ein allgemeiner wirrer Kampf ausbreche von einem Nomos gegen den anderen, von einer Stadt gegen die Nachbarin [54]. Da entfernte ſich Pekrur, er band ſich einen Gürtel(?) .... aus Eiſen um und nahm ein Kriegsſchwert und eine Lanze(?), ein Schild aus Gold war in ſeiner Hand [55]. Sowohl das Schwert, als die Lanze(?) waren geſchildert. Bei der Beſchreibung des Schwertes heiſst es unter anderem, daſs es war nach Art der Bewohner des Oſtens, bei der Lanze(?) wird ein Holz(?) aus [demotisch] Aribi (d. h. Arabien) erwähnt. Die Schreibung des Namens tritt zum erſten Male in einem ägyptiſchen Texte auf; wir wiſſen, daſs Pekrur aus dem Nomos des Oſtens (Arabia) zu Hauſe war. So gerüſtet tritt Pekrur in die Mitte des Heeres Ägyptens und gibt ſeinem Schaarenführer(?) mit lauter Stimme Befehle [56], welche ſich dem Auftrage Pharao's entſprechend auf die Aufſtellung der Heerestheile beziehen. Wir erſehen, daſs ſich gegenüberſtehen:

Der Heerführer Kaamenophis.	Pimai, der Kleine.
Das Heer des Nomos von Mendes.[1]	Der Nomos von Heliopolis.
Ônchhor, der Sohn des Königs Petubaſtis.	Der Führer der Streitkräfte Petchonſu.
Petchonſu und Pramoone, Sohn des Ônchhor.[2]	[demotisch]
Das Heer des Nomos von Iſeion(?).	Das Heer des Nomos von Piſapte.
Das Heer des Nomos von T-hat.	Prâmoone, Sohn des Zinofr, und das Heer von Pi-monchra.

Zum Schluſſe werden Sobk(?)hotpe, Sohn des Zinofr, der Heerführer des Nomos von Athribis(?) und Ônchhor, Sohn des Hurbeſa genannt.

Es wurde Mann gegen Mann aufgeſtellt, groſs war ihr Muth und ihre Kampfbegier. Inzwiſchen hatte Pekrur auf ſeiner Wanderung durch das Schlachtfeld einen Krieger von vornehmer Ausrüſtung(?), hoch von Geſtalt (‚wie wenn er auf einer .... Makot ſtünde'), der ſich ſeine Libſch und ſeine Waffen umband und von 40 Kriegsmannen und von 4000(?) Fuſsgängern und 4000(?) Söldnern (ⲙⲁⲧⲟⲓ) begleitet war, bemerkt [57]. Dieſer erhob die Hand zum Gruſse vor dem Fürſten des Oſtens, Pekrur, indem er ſagte: ‚Hilf Bel, o groſser Gott, o mein Gott. Was iſt es mit Dir, daſs Du mir nicht gibſt mein Abzeichen(?) des Kampfes(?), mir, der ich auch gehöre zu den Brüdern, den Söhnen des Erpoi Eiorhorerou, meines Vaters' [58]. Es ſah der Fürſt des Oſtens, Pekrur, auf den Krieger, nicht wuſste er zu erkennen ſein Geſicht [59], und er fragte, welcher von den Männern in der Sippe er wäre. Dieſer erwiderte: ‚Ich bin Monthbal, Sohn des Eiorhorerou.'

[1] Hier beginnt die Columne *S*.

[2] Da wir den Führer der Streitkräfte Petchonſu in der vorhergehenden Zeile finden, ſo können wir hier an den Mendeſier Petchonſu denken (*R* 16). Pramoone, Sohn des Ônchhor war ſchon *I* 4 unter den Anhängern des Kaamenophis genannt.

Die Fortſetzung der Rede iſt nur mangelhaft erhalten, wir ſehen zuerſt das Land Choir erwähnt, in welches Monthbal allem Anſcheine nach gezogen war. Aber auch dort ereilte ihn die Botſchaft, nach dem Gazellen-See zu kommen, ‚wegen des Kampſes und des Krieges, welche begonnen hatte Mendes und die Sippe des Hornacht(?), Sohnes des Smendes(??) gegen ſeine Brüder und ſeine Sippe anläſslich der Chalibſch, welche in die Feſtung von [illegible] gebracht wurde' [60]. Damit ſind wir an das Ende dieſer Columne gekommen, von der nächſten *(T)* ſind nur die Anfänge der Zeilen erhalten, die uns vorläufig nicht die Reconſtruction des Zuſammenhanges geſtatten. Wir erſehen aus den wenigen erhaltenen Gruppen nur, daſs die Unterredung zwiſchen Monthbal und Pekrur zunächſt fortging, dann finden wir Piſapte, Heliopolis und ſpäter Saïs erwähnt, am Schluſſe der Columne leſen wir die Gruppe [illegible], die Reſidenz des Erpoi Hurbeſa, ferner den Namen [Pra]moone, Sohn des Zinoſr, bekanntlich des Erpoi von Pimenchre, und in der letzten Zeile den Namen Pekrur. Es läſst ſich nicht ſagen, ob auf dieſe Columne *T* die nächſte erhaltene Columne *V* unmittelbar folgte, oder ob ein gröſserer Zwiſchenraum vorhanden war, doch ſcheint mir das erſtere das Wahrſcheinlichere zu ſein.

In der Columne *V*, deren Anfangszeilen zum gröſsten Theile verloren ſind, ſehen wir Monthbal in voller Action, um ſeinen Brüdern zu helfen, und zwar ſcheint es, daſs das Heer des Nomos Iſeion(?) dieſelben in arge Bedrängniſs gebracht hatte. Nach einer Anrufung an ſeinen Gott Bel bindet er ſich ſeine Libſch und ſeine Kriegswaffen um und ſpringt hinein unter das Heer des Nomos von Sebennytos, von Mendes, von [illegible] und von T-(hat) unter die Anhänger des Kaamenophis und richtet Vernichtung und Verderben unter ihnen an, ‚nach Art der (Göttin) Sochmet, zu ihrer Stunde des Zornes(?)' [61]. Alles weicht vor ihm zurück. Als König Petubaſtis davon erfuhr, da riſs er ſeinen Mund auf vor Schrecken, er fiel(?) von ſeinem erhöhten Bak herab [62]. Er rief die Verwendung des Fürſten des Oſtens Pekrur gegen Monthbal an, welcher, wie er gehört hatte, Verderben und Vernichtung unter dem Heere der vier Nomen anrichtete: ‚Möge er aufhören zu vernichten unſer Heer' [63]. ‚Es ſagte der Fürſt des Oſtens, Pekrur, es möge ſich der König mit mir(?) an den Ort begeben, an dem ſich Jener befindet. Ich werde ihn aufhören laſſen zu ſchlachten unter dem Heere Ägyptens' [64]. Es geſchah, daſs Pekrur ſich ſeine Libſch umband, er ſtieg mit dem Könige auf eine Makot [65]. Man meldete(?) dem Monthbal die Befehle. Es ſagte der Groſse des Oſtens, Pekrur: ‚Mein Sohn Monthbal, halte Deine Hand ab von dem Kampfplatze'. Auf die weitere Frage, ob es ſchön ſei, ein Gemetzel unter dem [Heere] Ägyptens anzurichten [66], antwortet Monthbal mit der Gegenfrage, ob es ſchön war, die Chalibſch mit Liſt fortzutragen [67]. So gedrängt erklärt der König — und damit ſind wir zum Beginn einer neuen Columne *(W)* gelangt — er werde, wenn Monthbal von ſeinem Wüthen ablaſſe, die Chalibſch nach Heliopolis an den Ort, wo ſie ſich vordem befand, zurückbringen laſſen, ‚ſeiend die Freude vor ihr, der Jubel hinter ihr' [68].

Monthbal verſtändigt von dieſen Vereinbarungen ſeine Truppen und führt ſie von dem Kampfplatze ab, ‚indem ſie waren nach Art desjenigen, der nicht kämpft' [69]. Sie wandten ihre Schritte, bis ſie zu der Stelle kamen, wo ſie Pimai mit Kaamenophis kämpfend vorfanden [70]. Pimai iſt eben im Begriffe, Kaamenophis den Garaus zu machen, ‚er hatte ihn auf den Boden geworfen und hob(?) ſeine Hand auf und ſein Schwert zu ſeiner Vernichtung' [71]. Da greift Monthbal ein, er bittet Pimai, Einhalt zu thun und theilt ihm mit, dafs Pekrur und der König Petubaftis jeglichen Kampf unterfagt haben, und dafs die Rückgabe der Chalibfch gefichert fei. So läfst man Kaamenophis ziehen.

Auf einer anderen Stelle des Schlachtfeldes fchlägt fich Petchonfu mit Ônchhor. Da vollbrachte Petchonfu ein Stück, ‚welches härter als Stein, brennender als Feuer, leichter (?) als Hauch (?), eiliger als Wind war [72]. Ônchhor fand kein Heil.‘ ‚Petchonfu liefs ihn auf den Boden ftürzen, er hob feinen Arm auf, indem feine Hand das Schlachtmeffer zückte. Da ging eine fchwere Klage und ein tiefes (?) Jammern (?) durch das Heer Ägyptens wegen Ônchhor‘ [73]. Man verftändigte den König: ‚Petchonfu hat fallen laffen Ônchhor, Deinen Sohn [auf den Boden], er hebt feinen Arm auf (?) mit feinem Schlachtfchwerte, um ihn zu vernichten.‘ ‚Es ging der König in grofser Angft‘ (?) [74]. Er wendet fich an Amon-Ra, den Herrn, den König der Götter, den grofsen Gott, feinen Gott, er fagt, er habe doch befohlen (?), dafs kein Unheil und Kampf ausbrechen dürfe. ‚Man hat nicht auf mich gehört‘ [75]. Nachdem er dies gefagt hatte, eilte er von dannen. Er fafste den Oberarm des Petchonfu. Der König fagte: ‚Mein Sohn Petchonfu, hüte das Leben, wende Deine Hand ab von meinem Sohne‘ [76].

Auch Pekrur verwendet fich, wie wir aus dem Anfange der nächften Columne *X* erfehen, für den Königsfohn, worauf diefer von Petchonfu freigelaffen wird und zu feinem Vater zurückkehrt, der es an Ermahnungen nicht fehlen läfst.

‚Es gefchah, dafs Minnemai auf dem Strome fuhr mit feinen 40[1] Kriegsmannen und feinen 9000 (?) Äthiopen aus Meroë ..... und feinen 900 (?) Hunden ..... (und es kamen?) die Kriegsmannen des Nomos von Theben ..... [77]. Eng war der Strom für die Mera-Barken, eng die Ufer für die Pferde. Er gelangte zum Gazellen-See. Man gab einen Landungsplatz dem Führer der Streitkräfte (?) Minnemai, (dem Sohne) des Eiorhorerou, dem Erpoi von Elephantine bei (?) der Mera-Barke des Teos, des Führers der Soldaten (?) des Nomos von Mendes und feiner Remes-Barke ..... und es war die Chalibfch des Erpoi Eiorhorerou auf ihr [78]. [Es rief] Minnemai: „Bei Chnum, dem Herrn, dem grofsen Gotte, meinem Gotte. Gewähre (?) mir (?) das, warum ich (zu Dir) gerufen habe. Möge ich fehen die Chalibfch [meines Vaters] des Ofiris, des Königs, des Erpoi Eiorhorerou ......“ [79]. ‚Es band Minnemai fich eine Libfch und die Kriegswaffen um, und das Heer, das mit ihm war, [folgte ihm (?). Er zog zu] der Remes-Barke des Teos, Sohnes des Ônchhor. Er fand 9000 (?) Kriegsmannen auf ihr, welche die Chalibfch des Ofiris Eiorhorerou bewachten. Es drang (?) Minnemai zwifchen diefelben‘ [80].

Damit find wir an das Ende diefer Columne angelangt; von der nächften *(Y)* find uns nur die Anfänge der Zeilen erhalten, gegen Ende der Columne lefen wir (Z. 25 fl.): ‚]Darnach liefsen fie eingehen die Chalibfch [..........] nach Heliopolis. Man gab die Chalibfch [‘, woraus wir wohl fchliefsen können, dafs die Chalibfch wahrfcheinlich von Minnemai nach Heliopolis zu Pimai, dem Kleinen zurückgebracht wurde. In der letzten Zeile diefer Columne lefen wir ‚]Stele aus Stein[‘ und können wohl annehmen, dafs hier von der Aufftellung einer Stele die Rede war, fei es zur Verzeichnung der Begebenheiten, die fich bei der Rückgewinnung der Chalibfch zugetragen, fei es zur Belobung eines oder mehrerer Theilnehmer an diefen Ereigniffen. An diefe Columne *(Y)* wird fich noch eine angereiht haben, welche auch die Subfcription enthielt.

[1] Man beachte, dafs auch Monthbal von 40 Kriegsmannen begleitet ift.

[1] [illegible] (F 7) [illegible]

[2] [illegible] (4) [illegible]

[3] [illegible] (24) [illegible]

[4] [illegible] (28) [illegible]

[5] [illegible] (30) [illegible]

[6] (31) [illegible]

[7] (32) [illegible]

[8] (33) [illegible]

[9] (G 6) [illegible] (7) [illegible] (8) [illegible] (9) [illegible] (10) ..... [illegible]

[10] (12) [illegible] (13) [illegible] (14) [illegible] (15) [illegible] (16) [illegible] (17) [illegible] (18) [illegible]

[11] (18) [illegible] (19) [illegible] (20) [illegible] .... [illegible]

[12] (22) [illegible] (23) [illegible]

[13] [illegible] (24) [illegible] (25) [illegible] (26) [illegible] sic [illegible] (27) [illegible]

[14] [illegible] (28) [illegible] (29) [illegible] (30) [illegible]

[15] (31) [illegible] (32) [illegible] (33) .... [illegible]

[16] (H 1) [illegible] (2) [illegible]

6*

[17]
(3)
(4) [18]
(5)
(6)
(7) [19]
(8) [20]
[21]
(9)
(10) [22]
(11)
(12)
(13) [23]
(14)
(15)
(16)

(19) [24]
(21) (20) [25]
(22)
(23)
(24)
(sic!) (sic!)
(25)

(26) [26]
(27) [27]
(28)
(29)
(30)
(31) [28]
(32)

(F 4) [29]
(7)
(8)
(9)
(sic?)
(12). Für die Construction vergl. den Satz [30]
(F 15)

[…] (13) […] [31]

[…] (22) […] [32]

[…] (23) […]

[…] (24) […]

[…] (25) […]

[…] (26) […]

[…] (27) […]

[…] (28) […]

[…] (29) […]

[…] (30) […] [33]

[…] (31) […]

[…]

[…] (33) […] (32)

[…]

[…] (K 15) [34]

[…] (16)

[…] (17)

[…] (19) […] (18)

[…]

[…] (20) […] [35]

[…] (21) […] [36]

. . . . . (22) […]

[…] (L 8) [37]

Machen wir darum das Spiel zu 52. IV, 28 […] [38]

[…] (13) [39]

[…] (14) […] [40]

[…] (23) […] (L 22) [41]

[…]

[…] (24) [42]

[43] In diefer Aufzählung heifst es […] ‚es ftreckte Pimai feine Hand aus', dann folgt die Befchreibung des Stückes und fchliefslich die Wendung […] ‚er gab es auf feinen Rücken', d. h. er zog es an.

[…] (9) […] (Q 8) [44]

[…] (12) […] (11) […] [45]

[…] (13) […]

[…] (14) […] (13) [46]

(sic!)

[…]

[illegible] (16) [illegible] (15) [illegible] [47]
[illegible]
[illegible] (18) [illegible] [48]
[illegible] (19) [illegible]
[illegible] (23) [illegible] (22) [49]
[illegible] (24) [illegible]
[illegible] (25) [illegible]
[illegible] (26) [illegible]
(27) [illegible]
(sic!)
[illegible] (28) [illegible]
[illegible] (29) [illegible]
[illegible] (30) [illegible]
[illegible]
[illegible] (32) [illegible] (31) [illegible]
[illegible]
(sic!)
[illegible] (R 1) [illegible]
[illegible] (2) [illegible]
[illegible] (3) [illegible]
[illegible] (4) [illegible] [50]
[illegible] (5) [illegible]
[illegible] (6) [illegible]
[illegible] (7) [illegible] [51]
[illegible] (8) [illegible]
[illegible] [52]
[illegible] (10) [illegible]
[illegible]
[illegible] (11) [illegible]
(12) [illegible]
[illegible]
[illegible] (13) [illegible]
[illegible] (14) [illegible]
[illegible] (15) [illegible]
[illegible] (16) [illegible]
[illegible] (17) [illegible]
[illegible] (18) [illegible]
[illegible] (19) [illegible] [53]
[illegible]

[illegible] (20) [illegible] [54]
[illegible] (21) [illegible]

[illegible] (23) [illegible] [55]
[illegible] (27) .... [illegible]

[illegible] (30) [illegible] (29) [56]
[illegible] (31) [illegible]
[illegible] (S 1) [illegible] .... [illegible] (32) [illegible]
[illegible] (2) [illegible]
[illegible] (3) [illegible]
[illegible] (5) [illegible] (4) [illegible]
[illegible] (6) [illegible]
[illegible] (7) [illegible]
[illegible] (9) [illegible] (8) [illegible]
[illegible]

[illegible] (12) [illegible] [57]
[illegible] (13) [illegible]
[illegible] (15) [illegible] (14) [illegible]
[illegible] (16) [illegible] .... [illegible]
(18) [illegible] (17) [illegible]
(sic!)
[illegible]

(sic!)
[illegible] (19) [illegible] [58]
[illegible] (21) [illegible] (20) [illegible]
[illegible]

[illegible] (23) [illegible] (22) [illegible] [59]
[illegible] (24) [illegible]
[illegible] (25) [illegible]

[illegible] (30) [illegible] ... [illegible] [60]
[illegible] (32) [illegible] (31) [illegible]
[illegible] (33) [illegible]
[illegible]

[illegible] (9) [illegible] (V 8) [61]
[illegible] (11) [illegible] (10) [illegible]
[illegible] (12) [illegible]
[illegible]

[illegible] (16) [illegible] [62]
[illegible] (19) [63]
[illegible] (21) [illegible] [64]
[illegible] (22) [illegible]

[illegible] (23) [illegible] [65]
[illegible]

[illegible] (24) [illegible] [66]
[illegible] (26) [illegible] (25) [illegible]
[illegible] (27) [illegible]
[illegible] (28) [illegible] [67]
[illegible] (29) [illegible]
[illegible] (31) [illegible] [68]
[illegible] (2) [illegible] (IV 1) [illegible]
[illegible]

[illegible] (4) [69]
[illegible] (5) [illegible] [70]
[illegible] (6) [illegible]

[illegible] (9) [illegible] [71]
(21) [illegible] (20) [illegible] [72]
[illegible]

[illegible] (24) [illegible] [73]
[illegible] (25) [illegible]
[illegible] (29) [illegible] [74]
[illegible] (30) [75]
[illegible] (32) [illegible] (31) [76]
[illegible]

[illegible] (13) [illegible] (*X* 12) [77]
[illegible] . . . . [illegible] (15) [illegible] . . . . . [illegible] (14) [illegible]
(17) [illegible] (16) [illegible]
[illegible]

Vergl. auch die Stelle [illegible] (*N* 9)
[illegible] (10)

[illegible] (18) [illegible] [78]
. . . [illegible] (20) [illegible] (19) [illegible]
[illegible] (22) [illegible] . . . . (21) [illegible]
[illegible]

(25) [illegible] (24) [illegible] [79]
. . . . . [illegible]

[illegible] (26) [illegible] [80]
[illegible] (28) [illegible] . . . . [illegible] (27) [illegible]
[illegible] (29) [illegible]

V. Ergebniſſe.

Wir wollen es verſuchen, auf Grund der Angaben unſeres Papyrus den damaligen politiſchen Zuſtand Ägyptens feſtzuſtellen, und zu prüfen, wie ſich derſelbe in die aus anderen Quellen bekannte Entwicklung Ägyptens einfügen läſst. Es wird ſich bei dieſer Vergleichung zugleich zeigen, ob die von uns gegebene Leſung des Königsnamens Petubaſtis eine Beſtätigung findet.

Das politiſche Centrum, die Reſidenz des Königs, iſt, wie wir geſehen haben, Tanis, eine Stadt, deren Bedeutung aus den Zeiten Ramſes II. datirt. Zwei Dynaſtien werden in den Tomoi als tanitiſche bezeichnet, die einundzwanzigſte, an deren Spitze König Smendes ſteht, und die dreiundzwanzigſte, die mit Petubaſtis beginnt. Trotz der ſchwülſtigen Anrede, welche Pekrur in der Columne *H* an den König richtet, ſcheint die Macht Pharaos, wenn wir von Tanis und den benachbarten Gebieten abſehen, eine ſehr beſchränkte geweſen zu ſein. Die Erbherren der Städte und Nomen ſind es, welche die Autorität Pharaos allſeitig beengen. Der Ausbildung der Macht der Nomarchen, welche im alten Reiche ihren Anfang nahm und im mittleren ihren Höhepunkt erreichte, hatten die Herrſchaft der Hykſchos und die Militärmonarchien der Thetmoſiden und Rameſſiden Einhalt gethan. Die Nomarchen wurden zu einfachen Beamten herabgedrückt. Hand in Hand mit dem Zerfalle der Königsmacht ſeit dem Ausgange der Rameſſiden geht der neue Aufſchwung der particulariſtiſchen Beſtrebungen. In dem achten und am Anfange des ſiebenten Jahrhunderts erreichen ſie, wie die Inſchriften des Peônche und Aſſurbanipals zeigen, ihren Höhepunkt. Neben der politiſchen geht auch die religiöſe Zerfaſerung des Landes einher, und es iſt hiefür bezeichnend, daſs jede der in unſerem Papyrus auftretenden Perſonen eine andere Gottheit anruft, je nach dem Nomos, aus welchem ſie ſtammt. So ruft der König den Gott Amon-Ra, den Herrn von Tanis, Pekrur den Gott Sapt von Piſapte, Pimai den Gott Tum von Heliopolis, Kaamenophis den Gott Mendes von Mendes, Minnemai den Gott Chnum von Elephantine und Monthbal den Gott Bel (vom Choiriter-Lande?) an.

Als Erpoi, erbliche Stadt- und Nomosherren, werden in unſerem Papyrus folgende ausdrücklich angeführt:

Eiorhorerou, der Erpoi (von Heliopolis?).
Petchonſu, der Erpoi (von Athribis??).
Minnemai, der Erpoi von Elephantine.
Ônchhor, der Erpoi von [illegible].
Pra-moone, der Erpoi von [illegible].
Nemeḥ, der Erpoi von [illegible].
Ônchhapi, der Erpoi von [illegible].

Pekrur, Kaamenophis und Pimai, welche in unſerem Papyrus eine ſo groſse Rolle ſpielen, führen, ſo viel wir ſehen, dieſen Titel nicht.

Von hohen Würden und Ämtern werden uns in dem Papyrus folgende genannt:

[illegible], Heerführer.

Als ſolche erſcheinen im Nomos von Mendes Kaamenophis, im Nomos von Athribis Sobk(?)hotpe.

[illegible], Führer der Streitkräfte.

Als ſolche erſcheinen Petchonſu und wohl auch Minnemai.

[illegible], Führer der Soldaten.

Als ſolche erſcheinen im Nomos von Heliopolis Pimai,
im Nomos von Mendes Teos,
in der Stadt Meratum Werhne.

Mit der Peônche-Stele verglichen weiſt unſer Papyrus in eine Zeit, wo die Königsmacht geſeſtigter daſtand. Während in der Peônche-Stele uns nicht weniger als vier Perſonen genannt werden, die das Recht hatten, eine Cartouche zu führen und ſich Könige zu nennen — es ſind dies Nimrod, Oſorkon, Aupoth, Peſôôbaſt — finden wir trotz aller Beſchränkung im Einzelnen in unſerem Papyrus doch nur einen König Ägyptens.

Es iſt bezeichnend, daſs in unſerem Papyrus Ober-Ägypten ſo gut wie gar keine Rolle ſpielt und beſonders die alte Reichshauptſtadt Theben nur gelegentlich erwähnt wird. Wir wiſſen, daſs der Verfall Thebens mit dem Ausgange der Rameſſiden beginnt und in den nachfolgenden Jahrhunderten ſich immer rapider vollzieht. Es gewinnt faſt den Anſchein, daſs Theben geradezu im Gefolge des Erpoi von Elephantine erſcheint. Die Rolle, welche die Nomarchen von Elephantine gelegentlich geſpielt haben, muſs eine bedeutende geweſen ſein. Wir erinnern an Herchuf, den groſsen Entdeckungsreiſenden des alten Reiches, an jenen Madir, welcher auf der ſogenannten Hunger-Stele von Sehel vorkommt. In einem Turiner Papyrus aus der Zeit Ramſes V. wird der Fürſt von Elephantine erwähnt[1] und im Feſtkalender von Edfu[2] wird ihm die Leitung des Περίπλους übertragen. Seine Hauptſtärke bildeten nach unſerem Papyrus die Contingente der Äthiopen aus Meroë. Man erinnert ſich, daſs in der Peônche-Stele Theben als zum äthiopiſchen Reiche gehörig erſcheint und könnte geneigt ſein, in dem Erpoi von Elephantine, der Truppen aus Meroë erhält und dem ſich auch die Krieger von Theben anſchlieſsen, ein Seitenſtück zu dem Äthiopenfürſten Peônche anzuſehen, nur mit dem Unterſchiede, daſs in dem einen Falle das Centrum dieſer politiſchen Bildung Elephantine, in dem anderen Napata war. Oder ſollen wir annehmen, daſs Minnemai unter Zuſtimmung eines äthiopiſchen Fürſten ſeinen Zug ausführt und darum auch die thebaniſchen Truppen ausrücken? In den uns erhaltenen Theilen des Papyrus kommt freilich keine Stelle vor, welche dieſe Vermuthung zu ſtützen geeignet erſcheinen möchte.

Die Erwähnung von Meroë wäre wohl geeignet zu Bedenken Anlaſs zu geben, wenn ſich die von verſchiedenen Seiten ausgeſprochene Anſicht bewahrheiten würde, daſs Meroë erſt in der Perſerzeit gegründet wurde. Man wird dieſe Annahme, wie wir an einer anderen Stelle ausgeführt[3] haben, dahin berichtigen können, daſs durch den Zug des Kambyſes nach Äthiopien und die Feſtſetzung der Perſer in einem groſsen Theile des alten äthiopiſchen Gebietes die Auflöſung des Reiches von Napata gefördert und der Anſtoſs zu der Entſtehung einer neuen Reſidenzſtadt Meroë gegeben wurde. Während in der ſogenannten Krönungsſtele, welche allem Anſcheine nach von König Aſpalod aus dem ſiebenten Jahrhunderte ſtammt, von dem Königthume von Kaſch, von den Kronen

[1] Spiegelberg, Die Papyrus aus der Zeit Ramſes V., Ägypt. Zeitſchrift, 1891, S. 76.
[2] Brugsch, Feſtkalender, X, 20—21; Dümichen, Geſchichte Ägyptens, 53.
[3] Studien zur Geſchichte des alten Ägyptens, IV, 61.

und Sceptern diefes Landes die Rede ift und der König ‚im ganzen Lande Kafch‘ geprieſen wird, tritt in fpäteren Texten das ‚Negerland‘ ein. König Harfiatef erhält die Krone des ‚Negerlandes‘ und Gott Amon von Napata übergibt ihm das Negerland, feine Refidenz ift [hieroglyphs], Meroë. Man wird — wenn man nicht, was doch unwahrfcheinlich ift, annehmen will, dafs der Verfaffer unferer Erzählung Verhältniffe aus fpäterer Zeit auf frühere übertragen hat — aus unferem Papyrus fchliefsen müffen, dafs Meroë fchon im achten Jahrhunderte vorhanden war und in politifcher Abhängigkeit von Elephantine ftand.

Von Elephantine, Syene, Theben und vielleicht auch Grofs-Herakleopolis abgefehen, liegen alle übrigen Stätten unferes Papyrus, deren Lage fich nachweifen läfst, in Unter-Ägypten. Speciell tritt das öftliche Delta hervor, in welchem die Refidenz des Königs, Tanis, das Gebiet der vier Nomen, deren Heerführer Kaamenophis war, und das Fürftenthum des Grofsen des Oftens, Pekrur, lagen.

Die vier Nomen find, wie wir oben (S. 29) gefehen haben, Tanis, Mendes, T-Hat und Ifeion(?), wozu auch Sebennytos gehört. Die Refidenz des Königs, Tanis, erfcheint an der Spitze diefer Gruppe. Demgemäfs bezeichnet Petubaftis das Heer der vier Nomen als fein Heer (*V* 19), und wenn Kaamenophis als Heerführer der vier Nomen erfcheint, fo mufs er geradezu als Heerführer Pharao's angefehen werden.

Ein Blick auf die Karte zeigt uns, dafs der febennytifche Nomos im Often an den mendefifchen und diefer ebenfalls im Often an den tanitifchen grenzte. Der febennytifche, mendefifche und tanitifche Nomos bilden in diefer Zeit eine gefchloffene Einheit, um welche fich die kleineren Gebiete gruppiren. Von diefen dichtbevölkerten, gewerbs- und handelsfleifsigen Nomen geht die Herrfchaft des Königs Petubaftis über Ägypten aus, und behauptet fich fo lange, als die Vorherrfchaft diefer Nomen über die übrigen Theile Ägyptens anhält.

Diefer Gruppe fteht eine andere gegenüber, als deren Centrum das Gebiet des Fürften des Oftens, Pekrur, anzufehen ift. Das politifche Hervortreten diefer öftlichften Theile Ägyptens ift für das achte Jahrhundert und die erfte Hälfte des fiebenten charakteriftifch. In der Peônche-Stele finden wir einen Fürften von Pifapte mit Namen P(e)th(e)nf und einen König Aupoth von Ta-rimu ([hieroglyphs]) und T-ân ([hieroglyphs]), welche, wenn die Deutung von Brugsch von Ta-rimu auf Elim und von T-ân auf Âean richtig fein follte, in der Gegend des heutigen Suez fafsen. In den Zeiten Affurbanipals ift Pakruru der Fürft von Pifapte, einer der Anftifter und Führer des ägyptifchen Aufftandes gegen die affyrifche Herrfchaft.

Diefes Hervortreten des Wadi Tumilat, welches Ramfes II. der Cultur gewonnen hatte, wird wohl auf gefteigerte Handelsbeziehungen zu dem grofsen arabifchen Hinterlande zurückzuführen fein. Die Karawanen, welche die koftbaren Producte Arabiens, vor allem Weihrauch und Myrrhe nach Ägypten brachten, werden den Weg über die Sinai-Halbinfel jenem über Gaza und die philiftäifche Küfte vorgezogen haben. Vollends mufste dies in kriegerifchen Zeitläuften, woran es feit der Ausbreitung des affyrifchen Reiches nach Syrien feit dem neunten Jahrhundert nicht fehlte, der Fall fein. Diefen Beziehungen zu den arabifchen Stämmen verdanken wir die Schreibung des Namens Arabien und das Auftreten des Kameels ([demotic] ϭⲁⲙⲟⲩⲗ) in unferem Texte. Den älteren ägyptifchen Infchriften ift diefer Thiername, nach dem man eifrig gefucht hatte, um die Stelle der

7*

Genefis 12, 16, wonach Abraham in Ägypten Schafe, Rinder, Efel, Knechte, Mägde, Efelinen und Kameele hatte, zu erklären, fremd. Die erfte Erwähnung finden wir in den Infchriften Salmanaffar II., nach welchen in dem Heere der verbündeten mittelfyrifchen Fürften, welches diefem Affyrerfürften bei Karkar 854 entgegentrat, auch 1000 Kameelreiter vorhanden waren, welche Gindibu der Araber gefendet hatte.

An den Nomos des Oftens fchliefsen fich im Weften und Süden die Nomen von Bufiris, Athribis, Heliopolis an. Diefer Gruppe leiften auch Saïs im weftlichen Delta und Elephantine mit Theben Gefolgfchaft. Auffallend bleibt es, dafs die Stadt Bubaftis und ihr Nomos keinerlei Erwähnung finden, da ja der Nomos von Bubaftis mitten zwifchen den Nomen von Athribis, Heliopolis und Pifapte lag. Man wird wohl auf die Ausgrabungen von NAVILLE in Bubaftis hinweifen können, aus welchen hervorgeht, dafs Bubaftis nach den Zeiten Oforkon II. gänzlich zurückging, und vermuthen können, dafs wie in älterer Zeit das Gebiet von Pifapte dem bubaftitifchen Nomos einverleibt war,[1] fo in der Zeit des Königs Petubaftis der Nomos von Pifapte das zur Bedeutungslofigkeit herabgefunkene Gebiet von Bubaftis aufgefogen hatte. Man bemerkt, dafs auch in den Infchriften Affurbanibals Bubaftis fehlt und nur Pifapte genannt wird. Auch Memphis fehlt dem Anfcheine nach in unferem Papyrus, und es wäre immerhin möglich, dafs die Stadt, wie in der Zeit Peônche's, in Abhängigkeit von einem fremden libyfchen Dynaften gerathen war.

Der Streit um die Chalibfch hat als Hintergrund den Gegenfatz der nördlichen und füdlichen Nomen des öftlichen und mittleren Delta. Er wendet fich gegen Kaamenophis, den Heerführer der vier Nomen, und bedeutet fonach eine Auflehnung Pekrur's und feines Anhanges gegen den König Petubaftis. So ift es erklärlich, dafs Ônchhor, der Sohn des Königs Petubaftis, unter den eifrigften Anhängern des Kaamenophis erfcheint. Erft als diefer Prinz von Petchonfu bezwungen wird und fein Leben in deffen Hand gelegt erfcheint, fieht fich der König genöthigt, die Rückgabe der Chalibfch, die er fchon vorher zu wiederholten Malen in Ausficht geftellt hatte, zu veranlaffen. Hierin erinnert er lebhaft an jenen Pharao der Bibel, welcher die Erlaubnifs zum Auszuge erft dann wirklich gab, als fein Erftgeborener von der Peft hinweggerafft wurde.

Diefe Gruppirung finden wir noch in der Peônche-Infchrift. Denn auch hier folgen in der Aufzählung Z. 114 fl. auf die Könige zuerft die Fürften von Mendes, Pi-Thoth und Sebennytos, welche der Gruppe des Kaamenophis, dann die Fürften von Pifapte, Bufiris u. f. w., welche der Gruppe des Pekrur in unferem Papyrus entfprechen. Man beachte, dafs in der Peônche-Stele als Fürft von Pi-Thoth Ônchhor, der ältefte Sohn des Fürften von Mendes erfcheint, während in unferem Papyrus ein Ônchhor als Vater des Kaamenophis genannt wird. Diefer Name war fonach in jener Zeit in der Fürftenfamilie von Mendes üblich.

Von einer Beherrfchung Ägyptens von Äthiopien aus ift ebenfo wenig als von einer folchen von Affyrien aus in unferem Papyrus die Rede. Ägypten ift feinen eigenen Gefchicken überlaffen. Auch von den Uinin, den Griechen, ift in unferem Papyrus keine Rede, was wohl kaum der Fall gewefen wäre, wenn der Papyrus in fpäterer Zeit, etwa

[1] Den Gott Sapt, den Herrn des Oftens, den Localgott des zwanzigften Nomos, finden wir in Bubaftis wieder, vergl. NAVILLE, Bubaftis, Tafel XL, *N*.

unter den mendefifchen oder febennytifchen Fürften (XXIX. und XXX. Dynaftie der Tomoi) fpielte.

Schliefslich möchte ich auf die Perfonennamen, die in unferem Papyrus vorkommen, hinweifen. Wir finden einen Pimai, der uns den König diefes Namens, den Nachfolger des langlebigen Schefchonk III. ins Gedächtnifs zurückruft; der Fürft des Oftens, Pekrur, findet ein Seitenftück in dem Pakruru von Pifaptu der Infchriften Affurbanipals, welche, wie unfer Papyrus, zugleich als König von Tanis einen Petubaftis nennen; der Name Hurbefa findet fich auf der Peônche-Stele vor, und auch die Namen Tafnacht und Werhne führen uns in diefelbe Zeit.

Die Zeit, welche von dem Emporkommen Schefchonk's (um 930 v. Chr.) bis zu dem fagenberühmten König Bokchoris (um 720 v. Chr.) verfloffen ift, wird von den manethonifchen Tomoi durch zwei Dynaftien, die XXII. und XXIII. ausgefüllt, von denen die erfte, die bubaftitifche, bei Africanus 9 Könige und 120 Jahre, die zweite, die tanitifche, 4 Könige mit 89 Jahren umfafst. Die Monumente, vor Allem die Gedächtnifsfteine des Sarapeums von Memphis, geben uns für diefen Zeitraum die Reihe: Schefchonk I., Oforkon I., Thakeloth I., Oforkon II., Schefchonk II., Thakeloth II., Schefchonk III., Pimai, Schefchonk IV., Boknranf (Bokchoris).

Nach den Ausgrabungen in Bubaftis zu urtheilen, fcheint die Macht der Nachkommen Schefchonk I. bis Oforkon II. fich auf ziemlicher Höhe gehalten zu haben. Die 1000 Ägypter, welche im Heere des Fürften von Damaskos 854 gegen Salmanaffar II. kämpften, hat wohl Oforkon II. gefchickt, der fich in einer Infchrift in Bubaftis als Bezwinger der Rothenu feiern läfst. In der zweiten Hälfte des Jahrhunderts vollzieht fich die Auflöfung der Macht der Bubaftiten. Vollends nach den Angaben unferes Papyrus wird man das Aufkommen einer tanitifchen Dynaftie nicht bezweifeln können, welche parallel neben den Ausläufern der Bubaftiten regierte. Ihre Zeit dürfte die erfte Hälfte des achten Jahrhunderts, ihr bedeutendfter Fürft König Petubaftis gewefen fein. Wie es fich mit den Fürften von Memphis Schefchonk III., Pimai und Schefchonk IV., deren Regierungen einen grofsen Theil des achten Jahrhunderts füllen, verhält, wiffen wir nicht. Die Infchriften nennen hohe Regierungsjahre für Schefchonk III. (39) und Schefchonk IV. (37), und wir erfehen aus denfelben, dafs zwifchen dem 28. Jahre Schefchonk III. und dem zweiten Jahre Pimai's 26 Jahre verfloffen waren, woraus fich für Schefchonk III. eine 52jährige Regierung ergibt, wenn wir nicht annehmen wollen, dafs zwifchen Schefchonk III. und Pimai ein anderer König einzufchieben fei. Auf jeden Fall gehört die Regierung Pimai's in die Mitte des achten Jahrhunderts. Der Fürft Pimai, der in unferem Papyrus vorkommt, war ein Zeitgenoffe diefes Königs Pimai, wenn er nicht gar mit ihm identifch war. Der Papyrus behandelt ja die Sage, wie Pimai die Chalibfch wieder nach ihrem Ort, d. h. nach feinen Häufern in Heliopolis zurückbrachte, und man möchte die Vermuthung ausfprechen, dafs unfer Papyrus in dem Hinweis auf die Berufung Pimai's auf den ägyptifchen Thron ausklang, deffen diefer fich durch feine Tapferkeit und Klugheit würdig erwiefen hatte. Man könnte weiter vermuthen, dafs auch die Chalibfch etwa die Rolle der Jept des Gottes Thoth im Papyrus Weftcar fpielte, deren Befitz den Söhnen des Sonnenpriefters in Heliopolis die Herrfchaft über Ägypten ficherte.

Es hat fich gezeigt, dafs die Angaben unferes Papyrus uns in die erfte Hälfte des achten Jahrhunderts führen, in die Zeit, in welche die manethonifchen Tomoi ihren

König Petubaſtis ſetzen. Beziehungen mannigfacher Art verbinden unſeren Papyrus mit den anderen Denkmälern dieſer dunklen Zeit. Die paläographiſch am nächſten liegende Leſung Petubaſtis, des Königsnamens unſeres Papyrus, wird ſonach durch die hiſtoriſchen Erwägungen erhärtet. Wir haben aber auch geſehen, daſs der hiſtoriſche Hintergrund unſeres Papyrus ſich vorzüglich einfügt in den uns aus anderen Quellen bekannten Rahmen ägyptiſcher Geſchichte, und ſind unter Hinweis auf die anderen erhaltenen Denkmäler dieſer Art — vom Prinzen und Hohenprieſter des Ptah, Chamoïs-Sethon, und dem Eroberer von Joppe, Tuthy, den Helden zweier analoger Erzählungen, liegen uns gleichzeitige Monumente vor — anzunehmen geneigt, daſs nicht bloſs Petubaſtis, Pekrur und Pimai, ſondern auch die übrigen in unſerem Papyrus erwähnten Fürſten und Erpoi's hiſtoriſche Perſönlichkeiten waren. Hoffentlich fördern neue Funde auf ägyptiſchem Boden, wenn nicht die vielumſtrittene Chalibſch, ſo doch Denkmäler des einen oder anderen dieſer Fürſten und Erpoi's zu Tage.

VI. Paläographiſche Bemerkungen.

Mit dem Schluſſe des Papyrus iſt vorausſichtlich auch die Subſcription, welche den Titel der literariſchen Compoſition, den Namen des Schreibers und das Datum enthielt, verloren gegangen. Wir können nur vermuthen, daſs der Papyrus etwa am Anfange der römiſchen Kaiſerzeit im Faijûm niedergeſchrieben wurde. Die Frage nach der Abfaſſungszeit dieſes Literaturwerkes laſſen wir vorläufig noch offen.

Charakteriſtiſch iſt, daſs unſer Papyrus die ſonſt übliche Unterſcheidung zwiſchen ⲣ (/) und ⲗ (/) nicht kennt und ſtets nur das eine Zeichen / zur Anwendung bringt (doch findet ſich gelegentlich das [illegible], ſo in [illegible]). Man könnte darin einen Hinweis auf den Faijûmer Dialekt ſehen, in welchem das ⲗ auch dort erſcheint, wo die übrigen koptiſchen Dialekte ein ⲣ zeigen.

In der Orthographie zeigt ſich häufig ein Schwanken zwiſchen [illegible] und [illegible], [illegible] und [illegible], zwiſchen [illegible], [illegible] und [illegible]. So ſchreibt der Papyrus [illegible] und [illegible], [illegible] und [illegible]; ferner [illegible] und [illegible], [illegible] und [illegible], [illegible] und [illegible]; endlich [illegible] und [illegible].

Auf die Vorliebe des Schreibers, Querſtriche anzubringen, haben wir oben hingewieſen (S. 23).

Wiederholt hat der Schreiber einzelne Wörter und ganze Sätze ausgelaſſen, die er dann über der Zeile nachgetragen hat.

Auslautendes ⲉ : [illegible] wird regelmäſsig in unſerem Papyrus geſchrieben: [illegible], [illegible] ⲟⲛⲉ, [illegible], [illegible] ⲃⲉⲛⲓⲛⲉ, [illegible] ⲙⲛⲧⲉ, [illegible] ⲡⲁϣⲉ, [illegible] ϩⲟⲉⲓⲛⲉ, [illegible] ϩⲟⲧⲉ, [illegible] ϩⲗⲛⲉ, [illegible] ⲥⲟⲃⲧⲉ, [illegible] ⲥⲛϥⲉ, [illegible] ⲉⲁⲧⲉ, [illegible] ϯⲙⲉ, [illegible] ϣⲁϫⲉ, [illegible] ϫⲓⲉⲉ.

Von Determinativen ſind in unſerem Papyrus folgende nachzuweiſen:

1. [illegible] und [illegible] für Perſonen:

[illegible]	—	Petchonſu.
[illegible]	—	Sippe, Verwandtſchaft.
[illegible]	—	Heer.

[illegible]	—	Die Söhne.
[illegible]	—	Erpoi, Fürst.

2. [illegible] für Götter:

[illegible]	Αμονρα n(e)b cωνθηρ	Amon Ra, Herr, König der Götter.
[illegible]	—	Chnum.
[illegible]	—	Osiris.

3. [illegible] für Göttinnen:

[illegible]	—	Hathor.
[illegible]	—	Sochme(t).

4. [illegible] für Gliedmassen:

[illegible]	—	Faust.
[illegible]	ρο	Mund, Öffnung.
[illegible]	ϩητ	Herz.
[illegible]	ϩλπε	Nabel.
[illegible]	τοοτ	Hand.

Das Determinativ [illegible] für Knochen finden wir in dem Stadtnamen [illegible] Elephantine.

5. [illegible] für Vierfüssler:

[illegible]	ουϩορ	Hund.
[illegible]	λαβοι	Löwin.
[illegible]	μουι	Löwe.
[illegible]	ϩτο	Pferd.
[illegible]	σαμουλ	Kameel.
[illegible]	σαϩεε	Gazelle.

6. [illegible] für Vögel:

[illegible]	—	Gans(?).

7. [illegible] für Wasserthiere (Fische):

[illegible]	ραμι	Fisch.
[illegible]	κρουρ	Frosch in dem Namen Pekrur.
[illegible]	—	— in dem Namen Hurbesa.

Daneben finden wir die Schreibung [illegible] (öfter) und [illegible] (*S* 9).

8. [illegible] für Schlangen und Diademe:

[illegible]	—	. . . .
[illegible]	ⲉⲓⲧ	Baſilisk.
[illegible]	—	Ehrfurcht.

9. [illegible] für Pflanzen:

[illegible]	:ⲁϫⲓ	Schilf.
[illegible]	—	Ähre.

10. [illegible] für Gegenſtände aus Holz:

[illegible]	—	Tribüne(?).

Das Wort [illegible], [illegible] hat auſserdem das Specialdeterminativ [illegible].

11. [illegible] für Steine:

[illegible], [illegible]	ⲱⲛⲉ	Stein.
[illegible]	ⲟⲧⲉⲓⲧ	Stele.

12. [illegible] für Metalle, Waffen:

[illegible]	ⲥⲃϣⲉ	Schild.
[illegible]	(ϩⲱⲧⲃ)	tödten.

Daneben finden ſich öfter die Determinative [illegible]:

[illegible], [illegible]	ⲃⲉⲛⲓⲡⲉ	Eiſen.
[illegible]	:ϫⲉⲗⲓⲛϣ, ϫⲉⲗⲗⲓϭϣ	Panzer.
[illegible]	ⲥⲏϥⲉ	Schwert.
[illegible]	—	Ausrüſtung(?).

13. [illegible] für Silber, Gold:

[illegible]	ⲁⲡⲟⲧ	Becher.

14. [illegible] für Feuer:

[illegible]	ⲟⲩⲱⲧϩ	gieſsen.
[illegible]	(ϯϩⲙⲙⲉ)	erwärmen(?).
[illegible]	ⲥⲁⲧⲉ	Flamme.

15. [illegible] für Waſſer:

[illegible]	ⲉⲓⲟⲟⲣ	Fluſs.
[illegible]	ברכה, بركة	Teich.

16. [illegible] für Luft:

[illegible], [illegible]	—	Mera-Barke.
[illegible]	—	Lebenshauch.

17. für Zeit:

	ⲁϩⲉ	Lebensdauer.
	ϩⲟⲟⲩ	Tag.
	ⲟⲩⲛⲟⲩ	Stunde.
	ϩⲟⲧⲉ	Stunde.
	ϭⲱⲣϩ	Nacht.

18. oder für Örtlichkeiten:

	ⲟⲩⲣⲉϩ	Anger, Platz.
	ⲙⲁ	Ort.
	ⲙⲟⲩⲉ	Infel.
	ⲙⲏⲧⲉ	Mitte.

19. für Weltgegenden und Ortsnamen:

	ⲉⲓⲉⲃⲧ	Often.
	ⲉⲙⲉⲛⲧ	Weften.
	ϯⲙⲉ	Stadt.
	ⲧⲱϣ	Nomos.
	ϫⲁⲁⲛⲉ	Tanis.

20. für Ortsnamen aufserhalb Ägyptens:

	—	Arabien (?).

21. für Bekleidung der Lebenden und Todten:

	—	Todtenbinde.
	ⲙⲟⲩⲣ	binden.
	—	Kleid.
	ⲕⲁⲓⲥⲉ	Begräbnifs.

22. für Bewegung (‚die fchreitenden Beine'):

	ⲉⲓ	kommen.
	ⲙⲟⲟϣⲉ	gehen.
	ⲉϭⲏⲣ	fchiffen.

Für das Determinativum tritt in unferem Papyrus das Zeichen ein.

	—	Jubel.
	(ϭⲓϥⲉⲓ)	fpringen.
	ⲣⲁϣⲉ	Freude.
	ⲗⲟⲩⲗⲁⲓ	Frohlocken.
	ϣϭⲛⲏⲛ	Streit.
	ϣⲓⲡⲉ	Schande.

Das Determinativum finden wir bei:

	ⲙⲟⲟⲛⲉ	landen.

23. für ſprechen:

	ϣⲁϫⲉ	Rede, Erzählung.
	ⲟⲩⲱϣⲃ	antworten.
	ⲣⲁⲛ	Name.

Meiſt findet ſich daneben das Zeichen .

	ⲙⲟⲩⲧⲉ	reden.

Dieſe Determinative finden wir auch bei:

	ⲟⲩⲃⲉ	gegen.
	ⲧⲏⲣ⸗	alle.

24. für ſchreiben:

	—	Papyrusrolle.
	ⲃⲁⲓϣⲓⲛⲉ(?)	Depeſchenträger.

25. für ſehen:

	ⲛⲁⲩ	ſehen.

26. für Gewalt (‚der bewaffnete Arm‘):

	ϥⲉⲓ	tragen.
	ⲛⲟⲙⲧⲉ	Kraft, Streitkraft.
	ϩⲁⲣⲉϩ	bewachen.
	ϩⲣⲟϣ	ſchwer ſein.
	—	kämpfen.

27. , das Determinativ für ‚wachſen‘, finden wir bei:

	ⲱϣ	rufen.

Vergl. auſserdem Nr. 12.

, das Determinativum für Kleinheit (durch den kleinen Strich von dem Zeichen für ⲟⲩⲏⲣ, groſs, differenzirt) finden wir bei

	ϣⲏⲙ	klein.

28. für ſterben und böſe Sachen:

	—	Kampf.
	ⲙⲗⲁϩ	Krieg.
	—	klagen, jammern.
	ⲕⲣⲟϥ	Liſt.
	ⲧⲱϩⲣ	aufgeregt ſein.
	(ϫⲱⲗϩ?)	erniedrigen.

VII. Gloſſar.

Literatur:

Brugsch, Grammaire démotique, 1855.

— Hieroglyphiſch-demotiſches Wörterbuch, Bd. I bis IV (= BW.) und Supplement Bd. V bis VII (= BWS.)

Hess, Der demotiſche Roman von Stne Ḥa-m-us, 1888, Gloſſar, S. 143 ff.

— Der gnoſtiſche Papyrus von London, 1892.

Stern, Koptiſche Grammatik (= St.), 1880.

Steindorff, Koptiſche Grammatik (= Std.), 1894.

[demotic]

1. [demotic] in der Verbindung [demotic] fahren(?), ſo *G* 14 [demotic] mögen ſie fahren (nach Buſiris), *K* 28, *Q* 13 [demotic] bis das Heer fahrend (gelangt).

2. [demotic] in der Verbindung *L* 24 [demotic].

3. [demotic] ⲉⲓⲉⲃⲧ (*n*) Oſten, *G* 11, *H* 20 [demotic], *I* 31 [demotic] der Oſtländer, *K* 31, und ſehr oft in dem Titel Pekrur's ‚Groſser des Oſtens', [demotic].

4. [demotic] Fauſt(?), vergl. BW. 7; im Beinamen des Pimai: [demotic] *R* 1, *K* 4.

5. [demotic] (*n*) ⲱⲛⲉ (*n*) Stein, *W* 19/20 [demotic] härter als Stein, *Q* 21 [demotic], vergl. Nr. 27.

6. [demotic] *R* 9, [demotic] *V* 16 in [demotic] fein erhöhter(?) Bak.

7. [demotic] hinaufſteigen, *K* 21 [demotic] er ſtieg(?) in eine Remes-Barke, *V* 22 [demotic].

[demotic], *G* 22 [demotic] es fuhren die groſsen Männer ab, *L* 2 vergl. Nr. 124; vergl. Chamoïs, IV, 17 [demotic].

8. [demotic] *R* 30, *S* 2, 3, 5, 6, 7, z. B. *S*. 5 [demotic].

9. [demotic] (vergl. :ⲁⲗⲟⲝ Hüfte), *M* 4 [demotic] vergl. unten Nr. 81.

10. [demotic], *K* 19 [demotic].

11. [demotic] (*n*) Kampf oder ähnlich, *W* 30, *S* 31, *H* 10, 15, in Parallelismus mit [demotic] Krieg, ſo *H* 15 [demotic] auf daſs nicht entſtehe Kampf und Krieg.

12. [demotic] :ⲁϩⲓ (*m*) Schilf, *W* 11.

13. [demotic] flüchtig ſein(?), *W* 20.

14. [demotic] *G* 2, *H* 6.

15. [demotic] *W* 7 in der Stelle [demotic]. In der parallelen Stelle *W* 21 ſteht dafür: [demotic]. Wir finden die letztere abgekürzte(?) Schreibung auch *M* 32 [demotic].

16. [demotic] Rücken, *L* 30 [demotic]; als Präpoſition (:ϩⲓⲱⲱ- St. 552) *L* 32 und *M* 4 [demotic], *X* 22, 28, *W* 18(?).

17. [demotic] [*n*] *N* 21, vergl. Nr. 37 und Chamoïs, V, 29.

[…]

18. […] in […] *G* 13.
19. […] ⲁⲧⲁⲛ (ⲛ) Farbe, *G* 33 […], *H* 9 […], *N* 12.
20. […] ⲱⲛ zuzählen, *L* 23.
21. […] ⲁⲛⲟⲩ Becher(?), *M* 2.
22. […] ϥⲧⲟⲟⲩ vier, *R* 18, *V* 19, *X* 9, in der Verbindung […] die vier Nomen, vergl. ⲡⲉⲥⲁϣϥ ⲛϩⲟⲟⲩ die fieben Tage (St. 281).
23. […] ⲉⲙⲉⲛⲧ, ⲛ Weften, *G* 11, *K* 31.
24. […], *R* 25 in der Verbindung […].
25. […] ⲉⲛⲉ (St. 523) Fragepartikel, *F* 29, *G* 18, 25, 27, 29, *H* 12, *S* 29, *V* 26, 27, 29, *W* 11, häufig in der Verbindung […] ift dies fchön?
26. […], […] ⲉⲓⲛⲉ führen, bringen, *G* 8, *H* 3, 25, 32, *W* 3, 6, 21, *X* 10 u. ö.
27. […] [ⲛ] ⲱⲛⲉ Stein, *I* 11, *Y* 34, vergl. Nr. 78 und 5.
28. […] ⲁⲛⲟⲕ ich, *S* 20, 24, *K* 18 gefolgt von […].
29. […] ⲉⲓⲣⲉ machen, *G* 10 und öfter — Imperativ […], […] ⲁⲣⲓ *H* 32 und öfter. Dient zur Verbalifirung nominaler Stämme (ⲣ : ⲉⲣ St. 491).
[…] *S* 12, *Q* 15; […] *W* 31; […] *H* 30 (St. 461).
30. […] ⲉⲣⲉ, pl. ⲉⲣⲏⲩ Genoffe, fo *H* 11 […], *H* 32 […].
31. […] (ⲛ) der Jubel, vergl. BW. 104 und Suppl. 119; in der Verbindung *W* 2 […] ‚feiend die Freude vor ihr, der Jubel hinter ihr'.
32. […] ⲉϩⲉ Rind *H* 19(?), *R* 5, 8.
33. […] Interjection, *F* 32, *G* 26, *H* 8, 10, 27, *S* 25 […], *X* 22 […].
34. […] Fragepronomen, vergl. ⲁϩⲣⲟ= was (St. 263), *G* 25 […] ⲁϩⲣⲟⲟⲩ was ift es mit ihnen, *G* 26, *S* 19/20 […] ⲁϩⲣⲟⲛ, *S* 23 […].
35. […] ⲟⲩⲧⲉ zwifchen (St. 564), *R* 28, *S* 11, *V* 11, 14, 21, *W* 3, *X* 10, 30 […] u. ö.
36. […], […] (ⲛ) ⲉⲓⲱⲧ (ⲛ) Vater, *H* 20 […] unfer Vater, *S* 24, 25, 33 […] mein Vater, *X* 3 […] fein Vater.
37. […] (ⲛ), *V* 15 in der Verbindung […], vergl. Nr. 17.
38. […] ([…]) *F* 27.

[…]

39. […] ⲟ, grofs, *F* 32, *F* 33 und *G* 16 […] ein grofses und fchönes Begräbnifs, *G* 21, 22, 25 und *K* 20 […] die grofsen Männer, *H* 30 […] mein grofser Herr, *W* 29 […], *X* 4 u. ö.
40. […], *S* 10 in der Stelle […], vergl. Infchrift von Philae, Z. 1 […].
41. […], *H* 21 […] (im Gegenfatze zu […]), *L* 24, *P* 7 v. u.
42. […] (ⲛ) ⲉⲛ Hundskopfaffe (BW. 163), *Y* 7.

43. [demotic] ⲟⲛ wiederum, *G* 27, *H* 11, *R* 7 [demotic] man meldete wiederum (dem Könige), *W* 1, 11, 12, 14, *X* 9.

44. [demotic] *K* 19.

45. [demotic] Anteharz, *G* 13, vergl. Seite 32, Note 1.

46. [demotic] (*m*), *S* 13 in der Stelle [demotic], vergl. immerhin BW. Suppl. 236 *ônp* Name eines hackenförmig gebogenen Inftrumentes. Oder foll man *ônk* lefen und auf den Namen der Göttin Anuke des Kataraktengebietes hinweifen?

47. [demotic] ⲁϩⲉ ftehen, *H* 28, *R* 18, 19, *K*. [demotic] es ftand das Heer der vier Nomen hinter Kaamenophis, *Q* 12, 18 [demotic], *W* 23.
Häufig ift die Verbindung [demotic], fo *V* 25 [demotic], *S* 17 [demotic].

48. [demotic] (*m*) ⲁϩⲉ (*n*) Lebensdauer, *H* 30 [demotic] die Lebensdauer des Rê, vergl. Chamoïs, IV, 24 [demotic] o König, mache die Lebensdauer des Rê.

49. [demotic] ⲱϣ lefen, rufen, *H* 1 [demotic] er las fie (die Depefche), *W* 2, *X* 23.

50. [demotic] (*m*) *V* 24, [demotic] (sic!) *L* 19, [demotic] *L* 17, [demotic] (sic!) (*m*) *N* 13. Chamoïs, V, 2 und Rofette, Z. 13 kommt das Wort [demotic] vor, welches, wie HESS meint, mit diefem identifch ift und etwa ‚Befehl' bedeutet.

51. [demotic] *S* 2.

52. [demotic] Schale, *K* 23, vergl. ⲁⲛⲗⲓ BRUGSCH, Ägypt. Z., 1876, S. 65 ff.

53. [demotic], *G* 14 [demotic].
[demotic], [demotic] eingehen laffen (ins Grab), vergl. ⲧⲁⲕⲟ zu Grunde richten, *L* 20 [demotic], *V* 19, 28, *W* 1, 28(?).
[demotic] (*m*) ⲧⲁⲕⲟ (*n*) das Verderben, *W* 9(?).

54. [demotic] *G* 6.

55. [demotic] *Q* 7.

56. [demotic] *N* 9; an der analogen Stelle *X* 16 haben wir dafür die nachfolgende Gruppe.

57. [demotic] (*m*) *X* 16, vergl. Nr. 305.

[demotic]

58. [demotic] ⲉⲓ kommen, *H* 26, *W* 5 [demotic] bis fie kommen.

59. [demotic] (*m*) ⲓⲟⲙ (*n*) Meer, *R* 4.

60. [demotic] (*m*) ⲉⲓⲟⲟⲣ Flufs, Canal, *F* 24, *V* 4, *X* 13 [demotic] M. [demotic] es gefchah, dafs Minnemai auf dem Nil fuhr, *X* 16.

[demotic]

61. [demotic], [demotic] ⲟⲩ unbeftimmter Artikel (St. 231), *G* 33, *H* 11 [demotic] einer gegen den anderen u. ö.

62. [demotic] gottlofe Rede, Blasphemie, in [demotic] *F* 29, vergl. Nr. 350.

63. ⲟⲩⲃⲉ gegen (St. 563), *G* 21, *H* 11, 15, *R* 10, *S* 1, 5, 25 u. ö.

64. *N* 5; vergl. ⲟⲩⲱⲃϣ weiſs und unten Nr. 127.

65. ſein, *R* 27 (indem) ein Schild(?) aus Gold in ſeiner Hand war, *S* 14, 27 indem ein Sänger(?) der göttlichen Worte mit mir war.
als Präfix des Imperfectums *H* 9, vergl. *F* 3, *R* 32(?), *W* 26, *X* 21, 23, 27(?). — *W* 1, *X* 20.

66. ⲟⲩⲱⲛ öffnen, *V* 15 vergl. Nr. 37, *Q* 20.

67. (ⲧ) ⲟⲩⲛⲟⲩ (ⲧ) Stunde, *L* 8, *G* 23, *V* 12 (wie) Sochmet zu ihrer Stunde.

68. (ⲙ) Groſser, ſo der Groſse des Oſtens, *F* 31, *S* 23 u. ö. (ⲙ) *I* 17 u. ö.

69. ⲡ̄ⲣ̄ⲟ König, *G* 6, *H* 2, 4 u. ö.

70. *G* 11.

71. beziehungsweiſe zögern, *G* 32, 33, *H* 1, *N* 4, *S* 29 u. ö.

72. (ⲙ) *F* 28, *G* 23 ſie zogen(?) zu der W(e)rḥ vor den König, vergl. oben Seite 28.

73. ⲟⲩϩⲟⲣ (ⲙ) Hund, *X* 15, *Y* 16.

74. ⲟⲩⲱϩ ſetzen, ſtellen, *V* 8(?), *X* 4(?).

75. betrübt ſein, *G* 24 und *N* 1 ſein Herz (war) darüber betrübt, *K* 33.

76. (ⲙ) (vergl. ⲟⲩⲱϣⲃ antworten) Antwort, *G* 1, *H* 5, *L* 12.

77. *G* 17, *G* 25 fortſchicken, entlaſſen (vergl. :ⲟⲩⲱϯ ſcheiden), *G* 17 (demnach) entlieſs der König das Heer (Ägyptens) in ſeine Nomen und ſeine Städte.

78. ⲟⲩⲉⲓⲧ Stele, *Y* 34 Steinſtele.

79. ⲟⲩⲱⲧ grün, *L* 25.

80. meiſt in der Verbindung, *V* 11, 14, *V* 18, 26, *X* 10, *Y* 15; vergl. Nr. 224.

81. ⲟⲩⲱⲧϩ gieſsen, *M* 4, *R* 23.

82. ⲟⲩⲟϫ heil ſein, *I* 11, *L* 13 möge er heil ſein.

83. *N* 20.

---

84. (ⲙ) Depeſchenträger, *G* 6, 31, *H* 31, *I* 2(?), 20, 21, vergl. das koptiſche ⲃⲁⲓϣⲓⲛⲉ, ϩⲁⲓϣⲓⲛⲉ Bote, Abgeſandter und unten Nr. 366.

85. Präfix des negativen Aoriſt (mit) ⲙⲉⲣⲉ : ⲙⲡⲁⲣⲉ (St. 496), *H* 11, *L* 14.

86. ⲃⲱⲱⲛ schlecht, *H* 9 schlechte Farbe, *Q* 4, 17 böser Anblick(?).

87. ⲃⲉⲛⲓⲡⲉ Eisen, *H* 20, *Q* 16(?), *R* 22, 24.

88. ⲉⲃⲟⲗ heraus, hinaus, *F* 2, *H* 3, 12 sie brachten sie aus der Festung, *H* 22, *W* 3, 8 u. ö.

ⲉⲃⲟⲗ ϩⲛ̄ aus (St. 556), *G* 7, *K* 13.

ϣⲁⲃⲟⲗ bis hinaus (St. 543), *G* 23.

89. *Q* 15, vergl. *N* 8 und *S* 15. Zweifelhaft bleibt es, ob hier überall der Name der Bari-Barke vorliegt.

90. See, *I* 7, 32, *K* 25 u. ö.; *K* 14 finden wir die Schreibung, *L* 7. Es ist das bekannte, schon in den hieratischen Texten vorkommende semitische Lehnwort ברכה, بركة Teich, vergl. BONDI, Dem hebr.-phönik. Sprachzweige angehörige Lehnwörter, S. 40.

91. Tribüne, *R* 9 sie machten eine erhöhte Tribüne(?) und sie machten eine andere Tribüne(?), *V* 16, vergl. Nr. 6.

92. ⲡ, ⲡⲉ der (Artikel). Davon die Possessivpronomina (St. 252):

ⲡⲁ mein, *F* 7 u. ö.

ⲡⲉⲕ dein, *F* 7 u. ö.

ⲡⲉϥ sein, *H* 15 u. ö.

ⲡⲉⲥ ihr, *G* 30, *H* 2.

ⲡⲉⲛ unser, *H* 20 unser Vater, *W* 10.

ⲡⲉⲧⲛ̄ euer, *I* 4 euere Vorbereitung, *X* 1.

ⲡⲉⲩ ihre, *H* 19 u. ö.

Die Possessivartikel ⲡⲁ (ὁ τοῦ), ⲛⲁ (St. 250) werden durch (auch soviel als ‚Sohn des‘, so *Q* 28 u. ö.) und bezeichnet.

93. ⲡⲉ (ⲧ) der Himmel, *H* 18 der Himmel, welcher über der Erde ausgebreitet ist, *N* 1.

94. ⲡⲉ Copula (St. 300), *S* 24, *X* 4(?).

95. (vergl. ⲣⲓⲫⲉⲓ) springen, *V* 9, *V* 12.

Sprung, *W* 18.

96. *L* 27.

97. *L* 25.

98. ⲡⲱϩ gelangen, *Q* 18, *I* 16, *K* 21.

99. Ruhm, *S* 10 vergl. Nr. 40, *S* 25.

100. *L* 20; vergl. ⲁϥⲙⲕⲁϩ ⲛϩⲏⲧ animo imminutus est, Richter, XVI, 16.

101. ⲡⲱⲧ eilen, *V* 3 sie eilten hinauf, vergl. Nr. 207.

102. ϥⲉⲓ tragen, *K* 31, *L* 19, *R* 32, *W* 8 er erhob feine Hand, vergl. Rhind Pap. 16, 1 ihre Hände erhoben fich vor ihm.

103. nur mit Suffixen (St. 298):

ⲙⲙⲟϥ *H* 1, *K* 19, *W* 1, 5, 8, 26 u. ö.

ⲙⲙⲟⲥ *K* 18, *H* 8 u. ö.

ⲙⲙⲟⲛ *H* 14, 23 u. ö.

ⲙⲙⲟⲟⲩ *G* 32, *H* 3, 13, 15, *V* 13, *X* 23 u. ö.

104. (ⲙ) ⲙⲁ (ⲡ) Ort, *G* 30, *H* 3, *K* 19 der Ort, an dem du dich befindeft, *V* 20, *W* 1, 5, 26 der Ort, an dem der König fich befand.

Das nominale Präformativ ⲙⲁⲛ̄ (St. 181, Std. 92) bildet von Infinitiven Nominative männlichen Gefchlechtes und liegt wohl vor in:

Kampfplatz, *V* 25.

ⲙⲁⲛ̄ⲙⲟⲟⲛⲉ Landungsplatz, Hafen, *Q* 23 ff., *R* 1, vergl. Nr. 115.

S 27.

L 17.

feine Ruheftätten, *F* 14, *G* 17.

105. [ ] ⲙⲟⲩⲉ (ⲧ) Infel, *G* 20, *I* 27.

106. ⲙⲟⲩⲓ (ⲡ) Löwe, *H* 19, *R* 6, 8.

107. neu(?), *K* 21.

108. in ⲙⲛⲧⲙⲉ (ⲧ) Wahrheit, *S* 23.

109. Wind(?), *W* 21.

110. mit gehen, *V* 20.

111. *G* 31, *H* 31 , *N* 11 , *N* 36 vergl. Nr. 223, *R* 29 .

112. Präformativ des Optativs (St. 383), *H* 21 .

113. ⲙⲡⲣ Negation des Imperativs (St. 398), *F* 31, *I* 1, *Q* 17 u. ö.

114. in *S* 27.

115. ⲙⲟⲟⲛⲉ landen, *Q* 22 u. ö.

ⲙⲁⲛ̄ⲙⲟⲟⲛⲉ Landungsplatz, *Q* 25 man gab einen Landungsplatz der Mera-Barke, *R* 1, *X* 18 u. ö.

116. , *L* 28 . Im Papyrus Rhind, V, 6 findet fich die Gruppe [ ] in der Bedeutung ‚Bein'.

117. , *L* 27 .

118. , *H* 18 .

119. Todtenbinde, *G* 8 , *G* 13 .

120. мотнк herftellen, vollenden, *L* 28 vergl. Nr. 116, *M* 2 , *M* 7 , *K* 32 .

121. Mnevis, *G* 9, 16.

122. (ⲙ) Anführer, meift in der Verbindung Heerführer, fo *R* 30, *S* 8; *F* 3/4 [////] und *S* 9, vergl. oben Seite 25.

123. [ ], *H* 23 feiend die Freude vor ihr, die Liebe hinter ihr.

124. , *G* 22 (vergl. oben Nr. 7), *L* 2 K. es fuhr Kaamenophis ab.

125. мотр umbinden, *R* 22 , *V* 8, 22, *X* 25.

126. ( ), (*N* 9) Mera-Barke, *Q* 23, *V* 4, *X* 11, 19 u. ö.

127. falben, anftreichen, *N* 5 .

128. амрнос: мбреш, бернш (ⲛ) Asphalt, *G* 15 Haus der Einbalfamirung.

129. млаз Krieg, *H* 7, 10, 23, *Q* 17 kämpfe nicht, *S* 31, *W* 13, 30 u. ö. Häufig in Parallelismus mit (vergl. Nr. 11), wie Chamoïs, III, 22. Kampfplatz, *V* 25 vergl. Nr. 104.

130. *L* 33, *M* 5.

131. , ( ) Sippe, *H* 10, 32, *R* 3, 4, *S* 23 u. ö.

132. ммаз (nur in der Verbindung ммаз мхоеіс I. Kön., 6, 4, 15; 7, 9 nachzuweifen, St. 568) in Gegenwart, vor, *H* 7 kämpfe mit mir vor dem Könige, *H* 12 und 26/27 , *K* 36 , *S* 18 , vergl. Nr. 141.

133. *G* 11, *K* 31, мзит (ⲛ) Norden.

134. нса nach (St. 561), *H* 8, 31, *J* 12, 15, *R* 18, 19, *S* 12 er fah einen Krieger.

нсωк, *I* 31 u. ö.

нсωq, *Q* 14, *S* 17 u. ö.

нсωс, *H* 23, *W* 2 u. ö.

нсωοτ, *J* 15 von (vergl. Nr. 191) regiert, u. ö.

[ ] *W* 18.

danach, *K* 15, 20, *W* 17.

N 19, *W* 4.

H 16, *L* 1, 21, 23.

135. *I* 16.

136. zurückwenden, entfernen (oder ähnlich), *H* 2 möge fie zu ihrem Ort zurückkommen, *K* 18 fie wenden fich zurück, *K* 24 ,

N 18, *S* 11, *W* 4 (vergl. Nr. 134), *W* 10, 32 wende ab Deine Hand von meinem Sohne, *X* 3, 4.

137. ⲙⲟⲟϣⲉ gehen, *H* 29.

138. Weg, *N* 19.

139. *S* 13, *N* 10, *V* 23. Das Wort ift aus dem Chamoïs-Romane, V, 31 bekannt, wo es von Hess durch ‚Walkholz‘ übertragen wird. Mit ⲙⲟⲩⲛⲕ ‚Leiter‘ hat es nichts zu thun, auch nicht mit ⲙⲁⲕⲙⲟⲧ. Griffith (Proceedings, XVIII, 103 fl.) fchlägt ‚chariot or litter‘ vor.

140. *L* 24.

141. in Gegenwart (ⲙⲧⲟ), *G* 23 vergl. Nr. 72, *H* 5 in die Mitte vor den König.

142. *K* 20 ich bin mit dem was du gefagt haft einverftanden.

143. *W* 14, [ⲛ] *Q* 14, *S* 17, ⲙⲟⲉⲓⲧ (ⲛ) Weg.

144. ⲙⲁⲧⲟⲓ (ⲛ) Soldat, *S* 16, 18.

145. ⲙⲏⲧⲉ (ⲧ) Mitte, *H* 5, 26, *L* 24, *Q* 16(?), *R* 28 die Mitte des Heeres (Ägyptens).

146. ⲙⲟⲩⲧⲉ rufen, reden, *G* 10, 21, *H* 4, 7, *R* 29, 32.
die Rede, *K* 34, *L* 9. — *Q* 11.

147. *H* 17.

148. *T* 27, *V* 11.

—

149. — ⲛ Genetivexponent. Mit Suffixen (St. 502): ⲛⲁⲓ mir, *H* 24, *S* 20, *V* 17.
ⲛⲁϥ ihm, *G* 15, *J* 23.
ⲛⲁⲩ ihnen, *G* 25 er fagte ihnen, *I* 23 möge man ihnen geben.

150. Negation des Verbums mit Suffixen: *G* 25, *H* 28. — *F* 6. — *G* 33. — *G* 28, 30. — *W* 30.
Negation *Q* 17 u. ö.

151. ⲛ die (Plural des Artikels), *G* 22 u. ö. Davon abgeleitet die Poffeffivpronomina (St. 252):
ⲛⲁ meine, *H* 31 u. ö.
ⲛⲉⲕ deine, *F* 6 in deinen Häufern.
ⲛⲉϥ feine, *F* 14 bis zu feinen Ruheftätten.
ⲛⲉⲛ unfere, *G* 28 unfere Nomen.
ⲛⲉⲧⲛ̄ euere, *G* 25 euere grofsen Männer, *G* 8 vergl. Nr. 119.
ⲛⲉⲩ ihre, *G* 8, 13 ihre Todtenbinden.
Für den Poffeffivartikel ⲛⲁ vergl. Nr. 92.

152. ⲛⲁⲓ diefe, *F* 29, *G* 17, *R* 12, *W* 31 u. ö.

vergl. oben Nr. 134.

H 26, vergl. unten Nr. 208.

153. ⲛⲁⲩ fehen, conftruirt mit , *H* 13, *R* 3 wer ficht (den) See (vor den Vögeln), *R* 20, *S* 21, *X* 23; conftruirt mit *Q* 15, *S* 12, vergl. ϫⲟⲩϣⲧ ⲛⲥⲁ nach Jemanden fehen.

Imperativ ⲁⲛⲁⲩ fiehe, *G* 12, *H* 2.

154. , *I* 8, *I* 24 , *I* 32 , *S* 30 , u. ö.

155. (ⲛ) ⲛⲏⲃ (n) Herr, *F* 32, *G* 26, *H* 30 mein grofser Herr, *I* 7 und öfter: Buto die Herrin von Ame.

156. ⲛⲓⲙ : ⲛⲓⲃⲉⲛ all (St. 272), *G* 10 u. ö.

157. (?) ⲛⲟⲩⲃ Gold, *R* 27.

158. *M* 5.

159. ⲛⲟⲩϥⲉ gut, fchön, *F* 33 und *G* 16 vergl. oben Nr. 39, *G* 16, *Q* 15.

160. (ⲛ) ⲛⲓϥⲉ (ⲛⲉ) Hauch, Lebensodem, *K* 32 , *L* 13, *W* 32 bewahre das Leben; mit der Bedeutung ‚Wind' ift, wie M. MÜLLER, Ägypt. Zeitfchrift, 1886, S. 86 gezeigt hat, ⲧⲏⲩ zu lefen; vergl. die Gloffen ⲕⲟⲛⲧⲉⲩ, ⲕⲉⲛⲧⲉⲩ, ⲕⲩⲣⲓⲁⲕⲉⲩ des Londoner Zauberpapyrus.

161. ⲙⲛ : ⲛⲉⲙ (St. 559, 592) mit, und, *I* 3, *S* 4, 15, *X* 13, u. ö. Mit Suffixen:

ⲛ̄ⲙ̄ⲙⲁⲓ mit mir, *H* 6, *S* 28 u. ö.

ⲛ̄ⲙ̄ⲙⲁⲕ mit dir, *I* 32 u. ö.

ⲛ̄ⲙ̄ⲙⲁϥ mit ihm, *R* 32, *W* 16, *X* 27 u. ö.

ⲛ̄ⲙ̄ⲙⲏⲧⲛ̄ mit euch, *I* 24 u. ö.

ⲛ̄ⲙ̄ⲙⲁⲩ mit ihnen, *W* 11 u. ö.

162. ⲛⲓⲙ wer?, *R* 3 vergl. oben Nr. 153, *R* 4.

163. *W* 7, *W* 22, *K* 34, ⲛⲟⲙⲧⲉ (ⲧ) Kraft, Streitkraft. Häufig in dem Titel der Grofse der Streitkraft, *R* 2, *W* 15 u. ö.

Vergl. auch Nr. 314.

164. , *V* 27 , *V* 26 , *F* 29, *H* 12, in allen Fällen in der Frage ift diefes fchön?

165. *V* 2.

166. *P* letzte Zeile, vergl. unten Nr. 216.

167. , *X* 29 es ftürmte Minnemai in fie hinein.

168. *nt(e)*, *K* 20 das was du fagft, *K* 19 der Ort, an dem du bift, *G* 9, *H* 1, 7, 10, 13, 15, *S* 20 u. ö.

169. (ⲛ) ⲛⲟⲩⲧⲉ (ⲛ) Gott, *V* 7, *W* 29, *X* 23 grofser Gott, mein Gott, u. ö.

Plural *F* 32, *G* 9, vergl. unten Nr. 281.

170. ⲛⲧⲟⲕ du, *S* 23 u. ö.

171. Präposition. Mit Suffixen (St. 498, 536):

ⲉⲣⲟⲕ *S* 20 u. ö.

ⲉⲣⲟϥ *G* 24, *H* 4, *L* 6, *X* 9 u. ö.

ⲉⲣⲟⲥ *R* 20 u. ö.

ⲉⲣⲟⲟⲩ *G* 25, *K* 33 u. ö.

vergl. Nr. 207, vergl. Nr. 236.

172. ⲣⲟ (ⲛ) Mund, *H* 25/6, *V* 15 vergl. oben Nr. 37.

173. (ϯ) *I* 2, *W* 23, 27, 31 Obertheil.

174. (vergl. ⲣⲁⲙⲓ) Fifch, *R* 4.

175. Fürft, Erpoi, *F* 7, *J* 8, *S* 21 u. ö.

176. ⲣⲱⲙⲉ (ⲛ) Mann, Menfch, *G* 22, 25 und *K* 20 die grofsen Männer (vergl. ⲣⲙⲙⲁⲟ : ⲣⲁⲙⲁⲟ Reicher), *R* 20, *S* 10 Mann gegen Mann, *S* 23 u. ö.

ⲣⲉⲙ Nominales Präformativ (St. 182):

der Mendefier, *R* 16.

die Männer des Oftens, *I* 30/31.

Meroite, *X* 13/14.

N 14, (ϯ) *N* 10, vergl. ⲡⲣⲉⲙⲛⲣⲁⲧⲟⲩ (St. 198) Fufsgänger.

L 24.

Schwerbewaffneter *L* 23, *R* 32, *S* 14.

G 33 und *I* 19(?), *X* 14.

177. (ⲛ) Rems-Barke, fchon aus dem Chamoïs-Roman (III, 28) und dem Londoner Zauberpapyrus (VI, 31) bekannt, *K* 22, *L* 1, *Q* 22, *X* 20 u. ö.

178. ⲣⲁⲛ Name, *H* 29.

179. , *V* 12.

180. ⲣⲟⲩϩⲉ Abend, *V* 1?

181. wiffen, können, *G* 27, 29, *R* 20, *S* 26, 29, *V* 29, Imperativ .

182. ⲣⲏⲥ (ⲛ) Süden.

183. (ⲛ) *H* 23, *W* 2, ⲣⲁϣⲉ (ⲛ) Freude, vergl. oben Nr. 31 und 123.

184. , abwenden, aufhören, *I* 24 , *K* 16, *V* 19 möge er aufhören.

, *V* 21 ich werde ihn aufhören laffen.

185. ⲣⲁⲧ Fufs, *N* 19 , *W* 4 , *W* 8 , *H* 5 und ähnlich *H* 26.

186. ⲗⲁⲃⲟⲓ (ⲧ) Löwin, *R* 6 fie wüthen(?) nach Art von Löwinnen. Wie in unferem Papyrus werden auch bei HYVERNAT, Actes

des Martyrs, S. 237 λαβοι und μοτι neben einander genannt. MAX MÜLLER (Recueil, IX, 161) hält das Wort für ein femitifches Lehnwort. Es kommt fchon im Papyrus Sallier, IV, 18/3 vor, vergl. SPIEGELBERG, Recueil, XVII, 96.

187. [demotic] *F* 23, *R* 8, *S* 14(?), 16, *V* 8/9 [demotic] und ähnlich *X* 26. Regelmäfsig in Verbindung mit [demotic], vergl. Nr. 279. Das Wort hängt wohl mit [demotic] zufammen, vergl. Nr. 238.
[demotic] *L* 24, vergl. Nr. 176.

188. [demotic] λοτλαι gaudium, jubilatio, Frohlocken, *N* 11 [demotic].

[demotic]

189. [demotic](?), [demotic] Zeit, *G* 6, *H* 16.

190. [demotic] ϩοοτ Tag, *H* 24 [demotic] gewähret mir fünf Tage.

191. [demotic] fenden, holen, conftruirt mit [demotic], *I* 12, 15 [demotic] K. [demotic] das Heer des Nomos und der Stadt, um welches Kaamenophis gefchickt hat, *K* 11, 16 [demotic] fende in deine Nomen.
Daneben findet fich *K* 9 und *H* 31 [demotic] und *G* 7 [demotic].

192. [demotic] brüllen, *R* 5 [demotic] fie brüllen nach Art von Rindern.

193. [demotic] ϩοειμ, *G* 32 [demotic] wegen einiger Worte; ob auch *W* 17 [demotic]?

194. [demotic] *R* 23 [demotic] vergl. ϩωλϭ : ϩωλϫ umfaffen.

195. [demotic] *Q* 16.

196. [demotic] *X* 11.

[demotic]

197. [demotic] ϩωω‐ felbft (St. 256), *K* 18 [demotic], *L* 21.

198. [demotic] ϩн [demotic] Vordertheil; [demotic] vor *Q* 13, [demotic] vorher *W* 1.
[demotic] ϩнтє vor ihr, *H* 23 vergl. oben Nr. 123, *W* 2 [demotic] vergl. Nr. 31.
[demotic] *N* 7.
[demotic] ϩатϩн vor, *K* 17 und *V* 6 [demotic] vor deinen Brüdern, *V* 13 [demotic], *W* 8 [demotic].

199. [demotic] Haus.
[demotic] Gotteshaus, Tempel, *G* 13.
[demotic] Haus der Einbalfamirung, *G* 15.

200. [demotic] ϩιογє werfen, *H* 16 [demotic].

201. [demotic] Feft, *G* 29 [demotic] können wir das Feft des Begräbniffes feiern?

202. [demotic] Kleid, *L* 26 [demotic].

203. [demotic] *W* 6, 22; vergl. oben Nr. 15.

204. *W* 7, 22; vergl. oben Nr. 15.

205. Apis *G* 9, 16.

206. (*w*) der Obere, *G* 9, 16 der Obere der Götter.

207. Geficht (vergl. ϩⲣⲁ⸗ St. 198), *S* 22.

H 8, *H* 4, *W* 3 und *X* 10/11.

vor, *K* 24, *Q* 13.

ⲉϩⲣⲁⲓ (St. 517) hinauf, *V* 3 ⲡⲱⲧ ⲉϩⲣⲁⲓ hinaufeilen, *V* 9.

208. ϩⲓ (St. 552) auf, *S* 13 vergl. oben Nr. 46.

S 20, mit Suffixen *X* 1.

G 17, *H* 18 auf der Erde; in der Bedeutung ‚wegen' *H* 11, *I* 27 wegen der Chalibfch.

vor ihm *N* 7, vergl. ϩⲓ ⲧϩⲏ ⲙⲙⲟϥ coram eo, ZOËGA, 109, 114.

(:ϩⲓⲱⲧ⸗) vergl. oben Nr. 16.

ϩⲓ ⲛⲁⲓ(?) auf die Weife, demgemäfs (St. 519), *H* 26.

209. (*J*) *F* 8, *Q* 8. Das Wort wird bei BRUGSCH, Thefaurus, V, 901, 1024, 1030 mit *ḥr-tp* zufammengeftellt und bald durch ‚Fürft', bald durch ‚Oberfchreiber' wiedergegeben.

210. ϩⲁⲣⲉϩ bewachen, bewahren, conftruirt mit , *L* 13 hüte dich, *W* 32 bewahre das Leben, *X* 28 (die Äthiopen), welche die Chalibfch bewachen.

211. ϩⲣⲟϣ fchwer fein, *Q* 5, *W* 24 (es war) ein fchweres Klagen, *X* 9.

212. ϩⲱⲥ loben, preifen, *H* 24.

Sänger(?), *S* 27 , vergl. oben Nr. 65.

213. , *R* 22 .

214. , *Q* 10, 13 .

215. () *M* 17.

216. () in *P* letzte Zeile.

217. () ϩⲟⲧⲉ Stunde, *L* 24/25 und *N* 20 fie brachten es fogleich (zu der Stunde), *V* 31 , vergl. ϩⲛ ⲟⲩϩⲟⲧⲉ augenblicklich.

218. (*w*), *F* 1 , *F* 11 [ ] [.
Mit *K* 17 .

219. , *L* 31 .

220. ϩⲧⲟ (*n*) Pferd, *F* 30, *N* 10, *V* 5, *X* 17.

221. ϩⲏⲧ Herz, *F* 31 , *G* 24 , *V* 8 , *V* 14.

[ ] hochmüthig *H* 21, im Gegenfatze zu kleinmüthig *H* 21, 23.

L 24.

L 22, *L* 11 im Parallelismus mit .

222. ϩⲱⲧⲛ ruhen, *F* 14 , *G* 17, vergl. oben Nr. 104.

ⲥ

223. , , *N* 11 vergl. Nr. 111, *N* 36 und ähnlich *R* 29 .

S 12.

224. , , mit eine Niederlage anrichten, *V* 11 , *V* 13 , *V* 18 , *V* 26 , *X* 10 , *Y* 15.

225. , *S* 1, 5, 7, construirt mit .

226. , *K* 17 .

227. ⲕⲱ legen, lassen, nachlassen, *H* 24 gewährt mir fünf Tage, *Q* 12, *S* 8, *W* 14 .

H 25 da schwieg der König, vergl. ⲕⲁⲣⲱ⸗ : ϫⲁⲣⲱ⸗ schweigen.

H 26, 5 er ging weg, vergl. ⲕⲁⲣⲁⲧ⸗ ⲉⲃⲟⲗ ausgehen.

228. ϣⲱⲡⲉ geschehen, sein, *G* 29, *I* 13, *Q* 22, *S* 11, 22, 31, *W* 13, 15, 24, 30, 32(?), *X* 11, 12 u. ö.

ⲉϣⲱⲡⲉ wenn (St. 526), *H* 23; *V* 22; *V* 31.

229. (ⲙ) Kleine (der), Beiname des Pimai, *F* 31 u. ö., vergl. Nr. 298.

230. , *H* 20 , vergl. ϯϩⲙⲙⲉ erwärmen, Zoëga, 616, 367.

231. ϩⲙⲉ : ϭⲉⲙⲉ Ähre, *M* 2 , vergl. im Decret von Kanopos, Z. 63.

232. ϩⲛ in (St. 556), *G* 29, *H* 28, *R* 32, *S* 23, 26, *W* 25, *X* 13 u. ö.

ⲉϩⲟⲩⲛ Postposition (St. 517), *V* 8 (vergl. Nr. 207), *W* 18, *X* 29.

(ⲙ) ϩⲟⲩⲛ (ⲛ) Innere, *G* 20, 30.

233. kläglich??, *W* 25.

234. ϩⲁ : ϫⲁ für, unter, wegen, mit (St. 545), *R* 3, 4 wegen der Fische, *R* 8, 10, 11, 12, 16, 17, *S* 18 mit ihren Libsch, u. ö.

vergl. Nr. 198.

235. , *L* 33 .

, *R* 22 vergl. oben Nr. 213.

, *M* 1 .

, *M* 5 .

, *L* 28/29 .

236. ⲉϩⲣⲁⲓ : ⲉϩⲣⲏⲓ hinunter Postposition (St. 517), *V* 16 .

237. , *R* 24 .

238. [demotic] [demotic], vergl. das boheirische ⲥⲉⲗⲙϣ, ⲥⲉⲗⲗⲓⲃϣ (ϯ) Panzer, und oben S. 22, *G* 19, 28, *H* 2, 22, 25, 27, *S* 33, *V* 28, *W* 14, *X* 21, 24, 28 u. ö. Das Wort ist wohl aus [demotic] (siehe Nr. 187) und [demotic] (Nr. 234) zusammengesetzt.

239. [demotic] ϣⲟⲣⲡ der erste sein, zuvorkommen, *K* 16 [demotic] construirt mit [demotic].

240. [demotic] ϩⲗⲛⲉ (ⲧ): ⲥⲉⲗⲛⲓ Nabel, *L* 27.

241. [demotic] *Q* 6.

242. [demotic], [demotic] vergl. ϩⲓⲥⲉ : ⲥⲓⲥⲓ sich mühen, leiden, *L* 14 [demotic], *V* 14 [demotic] sie wurden nicht müde(?), vergl. Nr. 80.

243. [demotic] ϩⲱⲛ : ⲥⲱⲛ anlegen (die Waffen), *S* 14 [demotic] [demotic], *S* 16.

244. [demotic] vergl. ϩⲱⲧ nilabwärts fahren, *K* 22 [demotic] es fuhr seine Remes-Barke nilabwärts, *Q* 23.

245. [demotic] vergl. ϩⲱⲧⲃ : ⲥⲱⲧⲉⲃ tödten, *S* 10, *K* 33 [demotic]. [demotic] *S* 11/12, [demotic] *K* 3, [demotic] *K* 12.

[demotic]

246. [demotic] Sohn, *G* 12, *Q* 12, *V* 24, 30, *W* 32, *X* 8 [demotic] mein Sohn, *W* 27 [demotic] dein Sohn, *R* 2 [demotic] und *S* 21 die Söhne u. ö.

247. [demotic] vergl. ⲥⲓ sich sättigen, *H* 15 [demotic].

248. [demotic], *S* 22 [demotic], *X* 14 [demotic] vergl. Nr. 176.

249. [demotic] *H* 17, [demotic] *R* 20/1 und *T* 5, [demotic] *R* 29 und *Q* 14, ϣⲃϣⲉ Schild.

250. [demotic] ϣⲃⲟⲕ klein werden, klein sein, *H* 21, 23 [demotic], vergl. oben Nr. 41.

251. [demotic] [ⲙ] ⲥⲟⲃⲧ (ⲛ) Festung, Mauer, *G* 30, *H* 12, *I* 26, 32, *K* 11 u. ö.

252. [demotic] [ⲙ] ⲥⲟⲃⲧⲉ (ⲛ) Vorkehrung, Vorbereitung, *I* 4, 22, 30, *K* 4, 6, 8, 10, meist in der Verbindung [demotic] triff deine Vorbereitungen. [demotic] vorbereiten, *K* 21 [demotic].

253. [demotic] ⲥⲟⲡ -mal, *H* 4 [demotic] dreimal.

254. [demotic] (ⲙ) ⲥⲉⲉⲡⲉ (ⲛ) Rest, *R* 2 [demotic] und der Rest der Söhne.

255. [demotic], *L* 28 vergl. oben Nr. 235.

256. [demotic] ⲥⲏϥⲉ [ⲧ] Schwert, *R* 23 vergl. unten Nr. 324, *R* 24 vergl. oben Nr. 237, *W* 9, 24, 28 [demotic] sein Sichelschwert.

257. [demotic], [demotic] Meldung, *I* 5 [demotic], *R* 7 [demotic] sie machten ferner hievon Meldung (dem Könige).

258. [demotic], *L* 25 vergl. oben Nr. 79.

259. [demotic] (ⲙ) ⲥⲙⲟⲧ (ⲛ) Form, *I* 14, *S* 13 vergl. oben Nr. 46, *W* 17 [demotic] nach Art.

260. [illegible] (*м*) ⲥⲟⲛ (*п*) Bruder, *H* 31, *I* 13 und *K* 32 [illegible] feine Brüder, *R* 2 [illegible] die Brüder, *S* 21, *V* 6 (vergl. oben Nr. 198), *W* 9 [illegible] mein Bruder u. ö.

261. [illegible] *H* 32, *N* 3, 8(?).

262. [illegible], *L* 18 [illegible].

263. [illegible] herrichten, *I* 13, *Q* 13 [illegible] und fie richteten (einen?) Balkon(?) her (für den König).

[illegible] (*м*), *W* 4/5 [illegible].

264. [illegible] *S* 13.

265. [illegible] *T* 8.

266. [illegible], [illegible] vergl. oben Nr. 50.

267. [illegible], *L* 11 [illegible], *L* 22 [illegible] im Parallelismus zu [illegible].

268. [illegible] *W* 16.

269. [illegible] (*м*) in der Verbindung [illegible] (*м*) Abzeichen (? oder Signal?) des Kampfes, *R* 30, *S* 2 [illegible], 19/20 [illegible] was ift es mit dir, dafs du mir nicht gibft mein Abzeichen (? oder Signal?) des Kampfes. Welcher Art diefes Abzeichen oder Signal war, bleibt zweifelhaft.

270. [illegible], *L* 31 [illegible], *L* 32 [illegible], *M* 8 [illegible].

271. [illegible] ⲥϩⲁⲓ fchreiben, *G* 9.

272. [illegible], *L* 31 [illegible].

273. [illegible] vergl. ⲥⲟϭⲛ (*п*) Salbe, *G* 15 [illegible].

274. [illegible], *V* 15 vergl. oben Nr. 37 und Chamoïs, V, 29/30 [illegible].

275. [illegible] ⲉϭⲛⲣ fchiffen, *G* 11(?), *X* 12 [illegible] auf dem Fluffe fchiffen. [illegible] ⲉϭⲛⲣ (*п*) Schiffahrt, *G* 22 [illegible].

276. [illegible] (*м*) ⲉⲓⲱ Bafilisk, in dem Namen [illegible] vergl. Seite 27.

277. [illegible] *W* 7, 22 vergl. oben Nr. 15.

278. [illegible] ⲥⲁⲧⲉ (*т*) Feuer, Flamme, *W* 20 [illegible] brennender als die Flamme.

279. [illegible] *stbḥ* Ausrüftung, Kriegswaffen (oder ähnlich). Das Wort kommt bereits in der Infchrift von Rofette, Z. 13 vor. In unferem Papyrus fteht es regelmäfsig in Verbindung oder Parallelismus mit [illegible] (vergl. oben Nr. 187) und mit dem Zufatze [illegible], *I* 6, 23, *M* 34(?), *R* 8, *S* 14, *V* 9 [illegible] feine Kriegswaffen, *X* 26, *Y* 11 [illegible] ihre Kriegswaffen.

280. [illegible] ⲥⲱⲧⲙ hören, *H* 32 [illegible] dafs fie auf mich hören, *V* 15, *W* 30 [illegible] fie haben nicht auf mich gehört (vergl. Chamoïs, IV, 37: [illegible] Sethon hörte auf ihn). — [illegible] *H* 3, 7, [illegible] *I* 14.

281. [illegible] *stn* König, *F* 32, *H* 2, 24, *X* 24. Für die Zufammenftellung des Zeichens [illegible] mit dem hieroglyphifchen [illegible] fpricht auch die in unferem Papyrus vorkommende

Gruppe *H* 22, *F* 32 Amon-Ra-nêb-fô-nthêr, welche in der griechifchen Tranfcription Αμονρασωνθηρ vorliegt. Für den inneren Plural νθηρ vergl. Ägypt. Zeitfchrift, 1895, S. 47. Es mufs daher, wie ich bereits Recueil, VI, S. 79 ff. bemerkt habe, für die Gruppe , welche in den demotifchen Texten, namentlich in den Protokollen der Rechtsurkunden fo häufig vorkommt, eine andere Deutung gefucht werden.

283. ϣⲁϫⲉ (n) Rede, Erzählung, *H* 13 die Reden, welche er gefagt hatte.

284. *Q* 10, 13 .

285. *W* 17. Das Wort kommt auch im Papyrus von Leiden, I, 384, S. XI, Z. 3 vor und ift dem Determinativum nach zu fchliefsen vielleicht mit dem hieroglyphifchen ‚die Zeit vertreiben' zufammenzuftellen, BW. 1358, Suppl. 1358.

ϣ, ⲁ

286. ϣⲁ bis (St. 543), *G* 7, *H* 4 vergl. Nr. 253, *L* 28, *R* 25 vergl. Nr. 316, *V* 1
ϣⲁⲃⲟⲗ bis hinaus (St. 543), *G* 23 vergl. Nr. 88.
Präfix ϣⲁⲛⲧⲉ (St. 449), *Q* 12, 18, *W* 4, 10 vergl. Nr. 321.

287. , ϣⲉ gehen, kommen, *F* 24, *G* 19, 27, *H* 21 möget ihr(?) in euere Nomen und euere Städte gehen, *K* 18, *K* 20 fie gingen, *W* 7 er liefs ihn vor fich heraustreten, *W* 15 möge er gehen.
Das Caufativ findet fich *F* 6 haft du nicht ausgeftreckt deine Hand (nach der Chalibfch u. f. w.), vergl. Chamoïs, V, 29 er ftreckte die Hand aus, um fie zu berühren, *L* 6 .

288. Buchrolle, *J* 21, Chamoïs, III, 8.

289. fchlachten, *V* 14, 21 ich werde ihn aufhören laffen zu fchlachten im Heere [Ägyptens].

290. (ω) ϣⲏⲓ (n), See in dem Ortsnamen der Gazellen-See, *I* 7 u. ö., vergl. oben Seite 31.

291. ϣⲱⲡ faffen, nehmen, *I* 5 , *I* 23, *W* 31, *S* 22 , *X* 31 vergl. ϣⲓⲛⲧⲟⲟⲩ- grüfsen (St. 491).

292. Gefchenk, Fragment 1, Z. 11 fie gaben ihnen(?) Gefchenke an Silber und Gold für die Männer[, vergl. Chamoïs, III, 6 [, mir zu bringen Gefchenke an Silber und Gold.

293. (ω) ϣⲓⲡⲉ (n) Scham, Schande, *G* 29.

294. ϣⲟⲛϣ Schenkel, *M* 21.

295. [demotic] (ⲙ), *W* 24 und 28 [demotic] ſein Sichelſchwert, vergl. Roſette 23 [demotic] das Sichelſchwert des Sieges, ὅπλον νικητικόν.

296. [demotic] ($\frac{2}{3}$), *H* 8 [demotic] $\frac{2}{3}$.

297. [demotic] *F* 29.

298. [demotic] ϣⲏⲙ klein, vergl. Nr. 229.

299. [demotic] (ⲙ) ϣⲗⲟϥ (ⲛⲉ) Schande, *H* 14.

300. [demotic] (ⲙ) *W* 19.

301. [demotic] Balkon, *Q* 13, vergl. Nr. 263.

302. [demotic] (ⲙ) *I* 33, [demotic] (ⲙ) *I* 25 und 9, ϣⲧⲁⲛⲛ Streit (ϣⲧⲁⲛⲛ ſtreiten).

303. [demotic] wüthen(?), *R* 6 vergl. oben Nr. 186.

[demotic]

304. [demotic] Art, *H* 18 [demotic], *H* 19 [demotic], *W* 13.

305. [demotic] eng ſein(?), *N* 9 [demotic], *X* 16/17 [demotic] [demotic]. Denſelben Parallelismus finden wir in der Roſette-Inſchrift, Z. 12 (vergl. BW. 229) [demotic].

306. [demotic] Sorge(?), Angſt(?), *W* 28 [demotic] es ging der König in groſser Sorge(?).

307. [demotic] (ⲙ) *K* 30.

308. [demotic] ϭⲁⲙⲟⲩⲗ Kameel, *N* 10. Das Wort kommt auch in dem Perſonennamen [demotic] und in anderer Bedeutung in der Stelle *M* 2 [demotic] vor; vergl. oben Seite 51.

309. [demotic] *J* 24.

310. [demotic] *R* 27 und *W* 7, [demotic] *W* 22 (vergl. oben Nr. 15 und 65).

311. [demotic] (ⲙ) ϭⲱⲣϩ (ⲡ) Nacht, *F* 24.

312. [demotic] ($\frac{t}{}$) ϭⲁϩⲥⲉ (ⲧⲉ) Gazelle, in dem Ortsnamen ‚der Gazellen-See', vergl. Nr. 290 und Seite 31.

313. [demotic] *I* 17.

314. [demotic], *R* 6 [demotic].

315. [demotic] (Klage-) Geſchrei, *W* 24 [demotic] es entſtand ein Klagen [im Heere Ägyptens], vergl. Chamoïs, V, 6 [demotic] ſie ſchrie, [wie wenn ſeine Rede eine Beleidigung wäre].

316. [demotic], *R* 25 [demotic].

317. [demotic] [ⲙ] *R* 25, vergl. die vorhergehende Nummer und ϭⲁϫⲙⲏ, القبضة, pugillus quantum manu capi potest.

[demotic]

318. [demotic] ⲕⲉ ein anderer (St. 270), *J* 29 [demotic] eine andere Depeſche, *R* 9 [demotic] ſie machten einen anderen Bak.

10*

319. [illegible], *H* 4 [illegible].

320. [illegible], *L* 32 [illegible].

[illegible]

321. [illegible], [illegible] (ⲡ) ⲕⲃⲁ (ⲛⲉ) Rache, *X* 1 [illegible].
ϫⲓⲕⲃⲁ rächen, *W* 10 [illegible].

322. [illegible] Teich, *R* 3.

323. [illegible] ϭⲓⲛⲉ finden, *H* 14 [illegible], *K* 17 [illegible] (wenn) ſie dich finden, *K* 18 [illegible] (wenn) ſie dich nicht finden, *W* 5, *X* 27.

324. [illegible] kämpfen, *H* 6, *Q* 11, *W* 4 [illegible] der, welcher nicht kämpft, *W* 5 vergl. Nr. 263, *W* 6, *X* 21, 31.
[illegible] Kriegsmann, Schwerbewaffneter, *L* 23, *S* 14 [illegible], *X* 15 [illegible], *V* 17(?), *X* 13 [illegible] ſeine 40 Schwerbewaffneten, u. ö.
[illegible], *V* 9 u. ö. vergl. Nr. 279.
[illegible] ein Kriegsſchwert, *R* 23.
[illegible] die Kampfplätze, *Q* 10.
[illegible] *H* 19.
[illegible] Abzeichen (Signal?) des Kampfes, vergl. Nr. 269.
[illegible] *H* 28, gewaltſam.

325. [illegible] ⲕⲣⲟϥ (ⲛⲉ) Liſt, *K* 32, *V* 29(?).

326. [illegible] ⲕⲁⲓⲥⲉ (ⲧ) Begräbniſs, *F* 33, *G* 15, 16, 26, 29.

[illegible]

327. [illegible] ⲧ, ⲧⲉ weiblicher Artikel. Davon die Poſſeſſivpronomina:
[illegible] ⲧⲁ meine, *J* 24, u. ö.
[illegible] ⲧⲉⲕ deine, *J* 30, *S* 25, 32, u. ö.
[illegible] ⲧⲉϥ ſeine, *G* 29/30 [illegible] ſeine Chalibſch, u. ö.
[illegible] ⲧⲉⲥ ihre, *H* 11 [illegible], u. ö.
[illegible] ⲧⲉⲛ unſere, *S* 23 [illegible] unſere Sippe, u. ö.
[illegible] ⲧⲉⲩ ihre, *Q* 24 [illegible] ihre Barke, u. ö.

328. [illegible] ⲧⲏⲩ Wind, *W* 20 [illegible], vergl. Nr 160.

329. [illegible] ϯ geben, *R* 1, *X* 30 und öfter.
[illegible] Cauſativ, *H* 14 [illegible], *H* 15 [illegible], *H* 21 [illegible], *H* 23 [illegible], u. ö.
[illegible] ⲧⲣⲉϥ (St. 461) *H* 30.
[illegible] *G* 6, [illegible] *H* 4, vergl. Chamoïs, IV, 29 [illegible] und koptiſch ϯ ⲉϫⲉⲛ beſchützen (St. 538).

330. [illegible] (ⲡ) ⲧⲟ (ⲡ) Erde, *H* 18 [illegible] der Himmel, welcher über der Erde ausgebreitet iſt.

331. (*м*) ⲧⲟⲟⲩ (n) Berg, *H* 17.

332. ⲉⲧⲃⲉ wegen, mit Suffixen ⲉⲧⲃⲏⲏⲧ⸗ (St. 558), *G* 32, *H* 28 ⲉⲧⲃⲏⲏⲧⲉ wegen ihr, *S* 31, *W* 25, u. ö.

333. ⲧⲙ Negation des abhängigen Verbums (St. 452), *H* 15, *K* 19 (?), *Q* 11, *V* 29, *W* 13 dafs kein Kampf entftehe, *W* 30.

Negativer Conditional ⲉϥⲧⲙ (St. 421), *K* 18 wenn fie dich nicht finden.

334. (*м*) ϯⲙⲉ (n) Stadt, *F* 7, *H* 21 und öfter.

335. in bei(?), gegenüber(?), *X* 19 (man gab einen Landungsplatz der Barke des Minnemai) bei(?) der Barke des Zihor.

336. befehlen, *G* 10 alles was der König befohlen hat, *H* 30 möge der König (es) befehlen, *W* 12 .

337. grofs, *S* 13 vergl. oben Nr. 46.

338. (*м*) Boden, *W* 8, 23 er (Petchonfu) liefs ihn auf den Boden fallen.

339. ⲧⲏⲣ⸗ ganz (St. 258, 272), *G* 10 vergl. Nr. 336, *G* 29, *H* 29 die ganze Erde, *I* 31, *W* 13 u. ö.

340. ⲧⲱϩⲣ aufgeregt fein, *F* 31 feid nicht aufgeregt (in) eueren Herzen, *M* 33 , *V* 8 .

341. (*м*) ⲧⲱϣ (n) Nomos, *G* 7, *H* 21.

die vier Nomen, *V* 19 u. ö. vergl. oben Seite 29.

342. *L* 29 und *M* 8, *M* 5.

343. eilen, *K* 27 , *W* 19 eiliger als der Wind.

344. (*м*?) *L* 30.

345. , *N* 13 .

346. ⲧⲱⲕⲙ zücken, *W* 24.

347. ⲧⲟⲟⲧ (n) Hand, *F* 6, *H* 1, 12/3 , *K* 27 vergl. oben Nr. 65, *V* 30, *W* 8 vergl. Nr. 102, *W* 10 und 32 wende deine Hand ab, *W* 23.

348. ⲧⲟⲧⲱⲧ Geftalt, *R* 8 , *N* 7.

349. (*м*) *I* 33 u. ö. in dem Ortsnamen (fiehe Seite 31).

350. ϫⲱ fagen, *G* 6, *H* 9 u. ö.

ϫⲉ führt die direkte Rede ein, *G* 8, 33, *X* 23 u. ö.

ϫⲓⲟⲩⲁ gottlos reden, *F* 29, vergl. Nr. 62.

351. ϫⲓ faffen, nehmen, *F* 7, *G* 28, *H* 21 , *K* 35 , *S* 33, *W* 14 um fie zu ihrem Platze zu nehmen.

352. ϫⲓⲛ feit, von an (St. 567), gefolgt von ϣⲁ bis, *G* 7 von Elephantine bis Syene, *R* 25 .

353. *V* 1, (*m*) *V* 7.

354. , *W* 20 vergl. oben Nr. 278.

355. vergl. ϫⲟⲟⲣ ſtark ſein, *X* 9 ſtärker iſt Petchonſu als er, *X* 10.

356. (*m*) *H* 14 .

357. vergl. ϫⲱⲱⲣⲉ zerſtreuen, *V* 13 indem ſich das Heer vor ihnen zerſtreute.

358. vergl. ϫⲟⲗϩ niedrig, klein ſein (St. 304), *L* 22 im Parallelismus zu , vergl. Leiden, I, 384, XV, 10, 12, XVIII, 12.

359. *L* 33.

360. ϫⲓⲥⲉ erheben, ϫⲟⲥⲉ hoch ſein, *N* 11 vergl. Nr. 188, *S* 15 , *R* 29 (*m*).

361. vergl. ϭⲟϫⲓ laufen, ſich flüchten, *S* 28, 29, *W* 31; vergl. Leiden, I, 384, XVI, 19 .

362. ϫⲱϫ (*m*) Kopf, *H* 4 vergl. Nr. 329, *S* 16

Wörter, deren Leſung zweifelhaft iſt.

363. ha!(?), oh!, Interjection, Brugsch, Grammaire 398, *S* 19, *V* 7.

364. (*m*) Heer, Kriegerſchaar, *G* 12, *H* 28, *V* 3, 6, 19, *W* 3, *X* 9, 26 u. ö.
(*m*) *S* 12, 22. Im Papyrus Rhind, 25, 6; 27, 3; 20, 2 wird durch die hieroglyphiſche Gruppe wiedergegeben, welche dem griechiſchen Καλάσιρις (Herodot, II, 164) entſpricht.
Heerführer, *R* 30, u. ö.

365. gewöhnlich ⲙⲙⲁⲧⲉ ‚ſehr' geleſen. Die Gruppe entſpricht dem hieroglyphiſchen . Wir finden dieſe Gruppe *I* 21 er ſagte: ‚Gar ſehr, mein groſser Herr' und in dem Titel von Pimai und Werhne *J* 8, *R* 11, den man etwa durch ‚Führer der Soldaten' wiedergeben kann, vergl. BWS. 1139.

366. wird öfter *ab* geleſen; unter Hinweis auf die Gruppe , welche dem koptiſchen ⲃⲁⲓϣⲓⲛⲉ, Depeſchenträger entſprechen dürfte, möchte ich die Leſung ϣⲓⲛⲉ vorziehen. Die Gruppe findet ſich *G* 32 , *G* 31, 33, *H* 1, 7 , *H* 31, *J* 21 , *J* 29, vergl. Hess, Roman, 58.

367. . Dieſe Gruppe, welche in unſerem Papyrus vor allem in dem Namen vorkommt, iſt bald *iri*, bald *hek*, bald *ḥa*, bald *ciat* geleſen worden. Der Name führt uns auf die richtige Leſung (vergl. Spiegelberg, Recueil, XVII, 93), indem dem zweiten Namensbeſtandtheil das koptiſche ⲉⲓⲉⲣⲃⲟⲟⲛⲉ ‚böſer Blick' (vergl. in unſerem Papyrus *Q* 17) gegenüberſteht. Wir finden dieſe Gruppe auſser in dem Namen Eiorhorerou noch an zwei Stellen des Papyrus, *H* 17 und wohl auch *H* 8 .

368. [demot.] gehen, ſtürzen, wird von HESS vermuthungsweiſe *nah* geleſen. Auf die Leſung ϩⲓ würden uns die Stellen *L* 32, *M* 1 ff. [demot.] führen, zu welchen das koptiſche ⲁϥϩⲓ ⲧⲟⲧϥ ⲉϫⲱⲟⲩ ‚er legte die Hände auf ſie' zu vergleichen iſt.
Vergl. auſserdem *Q* 15 [demot.].
V 16 [demot.].
W 8 und 23 [demot.].

369. [demot.] (*u*) *H* 6 [demot.].

370. [demot.] (*u*) die Lanze(?), *H* 28, *Q* 12 [demot.], *Q* 18 [demot.], *R* 26.

371. [demot.] iſt wohl *sa* ‚Gans' zu leſen, *R* 4 [demot.] wer ſieht den Teich vor den Gänſen.

372. [demot.] kommen(?), ſich verſammeln(?), *Q* 19 [demot.], *R* 7.

373. [demot.], *R* 22 [demot.], *S* 11 [demot.].

374. [demot.] gleichwie, *R* 4, 5, *V* 12, *W* 4, gewöhnlich *m k(o)te* geleſen.

375. [demot.] Wir finden dieſe Gruppe in dem Beinamen des Pimai [demot.] (*R* 1, *K* 4), vergl. Nr. 4.
[demot.], *W* 18 [demot.] härter als Stein.

376. [demot.], *S* 19 [demot.], *V* 7 [demot.] hilf(?), Bel, mein groſser Gott, *W* 29 [demot.]; vergl. immerhin das koptiſche ⲛⲁϣⲧⲉ (ⲧ) Schutz, ⲣⲛⲁϣⲧⲉ ſchützen.

377. [demot.] heiliges Thier(?), *J* 30 *K* 4, vergl. Kanopos, Z. 12 [demot.].

378. [demot.] (*u*). Dieſe demotiſche Gruppe, welche den Titel des Eiorhorerou bildet (*G* 26, *H* 29, *I* 27, 31, *R* 3, *Q* 9), iſt wohl ϩⲟⲛⲧ Prophet zu leſen.

Zahlzeichen.

379. [demot.] ⲥⲛⲁⲩ zwei, in [demot.] zweiundfünfzig, *L* 8, *W* 15.

380. [demot.] ϣⲟⲙⲛⲧ drei, *H* 4.

381. [demot.] ϥⲧⲟⲟⲩ vier, vergl. oben Nr. 22.

382. [demot.] ϯⲟⲩ fünf, *H* 24.

383. [demot.] ⲥⲁϣϥ ſieben, *K* 5, 9 [demot.] und wohl auch *K* 2.

384. [demot.] ϩⲙⲉ vierzig, *L* 8(?), *S* 15, *X* 13 [demot.] und ſeine 40 Schwerbewaffneten, vergl. ⲛⲉϩⲙⲉ ⲛϩⲟⲟⲩ die 40 Tage (St. 281).

385. [demot.] ⲧⲁⲓⲟⲩ fünfzig, in [demot.] zweiundfünfzig, *L* 8, *W* 15.

386. [demot.] ⲥⲉ ſechzig, *L* 9.

387. [demot.] neunhundert, *X* 14.

388. [demot.] viertauſend(?), *S* 17.

389. [demot.] neuntauſend(?), *X* 13, 28.

Die Wörter ſind nach den Principien eingereiht, welche PEYRON in ſeinem koptiſcher Lexikon befolgt hat. Die koptiſchen Belege geben die Formen des oberägyptiſcher Dialektes, dort wo dieſer verſagt, iſt der unterägyptiſche (nach zwei Punkten) heran gezogen. Im Gloſſar iſt bis auf die zweifelhaften Stellen der geſammte Wortſchatz de Papyrus und nicht bloſs die von uns oben S. 43 bis 48 mitgetheilten Stücke, welch freilich faſt zwei Drittel des Papyrus ausmachen, berückſichtigt. Lücken im Papyrus ſin durch eckige Klammern, zweifelhafte Stellen durch Punkte angedeutet. Von einer Trans ſcription habe ich bei dem jetzigen Stande der Frage Abſtand genommen. Daſs ich f groſse Stücke des Textes in Typendruck geben konnte, verdanke ich dem glückliche Umſtande, daſs die k. k. Hof- und Staatsdruckerei über die demotiſchen Typen verfügt welche ſeinerzeit zur Drucklegung von BRUGSCH'S Grammaire démotique angefertig wurden und nun nach über vierzig Jahren wieder zur Anwendung kommen. Damit i mir auch die Möglichkeit gegeben, die übrigen wichtigeren demotiſchen Texte de Sammlung hoffentlich in raſcher Folge herauszugeben.

WIEN, im Jänner 1897.

J. Krall.

ZWEI XENOPHON-PAPYRI.

I. Xenophon, Kyrupaedie.

Wir vereinigen hier die zahlreichen kleinen Bruchſtücke einer Rolle aus feinem Papyrus, ſtammend aus Hermopolis Magna, ungefähr dem II. Jahrhundert n. Chr. angehörig. Der Papyrus dürfte in eingerolltem Zuſtande zertrümmert worden ſein, da mehrmals Lagen übereinander geklebt erſcheinen; die Leſung und Verwerthung wird durch dieſe Umſtände erſchwert. Es läſst ſich noch erkennen, daſs die Rolle mindeſtens 29 *cm* Höhe hatte und in Columnen zu circa 49 Zeilen bei 5·2 *cm* Breite beſchrieben war; noch ſind die Reſte von zuſammen 13 Columnen vorhanden, welche Intercolumnien von 1·2, 1·5 bis 1·8 *cm* Breite von einander trennten. Der obere freie Rand betrug etwa 2·2 bis 2·5 *cm*, der untere 3·8, reſpective 4·2 und 4·5 *cm*, ſo daſs auſserhalb des eigentlichen Textes noch Raum genug für Randnoten übrig blieb; dieſe eben ſind es, die unſer Intereſſe erregen, da ſie ſich auf Textvarianten beziehen; wir haben es alſo mit einer kritiſchen Ausgabe zu thun, die noch in die wohlunterrichteten Zeiten des Alterthums zurückreicht. Das folgende Verzeichniſs bringt die Stellen, an denen unſer Papyrus ſelbſt eine mehrfache Lesart bietet oder anzeigt.

V, 2, 4. Hier habe ich nach den Schriſtreſten und der Gröſse der Lücken ergänzt: βο]υλο[μενος ιδειν ει] πηι [ψευδης ειη ο γ]ω[βρυας; am Rande wird πηι als Lesart ausdrücklich vermerkt mit ου(τως) η. So wenig zweifelhaft die Auflöſung der erſten Abkürzung iſt (vergl. O. Lehmann, Tach. Abkürzungen, §. 56, mein Syſtem altgriechiſcher Tachygraphie, p. 12), ebenſo ſchwierig bleibt die Sigle η. Wir haben hier nach anderen Analogien einen Namen zu ſuchen, nämlich jener Perſönlichkeit, welche für dieſe Lesart Autorität war. Aber bezüglich der Thätigkeit der antiken Kritiker für Xenophon flieſsen freilich nicht ſo reiche Quellen, wie für andere Schriftſteller und vor allem Homer, ſo daſs es ſchwer fällt, unſeren Kritiker auszuforſchen. Wenn wir einen Vorſchlag wagen ſollen, ſo möchte ich auf Heron von Athen hinweiſen und probeweiſe die Auflöſung οὕτως Ἥρων geben. In unſerer Vulgata ſieht die ganze Stelle ziemlich verſchieden aus: βουλόμενος ἰδεῖν εἴ που εἴη (om. A.) αἱρέσιμον τὸ τεῖχος, εἰ (Weiske, die Handſchriften ἢ) ψευδὴς φαίνοιτο ὁ Γωβρύας. Zu [ειη] ſcheint am Rande des Papyrus die Variante εσοι[τ]ο ι zu ſtehen.

? V, 2, 17. αλ(λως) deutet vielleicht auf eine Variante zu υἱκόν und ebendort ....]ον auf eine andere Variante.

V, 2, 22. τωι πορευεσθαι, Rand: τωι προ[ε]ρχεσθαι; erſteres iſt die Überlieferung unſerer Handſchriften.

Ibidem προϲιων; ϲ ausgeſtrichen, darüber ein Punkt, der die Correctur ungiltig macht; προϲιών bietet *G* s. v. r., ſonſt lautet die Überlieferung προϊών.

Ibidem ϵϲκοπϵι ϵι, darüber ſteht το ϵι, am Rande προϵϲκοπϵιτ(ο) αλ(λωϲ) — ἐπεϲκοπεῖτο εἰ DINDORF, ἐ. εἴ τι HUG.

V, 2, 24. ϲφιϲιν über ν ein Punkt, gemeint iſt ϲφιϲι.

Ibidem και μϵ[λον] αὐτοιϲ ι[ϲ]χυ[ρω]ϲ ο[πηι] το μϵλλον α[ποβ]ηϲοιτο, am linken Rande ſteht ein Zeichen, das mit dem gleichen am unteren Rande correſpondirt, wo die Variante verzeichnet iſt: μϵλον ιϲχυρωϲ αυτ[ο]ιϲ οπηι τ[α ν]υν παροντα αποβηϲοι[τ]ο ο[υ]τω(ϲ) [η(....)]. Dieſe Lesart bietet auch *G* mg. r.

V, 2, 25. υμαϲ μονου[ϲ] νομιζϵι, am Rande νο[μι]ζ[ϵι] bezweckt wahrſcheinlich die verſchiedene Stellung des νομιζϵι anzuzeigen. DINDORF, HUG haben ν. μόνουϲ, *G* s. v. r. ἐνόμιζε.

Ibidem πολϵμιουϲ, am Rande πολϵμιωϲ; die Überlieferung hat ſonſt πολεμικῶϲ.

V, 2, 28, Z. 6 v. u. Ein Zeichen verweist auf eine Variante am unteren Rande, wohl οτ(ι) πα[λ]λακ[ιϲ] zu dem Texte [οτι η παλλακη], vergl. die Variante παλλακίϲ in *D*. Jene Variante, welche mit dem erhaltenen ο γωβ[ρυαϲ] begann, iſt wegen der ſchlechten Erhaltung des Papyrus nicht mehr erkennbar.

V, 3, 3. γνο]ιη αν οτι über der Zeile ϵφη — γνοίη ἂν ἔφη ὅτι DINDORF, HUG.

Ibidem ϵλϵυθϵρ]οιϲ, am Rande ρουϲ αλ(λωϲ), d. h. (ἐλευθέ)ρουϲ ἄλ(λωϲ); auch die handſchriftliche Überlieferung bietet dieſe Varianten: ἐλεύθεροϲ *AG* pr., ι s. v. r. ante οϲ superscriptum addito sed accentu non correcto. ἐλευθέρουϲ et ι s. v. *B*.

V, 3, 5. αγϵι, am rechten Rande ηιϵι — ἥει DINDORF HUG ἄγει *DG* corr. r.

Ibidem την ου(τωϲ) [η(....)]. Dies iſt entweder eine Fortſetzung der Lesart ηιϵι oder es bezieht ſich als ſelbſtändige Variante auf die Textworte προϲ α[υτην βα]βυλωνα; πρὸϲ Βαβυλῶνα haben DINDORF, HUG, πρὸϲ αὐτὴν B. *D*.

Ibidem αντϵξηϵϲαν über η ein ι — ἀντεξῄεϲαν libri ἀντεξῆϲαν DINDORF, HUG.

V, 3, 7. δη am unteren Rande bezieht ſich vielleicht auf ὁ δὲ Γωβρύαϲ, wo *A*, *G* ὁ μὲν δὴ Γ. bieten.

V, 3, 8. οιϵι, darüber η — οἴει vulgo.

Ibidem ϵπαρη[ϲιαϲαμϵθα], darüber ρ; wohl eine bloſse Verſchreibung.

V, 3, 9. ουτω]ϲ, über ϲ ein Punkt, d. i. οὕτω, ebenſo DINDORF, HUG.

Ibidem ο[πωϲ αν αυ]τοι (darauf ein kritiſches Zeichen, das auf den Rand verweist) οτι αν [λϵγηι ϵιδ]ητϵ; am Rande: [αυτ]ου ἀν αλ(λωϲ); die Stelle iſt corrupt: ὅπωϲ ἂν αὐτὸϲ λέγῃ εἰδῆτε liest DINDORF, ὅπωϲ ἂν αὐτοὶ λάθρᾳ ϲυνῆτε HUG, um von anderen Conjecturen zu ſchweigen. Die Überlieferung bietet die Varianten: ὅπωϲ ἂν αὐτὸϲ λέγῃ ἤδη γε *A*, *G* pr., ὅπωϲ ἂν οὗτοϲ λέγῃ *C* (omisso per errorem ἤδη γε), ὅπωϲ ἂν αὐτοὶ ὅ τι ἂν λέγῃ εἰδῆτε *G* corr. (Junt. Ald.); *D* hoc loco deficit.

V, 3, 12. δ]ϵκακϵιν[οϲ, über dem erſten ϵ ſteht ein Zeichen, das auf die Variante am Rande hinweist: αλλ(ωϲ) το και κ[ϵινοϲ ημων η?] αλλο[υϲ], d. i. ἄλλ(ωϲ)· (ἀντιλάβοι)το κ. etc. vergl. ἀντιλάβοι δὲ κἀκεῖνοϲ DINDORF, HUG, ἀντιλάβῃ *A*, *G* und ἢ Ald., ἢ καί *A*, *G*, τι *D*.

Ibidem ϵπ]ιϲτρα[τϵυ]ματϵ, ϵ ausgeſtrichen, darüber α, am Rande rechts vielleicht ϲτρατϵ[υματοϲ?] und nochmals αλ(λωϲ) (ϲτρα)τϵυμα γϵ als Lesart des H., ου(τωϲ) H(....

— ἐπὶ ϲτράτευμα ἀπέρχονται DINDORF, HUG, ἐπὶ ϲτρατεύματοϲ ἔρχεται *D*.

Ibidem ωc υτο, darüber πο, d. i. ωc υπο το — ὡc ἐπὶ τό Dindorf, Hug; für ὡc ἐπί hat *A* ὡc; ὥcπερ (darunter Punkte) ὥcπερ *D* in fine et initio paginae ὡcπερεί ad ὡc *G* mg. r.

Ibidem. Ich ergänze die Stelle fo: [ο δ ευ]νουχος προc[ποιηcαιτο ακου]cα[c ταυτα? προcαγ]γειλαι [βουλομενοc πα]ρειναι, am Rande fteht die Variante προc[ποιηcαιτο] ...ο ευ[νουχοc] und προαγγ[ειλαι] — ὁ δ' εὐνοῦχοc ἀκούcαc προcποιήcαιτο προαγγεῖλαι βουλόμενοc ταῦτα παρεῖναι Dindorf, Hug; προcαγγεῖλαι *D* ταῦτα om *D*.

V, 3, 15. ευνου]χωι, darüber fteht ein Punkt und die Zugabe εχειν; ebenfo fügt *D*, *G* mg. r. zu εὐνούχῳ hinzu ἔχειν.

V, 3, 16. Zu [επεμψεν] fteht am Rande die Variante ἄλλ(ωc) [?εφηc]ε, vergl. ἔφηcεν *D*.

Ibidem εξαγγελων, darübergefchrieben λ, das untere λ ift ausgeftrichen, vergl. ἐξαγγέλλων *A*, ἐξαγγέλων *D* pr., *G* pr.

V, 3, 17. τηcτευθειαc, über τη fteht πι, d. h. τῆc τ' εὐθείαc corrigirt zu πιcτευθ(είc). Unfere Überlieferung kennt nur πιcτευθείc.

Ibidem παρεcκ[ευαζεν, darüber cυν — cυμπαρεcκεύαζεν v. Dindorf, Hug, cυμπαρεcκευαζετο *A*, *G*.

V, 3, 19. καταλειπων, ε ausgeftrichen und übergefchrieben ει[ν], alfo καταλιπειν, vergl. die Varianten καταλείπων *H*, καταλιπών A, *G*, καταλιπεῖν *D*, *G* corr.

Ibidem τοιο[υτο]υc τωι εργωι του[τωι φιλ]ουc [πε]ποιη[cαι], am Rande rechts die Variante τοιουτωι. Unfere Überlieferung hat τῷ ἔργῳ τούτῳ φίλουc πεποίηcαι.

Ibidem εκεκτηcο, am Rande [ε]κτηcω ου(τωc) Η(....). Diefe Variante, bisher aus der Handfchrift *D* bekannt, wird alfo ausdrücklich als Lesart des H. angegeben.

V, 3, 20. τοια[υτα ελε]γεν, darüber ξε, d. h. ἔλεξεν, ebenfo *D*, fonft ταῦτ' ἔλεγεν.

Ibidem [το] γεγε[νημενον], über [το] fteht [τ]ου; diefelbe Lesart τοῦ γεγενημένου erfcheint auch in *D*.

V, 3, 22. Am Rande zu καλεcωμεν και τουτον ftand eine Variante mit der noch erhaltenen Bemerkung ου(τωc) Η(....); vielleicht war es die auch in *D* erhaltene Lesart καλέcαι μέν (*D* pr.).

Zu diefem Verzeichnifs der eigenen Varianten des Papyrus fügen wir noch die übrigen bemerkenswerthen Abweichungen der Überlieferung hinzu, die im Papyrus felbft nicht angezeigt find.

V, 2, 6. αν[απεπταμεναc ε]χω[ν ταc πυλαc; die Stellung ift in den Handfchriften verfchieden, ἀν. τ. π. ἔ. — Ebenfo [πανταc τουc] φιλ[ουc; die Handfchriften τ. φ. π.

V, 2, 22. εκατεροι — ἑκάτεροc Junt.

Ibidem τουc ιππεαc — τούc om. *A*, *G*.

ωκπερ προcηκει — ὡc προcήκει Dindorf, ὥcπερ π. Hug.

τω πορευεcθαι, am Rande τωι προ[ε]ρχεcθαι — τῷ om. *A*, *G* s. v. r.

V, 2, 24. αὐτοιc — αὐτοῖc vulg.

αποβηcοιτο — ἀποβήcεται *G* s. v. r.

V, 2, 28. πρ[οc εαυτωι — παρ' ἑαυτῷ vulg.

Ibidem. Ich ergänze [οτι η παλλακη] αυτ[ον επηινεcεν ωc κα]λοc [ειη και εμακαρι]cε ... — ὅτι ἡ παλλακὴ αὐτοῦ ἐπήνεcεν αὐτόν, ὡc etc. v. Dindorf, Hug.

V, 3, 2. ελεξεν ωι, d. i. ἔλεξεν ᾧ, ebenfo *A*, *G* — ἔ. ὧδε v. Dindorf, Hug.

V, 3, 3. παντ[ωc] — πάνυ v. Dindorf, Hug.

11*

Ibidem και γ[αρ εφη δοκει] [ο γωβρυας πτωχους, so ergänze ich in Hinblick auf die Größe des Raumes καὶ γάρ μοι (ἔμοιγε *D*) δοκεῖ, ἔφη (ἔφη δοκεῖ *D*), ὁ Γωβρύας πτωχούς v. DINDORF, HUG.

Ibidem εκ χρ]υcων [φιαλων ?πι]νομ[ε]ν — ἐκ χρ. π. φ. v. DINDORF, HUG, φιαλῶν ἐπίνομεν *D*.

Ibidem ποιη[c]α[ι]μ[εν] — ποιήcομεν DINDORF, HUG, ποιήcωμεν *A*, ποιήcαιμεν *D*, *G* s. v. r.

Ibidem χ]ρυcου εcτιν, ähnlich χρυcίου ἐcτίν *D*; sonst steht ἐcτίν vor ἐλευθερίουc.

V, 3, 4. ι[τε δη] — ἴτε δή *D*, ἄγε δή v. DINDORF, HUG.

Ibidem [ικαν]α εξελοντεc — ἐ. ἱ. *A*, *G*.

ταλλα bis — τα αλλα *D*.

V, 3, 7. α[υ]τη η μ[ετα]μελ[εια cε] εχει — αὕτη cε ἡ μ. ἔ. v. DINDORF, HUG.

V, 3, 8. απηγγειλ[ε] — ἀπήγγελλε *D* pr., ἀπήγγελλε corr.

Ibidem εφη δοκω ειδεναι — δ. εἶναι ἔφη *D*.

δη — ἤδη *D*.

V, 3, 9. [οποτε] τοινυν cοι [καλωc δ]οκει εχειν π[ροcιθι προc] αυτον, vergl. ὁπότε τοίνυν cοι δοκεῖ καλῶc ἔχειν πρὸc αὐτὸν πρόcιθι v. DINDORF, ...πρόcιθι πρὸc αὐτόν C. Junt. Ald. HUG, ὁπότ' οὖν καλῶc cοι δοκεῖ ἔχειν πρόcιθι πρὸc (hoc punctis notat corr.) πρὸc αὐτόν *D*, πρόϊθι *A*, *G*.

Ibidem [εαν γνωιc αυτον φι]λον ημιν [ειναι βουλομ]ενον — ἐὰν γνῷc αὐτὸν φ. β. ε. v. DINDORF, HUG, ἐὰν μὲν γνῷc αὐτὸν φίλον ἡμῶν β. *D*, ἡμῶν add. etiam *G* s. v. r.

Ibidem [τουτο δει] δη — τοῦτο δὴ δεῖ *A*, *G* pr., τοῦτ' ἤδη δεῖ *D* — τοῦτο δεῖ v. DINDORF, HUG.

V, 3, 12. ερχονται — ἀπέρχονται v. DINDORF, HUG, ἔρχεται *D*.

V, 3, 15. προcε[β]αλεν — προcέβαλλεν *D*, προcέβαλλε *G*, sonst προcέβαλε.

V, 3, 16. Den Satz ἦν δὲ καὶ ὃ ἔλαβε χωρίον ὁ Κῦροc ὁποῖον ἔφη ὁ Γαδάταc haben ebenso *D*, *G* mg. r. Junt. Ald. HUG, HERTLEIN, BREITENBACH, in *C*, *A*, *G* und bei DINDORF fehlt er.

Ibidem. Der knappe Raum zwingt zu der Ergänzung προειπων] πορευ[εcθαι, vergl. ᾗ πορεύcοιντο vulg. οἷ (*D* corr., *G* corr.) πορεύcονται *D* pr.

Ibidem δι]αφ[υ]γειν — διαφευγε[ιν vulg.

V, 3, 17. εδυνατ[ο ebenso *D*, sonst δύναιτο.

V, 5, 19. κτα[cθαι] δυναcθ[αι] — δύναcθαι κτᾶcθαι v. DINDORF, HUG, κτᾶcθαί cε δύναcθαι *D*.

Ibidem ην [δυνωμ]εθα, ebenso *D*, sonst ἐὰν δ.

Ibidem πειραcομεθα — πειραcώμεθα *A*, *G*.

Ibidem χειρουc, ebenso *D*, — χειρονεc v.

Ibidem εκ[γο]νουc, ebenso *A*, *G*, — ἐγγόνουc *D*, ἢ ἐκγόνουc *M*.

V, 3, 20. προcθει — προcθεὶc *G* corr. r., προcελθὼν *D*.

Ibidem. Vielleicht fehlte καί vor λαβών.

V, 3, 21. ιθι wie die Ald. ἴcθι *A*, *D*, *G*.

Ibidem ημιν] λαβων [παρεδωκεν α]υτο, ebenso *D* — ἡμῖν αὐτὸ λαβὼν παραδίδωcι v.

V, 3, 22. [ει ε]πειδα[ν, ebenso *A*, eraso ει *G*, sonst ἐπειδάν.

Ibidem ελθωcιν και — ἔλθωcι καί v.

Ibidem βουλευcωμεθα hat in *A, G* die Variante cυμβ.

Ibidem χω[ριωι] — φρουρίῳ v.

V, 3, 24. επ[ει δε τουτο εγενε]το, ebenſo *D*, ſonſt τούτων γενομένων.

Ibidem. Auch im Folgenden weiſen die Raumverhältniſſe auf eine Gemeinſchaft mit *D* hin: πλειουc] κα[δουcιων *D, G* s. v. r., ſonſt πλείουc καὶ Καδούcιοι.

Aus dieſer Überſicht ergibt ſich der groſse Reichthum an Varianten überhaupt und die Thatſache, daſs die meiſten Varianten unſerer jetzigen Handſchriften ſchon in viel frühere Zeiten zurückreichen. Auch inſoferne erhält unſere Kenntniſs eine Berichtigung, als mehrere im Codex Altorpienſis (jetzt in Erlangen, Nr. 88) *D* uns erhaltene Lesarten ausdrücklich auf die Autorität eines alten Diorthoten zurückgeführt werden, mit dem Vermerk οὕτωc H. Über *D*, reſpective ſeine Claſſe vergleiche C. SCHENKL in Burſian's Jahresb., XVII, 2. Auch der plötzliche Übergang eines Codex von einer Familie zur anderen, wie man ihn in der Überlieferung des Textes der Kyrupädie beobachtet hat, erhält durch die Eigenthümlichkeiten einer Handſchrift nach der Art unſeres Papyrus, mit ihren zahlreichen Varianten im Text und am Rande, die der Auswahl zu harren ſcheinen, leicht ſeine Erklärung.

Es erübrigt uns noch, die Leſezeichen und ſonſtigen paläographiſchen Eigenheiten der Papyrushandſchrift anzugeben. Der Spiritus aſper erſcheint in der Form eines halben H in ἀυτοιc V, 2, 24, Z. 12 v. u., ὁρκανιοc V, 2, 24, Z. 2 v. u., aber υρκανιων V, 3, 1 f., Z. 3 v. u., ἀν V, 3, 9 f., Z. 2 Schol. Die Form eines nach rechts offenen rechten Winkels ſteht bei οἱ V, 3, 19, Z. 11. Als Trennungszeichen in der scriptura continua ſtehen zwei Punkte bei εοικε : το V, 3, 19, Z. 4, eine nach links offene Lunula bei καδουcιοι' V, 3, 22, Z. 40. Allenthalben treffen wir die Paragraphos an; der Punkt erſcheint nach αποβηcοιτο· V, 2, 24, Z. 10 v. u., nach και· unrichtig V, 3, 14, Z. 32 und nach ποιηcει· | εν V, 3, 9, Z. 10. Bisweilen bezeichnet die Sinnespauſe ein freigelaſſener Raum für mehrere Buchſtaben, ſo V, 3, 4 vor ἴτε, V, 3, 8 vor ὁ δὲ Κῦροc, V, 3, 21 vor ἴθι. Die Tilgung geſchieht durch Ausſtreichen oder Überſetzen eines Punktes, cφιcιν (über ν) V, 2, 24, Z. 13 v. u., ουτωc (über c) V, 3, 9 f., Z. 1. Das Durchſtreichen wird durch einen ſolchen Punkt wieder ungiltig gemacht, προc, c durchſtrichen und punktirt = προc V, 2, 22, Z. 4 v. u. Kalligraphiſche Füllſel erſcheinen am Ende der Zeilen in der Form von kleinen ſpitzen Winkeln, bald nach links geöffnet V, 2, 22, Z. 1, 5 v. u.; V, 3, 12, Z. 11, 13; V, 3, 13, Z. 17; V, 3, 14, Z. 38; bald nach rechts V, 3, 9, Z. 9; V, 3, 14, Z. 31; V, 3, 19, Z. 10. Unſere Aufmerkſamkeit verdient auch die Art, wie das ſtumme ι behandelt wird. Es ſteht bald innerhalb der Zeile als ι adſcriptum, z. B. πηι V, 2, 4, Z. 13, οπηι im Scholion V, 2, 24, τ]ηι V, 3, 4, Z. 14 v. u., αυτωι V, 3, 4, Z. 11 v. u., ηιει Randſcholion V, 3, 5, aber η'εcαν im Texte V, 3, 5, Z. 3 v. u., ηι[cθημενοc] V, 3, 20, Z. 18, υμετερωι V, 3, 21, Z. 23, bald etwas höher γωβρυα' V, 3, 5, Z. 8 v. u., cυγγενη' αυτω' V, 3, 9 f., Z. 4, τω' αccυριω' V, 3, 12, Z. 7, εργω' V, 3, 19, Z. 10, κοινη' V, 3, 22, Z. 44, τω' V, 3, 22, Z. 47; V, 3, 26, Z. 7, αυτω' ibid. Z. 1, auch in ω' ανδρεc V, 3, 1 f., Z. 1 v. u., aber ω γαδατα V, 3, 19, Z. 2. Es fehlt in λαθη V, 3, 9, Z. 8, ωχε[το V, 3, 15, Z. 40.

Höhe 6·3 *cm*, Breite 3·6 *cm*, enthaltend die Reſte zweier Columnen. Überall abgeriſſen. Das Intercolumnium beträgt 1·5 *cm*, in ihm ſtehen Scholien.

Columne V, 2, 3 ff.

. . . .

πεΜΨας
δ ο γωβρυας προCΤον
κυρον εκελεΥCε πε
ριελασαντα ιδειΝ ει
η προσοδος ευπεΤΕCΤα
τη εισω δε πΕΜΨΑΙ
προς εαυτον ΤΩΝΠΙ
στων τινας οιΤΙΝΕC
αυτων τα ενδοΝ ΙΔΟΝ
τες απαγγελΟΥCΙΝ
ουτω δη ο κυροC ΑΥΤΟC
V, 2, 4. μεν τωι οντι βοΥΛΟ
ΠΗΙ   Oᵘ H
μενος ιδειν ει? ΠΗΙ   //O ·· OTI
ψευδης ειη ο γΩ

9, 11. ο fehr klein. 13. Die beiden Π nur zur Hälfte erhalten; ΠΗΙ in der Textzeile ift durchftrichen, und zwar jeder Buchftabe einzeln. 14. Die Variante rechts ift zerftört; möglich wäre ΕCΟΙ[τ]Ο ΤΙ (für ΦΑΙΝΟΙΤΟ ΤΙ reicht der Platz nicht aus).

Columne V, 2, 6 ff.

. . . . ασφα
Λεστατον προεισπεμ
Ψας ουν ο κυρος προ
σκοπους και δυναμιν
αυτος ουτως εισηιει ε
Πειδη δ εισηλθεν
ΑΝαπεπταμενας ε
ΧΩν τας πυλας παρε
ΚΑΛει παντας τους
ΦΙΛους και αρχοντας
ΤΩν μεθ εαυτου επειδη
V, 2, 7. ΔΕ Ενδον ησαν εκφε
ΡΩΝ ο γωβρυας φιαλας
ΧΡΥσας και προχους

Höhe 11·5 *cm*, Breite 15·5 *cm*. Eine Collefis, 1 *cm* breit, fteht in einer Entfernung von 5·5 *cm* von links gerechnet. Unterer freier Rand 4·2 *cm*. Links kommt zuerft ein Intercolumnium 1·2 *cm* breit, dann die 5·2 *cm* breite Columne; dann das zweite Intercolumnium, 1·8 *cm* breit; hierauf die zweite Columne mit 5 *cm* Breite; dann das dritte Intercolumnium, 1 *cm* breit; endlich der Anfang der dritten Columne. In den Intercolumnien und dem unteren Rande ftehen die Scholien.

Im erften Intercolumnium:

. . . .]Λ̂ (links von Zeile 14 v. u. der nächften Columne), d. i. ἄλλωϲ varia lectio, vielleicht bezüglich auf V, 2, 17 ὄϊκόν.

. . . .]ON (links von Zeile 6 v. u. der nächften Columne), vielleicht ηδιON aus einer Variante zu V, 2, 18.

Columne V, 2, 22.

(Oben abgebrochen.)

. . . . ειΠΟντεϲ απηλ
ΘΟΝ ΕΚΑΤΕΡοΙ Επι ΤΑ
ΠΡΟϹΗΚΟΝτα ΕΠΕΙ
ΔΕ ΗΜΕΡΑ ΕΓΕνΕΤΟ
ΠΑΡΗΝ Ο ΓѠΒΡΥΑϹ Ε
ΧѠΝ ΤΟΥϹ ΙΠΠΕΑϹ
ΚΑΙ ΗΓΕΙΤΟ Ο ΔΕ ΚΥΡΟϹ
ωϲπΕΡ ΠΡοϹΗΚΕΙ ΑΝ
ΔΡΙ ΑρΧΟνΤι ΟΥ ΜΟΝΟΝ   ΤѠΙ ΠΡΟ[ε]ΡΧΕ
ΤѠΙ ΠΟΡΕυΕϹΘΑΙ ΤΗΝ Ο   ϹΘΑΙ
ΔΟΝ ΠΡΟϹΕΙΧΕ ΤΟΝ <
ΝΟΥΝ ΑΛΛ ΑΜΑ ΠΡΟϹ
ΤΟ ΕΙ   ΠΡΟΕϹΚΟΠΕΙ^Τ
ΙѠΝ ΕϹΚΟΠΕΙ ΕΙ ΔΥΝΑ
ΤΟΝ ΕΙΗ ΤΟΥϹ ΠΟΛΕΜΙ   Λ̂
ΟΥϹ ΑϹΘΕΝΕϹΤΕΡΟΥϹ <

Z. 9 v. u. Ε am Ende der Zeile mit verlängertem Horizontalftrich. Z. 7 Ο vor dem End-N fehr klein. Z. 6. Ι ift in den rechten Theil Ѡ eingefteckt. Z. 5, 1. Kalligraphifche Füllfel am Ende der Zeile. Z. 4. Zu Ende ift Ϲ durchftrichen, darüber ein Punkt, der aber die Beftimmung hat, das Ausftreichen ungiltig zu machen; vergl. meine Bemerkung in den Sitzungsberichten der fächfifchen Gefellfchaft der Wiffenfchaften, 1885, S. 261. Demnach ift die Lesart προϲιών zu conftatiren. Z. 3. Die Randnotiz enthält die Lesart προεϲκοπεῖτ(ο) ἄλ(λωϲ). Mit Z. 1 endet die Columne; die nächfte ging alfo von ποιεῖν V, 2, 22 bis πολεμιώτατοι μέν εἰϲιν V, 2, 25.

Columne V, 2, 24.

(Oben abgebrochen.)

μελλει ωc ταυτ ειδο
CΙ CΦΙCΙΝ ΚΑΙ ΜΕλον
⊢ C
Τ̂ ΑΥΤΟΙC ΙcΧΥρω Οπηι
ΤΟ ΜΕΛΛΟΝ ΑποβΗ
V, 2, 25. 10 v. u. COΙΤΟ· ΕΝΤΑΥΘΑ ΔΗ ΗΡ
ΞΑΤΟ ωΔε ΛΕΞΑΤΕ ΜΟΙ
ΕΦΗ ΥΜΑC ΜΟΝΟΥc ΝΟ NO[μι]Z[ει]
ΜΙΖΕΙ ΠΟΛΕΜΙΟΥC Ε ΠΟΛΕΜΙ
ΧΕΙΝ Ο ΑcCΥΡιΟC ΠΡΟC Ε ωC
5 v. u. ΑΥΤΟΝ Η ΕπιCΤΑCΘΕ
ΚΑΙ ΑΛΛΟΝ τινα ΑΥΤωΙ
ΠΟΛΕΜΙΟΝ ναι ΜΑ ΔΙ Ε
⊢
ΦΗ Ο ΥρΚΑνιΟc ΠΟΛΕ
1 v. u. ΜΙωΤΑΤΟΙ ΜεΝ ΕΙCΙΝ
Scholion: ΜΕΛΟΝ ΙCΧΥΡωC ΑΥΤ[ο]ΙC ΟΠΗΙ Τ[α ν]ΥΝ
Τ̂ ΠΑΡΟΝΤΑ ΑΠΟΒΗCΟΙ[τ]Ο Ο[υ]Τ^ω[....]

Z. 14. Aufser Ι noch andere unbeftimmte Refte von Buchftaben. Z. 13. Vor ΚΑΙ freier Raum für einen Buchftaben. Gemeint ift cφιcι. Z. 13. Links ein Zeichen, das auf eine Notiz unten mit demfelben Zeichen verweift. C ausgelaffen, über der Zeile nachgetragen. Die Endbuchftaben ΟΙ in Z. 9, Ο 8, Ε 6 klein, wegen Raummangel. Z. 2. Φ hat eine an die Curfive ftreifende Form durch die Verbindung der von rechts kommenden Schlinge mit dem aufrechten Schafte. Im Scholion unten ift Ι von ιcχυρωc aus einer kleineren Form in eine gröfsere umcorrigirt. Die nächfte Columne ging von αὐτῷ Καδούcιοι V, 2, 25 bis etwa Ι ὡc δὲ αὐτόc V, 2, 28.

Columne V, 2, 28.

(Oben abgebrochen.)

9 v. u. Τον εμον cυμπινοντα
ΠΡοc εαυτωι cυλλαβων
ΕΞΕτεμεν ωc μεν τινεc
⁄ ΕΦΑcαν οτι η παλλακη
5 v. u. ΑΥΤον επηινεcεν ωc κα
ΛΟC ειη και εμακαρι
3 v. u. CΕ[..............

(Nach zwei Zeilen fchlofs die Columne.)

Scholien: Ο ΓωΒ[ρυας]

Ί [......]

☓ Ο ΠΑ[Λ (with T above Ο)

ΛΑΚ[ις

Das erſte Scholion bezieht ſich auf die erſten Worte von V, 2, 28, iſt aber, wie dieſe ſelbſt, zerſtört worden. Das zweite trägt das correſpondirende Anfangszeichen wie zu Z. 6 am linken Rande.

Columnen V, 3, 1 bis 9.

Hier kommen mehrere zuſammenhängende Fragmente in Betracht. I. Höhe 11 *cm*, Breite 12·6 *cm*. Eine Colleſis von 1·2 *cm* Breite iſt hart am rechten Rande. Unterer Rand 4·5 *cm*. Es beginnt mit dem Intercolumnium von 1·5 *cm* Breite. Dann kommen eine Columne mit 5·2 *cm* Breite, ein zweites Intercolumnium, 1·5 *cm*, breit und der Reſt der zweiten Columne mit 3 *cm* Breite. Man ſieht hier, daſs der Papyrus gerollt war in Wülſten von ungefähr 3 *cm* Breite. II. Fragment, anſchlieſsend nach oben, Höhe 7·2 *cm*, Breite 4·2 *cm*, darin ein Intercolumnium von 1·5 *cm*. III. Fragment, rechts oben anſchlieſsend, 6·7 *cm* hoch, 6 *cm* breit. Darin ein gleiches Intercolumnium. IV. Fragment, rechts unten 6·3 *cm* hoch, 6·2 *cm* breit. V. Fragment, Fortſetzung von III nach rechts, 3 *cm* breit, 6 *cm* hoch. Die Breite der dritten Columne ergibt ſich als 5 *cm*.

Columne V, 3, 1 ff.

....

6. ωc δε ΠΑΡην η λεια cυγ

5 v. u. ΚΑΛΕCΑC ΤΟυC τε των

ΜΗΔωΝ ΑΡΧΟΝΤΑc και

ΤωΝ ΥΡΚΑΝΙωΝ Και

ΤΟΥC ΟΜΟΤΙΜΟΥC ΕΛε

1. ΞΕΝ ωι ΑΝΔΡΕC ΦΙΛΟΙ

(Ende der Columne.)

Z. 1 v. u., nach ξεν zwei Buchſtaben Zwiſchenraum. Nach ω etwas höher ſtehend ein kleines ι adſcriptum. Die nächſte Columne ging von ἐξένιcεν V, 3, 2 bis Γωβρύαν προcελά(cαντα) V, 3, 5.

Columne V, 3, 3 bis V, 3, 5.

....

29 v. u. ΠΑΝΤωc εφη ω κυρε

ΤΟΥτο ποιηcαιμεν

ΚΑΙ Γαρ εφη δοκει

ο γωβρυας πτωχους
ΤΙΝΑϹ ημας νομιζειν
ΟΤΙ Ου δαρεικων
μΕϹΤΟΙ ηκομεν ουδε εκ
χρΥϹΩΝ φιαλων πι
ΝΟΜεΝ ΕΙ δε τουτο
ΠΟΙΗϲΑιΜεν γνοΙΗ
ΕΦΗ
ΑΝ ΟΤι ελευθερΟΙϹ ΕΙ ΡΟΥϹ ΑΛ
ΝΑΙ ΚΑΙ Ανευ χΡΥϹΟΥ
V, 3, 4. ΕϹΤΙΝ Ιτε δη ΕΦΗ ΤΑ
των θεων αΠΟΔΟΝ
τες τοις μαγοΙϹ ΚΑΙ ΟϹΑ
τΗΙ ϹΤΡΑΤΙΑ' ικανΑ ΕΞΕ
ΛΟΝΤΕϹ ΤΑΛΛα καλε
ϲΑΝΤΕϹ ΤΟΝ ΓΩΒρυαν
ΔΟΤΕ ΑΥΤΩΙ Ουτω δη
ΛΑΒΟΝΤΕϹ Εκεινοι οϲα ε
ΔΕΙ ΤΑΛΛΑ ΕΔοϲαν ΤΩι
V, 3, 5. ΓΩΒΡΥΑ' ΕΚ τουτου ΔΗ
ΑΓΕΙ ΠΡΟϹ Αυτην βαΒΥ ΗΙΕΙ
ΛΩΝΑ ΠΑΡΑΤαξαμε ΤΗΝ Ου
ΝΟϹ ΩϹΠΕΡ οτε η μα
ΧΗ ΗΝ ΩϹ Δ ουκ αντε
ΞΗ'ΕϹΑΝ ΟΙ ΑϹϲυριοι εΚΕ
ΛΕΥϹΕΝ Ο ΚΥΡΟϹ τΟΝ
ΓΩΒΡΥΑΝ ΠρΟϹΕΛΑ

Z. 21 v. u. (ἐλευθέ)ρουϲ ἄλλωϲ. In Z. 17 vor Ιτε, 9 Ουτω, 5 ΩϹ ein gröfserer Raum freigelaffen. Z. 14 ο in —δον klein. Z. 7 ηιει in gröfserer ftehender, την in liegender Curfivfchrift. Z. 3 Ι oberhalb eingefchoben.

Die nächfte Columne ging von —ϲαντα V, 5, 5 bis πρῶτον μέν V, 3, 9.

Columne V, 3, 7 ff.

. . . .

V, 3, 7. ΑυΤΗ Η Μ[εταΜΕΛεια
V, 3, 8. ϲε ΕΧΕΙ [ο ΜΕΝ ΔΗ ΓΩ
Βρυαϲ ΑΠΗ[ΓΓΕΙΛε ΤΑ

του αCCYρι OY O ΔЄ KY
ρος αKOυCAC TAYTA A
HΓ
ΠΑΓΓЄΓΟ CTPATЄYMA
κAI KAΛЄCAC TON ΓΩ
BPYAN ειΠЄ MOI ЄΦH
OYK ЄΛЄΓЄC MЄNTOI
CY oTI TON εKTMHΘЄN
TA υπO TOY ACCYPIOY
H
OIЄI AN CYν HMIN ΓЄNЄ
CΘAI ЄY MЄN OυN ЄΦH
ΔOKω ЄIΔεναι πολλα
ΓAP ΔH ЄΓΩΓε κακει
P
NOC ЄΠAPHcιαcαμεθα
V, 3, 9. ΠPOC AΛΛHΛουc οποτε
TOINYN COI καλωc δο
KЄI ЄXЄIN Προcιθι προc
AYTON KAI πρωτον μεν

ΔH ·/· CЄ [εγ]Ω?
Ͳ [α]ΠΗΓ[αγε]

Mehrere Buchftaben Abftand frei ift nach ЄXЄI Z. 19, vor OΔЄ Z. 17, ЄY Z. 8. In Z. 15 ift urfprüngliches απαγγεγ umcorrigirt durch Durchftreichen des zweiten und dritten γ und Überfchreiben von ηγ zu απηγε. Z. 9 H über ЄI. Z. 5 P eingefchoben über der Zeile. Die Scholien im unteren Rande dürften die Varianten betreffen zu V, 3, 7 ὁ δὲ Γωβρύας; V, 3, 7 ἀνιῶ cέ τι und V, 3, 8 απηγε.

Columne V, 3, 9 ff.

Die Anfangsworte find theilweife auf einem Fragmente erhalten, das 7·6 *cm* Höhe und 4·5 *cm* Breite hat. Der obere Rand beträgt 3·5 *cm*, der linke mit Scholion 1·5 *cm*. Die Columne ging von οὕτω ποίει V, 3, 9 bis αὐτοῦ τι ἐγώ V, 3, 12.

ουτωĊ ΠOIЄι O
πωc αν αυTOI³OTI AN [αυτ]OY ȦN A^Λ
λεγηι ειδHTЄ ЄΠЄI
δαν δε cυγγεNH^I AYTΩI
εαν γνωις αυτον φιΛON HMIN

ειναι βουλομΕΝΟΝ
τουτο δει ΔΗ ΜΗΧΑ
ναcθαι οπωc λΑΘΗ ΦΙ
λοc ων ημιν οΥΤΕ ΓΑΡ ΑΝ >
φιλουc τιC ΠΟΙΗCΕΙ·
εν αλλωc πωc πΛΕΙΩ ΑΓΑ

Z. 1. Gemeint ift nach Tilgung von C: οὕτω. Z. 2. Der Afper hat einen langen horizontalen Strich. Z. 4 I eingefchoben. Z. 9 kalligraphifches Füllfel.

Columne V, 3, 12 ff.

An das vorige Fragment fchliefst oben an ein längeres, ebenfalls mit dem Columnenanfang beginnend, welches von einem dritten Fragmente nach unten ergänzt wird. *A* hat Höhe 11·2 *cm*, Breite 6·6 *cm*, davon entfallen 1 *cm* auf das rechte Intercolumnium, welches Scholien trägt. Die Columne felbft hatte 5·2 *cm* Breite. Der obere Rand beträgt 2·5 *cm*. Der Text war vielfach überklebt, die aufliegende Schichte enthielt von derfelben Rolle die Partie V, 3, 20 theilweife.

Das unten anfchliefsende Fragment hat 8·8 *cm* Höhe, 4 *cm* Breite mit dem unverfehrten rechten Intercolumnium von 1·5 *cm* Breite, dann noch einige Refte der folgenden Columne.

Diefe Columne reichte von ἀντιλάβοι V, 3, 12 bis εὐνού(χῳ) V, 3, 15.

V, 3, 12.	αντΙΛαβοι δ ΕΚΑΚΕΙ	Λ
	Νοc ΗΜων η ΚΑΙ ΑΛ	Α^Λ ΤΟ ΚΑΙ Κ[εινοc ημων η?]
	ΛουC Τιναc η ΚΑΙ αΓ	ΑΛΛΟ[υc
	ΓεΛΟυc πεμπΟΜΕΝΟΥC	ΕΜ[ου
	ΥΠ ΕΜΟΥ ΠρΟc ΤΟΥΤΟΥc	
	ΟΥC ΦΑΤΕ ΠΟΛΕΜΙΟΥC	
	ΤΩΙ ΑCCΥΡΙΩΙ ΕΙΝΑΙ	
	Κ‖ΑΙ ΟΙ ΜΕΝ ΛΗΦΘΕΝΤΕC	
	Λ'εΓΟΙΕΝ Οτι επΙ CΤΡΑ	CΤΡΑΤΕ[υματοc?
	Α	
	τευ ΜΑΤΕ ΕΡΧΟΝΤΑΙ	Α^Λ
	ΠΟ	ΤΕΥΜΑ ΓΕ
	και κΛΙΜΑΚΑC ΩC ΥΤΟ <	Ο^υ Η
	φρουρΙΟΝ ΑΞΟνΤΕc	
	ο δ ευΝΟΥΧΟC ΠΡΟC <	ΠΡΟC[ποιηc....
	ποιηcαιτο ακουCΑc	//////
	ταυτα? προcαγΓΕΙΛΑΙ	Ο ΕΥ[νουχοc
	βουλομενοc παΡΕΙΝΑΙ	ΠΡΟΑΓΓ[ειλαι
V, 3, 13.	και ο γωβρυαc ειπεΝ <	

οτι ουτω μεν γιγνομΕ
νων σαφως οιδα πα
ριεναι(?) αυτον και δε
οιντο γ αν αυτου με
νειν εως απελθης ΟΥ
κουν αν εφη ο κυρος εΙ
γε απαξ εισελθοι δυΝΑΙ
τ αν ημιν υποχειριον

V, 3, 14. ποιησαι το χωριοΝ ΕΙ
κος γουν εφη ο γΩΒΡΥ
ας τα μεν ενδοΝ ΕΚΕΙ
νου συμπαρασΚΕΥΑ
ζοντος τα δ εξΩΘΕΝ
σου ισχυροτερα προσΑ >
γοντος ιθι ουν εφΗ ΚΑΙ·
πειρω ταυτα διΔΑΞΑC
και διαπραξαμΕΝΟC
παρειναι πιστα δε αυτωι
ουκ αν ΜΕιζω ουτ
ειποις ουΤΕ δειξΑΙC
ως αυτος συΤΥγχΑ <
νεις παρ ημΩΝ ΕΙΛΗ
V, 3, 15. φως εκ τουτοΥ ΩΧΕ
το μεν ο γωβρυΑC ΑC
μενος δε ιδωΝ ΑΥΤον
ο ευνουχος συΝΩμολογει

Z. 1. Variante ἄλλως· ἀντιλάβοιτο καὶ ᾽κεῖνος. Z. 4, 5, 6. Die ΟΥC am Ende haben immer ein kleines ο und ϲ, während Υ einem V mit überlangem linken Haken gleicht. Z. 10. Die vorliegenden Lesarten find ϲτράτευμά τε, ϲτρατεύματα, am Rande ϲτράτευμά γε und früher ϲτρατε[υματοϲ?]. Z. 30, 38 kalligraphifche Füllfel. Z. 41 vor ΑC zwei Buchftaben Raum frei. Von den letzten Zeilen, etwa fünf an der Zahl, ift nichts mehr erhalten.

Die nächfte Columne ging von εὐνού)χῳ V, 3, 15 bis ϲυμμάχοιϲ V, 3, 19.

Columne V, 3, 15 ff.

Erftes Fragment. Höhe 6·5 *cm*, Breite 5·3 *cm*, hart am linken Rande eine Collefis von 1·5 *cm*. Oberer Rand 3·5 *cm*. Unten ergänzen das Fragment kleine Stücke, die auf den letzten Zeilen angeklebt auflagen. Die Variante zu V, 3, 16 (Z. 9, 10) fteht auf dem Fragmente von V, 3, 19 links von Z. 8, 9.

. ΕχΕΙν
V. 3, 15. ΧΩΙ ΤΑ επΙCΤΑΛεν
ΤΑ ΕΚ ΤΟΥΤΟΥ Τηι ‖Υ
CΤΕΡΑΙαΙ ΠΡΟC‖Ε
βΑΛΕΝ Ο ΚΥΡΟC Απεμα
χΕΤΟ ΔΕ Ο ΓΑΔατας ην
δΕ ΚΑΙ Ο ΕλΑΒε χωριον
ο κΥΡΟC οποιοΝ εφη ο
V. 3, 16. ΓΑΔΑτας των δε
ΑΓΓΕΛΩΝ ους επεμ ‖ Α^Λ
ψεν Ο Κυρος προειπων ‖ ?εφηcΕ
ΠΟΡΕΥεсθαι τους
ΜΕΝ ΕΙΑсεν ο γαδα
τας διΑΦυΓΕιν οπως
αγοιεν τα στρατευματα
και τΑC Κλιμακας
κομιζοιεν ους ελα

Zweites Fragment. Höhe 6 *cm*, Breite 5·6 *cm*. Die Columnenbreite erscheint hier als 5·2 *cm*.

βε βασαΝΙΖων εναν
τιον πΟλλων ως δ η
κουсεν ΕΦα εφΑCΑν πο
ρΕΥΕCΘΑι εΥΘΕΩC CΥ
CΚΕΥΑCΑΜΕΝΟC ΩC Ε
Λ
ΞΑΓΓΕΛΩΝ ΤΗC ΝΥΚΤΟC
V. 3, 17. ΕΠΟΡΕΥΕΤΟ ΤΕΛΟC ΔΕ
ΠΙ
ΤΗCΤΕΥΘΕΙΑC ΩC ΒΟ
ηΘΟC ΕΙCΕΡΧΕΤΑι εις
τΟ ΦΡΟΥΡΙΟΝ ΚΑΙ τεως
CΥΝ
μεΝ ΠΑΡΕCΚευαζεν
ο τι ΕΔΥΝΑΤο......

Z. 22. Das Λ im Text ist durchstrichen. Z. 24. Wenn auch Η wagrecht durchstrichen ist, blieb Α dennoch stehen. Das kritische Scholion steht in dem Intercolumnium des Anfangsstückes der nächsten Columne. Außerdem steht rechts von Z. 28 ff. der vorigen Columne:

V, 3, 17. Φρουραρχωι επει δε ο
Κυρος ηλθε καταλαμ
Βανει το χωριον

Die nächfte Columne geht von καταλείπω V, 3, 19 bis cυνήνεcεν ο V, 3, 23.

Columne V, 3, 19 ff.

Sie wird durch viele kleine Fragmente repräfentirt. Das Anfangsftück hat 7 *cm* Höhe und 7·1 *cm* Breite. Intercolumnium links 1·5 *cm*, Reft des oberen Randes 2 *cm*. Unten ergänzen es viele kleine Fragmente. In das Intercolumnium greift mitten hinein die Collefis von circa 1·2 *cm* Breite. Fragment II ergänzt das erfte nach rechts unten, fo dafs die Columnenbreite von 5·2 *cm* fichtbar wird. Es ift 5·5 *cm* hoch, 4·5 *cm* breit, davon entfallen auf den Reft diefer Columne 2 *cm*, auf das Intercolumnium 1·5 *cm* und 1 *cm* auf die nächfte Columne.

Fragment III, 5·5 *cm* hoch, 4 *cm* breit, trägt noch den Reft des linken Intercolumniums von 0·5 *cm* Breite. Fragment IV, 4·5 *cm* hoch, 3 *cm* breit. Fragment V, 3 *cm* hoch, 1·7 *cm* breit, gewonnen durch Ablöfung von der Columne V, 3, 12 ff. Fragment VI, Endftück 10 *cm* hoch, 10 *cm* breit. Unterer Rand 3·8 *cm*, Intercolumnium 1·5 *cm*, Reft der vorliegenden Columne 4 *cm*. Es enthält aufserdem das Ende der nächften Columne.

ЄΙν
V, 3, 19. ΚΑΤΑΛΑЄΙΠΩΝ CΟΥ δ ε
ΦΗ Ω ΓΑΔΑΤΑ Ο ΑCcυ
ΡΙΟC ΠΑΙΔΑC ΜЄν ωc
εΟΙΚЄ ΤΟ ΠΟΙЄιcθαι
ΑΦЄΙΛЄΤΟ ΟΥ Μεντοι
ΤΟ ΓЄ ΦΙΛΟΥC ΚΤΑcθαι
ΔΥΝΑCΘαι ΑΠЄCΤερη
cεν αλλ Єυ ιCΘΙ ΟΤΙ Η
ΜΑC ΤΟΙΟυτοΥC ΤΩΙ — ΧΤΟΙ
ЄΡΓΩ ΤΟΥτωι φιλ ΟΥC > — ΟΥΤΩΙ
πεΠΟΙΗcαι ΟΙ COI ΗΝ
δυνωμЄΘΑ ΠЄΙΡΑCΟ
μεθα μΗ ΧЄ ΙΡΟΥC ΒΟΗ
θοι παΡΑCΤ ΗΝΑΙ Η ЄΙ
παιδαC ЄΚ γοΝΟ ΥC ЄΚЄ — [ε]ΚΤΗCΩ
κτηcΟ ΟΜεν ΤΟ ΙΑυτα — Ου Η
ΞЄ
V, 3, 20. ελε ΓЄΝ ЄΝ δε τουτωι
ο υρκανιοC ΑΡΤΙ ΗΙ
τΟΥ.
cθημενοc το ΓЄΓЄ
νημενον πρΟCΘЄΙ

τωι κυρωι λΑΒωΝ
την δεξιαν αυΤΟΥ ЄΙ
πεν ω μεγα αγα
θον cυ τοιc φιλοιc
κυρε ωc πολλην με τοιc θε
ΟΙC Ποιειc χαριν οφει
ΛЄΙΝ οτι coι με cυνη
V, 3, 21. ΓΑΓΟΝ ΙΘΙ νυν εφη
κΥΡΟC ΚΑΙ ΛΑβων το χω
ΡΙΟΝ ΟΥΠЄΡ Ενεκα με α
CΠΑΖЄΙ ΔΙΑΤΙθει αυτο ου
ΤωC ωC ΑΝ τωι υ
μЄΤЄΡωΙ ΦΥλωι πλει
cτοΥ ΑΞΙΟν ηι και τοιc
αλλοιC CΥΜΜαχοιc μαλι
cτΑ Δ Єφη γαδαται
τουτωι ΟC ημιν ‖ ΛΑΒωΝ
παρεδωκεν αΥΤΟ
V. 3, 22. τι ουν εφη ο υΡΚΑΝΙΟC
ει εΠЄΙΔΑν καΔΟΥCΙΟΙ'
ελθωCΙΝ ΚΑι CΑΚαΙ ΚΑΙ
οι εμοι ΠΟΛΙΤΑΙ Καλεcω(?)
μεν ΚΑΙ ΤΟΥΤΟΝ ινΑ
κοινη ΙΒΟΥΛЄΥCωΜЄ Ο^{υ} Η
θα παντεc οCΟΙC ΠΡΟC
ηκει πωc αν CΥΜΦΟΡω
τατα χρωμεθΑ Τω' Χω
V, 3, 23. ριωι ταυτα μεΝ ΟΥ
τωc cυνηνεcεΝ Ο

..]Є ΟΙ Τωι

Freier Raum ift vor Z. 1 cου, 17 εν, 28 ιθι und wohl auch vor 23 ω. Z. 4. Das ligirte ЄΤ wird durch die Punkte getrennt. Z. 10. Das Randfcholion hat zu Beginn ein Zeichen, ähnlich dem nach V, 2, 28 gefetzten, das wohl mit dem gleichen im Texte correfpondirte, welches aber in der Lücke untergegangen ift.

Z. 40. Das Zeichen nach Καδούcιοι dient zur Abgrenzung des Eigennamens.

Z. 44. Die Variante neben Z. 43, jetzt abgeblättert, wird hier mit οὕτωc H. bezeichnet.

Mit dem Refte des Scholions im unteren Rande fchliefst diefe Columne. Die nächfte ging von Κῦροc V, 3, 23 bis ἄγγελοι V, 3, 25.

Columne V, 3, 23 ff.

Die Reſte ſtehen auf den obgenannten Fragmenten II und VI.

Nach Verluſt von ſieben Zeilen:

V, 3, 24. ЄΠει δε τουτο εγενε
ΤΟ πολυ δη προθυμο
ΤЄρον και πλειους
ΚΑδουσιων εστρατευ
ΟΝτο και οι σακαι και υρ
ΚΑΝιοι και συνελεγη
ЄΝΤευθεν στρατευ
ΜΑ καδουσιων μεν
ΠЄλτασται

Vom Ende:

απη
V, 3, 25. Γον ιππους πολλοι
Δε ΑΠεφερον οπλα φο
ΒΟΥΜЄΝΟΙ ΗΔη παν
ΤΑϹ ΤΟΥϹ ΠΡΟσχωρους
V, 3, 26. ЄΚ ΔЄ ΤΟΥΤΟυ προσερ
χεΤΑΙ ΤΩΙ ΚΥρωι ο γαδα
τας κΑΙ ΛЄΓЄι οΤΙ Ηκου
ϹΙΝ ΑΥΤΩΙ ΑΓΓЄλοι

II. Xenophon, Hellenika.

Die Papyrusrolle, die uns dieſe älteſte Abſchrift der Hellenika überbrachte, hatte ähnliche Schickſale wie die Rollen der Athenaion Politeia: urſprünglich war ſie auf der Innenſeite zu langen Rechnungen benützt worden, dann wurde ſie nochmals, und zwar auf der Rückſeite beſchrieben, eben mit unſeren Reſten der Hellenika.

Dieſer Umſtand iſt für uns aus zwei Gründen wichtig: erſtens geſtattet er über Provenienz und Alter der Rolle Genaueres zu wiſſen, zweitens erklärt er uns die ſonſt räthſelhafte Unterſchrift am Ende der Rolle. Wenden wir uns zu erſterem Punkte.

Das Recto iſt eine amtliche Liſte von Grundſteuerpflichtigen in flüchtiger, ſtark abgekürzter Curſive. Wir beſchränken uns hier auf eine Probe aus dem Anfange der vierten Columne:

1. καθ εαυταϲ ομοιωϲ
2. πετοϲιριοϲ κολλουθου μη^{τ}(τροϲ) απολλωνιαϲ μεροϲ [τοϲουτο οικι]αϲ και αυ^{λ}(ηϲ)
3. ενκ[εκ]^{λ}(ειϲμενηϲ) λβL εωϲ δL ωρ¯(ιϲθηϲαν) ς η γι¯ (γείτονεϲ) τηϲ ο^{λ}(ηϲ) βορ¯(ρα) ερ[..απ]υγχη¯ τνεφερ^{ω}(τοϲ)
4. και [α^{λ}(λων)] νο^{τ}(ου) θερ¯ νεφερω^{τ}(οϲ) και α^{λ}(λων) απηλιω^{τ}(ου) ερ[..απ]υγχη¯ [και] αδε^{λ}(φων)
5. ν[...]ουϲ¯ ε^{π}(εκριθηϲαν) ς η
6. α'(λλου) πετ[οϲ]ιρι¯(οϲ) αρβεωϲ μη^{τ}(ροϲ) ταυρι^{ο}(οϲ) γενο¯ (μενου) αρχεφοδ[^{ο}(ου)] φερεγ-(νουι) δ'η' μερ^{ο}(οϲ)
7. οικ(ιαϲ) [αϲ]^{τ}(εγου) υποκεκα^{μ}(ενηϲ) και αυ^{λ}(ηϲ) εν ω εϲ^{τ}(ι) μερ^{ο}(οϲ) γ̅ (τρίτον) απ ονο¯ (ματοϲ) γ¯(υναικοϲ) λβL εωϲ
8. δL ωρ¯(ιϲθηϲαν) ς η γι¯ (γείτονεϲ) τηϲ οικιαϲ απ^{λ}(ἀπηλιώτου) βορ¯(ρα) δη¯ (δημοϲία) ρυ¯ (ῥύμη) νο^{τ}(ου) κ^{λ}(ηρονόμοι) αμοι^{τ}(οϲ) ευτυ^{χ}
9. α^{π}(ηλιώτου) αρ^{π} (n. pr.) και ^{τ}(ων) αδε^{λ}(φων) λι^{β}(οϲ) περι¯ (περιϲτερεὼν) κω¯(μηϲ) ε^{π} (εκριθηϲαν) ς η
10. αρμιυϲιοϲ ϲνβ' (ϲεναρμιυϲιοϲ) ανουβατοϲ μη^{τ}(ροϲ) τϲ'νεφ' (τϲενεφερωτοϲ) εν ^{τ}(ῇ) α' φερε¯(γνουι) οικ(ιαϲ)
11. και αυ^{λ}(ηϲ) λβL εωϲ δL ωρ¯(ιϲθηϲαν) ς δ — .... γι¯ (γείτονεϲ) βορ¯(ρα) δημοϲ¯(ια) ρυ¯(μη) νο^{τ}(ου) αρ^{μ} (n. pr.)
12. πρεϲ^{β}(υτερου) α[ν]ου^{β}(ατοϲ) α^{π}(ηλιωτου) κ(αι) λι^{β}(οϲ) [ε]ιϲο^{δ}(οϲ) και εξο¯(δοϲ) ε^{π}(εκριθηϲαν) ς δ — ... u. f. w.

,Specialiſirt, desgleichen:

,Von des Petoſiris, Sohnes des Kolluthos und der Apollonia, Beſitz, nämlich dem x^{tel} Antheil an einem Hauſe und eingefriedeten Hofe waren zu bezahlen je 8 Drachmen von anno XXXII bis anno IV. Die Nachbarn vom ganzen Beſitz ſind im Norden Er... Sohn des Apynchis und der Tnepheros, und Genoſſen; im Süden Ther... Sohn des Nepheros, und Genoſſen, im Oſten Er... Sohn des Apynchis, ſammt Brüdern ....; auferlegt wurden 8 Drachmen.'

,Von eines anderen Petoſiris, Sohnes der Arbis, und der Tayris, Oberwachmeiſter von Pheregnui, Beſitz, nämlich $^{1}/_{4}+^{1}/_{8}$ Antheil an einem Hauſe ohne Dach, mit Brandſchaden, und an einem Hofe — davon iſt jedoch $^{1}/_{3}$ Antheil auf den Namen der Gattin geſchrieben — waren zu bezahlen von anno XXXII bis anno IV je 8 Drachmen. Die Nachbarn des Hauſes ſind: im Oſten und Norden die Landſtraſse, im Süden die Erben des Amois, Sohnes des Eutych..., im Oſten (noch) Harp... und deſſen Brüder, im Weſten der Taubenplatz des Dorfes; auferlegt wurden 8 Drachmen.'

,Von des Armiyſis, Sohnes des Armiyſis, des Sohnes des Anubas, und der Tſenepheros Beſitz in der erſten Pheregnui-Ortſchaft, nämlich Haus und Hof, waren zu bezahlen je $4^{1}/_{6}$ Drachmen von anno XXXII bis anno IV. Die Nachbarn ſind: im Norden die Landſtraſse, im Süden Armiyſis, der ältere, Sohn des Anubas, im Oſten und Weſten der Bau des Aus- und Zuganges; auferlegt wurden $4^{1}/_{6}$ Drachmen.'

Dieſe drei Poſten ſind immer nach folgendem Schema geſtaltet: *A.* Name des ſteuerpflichtigen Grundbeſitzers, *B.* Art des Realbeſitzes, *C.* Steueranſatz durch die fünf Jahre von anno XXXII bis IV, *D.* die Orientirung des Beſitzes durch die anſtoſsenden

Nachbarparzellen, wir haben dafür heutzutage die Conſcriptionsnummern und Grundbuchfolia, *E.* der neue Steueranſatz.

Die Einrichtung des Steuerquinquenniums iſt aus dem Erlaſſe des Tib. Iulius Alexander bekannt (Z. 49 τῇ ἔγγιστα πενταετίᾳ). Da, nach der Schrift zu urtheilen, die Jahreszahlen XXXII und IV im II. oder III. Jahrhundert n. Chr. zu ſuchen ſind, ſo bleibt als Anſatz für unſer Quinquennium nur übrig die Zeit von 191/2 (XXXII. Jahr des Commodus; darauf folgte das XXXIII. Jahr desſelben bis 31. December 192, das I. Jahr des Pertinax und bis Auguſt 193 das erſte des Septimius Severus) bis 195/6, IV. Jahr des Septimius Severus. Nach Ablauf dieſer fünf Jahre kam die neue Fixirung der Steuerquoten für 196/7 bis 200/1; nachher aber war unſer Papyrus (denn dieſer enthält eben den Voranſchlag für jene Zeit) unnütz, er mochte bald caſſirt worden ſein; ebenſo erging es dem Ariſtoteles-Papyrus, der unter Veſpaſian zuerſt auf der Innenſeite mit Haushaltungsrechnungen bedeckt wurde, aber ſchon etwa zu Domitian's Zeit dürfte die Rückſeite zur Abſchrift der Athenaion Politeia gebraucht worden ſein; denn der Zug der Curſive iſt ungemein ähnlich der Schrift des Papyrus aus dem Jahre 83/4, Führer durch die Ausſtellung Nr. 215.

Als terminus a quo fanden wir alſo für die Hellenika-Fragmente d i e e r ſ t e n J a h r z e h n t e d e s III. J a h r h u n d e r t s; in der That ſtimmt der Schriftcharakter überein mit der in Unciale gehaltenen Eingabe, Corpus Papyrorum, I, 20 aus dem Jahre 250 n. Chr.

Als der Schreiber der Athenaion Politeia mit der Rückſeite der erſten caſſirten Rolle nicht ſein Auslangen fand und eine zweite, eine dritte hinzugenommen werden muſste, vermerkte er zu Beginn der erſten Rolle oben ein A, zu Beginn der zweiten, d. i. Columne 12, ein B und über Columne 25, dort wo die dritte Rolle beginnt, die Überſchrift Γ ΤΟΜΟϹ. Auch der Schreiber unſerer Hellenika muſste bald abbrechen, da ihm ſeine alte Rolle zu kurz wurde, und ſo notirte er ſich bei dem vorzeitigen Ende ſeiner Abſchrift: Ξενοφῶντος Ἑλληνικῶν α'. Hier iſt natürlich τόμος, nicht etwa βιβλίον zu ergänzen; man hüte ſich, etwa die Reminiſcenz an eine beſondere Bucheintheilung der Hellenika hier zu ſuchen, wo dem Schreiber das Papier, ſeine caſſirte Rolle ausging.

So haben wir es denn mit einer privaten Abſchrift zu thun, nicht mit einer Edition. Damit ſind Fehler zu entſchuldigen, die auf ſchlechtes Copiren, auf vulgäre Schreibung, iotaciſtiſche Ausſprache zurückzuführen ſind; z. B. καστρωματος I, 4, 18. — οπλειτων I, 3, 3; οπλε[ι]τας I, 3, 6; χερρονησειτας I, 3, 10; κρεινεσθαι I, 4, 14; γορδειω I, 4, 1; πολειτιαν I, 2, 10; ομειειcθαι I, 3, 11 vergl. ομειται I, 3, 11; με[ιλ]ητ[ου] I, 2, 2. — ιδεν I, 4, 19; ις I, 3, 6 und 7; 4, 7, 14, 22. — ϲυνφυγαδα I, 2, 13; ενπεϲοντοϲ I, 3, 1; ακροβολιζμοϲ I, 3, 14.

Leſezeichen erſcheinen nicht häufig: ἁ I, 5, 3 (ὁρκουϲ I, 3, 9). — ἴδιοιϲ I, 5, 3; και ἴδια I, 4, 2; κατεκλεῖϲαν I, 4, 22; οἵ = οἱ I, 3, 10. — δ' I, 3, 16; μετ' αυτων I, 4, 19; κατ' ἴδεν I, 4, 19.

Die Verwendung des ι adſcr. iſt ſchwankend: I, 2, 10 ſteht κ[οινη] και ιδια und gleich darauf τ[ωι] βουλομενωι; I, 3, 1 τω πολεμω neben παντι τωι ϲτρατο[πεδ]ωι; επιλιπη I, 5, 3; εν μεθ[υμ]νη I, 2, 12; ϲτρατια I, 3, 5; θρακηϲ I, 3, 10, dagegen αποδραιϲ I, 3, 22.

Ebenſolche Unconſequenz zeigt die Behandlung des Hiatus; neben δε αθηναιοι I, 3; 5 und 14, δε α[θ]ην[αιο]ν I, 2, 13 leſen wir δ' αθηναιοι I, 3, 16; dann δε ανεψ[ιον I, 2, 13, δε ελων I, 3, 10, δε εξωθεν I, 3, 5 und τ ην I, 3, 4, μετ αυτου I, 4, 2, μετ' αυτων I, 4, 19.

Zahlreiche Füllungszeichen zu Ende der Zeile zeugen von dem kalligraphischen Sinne des Schreibers; bald ist es ein wagrechter Strich κορης — I, 2, 10, ε — I, 3, 1 und 15, αισθομε — I, 3, 2, bald ein Winkelzeichen τ]ους > I, 2, 18, δια > I, 3, 16, και > I, 3, 15, θερα > I, 4, 15 την > I, 4, 19, bald zwei κα[τ]αστηναι >> I, 4, 18, ολιγους >> I, 3, 3.

Was die Stellung unseres Papyrus zu den übrigen Handschriften der Hellenika betrifft, so ist vor allem sein Zusammengehen mit *B* (Paris. 1738) zu constatiren: I, 2, 2 τῷ τείχει *P*(apyr.) *BFM'* 6. Τισσαφ. *BP*; I, 3, 2 Καλχ. *P. B*; I, 3, 5 ἀντιπαρετ. *P. BCM*, μεχρι *BP*, στενωποριαν *P* cf. *B*; I, 3, 10 μέχρι ἔλθοι *PBC*; I, 3, 19 ἀπολλυμένους *BP*; I, 4, 14 ὑπερβαλλ. *BFMP* 21, Λευκολ. *PBM''*; I, 5, 8 ἀθύμως μέν *BFM'P*. Von besonderen Lesarten heben wir nicht hervor κατ' ἴδεν für κατιδὼν I, 4, 19, entstanden aus Rücksicht auf das folgende τότε ἀποβάς, oder I, 4, 11 ἐπειδὴ δέ; wohl aber εὐθὺ Λέσβου I, 2, 11 wegen der Analogie anderer Stellen gegenüber dem gewöhnlichen ἐπί; und I, 3, 10 περὶ Σηλυμβρίαν ἦν, κείνην δὲ ἑλὼν πρὸς τὸ Βυζάντιον, οἳ ἧκεν ἔχων Χερρονησίτας etc. Angesichts des jungen Alters unserer sonstigen Handschriften gibt uns also der Papyrus die erwünschte Beruhigung, dass schon in den ersten Jahrzehnten des III. Jahrhunderts n. Chr. der Text der Hellenika wesentlich derselbe war, wie wir ihn noch jetzt besitzen.

Die Grössenverhältnisse des Papyrus sind: 125 *cm* Länge, 23·5 *cm* grösste Höhe, schräg geht aber ein Riss. Unterer Rand 5·5 *cm*, Columnenbreite 7·5 *cm*, Intercolumnium 1·5 *cm*. Eine Columne umfasste etwa so viel Text als 17 bis 18 Zeilen der Oxforder Ausgabe DINDORF'S.

Aus der siebenzehnten Columne vom Ende.

. . . .

I, 2, 2. εις πυΓΕΛΑ ΚΑΙ ενταυθα
την τε ΧΩΡΑΝ Εδηου και
προσεβΑλλε ΤΩ Τειχει εκ
δε της ΜΕιλΗΤου βοηθησαν
τες ΤΙΝεΣ Τοις ΠΥΓΕ
λευσι διΕΣΠΑΡΜεΝΟΥΣ
των αθηνΑΙΩΝ ΟΝΤΑς
ψιλους ΕΔΙΩΚΟΝ ΟΙ ΔΕ—
I, 2, 3. πελτασται και ΤΩΝ οΠλΙ
των δυο λοχοι βοΗΘΗΣαν
τες προς τους αυτων ψΙΛους

. . . .

Ω'' = *BCFM* et *DV*; Ω' = *BCPM* et *D*; Ω = *BCFM*; *M''* = *M* et D*V*; *M'* = *MI* nach O. KELLER'S kritischer Ausgabe.

προσέβαλλε *BM'* et *V* corr.]προσέβαλε *CF* et *V* pr. — τ. τείχει *BFM'*]πρὸς τ. τείχει *C* (τὰ τείχη *V*). — διεσπ. ὄντας Ω'']δ. ἰδόντες COBET — τοὺς ψ. Ω''. — 3 αὐτῶν *V* pr. aut corr.]αὑτῶν Ω'.

Aus der ſechzehnten Columne vom Ende.

I, 2, 7. ....την στρατι
αΝ ωc ειc Εφεcον πλευ
cουΜΕΝΟC ΤΙCCΑΦεΡΝης δε
ΑΙCΘΟΜΕΝΟC ΤΟΥΤΟ Το επι
ΧΕΙΡΗΜΑ CΤΡΑΤΙΑΝ τε cυν
εΛΕΓΕΝ ΠΟΛΛΗΝ και ιππεαc απεcτελ
λε ΠΑΡΑΓΓΕΛΛωΝ παcιν
ΕΙC ΕΦΕCΟΝ ΒΟΗΘειν τη
I, 2, 7. ΑΡΤΕΜΙδΙ ΘρΑCΥΛλοc δε ε
ΒΔοΜΗ ΚΑΙ Δεκατη ημε
ΡΑΙ ΜΕΤα Την ειcβολην
ΕΙC ΕΦΕCΟΝ Απεπλευcεν και
Τουc μΕΝ Οπλιταc προc τον
κορΗCcον..................

§. 6 hic et §. 7 et 13 θράcυλοc *M'* θραcύλοc *CF* (et *V*) θραcῦλοc *B*. — τιcc. *B*]τιc. *CFM''*. — cυνέλεγε Ω''. — ἱππεῖc Ω' item §. 7. — ἀπέcτελε *CF* pr. hic παραγγέλλων *M''* παραγγέλων cett. — εἰc Ἔφεcον del. HARTMANN. — 7 ἔπλευcεν *F. M.*

Fünfzehnte Columne vom Ende.

....
I, 2, 10. ....εcτηcαΝ ΚΑι
ετερον προc τω κοΡΗC—
cω τοιc ΔΕ cυΡΑΚΟ
cιοιc και cελινουcιΟιc ΚΡΑΤΙCΤΟιc
ΓΕΝομενΟιC ΑριCΤΕΙΑ Ε
ΔωΚΑν Καl Κοινη ΚΑΙ ΙΔΙ
Α ΠΟΛΛΟΙC ΚΑΙ ΟικεΙΝ ΑΤΕ
ΛΕΙΑΝ ΕΔοCΑΝ Τωι ΒΟΥΛΟ
ΜΕΝωΙ ΑΕι CΕΛινοΥCΙ
ΟΙC ΔΕ ΕΠΕι Η ΠοΛιc ΑΠΟλω
ΛΕΙ ΚΑΙ ΠΟΛΕΙΤιαν ΕΔΟCαν
I, 2, 11. ΟΙ Δ ΑΘΗΝαιΟΙ Τουc ΝΕΚρουc
ΥΠΟCΠΟΝΔΟΥc αποΛΑΒΟν
ΤΕC ΕΠΛεΥCΑΝ ειC ΝοΤΙον
ΚΑΚΕΙ ΘαΨΑΝτεC ΑΥΤΟΥc

18. ЄΠΛЄΟν ЄΥΘΥ ΛεCΒΟΥ Και

I, 2, 12. 17. ЄΛΛΗCπΟΝΤΟυ ΟΡΜοΥν

16. ΤЄC Δ ЄΝ ΜΗΘυμΝΗ ΤΗc

15. ΛЄCΒΟΥ ЄιΔΟΝ ΠαΡΑΠΛЄ

14. ΟΥCΑC ЄΞ ЄΦЄCοΥ ΤΑC CΥΡα

13. ΚΟCΙΑC ΝΑΥC ΠЄΝΤЄ ΚΑΙ

12. ЄΙκοCΙ ΚΑΙ ЄΠ αυτας αΝα

11. ΧΘЄΝΤЄC ΤЄΤταρας μεν

10. ЄΛαΒΟΝ ΑΥΤΟΙC ανδρασι

9. ΤΑC ΔЄ ΑΛΛΑC ΚΑτεδιωξαν

I, 2, 13. 8. ЄΙC εΦЄCΟΝ Και τους μεν

7. ΑΛΛους ΑΙΧΜΑλωτους ΘΡα

6. CΥλλοC ЄΙC ΑΘΗΝΑC ΑΠЄ

5. ΠЄΜΨЄ ΠΑΝΤΑC ΑΛΚιΒΙ

4. ΑΔΗC ΔЄ ΑθΗΝαιοΝ

3. ΑΛΚΙΒΙΑΔΟΥ ΔЄ ΑΝЄΨιον

2. ΚΑΙ CΥΝΦΥΓΑΔΑ ΚΑΤελευ

1. cЄΝ ЄΝΤЄΥΘЄΝ ΔЄ εΠλευ(cεν)

(Ende der Columne.)

Links ift das Intercolumnium und noch die Refte der vorigen Columne, und zwar neben Z. 24 **ΑΙ**, Z. 18 **ΤΙ**(?), Z. 17 **ΟΥC**(?), Z. 16 **C**, Z. 13 **Α**, Z. 5 **ΟΝ**. — Z. 27 vor **ΚΑΙ**, Z. 25 vor **CЄΛ**, Z. 17 vor **ΟΡΜ** ift je ein Raum von zwei Buchftaben freigelaffen. Die Endbuchftaben der Zeilen 25, 24, 23, 22 find kleiner. **CΙ** in Z. 5 ift in Curfivfchrift ligirt.

§. 10 ἀρ. ἔδοcαν Cobet, ἐδ. del. Madvig. — ἀτελεῖ Cobet ἀτέλειαν ἔδοcαν Ω″. — ἀπωλώλει *BM′*, ἀπολώλει *CF* (et *V*). — 11 ἀπέπλευcαν Ω″ — ἐπὶ Λέcβου Ω″. — 12 ὁρμοῦντες *CFM″*, ὁρμῶντες *B*. — 13 ἀλκιβιάδην Ω″ — κατέλευcεν Ω″ ἀπέλυcεν Wolf.

Vierzehnte Columne vom Ende.

. . . .

I, 2, 17. . . . . .αυτοΙ

αυτοις και ηcπαζοΝΤΟ

τους μετα θραcυλλΟΥ

εξηλθον δε τινας και αΛΛας

εξοδους του χειμωΝΟC

εις την ηπειρον και ЄΠορ

θουν την βαcΙλεωc

I, 2, 18. χωραν τω δ αυτω χΡΟΝω

και λακεδαιμονιοΙ τΟΥC>
εις το κορυφασιοΝ τWΝ
(Ende der Columne.)

Dreizehnte Columne vom Ende.

I, 2, 19. . . . .
27. . . . . αΠοCΤΑΝΤЄC
26. παλιν προσεχWΡΗCΑΝ
I, 3, 1. 25. αυτω ΤοΥ ΔЄ επΙΟΝΤΟC Є—
24. τους ο εν ΦWΚЄΑ ΝЄWC
23. της αΘΗΝΑC ЄΝЄΠΡΗC
22. θη πρηςΤΗΡΟC ЄΝΠЄCΟ—
21. τος επεΙ ΔЄ Ο ΧЄΙΜWΝ Є
20. ληγε ΠΑΝΤΑΚΛЄΟΥC ΜЄ—
19. εφορευΟΝΤΟC ΑΡΧΟΝΤΟC
18. δ αντιΓЄΝΟΥC ЄΑΡΟC ΑΡ
17. χομεΝΟΥ ΔΥΟΙΝ ΚΑΙ ЄΙΚΟ
16. σιν ετΟΙΝ ΤW ΠΟΛЄΜW ΠΑ
15. ρεληλυΘΟΤWΝ ΟΙ ΑΘΗΝΑΙ
14. οι επλεΥCΑΝ ЄΙC ΠΡΟΚοΝ
13. νησοΝ ΠΑΝΤΙ ΤWΙ CΤΡΑΤο
I, 3, 2. 12. πεδWΙ ЄΚЄΙΘεΝ ΔЄ εΠι
11. καλχΗΔΟΝΑ ΚαΙ ΒΥΖΑΝ
10. τιον ΟΡΜΗCΑΝΤЄC ЄCΤΡΑ
9. τοπεδЄΥCΑΝΤΟ ΠΡΟC ΚΑΛ
8. χηδονΙ ΟΙ ΔЄ ΚΑΛΧΗΔΟΝΙ
7. οι πΡΟCΙΟΝΤΑC ΑΙCΘΟΜЄ—
6. νοι ΤΟΥC ΑΘΗΝΑΙΟΥC ΤΗΝ
5. λειΑΝ ΑΠΑCΑΝ ΚΑΤЄΘЄΝ
4. το ?ιC ΤΟΥC ΒЄΙΘΥΝΟΥC ΘΡΑ
I, 3, 3. 3. καC ΑCΤΥΓЄΙΤΟΝΑC ΟΝΤας
2. αΛΚΙΒΙΑΔΗC ΔЄ ΛΑΒWΝ ΤW—
1. τЄ ΟΠΛЄΙΤWΝ ΟΛΙΓΟΥC>>

§. 19 del. Unger, Dindorf, Zurborg, Kruse, Keller. — III, 1 τοῦ — ἐμπεσόντος et Παντακλέους — παρεληλυθότων del. Unger (cf. Dindorf). — φωκαίᾳ Ω'' — δυοῖν *BCF* et *DV*, δυεῖν *M* — ἐτῶν Dindorf — προικόννηςον Ω'. — 2 καλχη. *B*, χαλκη. *CFM''*

... καλχη. *C*, καλχι. *B*, χαλκη. *FM''* ... καλχι. *B*, χαλκη. *CFM* — Βιθ. Ω'' — τοὺς ante βιθ. om. *F*. — 3 καλχι. *B*, χαλκη. *CFM''*.

Zwölfte Columne vom Ende.

I, 3, 4. ....

31. Την καλχηδονα παντι
30. Τω στρατοπεδω απο θα
29. ΛΑΤΤης εις θαλατταν
28. ΚΑΙ ΤΟΥ ποταμου οσον οιον
27. Τ ΗΝ ΞΥΛΙνω τειχει ενταυ

I, 3, 5. 26. ΘΑ ΙΠΠΟΚρατης ΜΕΝ Ο ΛΑ
25. ΚΕΔΑΙΜονιΟΣ ΑΡΜΟΣΤΗΣ
24. ΕΚ ΤΗΣ ΠΟΛΕΩΣ ΕΞΗΓΑΓΕΙ
23. ΤΟΥΣ ΣΤΡΑΤΙΩΤας ΩΣ ΜΑΧΟΥ
22. ΜΕΝΟΣ ΟΙ δΕ ΑΘΗΝΑΙΟΙ ΑΝ
21. ΤΙΠΑΡΕΤΑΞΑΝΤΟ ΑΥΤΩΙ >
20. ΦΑΡΝΑΒΑΖΟΣ ΔΕ ΕΞΩΘΕΝ
19. ΤΩΝ ΠΕρΙΤΕΙΧΙΣΜΑΤΩΝ
18. ΕΒΟΗΘΕΙ ΣΤΡΑΤΙΑ ΤΕ ΚΑΙ ΙΠ
17. ΠΟΙΣ ΠΟΛΛΟΙΣ ΙΠΠΟΚΡΑΤΗΣ

I, 3, 6. 16. ΜΕΝ οΥΝ ΚΑΙ ΘΡΑΣΥΛΛΟΣ
15. ΕΜΑχοΝΤΟ ΕΚΑΤΕΡΟΣ ΤΟΙΣ
14. ΟΠΛΕιτΑΙΣ ΧΡΟΝΟΝ ΠΟΛΥ¯
13. ΜΕΧΡΙ αΛΚΙΒΙΑΔΗΣ ΕΧΩΝ
12. ΟΠΛιταΣ ΤΕ ΤΙΝΑΣ ΚΑΙ ΤΟΥΣ
11. ΙΠΠΕαΣ ΕΒΟΗΘΗΣΕ ΚΑΙ
10. ΙΠΠΟΚΡΑΤΗΣ ΜΕΝ ΑΠΕ
9. ΘΑΝεΝ ΟΙ ΔΕ ΜΕΤ ΑΥΤΟΥ
8. ΟΝΤΕΣ ΕΦΥΓΟΝ ΙΣ ΤΗΝ ΠΟ

I, 3, 7. 7. ΛΙΝ ΑΜΑ ΔΕ ΚΑΙ ΦΑΡΝΑΒΑ
6. ΖΟΣ ΟΥ ΔΥΝΑΜΕΝΟΣ ΣΥΜΜΕΙ
5. ΞΑΙ ΠΡΟΣ ΤΟΝ ΙΠΠΟΚΡΑ
4. ΤΗΝ ΔΙΑ ΤΗΝ ΣΤΕΝΩΠΟ
3. ΡΙΑΝ ΤΟΥ ΠΟΤΑΜΟΥ Και ΤΩ¯
2. ΑΠΟΤΕΙΧΙΣΜΑΤΩΝ ΕΓΓΥΣ
1. ΟΝΤΩΝ ΑΠΕΧΩΡΗΣΕν ΙΣ

(Ende der Columne.)

§. 4 οἷον *B* om. *CFM''*. — 5 ἐνταῦθα *BCM''*, ἐνταῦθ' *F* — ἀντιπαρετάξαντο *BCM*, ἀντεπαρατ. *F* (et *V*). — 6 θράϲυλοϲ *BM'*, θραϲύλοϲ *CF* (et *V*) — μέχρι *B*, μέχριϲ *CFM'*, — ἐβοήθηϲεν *C*. — 7 ϲυμμῖξαι Ω'' — ϲτενοπορίαν *B*, ϲτενοχωρίαν *CFM''* — τοῦ ποταμοῦ καὶ τῶν ἀποτ. ἐγγὺϲ ὄντων del. Kurz, ἐγγὺϲ ὄντων Ω''. ἐμποδιζόντων Campe.

Elfte Columne vom Ende.

I, 3, 9. ....
ΟΡκουϲ εδοϲαν και ελαβον
ΠΑΡΑ Φαρναβαζου υπο
ΤΕΛΕΙΝ Τον φορον χαλ
ΚΗΔΟΝΙΟΥϲ αθηναιοιϲ
ΩΝΠΕΡ ΕιωθεϲαΝ ΚΑι τα
ΟΦΕΙΛΟΜεΝα ΧρΗΜΑΤΑ
ΑΠΟΔΟΥΝΑΙ ΑΘΗΝΑΙΟΥϹ
ΔΕ ΜΗΔΕ ΠΟΛΕΜΕΙΝ ΚΑΛ
ΧΗΔΟΝΙΟιϹ ΕΩϹ ΑΝ ΟΙ ΠΑΡΑ
ΒΑϹΙΛΕΩϹ ΠΡΕϹΒΕΙϹ ΕΛ
I, 3, 10. ΘΩϹΙΝ ΑΛΚΙΒΙΑΔΗϹ ΔΕ ΤΟΙϹ
ΤΕ ΟΡΚΟΙϹ ΟΥΚ ΕΤΥΓΧΑΝΕ
ΠΑΡΩΝ ΑΛΛΑ ΠΕΡΙ ϹΗΛΥΜ
ΒΡΙΑΝ ΗΝ ΚΕΙΝΗΝ ΔΕ Ε
ΛΩΝ προϹ ΤΟ ΒΥΖΑΝΤΙΟΝ ΟΙ
ΗΚΕν ΕΧΩΝ ΧΕΡΡΟΝΗϹΕΙ
ΤΑϹ ΤΕ ΠΑΝΔΗΜΕΙ ΚΑΙ Α
ΠΟ ΘΡΑΚΗϹ ϹΤΡΑΤΙΩΤΑϹ
ΚΑΙ ιπΠΕΑϹ ΠΛΕΙΟΥϹ ΤΡΙ
I, 3, 11. ΑκΟϹΙΩΝ ΦΑΡΝΑΒΑΖΟϹ
ΔΕ ΑΞΙΩΝ ΔΕΙΝ ΚΑΚΕΙΝΟ
ΟΜΝΥΝΑΙ ΠΕΡΙΕΜΕΝΕ
ΕΝ ΚΑλΧΗΔΟΝΙ ΜΕΧΡΙ ΕΛ
ΘΟΙ Εκ ΤΟΥ ΒΥΖΑΝΤΙΟΥ Ε
ΠΕΙΔΗ ΔΕ ΗΚΕΝ ΟΥΚ ΕΦΗ
ΟΜΕΙΕΙϹΘΑΙ ΕΙΜΗ ΚΑΚΕΙ
ΝΟϹ ΑΥΤΩ ΟΜΙΕΙΤΑΙ Με
I, 3, 12. ΤΑ ΤΑΥΤΑ ΩΜΟϹΑΝ Ο ΜΕΝ
ΕΝ ΧΡΥϹΟΠΟΛΕΙ ΟΙϹ φΑΡ

(Ende der Columne.)

Z. 19. IC zu Ende der Zeile ift kleiner. Z. 6. Vor Є ift ein Buchftabe Raum freigelaffen. Z. 1. O ift in χρυcο. aus angefangenem Π corrigirt

§. 9 (ἔδοcαν καὶ ἔλαβον *B*) — παρὰ Φαρναβ. *B*, πρὸc Φ. *CFM''* — ὅcονπερ εἰώθεcαν Ω''. — 10 τοῖc DINDORF, τοῖc τε Ω'' — Cηλυβρίαν *CFM''* — ἐκείνην *V*, 'κείνην *F*, κείνην *BCM'* — οἱ om. Ω'' — χερονηcίταc *C* et *D* pr. χερονν. *F* (et *D* corr. *V*) — ἱππεῖc Ω'' — 11 μέχρι ἔλθοι *BC*, μέχριc ἔλθη *FM''* (μέχριc ἂν ἔλθῃ *V*) — ἐπειδὴ *B* et *V*, ἐπεὶ *CFM'* (et *L*) — ὁμεῖcθαι ὁμεῖται Ω'' — δέ *BCM''*, δ' *F* — χαλκ. *CFM''*.

Zehnte Columne vom Ende.

. . . . .κλεο

I, 3, 13. CTΡατοc πυρρολοχοc
ЄΠΟΡЄυοντο δε και λακε
ΔΑΙΜΟνιων πρεcβειc πα
CΙΠΠΙΔΑC και ετεροι με
ΤΑ ΔЄ ΤΟΥΤωΝ ΚΑΙ ЄΡΜοΚΡΑ
ΤΗC ΗΔΗ φЄΥΓΩΝ Єκ CΥ
ΡΑΚΟΥCΩΝ ΚΑι Ο ΑΔЄΛΦΟC
I, 3, 14. ΑΥΤΟΥ ΠΡοΞЄνΟC ΚΑΙ ΦΑΡ
ΝΑΒΑΖΟC ΜЄΝ ΤΟΥΤΟΥC Η
ΓЄΝ ΟΙ ΔЄ ΑΘΗΝΑΙΟΙ ΤΟ ΒΥ
ΖΑΝΤΙΟΝ ЄΠΟΛΙΟΡΚΟΥΝ
ΠЄΡΙΤЄΙΧΙCΑΝΤЄC ΚΑΙ
ΠΡΟC ΤΟ ΤЄΙΧΟC ΑΚΡΟΒΟΛΙ
ΖΜΟC Και ΠΡΟCΒΟΛΑC εΠΟΙ
I, 3, 15. ΟΥΝΤο εΝ ΔЄ ΤΩ ΒΥΖΑΝΤΙ
Ω Ην κΛЄΑΡΧΟC ΛΑΚЄΔΑΙ
ΜΟΝΙοc ΑΡΜΟCΤΗc ΚΑΙ>
CΥΝ ΑΥΤΩ ΤΩΝ ΠЄΡΙΟΙΚΩ—
ΤΙΝεc ΚΑΙ ΤΩΝ ΝЄοΔΑΜΩ
ΔΩΝ ΟΥ ΠΟΛΛΟΙ ΚΑΙ ΜЄΓα
ΡЄΙC ΚΑΙ ΑΡΧΩΝ ΑΥΤΩΝ Є—
ΛΙΞΟC ΜЄΓΑΡЄΥC ΚΑΙ ΒΟΙΩ
ΤΟΙ ΚΑΙ ΤΟΥΤΩΝ ΑΡΧΩΝ ΚΟΙ
I, 3, 16. ΡΑΤΑΔΗC ΟΙ Δ' ΑΘΗΝΑΙΟΙ ωC
οΥΔЄΝ ΗΔΥΝΑΝΤο ΔΙΑ>
ΠΡΑΞΑCΘΑΙ ΚΑΤ ΙCΧΥΝ Є

(Ende der Columne.)

Z. 4. KOI zu Ende der Zeile fehr klein.

§. 13 πρεcβειc del. Kurz — μετὰ δὲ *CFM'*, μετὰ *B* (et *V*) — ἤδη Ω'', πάλαι ἤδη Otto. — 14 ἀκροβολιcμούc Ω''. — 15 περιοίκων *CFM''*, παροίκων *B*. — 16 Κοιρατάδαc Ω'' — ἠδύναντο Ω'', ἐδ. Keller.

Neunte Columne vom Ende.

I, 3, 17. 23. ЄΠι θρακηc επιβα
22. THC ων μινδαρου και O
21. ΠΩC AΛλαι ναυπηγηθει
20. HCAN AΘPoAI δε ΓЄNOMЄ
19. NAI παcAI KAKΩC TOYC CYM
18. MAXOYc TΩN AΘHNAIΩN
17. ΠOIHCoYCAι AΠOCΠACЄIA⁻
16. TO CTPαTOΠЄΔON AΠO TOY
15. BYZANTIOY ЄΠ Є I ΔЄ ЄΞЄ
I, 3, 18. 14. ΠΛЄYcЄN O KΛЄAPXOC OI
13. ΠPOΔιΔONTЄC THN ΠOΛI⁻
12. TΩN βυZANTIΩN KYΔΩ⁻
11. KAI APιCTΩN KAI ANAΞI
10. KPAτHC KAI ΛYKOYPΓOC KAI
9. ANαΞIΛAOC OC ЄΠAΓOMЄ
8. NOC ΘANATOY YCTЄPON ЄN
7. ΛAKЄΔAIMONI ΔIA THN ΠPO
6. ΔOCιAN AΠЄΦYΓЄN AΠO
I, 3, 19. 5. ΛOΓOYMЄNOC OTI OY ΠPOΔI
4. ΔOIH THN ΠOΛIN AΛΛA CΩ
3. CAI ΠAIΔAC OPΩN KAI ΓYNAI
2. KAC ΛIMΩ AΠOΛΛYMЄNOYC
1. BYZANTIOC ΩN KAI OY ΛAKЄ

Z. 7. O zu Ende der Zeile klein.

§. 17 ὅπωc καὶ ἐν Ἀντάνδρῳ Trieber, ποιοῦcαι Ω'' — 18 <πρὸc ἔργον ἐτράποντο· ἦcαν δὲ οἵδε> Κύδων Hartmann — ὑπαγόμενοc Ω'' — 19 ἀπέφυγεν εἰπών *V*, ἀπέφυγεν Ω' — cώcαι *B* corr. *M*, cῶcαι *B* pr. *CF* (et *DV*) — ἀπολλυμένουc *B* — αc ceteri.

Achte Columne vom Ende.

. . . .

I, 3, 22. 21. CΦAc αυτουc και ουTOι
20. AΠЄπЄμφθηcαν ЄIC A
19. ΘHNAC KAI KοιρATAΔHC
18. ЄN TѠ OXΛѠI AπOBAINON
17. TѠN ЄN ΠЄIPAιει ЄΛAΘЄN
16. AΠOΔPAIC KAI AΠЄѠΘH
I, 4, 1. 15. ЄIC ΔЄKЄΛIAN ΦAPNA
14. BAZOC ΔЄ KAI OI ΠPЄCBЄIC
13. THC ΦPYΓIAC ЄN ΓOPΔЄI
12. Ѡ ONTЄC TON XЄIMѠNA
11. TA ΠЄPI TO BYZANTION ΠЄ
10. ΠPAΓMЄNA HKOYCAN AP
I, 4, 2. 9./XOMЄNOY ΔЄ TOY ЄAPOC ΠO
8. ρЄYOMЄNOIC AYTOIC ΠAPA
7. BACIΛЄA AΠHNTHCAN KA
6. TABAINONTЄC OI TЄ ΛAKЄ
5. ΔAIMONIѠN ΠPЄCBЄIC
4. BOIѠTIOC ONOMA KAI OI MЄ
3. T AYTOY KAI OI AΛΛOI AΓΓЄΛOι
2. ΛЄΓONTЄC OTI ΛAKЄΔAIMO
1. NIOI ѠN ΔЄONTAI ΠANTѠ—

(Ende der Columne.)

Z. 15 vor ΦAPNA ein Buchstabe Raum frei. Z. 11 Є am Ende der Zeile klein.

§. 3, 22 οὗτοι μέν Ω″ — ὁ Κοιρατάδας Ω″. — 4, 1 Γορδίῳ Ω″, Γορδιείῳ DINDORF. — 2 παρὰ βασιλέα BCF_2M'', π. βασιλέως F_1 — ὄνομα post Βοιώτιος et ἄγγελοι post ἄλλοι add. Ω″ del. HOLWERDA — καὶ ἔλεγον Ω″ — πάντων Ω′, πάνθ' DINDORF.

Siebente Columne vom Ende.

. . . .

I, 4, 5. 19. . . . . Aπο
18. ΠЄμψαι βουλοMЄNOc τουc
17. AΘHNAιουc μH ЄIΔЄNAI
I, 4, 6. 16. TA ΠPATTOMЄNA ΦAPNA
15. BAZOC ΔЄ TЄѠC MЄN KATЄ

14. CXE TOYC ΠPECBEIC ΦACKΩ—
13. TOTE MEN ANAΞEIN AYTOYC
12. ΠAPA BACIΛEA TOTE ΔE OI
11. KAΔE AΠOΠEMΨEIN ΩC MH
10. ΔEN MEMΨHCΘE EΠEIΔH
I, 4, 7. 9. ΔE ENIAYTOI HCAN TPEIC
8. EΔEHΘH TOY KYPOY AΦEI
7. NAI AYTOYC ΦACKΩN OMΩ
6. MOKENAI KAI AΠAΞEIN
5. EΠI ΘAΛATTAN EΠEιδη
4. OY ΠAPA BACIΛEA ΠEMψA—
3. TEC ΔE APIOBAZANEI ΠαPA
2 KOMICAI AYTOYC EKEΛEY
1. ON O ΔE AΠHΓAΓEN Ic κIO—

(Ende der Columne.)

Z. 3. Der Mittelſtrich von E in ΔE iſt ſehr lang, daran ein Punkt oder Aſper am Ende. Z. 1. E in ΓAΓE iſt aus O corrigirt.

§. 6 μέμψηται *CFM''*, πέμψηται *B*. — 7 ἐπειδὴ: ἐπεὶ *F* pr. et *V*. — Ἀριοβαρζ. Ω''.

Sechste Columne vom Ende.

. . . .

I, 4, 10. 20. . . . . αYτον οι
19. αθηναιοι cτρατηΓOYc ει
18. λοντο αλκιβιαδHN MEN φευγον
17. TA Kαι ΘPACYBOYΛON Aπον
16. TA KoNΩNA ΔE TPITON E
15. K TΩN OIKOΘEN˙ AΛKIBI
I, 4, 11. 14. AΔHC ΔE EK THC CAMOY EXΩ—
13. TA XPHMATA KATEΠΛEYCEN
12. EIC ΠAPON NAYCIN EIKOCI—
11. EKEIΘEN Δ ANHXΘH EYΘY
10. ΓYΘEIOY EΠI KATACKOΠHN
9. TΩN TPIHPΩN AC EΠYNΘA
8. NETO ΛAKEΔAIMONIOYC AY
7. TOΘI ΠAPACKEYAZEIN TPI
6. AKONTA KAI TOY OIκAΔE KA

ΤΑΠΛΟΥ ΟΠΩC Η πολΙC ΠΡΟC
ΑΥΤΟΝ ΕΧΟΙ ΕΠΕΙΔΗ ΔΕ Ε—
I, 4, 12. ΩΡΑ ΑΥΤΩ ΕΥΝΟΥΝ ΟΥCΑΝ
ΚΑΙ CΤΡΑΤΗΓΟΝ ΑΥΤΟΝ Η
ΡΗΜΕΝΟΝ ΚΑΙ ΪΔΙΑ ΜΕΤΑ

(Ende der Columne.)

Z. 15 ΑΛΚΙΒΙ ein Buchſtabe Raum frei. Z. 5 Ο von ΟΠΩC ſehr klein. Z. 4 Ε am Ende hat einen längeren Mittelſtrich.

§. 11 τριήρων *CFM''*, τριηρῶν *BM₂* — ὅπως *CFM''*, ὅπερ *B* — ἔχει *BCE* — ἐπεὶ δ' Ω'' — 12 ᾑρημένους *BFM''*, αἱρουμένους *C*.

Fünftletzte Columne.

. . . .
. . . . . . .ιδιΟΝ Κερδος πολιτευ
οντΩΝ ΚΕΙΝου αει το τε κοι
ΝΟΝ ΑΥΞΟΝΤοC και απο τΩ—
ΑΥΤΟΥ ΚΑΙ ΑΠΟ ΤΗC ΠοΛΕ
I, 4, 14. ΩC ΔΥΝΑΤΟΥ ΕΘΕΛΟΝΤΟC
ΔΕ ΤΟΤΕ ΚΡΕΙΝΕCΘΑΙ ΠΑΡΑ
ΧΡΗΜΑ ΤΗC ΑΙΤΙΑC ΑΡΤΙ ΓΕ
ΓΕΝΗΜΕΝΗC ΩC ΗCΕΒΗ
ΚΟΤΟC ΙC ΤΑ ΜΥCΤΗΡΙΑ ΥΠΕΡ
ΒΑΛΛΟΜΕΝΟΙ ΟΙ ΕΧΘΡΟΙ ΤΑ ΔΟ
ΚΟΥΝΤΑ ΔΙΚΑΙΑ ΕΙΝΑΙ ΑΠΟ—
ΤΑ ΑΥΤΟΝ ΕCΤΕΡΗCΑΝ ΤΗC
ΠΑΤΡΙΔΟC ΕΝ Ω ΧΡΟΝΩ ΥΠΟ
I, 4, 15. ΑΜΗΧΑΝιΑC ΔΟΥΛΕΥΩΝ
ΗΝΑΓΚΑCΘΗ ΜΕΝ ΘΕΡΑ>
ΠΕΥΕΙΝ ΤΟΥC ΕΧΘΙCΤΟΥC
ΚΙΝΔΥΝΕΥΩΝ ΑΕΙ ΠΑΡ
ΕΚΑCΤΗΝ ΗΜΕΡΑΝ ΑΠΟ

(Ende der Columne.)

Z. 14 vor ΕΘ. ein Buchſtabe Raum frei. Z. 9, 8 Ο zu Ende der Zeile iſt beide Male ſehr klein. Z. 3 Χ iſt aus Κ corrigirt.

§. 13 ἐκείνου Ω''. — 14 ἄρτι del. Cobet — ὑπερβαλλ. *BFM*, ὑπερβαλ. *C* (et *DV*). τῷ δοκοῦντι δικαίῳ εἶναι Madvig.

Viertletzte Columne.

18. . . . . φοβεΡων

17. Οντων τη πολΕΙ Γενεc

16. ΘΑΙ Μονοc κινδΥΝΕυCαΙ

I, 4, 18. 15. ΗΓΕΜΩΝ ΚΑτΑCΤΗΝΑΙ>>

14. ΑΛΚΙΒΙΑΔΗC ΔΕ ΠΡΟc ΤΗΝ

13. ΓΗΝ ΟΡΜΙCΘΕιC ΑΠΕΒΑΙΝΕ

12. ΜΕΝ ΟΥΚ ΕΥΘυC ΦΟΒΟΥΜΕ

11. ΝΟC ΤΟΥC ΕΧΘΡΟΥC ΕΠΑΝΑ

10. CΤΑC ΔΕ ΕΠΙ ΤΟΥ ΚΑCΤΡΩ

9. ΜΑΤΟC ΕΚΟΠΕΙ ΤΟΥC ΑΥΤΟΥ (C über ΕΚΟΠΕΙ)

8. ΕΠΙΤΗΔΕΙΟΥC ΕΙ ΠΑΡΕΙΗ

I, 4, 19. 7. CΑΝ ΚΑΤ' ΪΔΕΝ ΔΕ ΕΥΡΥΠΤΟ

6. ΛΕΜΟΝ ΤΟΝ ΠΕΙCΙΑΝΑΚΤΟC

5. ΑΥΤΟΥ ΔΕ ΑΝΕΨΙΟΝ ΚΑΙ ΤΟΥC

4. ΑΛλοΥC ΟΙΚΕΙΟΥC ΚΑΙ ΤΟΥC Φι

3. ΛΟΥC ΜΕΤ' ΑΥΤΩΝ ΤΟΤΕ ΑΠο

2. ΒΑC ΑΝΑΒΑΙΝΕΙ ΕΙC ΤΗΝ >

1. ΠΟΛΙΝ ΜΕΤ ΑΥΤΩΝ ΠΑΡΕC

(Ende der Columne.)

Z. 11, 10. Die Paragraphos fteht nicht dort, wo wir jetzt die Paragraphen 18, 19 abtheilen. Z. 9 C über der Zeile. Die Endbuchftaben von Z. 6, 5 find fehr klein.

§. 17 φοβερῶν ὄντων Ω'', μελλόντων Breitenbach. — 12 εὐθέως Ω'' — καταστρώματος Ω'' — αὐτοῦ *M*, αὐτοῦ *CF* (et *DV*), αὐτούς *B* — κατεῖδεν] κατιδών Ω'' — 19 ἑαυτοῦ *C*, αὐτοῦ F_2, αὐτοῦ *BF*, ut vid. *M''* — μετὰ τῶν Ω''.

Drittletzte Columne.

. . . .

I, 4, 21. 16. επ ανδΡΟΝ Αφεστηκυι

15. ΑΝ τωΝ ΑΘΗΝΑιων και

14. ΜΕΤ αΥΤΟΥ ΑΡΙCΤΟΚΡΑΤΗc

13. ΚΑΙ ΑΔΙΜΑΝΤΟC Ο ΛΕΥΚΟ

12. ΛΟΦΙΔΟΥ CΥΝΕΠΕΜΦΘΗ

11. CΑΝ ΗΡΗΜΕΝΟΙ ΚΑΤΑ ΓΗ

I, 4, 22. 10. CΤΡΑΤΗΓΟΙ ΑΛΚΙΒΙΑΔΗC

9. ΔΕ ΤΟ CΤΡΑΤΕΥΜΑ ΑΠΕΒΙ

8. ΒαϹЄ ΤΗϹ ΑΝΔΡЄΙΑϹ ΧΩ
7. ΡΑϹ ΙϹ ΓΑΥΡΙΟΝ ЄΚΒΟΗ
6. ΘΗϹΑΝΤΑϹ ΔЄ ΤΟΥϹ ΑΝΔΡΙ
5. ΟΥϹ ЄΤΡЄΨΑΝΤΟ ΚΑΙ ΚΑ
4. ΤЄΚΛЄΪϹΑΝ ΙϹ ΤΗΝ ΠΟ
3. ΛΙΝ ΚΑΙ ΤΙΝΑϹ αΠЄΚΤЄΙ
2. ΝΑΝ ΟΥ ΠΟΛΛΟΥϹ ΚΑΙ ΤΟΥϹ
1. ΛΑΚΩΝΑϹ ΟΙ ΑΥΤΟΘΙ Η

(Ende der Columne.)

Z. 8 —βαϲε, α durch Tinte verdeckt, ε mit verlängertem Mittelſtrich. Z. 7 vor εκβοη ein Buchſtabe Raum frei, ebenſo nach Z. 5 ετρεψαντο. Am Ende der vorigen Zeile iſt das ι von ανδρι am Rande beigefügt. Z. 4 ε von —κλεϊϲαν iſt vielleicht aus Ι corrigirt.

§. 21 λευκολοφίδου *BM''*, λευκορ. *C, F* — οἱ ante ἠρημένοι (ἠρ.) exhibet *C* om. *BFM''*. — 22 χώρας Ω'' del. Cobet, Γαύρειον Dindorf.

Vorletzte Columne.

. . . .

I, 5, 3. 16. ΤΟΝ πολεμον γενεϲθαι
15. ΚΥΡΟϹ Δε τον τε πΑΤЄΡα ε
14. ΦΗ ΤΑΥΤΑ ЄΠЄϲΤΑΛΚЄΝΑΙ
13. ΚΑΙ ΑΥΤΟϹ ΟΥΚ ΑΛΛΑ ЄΓΝΩ
12. ΚЄΝΑΙ ΑΛΛΑ ΠΑΝΤΑ ΠΟιΗ
11. ϹЄΙΝ ЄΧΩΝ ΔЄ ΗΚЄΙΝ ΤΑ
10. ΛΑΝΤΑ ΠЄΝΤΑΚΟϹΙΑ ΗΝ
9. ΔЄ ΤΑΥΤΑ ЄΠΙΛΙΠΗ ΤΟΙϹ
8. ΪΔΙΟΙϹ ΧΡΗϹЄϹΘΑΙ ЄΦΗ Α
7. Ο ΠΑΤΗΡ ΑΥΤΩ ЄΔΩΚЄΝ
6. ΗΝ ΔЄ ΚΑΙ ΤΑΥΤΑ ΚΑΙ ΤΟΝ
5. ΘΡΟΝΟΝ ΚΑΤΑΚΟΨΙΝ ЄΦ ΟΥ
4. ЄΚΑΘΗΤΟ ΟΝΤΑ ΑΡΓΥΡΟΥΝ
I, 5, 4. 3. ΚΑΙ ΧΡΥϹΟΥΝ ΟΙ ΔЄ ΤΑΥΤΑ ΤЄ
2. ЄΠΗΝΟΥΝ ΚΑΙ ЄΚЄΛЄΥ
1. ΟΝ ΑΥΤΟΝ ΤΑΞΑΙ ΤΩ ΝΑΥ

(Ende der Columne.)

Z. 11. Vor εχων iſt ein kleiner Raum frei.

§. 3 ἀπεϲταλκέναι *F* — ἐφ' οὗ *BFM''*, ἐφ' ᾧ *C* ut vid.

Letzte Columne.

. . . .

I, 5, 7. τον τΕ ΠροοφειλοΜΕ
νον ΑΠΕΔΩκε και ΕΤΙ
ΜηνΟC ΩCΤε τΟ CΤρΑΤΕΥ
Μα πΟΛΥ ΠΡΟΘΥΜΟΤΕΡΟΝ
I, 5, 8. ΕΙναι ΟΙ ΔΕ ΑΘΗνΑΙΟΙ
ΑκουΟΝΤΕC ΑΘΥΜΩC ΜΕ
ΕΙχοΝ ΕΠΕΜΠΟΝ ΔΕ ΠΡΟC
ΤΟΝ ΚΥΡΟΝ ΠΡΕCΒΕΙC ΔΙ
ΑΤΙCCΑΦΕΡνΟΥC

ΞΕΝΟΦΩΝΤΟC —
ΕΛΛΗΝΙΚΩΝ
Α

Links am Rande Verzierungen. Ende der Columne und Rolle.[1]
§. 8 μέν *BFM'* om. *C* (et *V*).

[1] Die Verfalien repräfentiren die erhaltenen, die kleinen Buchftaben die ausgefallenen.

K. Weffely.

KLEINERE MITTHEILUNGEN.

(**Bulgarifches in einem Papyrus.**) Durch einen Papyrus Erzherzog Rainer wird uns das Erfcheinen des bulgarifchen Volksftammes in der Gefchichte des früheften Mittelalters erwiefen, durch ein Monument aus dem VI./VII. Jahrhundert n. Chr., das in diefer Beziehung einzig dafteht. In den hiftorifchen Quellen[1] gefchieht der Bulgaren zuerft Erwähnung, als fie von dem Kaifer Zeno gegen die Gothen zu Hilfe gerufen wurden; dann aber wendeten auch fie fich gegen ihre früheren Bundesgenoffen, fchlugen ein römifches Heer und plünderten ungehindert wiederholt Thrakien (auch im Jahre 515) Doch dies find die Donaubulgaren; der Hauptftamm fafs fpäter an der oberen Wolga Jene nahmen endlich im Jahre 679 das jetzige Bulgarien dauernd in Befitz. Wir haber nun für das VI./VII. Jahrhundert,[2] aus einer unerwartet frühen Zeit den Namen diefe Stammes erwähnt gefunden auf einem Papyrusfragmente, welches fo lautet:

παρε]cχ
αc
ολ[..]μεγ
ν απο τη[c
βουλγαρικ
λαμιου α
εγρα[φη
μηνι φ]αρμουθϊ ι[.τηc δεινα ινδ(ικτιωνοc)
† κυ]ριλλ[οc (von zweiter Hand)
απ]ειλ[ηφα (von zweiter Hand)
]αρω[(von zweiter Hand).

Mag auch das Fragment rechts und links verftümmelt fein, wir können doch, durc eine Anzahl ähnlicher Urkunden unterftützt, einige Schlüffe aus dem Erhaltenen ziehe Zuerft können wir mit Sicherheit die ungefähre Gröfse des Papyrus herftellen, inde wir Zeile 7 und 8 an der Hand zahlreicher Quittungen und Recepiffe reconftruiren, d mit παρέcχον (παρηcχον), ἔcχον καὶ ἐπληρώθην etc. beginnen und gegen Ende die Datiru haben in der ftehenden Formel: ἐγράφη τῷ δεῖνα μηνὶ τῆc δεῖνα ἰνδικτιῶνοc, z. B.:

[1] C. J. Jireček, Gefchichte der Bulgaren, pag. 81 f.

[2] Wir können diefe Zeitbeftimmung nach dem Charakter der Schrift insbefondere feftftellen.

Pap. Erzh. Rainer *Q* 13. ἐγράφη μηνὶ παῦνι ιδ' τέλει τῆς αὐτῆς δωδεκάτης ἰνδικτιῶνος.
Q 14. ἐγράφη μη· μεσορὴ ἐπαγομένῳ γ' ια' ἰν(δικτιῶνος).
Q 15. ἐγράφη μηνὶ ἐπαγομένῳ β' ϛ' ἰνδικτιῶνος.
Q 18. ἐγράφη μηνὶ παῦνι ιϛ' ιγ' ἰνδικτιῶνος.
Q 25. ἐγράφη μηνὶ παῦνι κη τεσσαρεσκαιδεκάτης ἰνδικτιῶνος.
Q 27. ἐγράφη μηνὶ ἀθὺρ .... δευτέρας ἰνδικτιῶνος.
Q 31. ἐγρ. μη. χοιακ ιη πρώτης ἰνδικτιῶνος u. ſ. w

Aus der Ergänzung von Zeile 7 und 8 entnehmen wir, daſs uns das Mittelſtück der Urkunde erhalten und zu beiden Seiten der Rand weggefallen iſt; wir finden weiters in Zeile 9 den ſicheren Eigennamen Κύριλλος erwähnt, mit welchem zugleich eine andere Hand zu ſchreiben begonnen hat (Zeile 9—11). Aber gerade letztere Erſcheinung bringt uns verwandte Urkunden in Erinnerung, in denen ebenfalls der Eigenname Kyrillos und die Schrift von jener zweiten Hand erſcheint, ganz mit dem liegenden charakteriſtiſchen Ductus; dieſe Urkunden wollen wir hier anreihen, ſie geben uns einen willkommenen Aufſchluſs über die Perſönlichkeit unſeres Kyrillos (vergl. Denkſchriften, XXXVII, p. 146 ff.).

Musées Nationaux Nr. 6994, App. 106:

1. † Κύριλλος Στεφάνῳ χορτοπαραλήμπτῳ sic τρ...
2. παράσχες Κυλίκῳ ὑπὲρ ἀναλωμάτων τοῦ γόμου αὐτοῦ ἐνάτης ἰνδικτιῶνος
3. τρ(ε)ῖς σάκκο(υ)ς τοῦ σίτου (zweite Hand).

Musées Nationaux Nr. 7089, App. 227:

1. Κύριλλος σὺν θεῷ στρατηλάτης Ἰωσή[φ ... παράσχες τῷ
2. μεγαλοπρεπεῖ ὀσπρειτι. Ἀλεξάνδρῳ[ὑπὲρ...
3. νομισμάτια τεσσαράκοντα [ἐννέα μ. † σεσημείωμαι τὰ τοῦ χρυσίου νομισμάτια
4. μθ' τεσσεράκ[οντα ἐννέα (zweite Hand).

Musées Nationaux Nr. 6899, App. 758:

1. Κύριλλος σὺν θεῷ στρατηλάτης Δωρ[οθέῳ παρά
2. σχε]ς Μηνᾷ ζυγ[οστάτῃ καὶ τῷ δεῖνα
3. λο]γογράφῳ γεναμένῳ [παρ' αὐτοῦ..........

Musées Nationaux Nr. 7089, App. 216:

1. τῷ δεῖνι] τῷ θαυμασίῳ ζυγ[οστάτῃ
2. ....]ς βεστιαρίῳ ἤτοι[.......
3. χοιά]κ εἰκοστῇ ἕκτῃ τῆς α[ὐτῆς ... ἰνδικτιῶνος † σεσημείωμαι τὰ]
4. τοῦ χρυσίου νομισ]ματα[(zweite Hand).

Musées Nationaux Nr. 6929, App. 622:

1. † Κύριλλος σὺν θεῷ στρατηλάτης [.... παράσχες τῷ δεῖνι καὶ τῷ λογογράφῳ
2. γεναμένῳ παρ' αὐτῷ Εὐρε[σίῳ etc.
3. † σεσημ[είωμαι etc. (zweite Hand).

Musées Nationaux Nr. 7048, 2, App. 48:

1. † Κύριλλος Θ[εοδώρῳ παράσχες τῷ δεῖνι καὶ λογογράφῳ]
2. γεναμένῳ πα[ρ' αὐτῷ τῷ δεῖνι νομισμάτια ὀκτὼ ῥυπαρὰ μ.]
3. γίνεται νομισμάτια η' ῥυπαρὰ μ. φ. [etc. σεσημείωμαι τὰ τοῦ χρυσίου νο]
4. μισμ[άτια ὀκτὼ ῥυπαρά (zweite Hand).

Musées Nationaux Nr. 7035, App. 293:

1. † Κύριλλος etc. [παράσχες ὑπὲρ τιμῆς κεντρο-]
2. φα[νων] διὰ [. . . ἐπικειμένου οὐσίᾳ Θεο-]
3. δ[ώρου χρυσίου νομισμάτιον ἓν α' μ. σεσημείω]
4. μαι τὸ τ[οῦ χρυσίου νομισμάτιον ἕν μ. (zweite Hand).

Musées Nationaux Nr. 7010, App. 293 bis:

1. † Κύριλλος σ[ὺν θεῷ στρατηλάτης . . . παράσχες
2. ὑπὲρ τιμῆς κεν[τροφανῶν διὰ τοῦ δεῖνα
3. ἐπικειμέν[ου οὐσίᾳ τοῦ δεῖνα χρυσίου νομ. α. μ. σεσημείω-]
4. μαι τὸ [τοῦ χρυσίου νομισμάτιον ἕν μ. (zweite Hand).

Papyrus Erzherzog Rainer *Q* 8:

1. † Κύριλλος Ἀπολλῶ διακόνῳ ἐνο[ικιολόγῳ τὰς χιλίας ὀκτακοσ]ίας τεσσαράκοντα ἑπτὰ μυριάδας κέρματος
2. παράσχες ὑπὲρ μισθοῦ ἐργάταις ζ' συμπ[αρόντος τοῦ δεῖνα ἐπικειμένου οὐσίας] Θεοδώρου τῶν ἀπὸ χοιὰκ λ' δωδεκάτης ἰνδικτιῶνος ἕως
3. μεχεὶρ ζ' τῆς αὐτῆς δωδεκάτης ἰνδικτιῶνος κέρματος μυριάδες χίλιαι ὀκτακόσια. [τεσσαράκοντα ἑπτὰ . . . ὁ δεῖνα] στυχῖ (στοιχεῖ) sic μοι αἱ τοῦ κέρματος (zweite Hand).
4. μυριάδαις sic χήλιαι sic ὀκτακό[σιαι etc. (zweite Hand).

Papyrus Erzherzog Rainer *Q* 9:

1. † Κύριλλος σὺν θεῳ στρατηλάτης
2. . . . ασίῳ διὰ Θεοδώ[ρου
3. οιν . . . . εν . . . . . . [σεσημείωμαι τὰ τοῦ χρυσοῦ νομίσματα πεν-
4. τήκοντα (zweite Hand).[1]

Nach dem Gesagten dürften wir also für die 9. bis 11. Zeile etwa folgende Ergänzungen vermuthen: † Κύριλλος σὺν θεῷ στρατηλάτης ἀπείληφα καὶ παρὼν ἀπέλυσα

Eine andere Vermuthung, die wir mit Berücksichtigung des im Papyrus zu Gebote stehenden Raumes beifügen, wäre in Zeile 5 und 6 zu lesen: Βουλγαρικ[οῦ χαρτα]λαμίου (vergl. das Glossarium graeco-latinum und latino-Graecum, DUCANGE und FORCELLINI s. v

[1] Κύριλλος steht an der Spitze, weil wir es hier mit Ordres, dort mit einem Recepisse zu thun haben

cartalamium). Das Adjectiv Βουλγαρικός bietet schon Theophanes, pag. 545, 19: τὸν λεγόμενον Κοῦφιν ποταμὸν, ἔνθα τὸ ξυστὸν ἀγρεύεται Βουλγαρικὸν ὀψάριν.[1]

Es mag vielleicht auf einem Zufalle beruhen, wenn wir denselben Namen Κύριλλος στρατηλάτης mit Bulgaren zusammen erwähnt finden bei demselben Theophanes, pag. 247, 2 (ad A. M. 6006) τούτῳ τῷ ἔτει Βιταλιανὸς παραλαβὼν πᾶσαν τὴν Θρᾴκην καὶ Σκυθίαν (Dobrudscha) καὶ Μυσίαν ἔχων μεθ' ἑαυτοῦ πλήθη Οὔννων καὶ Βουλγαρῶν παρέλαβεν τὴν Ἀγχίαλον καὶ τὴν Ὀδυσσόπολιν πιάσας καὶ τὸν Κύριλλον τὸν στρατηλάτην Θρᾴκης.

Karl Wessely.

(**Zur unregelmäfsigen Aspiration.**) Sowohl in Inschriften verschiedener Dialekte als auch in Papyrus und alten Handschriften finden sich Schreibungen vor, welche auf Spiritus asper im Anlaute schliefsen lassen bei Wörtern, welche sonst den Lenis haben. Die inschriftlichen Beispiele sind besonders zusammengestellt worden von GUSTAV MEYER, Gr. Gr.², §. 243, vergl. KÜHNER, §. 101, 22, so z. B. ἑτος, √ἑχ, ἱσος, ἱδιος, ἑνιαυτος, von E. NESTLE auch aus Bibelhandschriften belegt mit Dt. 14, 20, ἑλπις auch koptisch ϩελπιс, ferners die aus den Handschriften *B* und *S* des Neuen und Alten Testamentes von WESTCOTT und HORT, Bd. II, Notes on Orthography I Letters, Breathings, vergl. E. NESTLE, Septuaginta-Studien, S. 10 und Note 23.

Was die Beispiele aus den Papyrus betrifft, so kommen vor Allem die Belege für ἑτος in Betracht, an das noch neugriech. ἐφέτος erinnert; das II. Jahrhundert v. Chr. bietet schon ein Beispiel durch den im Jahre 135 v. Chr. geschriebenen Turiner Papyrus XIII: καθ ετος ολυρων (αρταβας) ξ. Aus dem Jahre 154 n. Chr. stammt der Papyrus Erzherzog Rainer Nr. 2005, in welchem wir abermals antreffen καθ ετος εκαστον; ebenso im Papyrus Erzherzog Rainer Nr. 2029 aus dem III. Jahrhundert n. Chr., Zeile 3: καθ ετος καρπων und Zeile 5: δωσω καθ ετος. Wenn also EUTING in seiner syrischen Inschrift Nr. 119 der epigraphischen Miscellen in den Sitzungsberichten der Berliner Akademie 1887, XXV, pag. 418, καθ ετος mit ‚senkrecht' übersetzt, so ist er übel berathen, da vielmehr so zu lesen und zu übersetzen sein dürfte: τον υπαρχο]ντα αυτω κηπον [και τους καρπους] τους καθ ετος, ‚seinen Garten und dessen jährlichen Ertrag an Früchten'. Der griechische Dialekt in Ägypten zeigt seine Verwandtschaft auch noch in den Aspirationserscheinungen der Wurzel ὀπ; die Inschrift Nr. 129 EUTING's l. c. bietet τα δυο καθοπτρα, aus der ägyptischen Gräcität kennen wir wieder Schreibungen wie αυθοψια (meine Zauberpapyrus, Zeile 950) und εφοπτας (Zeile 1353). Es wäre erwünscht, die Aspirationserscheinungen im ägyptischen Dialekte genauer zu kennen, der, wie auch A. R. RANGABÉ, die Aussprache des Griechischen S. 45[2] zugibt, nicht die Neigung zur Psilosis zeigt; wir könnten dann Stellung nehmen zu der Frage, was man von den auch übereinstimmend auftretenden Aspirationen zu halten habe, die in fremdsprachlichen Transscriptionen auftreten; sprach

[1] Ein Beleg für Βουλγαροί aus sehr später Zeit ist dagegen Paroemiographi Graeci ed. LEUTSCH, Göttingen 1851, Mant. Prov. II, 26. Denn der Zusatz Μυσοὶ ἤτοι οἱ Βουλγαροί zu Μύσιος ὄνος κατεαγὼς τὸν νῶτον stammt aus dem cod. E. = Parisinus 3060 saec. XVI und Z = editio Pantini. Zur Sache vergl. JIREČEK l. c. pag. 71, 376.

[2] ‚Jedoch mag in einigen rohen Dialekten, unter anderen bei den ägyptischen Griechen, die Aspiration sich länger erhalten haben, denn die Kopten haben für dieselbe ein besonderes Zeichen erst noch erfunden, wenn es nicht allein dazu gebraucht würde, um die griechische Orthographie genau wiederzugeben.'

man alſo z. B. Εἰρήνη? vergl. koptiſch ϩιρηνη, ϩιρηνικος, lateiniſch *Hireue*, auch die demotiſche Umſchrift beginnt mit *hr*; oben ſahen wir die Übereinſtimmung des inſchriftlic nachgewieſenen ελπις mit koptiſchem ϩελπις. Inzwiſchen vergleiche man KRALL in dieſe Mittheilungen, III, 110.

Karl Weſſely.

(XMΓ.) Zu Anfang, wie zu Ende chriſtlicher Inſchriften hat man die Sigle χμγ beobachtet. Sie wurde gedeutet mit Χριςτός, Μιχαήλ, Γαβριήλ von RENAN, Miſsion de Phénicie S. 869, BAYET, Bulletin de corr. hell., II, 31, denen J. H. MORDTMANN zuſtimmt, welche das Vorkommen der Sigle auf Kyzikos und in Vodena nachweiſt: Mitth. d. deutſch. arch Inſt., VI, 126. Derſelbe publicirte in den arch.-epigr. Mitth., VIII, 1884, S. 191 f., Nr. 3 eine ſyriſche Inſchrift aus dem Jahre 539/40 n. Chr. mit demſelben Anfang. Viele Beleg finden ſich auch in den ägyptiſchen Papyri, z. B. British Museum Papyr., CXIII, 6 *(c)*, 4 GRENFELL, Greek Papyri, LXIV, 8 etc., vergl. KRALL, in dieſen Mittheilungen, I, 12 Neuerdings habe ich die Variante χμγϙθ beobachtet, deren letzter Beſtandtheil ἀμή (=99) bedeutet (vergl. dieſe Mittheilungen, I, 113), und wieder mit Hilfe dieſer Beobachtun fand ich den Schlüſſel, nämlich die ganze Formel ausgeſchrieben auf einem Kalkſtein Bulaq, veröffentlicht in der Revue archéologique, S. 3, I, 1882, S. 192; er enthält ei Grabinſchrift mit den Worten: ...ἐκ(οι)μήθη ἐν Κυρίῳ ἀμήν. Χριςτοῦ Μαρία γέννα ἀμή Dieſelbe Formel beendet den chriſtlichen Text auf dem Sarkophag bei MORDTMAN MDAI, VI, 126, welcher ungenau las: X̄MΓ̄CΘ; dies iſt vielmehr zu verbeſſern in X̄MΓ̄ϘΘ Ferners beginnt das von GRENFELL und HUNT, Greek Papyri, Series II, S. 167, Nr. CXI herausgegebene Pergamen aus den VII. Jahrhundert den Text aus Pſalm I, 3 mit d Worten: † X̄C̄ MAPIA ΓΕΝΝΑ ΚΑΙ † MAPIA X̄C̄ ΓΕΝΝΑ Κϛ † X̄C̄ MAPIA ΓΕΝΝ dies iſt ebenfalls, wie die Herausgeber ſchon bemerkten, eine dreimalige Auflöſung d Sigle χμγ.

Karl Weſſely.